编委会

云南社科普及系列丛书

云南省社会科学界联合会　主编

走进他留人

杨国英　刘　平　编著

云南出版集团

雲南人民出版社

图书在版编目（CIP）数据

走进他留人 / 杨国英，刘平编著. -- 昆明：云南人民出版社，2020.11
（云南社科普及系列丛书）
ISBN 978-7-222-19869-2

Ⅰ. ①走… Ⅱ. ①杨… ②刘… Ⅲ. ①彝族－民族文化－研究－云南 Ⅳ. ①K281.7

中国版本图书馆CIP数据核字(2020)第223866号

出 版 人　赵石定
统筹编辑　马维聪
责任编辑　陈　亚
责任校对　陶汝昌
责任印制　李寒东
装帧设计　见　功

走进他留人
ZOUJIN TALIUREN

杨国英　刘　平　编著

出　版　云南出版集团　云南人民出版社
发　行　云南人民出版社
社　址　昆明市环城西路609号
邮　编　650034
网　址　www.ynpph.com.cn
E-mail　ynrms@sina.com
开　本　787mm×1092mm　1/16
印　张　11.75
字　数　204千
版　次　2020年11月第1版第1次印刷
印　刷　云南见功印务有限公司
书　号　ISBN 978-7-222-19869-2
定　价　58.00元

如需购买图书、反馈意见，请与我社联系
总编室：0871-64109126　发行部：0871-64108507
审校部：0871-64164626　印制部：0871-64191534

云南人民出版社公众微信号

前言

永胜县地处滇西北，属于云南省丽江市，是多民族居住的地方。永胜具有悠久的历史，灿烂的文化。永胜地理位置重要，是南方丝绸之路、茶马古道的重要通道。永胜早在汉代就被纳入中国封建王朝版图，受中原汉文化的影响较早、较广、较深。永胜特殊的地理环境、人文资源，孕育了独具特色的毛氏文化、他留文化、傈僳文化。

勤劳、淳朴的他留人创造了他留文化。他留人在中华民族五十六个民族中，被识别为彝族支系。永胜他留人所在的他留山地区，历史上（308省道修通之前）是滇西北、滇西南乃至全国重要的经济要道、交通要塞，也是茶马古道上的重要驿站。他留山地区的他留河奔流不息，自北而南向东注入金沙江。他留河流域地势平缓，背倚群山，峰峦连绵。他留河流域的河谷地带属于温带大陆性气候，半山区呈寒温带气候。他留山地区动植物种类多样，生态环境优美。勤劳、善良、智慧的他留人，在独特的地理环境、自然资源、地域区位的催生下，创造了别具一格的他留文化，并且较好地保留了他留文化。他留文化是他留人的生活方式，是他留人的精神家园，也是他留人生生不息的发展动力。

他留人人口不多，大约5000人。他留人历史不长，从元末明初组建“小吉都兵寨”到今天，最多有700年的历史。但是，他留人创造了辉煌的历史，给世人带来了惊奇的文化。他留文化有壮观的碑林、沧桑的茶马古道、恢宏的古城堡遗址、奇丽的“青春棚”、独特的丧葬习俗、多彩的音乐舞蹈等。从他留文化中，我们了解到他留文化的典型性、独特性，即他留人从骨子里透露出来的军人特质，从血液里流淌出来的浪漫气息，从灵魂深处发出来的崇敬祖先之情，从社会生活实践中迸发出来的创造精神和智慧力量。从他留文化中，我们感受到他留文化具有与众不同的独特性和奇异性，即他留人对秩序的尊崇、对生命的尊重、对生活的热爱、对自然的适应。从他留文化中，我们认识并且深刻地感受到他留人及其文化的绮丽和魅力，由衷产生了介绍他留人和传播他留文化的想法、激情和冲动，并付诸行动，编著本书。

云南省早就确立了建设民族文化强省的目标。党的十九大报告提出："没有文化的繁荣兴盛，就没有中华民族伟大复兴。要坚持中国特色社会主义文化发展道路，激发全民族文化创新创造能力，建设社会主义文化强国。"全面系统客观地挖掘、宣传、推广他留文化，是新时代我国文化建设的需要，是党和国家对知识分子的希望，也是高校教师的责任和使命。

本书从他留人的历史、丧葬、宗教、婚俗、艺术、物质等方面，全方位地介绍他留人，多角度地阐释他留文化，通俗易懂地传播他留文化，以求达到向大众介绍他留人和普及他留文化的目的。希望此书成为他留人及其文化走出永胜、走出丽江、走出云南乃至走向世界的一道窗口。希望此书能引来更多的人了解他留人、探寻他留文化、解密他留文化、传播他留文化，把他留文化的普及和研究推向深入、全面。也希望本书能引来更多的人士关注他留社会，关心他留人及其发展，让他留人与祖国各族人民一道，共享我国改革开放和社会发展进步的成果。

本书在编撰过程中注重和体现四个原则：一是普及性，努力做到书中的文字表达规范准确、通俗易懂，在文中插入配上解释说明文字的图片，努力做到图文并茂，使文字与图片相互印证、相得益彰；二是知识性，坚持实事求是的原则，阐述的内容、选用的历史资料和推导结论均力求做到尊重历史和客观事实，具有逻辑性和较高的可信度；三是科学性，对书中有争议的学术观点，进行实事求是的陈述、合乎逻辑的推理，不做主观臆想的判断；四是趣味性，在内容的阐述上注重可读性，适时加入传说、事例，给读者身临其境的感受。在文字的表达上，既注重通俗易懂，又注重优美、精练和准确，避免给读者产生说教、枯燥、乏味的感觉。

由于作者水平有限，本书定有不足之处，敬请专家读者批评指正，谢谢！

杨国英 刘平

2019 年 11 月

目录

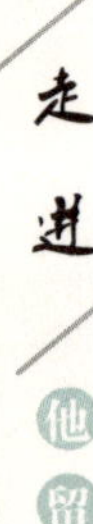

一 他留人概况

他留人在中华民族五十六个民族中，被识别为彝族支系，主要生活在云南省丽江市永胜县六德傈僳族彝族乡。他留人在云南省的华坪县、鹤庆县，四川省的盐源、盐边县也有少量分布。永胜他留人有自己的语言、壮观的碑林、沧桑的茶马古道、恢宏的军事建筑古城堡遗址、奇异的婚俗、独特的丧葬习俗、绚丽的音乐舞蹈等。人们游览他留山后，被他留人及其文化的绮丽多彩所震撼，发出这样的感言："丽江美如神，神在他留人！""丽江多浪漫，浪漫他留山！"作者在研究他留人及其文化后，深感他留文化具有典型性、独特性，认为他留人有从骨子里透露出来的军人特质，从血液里流淌出来的浪漫气息，从灵魂深处发出来的崇敬祖先之情，从思想源流迸发出来的创造美好生活的实践智慧。他留人对规范的尊崇、对生命的尊重、对生活的热爱、对自然的遵从等，都有本族群独特的表现和表达方式。

本书将带你走进永胜他留人，了解他留人的历史，认识他留人的生活，概览他留人的文化，感受他留人和他留文化的与众不同。

▲今日他留山（来源：他留文化公司*）

▲带着娃娃出嫁的他留婚俗（刘平/摄）

* 本书图片如未明确摄影者的，均为丽江他留文化发展有限公司拍摄并授权使用。

（一）他留人族源

他留人，也叫他鲁人，俗称“塔鲁素”，自称“他鲁苏”。在他留人的语言中，“塔鲁素”是外来人、外路人的意思，“塔鲁素”表达了他留先民是从外地迁移到他留山定居的意思。“他鲁”这个词，“根据查阅历史文献，历史上最早作为地名见于明代《明正德云南志》卷十二所附‘北胜州’地图中”[①]。之后，永胜县现存最早的史书，即乾隆《永北府志》（成书于乾隆三十年），明确记载了“他留河”“他留村”“他留汛”“他留义学馆”等名称[②]。从光绪《永北直隶厅志》开始，有关永胜的历史文献中频繁出现“他留村”“他留河”“他留义学馆”“他留汛”等名称，但没有进行具体说明。由此推测，“他留”“他留村”“他留河”等应该都是地名。明朝正德年间的地图里有“他鲁”地名，在“他鲁”地方，应该有他鲁人生活。这说明他留人的先民，最迟在明朝的中后期已经生活在他留山地区。明末清初，他留人在其居住的地方，修建了寺庙，他留人的土司高斗光把寺庙定名为“他留大德寺”，把他鲁人居住的城堡名称确定为“他留城”，把居住在他留城堡里的人“他鲁苏”名称更改确定为“他留人”。“他留”这一名称，从乾隆《永北府志》（成书于乾隆三十年）开始出现，一直沿用到今天。[③] 由此可见，“他鲁”“他留”是地方名称，在“他鲁”“他留”地方居住的人被称为“他鲁人”“他留人”，但是，“他鲁人”“他留人”不包括在他留地方杂居的汉族人、傈僳族人，及从小凉山迁移到他留山居住的彝族其他支系的人。[④] 由此可知，“他留人”这一族群称谓，是由其居住的地名演变而来的。

他留人没有自己的文字，他们的历史只能靠口耳相传，就是上辈传给下辈，一代接一代地流传下来。在他留人的口述中，他留人的祖先是明朝洪武调卫时迁移到永胜的中原人，他留人的祖先原籍为湖广长沙府湘乡县柳树湾大石洞村和江西吉安府等地。他留人的祖先最初来到永胜时，是一支军民队伍，有 360 户。如今，他留人每年农历六月二十三、二十四日要过传统的粑粑节，以此纪念开疆拓土的 360 户他留先民。他

---

① 黄彩文、子志月：《历史记忆、祖源叙事与文化重构：永胜彝族他留人的族群认同》，《西南民族大学学报》(人文社会科学版)2017 年第 3 期。

②④ 简良开：《神秘的他留人》，昆明：云南人民出版社 2005 年版，第 27 页。

③ 简良开：《神秘的他留人》，昆明：云南人民出版社 2005 年版，第 25 页。

留先民最初居住在现今永胜县永北镇的灵源箐口一带，他留先民参加了历史上北胜州土城的建设工作。北胜州土城在1515年的大地震中被毁灭，现为国家级地震遗址。之后，他留先民又参加了历史上建筑澜沧卫城的工作，在今天永胜县城东面的项家湾一带，还留有他留先民当时修建澜沧卫城的驻地遗址和他留人的坟茔。[①] 后来，他留先民被派遣到他留山的营盘一带屯守，并且在他留山修建了他留人居住的城堡。

关于他留人的来源，他留人的族谱记载与口碑传说一样，都说他留人的祖先是明朝洪武调卫时，来自湖广府、吉安府的人氏。他留人中的大姓兰氏保留的《兰氏族谱》，关于兰氏祖籍来源的记载为："经考证，兰氏族先祖原籍湖广府、江西吉安府人氏。自明初洪武调卫，随从征南将领傅有德入云南永北府，后约1520年迁流东郊阳茂红山角半壁曹斯邑，今六德乡营盘村即他留城堡。"[②] 据说，他留人的大姓陈姓、王姓、海姓也有家谱、族谱，可惜的是陈姓、王姓和海姓的族谱在"文化大革命"期间被毁灭了。

他留人的墓碑上刻写的祖籍与口碑传说也一样，墓碑上刻写他留人的祖籍，是明朝洪武调卫时来到永胜的中原人。例如，清宣统元年立碑的王雨亭墓碑碑文有"吾本乎祖，人之有本，水之有源也。原籍湖广长沙府湘乡县，自弘(洪)武调卫游于永，世居北胜州，为他留把目，源远流长者也"这样的祖籍内容；光绪年间立碑的兰茂廷墓碑碑文有"原籍湖广长沙人也。其先世公自洪武调卫游于永，由永移居斯邑数代"这样的祖籍内容。

关于他留人的族源，在他留人的口述史、族谱记载和墓碑上都一样，都说他留人的祖先是明代"洪武调卫"时从湖广来到永胜的中原人，他留先民最早居住在今天永胜县城的郊区。之后，他留人的祖先被派遣到他留山地区驻守，从此，他留先民世世代代居住在他留山地区。

关于他留人的族源，他留人自己认为他们的祖先是明朝洪武调卫时来到永胜的中原汉族人；有的学者认为他留人是洪武调卫时来到永胜的屯军与当地少数民族融合即"夷汉融合"而成的族群；有的专家认为他留人是永胜的土著民族，即永胜自有的族群，或者是南诏国时期从洱海周围迁移到永胜的土著民族。本书同意学者简良开的观点，认为他留先

---

① 简良开：《世守高氏与他留人》，《丽江文化》2007年第3期。

② 黄彩文：《彝族支系他留人的历史源流》，《云南民族大学学报》(哲学社会科学版)2004年第3期。

民主体为云南土著民族，有少量“夷汉融合”的情况。土著的含义，一指他留先民一直生活在现在的永胜县境内，他们经历了从游牧到定居的变化发展过程；二指他留先民是南诏国时期从大理迁移到永胜的土著族群。他留人自称他鲁苏，指他留先民的生活，从居无定所的游牧，发展到有固定居住地的“定居”生活。① 探析他留人族源，有必要梳理一下有关他留人的历史。

洪武十四年（1381 年）秋，明太祖朱元璋为了统治边疆，派傅友德为征南将军，蓝玉、沐英为副将军，率领 30 万军队征伐云南。顾祖禹著的《读史方舆纪要》117 卷上写道：洪武十五年 (1382 年) 派“傅友德自邓川州过金沙江，攻北胜州，擒伪平章高生，复平丽江巨津等州”。在《明实录》卷二四一《太祖洪武实录》中有记载：“洪武二十八年 (1395 年) 九月，……调云南中卫与北胜州，置澜沧卫。”② 明朝在云南推行“设卫置屯、寓兵于农、屯田实边”的政策。当时的永胜称为“北胜”，属于明朝的统治范围，辖区是现在永胜、华坪、宁蒗一带。明朝政府了解到北胜地方自然资源好，平原河谷多，气候温和，适宜屯种，还是原大理国的西北重镇等情况，于是做出了抽调云南省城的中卫军队到北胜州驻屯，设置澜沧卫的决定。洪武二十九年 (1396 年) 在北胜州设置军政合一的澜沧卫军民指挥使司。澜沧卫军民指挥使有来自中原内地的征南部队的部分留守武装，还有从昆明云南中卫调防到北胜州的官兵。北胜州隶属澜沧卫。“卫”是明朝军队的编制名称。澜沧卫城址在今天的永胜县城。调入澜沧卫参加军屯的人员，《云南通志·兵食志》卷七说：明朝洪武二十九年（1396 年), 澜沧卫军民指挥实行“寓兵于农”政策时，来自中原人（多是湖广长沙府人氏）人口 6000 多人就定居北胜州。除军官外，有“三分马步旗军 1017 人，七分屯田军 1126 名，舍丁 1221 名，军余 6262 名”，合计 9626 名。加上军官，有指挥使、指挥同知、指挥佥事、经历、知事、镇抚千户、百户、仓大使等，总数超过 1 万人。这是永胜洪武二十九年（1396 年）的军屯人口。这一时期，朝廷还批准了云南守官沐英的奏章，迁移江西、南京、山东、浙江、河南等省的富户和居民 80 万到云南屯驻。据《滇粹》记载：“沐英还镇，携江南、江西人

---

① 简良开 :《世守高氏与他留人》，《丽江文化》2007 年第 3 期。

② 转引自黄彩文 :《彝族支系他留人的历史源流》，《云南民族大学学报》(哲学社会科学版)2004 年第 3 期。

民二百五十余万人滇，给种子、资金，区划地亩”，“后七年再移南京人民三十万”。从中原来到云南的这些移民在云南的各郡县分布开来，其中一部分落籍到现今的永胜县，这是历史上云南的民屯人口情况。①从云南及永胜的屯民史料看，这是永胜历史上有明确记载的屯民史，是明朝洪武年间最大的一次汉族移民，也是永胜汉族有历史记载的开始。这些移民一般在永胜自然和社会资源条件较好的坝区和河谷地区驻扎下来，进行屯田实边。他们开启了永胜文明的新篇章，推动了永胜社会历史的新发展。

“洪武调卫”来到永胜的中原屯军，他们是永胜汉族的先民。“洪武调卫”前，永胜世居的土著民族主要有傈僳族、彝族、傣族、普米族、壮族、苗族六种少数民族，纳西族、白族、回族、藏族是唐朝、宋朝、元朝时期迁到永胜的少数民族。②“洪武调卫”改变了永胜“夷多汉少”的民族状况，开创了永胜“汉多夷少”的社会历史进程，直到今天，永胜还保持并且呈现出典型的边屯文化特征。现今永胜坝区乡镇的村名中，还保留着洪武调卫屯戍时的官、伍、营、所等地方称谓，这些地方称谓应该是当时屯垦军队的编制设置称谓留下的遗迹。例如，永胜有金官镇、梁官镇、黑伍村、杨伍村、通树营村、田家营村、中所村、右所村等名称。马军、马场、马伍等地名，应该是当时驻扎骑兵的地方。但是，在永胜的屯伍名称中没有他留名称，说明洪武调卫时来到永胜的屯垦军队中没有他留人。

今日他留山　刘平/摄

① 黄彩文：《彝族支系他留人的历史源流》，《云南民族大学学报》(哲学社会科学版)2004年第3期。

② 简良开：《世守高氏与他留人》，《丽江文化》2007年第3期。

如果说他留人的始祖是“洪武调卫”时来到永胜的中原人，那么，当时的中原汉族在经济社会和文化等方面都优胜于永胜的少数民族，为什么“洪武调卫”来到永胜的中原人会放弃自己熟悉的汉语去学习使用他留语呢？放弃使用汉族的炕，改为使用他留人的炕床？放弃汉族媒妁之言纳聘娶妻的婚俗，改为“过七关”“青春棚”的婚俗？放弃穿汉族绫罗绸缎做成的衣服，改穿火草、苎麻做的粗布衣服？他留人除祭奠祖宗外，还祭奠共同的祖先360户……中国历史上，少数民族被汉族融合而汉化、汉族被少数民族融合同化而少数民族化两种情况都存在。例如，北魏时期鲜卑族的孝文帝改革，学习汉语等汉族文化，清朝时期满族人学习汉语汉文的汉化政策，最后出现少数民族被汉化的结果。也有汉族学习少数民族风俗的情况，例如二十世纪五六十年代到丽江工作的汉族人，长期在纳西族地区工作、生活，这些汉族人习惯按照纳西族的风俗过节、办喜事，有的还习惯了说纳西话，在纳西族地区出现了汉族被纳西族化的情况。但是，本书对他留人的先民是被少数民族同化的汉族人，即他留人的先民是“洪武调卫”从中原来到永胜的一支汉族军队，这支军队被当地少数民族同化而成为他留人这一说法，存有疑义。“洪武调卫”时来到永胜的屯军，都保留汉族风俗习惯，成为来到永胜最早的汉族，为什么独有一支队伍被少数民族化为他留人呢？

学者简良开是目前对他留碑林研究较为全面深入的学者，他走遍了他留墓地，几乎每一座墓碑他都研究过，还对他留墓碑上的“洪武调卫”进行了专门研究。关于他留人的始祖是“洪武调卫”的中原人，证据刻在碑林上一事，学者简良开在碑文研究中发现陈开贵墓碑、陈学明墓碑的碑文上刻写的时间与洪武调卫的时间有十代人的偏差，海文祥墓碑的碑文上有墓主是“乃前明臣海瑞流裔也”的不实内容。由此，学者简良开的观点是：撰写碑文者一般是汉族文化人，这些汉族人的祖先就是“洪武调卫”的中原人。他留人同意碑文撰写者的建议，把他留人的祖籍也写成“洪武调卫”的中原人。他留碑文中还有“死者多为六品军功、把事之类的权势人物”的情况。他留人这样写碑文目的是为了抬高自己祖先的身份，从而抬高自己的身世。他留人中虽然有汉人与他留人通婚，并在他留山安家落户，最后成为他留人的情况，但是这种情况极少。[①]为此，

① 简良开：《世守高氏与他留人》，《丽江文化》2007年第3期。

简良开认为，他留先民的主体应该是永胜最早的土著民族，或者是唐朝时期从昆弥河迁移到现今永胜的土著民族。[①]他留人的先民中有极少数“洪武调卫”来到永胜的中原人，后来移居到他留山并且世居下来的情况，但是这些人并不是他留先民的主体。[②]

本书认同学者简良开的观点。虽然，他留人的口述史、族谱和墓碑上都一致地说，他们的祖先是“洪武调卫”来到永胜的中原人。但是，这不是客观事实。“洪武调卫”来到永胜的屯军中没有关于“他留”军队的史料。“历史不仅是过去的事实本身，更是指人们对过去事实的有意识、有选择的记录。”“自明代以来，强调自身的正统性成为地方士绅和宗族大姓的一种风尚，攀附国家也成为不少边疆民族地区的普遍现象。”“如果我们转换一下视角就不难发现，历史上南方族群也在长期的族群接触与互动过程中，不断地建构其自身文化的正统性与多元性的表达。”[③]汉族是中华民族的主体，也是中华民族文明进步的代表。他留人用“历史记忆”的方法把自己的身份转化为汉族，隐含着他留人有追溯族群身份正统性的愿望。下面，继续梳理永胜历史，探析他留人的族源。

永胜的人类历史较早。1985 年在永胜程海镇的马军河出土了石锄、石斧、石锛等新石器文物上百件。1954 年在永胜金官翠湖龙潭修水库时，在芮官山麓发现青铜兵器戈、矛、钺等文物 200 多件。1972 年在永胜的清水村东北的山谷螃蟹箐兴修水利时，出土了佛教密宗用的一种法器三戟叉。[④]

永胜地处云贵高原和青藏高原的结合部。先秦时期，永胜是甘、青高原氐羌各个游牧民族南来北往的通道。西汉时期汉武帝开发西南，于公元前 111 年，在现今的川西南和云南、贵州设立郡县，永胜属于那时的越嶲郡遂久县。蜀汉时期，现今的永胜属于云南郡的姑复县。司马迁在《史记·西南夷列传》中写道：“……西自同师以东，北至楪榆，名为嶲、昆明，皆编发，随畜迁徙，毋常处，毋君长，地方可数千里。自嶲以东北，君长以什数，徙、筰都最大。自筰以东北，君长以什数，冉駹最大，其俗或土著，或移徙，在蜀之西。”此史

① 简良开：《神秘的他留人》，昆明：云南人民出版社 2005 年版，第 88 页。
② 简良开：《神秘的他留人》，昆明：云南人民出版社 2005 年版，第 82 页。
③ 转引自黄彩文、子志月：《历史记忆、祖源叙事与文化重构：永胜彝族他留人的族群认同》，《西南民族大学学报》（人文社会科学版）2017 年第 3 期。
④ 简良开：《神秘的他留人》，昆明：云南人民出版社 2005 年版，第 27 页。

料说明现今的永胜县，西汉时期虽然设立了遂久县，遂久县在嶲、昆明的东北方向，蜀的西面，没有固定、系统的政权组织，部落也不稳定。[①]当代史学家马长寿说："公元二世纪前，洱海周围无君长，无常处，其范围东至弄栋川（今楚雄彝族自治州），西至西洱河，南至蒙舍诏（今巍山彝族回族自治县），北至松外诸蛮（今永胜县、华坪县、宁蒗彝族自治县等地），不是一个国家，而是原始游牧部落。从公元三世纪开始，便不是无君长、无常处的游牧部落了。他们逐步定居，有头目，有君长，从原始社会公社制发展到的奴隶社会制，建立了白子国、建宁国等；到公元七世纪时，又有昆明国、昆弥国之称。"[②]这些史料说明，东汉前的永胜先民处于原始游牧状态。之后，现今的永胜发展进入了奴隶社会。汉朝时期，现今的永胜，在乾隆《永北府志》里称"铁桥西北，为施蛮所据"[③]。唐代《蛮书》卷四记载："施蛮，本乌蛮种族也。……顺蛮，本乌蛮种类。磨蛮，亦乌蛮种类也。铁桥上下及大婆（今玉龙纳西族自治县）、小婆（今永胜县）、三探览（今宁蒗彝族自治县）、盐池（今四川盐源县）等川，皆其所居之地也。"[④]这些史料说明，汉唐时期永胜先民是乌蛮种族，乌蛮包括施蛮、顺蛮和磨蛮。唐宋时期永胜地理位置的重要性更加明显，处于唐朝、南诏和吐蕃三大势力之间。唐朝以来，永胜就是南诏、大理国的军事重镇。据明万历《云南通志》北胜州载："贞元十一年（795 年），南诏王异牟寻始开其地，名北方赕，徙昆弥河（即今大理白族自治州等地）白人、罗落、么些诸种以实其地，号剑羌，又名成偈赕。"这是现今的永胜县最早的移民记录。从此，永胜县有了不同的少数民族称谓。其中的"白人"就是今天的白族，"罗落"就是今天的彝族，"么些"就是今天的纳西族。这些不同的少数民族，在今天的永胜县、华坪县境内仍然有分布。[⑤]这些史料说明，唐朝时期永胜除了原来有的少数民族外，还从大理迁移来了新的少数民族。

后晋天福二年（937 年），永胜称为善巨郡。善巨郡的郡守高方与段思平交往甚好。938 年，大理国建立，段思平成为国主，段思平分封高方为岳侯，并且分封给高方善巨、巨桥（昆明）等地方，高氏的子孙还可

①②④⑤ 转引自何守伦：《他留人的族源问题》，《社会主义论坛》2012 年第 2 期。

③ 转引自杨晓雯：《历史记忆与族群认同——对彝族支系他留人聚落的历史人类学考察》，《云南社会科学》2016 年第 2 期。

以世袭分封地。由此，高氏开始统治现今的永胜。从高方统治永胜算起，到民国后期，高氏统治永胜长达千年之久。高方的后裔高智升是大理国的宰相。北宋庆历八年（1048 年），大理国的段氏把善巨郡改名为成纪镇。成纪镇属于大理国的一级军事重镇。高智升派其孙子高泰慧（高泰慧是高升泰的第四子）镇守成纪镇，高氏世居永胜的历史由此开始。[①] 元朝时期，成纪镇改名为北胜府，北胜府的北部被纳西族章土司统治，南部被白族高土司统治。元朝至元十五年（1278 年），把现今永胜县的东部改为施州，西部改为顺州。施州和顺州的名称，是根据唐朝时期从铁桥西北迁移到永胜居住的“施顺部落”（彝族、傈僳族先民）名称命名的。两年后（1280 年）施州改名为北胜州，“顺州”一名沿用至今。[②] 关于“北胜”的来历，《永胜县志》卷二记载：忽必烈从今天的乌兰巴托一带起兵，亲率大军南下。从永宁、北胜、蒗蕖进入丽江进攻大理，通过善巨郡（即今永胜），郡守高俊投降元军。元军“首捷此土”，所以，把施州改名为“北胜”。[③] 元朝至元二十四（1287）年，北胜州升格为北胜府，管辖区域为金沙江东面地区，包括今天的北胜、顺州、永宁、蒗蕖等地，高氏仍然是北胜府的知府，属于丽江路。明朝洪武十五年（1382 年），征南军队进入云南，北胜府的土司高氏、章氏、子氏投降明朝。洪武十六年（1383 年），明朝把北胜府改为北胜州，高氏为北胜州的土知州，章氏被降为北胜州的副同知，北胜州属于鹤庆军民府管辖。

他留古城堡遗址　刘平 / 摄

① 简良开：《世守高氏与他留人》，《丽江文化》2007 年第 3 期。

② 转引何守伦：《他留人的族源问题》，《社会主义论坛》2012 年第 2 期。

③ 黄彩文：《彝族支系他留人的历史源流》，《云南民族大学学报》（哲学社会科学版）2004 年第 3 期。

元朝开始，今天的永胜形成了土流并治的格局。明朝时期，北胜州境内有高氏、子氏、章氏等土司，北胜州的西北有势力强大的木氏土司及其他土酋，在北胜州的南边宾川、姚州一带的赤石崖和铁索箐山区长期存在与官府作对的土酋反叛武装，他们还控制着四川经过姚州通往大理、腾冲的通道。为了维护滇西北地区的稳定，加之，北胜州“地交滇蜀，人杂汉夷，引控诸土司，为边陲重地”。洪武二十八年（1395 年）九月，明朝“调云南中卫于北胜州，置澜沧卫”。第二年（1396 年），澜沧卫被改为军政合一的澜沧卫军民指挥使司，并且修筑了澜沧卫城，在澜沧卫设置了户、所等编制，在北胜州境内也有戍边、屯垦的军队设置，还在澜沧卫的主要交通干线设置了驿站、哨戍、铺堡等交通点，以确保滇川交通线的畅通、安全和对滇西北地区的控制。明朝的中后期，卫所废弛，澜沧卫屯军逐渐转化为北胜州的州民，澜沧卫所的政权逐渐转入北胜州衙署，屯军和卫所的政权也转为高土司所有。康熙二十六年 (1687 年) 清政府裁除澜沧卫，澜沧卫划归北胜州管辖。①

大致梳理了永胜的历史，我们再来探寻他留人的族源。元初，丽江人章吉归顺了忽必烈，配合元军进攻大理屡建战功，章吉被忽必烈赐名为贴木儿，并且被任命为北胜府的知府，兼任丽江宣抚司事。这样，北胜府就出现两个势均力敌的统治者，即高氏和章氏。北胜世守高斌祥为了增强自己的势力，把施蛮的一支游牧部落集中起来，按下千户的编制 360 户伍组建成一支常备武装，这支武装名叫“小吉都兵寨”，高氏土司把这支武装作为自己的常备军事力量。这支武装之所以称“小吉都兵寨”，理由为：高氏是大理国的权臣，也是大理国的世守、藩镇，藩镇的亲军一般称为“都”；这支亲军的人数只有下千户，被称为“小”；取吉祥意义，称这支军队为“吉”；驻军的地方，一般称为“兵寨”；通盘考虑，把这支武装称为“小吉都兵寨”。这支队伍最早驻扎在今天的永胜县永北镇灵源办事处壶山下谭家坪至凤凰山北一带。元代，北胜府没有朝廷军队，只有土司的土练。②

小吉都兵寨也被称为“他鲁苏”土练。这支武装是按照元代兵制设置的，土练的酋长为土千总，辖三个百户（把总），五十户为一总旗（把目），

---

① 黄彩文、子志月 :《历史记忆、祖源叙事与文化重构：永胜彝族他留人的族群认同》，《西南民族大学学报》(人文社会科学版)2017 年第 3 期。

② 简良开 :《世守高氏与他留人》，《丽江文化》2007 年第 3 期。

十户为一小旗（细目），每十户（细目）为一单元。千总、把总职位是世袭的。把目、细目及土练世代都是军籍，就是一人在册，全家老小都为军籍。他鲁苏土练为360户伍，加上家属有近千人。这支土练的职责是：服从朝廷调遣，在土司统领下出征作战；维护地方秩序、平乱；听从土司调遣，为土司争夺地盘、扩张势力效力。小吉都兵寨的建立，使北胜的一支施蛮部落结束了游牧生活，定居下来，并且使这支部落从奴隶制社会转变为封建制社会。小吉都兵寨这支土司亲军，是一支散则为民，聚则为兵的武装，如有战事，招之即来，来之能战，平时除军事训练外，其余时间与家人一起从事生产劳动。元朝1363年，受大理总管段功的调遣，高斌祥率领他鲁苏土练，在金沙江北岸（今攀枝花市）平定红巾军起义军，获得战功，被晋封为资善大夫，云南行省右丞（二品），由此，他鲁苏土练声名远播。①

明朝洪武十七年（1384年），“改土归流”。北胜州首任流官知州陶勤，在原来善巨郡、成纪镇旧址的基础上，兴建北胜州城。他鲁苏土练从小吉都兵寨迁移到工地，参加建设北胜州土城的工作，北胜州土城在1515年的大地震中被毁灭。如今的当地村民还能说清楚历史上他鲁苏修建北胜州土城的驻地和施工位置。明朝1395年，朝廷调云南中卫到北胜州，设置澜沧卫。第二年（1396年），成立军政合一的澜沧卫军民指挥使司。首任澜沧卫军民指挥使王佐率督本卫官兵和北胜、永宁、蒗蕖三州的土司军民，构筑滇西北军事重镇澜沧卫城，就是今天的永胜县城。他鲁苏土练作为军队性质的建设队伍，又从北胜州土城工地移驻到现今永胜县城东郊山麓工地，参加建设澜沧卫城的工作。现今永胜县城东郊山麓的项家湾一带，还有他鲁苏土练修建澜沧卫城时居住的遗址和坟茔。明朝万历初年，北胜世守高承祖奉朝廷调遣，数次率他鲁苏土练出征作战，多次获得战功，万历皇帝钦赐高土司赏银二次，并且颁发给高土司“报国忠贞”的匾额。②

他留山地区不仅风景秀丽，环境优雅，而且地理位置十分重要，历史上是滇西北、滇西南乃至全国重要的经济要道、军事要塞，也是茶马古道上的重要驿站。过去大理、丽江、保山等州市的几十个县的物资都会汇合到那里，经过华坪到达四川，再由四川运到关中地区。同时，从

①② 简良开：《世守高氏与他留人》，《丽江文化》2007年第3期。

内地运到四川的物资，经过华坪来到他留山地区，既可运到永胜、丽江、迪庆、西藏，出境到印度；又可到达大理、保山、德宏出境到缅甸。他留山地区因其交通枢纽作用，明朝洪武年间，朝廷就派兵在他留山地区驻守。

今日他留山　刘平／摄

澜沧卫城竣工后，他鲁苏土练没有留驻北胜城区的必要。而他留山地区又是高氏土司与章土司相对峙的前沿阵地，北胜世守高承祖从军事、政治、经济等方面考虑，把他鲁苏土练整体移驻到他留山地区，与明朝的朝廷守兵一道驻守营盘。他鲁苏土练实行“寓兵于农，屯民实边”的屯戍制。[①] 他留山地区高山深谷交错，他留河奔流不息。他留河发源于永胜最高的他尔波忍山（他尔波忍山峰海拔 3953 米），自北而南向东注入金沙江，有充足的水源，河里有美味的鱼虾。他留山地区有土质肥沃的平地、台地。他留山地区优越的自然环境，为驻守营盘的他鲁苏人提供了生产生活的良好条件。他鲁苏土练就在营盘建起了房屋，开垦土地，发展农业生产，成为开基创业的他留人先民。

他留祖先牌位　刘平／摄

他留大德寺　季正团／摄

① 简良开：《世守高氏与他留人》，《丽江文化》2007 年第 3 期。

明末清初，永北世守高斗光抓住机遇，统领他鲁苏人把营盘扩建为城堡，同时，从郡城请来汉族人到他留山，帮助他鲁人兴建城堡、开办学校，发展教育文化事业。在高氏土司和他鲁苏土练的共同努力下，他们把营盘建设成为建筑宏伟、道路通畅、生活便利的城堡。高土司在他留山狩猎时，偶然发现山里裸露的铜佛像，就建立了供奉铜像的寺庙。汉族文人顺应高土司和土练信奉佛教的意愿，建议高土司把修建的寺庙定名为“他留大德寺”，高土司欣然同意，就把新建的寺庙定名为“他留大德寺”，接着把迁移到营盘的他鲁苏人，定名为“他留人”，把他鲁苏人居住的城堡，定名为“他留城堡”，从此，“他留”这一名称，正式载入永胜的史册。①

乾隆三十五年（1770 年），朝廷裁减他留汛，撤走了驻守在他留山的驻军，他留山地区由他留人自行防务。清朝咸丰六年（1856 年），云南各地反清起义风起云涌。杜文秀在蒙化（今巍山）联合汉族、彝族、白族等各族人民起义，攻占大理，建立政权。杜文秀被起义军推举为“总统兵马大元帅”，宣布“遥奉太平天国南京号召，革命满清”的纲领，起义军遍及云南各地。杜文秀起义军打的旗帜是白旗，清朝官军举的旗帜是红旗，民间就把杜文秀领导的起义军与清朝官军之间的这场战争称之为“红白旗闹事”。杜文秀起义军攻打到今天的永胜县，他留城堡及他留山是起义军与四川和内地太平军联系的唯一通道，位置险要。由于他留山通道防守严密，城墙坚固，起义军久攻不下。直到 1861 年 7 月，杜文秀起义军的虎应龙部才攻占永北厅城，同时，其麾下刘以文部也攻克了他留城堡。之后，杜文秀起义军为解久攻他留城堡不克之恨，把他留城堡焚毁，夷为平地。

他留古城堡遗迹　刘平 / 摄

杜文秀起义军攻占他留城堡的时间是 1861 年，这一年是辛酉年，民间把 1861 年发生在他留山的杜文秀起义军与他留人之间的这场战争，

① 简良开：《世守高氏与他留人》，《丽江文化》2007 年第 3 期。

又称之为“辛酉‘发逆’之变”。杜文秀起义军与他留人之间的这场战争，他留山守军和庶民伤亡近千人，幸存的他留人大部分在城堡附近的山林里躲避起来，之后，他们定居下来。一个半世纪之后，躲避在城堡附近的幸存他留人，发展成为今天的双河、营山、玉水三个他留村寨。城堡毁灭后，幸存的他留人，有的逃往仁和镇的良田，有的逃到了华坪的通达乡等地方。①杜文秀起义军撤走后，他留城堡遗址上是可以再建造房屋的，但是，他留人不愿意在失去家园的、悲伤痛苦之地上重新建造房屋，就在离城堡有一定距离的地方，建房居住下来。后来迁移到他留山的汉族人，就在城堡周围居住下来，并且把他们居住的地名恢复为他留人使用的名称“营盘”。

（二）他留文化

文化是人类在长期的生产生活中创造出来的物质财富和精神财富的总和，是一个民族所有物质表象和精神内在的统一体。文化是一个民族及族群特有的基因，是民族及族群的灵魂，是与其他民族族群区别开来的根本标志。他留文化是他留族群在长期的社会生活中既保持本族群传统，又学习汉文化的基础上，创造出来的富有地方族群特色的物质财富和精神财富的总和。由于他留山地区沟壑交错，地势险峻，交通不便，这种相对独立、偏僻、封闭的生存环境，使得改革开放前他留人较好地保留了自己的传统文化。

今日营盘

他留人家　陈朝明／摄

① 简良开：《神秘的他留人》，昆明：云南人民出版社 2005 年版，第 41 页。

他留人的历史从元朝组建小吉都兵寨开始，定居时间不算长，但在中华民族的文化大观园中，他留人却创造了丰富多彩、神奇美丽、独特而富有魅力的他留文化，让世人为之惊叹。他留文化包括他留人的语言文化、丧葬文化、婚俗文化、节日文化、饮食文化、服饰文化、民居文化、宗教文化等。

他留人有自己的语言，在生产生活中，他留人之间一般使用本民族语言进行沟通交流。他留人没有自己的文字，通用汉字。他留坟林的墓碑上，刻的就是汉字。但是，他留人的祭司铎系会使用铎系文或者叫铎系符号，铎系文其实就是一种原始的象形符号，与丽江的东巴象形文字类似。铎系文一般是一个符号代表一个故事，他留铎系只是在祭祀和丧葬时使用铎系文。

他留人有规模恢宏的古墓群，古墓群在 2006 年 6 月被列为全国重点文物保护单位，名称为“营盘村墓群”，那里有壮观的墓碑碑林。营盘村墓群位于现今他留人主要居住的双河、营山、玉水三个村委会的结合部，那里是历史上他留人的公共墓地。营盘村墓群的坟墓加上外围坟墓，共有一万三千多座。[①] 营盘村墓群就像一支沉睡在他留山的戍守部队！从古墓群的数量及其有序的排列方式，可以想象历史上那里的他留人是何等繁盛！因此，人们说他留坟林“影射他留历史之谜”。

铎系符号 刘平 / 摄

铎系文 刘平 / 摄

① 简良开：《神秘的他留人》，昆明：云南人民出版社 2005 年版，第 47 页。

他留碑林，是指营盘村墓群上各种各样的石碑，营盘村墓群的墓碑如林，从而被人们称为他留碑林。他留墓碑的碑林上刻有书法、花卉、珍禽异兽等石雕，这些石雕不仅具有较高的艺术造型，还具有一定的历史价值，让人叹为观止，被誉为中国碑林文化的一大奇观。北大教授宋豫群老师称他留碑林“堪与山东孔林媲美”“为国内民族所罕见”“民族文化瑰宝”①。他留碑林是他留人学习吸纳汉族文化的典范，也是研究他留人历史文化的宝贵文物。

他留古墓群保护碑　刘平／摄

他留人有古城堡遗址。他留古城堡依山而建，占地 130 多公顷，古城堡遗址是他留人的发祥地。古城堡遗址在 1998 年 11 月被列为“云南省重点文物保护单位”。古城堡遗址规模宏大，残存遗迹主要有：房屋石脚、石板道、水井、排水沟、护坡壁、大德寺、古树、石器、古碑刻、石雕等，以及大量的明清陶瓷片和瓦砾。从他留人的古城堡遗址可以看出，历史上他留人经济社会生活繁华和兴盛的景象。

他留古墓群　蔡平波／摄

① 潘宏义、何守伦等：《解密他留文化》，昆明：云南民族出版社 2011 年版，代序第 1 页。

他留人的小孩长大成人，有举办成年仪式的传统。他留女孩的成年礼一般由其母亲帮助完成。成年礼的主要内容就是换装。换装前，女孩穿童装，即上身穿火草麻布制成的衣服，下身穿白色麻布制成的短裙；换装后，上身还是穿火草麻布制成的衣服，但是，下身穿的白裙变成了黑裙，头上戴的帽子变成了盖头布。他留男孩的成年礼，一般由其兄长帮助完成，成年礼的主要内容有洗浴、修面、换装。他留人的成年礼不仅仅要让男孩女孩有洗浴、换装的经历，更重要的是让孩子掌握待人接物的规矩和做事的本领。他留人的成年礼，女孩要比男孩庄重一些。

他留人的成年礼，不仅是一种仪式，还是一种文化传承和教育活动。通过成年礼，促使他留孩子真正长大成人，具有独立为人处事、承担责任的能力，包括谈恋爱、选择终身伴侣的能力。

他留男孩女孩在完成成人年礼后，必须有“过七关”的经历，只有经过了“过七关”考验的男女青年，才有资格串“青春棚”，或者在“青春棚”里接待客人的资格。“过七关”“青春棚”是他留人独有的婚恋文化现象，是他留人区别于其他民族的主要标志。“过七关”就是具有丰富的谈恋爱和接待异性经验的他留青年，把自己的经验传授给没有经

他留古城堡碑　刘平／摄

古城堡遗迹　刘平／摄

换装后的他留少女　刘平／摄

青春棚

青春棚里　周荣新 / 摄

验的青年人，是有经验的他留青年人对新人进行人生特别是恋爱经验的传帮带，帮助其掌握恋爱知识，具备男女交往能力的过程。“过七关”表现了他留人对待恋爱婚姻这一人生大事坚持审慎和认真的态度，体现了他留人对人性的重视和关爱。

他留人的婚恋习俗以婚前性自由的“青春棚”为其特色。他留人家的女孩，长到成年，有自己单独居住的屋子，这种屋子被称之为“青春棚”。青春棚是他留成年姑娘睡觉的地方，也是姑娘玩耍、选择人生伴侣、谈恋爱的地方，还是姑娘与心上人在一起完成整个婚恋过程的地方。

他留人有独特的粑粑节、宗支节等传统节日。粑粑节是他留人最隆重的节日，是他留人整个族群集体祭奠祖先的节日。每年的农历六月二十三、二十四日，他留人整个族群就会集体组织祭奠活动，祭奠他留人开基创业的先祖 360 户伍。他留人除了集体过粑粑节外，还有各个姓氏家族集体过宗支节的传统习俗。宗支节是他留人以同一姓氏的亲族为单位，举行的集体祭祖活动，这一活动在 20 世纪 50 年代初被停止。

粑粑节祭祖　刘平 / 摄

粑粑节祭祖　蔡平波 / 摄

他留人的饮食最具特色的是他留粑粑和他留茶。他留人用自己种植出来的他留红米做成他留饵块，用自己种植出来的他留糯米做成他留糍粑。他留粑粑包括他留饵块和他留糍粑，是他留人喜爱的传统食品，也是他留人节日的必需用品，还是送人的礼品。他留人有喝茶的传统，他们习惯用土罐煨茶，煨出油茶、盐茶、苦茶三种茶饮。

他留人传统的服装具有鲜明的族群特色，他们的传统服饰是男女老少都穿火草麻布制成的右边开领的右衽胸襟式上衣。他留人服饰的颜色“崇白尚黑”，衣服用红、蓝、青等颜色的布镶边。他留人传统服饰的原料一般就地取材，用当地盛产的野生火草为材料，辅以各种麻类，主要有苎麻、大麻和亚麻，纺成纱，再织成布，最后制作成火草麻布服饰。由于火草麻布衣服的制作耗时、耗材、耗力，制作成本高，加之如今材料难找，所以，他留人只在节日才穿传统的火草麻布制成的民族服饰，平时他留人的着装与当地汉族人基本一样。

他留人的建筑。他留人受“洪武调卫”来到永胜的汉族人及其文化影响，他留民居的建筑风格与汉族基本一致，住房一般为白墙青瓦的“四合院”或“三坊一照壁”的院落。经济条件好一点的他留人家，一般在房屋的门、梁、柱、基石上有精美的雕饰、彩绘。他留古城堡遗迹、大德寺和现存民居还保留着他留人传统的建筑风貌。

他留人传统的住房中最具特色的是炕床。炕床是每个传统的他留人家必备的设施。他留人的炕床具有多种功能，集休闲、做饭、取暖、照明于一体。他留炕床是他留人根据生活环境、地理条件创造出来的独具特色的族群文化，是他留人区别于其他民族的一种文化现象，是他留人智慧和创造力的体现。

今日他留人 刘平/摄

他留人信仰万物有灵，崇拜祖先。他留人一般由“铎系”即他留人的祭司主持各种宗教祭祀活动，“铎系”是能在他留人和神之间沟通的人，是集各种“超自然能力于一身”的特殊人物，是帮助他留人处理信仰事务的神职人员。“铎系”

在他留人婚庆、丧葬和节日活动中主持仪式、吟唱经文，满足他留人的信仰、精神和现实生活需要。从“铎系”和“铎系唱经”中体现了他留人活着或死后灵魂都存在，只是灵魂所在的世界不一样的观念，这一观念反映了他留人的世界观，体现了他留人有人和自然相联系的思想。

他留炕床　刘平／摄

他留人由于生活环境、传统习俗、思想意识等原因，改革开放前，较好地保留了他留文化。如今，为了更好地保护他留传统文化，永胜县在保护他留文化方面，形成了党委领导、政府负责、各部门联动、社会力量广泛参与的保护他留文化工作格局。对他留文化采取保护为先，保护与开发并重的原则，取得了一定成效。2013 年新建了他留民俗博物馆，展示和传播他留文化；对营盘村古墓群、大德寺及永济桥上的碑文等采取了有效的保护措施；对他留古城堡遗址里的有关资料进行了收集；对现存的宗教仪式、传统节日、铎系唱经等进行了收集、录音；对丧葬礼仪、婚姻习俗、服饰、饮食、民居、语言、符号等进行了收集整理；对营盘村墓群和他留大德寺文物进行了维修；编排了《他留人》大型歌舞实景剧，出版了《丽江青春棚——彝族他留人婚姻习俗》《神秘的他留人》等书籍，制作了《他留铎系》《阿哥阿妹他鲁苏》光碟，拍摄了微电影《他留人》；把双河二村成功申报为省级传统文化保护区。

他留民俗博物馆　刘平／摄

他留文化成果　刘平／摄

保护他留文化方面，政府社会虽然做了一些工作，也取得了一定的成绩，但是，由于市场经济的发展和现代社会的影响，保护他留文化还面临许多的挑战和困难。社会主义市场经济条件下，他留社会也出现了年轻人跟风，崇尚潮流，放弃本族群传统文化的问题；他留文化中的民间音乐、他留纺织、礼仪、习俗等非物质文化遗产，因为传承人年纪大，相继辞世，而年轻人不愿意学习和继承传统，从而出现他留文化后继无人的问题，导致他留文化有失传，甚至消亡的危险。他留文化的保护传承，需要科学整体规划和实施，需要资金和人才保障。希望地方党政领导继续重视保护他留文化，对他留文化进行综合性保护，尽快出台具有系统性、全面性的他留文化保护规划，尽快制定出科学合理的保护法规条例，尽快培养培训专门的保护传承人才，努力推进他留文化的研究工作，充分调动人民群众保护他留文化的积极性，扶持他留文化事业和文化产业，对他留文化进行全面的可持续的保护、传承和弘扬。

（三）他留人现状

他留人主要分布在云南省永胜县六德傈僳族彝族乡的双河、营山、玉水三个村委会。六德傈僳族彝族乡位于丽江市永胜县的东南地区，现今川缅公路丽攀线贯穿乡境，正在修建的丽江至攀枝花高速公路也经过此乡。历史上，六德乡他留人的所在地是内地从四川进入云南，出境到印度，或者出境到缅甸的必经之地，也是茶马古道上的一个重要驿站。六德乡距永胜县城 30 公里，下辖六德、双河、营山、玉水、北华、团结、河腰、华祝 8 个村委会，有 71 个村民小组。2014 年人口统计，六德乡总人口为 14246 人，他留人有 4648 人，占全乡人口的 32%。他留人一般是聚居，在他留人中杂居着少量汉族人。他留人主要有“王、兰、陈、海、罗、熊、段、邱、杨”等九姓，其中“王、兰、陈、海”是四大姓，占他留人口总数的 90%。[①] 他留人除主要居住在他留山地区外，还有少部分生活在华坪县的通达乡、中心镇，大理州鹤庆县六合夸萼，四川省的盐边、盐源等地方。

他留山地区的营盘一直被认为是他留人的发祥地。营盘位于他留河上游，东经100° 39 ' 54"—100° 40 ' 27"，北纬26° 35 ' 67"—26° 36 '

① 李俊：《永胜彝族他留人的生计方式及其变迁》，《楚雄师范学院学报》2016 年第 4 期。

25"。[①]他留河为他留人的生产生活提供了充足的水源。他留人的主要居住地史称他留河流域，总面积约150平方千米，海拔1500—2160米。[②]

他留河背倚群山，峰峦连绵，深箐峡谷，流域台地地势平缓，视野开阔。他留河河谷地带呈温带大陆性气候，半山区呈寒温带气候。[③]他留河流域森林草场资源丰富，生态环境优美。良好的自然和地理环境，特别是大小不一的台地，为他留人在他留山地区的农耕经济提供了有利的自然条件。

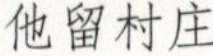

他留村庄

他留山台地

他留先民迁移到他留山地区时，学习汉族的农耕技术，把先进的农耕文明带到了他留山。直到今天，土地还是他留人最重要的资源，农耕还是他留人主要的生产方式，农业还是他留人最主要的经济。他留人一直保持传统的农耕经济生活，与其所在的地理环境和农业资源关系较大，加之，他留人生活在相对封闭交通不便的山区。历史上他留河流域的营盘村，既是交通道口，又是商贸驿站，茶马古道上的马帮给他留人带来了生产生活必需的商品，因此，他留人一直过着传统的农耕生活，在他留山地区安土乐耕，很少走出山外。直到二十个世纪末，他留人还保持着原有的农耕生产生活模式，很少出门，只是节庆或赶集时，才到集市上采购一些生产生活用品和售卖少量的自产品。

① 王化新、周荣新 :《丽江青春棚——彝族他留人婚姻习俗》，昆明：云南美术出版社，2006 年版，第 153 页。

② 简良开 :《神秘的他留人》，昆明：云南人民出版社 2005 年版，第 23 页。

③ 简良开 :《神秘的他留人》，昆明：云南人民出版社 2005 年版，第 6 页。

◀他留农田　▲他留人插秧

他留人的农耕经济，把土地按享有水资源的多与少，分为水田和旱地两种类型，根据土地情况种植作物。水田里春季种植水稻，水稻品种过去为老品种红米，亩产在500市斤左右。由于老品种红米产量较低，现在多数人家改种产量较高的新品种红米，亩产量在1000市斤左右。他留人的农耕种植分为春秋两季，秋季在水田里种植蚕豆、小麦等农作物，春季在旱地里主要种植玉米、马铃薯等作物。春季作物在4—5月间播种，9月收获；秋季作物在9—10月间播种，4月收获。为了增加收入，他留人的土地一般不休耕。历史上，他留人由于种植品种、技术等方面的原因，农作物产量较低，加之，其他经济来源较少，因此，他留人的生活比较艰苦。改革开放以来，他留人引进了新的农作物品种和生产技术，粮食有了剩余，有的人家每年会出售部分大米来增加家庭收入，有的人家开辟了外出打工等增加经济收入的渠道，他留人的生活有了较大改善。

他留人至今还保留着中国传统的农村经济生活方式，家家户户一般以农耕为主，利用自家剩余的粮食、蔬菜、野菜和杂草，饲养牛羊马猪鸡等畜禽，发展家庭饲养业。家中的牛能耕地，骡马能驮运东西，猪鸡

秋收的他留人

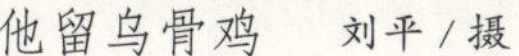

他留乌骨鸡　刘平／摄

他留黑猪　刘平／摄

能提供肉、蛋，畜禽的粪便能为农业生产提供肥料。这种传统的家庭农业与畜牧业的有机结合，不仅能使两者互为条件，相互促进，共同发展，也满足了自给自足的生产生活需要，还是当代社会提倡的绿色经济、循环经济方式。改革开放以来，他留人饲养的畜禽除了满足自己需要外，一般还会向外出售部分鸡、鸡蛋、猪、牛、羊，作为家庭经济来源。

他留人家的房前屋后一般种植梨树，也有种植李子树、桃子树、苹果树等果树的情况。有的人家还在山坡上种植梨树，这样既可以绿化环境，又有水果食用。他留人家的水果一般是自给自足，除了人食用外，还有剩余就给家中饲养的牲畜吃。其实，他留梨具有水多味美，鲜脆香甜的特点，是他留人的一种农特产品。如今，也有人家把他留梨等水果向外销售，增加经济收入的情况。

21 世纪，他留山地区通向外面的道路被修通，他留人的交通条件得到一定改善，他留人的生产条件、生活方式也有了一定的改变。他留人

梨花辉映的他留山　陈朝明／摄

他留梨

家有的购买了面包车，专门做起了客运生意；有的人家购买了小货车，跑起了货运，帮村民运输水泥、沙子、粮食等增加收入；有的人家到丽江或永胜县城开店出售他留特色农产品，有的人家买来了两轮摩托，作为交通工具。总之，交通的改善，既方便了村民的生产生活，也为村民增加收入开辟了新的渠道。

改革开放以来，我国的经济社会快速发展，受外面影响，他留人的思想观念也有所改变，为了增加经济收入，他留人中的青壮年走出他留山，到外面去打工。他留人打工有季节性打工和常年打工的情况，季节性打工，就是已婚家庭成员农闲时外出务工挣钱，农忙时回到家中务农。季节性打工的地点一般在丽江境内的永胜、华坪、丽江等地。常年外出打工就是未婚他留青年，离开家乡常年在外地打工。他留人常年外出打工的地点除丽江市外，还有全国的一些发达城市。由于他留人一般受教育程度低，外出务工的男性以劳动强度较大的建筑工为主，女性以餐饮业和服务业为主。据双河村副主任海金红介绍，2015 年“整个双河村常年打工和季节性打工的总人数在 150—160 人，其中有 100 多人为长年在外打工者。”他留人外出务工，一般把打工收入带回家，用于新建房屋及改善家庭生活条件。[①]

2006 年，在他留能人段崇武的牵头组织下，创办了“永胜县他留乌骨鸡养殖协会”，对他留乌骨鸡进行了有规模的养殖、加工和销售一条龙服务。他留乌骨鸡就是由居住在营山、双河、玉水三个村委会的他留人用传统放养方法养殖出来的地方品种鸡。协会在其养殖技术上进行科学规范，适当扩大了养殖规模，发展了地方经济。他留乌骨鸡在 2010 年 1 月被列入国家级畜禽遗传资源品种保护名目，协会将其申请注册为“他留乌骨鸡”地理标志商标，并被有关机构认定为有机产品。

段崇武还组织成立了“永胜他留农特产品专业合作社”，专门经营他留人的土特产，如他留乌骨鸡、他留鸡蛋、他留猪肉、他留红米、他留粑粑、他留梨等。他留猪肉就是他留人用传统的养殖方法，在他留山地区养殖一年左右，宰杀后拿到市场上销售的猪肉。他留红米就是他留人用传统方法种植出来的老品种红米。他留粑粑就是他留人用自己种植出来的红米，通过蒸煮、木碓或者石对窝舂碓、手工等工艺制作而成的食品。他留粑粑有糯米做成的糍粑和红米做成的饵块两种。协会和合作社的成立，不仅使其

① 李俊：《永胜彝族他留人的生计方式及其变迁》，《楚雄师范学院学报》2016 年第 4 期。

他留乌骨鸡

有机产品认证证书

兹证明

认证委托人名称：丽江他留文化发展有限责任公司

生产企业名称：丽江他留文化发展有限责任公司

有机产品证书

成员增加了经济收入，还向外宣传展示了他留人及其特色物产。2008 年，段崇武创办了“丽江他留文化发展有限责任公司”，公司成员基本上是他留人，经营内容主要是他留风情文化，用表演、声、像等方式向外展示他留特色文化。从此，他留人的歌舞走出了他留山，有的节目还参加了“中国福保文化乡村艺术节”“第十三届亚洲艺术节”和“云南省第十二届新剧目展演”，表演节目获得观众的好评。他留合作社、丽江他留文化发展有限责任公司的成立，既能保护和传承他留文化，又能帮助他留人增加收入，提高其生活水平。但是，由于人才、技术、经营方式欠缺或滞后等原因，协会、合作社、公司在市场化运作方面还不够强不够大，竞争力有限，对拓宽他留人的生财之道，提升他留人的农特产品质量数量，增加他留人的经济收入，改善他留人的生活条件，宣传他留人及其文化等方面，还没有达到预期的目标和成效，有待进一步加强。

售卖他留粑粑 刘平 / 摄

争创饮食品牌

二 他留人的古城堡

他留人的历史从成立“小吉都兵寨”算起，最多有700年的历史，他们却创造了灿烂的文化和辉煌的历史，也经历了风雨和磨难。如今，他留人辉煌的历史被湮没在流逝的时光里，沉睡在荒凉的遗址上。下面，让我们走进他留人的古城堡遗迹，了解他留人的兴衰与荣辱，探寻他留人曾经的辉煌与不幸，揭示他留人扑朔迷离的历史文化。

古城堡遗址　刘平／摄

（一）古城堡遗迹

他留人的古城堡遗址，位于云南省丽江市永胜县六德乡的东面，在他留山的玉水营盘村，距离永胜县城大约 30 公里。营盘村是古代中央王朝和地方政权都十分重视的战略要地，是重要的交通道口，也是茶马古道上的一个必经驿站。营盘村被认为是他留人的发祥地，也是他留人辉煌历史的见证地。

古城堡遗迹　刘平 / 摄

他留山上静谧安详的古城堡遗址，如同饱经沧桑的老人一样，安静地躺在那里，用这种无奈又独特的方式，向人们默默展示历史上他留人曾经的辉煌，痛苦地诉说历史上他留人遭遇的灾难。本文中采用的古城堡遗迹资料，主要来自宋豫秦老师 1991 年的调查报告和学者简良开的调查结果[①]，因为宋豫秦老师是最早写出并且发表关于古城堡遗迹调查报告的人，学者简良开是对他留人的历史文化有全面研究并且写成书的人。他留人古城堡遗址在 1998 年 11 月被列为云南省重点文物保护单位。

他留墓地、城堡保护碑　刘平 / 摄

他留人古城堡遗址占地 130 多公顷，[②]城堡的东西和

① 简良开：《神秘的他留人》，昆明：云南人民出版社 2005 年版，第 28 页、350 页。

② 简良开：《神秘的他留人》，昆明：云南人民出版社 2005 年版，第 28 页。

古城堡遗迹　刘平/摄

南北各长约500米，城堡的东、西、北三面环山，南面为开阔的缓坡地。由于古城堡依山而建，可以说，整个山坳都是古城堡的范围，城堡的平面不是很规则。①从遗址上的残留物，可以看出古城堡的整体布局和建筑轮廓情况。城堡有围墙，在城堡的外围，今天还能看到断断续续的土墙残壁，据说为城堡的城垣。

他留古城堡建筑遗址上有台基、基石、瓦砾等物体。古城堡的北部现存有3处东西排列的建筑台基，台基有长方形和正方形两种，建筑占地面积约150平方米以上。台基上包砌着打凿过的条石，条石形状规则，但长短宽厚不一。条石最长的有3米，一般长1.5米，宽0.3—至0.4米，厚0.15米。有的条石宽和厚都约0.15米，呈方柱体。由于房屋的基址不完整，加之基址上没有墙体，难以清楚说明房屋的平面和立体结构。但是，中间的台基呈正方形，房屋面积约225平方米。②由于附近的群众多年来从城堡遗址里扒取条石用于建筑自家的房屋，致使城堡遗址上的多数房屋基址在20世纪90年代初就变得不完整。

古城堡遗址的房屋台基周围，多处散见大量瓦片，瓦片有板瓦、筒瓦和瓦当三种。瓦的色泽纯正，火候得当。板瓦数量最多，板瓦宽约15厘米，厚约1.5厘米，内有布纹，外表较光滑，略有凹凸。筒瓦较少，制作粗糙，表面多有成坯时形成的刮棱。瓦当也较少，有饰花瓣纹，制作多不规整。学者宋豫秦1991年到他留山调查时，得知他留人很早就掌握

① 简良开:《神秘的他留人》，昆明：云南人民出版社2005年版，第350页。

② 简良开:《神秘的他留人》，昆明：云南人民出版社2005年版，第351页。

古城堡遗迹　刘平/摄

古城堡遗物　刘平/摄

了制瓦技术，当时村寨里还有名称叫“瓦窑坪”的制瓦地方。[①]由此推测，古城堡房屋使用的瓦片应该是他留人自己烧制出来的。

古城堡遗址的地面除散见大量的瓦片外，还有一些明清时期的白底蓝花、黑花和棕花的瓷片，可能是土围子里的居民当时使用的碗、盘、瓶等器皿的碎片。学者宋豫秦 1991 年到他留山调查时得知，他留人直到 1991 年还没有掌握制陶技术，不会制作陶器。[②]由此可见，古城堡里生活的人们虽然居住在偏僻的他留山区，自己不会生产的生活用品，凭借有利的交通条件，也能够享用来自外面的当时比较先进的陶瓷用品。

古城堡遗物　刘平/摄

② 简良开:《神秘的他留人》，昆明：云南人民出版社 2005 年版，第 351 页。

学者简良开根据古城堡遗址上的房屋台基、基石、瓦砾等物体，推测他留城堡为汉式建筑风格，即土木结构的房屋，一家一户的四合院落，土墙瓦屋面的房屋，房屋为正房 3 间、两侧厢房、对面是照壁的三房一照壁院落，或者是四面都是房屋的四合院。大约十户或十五户人家的院落组成一个群落，构成一个土围子，成为一个相对独立的小群体建筑。古城堡就是由多个土围子组成的具有军事性质的村庄。①

古城堡遗迹　刘平 / 摄

古城堡遗址略偏北的地方，残存有数段用比较规则的扁平石板拼铺而成的道路，道路顺着地势自然起伏，道路宽为 1—1.5 米。学者简良开根据道路推测，他留人城堡里的各个土围子之间都有用石块铺成的道路，道路把土围子连接起来，使得土围子成为统一的整体，整体与部分之间又是四通八达，畅通无阻的。由此可见，古城堡规划科学，布局合理。据说在古城堡外面的山上，还设有烽火台和哨岗，若有情况，住在土围子里的土练们能够通过道路快速集结，到达指定地点。②

古城堡里的道路　刘平 / 摄

古城堡遗址上，间或有一些重四五百公斤的石槽，这些石槽呈扇形或者长方形，当地人把石槽称之为“饮马槽”。饮马槽可能是当时土围子里的居民，用于养马置放食物和水的工具。还有石头做成的

①② 简良开 :《神秘的他留人》，昆明：云南人民出版社 2005 年版，第 130 页。

“石猪槽”，[①] 石猪槽可能是当时土围子里的居民，用于养猪置放食物和水的工具。古城堡遗址上，多处有马、牛的骨骸。[②] 由此可见，古城堡里的人们饲养马、猪、牛等牲畜，过着传统农耕和军事兼而有之的屯驻生活。

古城堡遗迹　刘平 / 摄

古城堡遗址上，多处有圆形或椭圆形的古水井，井壁采用打凿的正方形或长方形石块、石条垒砌，辅之以自然石片搭砌拼合而成。井口外侧有斜坡式的道路供汲水的人们出入。古城堡遗址上，原有古井 170 多口，填埋了一些，现存 40 多口，井里的水质好，今天仍然有水可用。[③] 宋豫秦老师说井有龙眼井即出水井和储水井两种。有一个出水井的井口东西直径有 3.7 米，汲水通道长约 2 米，井壁一端的通道口宽约 0.5 米，入口一端的通道口宽约 1 米，台阶延入井口内约 0.6 米，有 5 级。有一个储水井距离出水井约 50 米处，井口的南北直径有 4.2 米、东西直径有 3.1 米，入井通道规整，长有 1.8 米、宽 0.5 米，有 8 级台阶。[④]

古城堡里的水井　刘平 / 摄

①③　简良开：《神秘的他留人》，昆明：云南人民出版社 2005 年版，第 29 页。
②　简良开：《神秘的他留人》，昆明：云南人民出版社 2005 年版，第 353 页。
④　简良开：《神秘的他留人》，昆明：云南人民出版社 2005 年版，第 352 页。

古城堡的饮水沟　刘平 / 摄

古城堡的水利工程　刘平 / 摄

古城堡遗址上有引水沟，学者宋豫秦 1991 年到他留山调查时认为，引水沟是为引东北山梁的泉水供古城堡里的居民饮用和灌溉西南坡地的农田而建造的。引水沟紧贴着石板道，利用自然地势，自北向南，蜿蜒曲折，水流湍急。[①] 可见古城堡里的水井、水沟布局科学合理，可以推测出，当时生活在古城堡里的人们不论是生活用水，还是生产用水都十分方便。

古城堡遗址北面，有断断续续的一些排水沟，排水沟宽约 1 米，长短不一，最长的有百多米。[②] 排水沟的走向由北而南，排水沟是为保证房屋安全，排放北面山坡上下来的雨水而修建的。古城堡依山而建，城内地势高低不一，在地势较高的房屋周围和人们活动的地方，还修建有护坡壁，护坡壁是为了防止雨水冲刷出现地基垮塌而修建的。排水沟和护坡壁都采用天然石块垒筑而成，护坡壁的现存高度一般在 1—1.5 米左右。[③]由此可见，古城堡不仅设计科学，建造合理，而且排水及安全设施完善和完备。

古城堡遗迹　刘平 / 摄

①③　简良开 :《神秘的他留人》，昆明：云南人民出版社 2005 年版，第 353 页。

②　简良开 :《神秘的他留人》，昆明：云南人民出版社 2005 年版，第 29 页。

他留大德寺　高烈明 / 摄

他留大德寺　刘平 / 摄

古城堡遗址中部偏东北方向有他留大德寺。学者宋豫秦 1991 年到他留山调查时，看到的大德寺为坐北朝南的四合院，寺内有面阔的两所寺庙，每所寺庙有三间房。寺庙房屋是土木结构，一字排列。房屋两面坡式，抬梁，没有斗拱。寺院原有的东、南两面建筑和西面的山门都被毁了，仅仅存有零星的基石。[1] 寺内原来供奉着从红泥山搬来的铜佛像，"文革"期间也被毁灭了。传说杜文秀起义军焚毁古城堡期间，他留大德寺也受到了损坏，但是，光绪十六年（1890 年）重修过，宋豫秦看到的他留大德寺应该是光绪年间重修过的。

关于他留大德寺的来源，他留人中有这样的传说：明朝正德年间（1506—1521 年），高土司在佛教圣地宾川鸡足山兴建传灯寺。鸡足山的方丈应高土司的请求，想在传灯寺内安放两尊铜佛像，于是用飞鸽传书的方式，传书到四川的峨眉山。峨眉山的方丈恰好收到从湖南南岳衡山送去的两尊铜佛像，决定把那两尊铜佛像转赠给鸡足山的传灯寺，并且派两位尼姑护送。两位尼姑带着铜佛像，辗转千里，来到红泥山（后改为他留山）时，大地颤动起来，两位尼姑遇到了大地震，其中一位尼姑连同背负的一尊铜像被掩埋到地下。另一位尼姑幸免于难，背负铜佛像继续前行，到了今天永胜的峎峨山区，终因饥寒交迫死于荒野。明末清初，主持兴建他留古城堡的土司高斗光带人进山狩猎，在红泥山偶然发现了历经山洪冲刷而裸露于地面的铜佛像，铜佛像的背面铸有"南岳哈弥佛"5 个字。高土司世代信佛，认为佛像现身是天赐神机，于是，下令部下把铜佛像请入古城堡。当时在古城堡义学馆

① 简良开：《神秘的他留人》，昆明：云南人民出版社 2005 年版，第 352 页。

里工作的文人张立宁等汉族人，为了迎合高土司信佛的心愿，对铜像的来历进行了特别阐述，说铜像是为了普度众生而自愿留在他留山区的。高土司就命人修建了供奉佛像的寺庙，并且把寺庙取名为“他留大德寺”，把古城堡周围的地名改为“他留”，城堡改为“他留城堡”，城堡中居住的人由“他鲁苏”改名为“他留人”。文人还为铜佛像的来历，专门撰写了一副楹联，挂在大德寺的殿门上，楹联为：“八千里云路，无道自喜来苍茫，到此无形堪小柱；吾身留北赕，数百年间观山绿，弟子有缘垂大名。”①

古城堡遗址的南半坡，是田地和草坪，这里有一对呼之欲出的大石狮，据说这里是古城堡的南门，石狮就放置在城门口，当时的城门周围还修建有坚固的城墙，城墙较宽，马可以在上面奔跑，城墙上还设有碉堡、垛口、观察孔。②

古城堡遗址中部稍微偏东的平坦地段，也就是大德寺西南百米的地方，据说是高氏土司衙门遗址，衙门占地面积约为 130 多公顷，原来的房屋为三进院，一院比一院高一台。前院是佣人的住房和养马的厩房，中院是宾客房，后院是正殿大堂和主人的住处。北侧是后花园，南侧是厨房和餐厅，现在变成了他留人的耕地。耕地上现在还存有三条埂子和两对硕大的柱墩石。高土司衙门原来的厨房和餐厅所在地，现在是徐氏人家的宅基地，只有古井、麒麟石、仙鹤石还静静地躺在那里，述说着过去这里曾经的一切。③

古城堡遗址的西南部是开阔的慢坡地，面积有数百亩，现在是梯田，种植水稻等农作物，靠引山泉水灌溉庄稼。宋豫秦老师 1991 年到他留山调查时认为梯田与古城堡相连，原来应该是城堡的一部分，可能是古城堡里居民的农业基地。④

古城堡遗址东南约 600 米的石崖上有个岩洞，岩洞处巨石众多，地势险峻，岩洞的造型奇异。岩洞的洞顶由一整块百余平方米的巨大石板覆盖，就像混凝土房屋的平顶一样，石板就是一块浑然天成的屋顶。洞前有一个横空出世的高楼般的石墩，犹如鬼斧神工、刀劈剑削一般。

---

① 简良开：《神秘的他留人》，昆明：云南人民出版社 2005 年版，第 25 页。
② 简良开：《神秘的他留人》，昆明：云南人民出版社 2005 年版，第 29 页。
③ 简良开：《神秘的他留人》，昆明：云南人民出版社 2005 年版，第 32 页。
④ 简良开：《神秘的他留人》，昆明：云南人民出版社 2005 年版，第 353 页。

栖云洞　季正团 / 摄

岩洞的正前方用浓墨书写着“栖云洞”三个醒目的大字，落款是“辛丑秋月主人高斗光”，为清朝 1661 年题。高斗光是永胜高氏土司中的一代才子，他在洞的南边崖壁上还书写了“引真龙到此”五个大字。“栖云洞”顾名思义是云雾栖息之所，彩云涌现吉穴之意。岩洞上云岚出没，时现时隐，空气清新怡人，洞内气候凉爽，是避暑休闲的好地方。[①] 登临此洞，他留山的胜景尽收眼底，莽莽苍苍的群山，滔滔不绝的他留河水，郁郁葱葱的原始森林，肃穆森严的古墓群，沧桑凄凉的古城堡遗址等景象一览无遗。

栖云洞题刻　季正团 / 摄

① 简良开 :《神秘的他留人》，昆明：云南人民出版社 2005 年版，第 33—34 页。

栖云洞中还有一些题刻，有郡人徐景秀的手迹“石壁撑青天，老洞压第屋，水流石不转，倍兴闵人宿”。有郡人拔贡段永珍，段永珍当时担任清军永北直隶厅军需局总司，在咸丰庚申年（1860年）清明节前，段永珍与郡人廪生高珍一起到他留城堡筹办军务，登上栖云洞，他俩都对栖云洞的景观有自己独到的感受，并且留下了墨迹。段永珍在咸丰十一年，即1861年7月，杜文秀起义军攻占永北厅城时投水而亡。段永珍在游览古城堡后，写下了览古城堡的题游诗《乙未七月游栖云洞偶成》，描绘了古城堡被焚毁前他留人安居乐业的繁荣，这是现存唯一的一首描写他留古城堡景象的诗，全诗为：“题河新晴到此游，高瞻远瞩胜芒楼。生成峭壁留仙迹，坐睡景阿龙牧□。四面山光环眼坐，万家烟火注心头。万端妙趣万端出，别有天地孰与伴。”这首诗不仅描写了当时古城堡的景象，也写出了栖云洞的奇境和作者当时的感受。① 高珍留下的手迹是：“登石楼，上楼梯，一层高、一层低，凄清风程飞，怨怨愁听猿”；高珍还留下墨迹：“到此忽行山上舟，蓬壶仙岛可神游。夜深小阁成仙境，一派松涛似水流”等。段永珍、高珍在《永胜直隶厅志》中被称为“忠义之士”。②

他留古城堡遗址东边的路口，现存有一个表明清政府在他留古城堡设立朝廷大型驿站的史迹《右仰通知碑》。该碑的碑宽有45厘米、高75.5厘米，碑体受损严重，碑文是：“为严禁滥用夫役，以恤穷黎，□□如有紧急公件，总以□局宪联二串票及地方官印票到站验明，方准照给。如无印票□□□，他留一带居民，汉夷等人知悉，嗣后凡有过往官兵□到站，□□□府印票者，方准给夫，所有一切□□。若有不肖官兵不遵示禁，仍敢妄行，姑且滥用者，该地头目禀

古城堡遗迹　刘平 / 摄

① 黄彩文：《云南永胜他留人的档案史料及其价值》，《云南师范大学学报（哲学社会科学版）》2006年第6期。

② 简良开：《神秘的他留人》，昆明：云南人民出版社2005年版，第36页。

办，本府定从严惩办，决不宽贷，□□程如有紧要大公，官则照官价取用，至于兵差到站，概和禁革，不准取用，违者究治□□。”根据此《右仰通知碑》上的内容得知，他留古城堡经过上百年的建设经营，到清代中叶，已经建设成为商贾云集的经济文化集散地，马帮、商旅和官差都到那里汇聚的重镇。①

他留古城堡，可以说从他留先民迁移到他留山营盘时就开始建设了，直到清朝咸丰年间，他留人把营盘建设成为既有军事防御功能，又有民居用途的兵寨，那里还是经济文化交汇的地方。他留古城堡是汉族文化与他留文化的精致结合，不仅在规划、布局和功能方面，做到因地制宜，科学合理，而且建造得独特别致、方便实用，堪称那个时代的建筑精品。

（二）古城堡来源

从古城堡遗址及其遗迹，仍然可以想象，历史上的他留古城堡设计是多么超前！古城堡有科学合理的居住设施，有四通八达的道路，有保障安全的护坡壁，可以说是当时滇西北地区的建筑奇观！那里不仅地理位置重要，古城堡的建设，又促进了地方经济的繁华兴盛。但是，他留古城堡修建于何时？史书没有记载，人们也无从考证。直到今天，古城堡的修建时间及建设过程，还是一个未知的谜。关于他留古城堡的来源，本书采用学者简良开对古城堡遗址遗物研究后的推论及阐述。

他留古城堡所处位置，历史上十分重要，是内地经过四川到达云南，出入西藏、印度、缅甸的交通要道，也是由云南进入四川到达内地的关口要塞，还是重要的驿站。唐宋时期，那里已经成为滇西北比较繁荣的驿站。大理国时期，永胜称善巨郡，高方被段氏封为岳侯，段氏分封善巨、巨桥（昆明）等地给高氏子孙世袭。由此，高氏开始统治今天的永胜。北宋庆历八年 (1048 年），大理国的段氏把善巨郡改名为成纪镇，成纪镇成为大理国的一级军事重镇，高智升派其孙子高泰慧（高升泰的第四子）镇守，首府就设在今天的永胜县城。高氏世居永胜由此开始。元朝时期，成纪镇改名为北胜府。丽江人章吉从元世祖忽必烈征伐大理时，为帮助忽必烈实现统一云南的目的，屡立战功，功绩卓著，赐名帖木儿。

---

① 黄彩文 :《云南永胜他留人的档案史料及其价值》，《云南师范大学学报》(哲学社会科学版)2006 年第 6 期。

为奖赏章吉，忽必烈任命章吉为北胜府的知府，兼管丽江宣抚司事。从此，北胜府出现了两个势均力敌的统治者，高氏和章氏。明朝洪武十五年，改北胜府为北胜州，高氏为北胜土知州，章氏为北胜州副同知。北胜世守高斌祥早在元末年间，就在把施蛮的一支游牧部落集中起来，按下千户数 360 户伍组建成一支常备武装，作为自己的“亲军”，为了增强自己的力量和防守要塞，在明朝时期，高氏把这支“亲军”整体迁移到他留山地区。那时，高氏统治的地带是：东至四川马喇长官司 150 公里；南至宾川铁索桥箐 135 公里；西至革早郎，距离顺州土司管辖的地方 35 公里；北至老鸦箐，距离章同知管辖的地方 7.5 公里。章氏统治的地方为：东到四川长官司 150 公里，与今天的盐源县交界；南至灵源箐 7.5 公里，与高土司统治的地界相交；西至龙潭 5 公里，与汉民族的地界相接；北至站（战）河 60 公里，与蒗蕖土司统治的地界相交。由此可见：从永胜县城东郊的灵源箐向东一直到他留河、小米田、腊姑德、通达、荣将、四川长官司的 150 公里长的地带，是高氏与章氏管辖范围的交界线，即这一界限的南边是高氏统治的范围，北边是章氏统治的范围。[①]

他留山处于高氏统治的区域，距离章氏统治的地界只有 7.5 公里，是川滇藏的交通要道，是兵家的必争之地，是重要的商业驿站。明朝时，朝廷在他留山设立营盘，派左营步战守兵 20 名镇守此地。高土司为了与章土司争夺势力，一边表示效忠朝廷，服从派遣，统帅亲军即他留土练到各地平乱，建立功勋；一边为了巩固自己的领地，扩充势力范围，扩大军事、政治、经济利益，在明朝嘉靖后期，让三百六十户伍土练与朝廷左营步战守兵一道驻守营盘。高氏对三百六十户伍土练的管理，效法明朝的屯戍制，实行“寓兵于农，屯民实边”的方式。这种管理方式，既保证了战事的需要，又能保证日常的粮饷自给。明朝万历初年，北胜世守高承祖奉朝廷调遣，数次率领这支土练出征作战。他留土练英勇善战，屡建战功，万历皇帝钦赐高土司及其亲兵赏银，并颁发给“报国忠贞”的匾额。清朝时，那里被称为他留汛。乾隆三十五年（1770 年）朝廷裁减他留汛，撤走了左营步战守兵。从此，他留山地区的防务由他留人执行。[②]

① 简良开 :《神秘的他留人》，昆明：云南人民出版社 2005 年版，第 30—31 页。

② 简良开 :《神秘的他留人》，昆明：云南人民出版社 2005 年版，第 31 页。

明末清初，高氏没有朝廷分派的军事任务，驻守他留山营盘的土练有更多的时间和精力，用来发展生产，建设家园。永胜土司高斗光抓住时机，在营盘大兴土木，统领土练把营盘扩建为城堡，同时从郡城请来一批汉族文人和工程人员，帮助高土司在营盘建设城堡、兴办学校。高斗光土司在他留山狩猎时发现了一尊铜佛像，还建筑了专门供奉铜像的寺庙，由于高土司信奉佛教，采纳了汉族文人的建议，把铜佛像的得来，解释为佛像自愿留下普度众生，于是，把建筑供奉佛像的寺庙取名为“他留大德寺”，还把他鲁苏驻守的地方，定名为“他留”，把城中的他鲁人定名为“他留人”，把城堡改名为“他留城堡”。他留山地区的古城堡经过了从驿站到村寨，到营盘，再到兵寨，最后到城堡的发展变化过程。城堡其实是军事防御和民用功能兼而有之的一种建筑。城堡的修建大约开始于明朝万历年，到清朝康熙年，历时一个多世纪。[①]

（三）古城堡毁灭

清朝咸丰六年（1856 年），云南各地反抗清政府的起义不断高涨。同年 8 月，杜文秀在蒙化(今巍山)联合汉、彝、白等各族人民起义，提出联合各族人民共同反抗清政府的主张。同年 10 月，起义军攻占大理，杜文秀被起义军推举为“总统兵马大元帅”，建立起大理革命政权。云南各地回、汉、彝、哈尼、白、傣、纳西等各族人民纷纷响应起义，起义烽烟遍及全省。杜文秀起义军高举反清大旗，攻占了周围 50 多个城市，半个云南在起义军的控制下。由于清朝官军打的是红旗，杜文秀起义军举的是白旗，民间就把清朝官兵与杜文秀起义军之间的这场战争称之为“红白旗闹事”。[②]

咸丰十年（1860 年）十二月，杜文秀派大将军虎应龙、都督刘应贵及部属刘名扬、梁麟奎等，率领起义军数千人，征战到达今天的永胜，占据了永北直隶厅现今永胜县的南部地方和三川一带，进兵并驻扎在厅城的郊区，即北山、大营、西关坪等处，只剩下永北直隶厅城没有被攻克，且当时厅城里没有守军，只有官绅。那时，四川盐源县民众响应杜文秀起义军的号召，也在棉花地、大水井等处起义。因此，永北同知胡

① 简良开:《神秘的他留人》，昆明：云南人民出版社 2005 年版，第 31 页。

② 简良开:《神秘的他留人》，昆明：云南人民出版社 2005 年版，第 37 页。

廷良率领厅城守军和地方部队到滇川交界处，与盐源县令一道商讨平定盐源县附近杜文秀起义军的事宜。杜文秀起义军领导虎应龙等探知永北厅城的胡廷良及守军不在城中的情况，于是作出了自己率领起义主力军攻战永北直隶厅城，同时派部将刘以文率部进攻他留城的决定。起义军一旦攻下他留城，即可挥师东进旧衙坪（今华坪），直抵盐源，与棉花地、大水井的起义军汇合，打通川滇门户，与四川太平军联结起来。[①]

那时的他留城，是在酋长蓝华的领导下开展防守工作的，蓝华曾经获得五品军功，作战勇敢且有经验，加之，古城堡坚固，土练训练有素，刘以文军与他留守军交战后，难分胜负，两军相峙。刘以文守军只能把他留城围困起来，从而拖延了起义军东进计划。此时，胡廷良带领军队与盐源县令一道，打败了滇川交界处的起义军。

胡廷良得知永北厅城已经被杜军围困的情况，立即日夜兼程返回永胜，在十二月二十五日，胡廷良率军与进攻永北厅城的杜文秀起义军交战，战事旷日持久。咸丰辛酉年（1861 年）正月，胡廷良又调旧衙坪、北角坝、土司等汉夷团练数千人，在永北厅城四面御敌，双方激战数日，杜文秀起义军暂退。同年五月，杜文秀起义军重整旗鼓，大举进攻永北厅城，连营达十多里。七月上旬，东线虎应龙部吸取前次刘以文围攻他留城未果的教训，乘他留酋长蓝华奉高土司的命令，带领土练到永北厅城郊增援官军，趁他留城内的主帅在外，守军空虚的时机，利用拥护起义军的莨峨人，与他留人是同语支并且有姻亲关系的条件。杜文秀起义军事先埋伏在有利的地方，子夜时，由莨峨人向古城堡内的守军喊话，谎称有事，诈开城门，起义军蜂拥而入，冲进他留城堡。他留城堡里的土练，由于势单力薄，加之仓促应战，战至黎明，城堡失守。城堡中的他留百姓在睡梦中被惊醒，扶老携幼，四散逃命。刘以文为报前次久攻他留城堡不克的怨恨，在城堡里大肆烧杀抢掠。据说，城堡里当时死于乱刀之下的土练和百姓有数百人，惨不忍睹。次日清晨，城堡里只有起义军。他留人除了逃离城堡外的，城堡内无一生还。起义军攻占他留城后，控制了他留河两岸沿线，并且控制了永北厅城和六德通往他留城的永济桥和三板桥。[②]

正在防守永北厅城的他留酋长蓝华，突然听到他留城堡失守，城堡

---

① 简良开：《神秘的他留人》，昆明：云南人民出版社 2005 年版，第 38 页。

② 简良开：《神秘的他留人》，昆明：云南人民出版社 2005 年版，第 38–39 页。

里的民众惨遭杀戮的消息，痛心疾首。蓝华立即禀报高姓世守，表明一定要收复失地的信心。那时的北胜世守高长祜还不满一岁，由其胞叔高鸣廷代理州事。血气方刚的高鸣廷，听到他留城堡失守的消息被震惊了，应蓝华的请求，亲自率队与蓝华一道前往他留山，决心与杜文秀起义军交战，并且发誓要收复失地。不料，高鸣廷、蓝华率军来到他留河的三板桥附近，被事先埋伏好的杜文秀起义军重重包围，他们只能仓促应战，终因战事不利而失败。高鸣廷、蓝华被起义军活捉，两位首领就地殉难，蓝华的两个儿子也一道殉难。此事在《永北直隶厅志》中是这样记载的："高鸣廷，郡文生，代理北胜土知州事，带队围攻他留贼营，战败，被执遇害。"高珍的叙事诗《山后行——纪实事伤世乱也》也写了此事，是这样写的："……贼风日大势难回，收束乌戈力相抵。他留酋长羡蓝华，忠孝完全出一家。誓不同天心如铁，凌迟父子无悲嗟……川团假号取他留，直入白马略羊牛……"[①]

杜文秀起义军攻占他留城堡后，把他留城堡作为打通川滇门户的一个重要据点，并且作为进入四川与太平军联系的道口，刘以文部一直坚守着他留城堡这个据点。后来，起义军以他留城堡为据点，派军围攻旧衙坪，遭到官兵的前后夹击，失利。此时，起义军因战事所迫，守将刘以文奉命撤走，守军被调往他处，不得不放弃他留城堡这一据点。临行前，刘以文为了发泄对他留城堡的痛恨，放火焚毁了他留城堡。因为起义军攻占他留城堡的时间是 1861 年，即辛酉年，民间把这次战争称之为"辛酉'发逆'之变"。[②]

今日他留山寨　刘平 / 摄

他留人充分发挥才智，长期建设才完成的集军事和民用于一体的他留城堡从此消失，只有遗址及其遗迹作为他留人辉煌历史的证据。

杜文秀起义军纪律严明，凡有伤民害民行为等违反纪律者，都要按照纪律严厉处罚。刘以文帅军攻占他留城堡虽然

① 简良开：《神秘的他留人》，昆明：云南人民出版社 2005 年版，第 40 页。
② 简良开：《神秘的他留人》，昆明：云南人民出版社 2005 年版，第 41 页。

有功，但是刘以文有在他留城堡烧杀抢掠的行为，特别是焚烧了他留城堡，严重违反了起义军的军纪，被虎应龙处以斩首的极刑。

古城堡被起义军攻占时，城堡里的居民四处逃散，有的被杀死，有的逃出后在城堡附近躲避起来，有的逃到了仁和镇的良田，有的逃到了华坪的通达乡、中心镇，有的逃到了他处。一个半世纪后，城堡附近的他留人发展成为今天的双河、营山、玉水等 20 多个大大小小的村寨，以双河、营山、玉水这三个村为他留人的主要集聚区。后来，来到他留山的汉族，在古城堡遗址周围建房，并且定居下来，把居住地的名称恢复为原来的名称“营盘”，即现今的营盘村。今天的营盘村，全村都是汉族，现有 50 多户人家，没有一户他留人。①

他留城堡被毁后，他留山地区仍然具有交通枢纽和经济要道的区位优势，在地方政府的倡导和高氏首领的努力下，营盘茶马古道驿站很快又恢复了昔日的繁华。新迁来的汉族人民，在废墟上重新建起旅店，做起了生意，恢复了往日热闹的景象。他留山在南来北往的马帮铃声中，又焕发出勃勃生机，他留山他留人、汉族人、傈僳族人在他留山这块土地上，耕种经营，生生不息，世代和谐、融洽相处。

今日他留山各民族　刘平 / 摄

① 简良开:《神秘的他留人》，昆明：云南人民出版社 2005 年版，第 41–42 页。

历史的车轮滚滚向前，人类社会不断发展变化。新中国建立，二十世纪中叶，在他留山下，新建了从大理、丽江到四川的公路，公路由营盘山下的他留河边绕道而过，他留古道、驿站失去了昔日交通道口的作用，被遗留在深山峡谷中。从此，汽车代替了马帮，大桥取代了古道，集市代替了驿站。他留山地区的人们远离了繁华与喧嚣，逐渐拉开了与当代经济发展的距离，造成了他留人在经济社会方面与外面的差距。他留古道永远地留在了历史里，留在了人们的记忆里，留在了传说里。只有古城堡遗址，静静地躺在荒凉的草丛中，向过往的人们诉说着他留人的沧桑的历史与曾经的往事。

三 他留人的古墓群

他留文化中令人惊奇、让人叹为观止的要数他留山上的古墓群。万座坟墓连成一片，碑石林立，宏伟壮观。1991 年北京大学考古系宋豫秦老师到了他留山，看到他留古墓群，被他留坟林所震撼，在他的调查报告中说道：“我曾经三次到过山东孔子坟林，想不到的是，他留坟的规模要比孔子坟林大得多。”[①] 广西电视台《发现》栏目介绍他留山时，是这样说的：“没有想到，到了他留山，我们首先看到的是一片寂静的坟林，一片庄严的墓碑。他留山上死去的人比活人多！”[②] 他留山上古墓群的碑林是少数民族学习吸纳汉文化、融合汉文化的典范，是他留先民创造的民族文化瑰宝，是他留族群留给人类的精神财富，是他留先民为人类留下的文化遗产，是揭开他留人神秘历史的重要实物资料。他留古墓群因其特有的文化和文物价值，1992 年被列为永胜县第二批文物保护单位；1998 年被列为云南省第五批文物保护单位；2006 年被国务院批准颁布为全国重点文物保护单位，并且把他留人古墓群正式定名为云南省丽江市永胜县六德乡“营盘村古墓群”。

营盘古墓文物保护碑　刘平 / 摄

①② 杨江：《他留坟林和他留古城堡遗址》，《云南档案》2007 年第 12 期。

（一）古墓群概况

他留山上的古墓分布在双河、营山、玉水三个村之间，约 15 平方公里的范围内，总数有 1.3 万座。[①] 墓葬比较集中的是他留古城堡旁边的东北山坡，这个山坡过去被称为他留人的宗支山，面积有 30 多公顷。他留人的宗支山上登记在册的坟墓有 6340 座，其中保存完好的坟墓有 2500 座，残破的有 3840 座，有碑文的坟墓占宗支山坟墓总数的 45% 以上，没有碑文的坟墓占宗支山坟墓总数的 55%。[②]

他留人宗支山的古墓群依山而建，坟墓的朝向一般是面向西南。宗支山上古墓群内郁郁葱葱，包石冢的坟墓鳞次栉比，井然有序，连成一片。这些坟墓的主人，历史上是永胜高氏土司的卫戍及其他们的家人。[③] 高氏土司在元末明初，把永胜历史上的一支施蛮游牧部落组织起来，作为土司的卫戍部队，部队取名为“小吉都兵寨”，后来改名为他鲁苏土练。为了战略防务需要，高氏土司把小吉都土练从当时的居住地，即永胜县城的郊区，整体迁移到今天的他留山地区，还把这些人定名为他留人。从此，这支卫戍部队，不仅有戍守边塞的职能，还有屯种的职能。这支卫戍部队在他留山地区开疆拓土，并且世代居住在他留山地区，他们年老离开人世，就被安葬在宗支山墓地。他留人活着的时候，为高氏驻守他留山，死后使到了另一个世界，还这样整齐有序地排列成队伍，忠心耿耿地为高氏土司守护这片寂静的他留山林。

营盘古墓　刘平 / 摄

① 简良开 :《神秘的他留人》，昆明：云南人民出版社 2005 年版，第 47 页。

②③ 简良开 :《神秘的他留人》，昆明：云南人民出版社 2005 年版，第 48 页。

他留“异地”　刘平／摄

他留宗支山南部的山坡下是古墓群的入口。入口处的前面有一条古道，是历史上永胜通往华坪、宁蒗凉山的道路。古道以南是他留人称之为“异地”的地方，就是他留人埋葬独身男女的地方，这些坟墓的主人活着的时候，是他留社会的独身人。这说明他留人受汉族“无后为大”封建思想的影响极大，把独身的男女称之为“异类”，即使死了，这些人也只能埋在异地。异地的坟墓都没有石碑。

他留宗支山古墓群附近，有数十座明代汉族人的墓碑。如“明显妣李母邓孺人墓”“明德寿显考妣李公新宇母李氏之墓”“明德寿饶公君重之墓”等，这些墓碑一般都没有标明立碑的具体时间和立碑人的名字，也没有墓联。只是在墓碑上写明“乙山　辛向”，“艮山　坤向”等描述风水山向的词句。据考证，这里最早的坟墓是永乐至正德（1403—1521）年间的坟墓。这些汉族墓碑的时间比他留山古墓群碑林里现存最早的他留人墓碑要早十年至百年，说明他留人没有进驻他留山时，他留山已经有汉族人在那里开设驿站，并且定居下来了。①

他留宗支山古墓群西北坡的山凹处，有“张氏陵园碑”，此墓碑引人注目。张氏在他留山地区传播汉文化，为他留人学习汉文化做出了贡献。张氏陵园碑的碑文实录为：“吾本乎之天，人本乎之地，人之有源也。原籍湖广长沙府湘乡县。自弘（洪）武调卫入永北，后又由始祖张立宁公移居他留，迄今九代矣。□□□□高强与地方头目海仕泽情厚至交，托请向王坝腊（他留语：管水的人）相让地基。乾隆廿年又向陈光前相让□□□□明秀繁昌……抢山前皮拉腊凹后尾谷各居不等，因祖坟路隔窎远，将刻未及照应。兼与义地相连，多有兵荒马乱，义地名迹被盗葬。

---

① 简良开：《神秘的他留人》，昆明：云南人民出版社 2005 年版，第 70 页。

张氏陵园碑主体　　刘平／摄

光绪十一年被赵德富盗墓，吾家告经世守公处，蒙委勘端兼处，有伤本碍，除令盗者迁移出外，罚银三两六分在公，以盗葬给据，遵守在案矣。民国六年十月，又被袁范恩持财谋地，盗墓欺祖。伊故此□□水，任吾家灭岗，报经地方区保勘踏公理处，仍令袁氏将尸迁移，并令给吾家银五两六分的赔偿。前山奠谢，竖碑立石，开明四至在后，以免年久想混，则其生死相安矣。略为序。东至小梁子，南至李姓界，西至石包，北至山箐占地面积约 50 余亩。民国七年二月二十四日，张蔚、张萃、张笔、张芬、张国栋，同任万峥，暨合族等同立。”

张氏陵园墓碑的碑文记载了明确的张氏坟茔面积，坟茔的四至界限以及墓地的来历和缘由。根据有关记载，张氏的始祖是张立宁，张立宁是雍正年间奉永北知府江峤孙建立义学馆的要求，受高土司的聘请，从永北府城到他留山上的义学馆去执教的文化人。张立宁，原籍湖广长沙府湘乡县，他的祖先是洪武调卫时期来到今天的永胜县。张立宁到他留山地区执教，从此，定居在他留山，之后，张氏世居他留山地区。张立宁在他留山地区讲文传义，是他留山地区传播汉文化的使者，对他留人学习汉文化作出了重要贡献。张立宁是他留山地区德高望重的汉族文化人，去世后被埋葬在他留山。张立宁的子孙在今天永胜县六德乡的六德、小米田、玉水、华祝等地都有分布。①

① 简良开：《神秘的他留人》，昆明：云南人民出版社 2005 年版，第 71 页。

张氏墓碑　刘平 / 摄

他留宗支山古墓群南部的入口处有两对石柱，被分别称之为“武官华表”和“文官华表”。石柱表面光滑，高约 6 米，柱体呈多棱状，石柱的上面雕刻有多种动植物图案，石柱的顶端还有雕塑，雕塑的图案好像是神兽。

他留宗支山古墓群里埋葬的是被他留人认为正常死亡者，这些亡者的坟墓连片组成古墓群。他留宗支山是他留人的公共墓地，这里有别于前面说的“异地”。他留宗支山古墓群里的坟墓多数呈长方形。墓圹为竖穴的土坑式，在墓圹上面用土堆成冢。坟墓一般是用打凿过的大小不一的长方形条石围砌而成的。坟墓的高度一般在 1 米左右。单人墓的宽在 1.5 米左右，双人墓的宽在 2.5 米左右，三人墓宽在 4 米左右。

营盘古墓群里的华表　刘平 / 摄

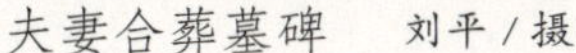

夫妻合葬墓碑　刘平／摄

单人墓碑　刘平／摄

他留宗支山古墓群里大多数是一夫一妻的夫妻合葬墓，这种墓多数为棺木同穴，碑座共用一个，就是墓碑只有一个碑座，但是，碑心有两块，是碑心并立的墓碑；古墓群里有较少的一夫二妻的三人合葬墓，墓碑也只有一个碑座，但有三块并列的碑心；古墓群里还有较少的单人单墓碑。[①]

他留宗支山古墓群里的墓碑，结构一般由碑座、碑体、碑框、碑心、碑额、边柱、供台等部分组成。单人、双人、三人墓碑的结构大同小异。碑体多为长方形，不论单人、双人，还是三人的墓碑，高一般在1.5—2米之间。

他留宗支山古墓群里墓碑的碑心多为长方形，高在0.6—0.8米之间。碑心上一般刻有死者的姓名、生卒年月，少数墓碑的碑心上刻有死者的学识、职务和军功等生平事迹。墓碑的碑框有单框和内外框两种类型。墓碑的碑框是方柱体，凿磨较为光润。内框、外框上一般刻有吉祥、赞美之意的对联。墓碑的碑框、边柱上雕刻有各种动物、植物图案。墓碑的碑额都是拱形的，碑额上也雕刻有各种图案。拱形碑额上的图案丰富多样，有二龙戏珠、双鹤对

三人合葬墓碑　刘平／摄

① 简良开：《神秘的他留人》，昆明：云南人民出版社2005年版，第354页。

▲ 墓碑帽

◀ 墓碑边柱　　季正团 / 摄

拜、双龙夺宝、丹凤朝阳、莲花龙、蝙蝠龙等图案。墓碑碑帽的图案一般有太阳、月亮、太极符号等，或者刻有福、寿等字。墓碑的碑座都是直接接触地面，碑座一般有两层，上层是一块长方体的条石，平压在下层的碑座之上，直接承托起碑石、碑框、碑额、碑心、边柱等。上层碑座的边柱上一般雕刻有圆形的虎、狮兽首，当地人俗称为狗头。下层碑座一般由长方形的石墩和立石构成，高约 30 至 40 厘米，下层的碑座石上雕刻有珍禽异兽、神花、奇草、祥云等图案，图案最多的是神态各异的麒麟。古墓群里只有部分墓碑才有供台，供台的台面光滑，供台外露的三个面都雕刻有精美的图案。

营盘古墓群墓碑上雕刻的文字一般是汉字，汉字为楷书，阴刻在墓碑上，汉字字体清秀，雕刻技艺精湛。墓碑上镌刻的文字，与内地汉族墓碑上镌刻的内容基本相同。在墓碑的碑柱和碑额上，一般刻有吉祥寓意的对联，碑心上一般刻有死者的姓名、生卒年月及颂扬死者的文字。

他留宗支山古墓群的坟墓，从墓碑碑文上刻写的时间看，墓碑年代最早的是明朝万历年间，最晚的是民国中后期，而明朝年间和民国时期的墓碑很少，[①] 由此得知，他留古墓群里的古墓，时间跨度大约有 370 多年。[②]

① 简良开：《神秘的他留人》，昆明：云南人民出版社 2005 年版，第 356 页。

② 简良开：《神秘的他留人》，昆明：云南人民出版社 2005 年版，第 47 页。

墓碑心碑文　刘平/摄

他留宗支山古墓群里的墓碑按照年代划分，早期墓碑为明朝万历、崇祯年间的墓碑，中期墓碑为清朝康熙、雍正、乾隆、嘉庆、道光年间的墓碑，晚期墓碑为同治、光绪至民国时期的墓碑。

他留宗支山古墓群的墓碑，碑文历经数百年的风雨等自然力侵蚀，加之，树枝、刺藤的遮盖和攀爬，有的字迹已经脱落，有的碑体、碑身由于牲畜的破坏，墓碑的原貌受损，但是，古墓群的规模、轮廓和整体依然还在，连片的墓群依然存在，壮观的碑林仍被保留，碑林还是国内少见的保存较完好的古墓碑。

（二）古墓群特点

营盘古墓群的坟墓，根据墓碑的碑文得知，坟墓是按照家族姓氏分区域、有秩序地分布的。坟林的中部是他留王氏家族的坟墓，埋葬的是王氏家族的逝者。传说王姓祖先最先找到营盘，并且发现营盘地方适宜人居，他留人才在营盘定居下来的。为了感谢和报答王姓的功绩，王姓享有离世后埋葬在他留宗支山的中部和每年最先过宗支节的优越条件。[①]王氏坟墓周围是陈、海、兰三姓和段、熊、罗、邱四姓的坟墓。各个姓氏的坟墓在宗支山有顺序排列，互不交叉，互不混杂，各个姓氏坟墓的

① 简良开：《神秘的他留人》，昆明：云南人民出版社 2005 年版，76-77 页。

位置明晰清楚。历史上，他留人活着的时候是训练有素、纪律严明的卫戍部队，即使离世，到了另外一个世界，他留人也守纪律、讲秩序地排列，继续为他留山的父老乡亲站岗，守护着他留山的山山水水。

历史上，他留人的姓氏有王、陈、海、蓝、段、熊、罗、邱、杨九个姓氏。前四个姓即王、陈、海、蓝是他留人的大姓，约占他留总人口的 90% 左右。据说，他留人中的杨姓，其祖先的墓地不在他留人宗支山，选择在其他地方。还有传说，在清朝咸丰年间，他留人的城堡被毁灭后，杨姓赶了一群羊，逃往了华坪、鹤庆等地方。因此，营盘古墓群里只有他留人中八个姓氏的坟墓。①

宗支山古墓群里的坟墓按照墓体的形状，可划分为两类，一类是墓头用石板砌成的框形的直立的长方体形状的墓碑。墓头石板，长宽约有 35—60 厘米之间，厚约 5 厘米。墓的中部与尾部，大多不存在，被夷为平地。此类坟墓一般没有碑文，难以考证墓主的姓氏名号，至今未调查，也难以调查清楚。第二类坟墓有墓碑，墓碑上有碑文，从碑文可以看出墓主埋葬的年代和姓氏家族等情况。这类坟墓墓碑结构完整，有台基、碑座、碑体、碑框、碑心、碑额、边柱等。坟墓的墓身在 2.1—3 米左右，墓身用长方形的条石垒砌而成。

宗支山古墓群里有墓碑的坟墓，大多是夫妻合葬墓；还有少量的单墓，单墓从墓碑上刻写的名字看，墓主一般是男性；也有较少的一夫两妻的三葬墓。古墓群里，少量坟墓的墓前立有墓表，墓表是用青沙石质材料制成的，墓表的断面呈方形。墓表边宽 21 厘米，高约 3 米多。在墓表 2 米以上处，设置有一方形的斗，墓表顶端雕刻有一个狮头，狮面方向与坟墓的方向一致。

学者简良开按照古墓碑建造的时期，把营盘古墓群中的墓碑分为五个阶段。第一阶段为明朝末年至清朝初年的墓碑，这个时期的碑墓，具有结构简单、造型古板，碑文简略的特点。第二阶段为清朝康熙至雍正时期的墓碑，与第一阶段的墓碑相比，有样式要复杂一点，工艺要精细一些的特点。此阶段的墓碑一般有碑心、碑帽、供台、基座等结构，一般是单碑。碑帽上的图案，多为浪花纹，基座上一般雕刻有虎、狼、鹿、马、鹰等动物图案，图案的线条简约，工艺的精美度不高。第三阶段为乾隆

① 简良开 :《神秘的他留人》，昆明：云南人民出版社 2005 年版，第 58 页。

▲营盘不同时期的墓碑　刘平 / 摄

◀营盘墓表　刘平 / 摄

年间的墓碑，这一时期的墓碑，一般是双碑并列的夫妻合葬墓碑。墓碑的边框有内外框两层。基座上的图案不仅有双狮、神兽、麒麟、鹿、马等动物，还有文官武将等图案。此阶段的墓碑具有造型丰满、结构完整、技艺精湛的特点，墓碑的造型及工艺水平与前两个阶段的墓碑相比有了大大提升。第四阶段为道光年间的墓碑。这一阶段的墓碑多为双碑并列式的夫妻合葬墓碑，还有少量三碑并列式的一夫二妻合葬墓碑。此阶段的墓碑数量较多，而且集中连片，占营盘古墓群墓碑总数的三分之一。这一阶段的墓碑具有样式别致、图案精致的特点。这一阶段墓碑的边框似乎有严格规定，统一为单框，图案多为太极图和体现道教文化的一些图案，墓碑上的墓联一般是五言联。咸丰至同治年间，因为古城堡被毁，他留人骤减，这个时期的墓碑数量极少。第五阶段为光绪至民国时期的墓碑。这一阶段的墓碑有了墓志铭，墓主如果是把总、把事、乡长、团长或者富人家的墓碑上，一般有墓志铭。①

宗支山古墓群里明朝末年至清朝初年的墓碑，碑心大多为顶部圆形的一整块石块，碑心上只刻有墓主的名讳和一副对联。墓碑上一般没有立碑人的姓名，也没有墓主确切的出生时间和辞世时间，例如，古墓群里“明癸寿显考断公谦之墓”的墓碑；成海郁夫妇的原始墓碑，即“明故成公海郁夫妇之墓”的墓碑。

---

① 简良开：《神秘的他留人》，昆明：云南人民出版社 2005 年版，第 55 页。

古墓群里的段氏坟墓，从墓碑的碑文看，应该是营盘古墓群中最古老的墓碑。墓碑的碑心石高70厘米，宽50厘米。碑心上刻着的墓主是“明癸寿显考断公谦之墓”，墓主的寿辰为“生于嘉靖，卒于万历”，墓碑上刻有一副对联，内容是“一脉承里天地弋，四山拱秀子孙禄”。碑心两侧的八字石即碑额，是用两块长方形的条石砌成的，每块条石高70厘米、宽50厘米、厚20厘米，条石上面刻有妇女服饰、牧羊、日月星辰、牛马羊等图案。碑帽是一块瓦屋面状的条石，长90厘米，宽70厘米，前沿厚15厘米，后沿有30厘米。墓碑表面的平滑度不高，墓碑上刻写的文字工整度不高，但墓碑上的文字和图案比较清晰。营盘古墓群中只有这个断氏墓，之后，营盘古墓群中的段氏墓，墓主的姓氏由“断”演化为“段”，学者简良开认为，这是他留人入住他留山，从事农业和学习汉文化的开始，是他留人从没有姓氏到定姓取名的开始。①

古墓群中最特别的墓是成海郁夫妇的合葬墓。此合葬墓有两座墓碑，一座是老墓碑，老墓碑现仅存一块上端为半圆形条石的碑心，这块碑心的材质是青刚石，青刚石目前还算完好，周围没有垒砌的石料。老墓碑的碑文为：“明故成公海郁夫妇之墓”、“嘉靖年生，万历年卒”，墓联为“山脉垂千古，子孙兴万代”。在老墓碑的前面2米处，又有一座新墓碑，是成海郁的第十一世孙，成止马在清朝道光七年（1827年）新立的一座规模较大的墓碑。新墓碑的碑文内容丰富。新墓碑上有标明始祖的墓联：“追溯渊源此公肇起，延绵嗣续是母开先”，碑额上刻有“上谷源长”；撰写碑文的人是“郡庠增广生实秋杨极先述书”；有家谱式的碑文，即墓主的姓名和家族世代的名字为“明故祖考（妣）乡评耆英（慈寿）成公海郁（母孺人）之墓”；碑心上刻有成氏后代一世到十一世的名单：“二世 男海三”、“三世 措姑 海弟 黑乃”（未标明男女，下同）“四世 海 止果 巴果 巴节 三德 谷巴”、“五世 海 止呆 巴呆 取能 海夫 止苴 巴美 海马 措马”等，共有108人。新墓碑上刻有立碑者的姓名，即“成止马 捐修 敬立”“成贵 成富 奉祀”。新墓碑上刻有立碑的时间为“道光七年清和月中浣 吉旦”。由新墓碑的立碑内容及时间，与老墓碑相比得知，这块新墓碑是对老墓碑的补充说明。

① 简良开 :《神秘的他留人》，昆明：云南人民出版社2005年版，第59页。

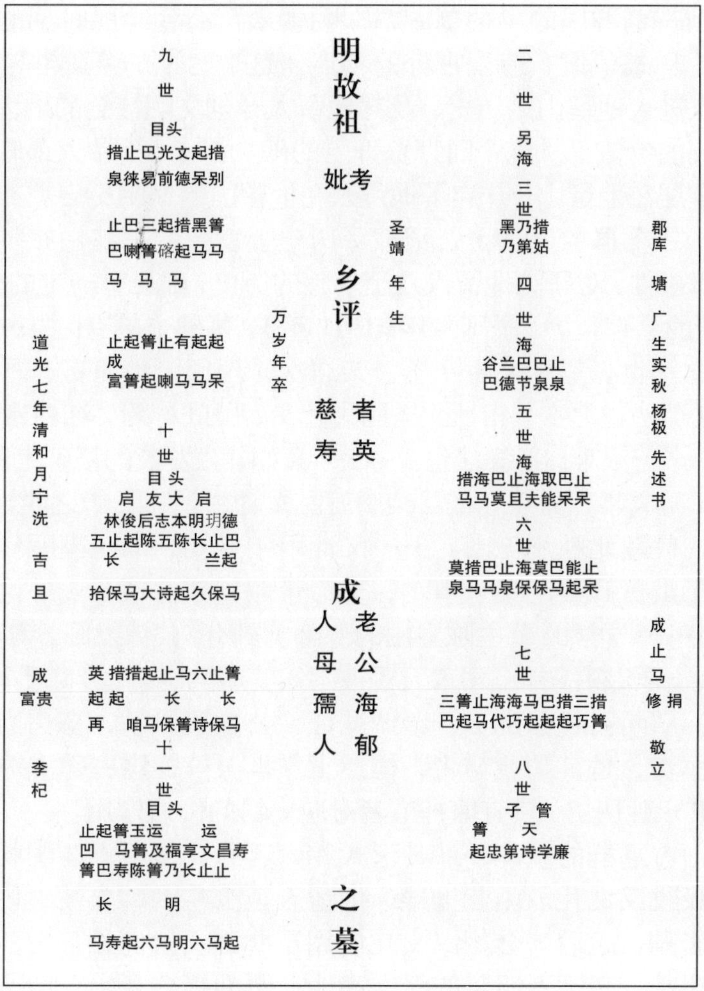

郡庠塘广生实秋杨极先述书

成止马修捐敬立

二世
另海
三世
黑乃措
乃第姑
四世
海
谷兰巴巴止
巴德节泉泉
五世
海
措海巴止海取巴止
马马莫且夫能呆呆
六世
莫措巴止海莫巴能止
泉马马泉保保马起呆
七世
三箐止海海马巴措三措
巴起马代巧起起起巧箐
八世
子 管
箐 天
起忠第诗学廉

圣靖年生

明故祖 妣考 乡评 慈寿 者英 成 人母孺人 老公海郁 之墓

万岁年卒

九世
目头
措止巴光文起措
泉徕易前德呆别
止巴三起措黑箐
巴喇箐碚起马马
马 马 马
止起箐止有起起
成
富箐起喇马马呆
十世
目头
启 友 大 启
林俊后志本明玥德
五止起陈五陈长止巴
长 兰起
拾保马大诗起久保马
英 措措起止马六止箐
起 起 长 长
再 咱马保箐诗保马
十一世
目头
止起箐玉运 运
凹 马箐及福享文昌寿
箐巴寿陈箐乃长止止
长 明
马寿起六马明六马起

道光七年清和月宁洗吉且

成富贵 李杞

成海郁夫妇墓碑文 刘平 / 制

遗憾的是，在清朝咸同年以后，成姓的他留人悄然消失，营盘古墓群里也没有了成姓的墓碑。有人说成姓他留人在古城堡陷落时被斩尽杀绝；有人说成姓他留人在他留古城堡陷落后，幸存者逃亡他乡，不知去向；也有人说，成姓他留人的始祖成海郁的“成海”二字，后来分化成了他留人的陈姓和海姓两个姓氏。关于他留人中成海姓氏的变化，众说纷纭，这些说法都有待考证。[①]

① 简良开 :《神秘的他留人》，昆明：云南人民出版社 2005 年版，第 61–62 页。

宗支山古墓群里的早期墓碑，即明朝末至清朝康熙时期的墓碑，具有数量少、样式单调、造型古朴的特点。这个时期的墓碑非常珍贵，对研究他留人进入他留山的历史，及其他留人开创文明社会的进程等方面，都具有较高的价值。从这个时期墓碑上的碑文得知，他留人最晚在明朝嘉靖年间就定居在他留山，开启了他留人在他留山的文明历史。

宗支山古墓群的墓碑上，记载了历史上发生的“红白旗闹事”、丁洪贵起义等事件，对研究他留人乃至永胜的历史，都具有一定的史料价值。例如，王荣的墓碑，立于民国六年（1917 年），墓碑上刻有：“……公讳荣，乃望春公之子也。望春公生四子，荣居次，理田园持家务，尽心力而为之。咸同间遭法逆之变（指杜文秀回民起义，民间称为‘红白旗闹事’），逃秦避焚，辛苦艰难，备尝之也。……”又如，兰发茂的墓碑上刻有：“乡长讳发茂，号秀亭，先年老把目荣膺五品军功、千户长华之仲君也。……光绪七年，代理北胜州玉山。……又计甲午春初，章压夷匪作乱（指傈僳族首领丁洪贵武装起义一事），奉命带领从戎协镇。……论功行赏，给予军功。……”再如，墓主陈春山的墓碑上刻有“公讳发旺，字春山。……庚寅，北胜土匪滋事（指土司章天锡被同知姜瑞洪诱杀之，章土司从此‘改土归流’，从而引起骚乱），奉调从征，公慷慨执戟，奋勇当先。蒙上奖给六品军功，是其功业赫者，恒邀上赏。……”这些碑文对研究他留人历史及其永胜历史，具有填补或者对应史料的价值作用。

宗支山古墓群的墓碑，从其形式和内容看，他留人在明朝嘉靖年间已经开始吸收汉文化。由此推导，他留人至少在明朝嘉靖之前，就受到汉文化的影响，之后才会把汉文化应用于墓碑上。例如，古墓群里墓碑上“生于嘉靖，卒于万历”的汉文表达；明朝嘉靖开始，他留墓碑上雕刻的不论是图案还是文字，都是典型的中原汉文化的表达方式，例如，墓碑碑帽上雕刻有丹凤朝阳、双鹤拜寿、双龙护宝、莲花呈祥等图案，或者太阳、月亮、宝珠、鱼等图案，或者刻有的“福”“寿”“吉祥”等汉字；墓碑碑座上雕刻的麒麟、祥龙瑞凤、麒麟鹿马、文官武将等图案；墓碑碑额上镌刻的童子拜寿、蜡梅含笑、宝瓶如意、梅菊喜庆等图案；墓碑上的碑联“祖德流芳远”“穴地生富贵”“福居万代兴”“祥光开吉地”“龙引山佳水”“寿同山岳永”等等，说明他留人受汉文化的影响很大很深，古墓群的墓碑及碑文，不论是样式，还是内容，除了有他留名字体现出他留人的特点外，呈现出完全的汉文化风貌。

营盘墓碑　刘平 / 摄

宗支山古墓群的墓碑从碑文还可以看出，他留人善于学习汉文化，汉文化对他留人的乳名和姓名的影响极大，墓碑上他留人的名字，出现了由原来的他留名字转化为具有浓郁汉文化寓意名字的情况。例如，早期他留人墓碑上的乳名为“喜你、止果、措起、马起、喜起、巴的”，后期墓碑上的乳名为“顺保、有志、有德、玉秀、启德、启瑞、启明”，后期的他留人名字不仅有浓厚的汉文化寓意，而且是完全的汉文化名字了。

另外，从他留人在墓碑上刻写的名字可以看出，他留人取乳名有不严谨、不注重区分世代、辈分的现象，有随意取乳名的情况。例如，“明故始祖兰公讳喇蒲之墓，孝男喇措助　喇别　孙喇巴　喇三马　喇凹　重孙巴呆　刺海　措呆　巴姿　曾孙巧凹　马凹　巴凹　巧喜　玄孙海保　谷思　海措马　巴喜马　止呆　巴起　马呆　巴马　喜日　晖孙起姐　巴马　巴喜喇　七十　马起　马凹　巴起马　止成付　止凹　八世孙兰明德　兰遇嘎　思喇马　兰玉秀　兰三喇马　媳成氏敬立　道光六年（1826 年）三月初九日吉旦”的碑文中“马凹”“巴马”的名字在不同的辈分中重复出现了两次。

宗支山古墓群墓碑上雕刻的动物生肖图案中，唯独没有猪的图案。传说他留人的文字最早是写在猪皮上的。后来，由于饥饿，写有他留文

兰氏墓碑　刘平/摄

字的猪皮被人吃了，因此，他留人忌讳在墓碑上雕刻猪的图案。[①]

宗支山古墓群墓碑上雕刻有猴子图案的墓主，一般是他留人的铎系。他留人崇拜猴子，只有他留人的祭司铎系才享有在墓碑上雕刻猴子图案的特权。[②]

宗支山古墓群墓碑的样式、工艺及其碑文，有从简单到复杂，从粗放到精致，从单调到丰富的发展变化特点。这一特点说明他留人进入他留山地区后，辛勤耕耘，随着时间推移，他留山地区出现了人口增长，经济发展，社会文化进步，人们生产生活水平不断提高的状况。

从宗支山古墓群的墓碑在不同时期的数量情况，可以推导出历史上他留人经济社会发展的情况。古墓群里不同时期的墓碑数量，表现为明朝万历、崇祯年间的墓碑很少；清朝康熙、雍正、乾隆、嘉庆时期，都有一定数量的墓碑；乾隆时期的墓碑数量较多，道光时期的墓碑最多；清朝咸丰至同治年间的墓碑极少；清朝光绪至民国时期的墓碑数量又增多的特点。根据墓碑的数量变化情况，可以推导出他留山地区他留人的人口及其经济社会发展情况为：雍正、乾隆时期是历史上他留山地区人口增长较快、经济社会发展较好的时期；道光时期是他留山地区经济社会发展的最好时期。咸丰至同治年间的墓碑极少，这种情况印证了他留山地区遭受“红白旗之乱”的历史，与这一时期他留人有的死于战火、有的逃往他乡的历史相符合。说明“红白旗之乱”时期他留山地区的人口、经济、社会发展受到了严重的破坏，乃至毁灭性的打击。清朝光绪至民国时期，营盘古墓群的墓碑与清朝咸同时期相比，骤然增多。由此可知，历史上他留山地区是东进华坪、四川，西出丽江、大理的交通要道。在咸丰、同治年间因“红白旗之乱”，他留人的人口、经济、社会虽然遭受巨大损失，但是那里凭借有利的区位优势，使得他留山地区很快又恢复了生

① 简良开：《神秘的他留人》，昆明：云南人民出版社2005年版，第50页。

② 简良开：《神秘的他留人》，昆明：云南人民出版社2005年版，第67页。

产生活，他留人的经济、文化又得以快速地发展起来。

（三）古墓群的碑文碑联

碑文，指为制作碑而刻在石材上的文字。碑文有刻在功德碑上的功德碑文，刻在庙碑上的庙碑文，刻在墓碑上的墓碑文等。

他留人宗支山古墓群墓碑的碑文，关于农历一年的十二个月，有各种各样的称谓。为了便于学习理解，学者简良开对营盘古墓群墓碑碑文上刻写的农历十二个月的称谓做了考证，并且把每个月的不同称谓都列举出来；还对每月的上旬、中旬、下旬的不同称谓作了考证说明。

一月的称谓有正月、春王、陬月、孟陬、孟春、新正、黄钟等；二月的称谓有如月、杏月、仲春、花朝月等；三月的称谓有病月、清和、桃月、季春月等；四月的称谓有余月、槐月、孟夏等；五月的称谓有皋月、榴月、蒲月、端月、仲夏等；六月的称谓有且月、荷月、伏月、季夏等；七月的称谓有相月、桐月、巧月、霜月、孟秋等；八月的称谓有壮月、桂月、仲秋等；九月的称谓有玄月、菊月、季秋等；十月的称谓有阳月、小阳春、孟冬等；冬月的称谓有辜月、葭月、仲冬等；腊月的称谓有涂月、嘉平、季冬、暮冬等。

每月的上旬、中旬、下旬，又分别称之为上浣、中浣、下浣。[①]

墓碑上的碑文，自古以来没有固定的形式，可以说不拘一格，常用的碑文一般由抬头、正文、落款三部分组成。抬头一般写死者生前的职务、职业，也有碑文不写的情况；正文一般写死者的姓名，立碑者对死者的称谓；落款写立碑人的身份、姓名。立碑时间有的碑文写，有的碑文也不写。

他留人古墓群中有各个他留姓氏的墓碑碑文，例如陈姓墓碑碑文 1：死者姓名“故明始祖陈黑乃夫妻墓”，立碑时间“乾隆壬子年立（1792 年）”；陈姓墓碑碑文 2：死者姓名“九代祖陈谷巴墓”，立碑时间“道光十六年立（1836 年）三月七日吉旦”，立碑人及其与死者的关系“十代孙 顺保 有志 有德 起马 敬立”。又如，海氏墓碑碑文 1：死者姓名“前明近故一世祖考海公讳宝大人之墓”，立碑人及其与死者的关系：“侄海潮 侄孙海任、海学 重孙海禄立石”，立碑时间：“万历七年（1579）八月十一

① 简良开：《神秘的他留人》，昆明：云南人民出版社 2005 年版，第 326 页。

日立石”；海氏墓碑碑文2：死者姓名“明故海公谷你墓”，立碑时间“乾隆三十六年（1711年）六月三日立”。

营盘墓碑　刘平／摄

墓碑碑文常见的还有墓志铭。墓志铭一般包括标题、正文和落款三部分。标题一般写死者的姓名和文种名，也有只写死者姓名，不写文种名的情况。正文一般有三部分：一是简单介绍死者的生平，二是评价死者主要的社会成就，三是写立碑的意义，一般为称赞死者的文字，多用三言、四言、五言、七言等韵文。落款注明立碑者、撰文者的姓名及日期。有的墓志铭把立碑者及撰文人的姓名写在标题下面，落款处只写日期；有的墓志铭不写撰文人的姓名。

他留人古墓群有的墓碑上刻有墓志铭，例如陈姓墓志碑上的墓志铭为：死者姓名“逸叟总目陈公开贵暨德配成孺人”，正文为“我本乎之天，人本乎之组，人之有本，水之有源。原籍湖广长沙府湘乡县，自明时始祖陈公太爷入永，自居北胜以来，遣流东郊，迄今于有年矣。开贵公乃十世后裔孙也，谷萨陈公之孙，有德公之仲君也。自幼气质聪明，读书有望。书曰：多寿多男多子。思前公贻，谋德厚葱，异泽长公。昆玉二人，长开甲，次开贵，金粉有德公完婚，所娶媳成氏，免生一女，未右蒙，有宗之繁佑瓜瓞绵延。开甲公本生有二子，次子发祥以承公之宗祧。公乃道光壬寅年（1842年）九月生，为德寿俱足人也。安业务，乏前人创造之艰，子孙丰衣足食，世代把目，居人之上，无愧本心所故”；撰写者的姓名为“乡曷侄谭元辅文清氏，拜题并书。”立碑时间是“大清宣统元年（1909年）岁在己酉花朝月下浣日立。”又如，海姓墓志碑上的墓志铭为：墓主为“前清恩赐粟帛成才海孝封君暨德配陈孺人墓志”；墓志碑正文为“道光丙戌年（1826年）生　光绪壬寅年（1902年）故”，“公讳成才，原籍湖广长沙府麻林县，世居此邦，源远流长者也。公乎处事勤俭持家，畜牧以丰，财耕以足食。公娶德配陈孺人，内助成家攸业也。

长发其祥也，本……（因石碑碑面被自然风化严重，后面字迹无法辨认）。撰写者为“前清郡痒学士杨以斌盈廷氏拜题”；立碑者“民乡谥德寿(慈淑)海公（母）成才（陈氏）合兆”；立碑时间“民国十年（1921年）吉旦”。再如，蓝姓墓志碑上的墓志铭为：墓主“民国中乡评和厚(贤淑)蓝公(母)讳发祯(母益孺人)之寿基”；正文“吾本乎天，人本乎祖，人之有本，水之有源也。原籍江西吉安府，迁澜沧卫，蓝发自明时始祖蓝公喇太爷入永，身居北胜以来，遣流东郊迄今，于有年矣。发祯公乃十世后裔孙也，玉秋蓝公有华之仲君也。自幼气质聪明，读书有望，寿昌多福多寿多男子。思前人贻谋德厚，懋泽长。公昆玉五人，长发祥，次君四弟全，赖有德。公完婚，所娶贤妻生男女二人，长男名正元，以系人三宗殳， 道光岁戊午（应为同治庚午1870年）吉月吉日生，为德寿俱足人也。守业务，念前人创造之艰，平生足衣足食，世代把目，居人之上，无愧本心所故。众皆悦之，此子正元故能如此，是则公之所后望。予属旧相知，特记之以垂不朽，此志。赞曰：卓哉把目，有略有胆，办公勤劳，应事果敢，屡建功勋，恒邀上赏，牛眠卜吉，千秋景仰”。（男）“乾道光庚戌年（1850年）吉月吉日生”，（女）“造咸丰乙卯年（1855年）三月十六子时生”；立碑人“男蓝正元孙蓝荣云、蓝荣贵 敬立”；立碑时间“民国元年壬子岁（1912年）暮冬月十六日 吉旦”。还如，王姓墓志碑上的墓志铭为：墓主“皇清硕德乡评醇谨王老大人寿基序”；正文“公讳正纪，字维刚，系六品军功王培祖之抚子也。想公自幼勤谨，秉性纯良，彼苍勿怍，戚皇戚仰，不愧武卫之裔，将门之郎也。半生来，红尘看破，父事母全，孝道爱美。未学接人处世，已守谦恭诚实，当时之丈夫，本境之伟绩矣，缅公同者古人天佑，福自天中，柳营若绩，训嗣侄以显名，诒谋燕异得兰孙，而事后守田园，而辉华耩光前，更裕后昆，正作意门悬仁寿，醴镜醛芝草大米春也。晚年来，公之实行难昧美，并堪扬特叙暮张，永垂不朽而颂曰：天保定尔，赐以多福，北山如阜。如罔如陵，不凋不残，永登耄耋。不安还康，寿基期颐，而炽而昌。寿域宏开，长发其祥。流芳万古，百世其昌”；立碑时间“时在：大清宣统元年(1909年)岁己酉仲冬月朔四日谷旦”；碑文撰写者“郡庠士文元愚弟盈廷氏杨以斌 拜题”。

墓碑的碑联是指刻写在墓碑上的对联。墓碑上的对联言简意赅，对仗工整，平仄协调，字数相等，结构相同，是中华文化的瑰宝。学者简良开对他留人古墓群墓碑的碑联进行了研究，他认为：从结构上看，碑联有内联和外联两种。墓碑小的只有一副外联，墓碑大一点的有两副碑联，双碑并列的墓碑一般有四副碑联，三碑并列的墓碑有的多达六副碑联。他留人古墓群墓碑的碑联从形式上看，有五言联、六言联、七言联、八言联等；从内容上有叙事联、风水联、景致联、赞颂联等类型。学者简良开还对其碑联内容进行了抄录，本书选取以下内容。[①]

营盘墓碑碑联　刘平 / 摄

他留人古墓群墓碑的碑联，例如五言联：

祥光生竹策　秀气蔼芝兰　同德还同穴　荫子并荫孙

青山呈地脉　绿水映生基　英气留片石　仁风著千秋

坤仪传千秋　慈范流百代　延绵感亲德　嗣续育母恩

鱼水千年合　文兰百世昌　奕叶莲芳秀　孙枝继后长

卜吉千载盈　发祥子孙多　卜吉牛眠地　先安百岁基

六言联：

再念父母厚德　定中孝子其祥　阴地龙培心地　吉人自后发人

庇佑贤孙兴隆　自然福禄绵长　一脉永垂天地　四山潮荫子孙

青山畅茂萱草　绿水滋培兰芝　四境雏鸣犬吠　岭园兔走鸟飞

南山聚秀归新　北斗联辉映寿　享福生于盛世　得受此美华贵

脉衍凌云子孙　时荐俎豆馨香　龙现瑞开佳兆　凤腾启光文明

七言联：

地脉常兴绵奕叶　山开永胜聚财源

---

① 简良开：《神秘的他留人》，昆明：云南人民出版社 2005 年版，第 327—337 页。

水远山长绵后裔　子贤孙肖跃前恢
水秀山明徽马虎　兰芳桂馥启后人
三山指点青龙穴　百世昭垂丹凤书
忠孝传家立片石　人如松柏信字香
地吉常钟英毓秀　山奇稳踞虎蟠龙
一生禄足由勤俭　百代兰芳因善良
地脉永垂千古盛　子孙发旺百代昌
心莹钟德心常奉　福庆安居福自爱
青山钟脉光前代　绿水源流裕后昆

八言联：

追溯渊源此公肇起　延绵嗣续是母开先
定中孝子及赐贤孙　稀栖盘龙山清水秀

他留人古墓群碑联的横额有：

两字碑额：

永久　福基　螽斯　寿藏　克开　厥后
福宅　万古　千古　庚星　福域　光前
永朗　流芳　长发　百代　其祥

四字碑额：

吉地乃眠　后裔繁昌　寿同双辉　景幽福地　片石千秋
长富永贵　洵是福地　阃范常昭　庚星曜彩　寿域宏开
长发其祥　德寿同归　阴阳合德　嗣肖光前　佑启后人
宏开大地　皇恩叠贲　别有天地　百世流芳　钟英毓瑞
良山福地　椿堂永茂　上谷源长　安如裕席　吉兆长年

四 他留人的丧葬习俗

中华民族有五十六个民族，一些民族自古就有“生有所养，死有所葬”的习俗，把人死后的安葬，当作一件重大而庄严的事情来办。各个民族的丧葬习俗不尽相同，各有其特色。他留人的丧葬习俗，不仅具有本族群的特点，还吸收了汉民族的一些做法，形成了他留人独具特色的丧葬文化。

他留丧葬　季正团／提供

（一）丧葬礼仪

他留人认为，人的生与死是相联系的，人死是人的一生中最重要的一个环节，是家族中最重大的一件事。他留人具有善终为安的传统观念，非常重视丧葬仪式，丧葬习俗独特而隆重，葬礼少则三天，多则七天。

他留人崇拜祖先，信奉人的灵魂不死。人死了，他留人不直接说“死”，而是说成“回去了”。他留人认为人活着的时候，就在人世间居住，死后到另外一个地方居住，就是到安葬祖先的地方去。他留人有人不论活着，还是死了，都有灵魂，只是灵魂所在的地方不同而已的观念。他留人认为人在阳间活到一定的年龄，就要回到祖先居住的地方去。人死，是人完成了在人世间的一切活动，人死，只是人的灵魂从人世间到祖先居住地的一种回归。

学者张顺彩在 1994 年 3 月 31 日，在六德乡的双河二村，对死者他留人兰绍清的葬礼进行了全程记录。本文对他留人丧葬程序及过程的描述，主要采用张顺彩的记录资料。①

他留人的丧葬程序一般为：接气报丧、洗尸装殓、摆棺升堂、跳丧、签点、引路、阴阳分家、出殡、安葬等过程。他留人丧葬过程中最具有族群特色的是，在他留人的祭司铎系主持下，完成丧葬仪式中“人神沟通”的祭奠、超度、送魂等吟唱经文的活动。

他留葬礼　冬景发开 / 摄

---

① 张顺彩：《他留人的丧葬礼俗及铎系文的初步调查》。

1. 接气报丧

他留人在弥留之际，村里本族的同辈和晚辈等亲属要守候在床前，直到弥留者离开人世，这种做法叫作接气。他留人家有人死后，一般不派人去给亲邻好友报丧或者请人来家帮忙，而是到自家大门外，用鸣枪或放鞭炮的方式，向村邻和亲友报丧。村里的人听到枪炮声后，就知道有人去世了。本家的亲人、邻里会主动前去丧家帮忙料理丧事。其他村寨的族人只要知道有本族群人逝世的消息，也会主动前去参加丧礼。有时，他留人家会有丧事过后，还有远寨的亲人、朋友前去吊唁送礼的情况。

他留人家办理丧事，重视组织及后勤保障工作。逝者断气后，家人就会确定并请好办理丧事的主要人员。一是“总齐调”，即总管（他留语称为“浪涵”）负责组织安排丧事生活。总管一般是由村子中人缘较好，组织能力较强的人担任。总管确定后，丧家要派专门的人到总管家里去接请。总管来到丧家后，立即和丧家一道，根据丧家的经济条件等实际，商量并确定丧事生活的办理工作。二是“铎系”，是丧葬中最重要的人，是他留人的神职人员，是丧葬仪式的主要主持者。他留人家中有人去世，丧家在家族主要成员到齐时，要商量确定请哪个铎系，并且派人去铎系家里接请。过去他留人的铎系较多，每个村都有两三位，丧家一般按照就近原则请铎系。现在铎系越来越少，有些村子已经没有能够独立主持整场丧葬仪式的铎系，需要到外面的他留村子去请。三是先生（他留语叫“雅契”），负责丧葬中的汉族葬礼，主要任务是念祭文、写对联和记账等工作。四是唢呐手，唢呐手是他留村寨里的民间艺人，在葬礼中负责吹奏曲子。五是厨师（他留语叫“入闭咯素”），一般由男性承担，具体负责丧事生活中的菜品。六是做炊掌甑的人（他留语叫“羊耶扎咯素”），一般是女性，负责丧事中做饭工作的人。七是煮大锅茶的人（他留语叫“撸扎咯素”），在丧事中负责煮大锅油茶工作的人。八是管库（他留语叫“幸自墨”），在丧葬中负责接收、返还礼物工作的人。对管库的要求是记性好，还要知晓他留人的礼节，在客人走时，要按照民俗，根据客人送来的礼物是“单礼”或者“双礼”，返还其一定的礼物。他留人的“单礼”，就是指一盒他留粑粑、一盒糖、一瓶酒……“双礼”，就是指两盒他留粑粑、两盒糖、两瓶酒……返还的礼物数量一般是客人送来礼物的四分之一。九是哭灵的人（他留语叫“儿素凄咯素”），负责哭灵工作，一般为女性，而且是年纪稍大一点，懂得哭丧词调的妇女。

参加丧礼的他留人，除了与死者同辈并且年长于死者的不用戴孝外，一般要为死者戴孝。死者的后家包括其大弟，由死者家分别发给一顶孝帽外，其他参加丧礼的人，孝帽、孝服都得自己带去。孝衣一般是本民族自制的火草麻布衣服。因为孝服平时可以穿，丧礼期间，他留男子就把平时穿的衣服翻过来，用作孝衣穿，就是把原来衣服的面子作为里子穿。死者的血亲、子女及儿媳妇要戴重孝。他留人戴重孝，表现为女性在腰后系一筒或两筒麻布（一筒麻布约为 15 丈）。妇女的孝服长至膝下，孝服中间开领，为大披领。他留妇女戴孝，要在盖头布的外层加一块白布。男性的孝帽上有两个角，形如兔耳。男孝服中间为大开领，长至脚背。

男性孝服可以留给下一代，一般是父传子，子传孙，也可以装入棺内让死者带走。他留人家如果有儿子先于父亲死去的情况，儿子就要穿着孝服入棺，意思为生前不能尽孝父母，死了也要为父母戴孝。丧事过后，死者的子女、儿媳一般要为死者戴孝一年。戴孝期间，男性把孝帽上的两只角放平，女性把白布翻入盖头布的中间层。他留人从人们所戴的帽子和盖头布就知道是否是孝子、孝女、孝媳。其他参加葬礼的他留男子和妇女，在丧事过后，就把孝帽或者盖头布里的白布存放起来，以备下次有丧事时，再次使用。

2. 洗尸装殓

他留老人去世后，用到的衣服、棺木，一般是他（她）在世时就提前准备好的。他留人入棺用的衣服一般为三至五套长衣，装裹尸体用三套，剩下的放入棺内。他留人传统的棺材，一般用六块楠木或者云南松木拼制而成。棺材的身子涂刷黑漆，头、尾涂刷红漆。棺头的横板上写“寿”字，外围画饰。如果死者是男性，画饰一般为犁、耙、刀、斧之类的生产工具；如果死者是女性，画饰一般为织布机、纺线、剪刀等。

他留死者的装殓工作一般由年长的男性完成。装殓步骤为：先用石头搭起火塘，火塘上放置陶器，在陶器上烧水；水烧好后，用陶盆或木盆为死者洗头、洗澡。他留人为死者洗浴的器皿一般为陶、木、石器，忌用铁器。他留人为死者擦洗身体一般用苦葛、麻丝等植物材料。他留人洗漱尸体，一般是父死长子为其剃头洗尸，母死女儿为其梳头洗尸；把死者洗漱干净，为其穿上准备好的衣服，整理仪容后，才把尸体面朝天地平放在棺材里；洗尸体用过的器皿，一般由年长的男性处置，处置者先吼一声“哦！”如果逝者是男性，处置者再喊一声“阿伯”，如果逝者是女性，处置者还要喊一声“阿母”，才把器皿送出村外砸掉。

3. 升棺摆堂

他留人的升棺摆堂仪式包括升棺、搭青棚、摆堂、放孝布、放灵板等过程。

他留人丧礼中升棺、搭青棚悼念死者的风俗来源于传说。传说很久以前，猴子变成人的过程中，部分猴子已经变成人，还有一部分仍然是猴子。那时，人与猴子经常在一起玩耍。有一天，人跟猴子开玩笑，人就用荞面及其有颜色的土涂染在自己的脸上，躲藏在荞地里装死。猴子来到荞地中，看到人已经面目全非，好像死了，猴子们一起簇拥到人的面前，用手摸一摸人头，十分着急地问：“你今天怎么了？为什么不能动？脸色怎么变成这个样？”这时，人很得意，突然双眼睁开，口张大，双手乱抓，做出使猴子害怕的样子。猴子见状，吓得乱跑，有一只猴子吓慌后，坠入悬崖被摔死了。装死的人非常悔恨地说：“我的祖先原本是猴子，猴生猴，猴子变成了人，今天开个玩笑闹出这么大的事。”为了哀悼“祖先”，就把猴子的尸体抬到平地上，又装入木盒内，为了不被日晒雨淋，还搭起了凉棚，举行哀悼活动。那时兔、羊等动物前去参加悼念活动，围着死去的“祖先”奔跑、哭丧。悲声惊动了玉皇大帝，玉帝先派乌鸦作为使者，去调查人间为何有如此的悲声。乌鸦去到人间后，捡吃了一些骨和肉，又喝了酒，酒醉后还在火塘边翻滚，把身上的羽毛染黑了。乌鸦没有把人间有悲声一事弄清楚就回去了，结果被贬。从此，乌鸦的羽毛就变成黑色了。玉皇大帝又派锦鸡去调查悲声一事。锦鸡去到人间，仍然喝醉了酒，脸也红了，还是没有把事情搞清楚，回去又被贬，从此，锦鸡的脸就红了。最后派金老鼠（一种很小的老鼠）去调查悲声一事，金老鼠去到人间后，躲在树上偷看，只见棚下摆着一个木盒，不知道里面装着什么，正在犹豫，啄木鸟啄虫的动作启发了金老鼠，金老鼠就悄悄跑到木盒上啃通了木板，爬到里面，看到里面躺着一只死猴子。金老鼠回去后把看到的情况报告给玉皇大帝。老鼠调查人间悲声一事有功，玉皇大帝就分封派遣老鼠到人间吃粮食。此后，他留人死了，就有升棺搭青棚的风俗，并流传下来。[①]

清朝以来，他留人把农历冬月称为“吊丧月”（他留语叫“麻闷哄”），其他时间一般不举行丧葬活动。只有年轻人及婚后未生育子女的人死去，他留人才会在人死后就把死者埋葬了。如果他留老人不在冬月去世，就把老人的尸体入殓后，停放在自家房子的耳房里，用土基封好棺柩，等到冬月，再开堂举行葬礼。家中停放死者期间，家人要三餐为死者敬香叩头献饭。如果有他留老人死在外面，他留人一般不把死者抬回家，而是在村子附近找一块避雨的地方，或者在岩石下面，把死者入殓后封停在那里，等到冬月才安葬死者。

洗尸入殓后，他留人的丧葬仪式就进入了升棺摆堂阶段，升棺仪式由铎系主持。“升棺”就是死者入棺后，人们把棺柩抬到丧家庭院的中间，把棺柩放在两条三只脚的凳子上，棺柩的头朝向正房的中间（即堂屋）。在棺柩的头前摆放一张八仙桌，桌上有燃香、长明灯和摆放的供品。“搭青棚”就是在棺柩的四周栽四棵高 2 米以上的松柱，沿着松柱的上端依次缠绕黑、红色的绸缎和白麻布。白麻布是死者的儿媳亲手织成的。绸缎、麻布分别长约 13 丈，在松柱上缠绕后留下一截，留下的绸、布扎成一朵球形的花。在松柱的顶端搭放树干，做成架子，架子上放上篾席，席上撒一些松叶、栗叶等青枝叶，这样青棚就算搭成了。棺柩对着大门的一侧摆放两张桌子。桌子用来放置前来参加葬礼的人送来的米、酒、他留粑粑、茶叶等礼物。云南解放前，办丧礼“讲究”的他留人家，还要到县城请来汉族艺人在棺柩的前面扎一个牌坊，牌坊上挂各种各样的纸花。

他留人认为铎系是丧葬仪式中，把死者的亡魂带去祖先居住地的领路人。仪式上，铎系身着白色火草麻布制成的衣服，头戴羊角帽，手持竹杖、铓锣和葫芦笙三种法器，神圣庄严地主持丧葬活动。

他留人的丧葬仪式，从升棺开始，铎系就咏唱唱经，唱经的大意是：尊敬的父（母）亲，您生前辛苦劳累，生儿育女，结交了各方朋友，您去世了，走完了人生旅程，要到另外一个世界去，在这生死离别的时刻，您的儿女子孙怎能忍心让您离去，可又无法挽留您……要在自家院子里侍候您三天三夜，家人请来了唢呐手，用金唢呐为您吹奏歌曲，为您宰牛杀羊，摆堂设宴……从升棺仪式开始，唢呐手就按照丧他留人的葬规

① 简良开：《神秘的他留人》，昆明：云南人民出版社 2005 年版，第 175—176 页。

程吹奏曲目，直至丧事结束。

他留孝布　杨如刚 / 提供

他留人十分重视丧事，一般有摆三堂，就是杀牛、杀羊、杀猪，隆重举办三天三夜丧葬宴席的风俗。传统的他留人家有办丧事就必须杀牛，不杀牛就不成为摆堂的说法。杀了牛，放了孝布，就等于向外公布：丧家已经杀牛摆堂，堂堂皇皇地为死者办理丧事了。杀牛放孝布的做法，在他留人的丧事中，具有重要意义，被他留人认为是家庭财富的象征，是浓重体面地为死者办丧事的标志，是家中十分重视丧葬仪式的表现。他留人在丧葬仪式中，杀牛的做法很特别。死者的长子把将要宰杀的牛牵引进家中的院子，不能让牛在院子里站定，就要由其他人帮忙立即把牛杀死，然后进行解剖。杀牛时，铎系要念经，参加葬礼的人们，各自拿着一树枝围着灵堂转，意思是帮忙围牛。铎系念经的大意是：牛放在深山树林中，由死者的大儿子带人去找，顺着牛的足迹一直找到深林中，才看到牛，围牛了几个时辰，也捉不到牛，用最鲜嫩的草也哄不来牛，用盐也哄不来牛，只能对牛下扣子，才把牛捉到。今天，许了愿，摆了堂，杀的牛，身子如房子大，四肢如房的中柱粗，眼睛如星星一样亮，牛肚如囤箩一般大，血如江水一样多……念毕，在被杀的牛身上，盖上一件男式孝服，把插入木鞘中的刀放置在牛的身上。在牛身上放置孝服和刀，意思为死者的殉葬品，陪伴死者。他留人用白棉纸剪制成高约 1.2 米的纸人，把纸人挂在墙上，代表死者的灵魂。他留人有“人死了只有尸骨在棺内，杀的牛由他（她）的灵魂（纸人）才能牵走”的观念。牛被肢解后，铎系把牛肉和牛骨在灵柩前敬献一番，就把牛的肋骨、头尾等放在灵柩四周或者挂在青棚柱上，其他的牛肉下锅煮食。

放孝布（他留语叫“马巨讣”），就是在丧家的门外显眼处立一棵高 2 丈以上的松树杆，把松树杆上的枝叶剃除，顶端削尖。在松树杆的顶端用篾条扎一个绣球，在绣球上挂长 30 米的麻布，麻布必须是死者的亲生女儿纺织的。

如果死者没有女儿，要指定叔伯的女儿预先织好麻布。麻布下端挽两朵绣球花，象征父母，若父母都去世了，麻布下面的二朵绣球花要一样高，若父母有一位健在，绣球花就一高一低，高者代表在世者，低者表示已故者。放孝布这种做法，还被他留人认为是办丧事杀牛的标志。

杀牛祭拜后，铎系开始准备或者画灵板（他留语叫“碑牌”）。灵板是用木块做成的，先削制四块木板，长短各两块，长者约1米，短者约0.5米，宽约10厘米。木块的两端削制成斜刀形，木块表面涂上红色或其他颜色，在木块上面写上白色的“铎系文”，文字的内容与木块长短相配，长木块在棺柩的两侧各放一块，短木块在棺盖的头尾各放一块。一对木块上画刀、斧、镰、绳、犁、耙、镰刀、织布机、梭子等生产工具，以及表示天地日月星辰的图形，包括银河、北斗星（他留语叫“丫嗉丫姆妮”）；另一对木块上画他留人认为的十二种不详征兆（他留语叫“次妮给”），例如，有生长成环扣的苦葛藤，生叉的火草、苍蝇、马蜂窝、双蛇、虫串等，意思为死者生前或者家人碰见的不祥之物，他留人有家人碰到不祥之物，一定会有老人死去的观念。他留人葬礼中的灵板一般是，第一块灵板上画有表示天地、云、星的图形。第二块灵板根据死者的性别画有不同的图案。如果死者为男性，就在灵板上画上男性在劳动过程中经常使用的工具，例如刀、斧、镰、绳、犁、耙等；如果是女性，就画上镰刀、织布机、梭子等妇女在劳动过程中经常使用的工具。第三块、第四块灵板上画上他留人认为的十二种不吉祥征兆物，十二是他留人的虚数，实际上他留人认为的不祥之物，多达三四十种植物的长相。第四块灵板的边框都画成一样，即红云、白云和黑云。他留人认为红云代表朝霞，白云代表晴天，黑云代表阴雨。他留人灵板上的画图与象形文字相似。有人说，

他留灵板　刘平／摄

这种图画是他留人的文字。传说早期他留人是有文字和经书的，他留人的文字、经书最早写在猪皮上，后来被毁了。

他留人传统的灵位也称神烛，一般是用优质的刺柏木制作而成的，神烛心由两部分合而成一个整体，意思为灵位有男有女。灵位上雕刻有精细的龙凤图案及彩绘，灵位上的文字过去一般请汉族先生写。灵位外边还罩着罩子。

他留人的灵位一般供奉在堂屋的神桌上，神桌上供奉的祖辈灵位，是依次按照先辈代数有序摆放，到第四代人去世时，要把神桌上供奉的最早一代祖宗的灵位（神烛）在宗支节的那天，拿到宗支山上去烧掉。

4. 跳丧

跳丧，他留语叫“系超”，“系”是死的意思，“超”是跳的意思，“系超”就是跳丧。跳丧是他留人祭奠逝者，向逝者表达敬意、不舍之情和告别的一种方式。他留人的丧礼有凡去参加丧礼的人，都要参加跳丧活动的习俗。跳丧由铎系主持，跳丧就是铎系在前面敲锣念经，其他人跟在铎系身后，随着锣声的节奏，背着手，肃穆地围着灵柩，按逆时针方向，向前一步躬身，退后一步鞠躬地绕行。每次跳丧时间一般在半小时以上。丧葬中的跳丧时间不定、场次不定。只要有亲戚、朋友前去参加丧礼，送礼后，就进行跳丧活动。如果新去参加丧礼跳丧的人较少，其他已经跳过丧的人，还会主动再次参加到跳丧的队伍

他留人跳丧　季正团 / 提供

他留人跳丧　杨如刚 / 提供

中一起跳丧。他留人家办丧事，参加丧礼的人一般都多，参加者有的深夜不归家，年老的人围着丧家的火塘喝酒、烧粑粑吃，年青的人会通宵达旦地围着灵柩跳丧。

每场跳丧活动，孝子、孝媳必须参加。孝子要拄着长一尺三寸的杨柳棍或者竹棍跳丧，杨柳棍或竹棍被他留人称之为“拄丧棍”，意思是孝子因为父母去世，悲伤到只能杵着棍，才能走稳路。孝子只能在跳丧人群的外围或者在队伍后面跳丧。儿媳拄着长约6市尺的竹竿，与跳丧人群一道，围着棺柩跳丧。他留人认为竹竿象征一家人，一家人就像篁竹，有老竹、青竹，老的竹子被砍，青的竹子会变老，竹笋又会长成青竹。他留人的家庭就像竹篁一样，一代接一代，代代接续、兴旺发达、不断向前，所以，他留人用竹棍作为“拄丧棍”。

5. 签点

签点，他留语叫“纳印妥”，“纳”是手印的意思，“印”是血的意思，“妥”是盖的意思，连起来就是用手指上的血盖印的意思。签点仪式在摆堂的第二天由汉族先生主持完成。签点仪式前，孝子要斟几杯酒，放在盘中，双手端盘，送到先生面前，跪请先生帮忙主持签点仪式，并跪请叔父出来签点。如果死者有兄弟几人，有一人先死，则由在世人中，年长的那位去请先生签点。母亲死了，一般由母亲的弟弟签点，弟弟就是签点人。签点人遵循“父为叔大，母为舅大”的原则。签点仪式是在签点人同意的条件下，先生把签点人右手的食指用一利器扎出血来，用血指在灵牌（神烛）上盖印的过程，也有签点人在神烛上用签字代替以血盖印的方式。他留人签点的含义是：签点人在死者灵牌上加盖血手印或者签字了，就是承认逝者是正常死亡的，不再追究逝者下一代人的责任。如果死者属于非正常死亡（虐待、自杀等），在签点仪式中会出现拒绝签点的情况。过去他留人的丧葬仪式中，偶尔也有故意不签点的现象，以此敲诈死者下辈钱财或者为难下辈的情况，但这种情况极少。

6. 引路

引路，他留语叫“系旧皇”，“系”是死的意思，“旧”是路的意思，“皇”是引的意思，连起来是为死者引路的意思。引路仪式一般在升棺后的第二天晚上，也就是在签点仪式的同一天晚上十二时左右举行。

引路就是铎系把铜锣敲响，口中念“导引词”，孝子、孝媳及其他参加人都身着孝服，各持一炷点燃的香，随着锣声跳丧。跳丧时，死者的直系亲属在人群外围跳丧。跳丧时，死者的长子要肩扛锄头，手拿撮箕，次子要身背砍刀，儿媳要拄着竹棍。铎系念的“导引词”大意是：您养育的儿女长大成人了，他们又养育了子女。您要到另外一个世界去了，您去的路有九十九条，您去哪一条？那一条是不是？不是，那是野猪去过的路……铎系以问答的形式，念完九十九条路都不是死者去的路。只有死者的儿子用砍刀砍出来的、用锄头开挖出来的、用后背铺垫出来的路，才是最干净的路，也才是死者要去的路。铎系的“导引词”念毕，引路的人们，悄然走出丧家的大门，向村外走去，一般是孝子走在前面，其他人跟在后面，一边走，一边把香条插在路旁。走了一段路后，引路的人们又悄然无声地返回家。返回时，孝子要最后进屋。丧礼的第二天晚上，参加葬礼的人们，还是继续围着灵柩跳丧，直到天亮。

7. 喊魂、分家

出殡的那天早晨，丧家要杀仔猪祭祀，他留语叫“盐如纳素”。杀仔猪祭祀，他留人要到死者父母的坟前举行。如果死者的父母没有埋葬在同一地方，而是各葬一处，就需要杀二只仔猪。因为他留人认为，杀的仔猪是“让死者带到阴间去孝敬其父母”，如果父母各葬一方，死者就得两处都去。他留人埋葬死者的位置，一般是死者活着的时候，请尼卜用羊骨占卜后，才确定下来的。

出殡的那天，早餐后，铎系一边敲锣，一边念“左衣闭”，“左衣闭”是送走死者灵魂的经文。经文的主要内容为，从盘古开天辟地，猴

丧葬喊魂　季正团／提供

丧葬分家　季正团／提供

子变成人，人的生老病死等过程。铎系念完“左衣闭”，参加丧礼的人们又围着灵柩跳丧，跳丧时，孝子仍然肩扛锄头撮箕、儿媳拄着竹棍跳丧。跳丧结束，铎系把死者儿媳的竹棍折断，宣布丧礼的摆堂仪式结束。孝子端着酒逐一跪请帮忙上山“打井”的人，“打井”就是上山挖墓坑。孝子带着挖墓坑的人就去墓地挖墓坑。挖墓坑时，由孝子开始，他留人叫“破土”，就是孝子在选定的墓坑处挖九锄土（母死挖七锄），孝子破土后就返回家中，打井人继续挖墓坑。打井人上山时，家里帮忙的人要在灵柩旁，杀一只仔猪祭祀，之后，拆去青棚。葬礼进入喊魂仪式，喊魂他留语叫“讧咩咩”。铎系一边口念“讧咩咩”，一边把松叶放在棺盖上。死者的长子、儿媳及其直系亲属，依次把系在腰间的孝带解下来，按照顺序有序地铺盖在棺柩上。铎系一边念经，一边把树叶拴在孝带上，裹在孝带中，他留人认为树叶代表着“财产”。之后，孝子们逐一取下棺柩上的孝带，走到火塘的右前墙角处，把树叶放下，把孝带带走。这个过程，就是他留人的喊魂仪式。 喊魂仪式结束后，举行死者的灵魂与家人分家的阴阳分家仪式，他留语称之为“离箸孑”，“离”是灵的意思，“箸”是与的意思，“孑”是分的意思，连起来是把死者的灵魂与活着的人分家的意思。分家仪式由铎系主持，在棺柩前神桌上摆放好仔猪肉、酒、饭、菜等食品，铎系手抱一只生蛋母鸡，在鸡的脖子上挂一串钥匙。母鸡的寓意是它会下蛋，有子孙后代。这里把鸡比喻为人，鸡脖子上的钥匙寓意为子孙后代都有钥匙，都能打开他留人家装有粮食或者财富的仓门，都有自已的衣禄。死者的儿子、儿媳、孙子、孙女、侄儿男女都可以去跟死者分到一份属于自已的“财产”。但是，分财产必须以“夫妻”的名义进行。如果没有结婚或者没有对象的青年人，必须要带已经相处的对象或者找一个替代“对象”，以“夫妻”的名义才能分到“财产”。分家仪式上，铎系一边念经，经文的大意是：今天您就要到另一个世界去了，您辛苦劳累一世，为儿女们创造了大量的财富。金银满斗、粮食满仓、牛羊遍山、猪鸡满屋。今日杀的猪肉、羊肉，您带去一半，我们该留的已经留下了。恳求您把下一代人的衣禄留下，恳求您保佑子孙后代如长江水一样长，如玉龙雪山一样高。铎系一边分“财产”，就是把供桌上的猪肉、酒、米、茶等供品分给逝者的晚辈。之后，铎系把死者的灵魂和众多“夫妻”分到的“财产”都装入一个陶器中，把这个陶器交给死者的儿媳。儿媳把陶器放入自己纺织的挎包中，把陶器中的供品在出殡的路上沿途撒掉。

8. 出殡

出殡，他留语叫“派烈自启”，意思是“让逝者回去了。”他留人的葬礼一般是三天，第三天出殡。出殡前，他留人举行最后一次跳丧，跳丧结束，所有戴孝者围着棺柩伏跪，大孝子端酒跪请汉族先生（他留语叫“雅契”）主持出殡仪式，先生念祭文，追念死者的身世，即生前的主要经历，颂扬死者的品德功绩， 表达哀悼和祷祝的心愿。孝子们特别是孝女、孝媳此时会号哭，悲声大。祭文念毕，帮忙的人把棺柩用绳子拴好，由孝子把棺柩背出大门，出大门后要举行“路祭”。路祭毕，部分参加丧礼的人，随同抬棺柩的人护送棺柩直到墓地，其他人返回丧家。

丧葬路祭　简良开 / 摄

9. 安葬

安葬仪式由铎系主持，安葬仪式是铎系口中念经，从挖好的墓坑中抛出九捧土（女性七捧），孝子用衣襟接住抛出的土，绕棺柩一周，之后，把衣服接住的土撒入坑中，再把棺柩放入墓穴。再后，人们填土垒坟，杀羊祭奠。

安葬仪式中，死者的长甥，一般是死者姐姐或妹妹的长子必须在场，有让长甥认识亲族的目的。长甥身背竹篮，恭候在铎系身旁。铎系口念“讧咩咩”，用孝带拴裹好一青栗树枝，交给长甥，让他抱回家。还把在坟山上杀的羊头、四肢平均分成二份，一份装入长甥的竹篮中，也背回家，一份由铎系留下，意思为“帮忙弟兄”占一份。除死者长甥带回家的羊肉外，其余的羊肉就在坟山上煮吃。

回家的路上，死者的长甥身背竹篮，怀抱孝带拴裹的栗树枝，过沟、过箐时，必须向坟墓方向叩头。回到家后，就把栗树枝放在火塘右边的墙角处，以备晚上串蛋壳时使用。

晚上，铎系主持“余料职”仪式，“余”是家庭的意思，“料”是弟兄的意思，“职”是集中的意思，“余料职”就是家庭弟兄团结和睦的意思。死者的直系亲属各家从家里带一个鸡蛋到丧家，各家带来的鸡蛋总数一般要多于九个或七个。如果死者是男性，就用九个蛋，若是女性，就用七个蛋，把死者亲属各家带来的鸡蛋合在一起，如果鸡蛋数量不足九个或七个，就由死者家里补足，把鸡蛋炒成蛋饼。在蛋饼上面插九双或者七双筷子，把鸡蛋壳罩在筷子的上端。之后，捉一只刚会叫的公鸡，用水闷死，在鸡翅上开一个口，拔出翅骨作为吹气口。人往吹气口吹气，鸡就会伸脖子，像活鸡啼鸣一样，还有啄食的样子。这时，铎系念“讧咩咩”，把鸡毛及内脏去除，整鸡下锅煮熟。铎系把煎蛋饼的蛋壳串在从坟山抱回的青栗树枝上，把串蛋壳的青栗树枝放到房檐下，鼠类吃不到的地方。鸡肉、蛋饼由白天搭孝带于棺盖上的直系亲属的当家男人，还有死者的儿媳食用。他留人把吃蛋饼、向死鸡吹气等“余料职”仪式，寓意为家庭团结和睦、永不“翻脸”、家族兴旺发达、永续繁荣的意思。到此，三天三夜的他留丧礼才算结束。

他留人重视丧礼，因为他留人有人死后灵魂与肉体相分离，但灵魂不死，存在于另一个世界即阴间的生死观。死去的灵魂虽然活在另外一个世界，但是，与活着的家人仍然保持着联系，会在暗中保护或监视着亲人的观念。

（二）铎系及其文化

“铎”的意思，在他留人中是咏诵经文的人，“系”是死，与灵魂有关的意思，“铎系”在他留人中就是咏诵与死者灵魂有关经文的人。[①]“铎

① 简良开：《神秘的他留人》，昆明：云南人民出版社 2005 年版，第 197 页。

铎系传承

系”是他留人宗教活动中的神职人员，是他留人的祭司。铎系熟悉他留人的祭祀文字，能在他留社会的人神之间沟通。“铎系”在各种祭祀活动中咏唱经文，主持祭祀活动，满足他留人的精神需求，为他留人的宗教信仰服务，是他留文化的传承人。在他留人的心目中，铎系是集各种超自然力量于一身的神职人员。

“铎系”的传承方式有两种，一种是子承父业，世代相传。他留人的铎系一般世袭。铎系都是男性，大多是父亲传给儿子；如果铎系没有儿子，就会按照一定的标准挑选一个徒弟，进行师徒传授，把自己的铎系技艺传授给徒弟。父亲不是铎系的他留成年男子有意成为铎系者，也可以通过拜师学艺成为铎系。徒弟学成技艺出师后，继承师傅的事业。但是，他留人在培养铎系、铎系自主祭司方面有规矩，就是师傅健在时，徒弟的技艺学得再精湛，也不能作为独立主持祭祀活动的铎系。① 过去在六德乡的他留人中，年过花甲的徒弟仍然不能独立承担铎系工作的情况常有。 铎系培养弟子，一般是一个村寨培养一名。六德乡过去有 22 个村，但 2006 年统计时，只有 7 位铎系，年龄最小的铎系也在 70 岁以上，铎系出现后继乏人的情况。② 为了保护和传承族群文化，政府或者社会应当在他留人中鼓励并推选合适的人，为其提供条件，传承学习铎系文化。铎系传承可以采取一对一或者小集体的方式，有计划地培养年轻的铎系人才。

铎系在他留社会中，首先是一名普通的生产劳动者。铎系平时与普通的他留人一样，按照春夏秋冬时节，进行农业生产劳动。家庭中，铎

① 简良开：《神秘的他留人》，昆明：云南人民出版社 2005 年版，第 197 页。

② 李佳：《他留人铎系与纳西族东巴之比较》，西南大学硕士论文，2011 年。

系勤俭持家，养老扶幼。铎系的主业是从事社会生产劳动，他留社会中有人来请，需要承担祭司角色时，铎系才放下农业生产活计，去做祭司。铎系主持各种祭祀活动只是副业。[①]在他留山，铎系受到人们的尊重，但是，铎系和村民的人格地位一般是平等的，反映了古代原始宗教的平民化和平等性。他留铎系一般心地善良，铎系主持各种祭祀活动，带有半义务性质，报酬不高，有时还不收报酬。

铎系不仅是祭司，而且才多艺，熟悉民族乐器，能歌善舞。古代有战事时，铎系还能承担军师的重任，又能担负医生和兽医的职责。[②]

仪式既是人类社会传承风俗习惯的一种媒介，又是个人与集体进行社会文化互动交融的过程。铎系在他留社会中主持各种仪式，可以说是他留人社会规范的引导者。铎系在他留社会中德艺双馨、德高望重，具有较高的社会地位，还可以说是他留人精神生活的引路人。铎系在他留社会中主持的各种仪式，具有指引、劝导人们敬老爱幼、敬死爱生，崇善嫉恶的作用，还能规范他留人的思想，帮助他留人树立正确的世界观、人生观和价值观。

他留人的丧葬仪式中，铎系身穿火草麻布衣服，头戴羊角帽，手持竹节、铓罗、芦笙三大法器，庄严地用敲锣、舞蹈、吟唱等方式，既帮助死者超度亡灵，又抚慰生者。丧葬仪式中铎系通过吟唱经文，讲述他留人的历史和传统，介绍生产生活知识，表达对祖先的尊重、崇敬之心，表达对生命、生活的热爱之情。铎系还在他留人的粑粑节、宗支节等集体祭祀活动中担任祭司，通过祭祀活动，缅怀他留先辈创业的艰辛与不易，感恩祖先，帮助他留人认识和增强族群记忆、强化身份认同，牢固集体意识。

从一定意义上说，铎系是他留文化的代表者。铎系能够讲述他留人的神话、来源、族群等创世史；能够书写铎系文，满足他留人的精神需要。铎系文是一种原始的图画、字符，只有铎系才会使用和表达的符号；能够吟唱经文，以叙事的形式讲述人生的生老病死过程，讲述他留人的生产生活知识。

铎系是他留文化的传承人，他留文化的传承主要是口耳相传。铎系咏唱的“铎系唱经”和书写的“铎系文”，保留并传承了他留文化。例如，丧葬仪式上，铎系在棺柩两旁的灵板上书写的“铎系文”。铎系每写一

①② 简良开：《神秘的他留人》，昆明：云南人民出版社2005年版，第198页。

个符号时，都要吟唱出这个符号的来龙去脉及其与这个符号相关的全部内容。铎系符号起到了提示他留人经文的作用，具体的经文内容全靠铎系的记忆和发挥来阐释。整个丧葬仪式上，铎系不停地吟唱，吟唱内容为：超度亡灵，评述逝者，讲述族群的神话传说、历史传统、伦理道德、生产生活等等文化，铎系吟唱经文的过程其实就是传承他留文化的过程。

“铎系唱经”是一部长篇叙事诗，内容丰富，既属于宗教文化，又是民间文学的重要组成部分，是他留文化的集大成者，具有较高的研究价值。铎系唱经以叙事的形式讲述了人生的整个过程，包括出生、成长、爱情、婚姻、家庭、养儿育女、衰老死亡等内容；介绍了族群创世说、猴子与人的关系、铎系由来等内容；叙述了他留人的生产生活知识经验。铎系唱经就像百宝箱，几乎囊括了他留社会和文化的全部内容，使得他留文化得以保存并传承下来。

（三）尼卜

尼卜是他留人的巫师，尼卜在他留社会中主要从事占卜和巫祝事宜。尼卜被他留人认为是具有超自然能力的人，是能够为他留人驱邪避害，给他留人带来吉祥好运的人。

他留人的神职人员铎系和尼卜在他留社会中的职能和作用是不同的。铎系的主要职能是祭祀祖先、超度亡灵、抚慰生者、传播他留历史和文化，尼卜的职能主要是预测良辰吉日，测定上水吉地，帮助他留人驱邪避害，逢凶化吉。铎系和尼卜在他留人的宗教信仰活动中都发挥着重要的作用，但是各自扮演的角色不同，职责有别，工作的道场不同，满足人们精神需要的方法不同。

他留人的宗教活动，一般情况，铎系与尼卜不在一起，即使需要同时主持宗教活动，他们使用的方法也截然不同。铎系用向祖先祭祀、告慰亡灵的方法，向祖先祈福，表达人们的良好愿望、寄托哀思和崇敬之情。尼卜用占卜和驱邪的方法，满足他留人希望走好运、趋吉避凶的精神需要。尼卜的法器是铜铃，法场上，尼卜不停地摇动着铜铃，一边念咒语，一边

尼卜做法事　简良开/摄

狂舞，帮助人们驱除病魔疾苦；用“阴魂附身”的走邪法术，诅咒妖孽、驱鬼，帮助他留人驱邪消灾。尼卜在做驱邪消灾法事时，唱完法经，就大吼一声，然后用嘴去衔烧得通红的犁铧尖，在炕床上转三圈，然后抛掷到院落中，根据抛出的犁铧尖所指方向判定化解吉凶祸福的情况。如果尼卜抛出的犁铧尖朝外，表示吉利，法事成功；如果犁铧尖朝里，表示不吉利，魔鬼还没有驱完，必须重新驱赶。①

尼卜经常用羊骨卜帮助他留人预测吉凶祸福。占卜时，尼卜蹲在火旁，叫人拿来一个碗、一团火草和半碗干净的米，取出自己带来的羊肩胛骨。把羊肩胛骨放在碗上，左手拿着肩胛骨，右手拿着火草，用火草在肩胛骨的边缘来回摩擦，口念祈祷语。祈祷结束后，把火草团用唾液粘在肩胛骨无脊的一面，然后引火点燃。大约一分钟，肩胛骨发出爆裂声，尼卜抹去火草余烬，用黑灰在烧裂处涂抹，再把肩胛骨上的黑灰抹去。这时肩胛骨的裂纹内有了黑灰，裂纹清晰地显露出来。根据裂纹的位置、方向、长短、高低、曲直，尼卜对照祈祷词，就能预测出吉凶祸福。

尼卜做法事时，只有唱腔没有文字图画。过去，他留人十分尊崇尼卜，相信尼卜的法力能够与妖魔鬼怪抗衡，甚至能战胜邪魔，帮助他留人逢凶化吉。因此，他留人历史上曾经举办过“虫会”“瘟会”一类的法会，尼卜以“走阴”为主要方法，帮助他留人驱除瘟疫虫灾，达到人们消灾祈福的愿望。② 其实，随着社会发展，科技进步，人们逐渐认识到尼卜的法术，并没有驱邪避恶、逢凶化吉的作用，只是满足人们的美好愿望罢了。

尼卜的培养方式，一般是师徒传承，徒弟跟随师傅学艺。尼卜的法术既没有文字也没有图画记载，尼卜技艺的传承只能是师傅用口传身授的方式传授经验，徒弟全凭观摩师傅的法术表演，靠心领神会去领悟师傅的技法，靠自己揣摩积累经验成为尼卜。徒弟需要跟着师傅学习很长时间，才能出师，成为尼卜。

占卜是迷信的一种。在古代，由于社会生产力水平低下，人们的认识能力较低，人类用占卜方式向神灵请教，请求神灵帮忙判断，请求神灵帮助选择，请求神灵指导生产生活实践的情况较为普遍。历史上，占卜在他留社会中比较流行，可以说他留人的生产生活离不开占卜。他留人的占卜除羊骨卜外，还有鸡骨卜、谷粒卜等。占卜术只是人类在生产

① 简良开 :《神秘的他留人》，昆明：云南人民出版社 2005 年版，第 201 页。

② 简良开 :《神秘的他留人》，昆明：云南人民出版社 2005 年版，第 200 页。

力及科学技术水平较低的时期，人们认识预测社会事物的一种方法，这种方法是不科学的。随着现代社会的进步，文化的发展，科学技术的普及，占卜术已经被时代所摒弃。

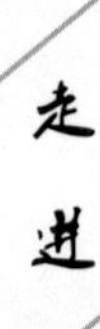

五 他留人的传统信仰与节日

信仰是人们对某种思想、观点或者人及事物的信奉、尊崇。信仰带有主观情感和理智色彩的特征。现代人类学、考古学研究表明，人类最原始的信仰有两种，一种是信仰自然，一种是信仰祖先。这两种信仰产生于人类社会的初期，由此产生了相应的自然和祖先崇拜及其祭祀活动。各民族传统节日的形成，与其原始崇拜、信仰、祭祀、历法等人文思想和自然文化有关。人们的原始崇拜与祭祀文化是民族传统节日及其文化形成的主要因素。古老传统节日的形成，一般是古人为了感谢天地、祖先，确定吉日后举行祭祀活动，逐渐发展并且传承下来，从而成为节日。传统节日的形成，是一个民族历史文化长期积淀的过程，也是人类文明的产物。我国各民族的节日是中华文化的重要组成部分，是中华文化丰富多彩的表现形式，是中华民族传统的延续。我国各民族的传统节日内容丰富、形式多样、寓意多元。

他留粑粑节　季正团／摄

（一）他留人的原始崇拜

他留人原始崇拜主要有自然崇拜和祖先崇拜。自然崇拜就是把自然物、自然力，当作有生命、有意志力的对象加以崇拜，是一种原始的宗教形式。古代人们的认识能力和生产力水平低下，生活在海拔较高、相对封闭的他留山地区的人们，抵御自然的能力较弱，在自然物、自然现象给人造成不良影响时，显得无可奈何，又无能为力。由此，产生了自然崇拜。他留人的自然崇拜主要有动物崇拜、猎神崇拜、粮神崇拜、山神崇拜、土地神崇拜和灶神崇拜等，崇拜他留人认为的自然神。

动物崇拜，这里指他留人崇拜动物，在动物崇拜中，他留人主要崇拜猴子。从他留人的民间传说及其生命崇拜中，能够看到他留人崇拜猴子的痕迹。在他留人的铎系唱经中，有对铎系来源的专门叙述。铎系唱经大意是，猴子比人聪明，铎系的本领就是从猴子那里学来的。在他留人的人类起源传说中，也说人最早是由猴子褪毛之后变成人的。在他留山的古墓群里，凡是雕刻有猴子图案的墓碑，都是铎系的墓碑。铎系是他留人的祭司，在他留社会德高望重，铎系死后，才享有在墓碑上雕刻猴子图案的特权。① 这些情况说明，他留人崇拜猴子，猴子在他留人心目中享有很高的地位。

猎神崇拜，这里指他留人崇拜一种叫作猎神的精灵。早期的他留人从事游牧、狩猎活动。他留人认为自然界中有一种叫猎神的存在物，猎神是由所有被射杀死后的动物灵魂组成的精灵。他留人每年有祭拜猎神的传统，他们认为如果不好好祭拜猎神，就会遭到猎神报复。猎神不高兴就会使人生病，甚至有更严重的后果。他留人祭拜猎神，要到山中，山上没有人放牧的地方才能举行祭拜仪式。他留人祭拜猎神，一般是先请尼卜占卜好祭拜的时辰。时辰确定后，等到吉日，在尼卜的带领下，祭拜者一起进山，到达山中的某一僻静处。祭拜的地方一定要有单独生长的一棵树。地点确定后，祭拜者要在树下插上三根三叉形的树枝，树枝上挂上狩猎用的弓箭。在树前面的空地上铺垫一层松树叶，祭拜者用采集来的梨子树叶做成三个杯子，之后，把这三个杯子放置在铺垫好的松树叶上，并且分别在杯子里放入从家里带来祭献猎神的白酒、茶水、米饭。同时，恭恭敬敬地插上三炷香。尼卜要把从家中带来的一只大公

① 简良开：《神秘的他留人》，昆明：云南人民出版社 2005 年版，第 67—68 页。

鸡宰杀后，洗净，把鸡头和翅膀绑在一起，也放置在铺好的松树叶上面。之后，尼卜就向猎神祈祷，祈祷的主要内容是：请猎神好好享用这些祭拜的食物，安心享受在天国的生活，不要到人世间来捣乱。之后，祭拜者围坐在树下，把鸡肉煮熟，然后，食用米饭、鸡肉等食物。吃不完的食物，是不能带回家的，必须留在祭拜处。祭拜的人们返回家中的路上不能说话。[①]这种崇拜说明了他留人早期就有尊重自然、敬畏自然、顺应自然的思想观念，有破坏自然平衡就会受到自然界惩罚的崇拜自然意识。

粮神崇拜。这里指他留人崇拜粮食。每年的农历正月初八，是他留人的粮食节。这天，他留人家一般要举行祭拜粮神的活动。祭拜方式是在家中院子里的肥堆上面，插上香条、松枝，摆上汤圆，恭恭敬敬地敬献给粮食神，还要给粮食神烧一些纸钱。正月初八之后，他留人还要选定好日子，由家中妇女带着他留粑粑到农田里，去供奉敬献给粮食神，祈求粮食神保佑他留人家来年风调雨顺、五谷丰登、六畜兴旺。[②]这种崇拜说明以农业为生、靠天吃饭的他留人，希望自己辛勤劳动，能够换来粮食丰收的结果。

山神崇拜。这里指他留人崇拜山神。他留人世代居住在大山里，打猎、放牧、采集火草、采摘蘑菇、菌子等活动，都离不开山，所以，他留人崇拜山神。过去，他留人有集体崇拜山神和各家各户崇拜山神的活动。他留人集体祭拜的山神是离他留村庄不远的大山，这个山神被他留人称之为公共山神。祭拜时间是每年的农历六月二十四日以前的日子。祭拜这天，整个族群都会参加祭拜活动，人人穿着节日盛装，家家带着他留粑粑及其他祭拜物品，集中到祭拜山神的地方，虔诚地、毕恭毕敬地祭拜山神，祈求山神保护他留人有打不完的猎物，采不尽的火草。他留人各家各户还有自己的小山神，家家户户都要祭拜自家的小山神。他留人生活在山区，山坡较多，一般来说，他留人家的小山神在自家房屋后面的山坡上，每家每户新房建好之前，要在新房后面的山坡上选好或者栽种一棵树。新房落成，他留人要请尼卜选择吉日做法事，法事内容为，先从老家的火塘里分出一块锅桩石，再从老家房屋后的山神树那里取来一块石头，然后找三块石头。之后，在新房后面山上的那棵树下，把五块石头垒砌好，注意把老家带来的那个石头垒在朝向新房的方向，

① 简良开：《神秘的他留人》，昆明：云南人民出版社 2005 年版，第 166 页。

② 简良开：《神秘的他留人》，昆明：云南人民出版社 2005 年版，第 167 页。

这样山神位就算垒成了。而后，在尼卜的主持下，开展祭祀小山神的活动，祭拜山神的仪式与祭拜猎神的仪式基本一样。他留人认为，新房建好了，只有祭拜山神，才能得到了山神的护佑。小山神安放好后，他留人家平时一般不举行祭拜活动，只是每年农历的大年三十晚上，做祭拜活动，就是他留人要在那里杀鸡，烧纸钱给山神。如果有特殊情况，或者尼卜说要做祭拜活动的时候，他留人家也会额外到小山神处，举行祭拜活动。[①]

此外，他留人还崇拜土地神、灶神，有祭拜土地神、灶神的活动，崇拜礼仪与汉族人的祭拜活动差不多。在生产力落后，人们认识能力有限的过去，人类一般有崇拜自然，祈求得到自然神灵的庇佑，避免受到自然灾害破坏的愿望。

人类崇拜祖先，不仅希望得到祖先庇佑，而且有表达亲情、恩情，追思的需要。古人认为人死后，人的灵魂会存在，并且会影响子孙后代的生存发展。于是，古人就把祖先神化了，并且对祖先进行祭拜。我国汉族人民普遍崇拜祖先，一般把祖先的名字写下来，做成祖宗牌位，供奉在家中，并且举行祭拜活动。其他少数民族也学习汉族崇拜祖先、祭拜祖先的做法。逐渐地，古人就从自然崇拜转化为人文崇拜。

他留人崇拜祖先的风俗，有的与汉族相同，有的与汉族不同，具有他留人族群的特色。他留人认为人死后，灵魂是不会死的，灵魂生活在另一个世界里，与活着的家人保持着某种联系。死者的灵魂会在暗中保护着家人，还会参与家庭的某些活动。他留人这种人死灵魂不死的思想，在他们的丧葬活动和祭祖活动中都有体现，例如丧葬中的跳丧、分家仪式和粑粑节中的祭祖仪式。

他留人崇拜祖先，表现在两个方面，一是在堂屋里供奉着祖先的神位。他留人认为堂屋里供奉着祖先神位，是家中神圣的地方。他留人堂屋的门平时紧锁，家里没有大事要事，是不能轻易进入堂屋的。二是炕床左上方的土洞里，也供奉着他留人的祖先神位。传统的他留人家每天吃饭，或者是家中有糖果糕点等他们认为的美食，一般要先敬献祖先，之后才能食用。逢年过节，或者是祖先的诞辰日、忌日，家中要举行祭祖活动。他留人十分敬重祖先，家中有老人长辈去世时，非常重视丧事，他留人认为丧葬仪式是人生中最重要的活动，比成年礼和婚礼更为重要，仪式

① 简良开:《神秘的他留人》，昆明：云南人民出版社 2005 年版，第 167—168 页。

更为隆重。他留人认为对逝者的尊重、敬重和感恩，就要不惜耗费家中的财力物力，尽力把逝者的丧事办得庄严体面、隆重大方。他留人不仅重视葬礼，还会竭尽全力为逝者立碑，对待立碑，他留人同样不惜财力，会诚心诚意请来撰写碑文的行家，请来建造墓碑的能工巧匠，尽力把墓碑修建得豪华壮观、精美牢固。反之，他留人认为不重视长辈的丧葬仪式，不重视为长辈修建墓碑，就是对长辈的不敬。他留人反对不敬祖先的行为，禁止做对祖先不敬的事，以做敬祖先的事为荣，不做敬祖先的事为耻。他留人的丧葬活动中，一定要请铎系到家中，咏诵铎系唱经，隆重地为逝者举办丧事，不仅有怀念和感恩长辈的思想，还有通过铎系唱经，让逝者知道，后代子孙已经倾其家中财力物力，竭尽全力为逝者办理丧事，逝者可以安心地回到祖先那里去的目的。

他留人的祖先崇拜，除了各家各户祭拜自己的祖先外，还有整个族群集体祭拜祖先的活动。他留人族群在每年的农历六月二十三日、二十四日，举行集体祭拜祖先的活动，祭拜他留人开基创业的先祖 360 户伍。

（二）他留人的节日

他留人的传统节日内容丰富，形式多样。他留人的传统节日具有浓郁的族群特色和独特的族群风格，体现出浓郁的族群文化。他留传统节日是他留文化的重要组成部分，他留人的传统节日主要有春节、清明节、宗支节、粑粑节等。

祭祖堂前的他留歌舞　蔡平波／摄

1. 春节

他留人过春节的时间与汉族相同，都是除夕开始过节，但又有不同，汉族是正月十五过大年，而他留人过节只到正月初七。每年农历的最后一天，即腊月三十日，叫作除夕，这天是中华民族的主体汉民族的传统节日，也是他留人的节日。除夕这天汉族传统的民俗主要有祭祖、贴门神、放爆竹、给压岁钱、吃年夜饭、送财神等活动。举行这些隆重活动是为了除旧迎新、消灾祈福，迎接新一年的到来。他留人过除夕，除了有汉族习俗外，还有本族群的传统。除夕这天，他留人有祭祖、贴门神、放爆竹等活动外，还举行祭拜自家山神的活动。他留人祭拜自家山神的仪式为，杀鸡洗净后，到屋后山上自家的山神处祭拜，祈求山神保佑家里来年五谷丰登、财源滚滚。农历正月初一，是新年的开始，这一天被称为春节，是中华民族的传统节日。春节在中华民族传统中，是象征团圆、兴旺、希望的节日。他留人不仅正月初一过春节，他们的春节是从初一一直过到初七，连续七天都过节。

他留人过春节的方式及内容具有本族群特色。他留人过春节，从初一开始，他们会穿上新衣服，在家中做丰盛的饭菜吃，一般不去田里干农活。他们还会走出家门，与村里的人一起，开展集体文娱活动，主要有打跳、唱歌、滑稽戏表演、荡秋千等。他留人过春节，一般都聚集在一起，集体开展活动，最多的活动是一边打跳、一边唱歌，表达欢乐、愉悦的心情，营造出浓浓的喜庆年味。正月初一，是他留人的上坟日。

他留节日打跳　刘平／摄

他留秋千架　刘平／摄

这天的活动主要是以户为单位，各家各户到坟山上扫墓，为祖先烧香、敬献纸钱，缅怀已逝的先人。正月初一至初六，这几天里，不论白天还是夜晚，他留人除了集体打跳外，还会组织相互对歌、歌舞比赛和其他文艺表演活动。

他留人春节打跳，一般先跳迎春舞，再跳其他舞，[①]还有对歌、耍狮子等娱乐活动。正月初六那天，他留人除了打跳活动外，还有搭建秋千架的习俗。正月初七，是他留人的人辰节。这天早上，他留人各家各户的当家夫妇，先要为供奉在堂屋和炕房里的祖先灵位烧香，祭献茶水、酒、饭等，之后，一家人才能吃早点。[②]这天的娱乐活动主要是荡秋千，荡秋千是他留人过年传统的娱乐项目。正月初八，传统的他留人过春节才结束。正月初八开始，他留人进入春耕准备工作阶段。

2. 清明节

他留人过清明节与汉族基本一样，过节的主要内容就是上坟、扫墓，进行祭拜祖先的活动。他留人过清明节，一般以户为单位，有时请来亲戚朋友一道过节。他留人过清明节一般带上香条、纸火、新鲜的柳树枝、锅碗炊具、鸡、肉、米、蔬菜、水果等物品到各家各户的墓地举行祭拜活动。祭拜程序一般是：当家人在祖坟前插三炷香，点燃纸火，主妇按照顺序在各个坟头的两侧，分别压放一枝柳条，在坟前摆上祭献品，祭献品有烟、酒、茶、糖果等食品。之后，全家老少依次在坟前恭敬地给祖先作揖、叩头、感恩、祈福、祈祷。之后，当家人在坟前把带来的公鸡杀了，把鸡血在墓碑石上涂一点。他留人过清明节，有自己独特的传统，就是要在坟前唱《啊树秋》曲调，以此告慰祖先。《啊树秋》曲调类似于汉族的《哭丧调》。一般是死者的子女跪在坟墓前哭唱，哭唱的内容大致是：今天，亲戚朋友一大早赶来看您，我们为您带来了粑粑、鸡、肉、油、盐、米、酒。感谢您抚育我们长大！感谢您为家庭的辛劳付出！……子女唱完《啊树秋》之后，女性亲戚朋友会接着唱《啊树秋》，唱的内容与逝者子女哭唱的内容除了人称表达不同外，主要是在逝者坟前告知逝者现今的家庭情况和表扬逝者的子女。亲戚朋友唱的内容一般是：您的儿女们非常

---

① 张璐：《论音乐在他留人社会、历史与文化中的功能》，《歌海》2016 年第 5 期。

② 简良开：《神秘的他留人》，昆明：云南人民出版社 2005 年版，第 189 页。

勤劳，您的子女家庭和睦兴旺。您的子女都很孝顺，他们为您准备了粑粑、鸡、肉、米、酒等食物……《啊树秋》的内容是叙事性的，曲调表现方式是一边唱，一边说，一边夹杂着哭泣声、喘气声。[①]《啊树秋》哭唱的时间不固定，有的是半小时，有的长达一小时。他留人上坟，大家不用分工，会配合默契地完成相关工作，哭唱《啊树秋》时，会有人自觉煮饭、做菜。中午左右，饭菜就会做好，哭唱停止。他留人先为祖先敬献酒、肉、菜、饭，再向祖坟周围泼洒一些水饭，之后，大家围坐在坟前一起吃饭。上坟结束准备返程回家时，她留人有逐一向祖坟磕头告别的传统习俗。离开墓地时，他留人有燃放鞭炮，之后才返程回家的习俗。[②]这里说说上坟在坟头压柳条习俗的来历。据说，坟头压柳条来源于蜀汉时期。传说，诸葛亮率兵征伐南中，七擒孟获。两擒两纵是在金沙江中上游的蜻蛉（今大姚）、遂久（今永胜）境内。两擒两纵在大理的洱海、苍山一带，及在楚雄、弄栋（今姚安）一带。汉军在洱海、苍山地区与孟获作战时，汉军的一支小分队经过江尾时，见到一少妇身背薪柴，怀抱婴儿，手牵双目失明的老母，步履艰难地往家走。汉军将士询问其丈夫，少妇回答说，丈夫被孟获征去与汉军作战，已经死在沙场。汉军将士心生同情，于是，就把作战秘密告诉少妇：明天早上，汉军就要清洗你们住的这一带，你可以在门上插上一支柳条，就能避免血光之灾。少妇非常感激汉军，并且把这一消息告诉了全村村民。第二天清晨，汉军进入村里，看见家家户户的门上都插有柳条，就停止血洗村民的行动计划，全村人的生命得以保全。此后，该村把村名改换为“漏夷（一）村”，即今大理洱源县江尾沙坪的漏邑村。村民为缅怀这位少妇的恩德，该村村民及后代就以柳条作为吉祥物，把柳条压在祖坟上，用这样的方式祭奠逝者。此佳话广为传播，此做法也在民间传播开来，久而久之，成为一些民族的传统习俗，延续至今，他留人也有上坟在坟头压柳条的传统。[③]

3. 宗支节

他留人崇拜祖先，他留人有祖先的灵魂不灭，人逝世后，在他留祭司铎系的帮助下，逝者的灵魂会由人世间转移到祖先的居住地，并且永

① 张璐：《论音乐在他留人社会、历史与文化中的功能》，《歌海》2016 年第 5 期。

② 简良开：《神秘的他留人》，昆明：云南人民出版社 2005 年版，第 186 页。

③ 简良开：《他留人的主要节日》。

远生活在那里，护佑着死者子孙后代的观念。他留人有把三代内的祖先灵位，分别供奉在堂屋和炕床土洞里，进行祭拜的习俗。他留人的祖先与活着的人辈分较近的三代以内的逝者牌位，供奉在家里，三代以上的先灵，就要永远供奉在另一个地方，就是他留人的墓地里的传统风俗。

集体祭祖

宗支节指他留人以同姓氏的亲族为单位，集体到他留人的公共墓地即宗支山，举行集体祭拜同姓祖先的活动。以前，他留人的同姓族人，王姓、蓝姓、陈姓、海姓是他留人的四大旺姓，各个姓氏族人有按照姓氏顺序，依次到宗支山举行祭祀祖先活动的传统。据说，他留人中的王姓祖先，是最早发现他留山及其营盘的人，王姓祖先享有埋在宗支山中间的条件，其他姓氏的祖先，只能埋在王姓祖先的周围。因此，王姓族人过宗支节的时间最先，在每年农历的五月十七日过宗支节；之后，蓝姓族人过宗支节，时间是农历的六月十七日；陈姓族人过宗支节的时间是农历七月十七日；海姓族人过宗支节的时间是农历八月十七日。他留大姓每个姓氏家族过宗支节的时间，相隔一个月，[①] 由此得知，他留人过宗支节是有顺序的。

每年宗支节这天，他留人以户为单位，本姓家族的各家各户，都会带上香条、纸火、鸡、肉、酒、茶等物品，自觉按时地到宗支山的家族坟林处集中。在族长的主持下，本姓氏的族人一道庄严肃穆地祭拜祖先，恭恭敬敬地向祖先供奉食物，诚心诚意地向祖先感恩祈祷，集体虔诚地过宗支节。宗支节祭祀活动，仅限于本姓族人，外姓他留人不得参与。由于历史原因，他留人集体过宗支节的祭祖活动，在20世纪50年代被停止。[②]

① 简良开：《神秘的他留人》，昆明：云南人民出版社2005年版，第186页。

② 简良开：《神秘的他留人》，昆明：云南人民出版社2005年版，第186页。

4. 粑粑节

他留粑粑节

他留人的粑粑节，也称之为祭祖节，是他留人的集体节日。这是他留人一年一度的重大节日，也是他留人最隆重的节日。据说，他留人早期过粑粑节的时间不固定，根据每年他留山上种植的稻谷抽穗时间来确定，每年他留山上的稻谷抽穗时，就是他留人过粑粑节的时间。从节日名称“粑粑节”和传统的过节时间，可以看出，以农业为生的他留人，重视稻谷种植，在稻谷抽穗时，用丰收的稻米做成美食粑粑，表达对祖先的感恩之情。粑粑可以说是过去他留人能够拿得出的，也是最好的食物，用粑粑祭奠祖先，是他留人敬重祖先、感恩祖先的真诚表达。“文革”时期，他留人过粑粑节的习俗被中断。改革开放后，他留人又恢复了过粑粑节的传统，并且把过粑粑节的时间确定为每年农历的六月二十三、二十四日。每年农历的六月二十四日是彝族、白族等其他少数民族传统的火把节，据说为了把粑粑节与火把节区分开来，他留人过粑粑节的时间确定为每年农历的六月二十三日。如今，他留人的粑粑节一般过三天，就是农历的六月二十二日做过节准备，二十三日集体祭拜祖先，二十四日各个家庭或家族到坟山祭拜自家祖先。粑粑节是他留人独有的传统节日，是他留人集体祭祀祖先的节日，也是他留族群不同于其他民族的地方。

关于他留人的祖先，传说在元末明初，北胜州的世守高斌祥，把施蛮的一支游牧部落集中起来，以下千户 360 户伍（约 400 人）的编制，组建成一支带有军事性质的常备武装，名叫“他鲁苏”土练。从此，这支土练成为高氏土司的卫戍部队，也就是高氏土司的亲军。高土司的亲军最早驻扎在今天永胜县城的灵源箐口谭家坪一带，这支亲军当时称之为“小吉都兵寨”。明朝洪武十七年（1384 年），他鲁苏土练从小吉都兵寨移驻到北胜州土城工地，参与修筑土城。洪武二十八年（1395 年），北胜州置澜沧卫，1396 年构筑澜沧卫城（今永胜县城），他鲁苏土练又从北胜州的土城工地移驻到北胜州的东郊山麓，参与建筑澜沧卫城。传说他鲁苏土练驻扎在澜沧卫城工地，历时一个多世纪，有了三四代人。据说他留人在澜沧卫城工地，即现今永胜县城东部山麓的项家湾一带，还留有他鲁苏的居住遗址和坟茔。澜沧卫城竣工后，高承祖土司把这支队伍整体移驻到了现今的他留山地区。明朝洪武年间，他留山有朝廷派遣的左营步战守兵驻守在营盘。他鲁苏土练就配合朝廷的左营步战守兵在他留山营盘驻扎下来，两支队伍都在他留山地区做防卫工作。他留山地区的地理位置在古代极为重要，所以，把他留山地区道口处的地名称之为营盘。为了巩固这一军事要地，在高氏土司的领导下，把营盘扩建为他留城堡。清朝咸丰十一年（1861）七月，杜文秀起义军中的刘以文部攻克了他留城堡，并且烧毁了城堡，他留城堡从此消失。城堡被毁后，幸存的他留人大部分在城堡附近的地方藏匿起来，之后安居下来，一个半世纪后，发展成为现今的双河、营山、玉水等他留村寨。有少量的幸存者逃到永胜的仁和镇、华坪的通达乡，鹤庆县的六合乡等地方。

关于粑粑节的来源。传说他留先民来到他留山开创基业时，生活条件十分艰苦，他留先民很难吃到饭团粑粑，粑粑成为他留先民非常珍贵并且喜爱的食物。为了缅怀祖先，感谢祖先的恩德，他留人就在每年稻谷抽穗的时节过粑粑节，用美食敬献祖先这种特别的过节方式，表达对祖先的怀念和感恩之情。

粑粑节是他留人的传统节日。如今，粑粑节既是他留人集体祭奠祖先的节日，又是他留人团圆聚会的日子。每年的粑粑节，在外地工作的他留人，都会回到家里，与家人一道参加隆重祭祀祖先的活动。粑粑节那天，居住在六德乡的他留人都会到节日活动的地方集中，居住在附近的仁和镇和华坪通达乡的他留人，还有其他地方的他留人也会自发来到节日活动地点，集体举行祭祀祖先的活动。

他留人十分重视粑粑节，节日的前几天，他留人就为过粑粑节做准备。每家每户一般会筛选好做粑粑的糯米，整理清洗好做粑粑的器具；村干部会组织人员在公祭场搭建祭司台、牌坊及其他准备工作。农历二十二日这天，传统的他留人家，家家户户都要蒸糯米饭，用石碓舂糯米饭，用心地揉粑粑，认真地做粑粑。他留人把做好的粑粑按照一定的大小比列，从大到小排列成一个塔形，放置在盘子中。他留人祭祀用的粑粑，一般是十二个，每个粑粑代表一个月，如果是闰年，就用十三个粑粑，代表

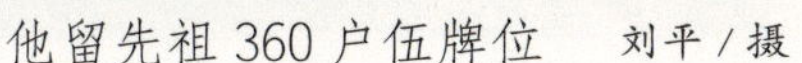

他留先祖 360 户伍牌位　刘平 / 摄

他留粑粑祭先祖　刘平 / 摄

十三个月。他留人做事一般都重秩序、讲规范，这与他留人的祖先是高氏土司的卫戍部队有密切的联系，他留人的祖先是军人及其家属，他留人的后代传承有军人的基因和特质，他留人不论是墓葬死者，还是叠粑粑敬献逝者，都注重顺序。他留人讲秩序的军事特质，烙印在他留人的骨子里，流淌在他留人的血液中，表现在他留人的行为中。

传统的粑粑节那天，他留人各家各户，人人身着节日盛装，打扮得漂漂亮亮、体体面面，在户主的带领下，主妇托着装有粑粑的盘子，全家人兴高采烈地到村口集中。人到齐后，在村主任的带领下，以村为单位到粑粑节的活动地点，公祭场集中，他留人的公祭场是他留坟林旁边一块宽敞的草坪地，参加者来到公祭场汇集，集体过粑粑节。

祭祖的他留粑粑　刘平 / 摄

公祭场上，如今建有祭献房、舞台和观众坐的台阶。祭献台是为专门祭奠他留人的集体祖先而设置的，又叫祭献堂，他留语叫卓我告，祭献堂上放置有 360 根松枝，庄严肃穆。祭献堂前面的正中处有一个较大的石鼎，石鼎上有精美的图案，石鼎的主要用途是为祖先烧香化纸。祭献台的正下面的左边和右边分别放置着一些青树枝，青树枝的总数有 360 棵。

他留人过粑粑节　刘平／摄

360 棵青树枝象征最早入驻他留山，开基创业的 360 户伍他留人的祖先。过去在祭献台的前面，要用栗树枝搭成拱形门即牌坊，牌坊上还要张灯结彩，彩条飘飘。祭奠的人们由此牌坊，才能进入祭祀台。

上午十时左右，粑粑节祭祀活动开始。主持人宣布祭祖活动开始，锣鼓敲起来，鞭炮放起来，顿时，锣鼓声响彻长空，爆竹声震撼山岳，仿佛整个他留山都欢腾起来。他留人用这种特殊的方式告诉祖先，祖先永远在他留人的心中，今天是粑粑节，是神圣而庄严的节日，他们在这里缅怀祖先、告慰先灵。

首先，由他留人的祭司——铎系诵经，同时，有十多个精干的小伙子，在祭祖堂前杀猪、杀羊，把接到的猪血、羊血拿到祭献台，请铎系向创业始祖（360 户伍）敬献。杀猪、杀羊被他留人称之为净身，他留人认为净身有向祖先表达怀念之情和祖先会给后人带来好运的意思。

他留祭献台　刘平／摄

其次，在主持人的指挥下，在庄严肃穆的气氛中，各村村民，以村为单位，各家各户的户主手里托着装有粑粑的盘子，排成队列。在主持人的引导下，由一位妇女带头，井然有序地通过拱形门及净身的地方，肃穆地走向祭祀台，向祖先敬献粑粑。

粑粑节铎系诵经　刘平／摄

粑粑节净身　刘平／摄

向祖先敬献粑粑　刘平／摄

向祖先敬献粑粑　蔡平波／摄

再次，参加者开始集体跳《迎春舞》，这时，粑粑节进入集体打跳共同欢庆节日阶段。打跳活动被他留人认为是人神共同欢庆的时刻，即他留人与祖先一道庆祝节日的活动。他留人把祭祀场当作一个大舞台，尽情地舞动起来。载歌载舞是他留人的天性，每年的粑粑节，他留各村寨都要精心准备好表演节目，在这里展演。随着欢乐的葫芦笙、笛子响起，歌舞表演开始了。每年粑粑节，他留人打跳伴奏的曲目有几首是必须的，节日中还会适时增加一些新曲目。葫芦笙和笛子把人们带进热烈、欢快的节日气氛中，人们尽情欢乐地跳起来。

粑粑节的打跳活动，参加打跳的人除他留人外，到场的其他民族也会参加进去，有时打跳者多达千人。节日打跳的规模宏大，气势壮观，场面恢宏，气氛热烈。葫芦笙声笛子声与人们的欢笑声融汇在一起，在他留山回荡。仿佛整个他留山都在歌舞，就连寂静的坟林也沉浸在节日的喜庆中，打跳把节日活动推向高潮。

粑粑节打跳　刘平/摄

他留人的观念中，有活着的人不论是快乐、喜悦，还是忧伤、悲痛，都要与祖先一道分享、诉说的习俗。但是，死者不能像活着的人一样使用语言交流，只能使用葫芦笙吹奏出来的独特“语言”与人们沟通。他留人认为葫芦笙是他们祖祖辈辈都喜欢使用的一种乐器，葫芦笙吹奏出来的音乐是一种祖先和活人都听得懂的声音， 是能够在阴阳两界交流的语言。因此，他留人认为葫芦笙是活着的人与祖先沟通交流的神器。活着的人可以通过吹奏葫芦笙向祖先诉说心里的郁闷和烦恼，也可以通过葫芦笙把生产生活中的成功、快乐和喜悦心情与祖先分享。他留人吹奏葫芦笙，可以让祖先知道活着的人们，现今的生活情况。

粑粑节他留人的打跳活动，最开心的要数他留青年男女。粑粑节既是他留人的节日，也是他留青年男女交友，选择意中人的好机会。粑粑节这天，他留姑娘个个精心梳妆，打扮得粉面桃花、光彩照人，热情洋溢地参加节日活动。小伙子们也衣装整齐，精神饱满，兴高采烈地参加节日活动。他留人打跳一般是青年男女手牵着手，肩靠着肩，或者携手挽臂，组成排或者围成圈，在葫芦笙、笛子的伴奏下尽情地打跳，为男女青年创造了密切接触的机会。

粑粑节他留人打跳的传统舞蹈，有《龙摆舞》《慢跳》《蛮跳》《单门合脚》《双门合脚》《三门合脚》等。《龙摆舞》是粑粑节必跳的舞蹈，是参加人数最多，也是在粑粑节打跳中最有气势、最能体现他留人特色的一支舞蹈。传说，他留山上有一个岩洞，洞里有一条龙，过去他留人饮用的水，全靠这条龙供给。他留人希望用《龙摆舞》来愉神，祈愿龙不断供水，祈求他留山风调雨顺，滋润他留山和他留人民。[①] 龙摆舞中，人们胳膊紧挽，卷龙、散龙等环节，就像一条巨龙在他留山上穿梭飞舞，气势磅礴、变化多端，把打跳活动推向高潮。通过《龙摆舞》展示出他留人对祖先的崇拜，对生命、生活的热爱，也展示出他留人团结一心、奋发向上的豪迈气概。

他留人打跳　杨波 / 摄

粑粑节上，他留老年人和背着孩子的妇女也参加到打跳活动中，他们通过《慢跳》表达对祖先的尊重，对节日的重视。他留人的打跳，在形式上看是欢乐的、高兴的，但其内容是神圣的、庄严的。他留人用打跳这种方式表达对祖先的崇拜、怀念之情，感恩祖先为他们开创的一切，也表达他们对生活的热爱和对未来的憧憬。

如今，粑粑节除他留人外，还有六德乡的汉族、傈僳族、傣族、苗族等各民族群众也会自发参加他留人的粑粑节，到他留山去观光的游客、做生意的客商也喜爱粑粑节。参加他留粑粑节的人比过去多得多，他留人过粑粑节的那天，他留山上车水马龙，人山人海。他留粑粑节的文艺活动，除传统必备的节目外，还请来了永胜县的老年文艺队，使得粑粑节的文艺节目形式多样、内容丰富，节日气氛更加热烈。随着时代发展，社会进步，他留人的粑粑节不仅是他留人缅怀祖先的祭祀节日，还是他留人展演传统文化、对外宣传本族群的日子，也是各民族团结、繁荣的

① 张璐：《论音乐在他留人社会、历史与文化中的功能》，《歌海》2016 年第 5 期。

节日，还是促进他留人经济社会发展的日子。

总之，他留人的传统信仰中，最突出的是祖先崇拜。他留人对祖先的崇拜表现在社会生活的方方面面，例如，父母去世，在祭司铎系的主持下，家家户户隆重而庄严地为父母办理丧事；各家各户在家里的堂屋和炕房里供奉祖先牌位，进行祭奠；他留人不仅家家户户祭拜自家的祖先，还要集体祭拜共同的祖先。他留人有集体祭拜祖先的粑粑节和宗支节，祭拜活动神圣庄严。他留人从出生，来到人世间，就在祭拜祖先、感恩祖先、缅怀祖先的环境中长大，可以说他留人一直受到祖先崇拜之情的浸润，这种浸润使得他留人对祖先的崇拜之情来自内心深处，是一种油然而生的感情，成为一种自然而然的习惯。

（三）他留人的禁忌和避讳

我国五十六个民族，每个民族都有自己的风俗习惯及禁忌习俗。各民族的禁忌源远流长，是一种文化现象，渗透到本民族的物质生活和精神生活中，对规范人们的思想行为有一定的作用。“禁”就是禁止的意思，“忌”就是忌讳的意思，“禁忌”就是禁止做什么、说什么，忌讳是指不做什么、不说什么。我国各民族的禁忌，有的具有科学性和实用性，有的禁忌具有宗教性，有的禁忌带有迷信色彩。他留人有本族群的禁忌，这里主要介绍他留人禁止做的一些事。按照禁忌的时间空间划分，他留人的禁忌多种多样，主要有以下禁忌。

1. 日常生活禁忌

他留人外出时，家中无人，就会锁上大门，门锁上不能挂任何东西。如果有人来访，看到大门紧锁，主人不在家，来访的他留人就会在锁上插一小枝条或放置小绳子等东西，表示有人来过。这种做法表现了他留人办事讲效率，也讲礼仪。若是事先有约，表明诚信；如果没有约，表示别人有事找过你家。

他留人不许妇女进堂屋；堂屋祭奠祖先时，也不允许妇女参加祭奠活动。这种禁忌其实是封建落后思想在他留社会中的表现，是他留人歧视妇女的做法。

他留人家的堂屋，不能放置丧葬使用过的锄头、竹筐之类的劳动工具，也不能放置洗衣盆这类他留人认为不洁净的生活用具。他留人的这种禁忌带有迷信色彩。

现今的他留人　刘平／摄

他留木碓　刘平／摄

2. 有关孕妇的禁忌

（1）孕妇禁忌：妇女怀孕时不能摸果树。他留人认为，如果孕妇摸了果树，果树有可能结不出果子，即使果树结出果子，果子也会掉落；孕妇不能摸做饭锅的锅底，如果孕妇摸了锅底，生出的孩子身上会留下黑色的胎记；孕妇不能到正在宰杀牲畜的人家去，去了会不吉利；孕妇喂猪时，不能敲猪食槽，不能用刀砍猪食槽或者猪圈的门槛。如果孕妇违反敲猪食槽等禁忌，生出的孩子就会是豁嘴人，即残疾人。天空中有彩虹，孕妇只能用眼睛看，不能用手指彩虹。如果孕妇用手指了彩虹，生出的小孩就会残疾，成为有六指头的人。

（2）妻子怀孕时，丈夫禁忌：丈夫不能参加架桥工作；如果邻居家有人去世，丈夫去帮忙，不能背垒坟墓用的石头，不能挖墓坑，不能抬棺柩。

（3）孕妇分娩及坐月子的禁忌：孕妇不能在堂屋里分娩；坐月子期间，孕妇不能吃母猪肉，不能摸冷水。

3. 过年禁忌

农历大年初一以前，他留人要把过去向别人借过的钱、物归还别人。这种禁忌说明他留人有诚信品质和当年事当年清的习惯。大年初一他留人要把平时常用的刀、斧头、镰刀等利器收藏起来，放到人们不易看到的地方；初一到初六期间，他留人不能到田间劳作。

4. 与死亡和丧葬有关的禁忌

他留人在家中，不能用树叶吹音乐、打口哨；男子在家中不能有一只裤脚卷至膝盖，另一只裤脚不卷的行为；家中炕床上火塘的锅庄石不能随意搬动，只有父母去世时才可以搬动；他留人出门在外，口渴喝泉水时，不能直接把嘴放在泉水中喝水。他留人认为，直接把嘴放在泉水中喝水的做法，会导致人死亡；办丧事时，他留人必须穿自制的火草麻布衣服和布鞋，不能穿其他材料制成的衣服和鞋子；他留人在家中不能用锄头顶着簸箕，也不能用锄头顶着簸箕扛在肩上走路，他留人认为，这种做法只有父母过世，家中办丧事时，才有的行为。①

避讳，“避”是回避、避开的意思，“讳”是忌讳的意思，“避讳”就是为了某种信仰而避开某物某事的意思。他留人的避讳有：不在墓碑上雕刻猪的图案，据说他留人原来有文字，文字是刻在猪皮上的，后来刻有文字的猪皮被人吃了，他留人的文字丢失与猪有关，因此，他留人有此忌讳；他留人有穿着草鞋不上炕床的忌讳；有盛饭、盛菜时，人们使用的勺子只能向内倾斜倒出饭菜，不能向外倒饭菜的忌讳，他留人认为，勺子向外倒出饭菜是一种不吉利的行为；他留人家里有小孩生天花的时候，要在大门外插一柏树枝，用来阻止不洁净的东西进入家里的做法，其他人看见了柏树枝，就不会进入此家，他留人认为，柏树枝具有阻止不洁之物的功能；他留人家如果家里有人患病久治不愈，或者有人受到惊吓的情况，要用黑、红、白、黄、蓝五种颜色的线编在一起，戴在病人或者受惊吓人的脖子上，男子戴 9 圈线，女用带 7 圈线，他留人认为，这种做法具有驱邪避祸的作用。②

---

①② 简良开：《神秘的他留人》，昆明：云南人民出版社 2005 年版，第 191—193 页。

六 他留人的婚俗

恋爱、婚姻是人类繁衍发展的一般阶段，古今中外不同民族有不同的恋爱、婚姻传统和风俗，从而使人类社会有丰富多彩、绚烂绮丽的婚俗文化景象。他留人传统的婚俗，是中华民族婚俗文化景象中独具特色、耀眼夺目、魅力无穷的景观。

他留人的婚姻是自由自主的，一般是男女青年自由选择、自由恋爱、自由结合而成为夫妻。直到 20 世纪中期，他留人的婚姻还处于双系对偶婚形态，即以“青春棚”为特色的婚前“性自由”，到组成一夫一妻制的父系家庭。[1]“青春棚”是传统的他留人婚恋过程中最具特色和最有代表性的婚俗文化。但是，他留人婚前“性自由”是有规范的，从一定意义上说，“过七关”就是他留人婚前性自由的规范。

他留一家　刘平／摄

① 简良开：《神秘的他留人》，昆明：云南人民出版社 2005 年版，第 97 页。

（一）过七关

他留人家的孩子长大到成年，就是在交异性朋友、谈情说爱之前，有洗礼、换装、“过七关”等一系列庄严而神圣的成人礼仪式。他留人家的女孩，最早在初潮后，后来改为十六岁左右，之后，又改为法定婚龄，要举行成人礼仪式。[①] 女孩的成人礼一般由其母亲或女性长辈主持完成。成人礼一般要选定吉日，按照步骤进行。首先，在家中焚起香火，挑来净水，帮助姑娘洗净身体。其次，梳头，把姑娘原来的一条辫子，改为用红头绳扎成的两条辫子，有成双成对的寓意。再次，把原来头上戴的绣花筒帽，改为黑色盖头布，盖头布象征端庄、成熟、大方。盖头布由若干块小布组成，每小块盖头布，长一尺宽八寸，在盖头布的一端绣上花边，另一端折成三寸宽的折子，每小块都折叠起来，要用 36 块这样的小布才能做成一块盖头布。戴的时候，有折子的那端在前，有花边的那端在后，用两根红带子把盖头布扎起来。最后，把女孩平时穿的白裙，改换成蓝衣黑裙。黑裙表示端庄、成熟，穿黑裙说明女孩已经长大成人。在整个洗浴打扮的过程中，母亲或长辈要教导女孩做人做事的道理。例如，如何选择伴侣、与异性交往、成家立业、做贤妻良母等方面的知识和能力。教授过程严肃认真，教导内容简明扼要，传授方法诚心实用，帮助女孩迈好人生中关键的一步。[②] 成人礼说明，他留人对待生命、人生，有认真负责的态度。

▲ 换装后的他留少女　简良开 / 摄

◀ 母亲为女儿换装　简良开 / 摄

①② 简良开：《神秘的他留人》，昆明：云南人民出版社 2005 年版，第 100 页。

他留人家的男孩子，长到20岁左右，基本具备社交能力的时候，男性长辈要选择良日，为其举行成人礼。成人礼一般由其兄长帮助完成，如果本人是家中长子，就由其堂兄或叔叔帮助完成成人礼。他留男子成人礼仪式，首先是洗浴；其次，理发、修面；再次，换穿新衣服。他留成年男子的传统服装一般是右边开领的胸襟式衣服，衣服上有银扣子。包头布是把一块六尺长的黑布一分为二做成的，布的两端有花边。包头的时候，一般在黑布内包一块白毛巾。最后，行成人礼的男子，面对堂屋向祖先牌位烧三炷香，磕三个头。在洗浴换装的过程中，兄长要严肃认真地给男子讲授怎样为人处世，怎样做男子汉，怎样成家立业，怎样做家庭的主心骨等人生道理。最后，兄长祝愿男子告别了少年，长大成人，走进成年，获得了独立社交、自主决策的权利；祝愿男子心想事成、人生美满、生活幸福。[①]

他留男孩女孩举行成年礼后，虽然具有了独立社交活动的资格。但是，这只是理论上的资格，是否具备异性交往的实际能力，还要进行“过七关”的实践考验。过了七关者，才真正具有与异性交往的资格。“过七关”是他留青年男女在正式与异性交往前，分别与七个异性进行尝试性男女交往的实践活动。其实，就是对他留青年人进行男女之间如何谈论感情和如何选择伴侣的培训过程。“过七关”中每交往一个异性朋友为过一关，直到过完七关为止。他留人家的小女孩、小男孩，是可以跟成年人一起到大姑娘的青春棚中玩耍的，孩子们曾经见过男女青年之间交往的情形。但是，女孩男孩长大成人，要实际交往异性朋友，必须在有经验人的指导下，体验感受实际的交往过程，掌握了交往的技能技巧之后，才能独立进行交往活动。

“过七关”一般由过关人的朋友或者亲戚牵线搭桥，此牵线搭桥人，这里称之为X，X必须是顺利过完七关的过来人。X把过关人介绍给Y人，Y是X信得过的人，并且是顺利过完七关，具有较强的男女交往能力的人。第一关就是过关人与Y在“青春棚”里进行交往活动，Y用亲自示范的方式，传授给过关人与异性交往的经验、方法、技巧。此后的六关，由Y负责介绍六个异性朋友给过关人，并且指导过关人如何与异性在“青春棚”里进行交往活动。在X向Y请求帮忙时，Y若同意，就要负责完成好“过

---

① 简良开：《神秘的他留人》，昆明：云南人民出版社2005年版，第100—101页。

过七关　季正团／供

七关”这件大事，并且向X交纳帮助过关人过关的保证物。保证人若是男性，保证物一般为戒指，保证人若是女性，保证物一般为火草麻布。过七关中如果出现违规或者过不了七关的情况，保证物就归X所有。由此可见，他留人对待“过七关”，也就是男女之间的交往活动，要求过关人严守他留社会的规则，说明他留人对待异性生活持有严谨、审慎、认真、负责的态度。

他留姑娘一般是这样“过七关”的。首先，由姑娘的姐姐，可以是亲姐、堂姐或表姐，帮忙请来一位过完七关的精明能干的小伙子，跟姑娘在“青春棚”里过夜，传授给姑娘与男子谈情说爱的经验及方法，这就是第一关。姐姐委托这个小伙子还要分别介绍六个成年小伙子来跟妹妹过夜。其次，第一关后的二至七关，姑娘把学到的男女相处之道，运用于六个小伙子身上，分别与他们在“青春棚”里过夜，一般是每晚一位男子，不重复、不间断。夜晚，俩人合衣躺在床上，一般是姑娘睡在床靠墙的一边。①

两人在床上闲聊，闲聊内容看似漫无边际，其实是有目的。闲聊内容一般为：家中兄弟姐妹有几个、田地里的庄稼长势情况，家中牛羊猪鸡有多少，在家里平时干些什么活，童年有些什么趣事，到过哪些地方，见到什么好看好玩的事物……通过种种话题，男女之间相互了解对方的家境，推测对方的兴趣、爱好、性格、本领、修养等情况。谈着谈着，夜深了，两人犯困了，便进入梦乡。整夜里，小伙和姑娘虽然同床同被同枕，但是，两人在床上遵守规则，井水不犯河水，坚守自己的领地。男女双方不论青春的激情怎样澎湃，爱的烈火如何燃烧，恋的火焰何等炽热，必须用理性战胜情感，用意志压住冲动，坚守住传统，经受住考验。夜里，不论谁想翻个身，也要小心翼翼，做到动作又小又轻，以免惊动对方，引起误会。第二天早上，若是小伙子神色自然，或者喜气洋洋地钻出青春棚，说明夜里他们严守规矩，行为得当，姑娘就能顺利地领到“通关证”。

① 简良开：《神秘的他留人》，昆明：云南人民出版社2005年版，第101—103页。

如果小伙子在“青春棚”里心生异念，控制不住感情，行为越轨，就会被姑娘蹬下床铺，驱除“青春棚”外。两三天后，这位小伙就会在他留青年中“臭名远扬”，今后的岁月里，无论小伙串哪个姑娘的“青春棚”，都会被棚主嗤之以鼻，受到姑娘们的鄙夷，给小伙的恋爱婚姻乃至一生带来难以挽回的后果。同样，姑娘若是与小伙过夜的过程中乱了芳心，或者小伙子佯攻时，她就放弃原则和底线，小伙子就会拂袖而去，离开“青春棚”，姑娘也会被青年男女看不起，打入另类。姑娘的“青春棚”即使不成为废棚，也会有“门前冷落车马稀”的结局，给姑娘的婚恋和人生造成难以挽回的后果。经过七关，姑娘基本掌握了男女交往之道，谈情说爱的本领。最后，受委托的小伙子带着过关的姑娘一起到委托人处，告诉姑娘的姐姐，他的任务已经完成，并且拿回保证物。此后，姑娘就具有单独接待男朋友、自由谈情说爱的资格了。

他留小伙子“过七关”与姑娘过七关大同小异。首先，小伙子的堂兄把其介绍给一位已经过完七关，并且在男女交往方面经验丰富，为人端庄大方的“青春棚”棚主，让小伙子在她的“青春棚”里过夜，传授其男女交往和串“青春棚”的实践经验及其方法，这就是第一关。其兄长还委托女子介绍六个成年的姑娘，让小伙子去串她们的“青春棚”。其次，第二关至第七关，小伙子在受委托人的介绍下，一般是每晚串一个姑娘的“青春棚”，连续串了六个不一样的“青春棚”，就是小伙子分别在六个姑娘的“青春棚”里住了一个晚上。小伙一共有七个晚上，与不同的姑娘在“青春棚”里过夜。最后，受委托的姑娘带着小伙子到他的堂兄那里，告诉其堂兄请她办的事情已经尽力完成了，并且拿回自己的保证物。之后，小伙子掌握了串棚子、选择情侣的本领，就具有独自谈恋爱的资格了。

“过七关”是他留男女青年之间交往必须经历的本族群独有的传统习俗。对他留人来说，“过七关”是圣洁的、不可逾越的、人生婚恋的必经阶段，是他留男女青年人生中，进行异性交往的实践培训过程。“过七关”在他留人的人生中具有重要意义，他留人用此方式，促使青年男女明白恋爱婚姻的道理：找到中意的终身伴侣是一件非常不容易的事情，只有经历了坎坷磨难，才能缔结良缘。姻缘来之不易，对待伴侣要忠贞不渝。这说明了他留人十分重视人生中的婚恋大事。“过七关”在他留人中有深刻的寓意，他留人用七个比喻来分别说明“过七关”的含义。“过七关”他留语叫作“查无逮”，“查”的意思是过关，“查无逮”的意思是必经的关口，没有过关口的人，是没有资格过更多的“青春棚”生活的。第一关他留语叫“查广最”，比喻为人过独木桥，如果第一关就找到意中人，定下终身，那么他们今后的婚姻生活就如独木桥一样狭窄难行，走不好就会掉进水里。第二关他留语叫作“查阿箸”，比喻为用筷子夹东西，如果第二关就定下终身，他们今后的婚姻生活就像用筷子夹东西一样，夹住的东西不小心就会掉下去，有婚姻不稳定的危险。第三关他留语叫“查过罗”，比喻为他留人家火塘上的锅桩石，如果第三关就找到意中人，定下终身，他们今后的婚姻生活就如锅桩石一样，三足鼎立，你争我夺，不可靠。第四关他留语叫“查牙匝”，比喻为织布架上的四只脚，织布时四只脚会摇晃，不牢靠，如果第四关就定下终身，他们今后的婚姻生活，会像织布机织布时的四只脚一样不稳定。第五关他留语叫“查密压”，把婚恋比喻为葫芦笙，有五个音，音调各异，把握不好就会走调。如果第五关就确定了意中人，婚姻就会像葫芦笙的音调一样，难于掌控好。第六关他留语叫“查要喇”，比喻为纺纱机，纺纱时，纺纱机会转动不停，如果第六关就定下终身的人，婚姻就像纺纱机一样，有不牢靠的危险。第七关他留语叫“查达秋”，比喻为秋千，荡秋千时，秋千会摆动不停，如果第七关就定下终身的人，婚姻就像荡秋千一样摇摆不定。[①] 他留人关于“过七关”的比喻，目的是要让他留青年男女明白人生中婚恋的道理：过七关里的任何一关，都需要小心谨慎、理智稳重。即使双方有一见钟情、情投意合的想法，也不能确定终身，需要再考验，否则婚姻会不持久、不幸福。他留社会中，人们认为“八”这个数字吉祥，有八福寿喜、吉祥如意的寓意，青年男女只有过了七关，之后才能找到白头偕老、相亲相爱的伴侣。过不了七关的人，不论男女，都会被他留人认为有伤社会的道德风化，或者是人品下贱的人，会有被人玩弄的结局，会被他留人看不起。如果青年男女双方在“过七关”时，对异性印象好，双方都有让对方成为自己心上人的想法，也要等过完七关后，重新开始谈情说爱，才能确定婚姻大事。他留人“过七关”，这种对青年男女进行婚恋道德教育及考验的传统习俗，是由青年男女自发组织完成的，没有家庭的任何干预，具有极大的自由开放性，又有严格的道德规范约束性，既为规范今后“青春棚”的自由婚恋服务，又为他留青年在婚恋中，

① 简良开：《神秘的他留人》，昆明：云南人民出版社 2005 年版，第 104—105 页。

做到自由中有规范，为婚姻幸福奠定了基础。

“过七关”是他留男女青年学习恋爱知识、经验的过程，是有经验的人对青年男女进行婚恋培训、实习的过程。此过程中，既有男女青年之间甜蜜、亲热、神往的韵味和想法，也有羞涩、惶恐、不安的想入非非或者不容亵渎的行为表现，其隐喻的神圣性，过程的奇异性，任务的艰巨性，令他留人之外的人匪夷所思，这就是他留人婚恋习俗的精华所在，是人类婚俗文化多样性的一枝奇葩。“过七关”是对青年男女胆识、智慧、情感、意志的一种锻炼和培养，目的是让青年男女在与异性交往方面，能经受住锻炼和考验，从而积累经验，并树立自己的良好形象。同时，使他留青年男女明白，与异性交往的自由来之不易，应该珍惜、珍重。

他留青年男女经过了七关，这半是甜蜜半是“受罪”的七座关隘，砥砺了意志，磨炼了情感，考验了品格。他留人认为青年经历了过七关这一婚恋过程，在今后的人生旅途中，不论是婚恋中的痛苦，还是生活中的困难，他们一般会有承受人生各中挫折与磨难的能力，度过人生中的险滩和不易，获得人生美好、生活幸福的本领和意志力。

通过“过七关”的学习培训活动，使他留青年掌握了恋爱的方法，明确了恋爱必须遵守的他留社会规范，就是知道了恋爱中应该做什么，不该做什么，树立起正确的恋爱观、婚姻观，就是有慎重认真地对待恋爱婚姻，是一种对自己、对他人负责任的态度和做法。他留人的这种婚恋习俗和规范，不是写下来挂在墙上的，也不是说出来给别人听的，而是用过七关这样的方式，印刻在他留青年的心里，注入他留青年的血液中，烙印到他留青年的灵魂中，表现在他留青年的行为中，成为他留人的一种特质。这种特质，使得他留青年能够一代代地享受青春棚里的自由、浪漫，又能保持他留社会婚恋的有序、稳定与和谐，他留社会才能长期保持婚恋自由的习俗。

过七关的传统风俗，也让他留社会之外的人明白，他留青年男女之间的那份“自由”，绝不是都市中某些人所标榜的男女之间的“现代观念”“开放意识”“随心所欲”，即男女之间在性方面的随意或任性。那种毫不顾忌社会道德的行为，那种既不珍惜自己，也对他（她）人不负责任的为所欲为的行为，不是他留人婚恋中的内容。

（二）“青春棚”

他留青年男女经过了七关，获得了与异性自由交往的“资格证书”，就可以进入自由交往、自由恋爱、自由结合的人生婚恋阶段。他留人的婚姻以婚前性自由为特点，婚前性自由的表现形式是“棚子”，他留语叫作“夜各阳”，人们把“棚子”称之为“青春棚”。[①]他留男女青年谈恋爱就是女青年住棚子，男青年串棚子，在“青春棚”里谈恋爱。他留青年在“青春棚”里确定恋爱关系后，进而订婚，在“青春棚”里怀孕，之后生孩子，结婚。他留人的“青春棚”，不知源于何时，至今尚未找到明确的记载。女青年住的“青春棚”，又叫“姑娘棚”。“青春棚”是他留女孩长大到婚育年龄时，父母在家中院子的大门旁边，据说早期，有的人家在大门外，为女儿搭建的一间棚子。他留父母让女儿在棚子里接待男朋友，完成人生的整个婚恋过程。

他留青春棚　　简良开/摄

他留人的“青春棚”一般是一个女孩一间，这间房子与父母兄弟的卧室相距较远。“青春棚”既是女孩的闺房，也是女孩专门谈恋爱的地方。这间房之所以称为“棚子”，是因为他留人最早的住房，是用木板搭建而成的棚子，“棚子”这一称呼，他留人一直沿用至今。他留人说明“青春棚”的用途，有三个名称，一是“祖玛日喀”，意思为姑娘睡觉的地方；二是“擦拉么何各”，意思为年轻姑娘住的棚子；三是“何各侠喀”，意思为青年人玩耍的棚子。[②]棚子面积不大，棚子里只有放置一张床、一张小桌子、一个小火塘的地方，桌子用于摆放姑娘用的镜子、书、花、杯子等物品。“青春棚”不高，一般在2米左右，门也矮小，大概在1米6或1米7左右。“青春棚”里一般没有凳子，因为他留青年是“睡在床上谈恋爱”的。“青春棚”的房门旁，有一个大小一尺左右的洞，串“青春棚”的男子不用发出声音，也不用敲门，只要用木棍捅一捅门旁边的小洞，姑娘就会发出让他进入或者退走的信号。有的“青春棚”墙壁上，开设有一道小窗户。

“青春棚”虽然比一般房屋矮小，但建得牢实，他留姑娘可以一代

① 简良开：《神秘的他留人》，昆明：云南人民出版社2005年版，第97页。

② 简良开：《神秘的他留人》，昆明：云南人民出版社2005年版，第98页。

接一代地使用，就是一家人中的奶奶用了，姑姑接着用，孙女还可以继续用。女孩子在“青春棚”里谈情说爱，恋爱关系一旦确定下来，就不会再有其他异性来光顾姑娘的“青春棚”。姑娘与她的心上人在“青春棚”里夜夜相互厮守，直到女方怀孕，或生孩子后，男方家才请媒人到女方家提亲，确定婚期，直至结婚。女子与男子结婚了，“青春棚”才算完成了一次使命。

他留青年男女在“青春棚”里谈恋爱，真正开始于“过七关”之后。只有姑娘可以在“青春棚”里独立自由接待前来光顾的小伙子，小伙子也可以单独串棚子，才算男女之间自由地谈恋爱，自由地选择意中人。传说过去他留人家是不给未婚的儿子安排住房、置办行李的。吃过晚饭，未婚的成年男子就得出门，去串姑娘的棚子，找住处。男子如果串不到棚子，找不到住处，就只得在野外的稻草垛上打个洞儿，蜷缩进去过夜，或者回家在火塘边蹲到天亮。

小伙子串“青春棚”之前，一般是先到同村堂姐或堂妹的“青春棚”里坐一会儿。一方面，表示对亲情的尊重，做事有礼仪，另一方面，还能从她那里打听到其他姑娘的情况。之后，才去串同村或者外村姑娘的“青春棚”。据说很久以前，他留小伙子是弹着小三弦，或者吹着口弦去串“青春棚”的，由于每个男子演奏的音韵及技能不同，隔着一段距离，姑娘就能根据男子吹奏的旋律，判断出是否是自己心仪的人来了，是否需要早早地开门迎接异性。

他留小伙子刚刚“过七关”，男女交往的经验不够，心中没有底，还不敢单枪匹马地去串棚子。一般还会约上伙伴，一道串棚子，相互壮胆助阵。过完七关的姑娘，夜晚也有先到其他要好姑娘的“青春棚”去玩耍的情况。串“青春棚”的小伙若是到了姑娘家，遇上姑娘的父母，不必打招呼，头一低，径直入棚就是了。女方的父母是不会责备小伙子没有教养、欠缺礼貌的。因为他留姑娘的父母一般是不过问自家女孩谈恋爱一事的。还有，在他留人中，姑娘有

青春棚里的他留青年　蔡平波／摄

吸引力，小伙才来串棚子，来自家“青春棚”的小伙子越多，姑娘家就越有颜面。在过去没有电的年代里，夜幕降临，同村的几个小伙就会相约去串“青春棚”，如果不是串本村的“青春棚”，就要走山路，去串其他村寨的“青春棚”。他留男子要到其他村寨去串“青春棚”，一般是在夜晚，男子举着火把，要穿过一片山林，才能到达另外的他留村寨。深夜里，小伙子吹着三弦、口弦而来，在较远的地方姑娘们就能听到音乐声，到了“青春棚”门口，姑娘们有时会在门内，再听听男青年弹奏的音乐，只有确认是心上人的旋律，姑娘才开门，让小伙进去。

他留青年找恋人，男女双方如果是在共同劳动中，或是偶遇产生好感的，小伙子只要用捅窗户、捅墙洞、敲门等双方事先约定的方式，就能顺利地打开姑娘“青春棚”的门。如果男女事先不认识，小伙子还是需要费点功夫，才能敲开“青春棚”的门。姑娘是否快速开门，取决于小伙的应对能力，据说姑娘一般会向小伙提出几个问题，考验小伙子的应对能力。如果男方不能随机应答，女方会用暗示的方法拒绝男方。其实，他留姑娘一般都会开门接待小伙子，显示姑娘的礼貌和友好。当然，男方不满意女方，也会主动离开，今后也不会再来串此棚子。他留小伙子在一个夜晚，有串几个“青春棚”的情况，只有对姑娘有好感，认为可以谈恋爱的，小伙才会在“青春棚”里过夜。有时候，“青春棚”里除了男子自己约去的伙伴外，还会碰到先去串棚子的其他男子。这时，小伙子们来“青春棚”的目的一样，但他们会心照不宣，平等竞争。他留男子会在姑娘面前各显神通，表现出男子汉的能耐和本领。谁赢得姑娘的芳心，姑娘就留下谁跟自己过夜。“青春棚”里一般有一个小火塘，串棚子的小伙子们到“青春棚”里，就会把自己的火把放在火塘边。如果出现“青春棚”里姑娘同时接待多个小伙子的情况，姑娘选定一位小

青春棚里的恋情　周荣新 / 摄

伙子后，就把没有选中小伙子带来的火把从火塘边退出，被退出火把的小伙子就会知趣地离开“青春棚”。他留小伙子没有被姑娘选中在“青春棚”里过夜，或者与其他小伙子竞争被淘汰，是不会嫉妒被选中的小伙子，也不会愤恨不选自己的姑娘，也不会对串“青春棚”失去信心。没有被姑娘选中的小伙子一般会总结经验，自己给自己鼓气，信心十足地向另一个“青春棚”进发。姑娘把自己中意的小伙子留下，两人在“青春棚”里过夜。一般来说，“青春棚”里有任何动静，父母是不问不管的，而且，棚中有小伙子与姑娘过夜，他留父母是高兴、欣慰的。他留男女青年在“青春棚”里过夜，形同亲密的小夫妻，“睡在床上谈恋爱”，俩人轻声软语地说些私房话，表达爱意，情到深处，两相情愿，鱼欢水怡，相互之间做了什么，乃至发生性关系就是双方的事了。青春时期未确定伴侣的姑娘，可以选择多个男子在“青春棚”里跟她“睡在床上谈恋爱”。据说，有的他留妇女，姑娘时跟几个男子在“青春棚”里过过夜，有的跟十几个男子过过夜，有的多达几十个男子过过夜。他留小伙也一样，伴侣没有确定时，小伙与几个姑娘，或者与十几个，甚至几十个姑娘在“青春棚”里过夜谈恋爱，直到找到意中人为止。只要还没有正式订婚，他留男女青年就不能干涉自己心上人去交往异性朋友的自由。他留青年谈恋爱，或者说男子串“青春棚”，女子在“青春棚”里接待异性朋友，一直到双方相互中意，找到心上人为止。[①]他留青年男女确定恋爱关系之后，小伙子家才请媒人到女方家去提亲，订婚后，男女双方的婚恋关系才算真正固定下来。从此，他留青年自由串棚子或者任意接待男友的恋爱阶段宣告结束。其他小伙子就不会再来串这个姑娘的棚子，别的姑娘也不会再接待这个已经订婚的小伙子。

他留人的婚俗具有婚前性自由，婚后实行严格的一夫一妻制的婚俗特点。传统的他留青年人就是采用姑娘住“青春棚”，男子串“青春棚”的恋爱方式，自由交往，自由恋爱，自由度过浪漫的青春年华。他留人“青春棚”里的神奇、浪漫与美妙，就这样一代代地传承下来。一代又一代的他留青年，都十分珍视、珍重、珍惜这种青春恋情的自由和自在，在“青春棚”里享受着自由的乐趣、恋爱的温馨和青春的烂漫。他留青年们在恋爱前的“过七关”中，有牢牢坚守自己的圣洁，不亵渎、不玷污

① 简良开：《神秘的他留人》，昆明：云南人民出版社 2005 年版，第 107–115 页。

青春的意志，也有在谈恋爱的过程中，每个晚风雨无阻，情爱笃定地坚持到“青春棚”里与自己心爱的女人过夜，享受美好的二人生活的精神。随着经济社会的发展，他留人知识文化素质的提升，他留青年逐步认识到婚前性自由对身体的危害和不良的社会影响，他留姑娘住“青春棚”，不随意与男性发生性关系，只是与确定了恋爱关系或者领证的异性才发生性关系。

（三）婚姻家庭

结婚是男女双方履行法律手续，成为合法夫妻的行为。他留人的结婚程序与汉族大同小异，但是礼节要简便一些。他留青年男女恋爱关系确定后，男方家要请媒人到女方家去提亲，女方父母一般会同意的。也会有女方父母或是男方父母不同意婚事的情况，但是这种情况极少。双方父母同意后，要举行订婚仪式。他留人的订婚仪式在女方家举行。

他留人的订婚仪式，一般是男方家请媒人带上礼物，礼物有烟、酒、糖、茶和粑粑，去女方家说亲，女方家办宴席。经济条件好的人家，礼物还有手镯、戒指、项链等金银首饰。经济条件一般的人家，礼物是两盒红糖、四盒饵块粑粑、两瓶酒、两盒茶。男方请媒人为代表，去女方家里举行订婚仪式。订婚时，男方及其家人一般不参加女方家举办的订婚仪式，也不在家摆宴席，不请客人到家中举办订婚仪式。女方家在订婚仪式上，要请自家的亲戚朋友来家中吃宴席。他留人的订婚仪式，不仅把青年男女自由恋爱的关系确定下来，也有用订婚仪式告知邻居和村民这对姑娘小伙已经成为恋人，其实，是用订婚仪式使他留青年男女的婚恋关系公开化。订婚的那天，白天男子与姑娘是不见面的。到了晚上，小伙子会到女方的“青春棚”里，与女方一起讨论结婚、两人未来的生活、双方家庭等事宜。他留青年从自由恋爱到订婚，一般要经过三四年的时间。订婚后，按照他留人的风俗，这对男女青年就是“合法”夫妻。

他留人定婚　简良开／摄

订婚后，女方依然住在自己的“青春棚”里，白天，男方在自己家生活，晚上才到“青春棚”与女方相会。农忙时，白天男方也会到女方家帮忙干农活。订婚后的几天里，男方的母亲，就是姑娘未来的婆婆，会亲自到女方家，把姑娘接到男方家里去，好好款待她，并且让女子在家里最少住上一晚。他留人把订婚后接女子到男方家的仪式叫作“认门槛”，意思为男方家人已经承认女方是自己家里的成员。如果男方的母亲已经去世，一般会请本家族中有威望的女长辈，去姑娘家接姑娘。他留人订婚后，很少有解除婚约的情况。如果有，就由双方家庭或者双方家族共同协商解决，一般不会发生冲突。

他留人的结婚仪式，一般在女子生产了小孩，小孩长到两岁左右举行。他留人举办婚礼的时间，是请他留人的祭司，即铎系测算后确定的。结婚吉日确定后，男女双方家都要提前通知亲戚朋友，前来参加婚礼。他留人的聘礼、陪嫁、酒席一般根据举办婚礼人家的经济状况而定，与周边的汉族和彝族相比，他留人的婚礼显得节简一些。他留人一般的人家娶亲，男方只要带上两盒饵块粑粑、两瓶白酒、两盒红糖和给岳父岳母做新衣服的布料，就可以把新娘娶回家了。

他留人举办婚礼的那天，来参加婚礼的客人，要送一定的礼品，传统的礼品有大米、暖水瓶、水盆等，也有送钱的情况。热情好客的他留人家置办酒席，一般都要杀猪宰羊，摆上精心准备的饭菜，请来邻里、亲戚、朋友等客人庆贺。经济条件较好的人家，酒席的菜品要讲究一些，排场要阔气一些。但是，他留人的生活普遍处于温饱状态，不富裕。他留人既有热情好客，真心款待客人的诚意，又有从实际出发，竭尽所能，但不铺张浪费办酒席的习俗。在他留人中有这样的谚语：“粗茶淡饭情意重，

他留婚礼　刘平／摄

白头偕老岁月长；好酒好肉外面光，夹带灾星遭祸殃。”[1]

他留人结婚，一般是男方家请十多位亲朋好友去女方家接亲，男方家去接亲的人数是单数，女方家送亲到男方家的人数要配成双数，这是他留人的风俗，这种风俗在他留社会有配单成双的寓意。[2]他留社会中，女方家办婚礼，一般是中午客，时间在12点左右，来参加婚礼的客人吃过午饭，新娘就出嫁。新娘的小孩，要专门请一位未婚的姑娘背着，走在新娘的前面，与新娘一同出嫁，就是人们说的新娘带着小孩出嫁。新娘穿着他留人传统的新婚礼服，在接亲人和送亲人的陪同下，由娘家向新郎家出发。新娘快要到新郎家时，新郎和家中的亲戚有一道站在家门前迎亲的风俗。新娘被接到婆家，与新郎并排站立，给坐在炕床上的男方长辈行三鞠躬礼。他留人的结婚仪式，没有汉族人拜天地、夫妻对拜的内容。新婚男女行婚礼后，男方家才开席待客，一般是晚饭客。晚上，男方家一般要举行打跳活动，新郎新娘与亲朋好友一起唱歌跳舞，欢庆新婚。夜深，打跳结束，客人散去，新郎新娘才入洞房。他留人的洞房设施少、简洁，没有固定样式。他留人的婚房，一般是用家中老房子里的一间屋子改造成的。他留人没有闹洞房的习俗。举办了结婚仪式，青年男女就在男方家里生活下来，成为一夫一妻制的夫妻。小夫妻一般会与家中的老人、同辈们和睦相处，这就是他留人基本的家庭形态。如果家中有兄弟两人的，兄弟都结婚后，一般会有一个出来，分家另立门户的。他留家庭是父系制家庭，孩子随父亲的姓氏。随着社会发展，国家婚姻法的实施，他留人神奇的婚俗已经发生了变化，过去那种婚前性自由、未婚先育的婚俗，已经成为历史。

他留社会一般是父系继嗣，也有招赘婚的习俗。如果女方家无兄弟，只有女儿，就得有一女儿招女婿，继承家业，延续子嗣。男子一经招赘，就成为女方家的户主，写入女方的家谱，婚后的孩子随母姓。在他留人中，男子入赘是件平常事，不论男子，还是男子的家庭，都不会认为入赘是件羞耻的事，亲戚邻里也不会把入赘作为不光彩或议论的对象。

他留青年男女虽然有专门的寻找如意伴侣的“青春棚”，但是，在他留社会中有亲戚优先婚的传统。一般来说，他留人婚姻是自主自由的。但是，他留青年男女会遵从亲戚优先的传统习俗，有同姓或同宗的叔伯兄弟与姑表姊妹结婚的做法。有姑舅表婚的习惯，就是姑姑家的女儿优

---

①② 简良开：《神秘的他留人》，昆明：云南人民出版社2005年版，第116页。

先嫁给舅舅家的儿子，在婚姻上喜欢形成亲上加亲的伴侣。如果婚姻出现配偶死亡且双方愿意的前提下，他留人还有兄弟夫、姊妹妻的情况，就是已经结婚的男方或女方因为意外或生病去世，他或她的未婚弟妹，就跟已经结过婚的她或他再结婚，组成家庭的情况，再婚的婚姻仪式与初婚相同。在国家婚姻法、婚姻健康及优生优育法规的大力宣传、倡导和推行下，他留人这种不合法、不科学的亲上加亲的婚姻做法逐渐被抛弃。

他留人在丧夫、丧妻后，有改嫁、续弦的现象。历史上，有权有势的他留人家，也有男人娶妻外，还纳妾，一夫多妾的现象。

他留人的婚姻长期处于内婚状态，一般是在本族群，就是在纳咱人、崀峨人、他谷人、水田人等同语支的人里找伴侣，称之为族群内婚，不与外族群的彝族、纳西族、傣族、傈僳族及其他少数民族通婚。近年来，他留人的婚姻观念及状况有所变化，出现与外族群通婚的情况，主要是与汉族人通婚。

他留人的家庭是父系家庭，儿子的姓氏随父亲，儿子继承家庭财产。他留人与凉山的彝族和旧时的汉族相比，没有明显的男尊女卑现象，家庭成员之间注重尊老爱幼、团结和睦、平等友好的礼节。他留社会男女平等，在家庭事务方面，夫妻双方共同持家、共同劳动、协商解决家庭问题。家庭经济可由主妇掌管，也可由男主人掌管。

他留人对女儿关爱有加，他留人家的女儿被视为家中的一枝花，全家最好的被褥在女儿的“青春棚”里，家庭在女儿服饰上花费的钱较多。女儿是家中的重要成员，招赘女婿及养子被视为亲生儿子，享有平等的财产继承权。女儿出嫁到贫寒家庭，有的人家，父母会分给出嫁女儿一定的财产。

他留人的家庭和睦。他留人家娶进门的儿媳被视为“自家人”，在公婆眼里儿媳地位高于嫁出的女儿，是家庭的女主人。三代同堂、四代同堂的他留大家庭，会受到他留社会的一致赞誉。他留社会中，一般家庭，长子结婚后，会让长子另立门户，分家单过。分家时家中的房屋、土地、牲畜等财产分配比较合理，通常情况是老房子归幼子所有，父母与幼子一起生活，一般不会为分家产生家庭矛盾。长子要自己出去建新房，当然，父母和弟弟会支持哥哥建新房子。父母年老时，他留人家会让父母单独住一间房子，单独为父母砌个火塘，让父母按照自己喜欢的方式生活，儿女们会为父母提供生活所需品。

他留人的家庭分工比较科学合理，耕地挖田、建房舂墙、托运物品、杀猪宰羊、打谷子、抬运石头等重体力活，一般由男人承担；织布、打粑粑、插秧、割谷子、带小孩、做针线、做饭洗衣等工作，一般由妇女承担。但是，家中繁忙或者劳动力不足时，他留家庭中的成员会互相体谅，互相帮助，共同完成家庭和农耕事务。如果家里有大事、要事、急事，一般由男人带头完成。

他留人的婚姻是自由恋爱、自主选择、自愿结合的开放型婚姻，离婚的现象比较少。他留人离婚也是自由的，没有男尊女卑的封建束缚。如果夫妻感情不和，家庭难以维持，双方就会自愿协商离婚。离婚后，孩子一般跟随母亲生活，孩子的姓氏也随母亲。如果母亲再嫁，孩子的姓氏就随继父，孩子与亲生父亲几乎没有多少关系。再婚的他留人家庭一般是和睦融洽的，继父对待前夫的子女就像对待自己的子女一样，继子女也把继父当作自己的亲生父亲一样。

古时，他留人离婚，是由把目、把事或德高望重的老人主持。离婚做法是，主持人取一根木棍，在木棍上刻上财产划分等印记，然后把木棍从中间劈开，男女各持一半，作为解除婚姻关系的凭据，即木刻为凭。这样，既体现了公平、公正的原则，又体现了离婚的严肃性和凭据性。若是单方提出离婚，提出离婚者要承担一定的经济责任，拿出一定的财产补偿给对方。他留人离婚，体现男女平等、适当照顾女方的原则，防止夫权强盛。[①]

我国是封建社会历史较长，受封建思想影响较深、较广的国家。历史上他留人生活在比较偏僻的他留山地区，而他留人实行的是开放自主自由的婚恋，可以说，这种恋爱自由、结婚自由、离婚自由的婚恋风俗在当时具有平等、先进的特点，与旧中国封建制度压迫女性的“三纲五常”“三从四德”“嫁鸡随鸡”“随意休妻”等落后思想观念是相悖的，说明那时他留人的婚姻制度就具有先进性、合理性、平等性。

他留人自由恋爱、自主选择、结婚自由、离婚自由的习俗，是他留族群先天具有的，还是后天形成的？据传，他留人的自由恋爱和婚姻不是与生俱来的，而是他留青年经过长期的抗争，无数对有情人用殉情的方式才换来的。很久很久以前，他留人迁移到他留山时，生活贫苦。土司、头人把嫁娶作为掠夺他留人的手段，给他留人定下规矩：男子娶妻，必须拿出“三个一”的聘礼给女方家，就是一百两银子、一百盒粑粑、一匹膘肥体壮的马。女方家要把收到的聘礼全部上交给土司、头人。其实，男方送到女方家的聘礼，女方家实际上一无所得。如果是土司、头人看

① 简良开：《神秘的他留人》，昆明：云南人民出版社 2005 年版，第 122 页。

上了哪个平民百姓家的姑娘，只要让手下的人去通知女方家一声，女方父母就得在规定的时间内把姑娘送到土司、头人的家里。否则，平民百姓家就要遭受处罚，轻的罚钱、服劳役，重的会坐牢、受酷刑。这种封建制的买卖包办婚姻，使得他留青年男女没有选择终身伴侣的自由，即使心中有爱，也只能听命于头人和父母的安排，与毫不相识，没有感情的人结婚。这种生拉硬扯的婚姻带来的结果是家庭不和，甚至家破人亡。穷人家的男子有的只能一辈子打光棍。为追求自由、自主的婚姻，情侣们就偷偷约定时间，成双成对地跑到红泥山的老梅树下自缢殉情。据说那一棵梅树有千年的历史，梅树下成了一双双有情青年人的归宿。天长日久，梅树变成了树精，一到黄昏，梅树就发出撕心裂肺的叫声，阴风怒号，让人们感到阴气沉沉，使人毛骨悚然。梅树发出的恐怖之声越来越大，殃及数里外的村庄。人们说老梅树上聚集了众多情侣的阴魂，煞气太重，如果不砍掉，他留山的人们会鸡犬不宁。在他留头人的号令下，人们去砍树，斧子砍到树上，溅出来的不是树皮、木渣，而是殷红的鲜血。被砍的老梅树发出了惨厉的悲鸣声，顿时惊雷响，狂风作，暴雨来。三次砍树，都出现了同样的怪状，而且一次比一次厉害。更奇怪的是每次在老梅树上砍下的口子，第二次砍树时，口子竟然愈合了，好像没有被砍过一样。第三次砍树时，狂风把指挥砍树的头人卷入半空中，又重重地抛进水塘里，头人却没有死也没有受伤，被甩在地上，跪着一个劲地求饶道：“菩萨饶命，菩萨饶命……”之后，头人就精神失常了。

他留头人精神失常的晚上，他留人都做了同样的一个梦，梦的内容为：大慈大悲的观音菩萨坐在莲台上，教诲众生，尘世冤孽太重，苦海无边，回头是岸。那棵老梅树只能敬奉，不能砍它。如果人们想安居乐业，过太平日子，就要废除包办婚姻，废除坑害众生的“三个一”，实行自由婚姻。如果他留头人再执迷不悟，一意孤行，就会永无宁日，在劫难逃。第二天，人们汇聚在一起，相互说了自己做的梦，大家才恍然大悟。从此，他留人敬奉老梅树，废除了买卖婚姻的“三个一”，实行自由恋爱、自主结合的婚姻制度。[①]

这个神话说明，自由恋爱、自由婚姻是人心所向，是他留青年不懈追求、努力奋斗换来的结果。因此，他留人十分珍惜恋爱自由、婚姻自由的传统风俗，并其把婚恋自由的习俗一代接一代地传承下来。

① 简良开：《神秘的他留人》，昆明：云南人民出版社 2005 年版，第 123-126 页。

七 他留人的音乐

音乐是用声音塑造形象，表达思想情感，反映人类生活的一种艺术。音乐这种声音不仅能表达个人的情感，还能唤起听者内心的感受，激发听者的思想情感。音乐是人类生活的一种形式，具有抒发思想情感、娱乐和传情达意的作用。音乐也是文化的一种表现形式，通过音乐记录和反映人类的生产生活。没有文字的他留人，音乐弥漫在族群生活的各个方面，从音乐中人们能够认识他留人的生产、生活，了解他留人的喜好、民俗，探寻他留人的历史文化。这里按照孙明跃老师的方法，把他留人的音乐分为民歌、器乐与歌舞音乐三个部分，分别对其进行介绍。[①]

他留姐妹吹笛　蔡平波／摄

① 孙明跃：《他留人的音乐》，《民族音乐》2007 年第 5 期。

（一）他留民歌

他留人热爱音乐，音乐是他留人生活的组成部分，他们的生活与音乐紧密联系，可以说音乐是他留人生活中不可或缺的内容。他留人在不同的生活场景中，有不同内容的音乐。例如，他留人认为音乐有“出殡时的调子”“欢乐时的调子”“放牛时的调子”“织布时的调子”“打跳时的调子”等说法，人们习惯把这些调子统称为他留民歌，这里按照歌唱的场景及其歌唱者，把他留民歌分为三大类来阐述。

他留妇女唱民歌 闵文新／摄

他留民歌中的第一类是《铎系唱经》，就是在他留社会中广为流传的《丧葬大调》，又叫《他留大调》，也叫《铎系唱经》。《铎系唱经》是一种专属他留人的祭司即铎系，咏唱的歌。[①] 铎系咏唱《铎系唱经》的声调，既不同于平时人们说话的语调，又不同于纯粹的歌唱，而是介于说话和歌唱之间，被人们认为是一种非常规的、具有特殊语义的“歌”。铎系咏唱《铎系唱经》有念诵和唱诵两种形式，咏唱方式有坐唱和站唱两种。[②] 咏唱《铎系唱经》，一般要有葫芦笙的伴奏。《铎系唱经》内容丰富、曲调哀婉、旋律简单反复。《铎系唱经》用长篇

① 孙明跃：《他留人的音乐》，《民族音乐》2007 年第 5 期。

② 赵颖：《信仰·族群·交融——云南永胜他留人的音乐与文化》，南京艺术学院硕士论文，2017 年。

叙事诗的形式，介绍了他留人的神话传说故事、人生道德经验、生产生活知识，传承了他留人认识论中的天地起源、人生历程、社会规范等方面的知识、道德、经验和历史等文化。因此，有人说“铎系唱经”是他留人的百科全书，有人说是他留人的文化课本，有人说是他留人的劝孝歌。

《铎系唱经》内容丰富，主要有《找牛、杀牛》《开天辟地》《葫芦——洪水冲天，兄妹成亲》《次尼格》《喇利照》《日、月、月亮里的桫椤树》《山、树木》《十二枝金花银花》《入秀》《入瓷》《马》《种麻》《私国》《织布》《绳子》等。[①] 例如，《十二枝金花银花》里的唱词有：竹林生竹笋，慈母养子孙。巍巍玉龙山高入云，滔滔金沙江浪滚滚；玉龙山彩霞添锦，金沙江流水鸣琴。玉龙山金沙江相结合，育出两朵花：一朵是金花，一朵是银花。金花飞来变成天，银花飞来变成地。河流是金花变，大象马鹿是银花变。金花飞来变成百花山，银花飞来变成野猪。又黑又笨的熊是金花变，又高又美的梅花鹿是银花变。金花飞来变成草丛中的老鼠，银花飞来变成森林中的鹦鹉……[②] 铎系唱经里的唱词，优美、对仗，加上旋律，表现出美妙的意境。

他留民歌中的第二类是他留人在特定时间、场景、氛围下，为表达思想情感而唱的一种歌。例如农历的六、七月，他留青年扯火草时，相互对唱的情歌《拉嘎飘》；婚庆、节日时，他留男女青年对唱的祝福歌《啊嗨油》；丧葬、清明时，他留妇女唱的悲痛歌《啊树秋》。这种类型的歌词，一般是即兴的，是歌唱者有感而发，现编现唱的，表达出歌唱者发自内心的思想情感。

《拉嘎飘》，也叫《采火草》，这首歌的曲调高亢，两个乐句为一段落，不断反复，歌词内容以彼此诉说爱意为主。[③] 他留人有采摘火草制作民族服饰的传统。由于传统的他留人家，有家家户户上山采摘火草的习俗。每年六、七月采火草时节，他留人中没有成家的男女青年，已婚的男女青年都会离家，到较远的山上，去采摘更多更好的火草，有时需要离家半个月之久，才返回家。《采火草》这首歌就是在采火草的劳动过程中产

① 赵颖：《信仰·族群·交融——云南永胜他留人的音乐与文化》，南京艺术学院硕士论文，2017 年。

② 孙明跃：《他留人的音乐》，《民族音乐》2007 年第 5 期。

③ 张璐：《论音乐在他留人社会、历史与文化中的功能》，《歌海》2016 年第 5 期。

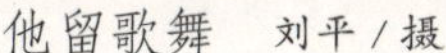
他留歌舞　刘平／摄

他留舞乐　季正团／摄

生的。由于劳动地点多在山上，有时到达山顶，因此，人们把《采火草》誉为“山顶的民歌”。[①]《采火草》这首歌是他留男女青年用来表达无法直接用日常语言述说的思想、情感的一种方式。歌词里有男女之间的真情调侃，通过歌唱的方式，表达出男女之间的情意和衷肠。采火草时节，还是他留青年男女寻找意中人的时机。采火草时节，他留人不仅能够采收到火草，还能找到心上人。他留青年男女一边采火草，一边用对歌的方式，寻找伴侣。对歌的次数不止一次，男女青年通过歌唱，向对方表达出已经成家或者有心上人的情况；通过对歌，使两人从相知、仰慕、爱恋，变成一对相恋的情人，表达出男女之间的爱恋之情。从音调上，《采火草》歌曲的调门就像云雀冲天而起，节节攀升，给人有从山腰到达山巅后心旷神怡的感觉。《采火草》的唱词有：（男）脚穿茅草鞋，翻了九座梁子、十座山，太阳就要落山了，我的妹子你在哪里？（女）太阳偏西已黄昏，妹在山洼摘火草，哥哥你啥时才能下山来？（男）羊皮褂子成圆圈，我在山头转，转来转去啊，怎么转到你身边来了？（女）太阳已偏西，哥哥还在九座梁子十座山，啥子时候你才真正绕到我跟前？……[②]

《啊海油》这类歌，旋律优美，音韵高亢，唱起来使人心情豪迈，营造出热烈向上的氛围，有较强的感染力。歌唱者一般是他留中年或青年男女。这种歌可以在男女之间表达爱情的时候，个人之间的相互对唱；可以在集体之间表达友谊、欢悦情感的时候，男女之间的集体对唱；可以在人们集体聚会高兴的时候，一边慢跳，一边歌唱。演唱形式一般是个人或集体唱一句歌词后，大家合唱“哟吗啊海油，啊海油”。这样的歌

①② 孙明跃：《他留人的音乐》，《民族音乐》2007 年第 5 期。

唱形式，能使场景或聚会的气氛立刻升温，显得热烈欢快。例如，(男领唱)月亮团圆嘛十四、五，我们小伙团圆嘛今晚上，(男合)哟吗啊海油，啊海油…… 或者(女领唱)月亮团圆嘛十四、五，我们姐妹团圆嘛今晚上，(女合)哟吗啊海油，啊海油…… 又例如，《十二月歌》，也称《四季歌》，是以一年的十二个月为顺序，歌唱每月农事的民歌。他留人一直过着传统的农耕生活，他们热爱农业，热爱生活，并且把农事编成了歌曲演唱。《十二月歌》有固定的曲调，曲调为上下乐句，但歌词内容丰富，多为女性演唱。《十二月歌》歌词内容是：正月里，里哪嘿，正月里，喜气逢门迎新春；二月里（里哪嘿）二月里，百花迎春忙备耕；三月里（里哪嘿）三月里，布谷催春秧苗节；四月里（里哪嘿）四月里，杨柳成荫栽秧忙；五月里（里哪嘿）五月里，秧苗青青忙种耕；六月里（里哪嘿）六月里，欢度小年粑粑节；七月里（里哪嘿）七月里，快织麻布扯火草；八月里（里哪嘿）八月里，中秋月圆人团聚；九月里（里哪嘿）九月里，丰收在望三秋忙；十月里（里哪嘿）十月里，谷子满仓梨满筐；冬月里（里哪嘿）冬月里，个个爱国送公粮；腊月里（里哪嘿）腊月里，五谷丰登过佳节。演唱方式为一人领唱，大家合唱，第一段的演唱方式为（一人领唱）“正月里（里哪嘿）正月里，喜气逢门迎新春”，然后大家一起合唱“油，油阿海油，阿海油，油油……”，用这样的演唱方式，从正月一直唱到十二月。

《啊树秋》是他留人在办丧事或者上坟时，表达对死者的哀悼之情而唱的一种悼念逝者的歌。歌唱者一般是被祭奠者的女儿及其女亲朋。这首歌曲调单一，凄凉伤感，唱者一般会动情。有时，唱者因为悲伤过度，会有唱晕厥的情况。丧葬仪式中，歌唱者以第一人称的身份，直接抒发情感。女儿为父母唱《啊树秋》直接抒发情感的唱词大意为：逝者如何从小养育我们，如何看着我们长大成人，为我们操心劳累，如何为家里辛苦一辈子，积劳成病……听者受到唱者的感染，会有情不自禁潸然泪下的情况。上坟时，女儿为父母唱《啊树秋》感谢亲朋的唱词大意为：亲戚朋友大家早就作好准备，今天一大早都赶来看您，他们带来了饵块粑粑、糍粑、鸡、肉、酒、米、盐、油等，我们都想念您，我们都忘不了您的恩情……亲戚朋友为死者唱《啊树秋》的唱词大意为：您的儿女们都很孝顺，他们非常勤劳、能干，他们的日子过得很好。今天他们为你准备了一切……唱这种歌时，每一句唱词的末尾带有哭泣式的腔调，歌唱者且泣且唱。[①]

《啊月夜》也称为酒歌，是他留人在喝酒、吃饭兴致高的时候唱的歌。这种歌的曲调，类似于说唱。曲调和歌词都是固定的。目前他留人会唱这种歌的人不多了，即使会唱的人，年龄都在 70 岁以上。他留人的《啊月夜》有濒临消失的危险，有关部门应当想办法，采取有效措施，及时保护。[②]

《抒嘟》是他留青年男女在"青春棚"里自编自唱的情歌，是一种用来表达男女之间爱恋之情的情歌。歌唱方式一般为相互吟唱对答。《抒嘟》的唱词有：（女）小帅哥，哪阵风把你吹来了？（男）小情妹，乌鸦向太阳飞。（女）您是无心人，怎会看上我？（男）我是无心人，却早已绕过你的门。（女）你已是成家的人，别再来哄我。（男）我是单飞的鸟，没有落脚的窝。（女）风不吹树不动，雨不打土不湿，眼睛没看见，耳朵早听说……[③]

他留民歌中的第三类小调，就是他留人在日常劳动场景里，根据劳动内容，即兴唱的歌。他留小调主要有《放猪调》《放鸡调》《放羊调》《放牛调》《织布调》《舂粑粑调》《摘蚕豆调》等。他留小调是一类歌唱生活场景的歌，唱词里有时用模仿某种动物的声音来表现劳动内容，例如放牧时的吆喝声、织布时的响动声等。唱这类歌一般用全真声的方式，在乐句的末尾用长长的滑音表现劳动内容，给听者有缓慢而悠扬的感觉。[④]这类歌，一直传唱到今天，虽然脱离了劳动场景，但是还被人们用来表达休闲、轻松的心情，成为他留人社会生活中常见的小调。例如《放猪调》的部分歌词：小猪被放出去，向四面八方散去。在那低洼处平平的肥沃的土地里中，是种蔬菜的菜园。要小心别让小猪害了菜园，一头大肥猪都比不过这蔬菜园……

他留人的民歌，张璐老师认为具有这样的特点：第一，民歌曲调比较单一，曲调重复性强，但所唱的歌词内容十分丰富，有的民歌结构甚至十分庞大，民歌以表现他留人生活、习俗、爱情等题材内容的居多。第二，每一类民歌的曲调都有其固定的演唱场景，民歌与他留人的实际

---

①② 张璐：《论音乐在他留人社会、历史与文化中的功能》，《歌海》2016 年第 5 期。

③ 孙明跃：《他留人的音乐》，《民族音乐》，2007 年第 5 期。

④ 赵颖：《信仰·族群·交融——云南永胜他留人的音乐与文化》，南京艺术学院硕士论文，2017 年。

生活均有着密切的联系，实用功能较强。第三，他留民歌曲调高亢的少、低沉的多，他留民歌大多类似于说话。[①]

（二）他留器乐

他留人除了用歌唱来表达思想感情外，他们还喜欢用器乐来表达生产生活的情感。我国少数民族一般都有自己的器乐，每个民族由于所处的地理环境不同，他们的生活方式、民俗风情不同，乐器的构造及演奏技巧不同，使得各民族器乐具有自己的风格和特色。张璐老师认为他留人的器乐演奏一般以吹奏乐器为主，弹拨乐器为辅。演奏曲目多以单旋律为主，反复性较强；演奏方式以器乐独奏为主，合奏较少。演奏上没有乐器组合，也没有高低声部之分，器乐演奏讲究以器乐对器乐，注重器乐之间的交流等演奏特点。[②]他留人的乐器主要有小三弦、口弦、唢呐、笛子、葫芦笙、木叶等。小三弦是最能代表他留人音乐特质的乐器。他留人的小三弦不论是制作方法，演奏技巧，还是演奏出的旋律等各方面都有本族群的音乐特质，与其他民族的弦乐器相比，有着较大的区别。他留小三弦可以说是具有典型性和独特性的他留乐器。小三弦是一种弹拨乐器，也是他留人世代传承的乐器。他留人比较完整地保留了小三弦的民间传统演奏技法，他留人的小三弦被外界称之为“会说话的乐器”。

小三弦的演奏者一般是他留男子，演奏小三弦是传统的他留男子用来表达爱恋之情的特有方式，小三弦是他留青年男子在户外或者在“青春棚”里，用来谈情说爱的主要工具，有人说，他留小三弦是“青春棚”文化的一部分。

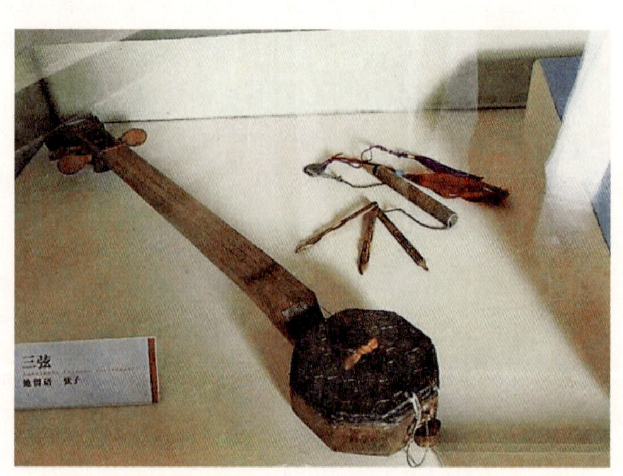

他留小三弦、口弦　刘平 / 摄

小三弦由琴筒、琴颈、琴头、弦扭、弦线等部件组成。传统的他留小三弦一般

①② 张璐：《论音乐在他留人社会、历史与文化中的功能》，《歌海》2016 年第 5 期。

由他留民间艺人制作，现在会制作小三弦的他留艺人很少，希望他留人把这项传统工艺传承下去。他留人制作小三弦的木材，传统用映山红或者青香木，制作方式是手工。小三弦形制较小，全长 540 毫米，琴筒长 80 毫米。小三弦制作时，琴筒的正面用羊肚皮绷紧（后来也有用蛇皮替代羊肚皮的情况）。小三弦的三条弦材质都是马尾，一般是一弦用两根马尾，二弦用三根马尾，三弦用四根马尾，把弦搓紧后，一头系在扭上、一头牵于琴筒底部的系弦处。小三弦定弦为 C 调或降 B 调的 626。①

他留小三弦的演奏技艺要求高、难度大。要求左手掌握滑、颤、打、吟、双跳等技法，右手掌握弹、拨、挑、滚、扫等技巧，而且心与手之间要配合密切，做到心手统一，演奏时要求频繁使用上下滑音，才能表现出他留小三弦特有的韵律和韵味，即使是经过艺术专业培训的演奏者，也难以把握好他留小三弦的演奏技巧。他留民间小三弦艺人，能够娴熟地运用传统技法演奏小三弦，他留小三弦艺人只要滑动两指，就能把位准确，演奏出优美动听的旋律来。

他留人用小三弦演奏的曲目，最有代表性的是《蜜蜂过江》《蜜蜂扇翅》《欢乐调》三支曲目。这三支曲目都表现了他留男女青年之间的美好恋情。《蜜蜂过江》的寓意，是把他留青年男子比喻为蜜蜂，蜜蜂渴望跨越江河，与心爱的人见面，表达思恋之情。《蜜蜂扇翅》的寓意是，把他留青年男子比喻为蜜蜂，蜜蜂跨越了江河，与心上人见面，高兴得情不自禁地扇动起翅膀，表达出爱意。《欢乐调》表现了他留青年男女，相互见面后的兴奋、喜悦、依恋等心情。这三首乐曲都具有鲜明的他留音乐特质，他留民间艺人用他留小三弦技法演奏这三首曲子，并且表现出来的滑音，形象生动地模拟了蜜蜂过江、蜜蜂扇翅时的声响，给听者有蜜蜂在耳边嗡嗡盘旋、声声入耳的感觉，听着优美动听、韵味无穷的旋律，宛如身临其境。用和江全老师的话说，他留人用小三弦演奏出来的上下滑音，轻柔委婉；吟、双挑，如风拂柳，如水荡石；大弧度的滑音，就像流水直下千丈，好似蜜蜂上下翻飞；弹、挑、滚、扫，组成不同的音乐语言，构造出栩栩如生的音乐形象及场景。

口弦是一种世界性的、民间簧振体鸣乐器。口弦的材质和组合形式多种多样，口弦的音量较小，一般在夜晚或者幽静的时候吹奏。他留人

① 和江全：《他留人的民族乐器小三弦》，《云岭歌声》2004 年第 5 期。

使用的口弦多数是用白铜制成的三片口弦，形状像树叶，一般长 12 厘米。他留人也有使用一枚簧片的口弦和四片组合而成的口弦。[①] 口弦吹奏主要是靠人的口腔和舌位变化来发音和调音。口弦吹奏者一般是他留青年男女，他们用口弦在“青春棚”里谈情说爱，抒发情感。同小三弦一样，两者都是富有浪漫气息的乐器，是他留青年男女用来彼此诉说衷肠、表达爱意的乐器。口弦演奏的曲目主要有《山寨的夜晚》《月夜调》等，这两首曲子主要表现山寨夜晚的宁静与悠然，他留青年在幽静的夜晚享受美好恋情的情景。他留人对口弦有特别的感知，他们说“口弦听习惯了就像是在听人说话一样”。在他留人的生活中，感知音乐的绝不只是听觉，他留人除了用听觉享受美妙的声音外，在“青春棚”特定的时空里，他留姑娘、小伙们会透过演奏的乐器，感知到包括听觉、触觉、嗅觉在内的一切东西。他们能通过口弦发出的音声、韵律，感受到口弦吹奏者的所思所想及其演奏者在“青春棚”里的喜怒哀乐等许多信息。

葫芦笙是一种吹管乐器，又被他留人称为“五笙”或“芦笙”，主要由笙斗、笙管和簧片三个部分组成。笙斗用当地产的长颈葫芦作为材料，笙管和簧片也使用当地产的小黄竹作为材料，在葫芦大的一端，按照一定比例打 5 个插笙管的圆孔，小的一端开一个吹孔。笙管中最长管发出的是葫芦笙的最低音，而最短的管发出是最高音。葫芦笙以葫芦作为共鸣体，为了增加低音管的共鸣，在最长音管的上方套一个两侧有孔的小葫芦作为共鸣箱。葫芦笙的簧片是葫芦笙发音的关键部分，传统的簧片使用小黄竹制作而成，现在普遍使用铜制簧片。[②] 葫芦笙是他留人广泛使用的一种乐器，可以用于独奏或齐奏，也可以用于舞蹈伴奏。但是，他留人吹奏葫芦笙的场合是有讲究的，只能在一定的时间和地点内吹奏。他留人的葫芦笙作为喜庆乐器，只能在农历六月二十四至正月十五之前吹奏，其余的时期，他留人就把葫芦笙收藏起来，不能作为喜庆乐器进行吹奏。因为，他留人认为，从农历正月初一到十五以后，农耕开始，农事繁忙，没有时间娱乐，人们应当全心地用心地侍候庄稼。他留人认为如果在六月二十四“粑粑节”以前吹奏葫芦笙，会影响庄稼的收成。

① 孙明跃：《他留人的音乐》，《民族音乐》2007 年第 5 期。

② 张宗红：《他留人的葫芦笙及其文化内涵》，《民族音乐》2011 年第 3 期。

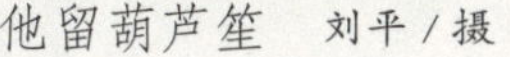

他留葫芦笙　刘平 / 摄

他留人吹奏葫芦笙　季正团 / 提供

他留人认为葫芦笙虽然是一种欢悦的乐器，但是，在恋爱场合，是不能吹奏葫芦笙的，因为葫芦笙是他留人与祖先交流分享的一种神圣的乐器。[①]他留人有人死后灵魂与肉体相分离，灵魂会生活在另一个世界里，与活着的家人联系的观念。他留人在祭拜祖先、嫁娶、节日庆典时，会用葫芦笙吹奏音乐，还会随着吹奏的旋律缓慢地或欢快地舞蹈起来，他留人认为这种乐舞是献给祖先的礼物。因此，葫芦笙是他留人与祖先交流分享生活的乐器，是他留人祖祖辈辈都使用的乐器，无论是死去的人，还是活着的人都熟悉葫芦笙，都能够听懂葫芦笙吹奏出来的旋律，表达出来的情感。每年传统的他留“粑粑节”，他留人都要用葫芦笙与祖先一起，共同庆祝他们的节日，那天葫芦笙在他留山响彻云霄。葫芦笙也是他留人打跳时常用的伴奏乐器，葫芦笙伴奏的曲目主要有：《迎春调》《波捞底》《蛮调》《慢调》《丧事调》《甩手调》等。

他留人的祖先最初是高氏土司的亲军，传说高氏土司统治他留人时，要求每年农历腊月底他留人要给高氏拜年。他留人就派罗姓为代表，去给高土司家拜年。高土司要求拜年的人要头戴雉鸡羽毛，身穿他留服，带上一头活麂子，用葫芦笙吹着《迎春调》给高土司拜年。《迎春调》只有三小节的乐谱，只用了 la、sol、mi 三个音，却采用 2/4 和 3/4 这两种拍子，使附点四分音符贯穿始终，能数十遍的吹奏，让吹奏的旋律越听越有味，

① 张宗红：《他留人的葫芦笙及其文化内涵》，《民族音乐》2011 年第 3 期。

让伴奏的舞步越跳越有力。[1]葫芦笙吹奏的《迎春调》欢快有力，随着这种旋律而动的舞蹈潇洒活泼，一般是葫芦笙吹奏一句，舞步变化一下，这种舞蹈动作是他留人过去迎接春天到来，经常跳的一种舞蹈，因此，伴奏曲目被当地人称为《迎春调》，随《迎春调》而跳的舞蹈被称为《迎春舞》。当今，他留人即使不是春天，在欢庆时刻，也会吹奏《迎春调》，跳《迎春舞》。

葫芦笙祭祀　刘平／摄

《波捞底》是他留语，也称"裹席"，意思是跳舞者听到葫芦笙吹奏的《波捞底》曲调时，要把舞蹈列队变化为小圆圈。[2]《波捞底》是《摆龙舞》的伴奏曲目之一。《丧事调》，他留语叫作"过系且"，此调是在他留人的丧葬仪式中，祭奠者围着棺柩，在葫芦笙的伴奏下，用打跳的方式，祭奠逝者的曲目。《蛮调》一般有三个曲调，其中第三个曲调的调式为角调式，以主音下方五度音作为和声音，使纵向和声音程丰满动听，该曲共有十六小节乐谱。[3]前8后16的节奏贯穿整个乐段，在稍快的速度下，用葫芦笙奏出，旋律激扬向上、充满活力动力，他留人就把此曲目称之为《蛮调》，随《蛮调》而跳的舞蹈，舞姿粗犷豪放，他留人就把这种舞蹈称之为《蛮跳》。《慢调》乐曲是由六声羽调式构成的，前8后16的节奏贯穿全曲，以中速奏出，使音乐具有舞蹈的伴奏性，但舞蹈动作又不太激烈。《慢调》他留语叫"阿顶昂"，意思是背着孩子哄孩子的他留妇女，在葫芦笙吹奏的《慢调》伴奏下能够跳的一种舞蹈。这种舞调是他留老年人和背着孩子的妇女在举行重大活动，特别是祭拜祖先的活动时，经常在这种旋律的伴奏下，进行舞蹈。由于舞蹈动作较慢，人们把这种舞蹈叫作"慢跳"。《合脚跳》是由五声角调式构成的短小乐段，葫芦笙吹奏出的乐曲除使用前8后16的节奏外，切分点和附点节奏的运用，使乐曲充满动力，显得欢快活泼。舞蹈者随着伴奏乐曲，脚步统一、舞步活泼，表现出团结、

①②③　孙明跃：《他留人的音乐》，《民族音乐》2007年第5期。

他留打跳　简良开 / 摄

和谐一致的他留精神，伴奏曲名和舞蹈，都被当地人称之为“合脚跳”。《甩手跳》意思为一边跳舞，一边甩手的舞蹈，《甩手跳》由很多首小曲组成，旋律优美。用葫芦笙伴奏，曲目与舞蹈都因为甩手的动作而称之为《甩手调》。[①]

笛子是古老的一种乐器，是汉族乐器中最具代表性的吹奏乐器，属于横吹木管乐器之一，是中国音乐的代表乐器之一。笛子大部分是竹制的，也有石笛、玉笛及红木做的笛子，古时还有骨笛。笛子的音孔有五孔至八孔不等，以七孔笛居多，有些笛子在音孔旁还加打了小孔。竹笛的制作方法，一般由根竹做管，去除管里的节，使之中空成为内腔。在竹管身上开 1 个吹孔，1 个膜孔，6 个音孔，2 个基音孔和 2 个助音孔，这样竹笛就制作好了。

他留笛子　刘平 / 摄

笛子对于他留人而言，主要有两个用途：一是舞蹈的伴奏乐器，他留人打跳时，有时会吹奏笛子，用来伴舞，

① 孙明跃 :《他留人的音乐》，《民族音乐》2007 年第 5 期。

以协调统一打跳人的舞步；二是作为抒情的乐器，在山上、野外，他留人会吹奏笛子，用来自娱自乐或者传递感情。[①] 他留人称横笛为“比哩”，用笛吹奏的乐曲，他留人一般称之为“比哩调”。他留人用笛子伴舞的舞曲，有《三门合脚》《青年舞》等，伴舞的他留笛声清脆甘甜，舞步柔中带刚，充满活力。[②]

他留唢呐　刘平 / 摄

唢呐是我国吹管乐器的一种，是各民族广泛使用的民间乐器。唢呐呈圆锥形，唢呐吹奏出的声音，音色明亮且音量大。唢呐管身是木制的，由哨、气牌、侵子、杆和碗五部分组成。唢呐上端装有带哨子的铜管，下端带着一个铜制的喇叭口，俗称喇叭。唢呐虽有八孔，但第七孔音与筒音超吹音相同，第八孔音与第一孔音超吹音相同。

唢呐这种乐器，他留人有严格的使用规定，只能在丧葬时使用，其他的时间和地点都不能使用。唢呐被他留人定位为“祭祀乐器”，他留人家中，有老人去世时，有请唢呐手到家中专门吹奏唢呐的习俗。一般家庭请一人吹唢呐，条件好一点的家庭，一般要请两位唢呐手。在他留人的丧葬仪式中，两位唢呐手吹奏曲子的定调不一致，也不需要同时吹奏。在他留人的丧葬仪式中，两位唢呐手吹奏的曲子时而重合、时而交错，给人一种特殊的听觉感受。在他留人的丧葬仪式中，唢呐手吹奏的曲子，除特定时段有特定的意义外，多数情况下，是作为仪式的背景音乐存在的。[③] 唢呐手在丧葬仪式中，特定时段吹奏的曲子不同，在仪式中的意义也不同。张璐老师经过调查，了解到他留人的丧葬仪式中，有 8 个时段是必须吹奏唢呐的，不同时段吹奏的唢呐曲，表示不同的含义。一是唢呐手进入丧家的大门时，要吹奏唢呐曲，进入丧家后，唢呐手从厨房出来时，也要吹一两首曲子，这个时段唢呐手吹奏的曲子，意思是告知村邻亲友，有唢呐声的家里，家中有老人过世的情况。二是为了祭奠死者，唢呐手要吹奏《上祭调》，表示对死者的哀悼。三是有人来丧家祭奠死者时，

---

①③　张璐 :《论音乐在他留人社会、历史与文化中的功能》，《歌海》2016 年第 5 期。
②　孙明跃 :《他留人的音乐》，《民族音乐》2007 年第 5 期。

要吹奏《哭情调》，表示对逝者的悼念、怀念之情。四是丧事期间，每天吃饭前，给逝者敬献饭菜的时候，要吹奏《吃饭调》，意思是死者并没有远离家人，还在跟家人一起进餐。五是死者停放在家中，没有送出的夜晚，由于人们为死者操办丧事，白天黑夜地劳累，守灵人半夜时会有发困或者睡觉的情况。在半夜，唢呐手会吹奏《半夜寒鸡》，这是一段相当伤感、凄凉的乐曲。吹奏这种曲子是告诉活着的人，先不要睡觉，死者还未送出，要好好守灵。六是出殡前一天的晚上，12 点之前，死者子女与死者吃离别饭的时候，唢呐手要吹奏《离别调》，表达死者明天就要与家人分别，到祖先居住的地方去，家人对逝者的不舍与悲伤之情。七是出殡的前一天晚上，12 点左右，他留人要举行送魂仪式，这时，唢呐手要吹奏《过山调》。《过山调》的曲调哀婉、凄凉，主要内容是：亲人啊，山高、路黑，您离开人世的路上要一路走好，您不要牵挂，天亮后，就要出殡送您上山。八是棺柩入土的时候，唢呐手要吹奏《下世调》，此曲调是祝愿死者在另一个世界安息的意思。丧葬仪式中，请唢呐手到丧家吹奏曲子，不同时段吹奏不同曲子的习俗，体现了他留人对父母长辈的孝敬、怀念和不舍之情。他留人在丧葬仪式中用唢呐吹奏的曲子有禁忌，一提到《过山调》，铎系师傅说得最多的一句话就是“不到铎系‘引路’，《过山调》是绝对不能被吹响的”。铎系开始唱“引路经”的时候，意味着逝者就要告别亲人，向祖先所在的山里出发。如果《过山调》被提前吹出来，被认为是对逝者的不敬。[①]

他留人用树叶能够吹出优美的曲调，因此，树叶被视为他留人的乐器之一。吹奏树叶主要依靠嘴唇颤动带动树叶发出声音。他留人生活在山区，树叶随时随地都可以摘到，他们信手摘下一片树叶，就能吹出一段美妙旋律的人不在少数。音乐是他留人生活中不可缺少的内容，他留人在山坡上放牧，或者在农田里休息的时候，会用树叶吹奏音乐来抒发情感，表达他们对生活的热爱，也会用吹奏树叶的方式与其他人交流。他留人用树叶吹奏的曲子随意，多为单乐句，人们称之为《散心调》，表现出他留人随意、自由、浪漫的生活情志。

铜锣在他留人的丧葬仪式中，作为跳丧的乐器。他留人的丧葬仪式中，铎系在前面敲锣诵经，跳丧者背着手，跟在铎系的后面，随着锣鼓

① 张璐：《论音乐在他留人社会、历史与文化中的功能》，《歌海》2016 年第 5 期。

声，围着棺柩跳丧。铎系每敲一次锣，人们就随着锣声，向前一步躬身，后退一步鞠躬地跳丧。铜锣在节庆期间，他留人也用于《狮子舞》的伴奏乐器，以此增强节日的欢乐、喜庆和热闹的气氛。

乐器的制作及其演奏是他留人传承音乐文化的载体，也是他留文化的一部分。他留山地区气候宜人，特别适宜金竹、葫芦、清香木、栗木等植物生长。传统的他留人会就地取材，用金竹和葫芦制作葫芦笙，用清香木或栗木制作三弦，用竹子制作口弦和竹笛。他留人既使用自己制作的葫芦笙、三弦、口弦、竹笛等乐器，也使用从市场购买的其他民族制作的口弦、唢呐、竹笛等乐器，来为生活增添色彩。

他留男子一般都会制作和吹奏葫芦笙、三弦等乐器，在“青春棚”里用自己制作的乐器吹奏音乐，既能展示自己的手艺，表现自己的才干，又能传情达意。笛子、口弦是他留女子必备的乐器，也是他留女子表达情感的工具。20 世纪 50 年代前，他留人的乐器制作及吹奏技艺，一般是父亲传授给儿子、母亲传授给女儿的家庭传承方式。当今，他留人的音乐艺术传承，以村为单位，选出村里音乐素养较高的人，进行专门的乐器制作及演奏技艺的传承工作，希望此项工作持续推进，使他留音乐文化得到更好地保护和传承。

他留人自制的葫芦笙　刘平／摄

（三）他留舞乐

他留人喜欢唱歌，喜欢用乐器吹奏音乐，也喜欢在音乐的伴奏下舞蹈，表达思想感情。他留人在婚、丧、嫁、娶、节日乃至平时，都会在音乐的伴奏下，用舞蹈的形式来表达内心的情感。一般来说，他留人的舞乐就是他们的器乐。因为他留人的舞蹈一般是在器乐的伴奏下进行的，他

他留舞蹈

留人的器乐演奏与舞蹈总是紧密地结合在一起，而且有的器乐吹奏的曲目与舞蹈的名称是一致的。他留人的舞蹈，当地人一般称之为“打跳”。打跳是他留人生活的重要内容，也是他们生活的一种表现形式。他留人打跳伴奏的曲目及舞蹈名称有《慢调（跳）》《蛮调（跳）》，曲目有《波捞底》《迎春调》《丧事调》等，舞蹈名称有《单门合脚》《双门合脚》《三门合脚》《迎春舞》等。例如，笛子伴奏的舞曲多以两乐句为一基本单位，多次反复；葫芦笙伴奏的舞曲多以四乐句为一单位，不断反复，他留人就在这种音乐的伴奏下，打跳。他留人舞蹈的伴奏乐器以葫芦笙为主，笛子次之。对于他留人而言，打跳音乐并不具有完全意义的“音乐性”，主要有提示舞蹈动作的作用。他留人的打跳，只跳不唱，随乐而舞的比较多，边跳边唱的较少。边跳边唱的舞蹈以《阿海油》为代表，先用葫芦笙吹奏一段音乐，然后领唱加合唱；每唱完一段歌曲，吹奏一遍音乐；在吹奏音乐的同时，人们打跳，在吹奏曲子和唱歌的过程中，打跳持续进行，从不停止。

他留人边跳边唱的舞蹈还有《炕床舞》，《炕床舞》是他留人根据本族群特有的炕床生活习俗而创作的一种舞蹈。《炕床舞》的伴奏旋律是慢调，舞步是慢跳。炕床舞是一种数十人乃至上百人围成四个圆圈，大家一边舞蹈，一边唱歌的舞蹈。《炕床舞》唱词的主要内容是：老辈人说祖祖辈辈都要在炕床上做饭吃，炕床最上面坐的是家中最老辈的人，左边坐父母，右边坐亲戚，站在炕床边的是儿女们，儿女们做饭、添饭、斟茶。①

他留人在舞乐的伴奏下，只跳不唱的舞蹈有《跳丧》《狮子舞》《迎春舞》《龙摆舞》《蛮跳》《慢跳》《单门合脚》《双门合脚》《三门合脚》。《跳丧》是他留人办丧事时，在舞乐伴奏下跳的一种舞蹈。他留人家办丧事，有人去丧家祭奠时，铎系会在前面敲锣诵经，祭奠者背着手，跟在铎系后面，随着锣鼓声，围着棺柩跳的舞，就叫跳丧。“跳丧”被他留人认为是悼念亡人，抚慰生者，沟通情感的一种活动。

《狮子舞》是他留人在春节期间，在舞乐伴奏下跳的一种舞蹈。《狮子舞》是在鼓、锣、擦等打击乐器的伴奏下，由表演者扮演狮子、和尚和猴子等角色，其中有表演、追捉、嬉闹、猜拳等舞蹈动作，表演者用各种方式逗乐观众，舞蹈进入高潮时，还有“猴子撒糖”的环节。在春节期间，他留人用表演《狮子舞》的方式，烘托出节日热闹欢快嬉戏的气氛。

《迎春舞》是传统的他留人迎接春天，在舞乐伴奏下跳的一种舞蹈，

① 张璐：《论音乐在他留人社会、历史与文化中的功能》，《歌海》2016 年第 5 期。

伴奏共有三个乐句。《迎春舞》舞曲欢快有力，舞蹈动作潇洒活泼。现今，他留人不仅在迎接春天时跳《迎春舞》，在喜庆场合，也跳《迎春舞》。《迎春舞》在他留社会中有特殊的地位，表演时间也有特别的习惯。在一般情况下，他留人举行歌舞活动，要先跳迎春舞，之后才跳其他的舞蹈：一是过粑粑节的时候，他留人祭祖杀羊、杀牛时，铎细、头领先跳迎春舞，之后，民众才开始打跳；二是他留人结婚时，举行的篝火打跳活动，要先跳迎春舞，之后，才跳其他的舞蹈；三是节庆时，如过春节，他留人举行打跳活动，也是先跳迎春舞，之后，才跳其他舞蹈。①

《龙摆舞》是他留人在节庆、聚会的时候，在舞乐伴奏下，跳的一种舞蹈，是每年农历六月他留人过粑粑节必跳的一种舞蹈。《龙摆舞》是他留舞蹈中最有气势、最能体现他留人思想、最具他留人特色的一种舞蹈。跳《龙摆舞》一般参与者要多，才能表现出《龙摆舞》的气势。在他留人的观念中，“龙”代表两个含义：一是水，他留人过去饮用的水，是从他留山上的一个岩洞里流出来的。他留人认为洞里有龙，才会有源源不断的泉水流出，因此，他留人崇拜龙。二是风调雨顺，他留人用跳《龙摆舞》的方式，祈求龙为他留山带来源源不断的泉水，他们认为有龙就能风调雨顺，五谷丰登。《龙摆舞》的舞步缓慢，跳《龙摆舞》的过程中，有时人们一手搭在前面人的肩上，一手叉腰，有时胳膊紧挽，舞蹈中有卷龙（或称裹龙）、散龙等环节，其中最为壮观的是卷龙过程。卷龙时，数百人甚至上千人手拉着手，胳膊与胳膊相扣，舞者连成一排，在龙头的带领下，长长的舞蹈队伍，最终缠成一个层层相叠的圆圈队形，继而龙头突然长啸一声，冲出圆圈，带领大家迅速散成一排。《龙摆舞》中卷龙的过程气势磅礴，就像一条巨龙在他留山上飞舞。《龙摆舞》展现了他留人团结一心、奋发向上的进取精神和豪迈气概。

《蛮跳》是他留人在舞乐伴奏下跳的一种舞蹈。因其舞蹈动作粗犷豪放，被称为《蛮跳》，因其伴奏乐曲的旋律快速激昂向上，被人们称之为《蛮调》。《蛮调》指伴奏音乐的节奏快速有力，《蛮跳》指舞者的动作幅度大，脚步快速有力。因为《蛮调》的节奏短促而明快，所以《蛮跳》一般不适合很多人一起跳，比较适合一群精力充沛的他留小伙子跳。《蛮跳》中随着伴奏的节奏加快，舞步也随着加快，打跳的队伍还会迅速旋转，《蛮跳》中舞者会尽可能地用力跺脚，使得舞者的脚步越来越快，越来越有力，跳得也越来越高，脚步声越来越响，甚至超过了伴奏的葫芦笙。《蛮跳》

① 张璐：《论音乐在他留人社会、历史与文化中的功能》，《歌海》2016 年第 5 期。

他留龙摆舞　简良开/摄

舞蹈由于伴奏旋律和舞蹈动作的快和用力，就是他留人说的“蛮”，观看的人都会被《蛮跳》的舞步震撼，受到感染。《蛮跳》由于运动量极大，舞者连续跳的时间不会太长，一般伴奏不会超过三曲。他留小伙《蛮跳》一会，由于舞者的体力消耗大，舞蹈伴奏者就会把伴奏旋律从《蛮调》换成《慢调》，舞蹈者也会把《蛮跳》转化为《慢跳》，这时会有更多的舞蹈者加入队伍中，一起跳舞。《慢跳》是他留人经常跳的一种动作缓慢飘荡的舞蹈，是老年人和背着孩子的妇女都能跳的舞蹈。《慢跳》的伴奏音乐鲜明，旋律舒缓，舞蹈庄重。

《合脚跳》是他留人的一种民间舞蹈，伴奏的旋律欢快，舞蹈的动作活泼整齐，步伐统一协调，被当地人称为“合脚跳”。《青年舞》是他留男女青年，在舞乐的伴奏下，一起跳的舞蹈，是一种表达男欢女爱情感的舞蹈。

他留人的舞乐，张璐老师认为，与其他民族的舞乐相比，有节奏较慢、旋律舒缓的特点。他留人的舞蹈以慢跳为主，身体动作幅度不大。舞蹈伴奏乐器以葫芦笙、笛子为主，有时二者兼用，有时只用一种乐器。舞曲分别以一句、二句、四句、六句为一段落，有不断反复的特点。他留人的舞蹈具有舞步与伴奏旋律密切配合，步调一致的特点。他留人在打跳的过程中，偶尔有演唱，多以《啊嗨油调》为主，舞蹈的时候，边舞边唱的部分，舞步自由，歌调舒缓，歌调难与舞步合拍一致。他留人的打跳活动与他们的生产生活有着密切的关系。①

① 张璐：《论音乐在他留人社会、历史与文化中的功能》，《歌海》2016年第5期。

他留人从出生、成长、恋爱、结婚、到丧事等整个人生过程，都是在音乐包括唱歌、弹奏器乐、打跳过程中度过的。从一定意义上，可以说他留人成长的过程就是学习唱歌、学习演奏乐器、学习打跳的过程。他留人通过学习，掌握了唱歌、演奏乐器、打跳的技艺，这个过程也使他留人，从一个“自然人”最终成长为真正的“他留人”。

他留人的歌曲、乐器、舞蹈传承，过去主要通过家庭、家族的方式进行。当今，对于他留歌舞文化的传承，政府重视，群众积极参与，在传统传承方式的基础上，还形成了以村为单位，有负责人专门进行传、帮、带的传承人培养模式。

他留娃学习葫芦笙　刘平／摄

八 他留人的物质生活

物质生活是人类生存的基础，是人类社会发展的必要条件，也是人类从事精神生活的前提。物质生活主要表现在人们的吃、穿、住、用、行等方面。物质生活状况表现了人们的生产生活水平，也决定着人们未来的发展。他留人的物质生活，这里主要介绍别具一格，具有少数民族族群风格的他留传统民居、饮食、服饰等物质生活情况。

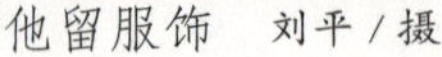

他留服饰　刘平／摄

他留粑粑　刘平／摄

（一） 他留民居

民居是人类生产生活的前提，安居才能乐业。民居是人类丰富多样建筑中基本的建筑。民居指人们的住宅以及由此延伸出来的居住条件。我国由于各民族的历史、传统、习俗、思想观念等文化内涵不同，也由于各地的地理概况、气候条件等自然环境不同，使得我国各民族民居的样式、布局、结构、造型，功能等各具特色，从而体现出各民族或族群的民居风格及其特色。

他留人的民居从当地的自然、气候等实际情况出发，从最早的因地制宜、就地取材而修建的简陋民居，到今天，采用现代建筑材料修建的舒适民居。随着我国社会的发展，他留人的物质生活条件有了较大的改善，他留人的民居也有了较大的发展变化。他留人最早迁移到他留山时，物质条件差，他们只是居住在一种被称之为“棚子”的房屋里。“棚子”他留语叫作“阿各”，是他留人最早的原始的居住房屋。“棚子”在《乾隆永北府志》上说“多用板屋”。他留人的“棚子”，是把栗树的树干劈开，分解成多块木板，用木板搭建而成的房子。① 后来，他留人受到“洪武调卫”迁移来永胜的汉族人及其建筑文化的影响，他留人把住房逐渐从“棚子”，改变成土木结构的茅草房。最迟在清朝初年，他留人居住的房屋又由土木结构的茅草房，改变成土木结构的瓦屋面房，这种土木结构的瓦房，成为他留人长期居住的传统房屋。从他留古城堡遗址、他留大德寺和现存的他留民居，可以看到他留人传统民居的建筑风格和特点。②

他留人的民居与汉族民居的样式基本相同，一般是四合院，或者是三房一照壁的院落。院落的每幢房屋一般有三间房，但是，房屋的高度与汉式住房相比，要显得低矮一点。

他留民居

他留人的古城堡虽然在十九世纪中叶毁于战火，但是从房屋的地基遗迹，还能大体推测出当时的民居建筑风貌。

①② 简良开：《神秘的他留人》，昆明：云南人民出版社 2005 年版，第 129 页。

从古城堡遗址上的房屋地基痕迹看，古城堡里的民居设计科学，布局合理，功能齐备，规范实用。学者简良开认为，古城堡里的民居属土木结构的汉式院落，房屋样式一般为三方一照壁的四合院。每个院子占地面积大约二三百平方米，院落周围的布局为正房、厢房、照壁或者房屋。正房有三间屋，正房的石脚偏高，两侧为厢房，每幢厢房也有三间屋，正房的对面多为照壁，有的正房的对面是一式三间的房子。院落的中间为天井，又叫院坝。正房一侧的厢房正中为大门间。正房与另一厢房的拐角处，作为院落的后门使用，后门的外面是菜园、碓房和厕所。十个或十五个左右的院落，构成一个居民群落，组成一个土围子，土围子之间用石头铺成的道路连接起来，道路一般是五尺道，道路四通八达，古城堡就是由若干个这样的居民群落即土围子组成的。古城堡属于军事性质的村落，畅通无阻的道路把古城堡里的各家各户联结为一个整体，便于开展有组织有纪律统一的军事行动。在古城堡外面的他留山上设有哨岗和烽火台，若有情况，就在烽火台升烟为号，古城堡里的户主即土练们就能看到号令，快速便捷地集中起来，在首领的指挥下，去完成护卫、平乱等保家保边的任务。①

1861 年，古城堡被毁后，逃出城堡的他留人在古城堡附近藏匿生存，后来逐渐建起了房屋，房屋渐渐连接在一起成为村寨。他留村寨里尚存的老民居，只有十一院，其中五院保存较为完好，六院民居的房屋被改造过，仅有原来建筑的部分痕迹。这些民居建造的时间是清朝同治三年（1864 年）至民国七年（1918 年），这些民居可以称之为他留人现存的古民居。他留人现存最早的两所古民居都在双河二村。这两院民居是他留人离开古城堡后，建造并且保留下来的最早的他留传统民居。一院民居是陈学开家的祖房，建造于同治三年（1864 年），是古城堡被毁后的第三年建造的。民居的建筑风貌是典型的四合院，房屋朝向是东西向。房屋布局东面是正房，正房的对面是一排畜养猪牛羊用的厩房，南厢房作为厨房和储藏室使用，北厢房的东一间为大门间，另外两间是“青春棚”，后门外是碓房和菜园。正房的须弥座上镌刻有鹦鹉学舌的图案，两侧镌刻有兔子衔灵芝的图案。陈氏祖房到二十世纪末还保留着原来的风貌。可惜的是，陈家后人在前些年对房屋进行了改造翻修。

① 简良开：《神秘的他留人》，昆明：云南人民出版社 2005 年版，第 130 页。

陈学开家的祖房　邹秀祥 / 摄

另一院民居是他留人蓝氏的祖房，建造于同治十二年（1873 年），房屋有百余年历史，保存较完好。此房为标准的四合院，四面都是一式三间的两层楼房，每幢房屋的长都是三丈六尺，每间房屋的长都是一丈八尺，宽一丈二尺。每幢房屋正中的房间，前面部分作为坎沿使用，后面部分作为堂屋使用。坎沿的长有一丈一尺，堂屋内空为八尺。坎沿和房屋之间用板壁和门隔开。院落的院子长宽都是三丈六尺的正方形天井，天井用方形的石块铺成。四合院的四幢房屋的外拐角处，都分别建有平房两间，作为厨房、客房、厩房、储藏室使用。这个四合院落的房屋除大天井外，在房屋四角的平房处还分别建有一个小天井。蓝氏院落为典型的四合五天井民居。民居的第一层就有二十间屋子，就是大院的四周有四幢房，每幢房有三间，计十二间，每个小院的周围分别有二间，计八间。院落占地面积有 576 平方米。蓝氏四合院的大门向南开，南面房的中间屋为大门过道。从大天井到小天井，各有一道小门。正房堂屋门上方雕刻有双鹿朝阳的图案。正房檐柱上方的装潢称为箍头，又叫珠嘴，珠嘴上雕刻有鹰（有人说是凤凰）的图案。正房的板壁上雕刻有童子献寿桃、乌鸦戏青蛙、马鹿摇金铃、玉兔衔灵芝、喜鹊采梅花、金鱼做游戏的精美图案。正房板壁上的每种图案都是两幅，做成左右对称、对应的图案。正房的须弥座上刻有鸳鸯戏水、耕牛向月、玉兔衔灵芝的图案。房屋屋檐下面的墙壁上绘有山水、花草画。从民居建筑宏大、屋子较多、雕刻精美、功能齐备可以看出，此民居的主人当时在他留社会中有着较高的政治经济地位。确实，此院民居的主人是蓝发茂，蓝发茂是他留历史上家世显赫的他留人。建

蓝金寿家的祖屋　邹秀祥 / 摄

造此房的人，就是曾经担任过他留地区的乡长，有六品军功的蓝发茂，蓝发茂的长子蓝正鉴曾经是他留把事、分团首。此民居 20 世纪末为蓝氏后裔蓝金寿家的住房。此栋蓝氏院落在当时不仅豪华气派，而且修建得坚固牢实，直到今天，还保留着原来的风貌。

从保留下来的他留民居看，他留人传统的民居与汉族民居的建筑风格基本一样，一般为汉式土木结构建筑，大多是三方一照壁的四合院，或者是方方合围的四合院落，院落的每方房屋都有四贴柱子，每方房屋都是三间开的楼房。他留人的房屋一般有斗拱飞檐。

他留民居一般紧依山林，傍泉建宅，民居与自然环境协调。他留人生活在高原山地，由于自然和地理环境的原因，他留人的房屋不像汉族民居那样注重朝向。汉式房屋的朝向要么是东西向，要么是南北向，房屋朝向明晰。他留民居只能依山而建，房屋朝向随地势而定，不规整。他留人的民居一般是低矮别致的四合院落，房屋的楼层较低，一般有二层。房门也低，人们进他留人家的传统屋门，一般不能昂头出进，只能低头进屋。比较而言，他留人家的正房稍高，两侧的厢房及其他房屋稍低，大门一侧一般建有“青春棚”。“苍山佩古泉，低楼正四合”

梨花丛中的他留民居　陈朝明 / 摄

他留村寨　季正团／摄

他留村寨

是他留民居的主要特点。[1]

他留人的民居为什么比一般的汉式民居要低矮一点呢？清朝时期，民族等级森严，他留人受高氏土司管辖，高土司又受朝廷官吏的统治。据说朝廷有规定，土司建筑不得高于知府建筑。知府家里的住房是汉式民居，汉族民居正房的中柱高一般在一丈八尺九寸至一丈九尺六寸之间。永胜高氏世守衙门（官邸）中柱的高度不得高于一丈八尺九寸，高土司规定他留民居的高度不得超过一丈四尺九寸。由于这个原因，他留民居一般比汉式民居低矮，所以，他留民居、他留村寨就呈现出“低楼宽屋、扑地相连”的景象。他留民居建筑高度受到限制，他留人只能在民居的装饰上下功夫，因此，他留民居具有雕梁画栋、绘壁镂窗的特色，特别是正房的堂屋门窗上的雕刻，图案精美，工艺精湛。[2]

他留民居在布局上也与汉族民居基本相同，正房中间的房屋作为堂屋使用。堂屋正中靠后墙的地方，设有“天地国亲师神位”和祖宗牌位，墙上帖有敬祖奉祖人脉兴旺的对联，对联一般有“金炉香烟供祖先，玉瓶花烛敬天地”“金炉不断千年火，玉盏常明百岁发”等。在“天地国亲师神位”的正前面，摆一张大而长的桌子即神

他留神位神桌　刘平／摄

①② 简良开 :《神秘的他留人》，昆明：云南人民出版社 2005 年版，第 134 页。

桌，又称供桌。他留人传统的神桌一般长1.2米、宽60厘米、高90厘米，桌子上置放香炉、花瓶。

神桌专门用于供奉敬献祖先的物品，神桌内装有祭祀用的香条、纸钱等物品。但是他留人传统的堂屋与汉式堂屋的结构及用途有不同，他留人的堂屋不设楼层，房屋里不设火塘，也不能住人。汉族人家的堂屋是会客、家人聚会的地方，他留人的堂屋是家中神圣的地方，只有逢年过节，或者举行结婚典礼，或者家中办丧事、祭日时，人才能进入堂屋。平时堂屋门是紧锁的，不轻易开放。

他留民居最具民族族群特色的就是炕房，炕房里设有炕床。他留炕床与北方的炕床不同，他留人的炕床下面不生火，也没有火盆，而是在炕床的中间支起一个火塘。

传统火塘在他留人的心目中不仅仅只是一个做饭、吃饭的地方，而是一个有希望、有温暖的地方，是家庭的中心。传统的他留人家，火塘里的火是不熄灭的，火塘是保留火种的地方，不用火的时候就用火灰盖住火头，表面上看，没有火头，火好似熄灭的；其实火头保存在火灰里，需要用火的时候，把火灰挑开，火头就会露出来，只要再添些柴，火就又燃烧起来。传统他留人家的火塘是祖孙三代人，还有供奉的祖先，每天都汇聚的地方，是他留人有欢声笑语的地方，是他们品味生活、商议家事的地方，是他们享受家庭温馨的地方。传统的炕床不只是一家人吃饭的地方，是他留老人小孩烤粑粑吃的地方，还是妇女做针线活的地方，是老人过夜的地方，也是冬天家人取暖的地方。火塘是他留人生活的中心，也是家庭的政治中心，还是他们信仰的中心。

他留人的炕房一般设在堂屋左侧的那间房子里，有人把炕房称之为厨房。炕房的上面有楼房，他留人家炕房上面的楼房是不住人的，只是用

他留炕房　刘平/摄

来放置物品。炕房里主要设置一张三方抵墙的大床，一般称之为炕床，他留人叫“轴嘎”。炕床高约60厘米，床架用粗实的圆木制成，床架上先搭放木杆，在木杆上面用泥浆糊刷平整。炕床的后面部分和左右位置才具有床的功能，在炕床具有床功能地方的上面铺一层篾笆、再铺上草席和羊毛毡。炕床的中间部分作为火塘使用，火塘处于炕房的正中位置。火塘是在炕床上面再铺上一层石板制成的，在石板上放置锅庄石，后来把锅庄石改为铁三脚架。火塘的上方吊挂一块比火塘大的方形篾笆，篾笆既有挡火烟的作用，又能在上面放置食物、薰腌食物。篾笆正中用绳子系着一根木钩，木钩用来吊挂锅。他留人传统的吊锅是铸铁锅或铜锣锅，用吊锅煮饭，有时也在锅庄石上置锅煮饭。他留人家一般在锅庄石上做菜。炕床前面靠墙壁的地方一般用来放置碗柜、炊具和水桶等厨房用品，他留人家传统的水缸是用石头凿成的石缸。炕床前沿空出的位置是儿媳妇姑娘们做饭菜的地方。炕床左上角的墙壁上，挖有一个长一尺深五寸的洞，这是他留人家的神龛，神龛上放置三枝松枝（表示上溯三代先人的考妣灵位，是他留先祖牌位的标志），三张野竹壳，三个木碗，三个木杯，三个木勺，用于敬酒、敬饭、敬茶。每年大年初一和农历六月二十四日早上，他留人家都会在此敬献祖先，祭祀祖先。

他留人家一般是儿媳妇和姑娘们在炕床边做饭菜，老人、小孩、客人在炕床上围着火塘打坐，不习惯的人可以坐草墩，他们一边烤油茶、洋芋、他留粑粑，一边有说有笑地拉家常、闲聊，他留人在谈笑声中吃着、喝着、乐着，儿媳和姑娘们在炕床边忙来去，热情地开心地侍候着家人和客人。

传统的炕床还是他留长者和客人寝息的地方。夜晚，他留人家在炕床上铺开被褥，点燃明子（一种天然的容易燃烧的松树脂），他留老人和客人围坐在火塘旁，他们还会烤着洋芋或他留粑粑作为点心，闲聊或叙旧起来，炕床的火光

炕床上的他留一家　万国荣／摄

有时通宵不熄。

他留老炕床　高烈明／摄

究其他留炕床的来历，学者简良开认为，是他留人的一项发明创造，炕床重要的一个作用是保存火种。远古时期，生火十分不易，保存火种是一件十分重要的事情。有了火种，意味着一个氏族、部落或家庭能够生存下去；没有火种，可能会招致灭亡乃至灭族的绝境。久而久之，人类保存火种的习俗，被升华为家庭神圣的大事传承下来。他留人的炕床就是为了保留火种而产生的。炕床来历的另外一个主要原因，是他留人为了适应环境。他留人生活的地方依山傍水，过去他留山地区的地下水资源十分丰富，加之雨水偏多，地面潮湿大，人们容易患风湿等疾病，重病者出现瘫痪的现象。为了适应环境，改善生存条件，创造舒适、宜居的美好生活，他留人就发明了这种与地面相隔一定距离，既可以抗潮，保持干燥，又能取暖、照明，还能做饭、烧烤食物的集多种用途于一体的炕床。他留人的炕床把火塘文化演绎得淋漓尽致，成为“青春棚”后，富有他留人族群特色的又一耀眼夺目的文化景观。[①]

当今，他留山区电量充足，他留人用电照明，不再需要用火塘来照明或保留火种；他留人用电饭煲、电磁炉等现代炊具做饭菜，既方便快捷，又高效卫生，他们不愿意再用传统的火塘做饭。还有一个原因，就是国家要求建设生态文明，倡导保护森林，爱护自然的生产生活理念，禁止人们到山林里砍伐树木做柴火。因此，他留人家只有老旧的房屋里还保留着炕床，新建的房屋一般不设置炕床。他留人家新建的房屋，一般把客厅、卧室、厨房分离开来，各占一间屋，没有炕床房屋，因为他们认为炕房已经没有存在的必要和价值。他留村庄只有较少的他留老人还习惯在老房子的炕房里生活。炕床、火塘只是少数他留老人必不可少的生活伴侣，炕床、火塘会陪伴他们慢慢地老去，炕床、火塘也会像他留老

① 简良开 :《神秘的他留人》，昆明：云南人民出版社 2005 年版，第 137−138 页。

人一样慢慢地老去，甚至死去。新的生活方式，使得炕床被逐渐淡出了他留人的生活；火塘文化这种他留人特有的文化现象，也渐渐成为人们的一种记忆，成为他留人的历史，只存在于人们的口述或文字描述中。

（二） 他留饮食

人类离不开饮食，民以食为天。他留人的饮食与周边汉族人的饮食基本相同。他留人以谷物为主，红米是主食，玉米、小麦、荞子、蚕豆、洋芋等是辅食。他留人种植的蔬菜一般有萝卜、青白菜、魔芋、韭菜、西葫芦等。他留人食用鸡、鸭、猪、羊、牛等动物的肉，烹调菜肴的过程中也用葱、姜、蒜等作为做菜的佐料。他留人食用的水果有梨、苹果、桃子等。他留人的饮食中具有本族群特色的是他留红米、他留粑粑、他留鸡、他留黑猪 、他留魔芋、他留茶等。

他留红米是他留人在他留山区长期种植培育出来的一个品种，是适合他留山自然环境生长的一个品种，也是他留人普遍栽种的传统稻谷品种。他留红米产自海拔 1500 米以上，属于温带气候的他留山地区。他留人长期种植的老品种红米，产量低，亩产量一般在 250—400 千克左右。他留人种植红米采用传统的有机方式，种植过程中，一般不施用化肥，而是用农家肥。因此，他留红米是绿色生态米。用他留红米煮出来的米饭，颜色褐红，味道香醇。他留红米经云南省农检所检测，富含蛋白质、糖类、膳食纤维、磷、铁、铜、维生素 A、B、C 等，具有益气健脾、生津止汗的作用。[①]

他留美食 刘平／摄

他留农田

① 段崇武：《他留文化的现状与发展》。

他留红米　刘平／摄

他留红米饭　刘平／摄

他留粑粑是他留人祭祀自然神、祭拜祖先必须使用的食品，也是他留人传统的美食。他留人用他留粑粑祭拜自然神和祖先，不仅体现了他留人对自然、祖先的怀念和感恩之情，也体现了他留人对传统的坚守与传承。他留粑粑一般有两种，一种是用他留红米做成的粑粑，称之为红米粑粑或饵块粑粑，他留饵块粑粑的颜色是褐红色；一种是用他留糯米做成的粑粑，人们把这种粑粑称之为糍粑，他留糍粑的颜色是纯白色的，人们习惯把他留人做的两种粑粑统称为他留粑粑。他留粑粑是用他留人自己种植出来的稻米为原材料，用他留人的传统工艺制作出来的粑粑。

两种他留粑粑的做法一样，只是用的材料不一样，一种是红米，一种是糯米。他留粑粑的做法，首先，对他留红米或者糯米进行淘洗、浸泡。其次，把米放进甑子里蒸熟。再次，把蒸熟的米饭一次盛一瓢放在石碓窝里，用木碓舂成粑粑。舂粑粑的过程就是一人用手在碓窝里翻动米饭，另一人站在碓杆的另一边，手拉着吊在碓杆上面的绳子，用脚一上一下地踩碓，直到把米饭舂成饭泥。最后，把舂好的饭泥用手揉制成圆形的粑粑，还可以把揉好的粑粑放进木模或瓷模里做成有漂亮印花图案的粑粑。

他留粑粑

他留粑粑　刘平／摄

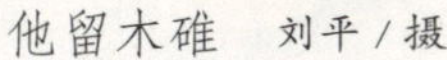

他留木碓　刘平／摄

做粑粑　蔡平波／摄

两种他留粑粑都有米香味醇、营养丰富，易于贮藏、方便携带，保存时间比一般食物要长一点的特点。他留粑粑食用方便，油炸、煮食、烤食均可，他留人传统的吃法，就是在火塘边烤吃。他留粑粑在火塘边烤着吃，既方便，又简单，而且味道又香又纯，可以说是他留人传统的一道美食、快餐食品。他留粑粑在 2015 年被评为“云南名小吃”。由于他留粑粑是纯手工制作，制作过程费时费力，过去他留人只在粑粑节和春节的时候，为了祭司祖先和自然神，才制作并且食用他留粑粑。改革开放以来，人们的生活条件大大改善，他留人家在平时也制作、食用他留粑粑。

他留粑粑是他留人家待客的食品，也是他留人在祭祖、节日、婚丧嫁娶时不可或缺的食品，还是他留人走亲访友的礼品。当今，他留人把他留粑粑作为特色食品推向市场。他留人用专营的方式，在城市里开设专营店，专门经营他留特色农产品，专营店里有他留红米、他留粑粑、他留乌骨鸡、他留乌骨鸡蛋、他留黑猪肉等商品，人们想品尝他留特色食品，可以到专营店去购买。他留人在永胜县城、丽江市、昆明市等地，都开设有他留特产产品专营店。他留人还用开设特色餐馆的方式，为顾客提供他留乌骨鸡、他留搓膘肉、他留粑粑、他留手搓魔芋、他留浆粑粑等他留人

油炸他留粑粑

的特色美食。顾客在他留餐馆不仅可以品尝到原汁原味的他留生态美食，还能实实在在地感受他留人淳朴、好客、大方的性格，享受到他留人热情周到的服务。

他留美食

他留手搓魔芋，是他留人用他留山种植出来的魔芋为原料，采用传统工艺，通过手工搓制而成的一种食品。他留人种植的魔芋，与市场上卖的其他魔芋相比，具有绿色、天然的特点。用他留手搓魔芋作为主食材做出来的菜，具有劲道好、味道鲜纯的特点。用他留手搓魔芋作为主食材，可以做成麻辣魔芋或者酸菜魔芋等魔芋菜品，被人们通称为“他留手搓魔芋”。“他留手搓魔芋”在 2015 年 6 月被云南省餐饮与美食行业协会评为“云南名小吃”。

他留手搓魔芋

他留乌骨鸡，是他留人在他留山区长期养殖的一个地方品种，过去主要在过年过节的时候食用。传统的他留乌骨鸡，白天放养在山间林地，吃野菜、青草、虫蚁等杂食。他留乌骨鸡具有耐热、耐寒、抗病力强，适应性广的特点。他留人养的乌骨鸡体型较大、腿粗胫长，鸡的皮、肉、骨呈乌黑色，所以称之为“他留乌骨鸡”。他留乌骨鸡的羽毛颜色主要有白色、红色、麻黄色、麻青色等，成年公鸡体重可达 2—3 千克，成年母鸡有 1.5—2.5 千克。他留乌骨鸡的肉质鲜嫩，胶质多，营养丰富，味道鲜美，属滋补食品。据有关部门测定，每 100 克干燥乌骨鸡肉中有 17 种氨基酸，氨基酸含量为 9.631 克，远远超过同类其他鸡种，其中有 8 种氨基酸是人体必需的，这 8 种氨基酸在他留乌骨鸡中含量特别高。因此，他留乌骨鸡具有极高的食用、药用价值。他留乌骨鸡每只母鸡年产蛋量，一般在 80—120 枚之间，每个鸡蛋重一般在 45—60 克之间。“他留乌骨鸡”在 2009 年，被他留人申请并成功注

他留乌骨鸡　刘平 / 摄

册为地理标志证明商标，2010 年被列入国家级畜禽遗传资源品种保护名目，并被认定为有机产品。

他留乌骨鸡在节日、祭祖、结婚、丧葬期间，他留人一般用作祭献品，此外，他留人还喜欢用乌骨鸡做成美食，款待客人。他留乌骨鸡做法较为简单，就是把鸡宰杀后洗净，剁成小块，倒入土锅或砂锅里，再加入适量冷水，如果是清炖鸡，只要炖上两个多小时，香喷喷的清炖乌骨鸡就做成了；如果是火腿乌骨鸡，只要在鸡肉里放入一块饭碗大小的火腿，炖上两个多小时，香气四溢的火腿乌骨鸡就做成了。他留乌骨鸡在 2015 年 6 月被评为“云南名菜”。

他留黑猪，也称他留本地猪，是他留人在他留山区长期养殖的一种传统畜种，养殖周期一般在一年以上，养殖方式为自然放养。他留黑猪属于外牧养类。他留黑猪以野生的天然的可食植物及果实为食，每头成

他留乌骨鸡肉　刘平 / 摄

他留火腿鸡　刘平 / 摄

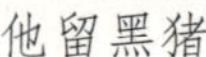

他留黑猪

他留黑猪火腿肉 刘平/摄

年猪的体重不足 80 公斤。

他留黑猪肉具有瘦肉多，营养丰富、味道鲜美的特点，他留猪肉稍微带点韧劲，煮肉的时间比普通猪肉要长一些。他留黑猪肉是绿色食品，深受消费者喜爱。他留人把他留黑猪肉腌制成腊肉，这种腊肉他留人称之为“他留搓膘肉”。“他留搓膘肉”的食用方法，一般是切一小块，洗净后，放入锅中煮。煮熟后，切成薄片，置于盘中。他留搓膘肉食用起来油而不腻，略带糯，有特别的香味。他留搓膘肉在 2015 年被评为“云南名菜”。他留人用他留黑猪肉制成的香肠，称之为“他留黑猪香肠”，不论单独煮吃，还是与其他蔬菜一起炒吃，都香飘四溢，让人百吃不厌。

人们把他留鸡、他留粑粑、他留梨称之为“他留三宝”。他留梨是生长在他留山地区的一种梨树，结出的果实。他留梨具有水多、香甜、鲜嫩的特点。他留梨不仅他留人喜欢吃，吃过他留梨的外地人，也希望

他留搓膘肉

他留土猪香肠

他留梨　刘平／摄

能再次吃到它。

茶是他留人每天早晨几乎要喝的饮品。人们说："永胜油茶家家有"，这句话用于他留人家，是非常切合的。他留人家几乎家家有早上煨茶、喝茶的习惯。他留人喜欢用陶罐或土罐煨茶。煨茶的方法：首先，把米和食油放入陶罐或土罐里，把罐子放在火塘边，一边烤，一边用筷子搅匀，直到把米烤成金黄色的时候，再把茶叶放入罐中，把罐抬起了，抖动几下，使茶叶烫熟；其次，往罐里放入开水，煮一煮，加点食盐；最后，把茶水导在碗里，这碗茶水被称之为"头道茶"。头道茶的茶水颜色油亮，呈褐色，浓厚的茶味与米香味融合为油茶特有的味道，茶水喝到口里有微苦清香的感觉。头道茶一般由当家人双手端起，向炕房墙上神龛中的祖先庄重地敬献一下，再呈给家中的老人或客人饮用。留在罐里的米和茶叶继续加入开水煨，这时，一般人家就会往罐中加入火麻子泥或花生泥等辅料一起煨茶。他留人家都有把火麻子或花生捣得很细，细到放置一会，上面会有薄薄一层油的程度。可以说，他留村庄各家各户家里都有一至两瓶用玻璃瓶盛装的火麻子泥或花生泥。煨一会后，导出来的茶水，称之为油茶，这种称谓可以说是名副其实。油茶中火麻子或花生散发出的油香味与米香味融合在一起，胜过了茶本身的味道，油茶端在手里，浓香扑鼻，茶香满屋，喝到口里，爽不可言，沁人心脾。这种油茶，营养丰富，既能提神，又能健体。他留人家的早餐一般就是用这种油茶就着米饭作早点吃的，或者就着烤粑粑吃的。有的人家早餐喝油茶不过瘾，晚餐还继续煨油茶，喝油茶。

他留人还喝盐茶，盐茶也是用土罐或陶罐煨出来的，就是把茶叶放进茶罐里，把茶罐置在火塘边烤一下，等茶叶烤熟，在罐里加入开水，煮一煮，加一点盐，导出来的就是盐茶。盐茶有浓醇的茶香味。喝这种茶的人不多，一般是体力消耗大，干活时，流汗较多，感觉累的中老年人，才喝这种盐茶，他留人用喝这种盐茶的方法来解乏提神补盐。

喝茶是他留人的一种习惯，他留人把喝茶作为一种对辛苦劳累的释放，一种对生活的品味，一种对人生的享受。

（三）他留服饰

服饰是人类文明的象征，是社会进步的标志。服饰是人类物质生活的重要内容，代表着人类社会一定时期的文化水平。服饰中的“服”指服装，包括衣、裤、鞋、帽等，“饰”指服装的装饰，包括服装的样式和服装上的装饰物。服饰具有御寒、装饰、遮蔽的功能，随着社会经济发展，服饰的装饰功能越来越被人们重视。人们喜欢穿各种各样的服饰，通过服饰的装饰功能，展示自己独特的美。不同民族、不同时代的服饰有其不同的功能。

他留人的服装在材质、工艺和款式等方面，与其他民族的服饰不同，具有本族群鲜明的特色。他留先民进入他留山地区后，就过着男耕女织，自给自足的生活。他留妇女用当地盛产的火草和苎麻，纺纱织布，制成衣服。可以说，穿火草麻布衣服是他留人族群成员外在身份的标识，会自己制作他留服饰也是他留妇女在他留社会中的内在身份。他留人过去不论平时还是节日，都穿不同款式的标志本族群身份的火草麻布衣服。

他留女装　刘平 / 摄

他留男装　刘平 / 摄

他留妇女的盖头布　刘平／摄

当今由于火草麻布衣服制作成本高及其他原因，他留人只在节日或庆典活动时，才穿火草麻布衣服。

火草这种植物具有生火和纺线织布两种作用，人们很早就发现了火草的生火功能，就是用晒干的火草纤维与燧石放在一起，用铁链打击它们，火草纤维就燃烧起来，这就是历史上的燧石取火。火草这一名称，可能是因为这种植物具有生火的功能，又是草本植物而得名的。火草纤维还能用来织布，除了传统的他留人用火草织布外，傈僳族也用火草纤维织布。

火草是一种地衣类植物，多生长在背阴、潮湿的灌木丛和树丛中。过去他留山区的自然环境非常适宜火草生长，那里的火草又多又好。火草叶片中间宽两头窄，叶子边沿呈波浪形，叶片翠绿、光滑。叶片背后

他留山的火草　刘平／摄

火草提纱、捻线　季正团／摄

有一层白色纤维，质地柔软，这层白色纤维就是他留人用来提取纱线，纺线织布的材料。

每年农历六七月，是他留人传统采摘火草的季节，他留人中有专门的采摘火草、纺纱织布歌曲，歌词有："七月里来七月里，采火草上山岗，纺纱车轮家家响，妇女织布日夜忙……"六七月的火草水分充足，火草上的白色纤维与叶绿层容易剥离。到了采摘火草的季节，他留人除农业劳作外，家家户户有去野外采集火草的习俗。

火草采回家，这只是织布的基础工作。用水把火草漂洗干净，放置一晚，撕下白色纤维，把一片一片的纤维连接在一起，一边撕一边捻成线，这是他留人纺织火草布的第一步工作。之后把线晒干，并且把线绕成线团或者线支。火草纤维捻成的线强度不够好，麻纤维的韧度要比火草纤维好一些。他留人会把火草纤维与麻纤维混合使用，以增强线的强度和韧性。麻有竺麻、亚麻、大麻等多种，他留人喜欢种植苎麻。苎麻是一种多年生的草本植物，高在1.5—2.5米之间，叶片为尖圆形，叶子的表面呈绿色，底面呈白色，麻秆的表皮是黄色，麻秆内含纤维质多，用它制成麻线。苎麻生长快，一年可以收割三次。他留山地区还产大麻，大麻植物的秆皮、茎皮也是他留人纺纱织布的材料。其实，大麻一身都是宝，除大麻杆的皮可以用来纺纱织布外，大麻的果实也是他留人生活中做油茶的一种辅料。大麻的果实还可以做药，有润肠的作用。大麻是一年生的直立草本植物，叶片呈掌状全裂，茎表面有纵沟。在他留民歌《他留大调》中有关于收割大麻的叙述：娃娃就要与母体分离，扎脐带的麻线，

采火草　闵文新／摄

撕火草　闵文新／摄

是从密林中采来……算时算月麻已成熟，看公麻腰已黄，看母麻子粒壮，撕麻匹从麻竿撕到麻竿梢。大麻制成线的过程，一般是人们砍下成熟的大麻树，剥下树上的皮。把树皮的外层与内层分离开来，再把纤维撕开，边撕边捻成线。从麻秆到麻线，一般有剥麻，就是去除麻秆心，把麻皮撕下来；刮麻，就是把麻皮上的附着物去除，仅留纤维；洗麻，就是把刮麻后的纤维用温水浸泡几小时，待麻纤维软后，放在清水中再洗刮干净；绩麻，就是把一缕一缕的麻纤维连接起来；煮线，就是把麻线放进陈灶麻水中浸煮一夜；洗线，就是把煮好的线拿到流动的清水河或沟里，用手在河沟边的石板上揉、搓、打、拧，把麻线洗白洗净，晾干；揉麻线，就是用牛骨髓或者是炼制的羊油，与鸡蛋黄，按照一定的比例混合成水，用来浸泡麻线、揉搓麻线，使麻线变得更柔软和光滑；绕线球，就是把洗好的麻线绕成球状。线准备好了，才开始织布。织布就是用纺车把火草线，或者是火草线作为纺织的纬线，麻线作为纺织的经线，在织布机上排好、布好，把线拉到夹布杆上固定好，然后，开始织布。用火草线织成的火草布，制成的衣服具有柔软舒适，禁不住洗，耐用性差的特点。用火草线与麻线混纺，织出来的布，制成的衣服具有轻巧、保暖、不热，结实耐用，越洗越白的特点。传统的他留人纺线织布都是手工劳动，男女服饰以黑白两色为主。

传统的他留人家一般有专门的织布房，织布房里有自制的圆形纺纱车和长木架做成的织布机。

采摘火草、种植苎麻、大麻、捻线和手工纺纱织布都是耗时费力的工作，他留人统计过，一位纺纱织布手艺高超的妇女，一年只能织出 15 丈左右的火草麻布。有了布，就能制出他留人自己的衣服。因此，他留

他留纺纱车、织布机　刘平／摄

他留妇女织布　刘平／摄

他留服饰　简良开 / 摄

他留服饰

人深知做成一件火草麻布衣服的艰辛与不易，也深知纺纱织布工作是传统的他留人生活中不可缺少，又无可替代的工作。纺纱织布从一定意义上说，是传统的他留女孩构建他留人族群身份的过程，他留女孩只有学习掌握了纺纱、织布、制衣的技能，才能获得在他留社会中的族群身份资格。他留人家的女孩长到七八岁，母亲就要传授给女儿纺纱织布的技艺。捻线、纺线、织布、制衣是他留女孩必须掌握的技能，也是他留人家世代相传的技艺。他留服饰具有质地有机生态、做工精良、冬暖夏凉的特点和突出的民族特色。在英国的大英博物馆、俄罗斯的国家博物馆，我国的中央民族大学博物馆、云南大学博物馆等地都有收藏展示。[①]他留人的传统服饰逐渐走出山寨，越来越多地被外界认识。2009 年他留人的火草麻布纺织技艺于被列入第二批云南省非物质文化遗产保护名录，为火草麻布纺织技艺的保护传承建起了良好的平台。

传统的他留人，男女老幼都穿火草麻布做成的右衽衣服。但是男装与女装有区别，不同年龄的女装也有区别。女装根据穿衣的时间和场合，有童装、青年装、节庆装和丧服四种形式。

女童装，就是他留女孩在行成年礼之前一直穿的服装。上衣是右衽圆领的短外衣，在上衣的右衽、袖子、领口处一般都镶上花边或包边。下衣是白色褶皱的短裙，头戴镶边的绣花筒帽。

女青年装，就是他留女孩长大成人，行成人礼之后穿的衣服。上衣

① 子志月、梁锐：《永胜彝族他留人火草麻布纺织技艺的保护与传承》，《民族学刊》2015 年第 2 期。

他留女童装　刘平／摄

他留女青年装　刘平／摄

是绿色或蓝色的右衽圆领短衣服，在衣服的右衽、袖子、领口处一般都镶有花边，上衣微微收腰，有漂亮的下摆，在上衣外面的腰处系有腰带。下装为黑裙，头戴黑色盖头布。盖头布用 6 块黑布做成。每块布的一端镶有花边，每块花边的花样不同，把每块布的花边向外折好，叠 3 折，摞在一起，用红带子固定，戴的时候，有花边的一端向外。①

他留妇女的盖头布　刘平／摄

女节庆装，是他留妇女在结婚或参加节庆活动时穿的衣服。他留妇女的节庆装，上身要穿三件衣服，右衽短衣一件，穿在里面；大翻领对襟滚边长衣一件，在衣服的袖口和襟口处有花边，穿在中间；火草麻布制成的对襟大开领长衣一件，穿在最外面。穿衣时，把里面长衣的花边领和袖口翻盖在外衣上。下身穿黑色

① 简良开：《神秘的他留人》，昆明：云南人民出版社 2005 年版，第 147 页。

麻布制成的短裙，在衣服外面的腰处系上绣花的长腰带，头戴盖头布，脚穿绣花翘尖布鞋。

他留妇女的节日装，或者称礼装，雍容华贵，穿戴时，要按照一定的顺序，才能把衣服穿戴好，使之美观华丽。穿戴顺序为：首先，穿裙子；其次，穿里衣、中衣、外衣；再次，系腰带，戴盖头布；最后，穿绣花鞋。盖头布是用 36 块布做成的，每块布长 3 尺，宽 1 尺 8 寸，一头绣有花边，另一头折成 3 寸宽的整齐折子，把一块一块折好的小布叠起来。戴的时候，整齐折子的一头在前，镶有花边的一头在后，用两根红带子扎起来。他留妇女的节庆装用料多，服饰内容丰富，制作复杂，穿戴讲究，成本高，是一套名副其实的盛装。他留妇女只有在结婚、节日、庆典时，才穿这套盛装。①

从他留妇女的服装种类和样式，说明他留妇女非常热爱生活，用服装来体现对生活的重视和热爱。从他留妇女的服饰也可以看出他留人、他留家庭对妇女的关爱和体贴。

女式丧服，是用火草麻布制成的衣服，是他留人家里办丧事时，妇女穿的衣服。孝服长至膝盖，中间开领，为大披领。在孝衣的腰间处系一条长麻布带。他留妇女戴孝，只是在平时盖头布的外面加上一块白布，用白布遮住原来盖头布的花边，就是他留妇女戴孝的标志。穿孝服时，盖头布有花边的一端是在头的后面，不在左边或右边。

他留人的男式服装，根据穿衣的时间和场合，一般有日常装、节庆装、丧服三种。男子日常装，就是他留男孩子和男青年在劳动之余穿的衣服。

他留女装　季正团 / 摄

他留女装　蔡平波 / 摄

① 简良开 :《神秘的他留人》，昆明：云南人民出版社 2005 年版，第 147—148 页。

他留丧服　冬景发开 / 摄

他留男子平时劳动，一般穿简便的劳动服，劳动服与汉人穿的衣服一样。半百以上的他留男性老人一般穿火草麻布做成的长衫。

他留男子日常装，上衣是用火草麻布制成的圆领右衽不娓边的短上衣，衣服上一般用银纽扣，有的是布纽扣。下衣是汉布做的裤子。头上包帕子，当地人称之为“套头”，也叫包头。包头就是用布把头包起来。包头布一般是 1 丈 2 尺长的黑色汉布，包头布的两端都绣有花边，缀有穗子。包头的方法是，先在头上包一条白毛巾，按住包头布的一端，按照一定的顺序把头包缠起来。包头布上的穗子要露出来，起到美观的作用。①

他留男子套头　刘平 / 摄

男式节庆装，是他留男子结婚或者参加节日庆典活动时，穿的用火草麻布制成的衣服。衣服是右衽不包花边的长装，头上包帕子，腰上系黑色的腰带。

男式丧服，就是在他留人家有丧事时，男子穿的用火草麻布制成的衣服。男式丧服中间为大开领，长至鞋面，男式孝帽有两个角，形如兔耳。他留人的男式孝服一般世传，就是父传子，子传孙。如果儿子

① 简良开 :《神秘的他留人》，昆明：云南人民出版社 2005 年版，第 148-149 页。

他留丧服　简良开／摄

先于父亲去世，他留人有儿子要穿孝服入棺的习俗，意思为“生前不能尽孝父母，死了也要为父母戴孝。”

从他留人的服装，特别是丧服可以看出，他留人既有重礼仪、讲规矩的传统，又有节俭、实用的思想和生活观。

他留人的传统服饰，制作材料都是植物，而且用料多。当今，自然生长的火草越来越少，种植大麻受到国家法律限制，种植苎麻、割麻消耗的劳动力和时间多，人们不愿种，使得制作他留服饰的材料缺乏，加之，纺纱织布都是手工劳动，耗时费力，不经济不划算。他留人年轻的一代受外来文化影响，认为市场上买来的衣服又时尚又方便。他留人传统纺织技艺及服装制作工艺，正面临着逐渐失传的危险。

他留传统服饰是一种具有原真性、艺术性和区域性的族群服饰文化，是中华民族优秀民族民间文化的组成部分，是一种具有他留人族群文化象征意义和审美价值的民族族群符号。他留人通过纺织和服饰把这种象征意义、智慧精神和审美价值的民族族群符号一代代地传承下来，通过这种传承，记录了他留人的历史，表达了他留人感恩祖先的情感，体现了他留人对生活的热爱。在市场经济的影响下，这种代表他留人身份的服饰制作工艺及其

快乐的他留人　刘平／摄

文化符号正在逐渐流失。保护好、弘扬好、传承好他留人传统的纺织材料、技艺流程、服饰工艺是他留人的使命，是党和政府的责任，也是社会的期望。希望大家行动起来，从宣传、立法、资金支持、培训培养人才等方面努力，全面地把保护传承他留人服饰文化的工作做好，为保护传承他留文化做出贡献。

参考文献

1. 简良开．神秘的他留人[M]. 云南人民出版社，2005年版。

2. 黄彩文．彝族支系他留人的历史源流[J]. 云南民族大学学报，2004年第5期。

3. 黄彩文，子志月．历史记忆、祖源叙事与文化重构：永胜彝族他留人的族群认同[J]. 西南民族大学学报（人文社会科学版），2017年第3期。

4. 简良开．世守高氏与他留人[J]. 丽江文化.2007年第2期。

5. 黄彩文．云南永胜他留人的档案史料及其价值[J]. 云南师范大学学报（哲学社会科学版），2006年第6期。

6. 杨晓雯．历史记忆与族群认同——对彝族支系他留人聚落的历史人类学考察[J]. 云南社会科学，2016年第2期。

7. 子志月．云南永胜他留人石刻档案的种类及价值[J]. 云南档案，2011年第8期。

8. 子志月，蒋潞杨．永胜彝族他留人的祖源记忆与仪式空间[J]. 西南边疆民族研究，2017年第11期。

9. 何守伦．他留人的族源问题[J]. 社会主义论坛，2012年第2期。

10. 李俊．永胜彝族他留人的生计方式及其变迁[J]. 楚雄师范学院学报，2016年第4期。

11. 马霁鸿．他留人的“青春棚”[J]. 人民日报（海外版），2001年11月20日。

12. 杨如刚．奇异的他留人婚俗[J]. 社会主义论坛，2010年第5期。

13. 子志月，梁锐．永胜彝族他留人火草麻布纺织技艺的保护与传承[J]. 民族学刊，2015年第2期。

14. 赵颖．信仰、族群、交融—云南永胜他留人的音乐与文化[D]. 南京艺术学院，2017年。

15. 张璐．论音乐在他留人社会、历史与文化中的功能[J]. 歌海，2016年第 5 期。
16. 潘宏义，何守伦等 . 解密他留文化 [M] 云南民族出版社，2011 年版。
17. 孙明跃 . 他留人的音乐 [J]. 民族音乐，2007 年第 5 期。
18. 和江全 . 他留人的民族乐器—小三弦 [J]. 云岭歌声，2004 年第 5 期。
19. 张宗红 . 他留人的葫芦笙及其文化内涵 [J]. 民族音乐，2011 年第 3 期。
20. 周荣新 . 芦笙隐现白云处 [J]. 云岭歌声，2005 年第 7 期。
21. 张金山 . 大山深处的音乐—彝族他留人葫芦笙舞曲浅析 [J]. 云岭歌声，2004 年第 8 期。
22. 李佳 . 他留人铎系与纳西族东巴之比较 [D]. 西南大学 2011 年硕士论文。
23. 王化新，周荣新 . 丽江青春棚—彝族他留人婚姻习俗 [M]，云南美术出版社，2006 年版。
24. 杨江 . 他留坟林和他留古城堡遗址 [J]. 云南档案，2007 年第 12 期。

后记

本书的出版，得到了云南省社科联，特别是社科联普及规划办的关心和支助，在此表示衷心感谢！

本书是2015年云南省社科普及规划项目《永胜他留人科普读本》（SKPG2015）的成果。

本项目的申报者是杨绍梅老师。项目获准立项后，她带领项目组成员，两次到他留山地区对他留人及其文化进行考察调研，并搜集了相关的资料。准备写书时，杨绍梅老师不幸离世。

项目组成员决定用心完成此项目的研究工作，努力编撰出一本全面系统介绍他留人及其文化的科普读本。项目组成员再次上他留山调研，终于完成了《走进他留人》的编撰工作。

本书在编撰中，多处采用了学者简良开《神秘的他留人》一书的阐释和观点，还采用了其他学者对他留人及其文化的研究成果。本书用到他人的研究成果，不仅在参考书目中逐一列举出来，还在书中进行了注释。本书中使用的图片都注明了摄影者或者图片的来源。在此，对本书采用成果的作者和图片的摄影者，表示衷心感谢！

云南省社科联聘请的专家、阮凤平老师、高烈明老师为本书的编撰提出了很好的意见和建议。丽江市纪委李果同志、丽江他留文化发展有限责任公司董事长段崇武及其公司、六德乡文化站杨如刚同志、六德乡小学邹秀祥老师帮助课题组查找到课题研究需要的资料、图片。在此对他们表示由衷的感谢！对家人和亲朋好友的帮助和支持表示感谢！

课题组成员喜爱他留文化，还会继续关注和研究他留人及其文化，努力为他留文化走出他留山，走进更多人的视线，让更多人关心他留人，关注他留文化和他留山地区的发展，做出高校教师微薄的贡献！

虽然作者尽力编撰本书，但由于能力水平有限，加之他留文化内容丰富，本书定有不足之处，敬请专家读者批评指正，并致以诚挚的感谢！

杨国英　刘　平

2019年11月

序

旅游线路的空间模式是一种特殊而典型的地理现象，也是旅游地理学重要的研究领域，其中客源地与目的地之间（O-D 对）和目的地之间（D-D 对）的空间连接关系和空间相互作用是多年来旅游地理学关注的领域。可惜的是，目前这方面的研究仍然较为薄弱，且缺乏系统的专门著述。目前呈现在我们面前的这本专著就是关于这个领域的最新系统研究成果，它是史春云教授及其研究团队基于国家自然科学基金项目，历时八年研究的学术成果。专著主要应用社会网络分析方法，以全国和长三角、四川、云南、海南等旅游热点区域为研究案例，不仅依托旅行社网上旅游线路报价单和调查问卷数据，还尝试了网上游客博客、游记等新的媒体数据，探索了我国旅游线路的空间模式及其效应。

我认为研究有以下三个亮点值得推荐：

（1）交通网络发达的长三角最接近于理想模式——完全环游式，游客选择进出目的地区域的节点最自由便利，出行的时间、花费最节省，同时目的地区域对枢纽的依赖最小，发展相对较为均衡。但这种模式对目的地区域发展基础和条件要求相对较高，我国西部的四川和云南省可能在相当长时间里仍将主要依赖于省会城市的枢纽作用。

（2）旅游线路空间模式研究的微观视角——景区的社会网络分析，由于旅游线路数据搜集和分析存在一定的难度，所以大部分研究都是基于中观视角——城市目的地。但在四川省的案例研究中尝试将景区作为节点进行了空间模式分析，结果发现景区具有与城市目的地相似的旅游线路模式。

（3）旅游线路模式对目的地区域的影响效应——利益分配，该书尝试基于旅游线路模式，对目的地区域不同节点之间的利益分配进行了深入系统地分析，研究发现，在旅游线路模式中城市节点扮演的角色不同，则收益显著不同，但只要能够进入到旅游线路中，即使是逗留型目的地，游客短暂停留也可以给目的地带来收益。

史春云教授 2007 年于南京大学地理与海洋科学学院（原城市与资源系）毕业获理学博士学位，在校期间参加了我主持的有关旅游流研究的国家自然基金并带队赴九寨沟调查，并协助负责江苏省旅游资源普查研究项目。在校期间在旅游目的地核心—边缘空间格局、旅游目的地竞争力、城市休闲空间等多个方面取得了学术成果，毕业后又自立门户，对旅游线路空间结构系列问题进行了深入研究。现在是中国地理学会旅游地理专业委员会委员，江苏省教育厅 2016 年度高校“青蓝工程”旅游地理学中青年学术带头人，美国佛罗里达大学地理系访问学者。该书是史春云教授团队的国家自然科学基金青年科学基金项目“旅游线路模式的时空格局与目的地旅游合作网络模型研究”的系列研究成果。从旅游地竞争与合作到旅游线路的空间模式研究，史春云教授将自己的兴趣爱好与自己的教学研究工作很好地结合在一起，书中图文并茂，理论联系实践，对旅游专业的学生来说，这是一本有关旅游线路模式研究和社会网络分析方法应用的推荐学习书目；对旅游部门从业者来说，尤其是旅游地规划和旅行社计调人员来说，这是一本有关旅游线路组织与规划的指导用书；对普通读者来说，也可以通过该书了解不同区域较为适合的旅行模式和主要的热点旅游线路与景区。

2016 年 12 月 25 日

目　　录

第一章　绪　　论

第一节　背景与意义

一、背景

（一）旅游业地位不断提升，国内旅游市场引起重视

自1845年英国人托马斯·库克（Thomas Cook）开办了世界上第一个旅行社，现代旅游业已经过了一个半世纪的发展。从世界范围看，早在20世纪90年代初，旅游业经济总量就占到全球GDP的10%以上，就业人数占全球就业人数的8%以上，超过汽车、石油业成为世界第一大产业[1]。旅游业日益成为现代经济和社会发展的重要标志，根据世界旅游业理事会（WTTC）预测，到2025年，全世界每年的国际游客数量将达到18亿人次，比2014年的11亿人次增长58%；2014年旅游和旅行对GDP直接贡献达23 648亿美元，约占GDP比3.1%；自2015～2025年将预计年均GDP贡献额提高3.9%，2025年贡献额达35 932亿美元，占比3.3%；2014年旅游和旅行行业直接提供了105 408 000份就业机会，占全部就业的3.6%，至2025年，直接提供就业机会将年均提高约2.0%，达到130 694 000份就业机会，占总就业的3.9%；2014年，旅游和旅行行业直接和间接提供276 845 000份就业机会，占全部就业的9.4%，预计至2025年，直接和间接提供的就业机会将年均提高2.3%，达到356 911 000份就业机会，占总就业的10.7%[2]。世界旅游业理事会（WTTC）透露，各国旅游者当中，中国游客是消费最高的群体[3]。作为世界新兴经济体，我国旅游业发展潜力十分巨大。联合国世界旅游组织（UNWTO）2008年预测，到2020年，中国将成为世界第一大目的地国和第四大客源国[4]，但实际上，早在2013年中国已成为世界第一大出境旅游消费国，拥有世界最大的国内旅游市场[5]，出境旅游人次于2014年首次突破1亿大关，达1.07亿人次，成为全球最大出境旅游客源国[6]。

1 中国青年报：http: //zqb.cyol.com/html/2011-01/21/nw.D110000zgqnb_20110121_1-11.htm 搜索时间 2016/12/16

2 品橙旅游：WTTC：2015 全球旅游和旅行经济影响权威报告 http: //www.pinchain.com/article/28373 搜索时间 2016/12/24

3 国际在线 新闻：http: //gb.cri.cn/42071/2015/04/21/5311s4939166.htm 搜索时间 2016/12/16

4 联合国世界旅游组织（UNWTO）：*Tourism Highlights 2009 Edition.*

5 凤凰资讯：http: //news.ifeng.com/a/20140903/41849356_0.shtml 搜索时间 2016/12/16

6 新华网：http: //news.xinhuanet.com/2014-12/14/c_1113635513.htm 搜索时间 2016/12/16

为此我国政府于2009年底颁布了《关于加快发展旅游业的意见》(国发[2009]41号)被社会各界一致认为是一个具有里程碑意义的重要文件，是中国经济社会发展阶段划分的一个新标志，标志着全面建设小康社会背景下民生内容的拓展，标志着消费立国、服务业主导产业经济发展的新经济时代已经来临。此后密集出台相关促进旅游业发展新政（表1-1)。2013年4月25日，第十二届全国人大常委会第二次会议表决通过了《中华人民共和国旅游法》。

表1-1 近年出台的我国重要的旅游发展新政

时间	相关文件	签发单位
2009.11	关于加快发展旅游业的意见	国务院
2012.2	关于金融支持旅游业加快发展的若干意见	国家七部委联合
2012.6	关于鼓励和引导民间资本投资旅游业的实施意见	国家旅游局
2013.2	国民旅游休闲纲要（2013～2020年）	国务院办公厅
2013.4	中华人民共和国旅游法	人大常委会
2014.7	确定促进旅游业改革发展政策措施	国务院
2014.8	关于促进旅游业改革发展的若干意见	国务院
2015.8	关于进一步促进旅游投资和消费的若干意见	国务院办公厅

《关于加快发展旅游业的意见》明确提出“坚持以国内旅游为重点，积极发展入境旅游，有序发展出境旅游”的市场战略，强调了以国内市场为基础。WTTC的报告指出，2015年国内旅游的消费增长比国外游客消费的增长要略快，分别为3.7%和2.8%，占全球总GDP 3.7万亿美元和1.3万亿美元；到2025年，国内游客的消费会是国外游客消费的两倍，国际游客的数量会激增，这意味着，目的地应该了解其国内市场的消费能力[7]。而对于中国这样一个国内旅游资源丰富、需求增长强劲的国家来说，今后旅游业发展的重点势必将转移到国内市场上来。《国务院关于促进旅游业改革发展的若干意见》亦强调了国内市场的重要性，提出到2020年，境内旅游总消费达到5.5万亿元，城乡居民年人均出游4.5次，旅游业增加值占全国GDP的比重超过5%[8]。我国旅游业从传统的以入境旅游为重点，到关注国内旅游板块是一个具有历史性意义的转变。

（二）旅游地竞合问题突显，旅游线路成为旅游合作的核心内容之一

随着旅游业的快速发展，旅游空间竞争现象日益突出（章锦河等，2005a)。

7 品橙旅游：WTTC：2015全球旅游和旅行经济影响权威报告 http: //www.pinchain.com/article/28373 搜索时间2016/12/24

8 人民网：http: //travel.people.com.cn/n/2014/0821/c41570-25511087.html 搜索时间 2016/12/16

基于提高竞争力与共享市场的需要，合作成为国家和地区应对激烈市场竞争、提高区域整体旅游竞争力的必然选择（史春云等，2005），其实质是推动和实现区域旅游的一体化（陶伟和戴光全，2002）。处在同一旅游线路上的不同旅游地之间产业和产品的空间竞争与合作的关系问题，是区域旅游竞争与合作的典型代表，较少有学者进行研究（杨振之和陈顺明，2007）。

必须看到我国旅游业的发展在取得辉煌成绩的同时，也出现了许多问题，如开发过热、地区间与部门间发展失调、规模效益低下、恶性竞争；在对区域旅游发展进行规划时分割旅游精品线路、与相邻区域重复建设等现象，严重阻碍了我国旅游业的发展。要实现成为世界旅游强国的目标和旅游业的可持续发展，就必须尽快改变目前这种竞争状况。各地进行旅游开发时，不仅要考虑地区自身因素，确立竞争优势，还要树立区域合作思想，考虑与之相关联的旅游区域，强化区域合作联系，优化区域系统组合，以谋求更大的整体利益。近年来旅游开发过程中的区域合作思想得到了许多国家和地区的重视。在国内，区域旅游竞争和合作也成为政府和学者们共同关心的研究课题。长江三角洲、珠江三角洲、环渤海、三峡、闽粤赣等区域已初步达成了加强合作、共同培育区域旅游整体优势的共识。如何切实地使区域内各旅游地真正实现相互协作、互惠双赢、共同发展成为当前重要研究方向。

旅游线路作为旅游产品最主要、最直观的表现形式，也是区域旅游合作必须要考虑的一个核心内容。世界上许多著名的旅游线路都是跨国、跨地区合作的成果，如欧洲的莱茵河沿线、阿尔卑斯山以及北美的大瀑布地区等。无论是国内国外，旅游线路的重要性一直为各方所关注。从游客角度来看，旅游线路的制定关系到旅行成本、旅行质量和对目的地的感知程度；从旅游企业角度来看，旅游线路的制定关系到企业运行成本和利润等问题；从旅游规划者和管理者的角度看，旅游线路的制定关系到旅游景点景区承载力、基础设施配置以及游客分流等问题；从参与旅游合作各目的地的角度来看，旅游线路的制定关系到它们之间的资源分配、客流分配、收益分配等问题。中国国土面积广袤、自然文化景观多样，客源市场遍布近中远各程，每个省都相当于欧洲的一个国家（吴必虎，2001），中国“地理实验室”的优越条件，使地理事物的集聚和扩散效应可以观察得十分清楚（章锦河等，2005b）。研究我国旅游线路模式的空间格局与目的地合作网络模型，通过构建目的地等级网络系统，可以在满足游客需求的同时，有效缓解我国热点旅游区域的客流接待压力；通过目的地的联合营销与联动发展，有助于促进目的地区域旅游经济的协调和可持续发展，为推动国家旅游产业布局的宏观战略调整、实现旅游强国服务。

（三）目的地空间关系复杂，目的地网络的构建势在必行

众所周知，旅游是一个由多层次、多因子组成的复杂系统。而作为旅游活动

进行、发生的载体，目的地之间的关系也是相当复杂的。这种复杂的关系不仅表现在相对孤立的单个目的地之间，也存在于同属一个目的地集群的多个目的地内。从微观角度看，各因子（如旅游资源、基础设施、接待服务和管理营销等）在目的地内相互作用，共同决定了目的地本身的吸引力大小、职能定位、品牌形象等属性；从宏观角度看，各因子（如游客、资金、信息等）的空间流动构成了目的地之间相互联系的主要表现形式，这一方面体现在各目的地对客源市场的争夺以及不同利益主体对经济利益和信息的分配上；另一方面由于旅游资源禀赋或是区位条件的差异，目的地不得不考虑它在整个旅游区域当中所发挥的作用，进而寻求与其他目的地的合作，以取长补短，谋求更大的效益。这种关系是同时发生且相互统一的。但是传统的研究通常只关注的是目的地之间的一维线性关系，多是就一些具体的、表层的现象问题开展研究探讨并进行属性方面的统计分析，而忽略了目的地区域的整体性和网络性。按照结构主义的观点，孤立地对某一事物的分析可能会得出片面甚至不正确的结论，只有将它置于其所处的整体系统结构中看待才是有意义的。因此，为了全面、完整地把握目的地之间的相互关系，进而明确旅游区域内的利益分配情况，将目的地集群进行网络化形式的构建与模拟是不可或缺的。

二、意义

（一）理论意义

旅游目的地是由旅游线路串联、连接从而形成旅游产品的，同一目的地在不同旅行线路模式下所担当的职能是不同的。仅就脱离旅游线路的单个目的地进行的讨论过于理想化，且对于实际情况的指导意义不大。本书研究的理论意义在于，第一，在研究内容方面不仅将点状目的地置于其所处的线状旅行线路中进行分析，更进一步探究了目的地在整个目的地区域网络中所起到的作用和旅行模式对目的地区域所带来的经济效应，拓宽了旅游地理学的研究内容；第二，使用社会网络分析方法对目的地进行空间分析，扩展了目的地空间分析的研究方法，加强了旅游地理学与相邻学科的联系，同时大大丰富旅游地理学的研究方法。

（二）实践意义

第一，有利于宏观上对目前国内各种旅游线路空间分异现象和目的地职能类型分工进行把握，探寻其中的规律并进行归纳总结，明确目的地在旅游线路中的分工角色，为目的地找准定位、确定发展目标提供指导，促进区域旅游业共同发展。

第二，有利于对国内目的地网络的空间结构状况进行全面了解，明确目的地之间的合作关系以及网络空间中的关键节点，为旅游旺季热点目的地进行游客分流、提高目的地可达性提供指导性意见，推动国内旅游目的地区域的可持续地发展。

第三，有利于认清一些分布偏远、地形复杂的热点旅游区旅游发展中的问题，通过旅游线路及模式的研究提出目的地区域旅游业协调、均衡与持续发展的方向，通过有针对性地提出优化措施，促进旅游发展资源在空间上合理配置，为区域、省内及省际旅游空间合作提供参考。

第二节　旅游线路模式相关研究进展

一、相关概念

（一）旅游线路

旅游线路是旅游者从居住地（客源地）出行到达一个或多个旅游目的地游憩并返回居住地所经历的空间线路。旅游线路作为旅游产品的重要组成部分，它同时受到旅游者、旅游产品组织者（如旅行社）和设计管理者（如旅游规划者）的关注（孙艳红，2006）。就旅游者而言，对旅游线路的期望是在成本最小的前提下（包括金钱和时间）获得最大的旅行体验，日程安排最方便；对旅行社来说，则希望在满足旅游者需求的前提下，尽可能地实现利润最大化，并可面对突发事件及时调整线路；从旅游规划者的角度看，在对旅游景区规划设计时就要考虑景区内线路空间布局的合理性、科学性，在管理中也要考虑如何合理分流、控制游客数量的问题（吴凯，2004）。旅游线路的空间模式直接关系到旅游者的满意程度，而旅游者的满意程度也直接关系到一个地区旅游业的发展。

一个旅游区域内的若干景点落在不同的空间位置，这些景点游览或活动参与的先后顺序与连接方式，可有多种不同的串联方法，由此产生组合形成不同的旅游线路（管宁生，1999），旅游线路实际上是旅游系统在线性轨迹上的投射（吴必虎，2001）。由于受区域内资源分布和旅游市场偏好等因素影响，旅游线路呈现出不同的空间模式，它反映了对旅游资源的不同利用现状（刘法建等，2009）。

国内对旅游线路的研究始于 20 世纪 90 年代初，研究内容上比较注重实际问题的探讨。保继刚、楚义芳等学者较早开展了旅游线路方面的研究（1993）。许兴臣、冯玉清（1992）、刘振礼、王兵（1997）、管宁生（1999）从不同视角阐述了旅游线路设计的原则。尽管旅游线路研究已受到国内外学者的广泛关注，但关于旅游线路的确切定义尚无统一定论。学者们根据自身理解及不同的学术背景，从不同视角提出不同的观点：例如雷明德（1988）、马勇（1989）、黄婧（2000）较早从旅游规划的视角提出旅游线路的概念；而江月启（1993）和阎友兵（1996）等从市场学角度对旅游线路进行界定；陈启跃（2003）认为“旅游线路就是旅游者在旅游过程中的运动轨迹”，这更符合本书中旅游线路的含义。

可以看出，无论是哪种观点的定义，旅游线路均具备以下几个要素：旅游者、旅游服务、旅游景点、旅行交通线等。旅游线路既是旅游者在目的地区域旅行游览的线性轨迹，具有一定的空间属性；同时也包含着由“食、住、行、游、购、娱”等旅游要素构成的完整的产品组合。虽然国内学者从不同角度对旅游线路的概念进行研究并取得了一些成就，但对旅游线路的界定还不够明晰。

（二）旅游线路模式（旅行模式）

随着大众旅游的兴起，旅游线路成为旅行商推出的旅游产品的基本形式，而由于客源地居民、目的地资源、两地空间交通联系等综合作用和优化过程，往往可以形成一系列串联客源地和旅游目的地（群）并具有固定空间结构的旅游线路空间模式。旅游线路空间模式关注的是在游客旅行线路中客源地和目的地（O-D）、目的地和目的地（D-D）之间的连接关系。这种旅游线路空间模式是典型的地理现象，是具有典型空间属性的社会文化地理现象和经济地理现象，涉及了作为旅游景点、旅游目的地的点状地理要素和作为旅游线路的线状地理要素以及旅游目的地体系构成的区域等面状地理要素（史春云等，2010）。尽管很长时间以来人们就认识到旅游线路问题的重要性，但在旅游研究中很少有学者关注（Oppermann，1995），更鲜有学者进行实证或概念上的研究与模拟（McKercher and Lew，2004）。Stewart（1997）注意到很多目的地研究文献想当然地简单假定旅行者通常选择的是单目的地的旅行。实际上，旅游地不是孤立存在的，而是相互竞争与互为补充的（Wall，1978），游客旅游线路中选择的通常是一个目的地集群（Stewart，1997）。理解旅游线路的空间模式，有利于识别游客行程中的关键节点与可能路径（Lue *et al.*，1993），有助于目的地通过识别潜在的营销合作伙伴而促进目的地联合营销（Tideswell and Faulkner，1999），是理解目的地区域节点空间结构的基础，为目的地区域的规划和设计提出空间概念模型（Lue *et al.*，1993），并最终为目的地目标市场定位、宣传与营销提供重要参考。

旅游线路模式更多从线路本身的角度，强调目的地和路线之间的关系。旅行模式更多是从旅游者视角来描述游客在目的地区域的动态移动过程，虽然强调的是旅游者的一种空间行为，但实际探讨的仍然是目的地节点和路线之间的关系。旅游者空间行为是旅游者旅行行为的地域移动的游览过程，在地理空间上的映射就表现为旅游线路，旅游线路有多种不同的模式（陆林和汤云云，2014）。对旅行模式的描述和研究需要把握 3 个基本概念：节点（通常为关联客源地—目的地的一对概念）、联结节点的路径以及沿路径移动的旅行方式（杨新军等，2000）。尽管已经有很多学者对我国的旅行模式进行刻画，但全国范围的宏观研究仍然很少。

（三）旅游景区

目前旅游景区（点）的概念尚未形成统一标准。旅游景区在国外通常被定义为旅游吸引物。Medlik（1993）认为旅游吸引物是能够为旅游者提供休闲、娱乐以及教育服务且具有永久性的资源。Lew（1987）指出旅游吸引物主要包括具有观赏功能的景区、具有参与性的游客活动以及愉快的体验。Pearce（1990）认为具有某些特定的人文及自然特征，拥有特定名称的地点即为旅游吸引物。Leiper（1990）提出旅游吸引物由旅游需求的人（person）、游客希望参观的具有特质的地方的内核（nucleus）以及关于内核信息的标识（marker）组成。

在我国，旅游景区的概念相当笼统，不同学者对“旅游景区”的界定不同（表 1-2）。一般认为，旅游景区就是在若干地域面积上，由拥有相当的共性特征的旅游资源吸引物、旅游基础配套服务设施以及旅游交通条件等组成的地域单元。其一方面可能受行政区域的约束，另一方面也可能因社会文化、自然地貌、经济联系等因素而突破行政区域的限制。旅游景区应具有以下特征：首先，旅游资源能够满足旅游者需求；其次，地理区域范围明确；再次，旅游接待设施与服务体系完善；最后，所属机构能够独立地经营。

表 1-2 国内学者对“旅游景区”概念的界定

学者	主要观点
马勇（1998）	由一系列相对独立的景点组成，从事商业性经营，满足旅游者观光、休闲、娱乐、探险、科学考察等需求，具有明确的地域边界，相对独立的小尺度空间旅游地。
张凌云（2010）	是旅游活动的核心和空间载体，是旅游系统中最重要的组成部分，也是吸引旅游者出游的主要目的地和因素。
《旅游区点质量等级的划分与评定》国家标准	以旅游及其相关活动为主要功能之一的空间或地域。该标准中旅游区（点）是指具有参观游览、休闲度假、康乐健身等功能，具备相应旅游服务设施并提供相应旅游服务的独立管理区。
邹统钎（2013）	依托旅游吸引物从事旅游休闲经营管理活动的有明确地域范围的区域。

二、旅游线路的空间模式与尺度研究

旅行的空间范围根据所涉及空间的相对大小划分为不同的尺度，且旅游者在不同空间范围内的行为特征是不同的。就我国而言，把国际和国内范围的旅行作为大尺度旅行；省内、地区内的旅行称作中尺度旅行；而在市内、县际或是风景区内的游览叫做小尺度旅行（保继刚等，1993）。

（一）宏观尺度旅游线路模式

宏观尺度旅游线路模式指目的地之间（inter-destinations）的游客旅行模式，包括国际和国内游客在不同目的地之间的旅行空间模式。Campbell 早在 1967 年根据目的地类型的不同，勾勒了徊路中的游憩与度假旅行的模型（吴必虎，2001）。Gunn（1972）较早认识到不同类型旅游线路模式研究的重要性，他在目的地设计与规划研究中提到单目的地和往返式 2 种旅行模式（Lew and McKercher，2002）。直到 1993 年，Lue，Crompton and Fesenmaier 总结了 5 种度假旅行模型（简称 LCF 模型）：单目的地模式、往返模式、营区基地模式、区域游模式和旅行链模式（图 1-1），这是首次对游客旅游线路空间模式的系统分析，为游客空间行为研究奠定了基础，多目的地旅行模型开始成为旅游学重要的研究领域（Beaman，1997）。Oppermann（1995）在 LCF 模型的基础上进一步细化出 7 种模式：包括 2 种单目的地和 5 种多目的地旅行模式（图 1-2）。模型成功应用于美国国内旅行以及到访美国、马来西亚、澳大利亚和新西兰的国际游客旅行空间模式的研究中（Lew and McKercher，2002；Beaman *et al.*，1997；Mings and McHugh，1992；Oppermann，1994）（表 1-3）。宏观尺度模式的研究关注的是目的地之间的关系，目的地与其他更多目的地的联合营销，甚至包括与竞争对手建立新的合作关系，联合开发产品和旅游线路，以吸引到更多的游客（Lew and McKercher，2002），这为理解目的地之间的竞争与合作提供一个新的研究视角。

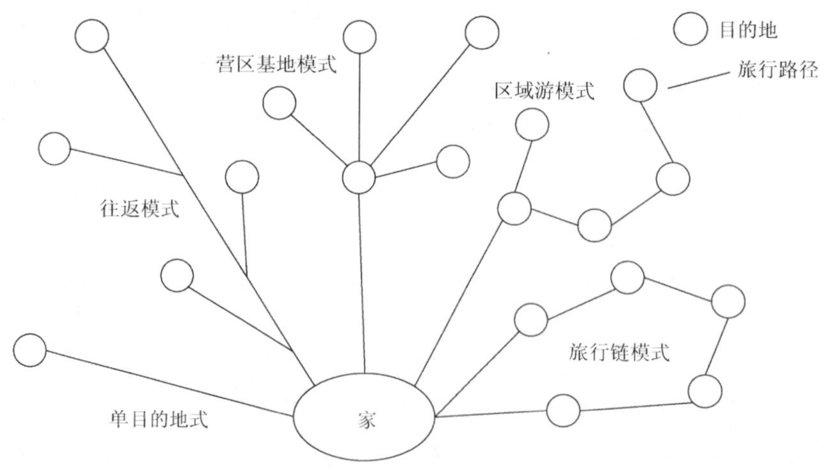

图 1-1 LCF 旅行线路模型

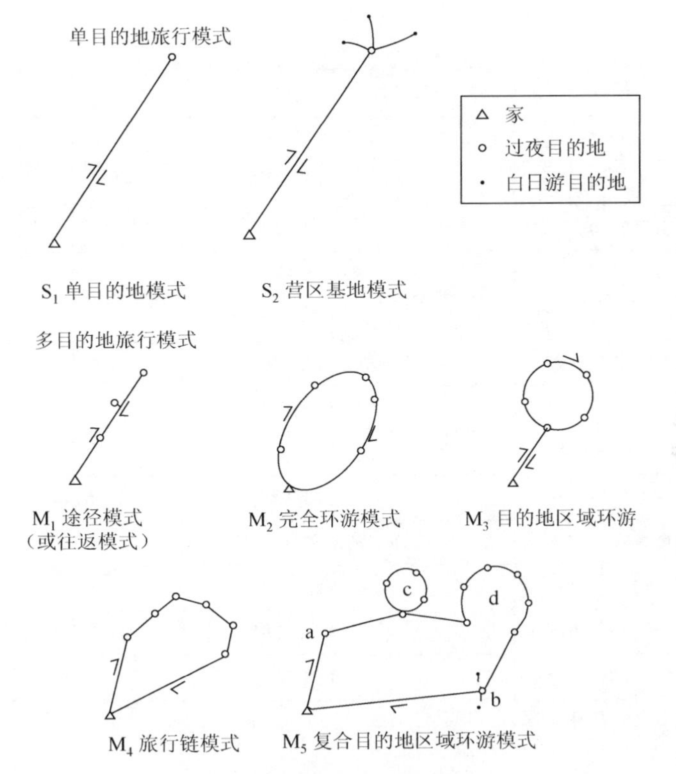

图 1-2 旅游线路的空间模式

表 1-3 旅游线路空间模式的相关研究

	学者及年份	理论模型	实证研究
国外研究	Campbell 1967[①]	度假路径、游憩性度假路径、游憩路径	–
	Lundgren 1972[①]	普通列车模式、特快列车模式、早期驱车模式、现代驱车模式、航空模式	–
	Gunn 1972[①]	单目的地模式、往返式	美国黄石国家公园
	Mings and McHugh 1992	直游、部分环游、完全环游、飞行+驱车游模式（1+3）	美国黄石国家公园
	Lue 等 1993	单目的地、营区基地、往返、区域游和旅行链模式（LCF 模型：2+3）	–
	Oppermann 1994，1995	单一、营区基地、往返、旅行链、完全环游、区域环游、复合环游（2+5）	新西兰、马来西亚
	Stewart and Vogt 1997	LCF 模型	美国密苏里州布兰森
	Lew and McKercher 2006	LCF 模型+Oppermann 模型	香港

续表

	学者及年份	理论模型	实证研究
国内研究	马晓龙 2005	LCF 模型改进	西安（关中）旅游区
	卢天玲 2008	LCF 模型	青海塔尔寺
	朱明等 2010	LCF 模型	全国
	袁欣等 2010	LCF 模型	长三角
	史春云等 2011	LCF 模型	全国
	吕丽等 2012	Mings and McHugh 模型	上海世博会
	袁佺等 2012	LCF 模型	上海世博会
	陆林和汤云云 2014	LCF 模型	珠三角
	朱明等 2014	LCF 模型	云南省
	巫丹等 2015	单目的地和多目的地模式	到上海的游客问卷
	孙勇等 2015，2016	LCF 模型	云南省
	唐雯雯等 2015，2016	LCF 模型	四川省
	刘静等 2016	LCF 模型	海南岛

注：①：转引自吴必虎. 区域旅游规划原理[M]. 北京：中国旅游出版社，2001.

由于我国旅游业起步较晚，因此旅游线路模式研究直到 20 世纪 80 年代后期才逐渐引起国内学者的关注。楚义芳（1992）在旅游线路设计研究中较早地从宏观尺度上，根据旅游者的行为和意愿特征将旅游线路分为周游型和逗留型。史春云等（2010，2011）详细探讨了国外线路模式的相关进展，并对国内旅游线路模式的空间格局与特征进行系统地分析。不同的旅游目的地间、不同尺度的细分市场空间行为模式存在差异。卢天玲（2008）以多目的地旅行（LCF）模型作为工具，将青海省塔尔寺游客的旅行模式分为单一目的地模式、基地模式、区域旅行模式、旅行链模式 4 种。杨新军（2000）在总结与评价国内外关于旅游行为空间的模式的基础上，提出了城市空间尺度下区域旅游空间结构的研究。随着旅游观光带、旅游都市圈的蓬勃发展，宏观尺度下旅游线路模式特征引起国内学者关注。马晓龙（2005）、朱明等（2010）、袁欣等（2010）、袁佺等（2012）、吕丽等（2012）、陆林和汤云云（2014）在已有理论基础上，分别以西安、长三角、上海世博观光及珠三角都市圈为研究对象，对其旅游线路模式进行划分。

尽管迄今关于旅游线路模式的研究成果已经不少见，但国内研究多以城市、景区、观光带为研究对象，而鲜有研究者将城市旅游线路空间模式研究与景区空间格局相结合，对区域旅游线路进行系统研究。

（二）微观尺度旅游线路模式

微观尺度旅游线路模式指目的地内部（intra-destination）不同景点之间的游客旅行模式。Lew and McKercher（2006）归纳出目的地内部游客空间活动模型，包括点对点、环游、复杂三种线性旅行模式（图 1-3）。Connell and Page（2008）通过游客地图问卷，应用地理信息系统研究苏格兰国家公园中旅游者的旅行线路空间模式。与宏观尺度模式相比，虽然有一些相似之处，但微观尺度的研究重点是游客的行为方式，这对目的地管理与规划、产品开发和吸引物营销有着重要的实践意义。

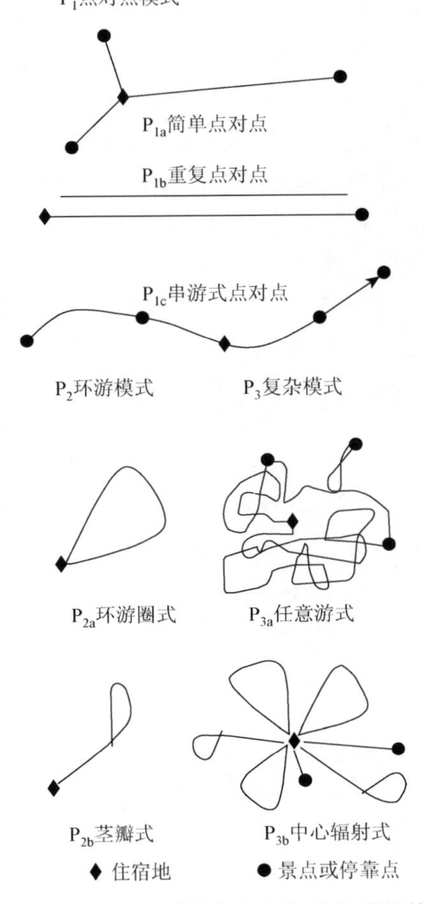

图 1-3 目的地区域游客空间行为的线性模型

三、旅游线路模式中的目的地类型划分

（一）按照在旅游线路模式中的相对位置来划分

该分类方法有助于理解人们怎样看待一个地方在旅游线路中的地位与角色，将对制订地方营销和定位战略以及理解人们非家庭的地方体验有着重要的影响（Lue *et al.*，1993）。迄今，Lew and McKercher（2002）将目的地系统的划分为5种类型：单目的地（single destination）、门户型目的地（gateway destination）、离境型目的地（egress destination）、途径型目的地（touring destination）、枢纽型目的地（hub destination）（表1-4）。他们的实证研究发现：在到香港多目的地航空旅游线路中，完全环游和往返旅游模式在时间和经济上都是比较节约的；亚洲的短途游客，如台湾和新加坡居民基本上是将香港作为单目的地短暂停留购物和经商；美国和澳大利亚的长途游客一般更倾向于将香港作为门户目的地；中国大陆游客通常将香港作为离境型目的地。杨振之和陈顺明（2007）将国内旅游目的地与旅游过境地的涵义做了比较，刘法建等（2009）就我国目前的大众旅游现状特征对目的地类型采取局部修正，分出单目的地旅游地、门户旅游地、终点旅游地、中途旅游地、旅游中枢五类，史春云（2013）在已有研究基础上，新定义逗留型目的地，共划分出单一型目的地、门户型目的地、离境型目的地、枢纽型目的地、途径型目的地和逗留型目的地6种类型目的地，朱明等（2014）将云南旅游线路中目的地类型划分为单一型、离境及门户型、枢纽型和途经型4种，并进行集群特征研究。

表1-4 旅游线路模式中目的地关系的五种形式

目的地类型	关系模式	线路模式（图1-2）
单目的地		S_1，S_2
门户型目的地		M_1～M_5
出口型（或离境型）目的地		M_1～M_5
途径型目的地		M_3～M_5
枢纽型目的地		M_3～M_5

注：客源地　所研究目的地　其他目的地　旅行线路连接

（二）按照在旅游线路模式中的等级层次来划分

Pearce（1990）提出游客总是最先到达国际门户（他们到达并离开的地方），

然后游览最主要的旅游景点。Mings and McHugh（1992）将此定义为功能等级，即主要吸引物对游客拥有最大的吸引力，只有在时间允许的情况下，游客才会顺路造访其他地区。McKercher（2001）提出旅游空间模式中存在着主要目的地和次要目的地，由于两种目的地的游客在统计特征、心理特征与行为特征方面都存在着显著差异，因此针对不同游客细分市场，应采取不同的营销战略，如主要目的地游客更关注购物，可以加强购物等宣传；而对于途经游客则有必要强调目的地的独特性，如强化短暂停留的方便与吸引物的独具特色。研究表明一些城市如果将自己定位为主要目的地则可能是徒劳的，而如果与其他目的地合作共同形成具有吸引力的旅游线路的话，则显然要好于作为独立目的地的宣传营销（McKercher，2001）。Oppermann（1994）将旅游空间模式中的目的地划分为国际门户、主要旅游地、次要旅游地和低级旅游地。虽然长时间停留的游客确实在目的地有更大范围的区域分布，但短暂停留的游客所游览的目的地就是国际门户，其次是主要目的地。如新西兰 3 个主要国际门户城市和 2 个主要游客景点集中了所有国际游客的 49.7%和过夜游客的 56.8%。

（三）旅游目的地系统的演化

目的地的空间组合模式对旅游者的旅行模式选择、目的地区域的联合营销有很大影响。Dredge（1999）根据区域旅游目的地体系由生成到成熟的演化过程提出了单节点、多节点、链状节点分布 3 种空间模型（图 1-4）。

旅游地在初始生成阶段空间上表现为单一节点，旅游者游玩唯一的目的地节点后就返回客源地。随着旅游业的发展，有更多的旅游节点得以开发，形成多节点构成的目的地集群，旅游者根据个人意愿选择目的地进行游览。这时较早开发的节点可能会由于在吸引物、接待及交通设施方面的优势，成为区域内最具影响力的核心节点。在此基础上进一步开发出更多的目的地节点后，区域内各目的地开始明确各自的职能特点，形成不同类型的专业化目的地，并在空间上呈现出链状分布，发展成结构合理稳定、层次分明、职能明确、功能完备的旅游地体系，达到最终的成熟阶段。结合国内旅游目的地来看，我国处在生成阶段的单节点目的地空间布局模式较少，大多数目的地区域表现为多节点模式并处于发展阶段，呈链状分布的目的地区域还鲜有出现。

四、不同旅游线路模式的游客空间行为特征

陈健昌和保继刚（1988）认为旅游者空间行为具有如下特征：大尺度空间行为中，人们力图到级别高的旅游点旅游，一般采取闭环状路线旅游。中、小尺度的旅游空间行为中，旅游者可能采用闭环状路线，也可能采用节点状路线。所谓

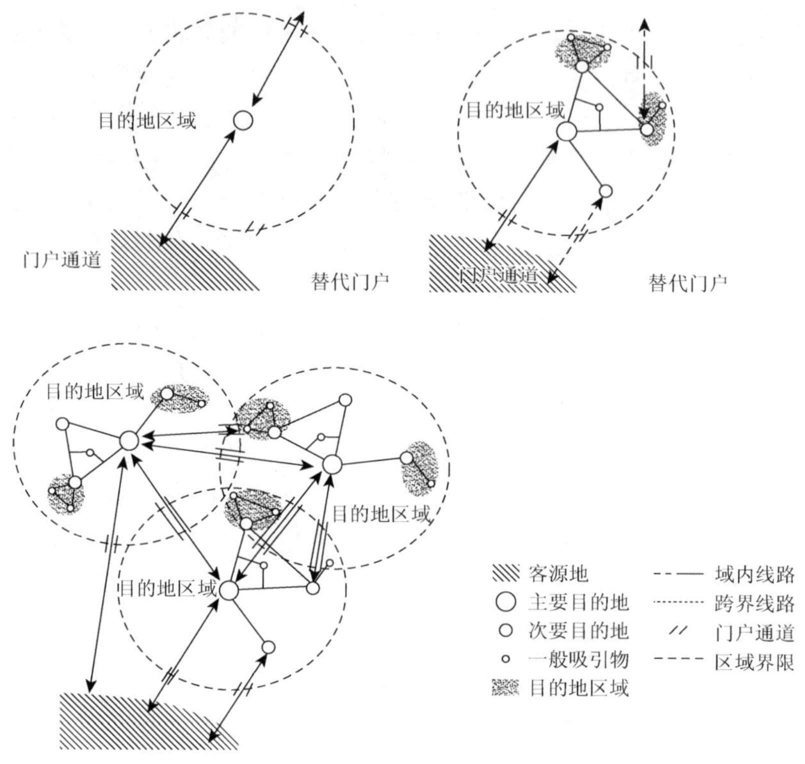

图 1-4　旅游地体系演化过程

节点状旅游线路就是指在居住地附近旅游或者在暂住地附近旅游，与 Lue 等（1993）模式中的营区基地式相似。

Stewart and Vogt（1997）检验 5 种旅行模式中游客的旅行里程发现，营区基地模式的旅行里程最短，往返模式和单目的地旅行稍远，而区域环游式旅行的平均距离远达约 1088km，链式旅行里程最远，平均达约 3504km。Hwang and Gretzel（2006）研究了国际游客在美国的多城市旅行模式，结果显示游客多城市旅行行为存在差异：首游和重游的游客之间不存在显著差异，但不同大洲客源地的游客之间存在显著差异；网络结构分析结果发现，亚洲游客在美国多城市的旅行更趋于集中；美国任意两个城市之间的实际距离与国际游客选择旅行的城市组合之间不具有相关性。Oppermann（1995）研究发现，距离客源地越远，选择单目的地旅行类型的游客就越少，体现出距离衰减的规律。也就是人们旅行的距离越远，越倾向于游览更多的地方。Mings and McHugh（1992）研究发现不同旅行模式之间游客在平均停留时间、个体收入、客源地—目的地距离、平均游览的旅游目的地、假期长度、游览次数等方面都存在显著差异。Lew and McKercher（2002）的研究发现，将香港作为途经目的地的游客，不论其来自哪个国家，通常年纪最大，反映了这种类型的旅行价格最贵。吴必虎（2001）提出，在大尺度旅游空间行为中，旅游者主要受到行游比（双程行游比小于 1.5）和效用最大原则的影响。

五、影响游客旅行空间模式选择的因素

Tideswell and Faulkner（1999）应用回归分析研究发现，除探亲访友外，客源地与目的地的距离、多样化利益的追求、旅行的可移动性（如自驾车）、信息来源、旅行目的等都是影响游客旅行空间模式的主要因素。总体上影响游客旅行空间模式选择的因素可以概括为两组：影响游客决策及行为的游客变量和目的地特征变量。

（一）游客因素

旅游动机。Lue 等（1993）认为游客每次旅行中游览多目的地的动机有 5 种：满足旅行中对异质性偏好的追求，探亲访友，寻找差异性，减少度假不开心的风险，通过在一次旅行中游览更多感兴趣的目的地来增加旅行效率。

旅行目的。旅行目的是旅游线路选择的重要因素，旅行唯一目的为愉悦的游客很少只造访单一目的地，但大多数探亲访友或商务旅行的游客会游览单一目的地或选择营区基地模式的旅游线路（Oppermann，1995）。

旅行时间。旅行中游客停留的整个时间长度是影响游客在目的地区域扩散模式的主要因素（Oppermann，1995；Zilinger，2007）。Connell and Page（2008）发现游客旅行持续时间越长，则在一次旅行中游览多个地方的可能性就越大。

游客个体因素。Hwang 等（2006）通过对到美国都市区域旅行的国际游客行程的研究发现，多城市模式因不同的客源地和对目的地熟悉程度的不同而存在区别。Connell and Pages（2008）认为游客收入与成本、统计特征变量和社会文化差异也可能影响旅游线路的选择。从发展趋势来看，旅游线路设计需要考虑旅游者个体的实际需求，需要把握旅游者的时空行为规律（李渊等，2016）。

（二）目的地因素

Lew and McKercher（2006）认为地理位置可能影响游客对线路模式的选择。Kim and Fesenmaier（1990）的研究揭示了客源地与潜在目的地的空间布局影响在一次旅程中的目的地集聚模式，也就是说客源地的资源和目的地的特点影响旅行模式。Connell and Page（2008）解释游客线路模式形成的原因有距离衰减率、目的地的可达性。Dredge（1999）认为吸引物之间的连通性、潜在路线上的景致、所乘的交通方式和营销商的定位都影响着游客对线路模式的选择。

六、研究述评

虽然人们普遍认为旅行线路模式的研究很重要，但当前国外仅有美国、澳大利亚、新西兰、马来西亚的少量实证研究涉及游客在不同尺度上的旅行空间模式。国内陈健昌、保继刚较早提出了对旅游者大、中、小尺度空间选择行为研究的意义（1988），楚义芳讨论了大尺度的线路设计问题（1992），吴必虎（1994）、陆林（1996）、周尚意等（2002）、宣国富等（2004）、马晓龙（2005）、卢天玲（2008）等分别对上海、黄山、三亚、西安、苏州、塔尔寺的旅游者，马耀峰、李旭（2001，2003）、张红（2000）等对入境旅游流的空间流动规律进行了专门探讨，尤其是近年来出现的系列研究，如陆林和汤云云（2014）、吕丽等（2012）、刘法建等（2009）、史春云等（2010，2011，2013）、孙勇等（2015，2016）、唐雯雯等（2015，2016），使得游客旅行模式的研究出现较多成果，对长三角、珠三角和西部的四川、云南等地进行了较多的实证研究，结合当前空间技术与分析技术的迅速发展，当前研究尚不够深入，今后可能拓展的研究领域包括：

（一）旅游线路空间模式的形成机制与影响因素

多目的地旅行反映的是一种目的地集群。但旅行者是基于什么来选择这样一个目的地集群？是考虑运输和可达性，还是基于心理上对目的地形象相似性（所有历史遗址）或者差异性（追寻多样性）的感知？多目的地的旅行是否受到规划和推动力的影响（Stewart and Vogt，1997）？目的地区域现在的旅游线路空间模式具有怎样的特点？是否合理？对区域的影响，尤其是受制因素是什么？未来发展的理想模式是什么？不同目的地区域是否存在理想的旅游线路空间模式？理想的旅游线路空间模式对目的地和对不同客源地游客是否都有利？

（二）旅游线路模式中目的地的空间竞争与合作

既不完全等同于旅游资源的品质与价值，也不完全等同于国家现行旅游景区等级评定，旅游线路模式实质上是游客在目的地区域对停留空间和消费空间的理性选择与线性组合。线路节点选择不仅制约着外来旅游者在区内的消费规模和消费水平，还直接关系到目的地区域的资源开发、线路产品的创新、旅游产业集群的发展、目的地的营销以及目的地区域经济（叶红，2007），因此，旅游线路模式影响所导致的旅游经济的空间差异要远大于游客活动分布的空间差异（Oppermann，1994）。朱竑等（2007）建议通过统计，分析大型旅行社提供的旅游线路中所涉及的旅游城市和旅游地，来重新审视所谓国际旅游目的地的定位；

杨振之和陈顺明（2007）比较了旅游目的地与旅游过境地的不同涵义；刘法建等（2009）探讨了屯溪区在皖南旅游区的地位和作用。毫无疑问，亟待对旅游线路中不同目的地的地位与角色、营销合作与可能的利益分工及其带来的影响进行深入研究，这将有助于正确定位目标客源市场，选择适当的合作对象，进行适当的产品开发与宣传营销。

（三）旅游线路模式中目的地空间相互作用的理论基础与适用模型

虽然张捷等（1999）、李山等（2005）建立并验证了客源地与目的地的空间作用，但对于目的地之间的相互作用理论模型尚缺少研究。对目的地之间的空间相互作用方式、职能分工以及理论模型的研究，有利于深入理解目的地之间竞争与合作的机制，目的地节点之间如何通过线路组合到一起？在每个目的地节点的停留和次序如何决定？当前各学科理论与技术的发展，如 GIS 空间分析模型、连通性、最短路径算法、网络分析等各种分析技术，经济学最大效用理论，地理学的空间相互作用、空间竞争、区位、地理映象、行为地理等理论与方法，社会网络分析方法等都为旅游线路模式的研究都提供了重要支撑。

第三节　研究数据与研究框架

一、研究数据

旅游线路空间模式的研究是课题组历时 8 年的系列成果，积累了大量数据资料用以该项研究。

2009 年，重点收集全国中远程旅游线路数据。基于史春云等（2005）的研究基础，选取我国三大客源中心，也是出游潜力最强的 3 个城市：北京、上海、广州，同时考虑地理空间上的均衡性，选取内陆地区出游潜力较强的成都、西安 2 个城市作为补充。选择这 5 个城市 2004～2007 年间全国前 50 强的著名旅行社作为统计对象，并于 2009 年 1～2 月间，从上述城市各旅行社网站下载旅游线路报价单，共计 1205 份。此外，结合国家旅游局、统计局等政府相关职能部门，以及公路、铁路、民航等相关单位公布的二手统计数据资料作为补充。

2010 年，重点收集长三角和上海世博会专题旅游线路数据。①选取长三角四大主要旅游客源地，出游潜力最强、最具代表性的 4 个城市：上海、南京、杭州、宁波，同时考虑地理空间上的均衡性，又选取长三角范围内的苏北最大城市徐州和长三角范围外的主要中心客源地北京、成都、广州、西安 4 座城市作为补充。选择这几座城市 2008～2009 年间全国前 100 强的著名旅行社作为统计对象，并于 2010 年 2～3 月间，从上述城市各旅行社网站下载旅游线路报价单，共计 590 份。②上海世博会吸引了 7000 万游客，而其中有 30%～35%的游客顺道去周边城市一游。选择 2010 年 7～10 月出游潜力较强的南京、杭州、北京、广州、成都、西安六市作为统计分析的国内客源地，对 969 条世博旅游线路进行调查和统计（南京 154 条，杭州 164 条，北京 200 条，成都 127 条，广州 194 条，西安 130 条）。这 6 个客源地与上海的距离分别涵盖了短途（客源地为南京和杭州）、中途（客源地为西安和北京）和长途（客源地为广州和成都）旅游线路，能够在一定程度上反映国内世博旅游线路的基本情况。

2012 年，重点收集自驾游客的旅游线路数据，并开始对云南旅游线路进行数据收集。①自驾游旅行线路、偏好与行为调查。2012 年 9 月国务院批转交通运输部等部门重大节假日免收小型客车通行费实施方案，在此背景下，课题组于 2012 年国庆期间，在上海和苏州等地进行问卷调查：针对有自驾游经历的市民和游客发放问卷 1000 份，回收 962 份。选择上海市作为目的地调查的原因主要是考虑到上海是我国最重要的旅游目的地，周围长三角地区是我国最重要的客源地。②以北京、上海、广州、成都全国前 50 强的著名旅行社作为统计对象，于 2012 年从上述城市各旅行社网站下载以云南省为目的地（不包括跨省线路）的旅游线路报价单，共计 418 份。

2014 年，重点对我国云南省、四川省和海南省的旅游线路数据进行了搜集。①下载全国百强旅行社在 2014 年 1～2 月份期间的云南省团队旅游线路报价单，为了排除周末短程休闲游的干扰，更好地反映云南省各州市在国内中远程旅游线路中的地位和作用，选取出游天数≥3，出游半径＞300km 的旅游线路，共计 534 条。收集蚂蜂窝和途牛两大旅游网站上 2014 年 6～7 月份发布的云南旅游者网络游记信息，从中整理出云南省散客旅游线路数据。蚂蜂窝是目前国内最大的旅行分享网站，包含有大量旅游者一手旅游信息，为大量散客出游提供了旅行指南。途牛网为旅游者提供大量的旅游产品作为出游参考，为游客了解目的地提供大量的信息。为了更好地反映云南省旅游线路网络结构特征，在收集网络游记时只选取多目的地旅行模式。根据旅游者网络游记信息最终共整理出 434 条云南省散客旅游线路数据。②以 2014 年 1～5 月百强旅行社官方网站公布的旅游线路报价单为数据来源，获取 950 条四川旅游线路。③以中国百强旅行社在 2014 年 1～2 月期间海南岛旅游线路详细报价单作为统计分析的数据来源，共计 583 份。

2016 年，补充调查长三角旅游线路数据，以期对 2010 年长三角旅游线路模式和旅游目的地格局进行对比。下载九座客源城市的百强旅行社线路报价单共计 587 份，其中长三角区域内城市：上海 128 份、南京 118 份、杭州 67 份、宁波 53 份、徐州 33 份；域外城市：北京 88 份、广州 68 份、成都 12 份、西安 20 份。

二、研究框架

全书共分 4 个部分：

第一部分是理论研究篇，包括第一章和第二章。首先论述了旅游线路空间模式选题的背景与意义，对旅游线路、旅游线路模式和旅游景区的概念与内涵进行了界定，对国内外旅游线路模式的相关研究进展进行了综述。然后对旅游线路模式研究的相关理论基础进行了简单梳理，并对本书中的主要研究方法——社会网络分析进行了系统介绍。

第二部分是案例研究篇，包括第三、四、五、六和七章。其中第三章是从全国的视角，基于旅行社报价单信息，对我国中远程旅游线路的空间模式进行类型划分与空间格局和特征的分析。然后，对由于特殊盆地构造而形成以往返型旅游线路空间模式为主的四川省案例地，从城市和景区两个尺度对旅游线路模式和社会网络结构进行深入剖析，提出基于旅行模式的目的地空间网络优化策略。海南省是我国独特的国际旅游岛，在对该岛旅游线路模式和目的地节点分析的基础上，分析了旅游目的地的角色和经济收益，并提出基于旅游线路模式的海岛旅游发展优化对策。云南省是我国独特的以旅游业为主导产业的边境省份，由于山地高原险峻，旅游线路以往返式为主导模式，形成以昆明、丽江和大理为主导的旅游热点线路。长三角是我国迄今旅游线路发展和目的地合作相对比较成熟的区域，由于发达的交通网络，以完全环游模式为主，通过五年的资料动态比较，对长三角旅游线路模式和目的地网络进行对比分析。

第三部分是专题研究篇，包括第八章和第九章，主要探讨旅游线路模式的效应研究。第八章以世博专题旅游线路为数据，重点分析目的地区域内不同节点目的地在线路中的角色定位和经济收益的地域分异，并进一步分析最佳的旅行时间和旅行成本。第九章以自驾游客为研究对象，应用大量开放式问卷数据，对自驾游客的旅游线路模式及其出游行为和消费行为特征进行深入分析。

第四部分是旅游线路空间模式及其效应研究的说明、主要研究结论与未来研究展望。

参 考 文 献

保继刚，楚义芳，彭华. 1993. 旅游地理学. 北京：高等教育出版社，123-129.

陈健昌，保继刚. 1988. 旅游者行为研究及其意义. 地理研究，7（3）：44-51.

陈启跃. 2003. 旅游者对旅游线路的选择. 镇江高专学报，16（2）：47-49.

陈志学. 1996. 导游业务知识与技能. 北京：中国旅游出版社：5.

楚义芳. 1992. 关于旅游线路设计的初步研究. 旅游学刊，7（2）：9-13.

管宁生. 1999. 关于旅游线路设计若干问题的研究. 旅游学刊，（3）：32-35.

黄婧. 2000. 宁夏旅游区旅游线路设计. 宁夏大学学报（自然科学版），21（4）：377-380.
江月启. 1993. 纵横天下行——旅游交通基础与服务. 天津：天津人民出版社：6.
雷明德. 1988. 旅游地理学. 西安：西北大学出版社：122.
李山，王慧，王铮. 2005. 中国国内观光旅游线路设计中的游时研究. 人文地理，2：51-56.
李渊，丁燕杰，王德. 2016. 旅游者时间约束和空间行为特征的景区旅游线路设计方法研究. 旅游学刊，31（9）：50-60.
刘法建，章锦河，陈冬冬. 2009. 旅游线路中旅游地角色分析——以黄山市屯溪区为例. 人文地理，（2）：116-120.
刘静，朱传耿，史春云，等. 2016. 海南岛旅游线路模式的空间格局与特征研究. 海南师范大学学报（自然科学版），29（1）：89-95.
刘振礼，王兵. 1997. 新编中国旅游地理. 天津：南开大学出版社：318-321.
卢天玲. 2008. 塔尔寺旅游者旅行模式及其对地方旅游经济的影响. 旅游学刊，23（12）：29-33.
陆林. 1996. 山岳风景区旅游者空间行为研究——兼论黄山与美国黄石公园之比较. 地理学报，51（4）：315-321.
陆林，汤云云. 2014. 珠江三角洲都市圈国内旅游者空间行为模式研究. 地理科学，34（1）：10-18.
吕丽，曾琪洁，陆林. 2012. 上海世博会中国国内旅游者空间行为研究. 地理科学，32（2）：186-193.
马晓龙. 2005. 基于游客行为的旅游线路组织研究. 地理与地理信息科学，21（2）：98-111.
马耀峰. 2001. 中国入境后旅游流的空间分布研究. 人文地理，16（6）：44-46.
马耀峰，李旭. 2003. 中国入境游客旅游选择模式研究. 西北大学学报（自然科学版），33（5）：575-581.
马勇. 1989. 区域旅游线路设计初探. 旅游开发与旅游地理.
马勇. 1998. 旅游学概论. 北京：高等教育出版社.
史春云. 2013. 旅行模式对目的地旅游经济影响的空间差异——以长三角世博旅游线路为例. 旅游学刊，28（6）：102-110.
史春云，张宏磊，朱明. 2011. 国内旅游线路模式的空间格局与特征分析. 经济地理，31（11）：1918-1922.
史春云，张捷，沈正平，等. 2005. 区域旅游竞合研究进展. 地理与地理信息科学，21（5）：85-89.
史春云，朱传耿，赵玉宗，等. 2010. 国外旅游线路空间模式研究进展. 人文地理，25（4）：31-35.
孙艳红. 2006. 旅行社旅游线路定制问题的理论分析及模型研究. 北京第二外国语学院学报，（3）：6-14.
孙勇，史春云，唐雯雯，等. 2015. 云南省旅游线路空间模式与特征研究. 旅游研究，7（3）：33-39.
孙勇，史春云，唐雯雯，等. 2016. 云南省旅游线路网络与空间结构特征. 人文地理，31（1）：147-153.
唐雯雯，史春云，孙勇，等. 2015. 四川省旅游线路的基本特征与空间模式研究. 旅游论坛，8（3）：66-72.
唐雯雯，史春云，孙勇，等. 2016. 四川省旅游线路的社会网络结构研究. 旅游论坛，9（3）：82-87.
陶伟，戴光全. 2002. 区域旅游发展的“竞合模式”探索：以苏南三镇为例. 人文地理，17（4）：29-33.
巫丹，史春云，孙勇，等. 2015. 基于旅行模式的自驾游游客消费特征分析. 经济研究导刊，（12）：260-262.
吴必虎. 1994. 上海城市游憩者流动行为研究. 地理学报，49（2）：117-127.
吴必虎. 2001. 区域旅游规划原理. 北京：中国旅游出版社，116：383.
吴必虎. 2009. 中国作为多目的地的国际营销战略. 旅游学刊，24（5）：5-6.
吴凯. 2004. 旅游线路设计与优化中的运筹学问题. 旅游科学，3（1）：41-44.
许兴臣，冯玉清. 1992. 旅游行程的设计与推广. 旅游学刊，7（2）：14-18.
宣国富，陆林，汪德根，等. 2004. 三亚市旅游客流空间特性研究. 地理研究，23（1）：115-124.
阎友兵. 1996. 旅游线路设计学. 长沙：湖南地图出版社：5.
杨新军，牛栋，吴必虎. 2000. 旅游行为空间模式及其评价. 经济地理，20（4）：105-108.
杨振之，陈顺明. 2007. 论“旅游目的地”与“旅游过境地”. 旅游学刊，22（2）：27-32.
叶红. 2007. 区域旅游线路节点选择对目的地的影响. 经济地理，27（4）：672-675.

袁佺，史春云，林杰. 2012. 世博观光旅游线路组织模式研究. 云南地理环境研究，24（4）：38-43.
袁欣，史春云，朱明，等. 2010. 长三角区域旅游线路模式及目的地类型研究. 旅游科学，24（6）：55-63.
张红. 2000. 我国旅游热点城市境外游客旅游流空间分布特征. 人文地理，15（2）：56-57.
张捷，都金康，周寅康，等. 1999. 自然观光旅游地客源市场的空间结构研究. 地理学报，54（4）：357-364.
张凌云. 2010. 旅游景区概论. 北京：北京师范大学出版社.
章锦河，张捷，李娜，等. 2005a. 中国国内旅游流空间场效应分析. 地理研究，24（2）：293-303.
章锦河，张捷，刘泽华. 2005b. 基于旅游场理论的区域旅游空间竞争研究. 地理科学，25（2）：248-256.
中华人民共和国质量监督检验检疫总局. 2004. 《旅游景区质量等级的划分与评定》（修订）（GB/T 17775—2003）.
周尚意，李淑方，张江雪. 2002. 行为地理与城市旅游线路设计. 旅游学刊，17（5）：66-71.
朱竑，封丹，韩亚林. 2007. 中国国际级旅游目的地建设的重新审视——基于国外旅行商视角. 旅游学刊，22（6）：14-19.
朱明，史春云，杨晓星. 2014. 基于旅行模式的目的地集群空间特征研究——以云南省为例. 旅游研究，6（4）：77-82.
朱明，史春云，袁欣，等. 2010. 基于旅行社线路的国内旅行空间模式研究. 旅游学刊，25（9）：32-37.
邹统钎. 2013. 旅游景区管理. 天津：南开大学出版社.
Beaman J，Jiannmin J，Fesenmaier D R. 1997. Clarification of cumulative attractivity as a concept and its measurement: Comments on Lue，Crompton，and Stewart. Journal of Travel Research，36（2）：74-77.
Connell J，Page S J. 2008. Exploring the spatial patterns of car-based tourist travel in Loch Lomond and Trossachs National Park，Scotland. Tourism Management，29：561-580.
Dredge D. 1999. Destination place planning and design. Annals of Tourism Research，26（4）：772-791.
Hwang Y H，Gretzel U，Fesenmaier D R. 2006. Multicity trip patterns：tourists to the United States. Annals of Tourism Research，33（4）：1057-1078.
Kim S，Fesenmaier D. 1990. Evaluating spatial structure effects in recreational travel. Leisure Sciences，12：367-381.
Leiper N. 1990. Tourist attraction systems. Annals of Tourism Research，17（3）：367-384.
Lew A A，McKercher B. 2002. Trip destinations，gateways and itineraries：the example of Hong Kong. Tourism Management，23（6）：609-621.
Lew A A. 1987. A framework of tourist attraction research. Annals of Tourism Research，14（4）：533-575.
Lew A A，McKercher B. 2006. Modeling tourist movements：a local destination analysis. Annals of Tourism Research，33（2）：403-423.
Lue C，Crompton J L，Fesenmaier D R. 1993. Conceptualization of multi-destination pleasure trips. Annals of Tourism Research，20：289-301.
McKercher B，Lew A A. 2004. Tourist flows and the spatial distribution of tourists. A Companion to Tourism：36-48.
McKercher B. 2001. A comparison of main destination visitors and through travelers at a dual-purpose destination. Journal of Travel Research，39：433-441.
Medlik S. 1993. Dictionary of Travel，Tourism and Hospitality. Oxford：Butterworth Heinemann.
Mings R C，McHugh K E. 1992. The spatial configuration of travel to Yellowstone National Park. Journal of Travel Research，30：38-46.
Oppermann M. 1994. Length of stay and spatial distribution. Annals of Tourism Research，21（4）：834-836.
Oppermann M. 1995. A model of travel itineraries. Journal of Travel Research，33（4）：57-61.
Pearce D G. 1990. Tourism，the regions and restructuring in New Zealand. Journal of Tourism Studies，1（2）：33-42.
Pearce P L. 1991. Analyzing tourist attractions. Journal of Tourism Studies，2（1）：46-55.

Stewart S I，Vogt C A. 1997. Multi-destination trip patterns. Annals of Tourism Research，24（2）：458-461.

Tideswell C，Faulkner B. 1999. Multidestination travel patterns of international tourists to Queensland. Journal of Travel Research，37（4）：364-374.

Wall G. 2007. Competition and complementarity：A study in park visitation. International Journal of Environmental Studies，13：35-41.

Zilinger M. 2007. Tourist routes：a time-geographical approach on german car-tourists in Sweden. Tourism Geographies，9（1）：64-83.

第二章　理论基础与研究方法

第一节　相关理论基础

一、空间相互作用理论

空间相互作用作为一套完整的理论体系最初来源于自然科学。起初它关注的是空间上相邻物体的相互作用力，并由此诞生了近代自然科学基础原理之一的万有引力原理。此后空间相互作用理论经过不断发展，形成了较为完备、应用广泛的理论体系。早在 19 世纪 80 年代，英国人口学家拉文斯坦就率先在社会学科研究中使用了牛顿万有引力模型，开辟使用自然科学原理解释人文社会现象的先河（唐小波，1994）。在美国普林斯顿大学的天体物理学家斯图尔特于 20 世纪 40 年代将牛顿万有引力定律用来解释社会问题，并创建了所谓的社会物理学派后，大规模运用自然科学原理，尤其是物理、数学方法始成潮流，对 20 世纪 50 年代开始的地理学计量革命产生了重要的影响（王铮等，2002）。

空间性是地理学研究的一大基础特性，地理事物的空间相互作用自然也就成为地理学者关注的重点。一般来说，只要空间中存在着要素的流动，就会存在某种形式的空间相互作用。从地理学角度来说，空间相互作用可以理解为特定地理区域间的物质、能量、人员及信息的流动。空间相互作用理论在人文地理学中的运用已有相当长的一段时间，取得了较为丰硕的成果，并且已经成为目前人文地理学研究最重要的基础理论之一。在描述要素流动、地域分割差异方面，空间相互作用理论和模型有很强的解释力和适用性，并在研究经济区划、行政区划、城市规划、市场影响力、商业及服务网点、设施选址等问题上有广泛的应用。目前人文地理学中主要使用的空间相互作用模型主要有传统应用模型和地域分割模型两类（闫卫阳等，2009）。传统的空间相互作用应用模型主要是由牛顿万有引力模型基础上发展而来，常用的此类模型有一般引力模型、赖利的零售商业引力模型、康弗斯的断裂点引力模型、潜力模型等，此外还有哈弗、威尔逊从不同角度对引力模型进行了修正；与之不同，地域分割模型从地理单元的空间影响力出发，刻画其空间格局状态，主要通过使用 Voronoi 图实现对空间相互作用的分析和描述。

旅游地理学所关注的空间相互作用主要集中于“客源地—目的地”、“目的地—目的地”两对关系之间。两对关系都存在人员、资金、信息等的流动，这是空间相互作用理论适用的前提和必要条件。但是这两对相互作用的具体表现是不同的：客源地与目的地的相互关系较早受到旅游地理学者们的关注，具体表现为目的地对客源地游客的吸引，以及客源地对目的地的扩散和辐射。它们之间相互作用的强度一方面取决于目的地自身的资源禀赋、接待水平、营销策略等因素；另一方面又受到客源地的人口特征、社会经济发展水平、休假制度等方面的制约；此外客源地与目的地之间的可达性状况也是一个经常受到关注的决定性因素。

目的地与目的地之间的关系近年来也开始得到重视。目的地之间的空间关系主要表现为竞争与合作。一般来说，资源类型相近的目的地之间会倾向于相互竞争。有几种可能发生的竞争情况：如果若干同类型目的地空间距离邻近，其中某一目的地具有较强的吸引力，其他目的地就会处于该目的地的“阴影”之下（王衍用，1995），难以得到发展；如果同类型目的地空间距离较远，且吸引力强度相差不大，那么这些目的地之间就互为替代，竞争将十分激烈，需要各目的地从其他方面着手提升自己的吸引力。资源类型互异的目的地则会倾向于合作，空间距离较近且类型互异程度较高的目的地，合作潜力也就比较大。相互合作的若干个目的地会形成空间上的目的地集群，这种目的地集群对于那些远距离的旅游者往往有很大的吸引力。

旅游线路的空间模式实质表现为客源地到目的地、目的地区域不同节点（城市或景区目的地）之间的相互作用。而社会网络分析则主要刻画目的地区域内节点之间的相互作用关系。

二、距离衰减理论

距离衰减理论被看作是空间相互作用理论中的基础理论原理，是影响游客旅游线路模式的重要因素。其核心在于距离衰减规律，实质上就是地理事物的发生或是地理要素的相互作用强度与其在空间上相互距离的大小有关。它的来源基础就是牛顿的万有引力原理。衡量空间两地相互作用强度的引力模型即是在万有引力公式的基础上发展而来。下式为 Crampon 于 1966 年提出的旅游地基本引力模型（Crampon，1966），为大多数旅游地理学者所接受：

$$T_{ij}=G\frac{P_iA_j}{D_{ij}^b} \tag{2-1}$$

式中，T_{ij} 为客源地 i 与目的地 j 之间旅行次数的某种量度；P_i 为客源地 i 人口规模、经济水平或旅行倾向的量度；A_j 为目的地 j 吸引力或容量的某种量度；D_{ij} 为客源地 i 与目的地 j 之间的距离；G、b 为经验估计系数。从基本引力模型表达式可以很清晰地发现，距离是影响客源地与目的地关系强度的重要因素。

一个旅游目的地的入游游客，其入游人数通常随旅行距离增大而减少，也是一种距离衰减现象。游客来游人数的距离衰减特征，是确定和推测旅游地吸引力辐射范围和外推趋势的重要手段。张捷等研究发现，自然观光地旅游区以纯距离衰减模型 Pareto 模型最为理想（张捷等，1999a），并通过比较不同旅游地游客随距离分布图，说明距离衰减的作用随目的地的引力大小的不同而有所变化（张捷等，1999b）。

引力模型及其各种衍生、改进模型在旅游地理学中主要被用作旅游需求规模的预测和旅游市场的分割方面，能很好地解释一些旅游活动的空间演变趋势。吴必虎等（1997）通过对中国客源市场空间分布的研究，发现中国城市居民旅游和休闲出游市场，随距离增加而衰减；80%的出游市场集中在距城市 500km 以内的范围内（图 2-1），体现了随着距离的增加，对空间到访率衰减现象的影响越来越显著的特点。从概念的角度，距离衰减理论可以解释游客长途旅行为什么选择多目的地，因为随着距客源地的距离增加，可以游览的潜在目的地数量呈指数增加（Oppermann，1995；Connell and Page，2008；McKercher，2001；Hwang *et al.*，2006）。

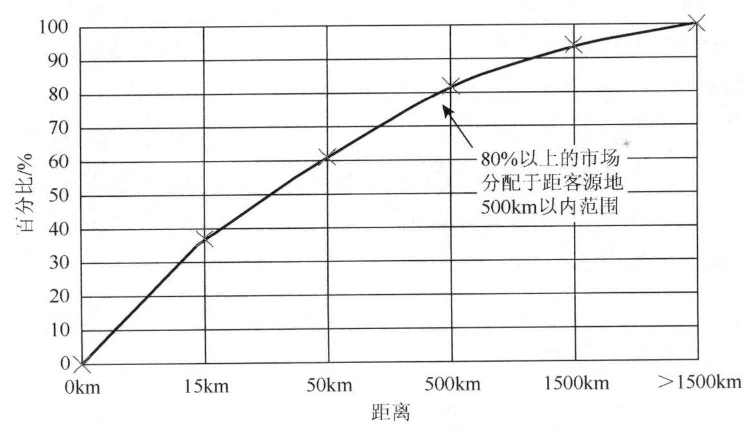

图 2-1　中国城市居民到访率在空间上的分割

三、劳动地域分工理论

劳动地域分工又称生产地域分工或地理分工，它与部门分工构成了社会分工的两种基本形式（武友德，1999）。劳动地域分工理论认为，劳动地域分工产生的根本原因在于社会生产力的发展，地域内各种禀赋条件（自然、社会、经济等）的差异是地域分工产生的前提条件，通过将部门、空间结构及其之间的交通运输纽带作为主体，以特定经济区域或经济区域系统的形式得以表现的。现代社会经济发展实践说明，地域间分工与协作的关系不仅并存而且是相互依赖的。这种关系的存在能够使得区域内各种地理要素和资源在各生产环节和部门之间的组合、调度更加协调，从而达到优化区域资源配置，并能最大限度地发挥区域内各地资源的作用，产生“1+1＞2”的实际效果，推动区域经济协调、健康、可持续地发展。因此作为劳动地域分工理论的两个客观基础，资源禀赋的区域差异和对区域经济利益的追求应受到足够的重视（刘青，2004）。

区域内实现旅游目的地合作的一大客观条件就在于旅游地的空间差异和旅游者的跨区域流动。旅游要素禀赋的空间差异越大，区域间的旅游业分工也就越明显，旅游地之间的合作欲望就愈发强烈（刘青，2004）。也就是说，由于不同地区自然地理景观和地域社会文化的差异，从而产生了地域分工，不同地域之间也展开了空间上的联合和经济产业上的协作。从世界范围内看，不同国家、地区都有着各自独特的旅游资源、产业基础环境、政策法规，在对旅游资源进行开发时，都会结合这些因素来发掘自身的比较优势，从而拿出本地区最具竞争力的“拳头产品”，满足旅游市场的需求。

目前区域性合作已经成为旅游业发展的共识。旅游业的区域合作表现为目的地与客源地的互补以及若干目的地之间的互补合作。这种合作不仅建立在旅游资源差异之上，目的地区域内城市的职能差别也成了产生联合的动力（如旅游地与交通枢纽城市、接待服务城市的合作等）。这些合作关系充分体现了劳动地域分工理论中的比较优势原理，同时也要求合作中的各主体充分认识自身的优势与劣势，找准在目的地区域中的定位，明确自己的发展重心。在旅游线路中要求目的地之间不仅需要合作，还需要依据自身的特色和优势，一方面合作形成目的地整体吸引力；另一方面，要求目的地节点之间依据区位和特色形成一定的分工，在整个旅游线路中扮演不同的角色。

四、“核心—边缘”理论

“核心-边缘”理论是由美国学者弗里德曼（J. Friedman）提出，并于1966年在他的专著《区域发展政策》（*Regional Development Policy*）一书中首次较为系统、完整地进行了阐述（崔功豪等，1999）。他认为，任何一个区域或是空间经济系统都由不同属性的核心区及边缘区组成。任何特定的空间系统都会拥有不止一个核心区，核心区的范围在不同条件下是变化的。在经济的发展过程中，核心区与边缘区的发展关系是不平等的，核心区处在区域经济发展、资源调配的主导地位，而边缘区则接受核心区的支配，在发展上依赖于核心区（汪宇明，2002）。同时，核心边缘理论认为，“核心—边缘”结构的形成是一个动态演化过程，它由互不关联且孤立发展，变为相互联系但发展不均衡，再由发展不均衡演变为关联且均衡发展等数个阶段构成，并试图解释这样发展的驱动机制（Friedman，1966）。

区域旅游目的地资源的整合协调开发已是大势所趋，但由于先天自然资源条件以及后天的社会经济发展水平等方面的差异，造成进行旅游目的地的区域空间合作时，所形成的目的地区域内部会出现各目的地之间发展水平不均衡现象，产生所谓旅游的核心区和边缘区。拥有资源优势的目的地受利益的驱使，必然利用自己在区域中所处的核心地位，将资金、人力、设施等旅游开发资源向自己集中，使得自己的核心地位得到巩固；而缺少优势的目的地则不断地被边缘化。这种"马太效应"不仅会挫伤那些处于旅游区域中边缘地位目的地的合作参与热情，对于核心目的地的长远可持续发展也是不利的。如何衡量目的地区域内的这种不均衡现象，并能让目的地合作区域均衡发展，尤其是实现经济利益的均衡且公正地分配，是一个值得思考的问题。

五、社会网络理论

社会网络理论 20 世纪 30 年代起源于西方的社会学研究，借鉴了心理学、社会学、人类学以及数学等学科的成果，是社会学研究的重要方法和理论，它试图从社会关系和社会结构的视角解释社会现象（格兰诺维特，2007）。20 世纪六七十年代以来，随着计算机的运用以及理论基础和分析方法的日渐成熟，社会网络分析开始广泛应用于社会学、管理学、人类学等学科中（Wasserman and Faust，1994）。其对纷繁复杂的社会问题较强的分析解释能力受到了各学科学者的广泛好评。

作为一种结构主义视角的研究分析理论，社会网络理论注重对网络中节点关系结构的描述。其中，节点（或称作"行动者"）可以理解为特定的人、事物或事件，网络则是连接这些人、事物或事件的特定联系方式。社会网络理论认为，社会网络是一个由非正式关系构成的网络，社会行动者"嵌入"其中，并且行动者的行为及行为结果受其所嵌入社会网络的影响，因而想要描述或是衡量行动者之间的行为及行为结果，就必须要将其放置于特定的社会网络中（Wellman，1997）。

社会网络模型最初被用于分析个体之间的相互关系，随后被众多城市研究者用来分析城市和选择之间的关系（黄潇婷，2015），以及在揭示区域内部旅游流结构特征等领域均有探索。旅游亦可算作是一种社会现象，各种旅游要素构成了庞杂的旅游系统网络组织，各旅游要素之间的相互流动、联系都受到整个网络系统的制约。从空间角度看，若将旅游目的地作为网络中的节点，那么构成节点之间相互关系的就是游客、资金、信息等要素，拥有多个目的地的空间区域就可以看作是一个社会网络系统。把目的地及其之间的相互关系置于这个空间网络之中进行研究，将会产生对目的地本身及整个目的地区域更为全面和系统的认识。

六、共生理论

"共生"（symbiosis）一词来源于希腊语，最早由德国真菌学家德贝里（Anton

de Bary）于 1879 年提出（吴泓和顾朝林，2004），意指“不同种属的生物按某种物质联系共同生活”。在这个空间内，共生双方不仅仅存在合作和相互理解的积极态度，同时也存在竞争和冲突，在竞争中合作以及在合作中竞争；在相互尊重其他参与者的基础上，创造新的合作性的关系；共生是一个彼此依存彼此扶持的系统，任何一方单独存在都难以达到一种高水平的发展阶段；在经济、文化、农业、工业以及信息技术、生态保护背景下，共生双方共同发展，同时又各自寻找适合自己的发展定位（Gunn and Var，2002）。20 世纪 50 年代以后，共生理论思想被引入社会学、管理学和经济学之中（朱生东，2015）。吴泓和顾朝林（2004）以淮海经济区为例，较早进行了基于共生理论的区域旅游竞合研究，该文至 2016 年 12 月 18 日在中国知网的引用率已经高达 473。此后，一些学者将共生理论应用于旅游领域，主要从利益相关者的角度，探讨区域旅游合作（王维艳等，2007）、旅游企业合作（申秀英等，2006）、区域旅游资源整合（韩芳和帕尔哈提，2006）、旅游景区共生形象（白凯和郭生伟，2010）等视角来探讨旅游合作。

旅游业是一个涉及多个行业多个部门的产业，需要各行各业的合作，尤其在多目的地旅游线路模式中涉及旅游目的地区域内多个节点之间的合作，目的地区域内各节点城市或者景区之间也是共生关系，合作共赢。

Lue 等（1993，1996）提出吸引力叠加效应理论可以很好解释游客的多目的地旅行行为，如果目的地区位邻近且道路连通，或者彼此排列有序而不是相互分散，那么可以很好地合作发展。吸引力叠加效应理论最初来自于零售业文献，近来常常被用于旅行行为类型的研究中。实际上该理论可以看作是共生理论的一种应用，即在一条线路上不同目的地的吸引力叠加，对游客就形成比一个单一目的地更大的吸引力。但 Beaman 等（1997）专文反驳，认为该理论不具有可操作性，因此可能得出一些不恰当的结论。

该理论用在旅游线路中，主要体现在一个合理地域空间范围内目的地能够提供不同的吸引物，每个目的地拥有各自的吸引力，但他们的差异却能够使大量游客在同一个地理区域内获得旅行满足（Lue *et al.*，1993）。处在同一旅游线路上的不同旅游地之间产业和产品的空间竞争与合作的关系问题，是区域旅游竞争与合作的典型代表，较少有学者进行研究（杨振之和陈顺明，2007）。

七、效用最大理论

一些学者将多目的地旅行与时间预算结合。游时影响多目的地旅行可以从两方面来解释：一方面，时间可以看作机会成本，游客因此必然在旅行时间与目的地消耗时间之间进行博弈；另一方面，时间可以拥有产生消费者效用的商品价值。因此，如果旅行行为在游客看起来很有价值或者很愉悦，人们愿意花费大量的时间去到处旅行，而花很少的时间待在一个目的地（McKercher，2001）。

随着旅行距离的增加，游客在目的地停留时间趋于增加，通常选择多目的地旅游线路模式。人们在作旅游决策时倾向于追求在资金和闲暇时间限制下的最大旅游效益，这种效益受感知环境限制，因此严格来说，人们追求的最大旅游效益永远只能是最满意而不是最优的。最大效益原则表现之一就是最小旅游时间比（陈健昌和保继刚，1988）。“行游比”即从客源地到目的地的旅行时间与在目的地游览观光娱乐的时间之比。单程旅行时间与停留时间的比，称为单程行游比；来回旅行时间与滞留时间之比，称为双程行游比。一般地，只有当双程行游比小于等于 1.5 时，旅游者才会作出旅行的决策（吴必虎，2001）。吴人韦（1999）提出使用游旅比的概念，即旅游行程逗留时间与交通时耗的比值，王伟等（2016）认为游旅比是检验一条旅游线路是否为有效线路的重要度量指标。

旅游最大效益原则主要表现在 3 个方面：①最小旅游时间比，就是用最少的时间尽可能游览最多的旅游目的地。②最大旅游体验量，即一方面倾向于选择知名度大的旅游目的地进行旅游；另一方面倾向于选择自然环境和文化环境与客源地差异较大的旅游目的地进行旅游，如一些历史古迹、自然风光或特色可口的美食，能让游客拥有非同寻常的完美体验。③旅游费用最小化，即游客支出最少的费用，科学的选择线路进行旅游活动，并实现旅游消费，从而在精神上获得最佳体验，以达到效益最大化。

第二节　社会网络分析方法

社会网络分析作为一种全新的社会科学研究范式，发轫于 20 世纪 30 年代的西方社会学研究。以数学中的图形理论为基础，从“社会关系”、“社会结构”视角解析社会现象。20 世纪 70 年代成为了人类学、心理学、社会学、数学以及统计学等领域上逐渐发展起来的一个分支。20 世纪 80 年代以前，社会网络分析的发展是在主流社会学的研究方法之外进行的。进入 20 世纪 90 年代，它逐渐进入量化研究的行列，成为了社会科学研究的一种新范式逐渐被引入旅游学的研究。20 世纪 90 年代，一体化社会理论的出现，使得网络分析作为一种分析框架在各个学科中的运用日益普及，甚至在美国社会学和管理学界成为显学（王素洁等，2009）。总之，经历了近 80 年的发展，社会网络分析方法不仅是一种社会学研究范式和研究工具，更是一种关系论的思维方式。

一、社会网络的概念

目前，已经有不少关于社会网络的较为成熟的概念，通常有两种理解：一是指社会行动者及其间的关系的集合（刘军，2004）。也就是说一个社会网络是由多个点（行动者）和各点之间的关系（行动者之间的联系）组成的集合（刘法建等，2009）。姜佳将列举了 20 世纪国外学者们对“社会网络”概念的界定（姜佳将，2010）（表 2-1）。

表 2-1　20 世纪国外学者对“社会网络”概念的界定

学者	内容
Barnes	最早提出“社会网络”这个概念，用“社会网络”来表示正式关系之外的非正式联系
Mitchell	进一步将正式与非正式的人际关系都视为社会网络
Laumann，Galaskiewicz，Marsden	将社会网络的概念进一步扩大，将社会网络定义为一群节点（node），这一群节点可以是个人、群体、组织、国家等，透过特定的社会关系所形成的联系
Cook	在个体层面社会网络的基础上将社会网络的概念放大到组织层面，将组织间的网络定义为：“二个或二个以上组织的联交换关系”
Knoke and Kuklinski	认为社会网络是指透过一套特殊型形式的社会关系，如友谊、买卖、相同会员身份等，所联结起来的一群节点（nodes）
Emirbayer and Goodwin	定义社会网络为一组连接着一组个体（人、团体、事、物）的社会关系

综合社会网络研究的一些主要思想观点，可见，“社会网络”的概念至少应该包括 3 个基本要素：行动者（actors）、关系（relationships）、联带（ties）。

行动者（actors）：社会网络中的一切个人、群体、组织、国家或城市等都可以视为行动者。每个行动者在网络中的位置都可以称为“节点”（nodes）。

关系（relationships）：所有行动者之间一切联系的总和称为关系。关系的内容可能是友谊、支配、买卖或是沟通关系，也可以是行动者之间的隶属关系和空间关联；且关系可以是单向也可以是双向的。

联带（ties）：一个行动者与另一行动者之间透过某种途径建立的某种形式的关系。与关系最大的区别就在于联带存在于两个成对的行动者之间，而关系则是网络联系的总和。依据联系程度的不同，可分成强联带（strong ties）与弱联带（weak ties）。

对社会网络的第二种理解是指对社会关系结构及其属性加以分析的一套理论和方法（王素洁等，2009）。也有学者将第二种理解称为“社会网络分析”，社会网络分析作为一种相对独立的研究社会关系结构的范式，它主要分析的是不同社会单位（个体、群体、社会）所构成的关系的结构及其属性（李蕾，2012），具有自己的理论基础和方法论原则。社会网络分析的研究对象是行动者之间的关系，是以行动者之间的关系数据为研究基础，借用图论和矩阵法等来表现行动者之间的关系，并使用相应的技术和指标来揭示网络关系及其结构特征（王永明等，2012）。其精髓就在于把复杂多样的关系形态表征为一定的网络构型，然后基于这些构型及其变动，阐述其对个体行动和社会结构的意义（李林艳，2004）。也就是说，社会网络分析作为一种分析技术，不仅仅强调对社会网络结构的分析，更重视的是透过网络结构所体现的社会学意义。

总之，“社会网络”既指社会行动者之间的关系结构，也指对这种关系结构加以分析的理论和方法。社会网络的这种双重角色为其在旅游研究领域的应用提供了基础（王素洁等，2009）。尽管社会网络作为一种全新的研究范式，在学界还存在一定争论，但相关的应用研究成果已经说明了其在跨学科研究中的重要地位和作用。

二、社会网络在旅游研究领域中的应用

（一）国外研究进展

20 世纪 90 年代开始，社会网络理论在国外研究中日益得到重视，甚至被视为是进行旅游研究的绝佳范式（Scott *et al.*，2008a）。国外社会网络在旅游研究领域中虽然不够成熟，但已经成为较为活跃的热点研究领域（王素洁等，2009）。国外研究内容主要集中在旅游目的地网络结构、旅游政策网络和旅游企业管理等方面。

1. 旅游目的地结构研究

旅游目的地是由不同类型、不同层次的旅游供应商和旅游组织构成的，所有的这些机构和组织围绕为游客服务这一纽带交织成了关系复杂的综合网络（Pearce，1996）。目前来看，对于目的地网络结构特征的研究是研究者比较关注的研究方向之一。Pavlovich 较早利用网络理论，以新西兰 Waitomo 景区为研究对象，使用网络密度和中心性指标，对目的地演化与转型问题进行了研究，同时也探讨了政府、企业组织和原住民间的相互作用和影响（Pavlovich，2003）。Shih 运用个体网中心性指标研究了台湾南投地区 16 个自驾游目的地的中心性网络结构特征，并提出了区域旅游发展定位和配套设施建设的相关建议（Shih，2006）。Scott 对澳大利亚维多利亚 4 个不同类型目的地的网络结构和网络凝聚力进行了研究，发现社会经济发展水平越高、规模越大的目的地，网络集聚力越强（Scott *et al.*，2008b）。从社会网络指标选取看，网络中心性和结构洞是研究旅游目的地网络结构特征所选取的主要指标。从研究范畴看，主要集中在对旅游目的地整体网络结构特征的研究，而对旅游目的地个体中心网的相关理论和应用研究较少。

2. 旅游政策网络研究

对于旅游政策网络的界定较为复杂。国外学者们通常将旅游决策过程中旅游

政策所涉及的利益相关者及其间的关系结构称为旅游政策网络（Scott *et al.*，2008a；Scott *et al.*，2008b）。旅游政策网络是由多维网络共同构成的，涉及众多议题，甚至许多议题交织在一起，但目前相关研究主要集中在特定的旅游政策上（如旅游开发规划）（王素洁等，2009）。Pforr 论述了澳大利亚北部地区旅游规划网络在描述、分析和解释政策领域内经营者极其复杂关系的作用（Pforr，2002）。Dredge 以澳大利亚新南威尔士州的麦格理湖景区为例，调查了旅游规划网络中地方政府和行业之间的关系，探讨了旅游规划网络中的事件网络、团体网络等对政府与旅游企业之间关系网络的影响，进而探究其对旅游规划决策的影响（Dredge，2006）。Lee 以韩国 43 个乡村为案例研究地，运用 GIS 和赋值网络分析方法，使用结构洞和中心性指标分析了在旅游发展各乡村的网络地位，提出空间中心性在乡村旅游管理一体化中的应用研究价值（Lee and Choi，2013）。总的来看，网络分析方法在旅游政策网络研究领域中的应用主要集中在利益相关者对旅游决策结果的影响的表述和解释上，而对利益相关者是如何影响这种决策网络的机制研究较少，也是值得继续探讨和研究的重要问题。

3. 旅游企业管理研究

旅游企业大多是由员工流动率高的服务性的小企业构成，这些企业各方面资源和能力有限。基于网络关系视角，旅游企业的网络关系大致可以分为企业内部各部门、团队、员工之间建立的信息沟通，知识传播关系以及旅游企业在市场上与其他相关企业建立地正式与非正式的关系。对于旅游企业内部各部门、团队、员工之间建立的信息沟通和知识传播关系，通过社会网络分析，可以将这种复杂抽象的社会关系形象化，使企业管理者清晰地识别出促进和阻碍企业内部信息传递和知识传播的关键部门、团队及员工，为其协调管理企业内部员工提供相关依据。同样也可以使企业之间的业务往来、资源信息共享、营销合作等关系显像化，对于企业管理者了解市场动向、制定企业发展战略以及寻求合作伙伴有着重要意义。实际上，社会网络本身就是旅游企业的一种重要资源，是旅游企业创新和企业联盟建立的重要途径（王素洁等，2009）。Scott 等用社会网络分析方法对葡萄牙运动和探险企业成长和创新进行了研究，研究结果也显示处于网络结构洞位置或者拥有较高的中介中心度的企业，对于企业间信息和资源流通、传播的控制能力较强，因此这样的企业也更容易进行创新（Scott *et al.*，2008a）。

（二）国内研究进展

国内，社会网络理论应用于旅游研究起步较晚，2006 年才出现相应的成果。尽管目前研究尚不成熟，但却是未来旅游研究的重要趋势之一。目前研究应用主要集中在旅游流网络结构、目的地角色功能、区域旅游经济联系网络、目的地组织及政策管理等研究主题。

1. 旅游流网络结构研究

旅游流是旅游地理研究的核心问题之一，学界对此进行了多方法、多角度的研究（刘法建等，2009）。对旅游流的研究主要集中于旅游流空间特征（结构、等级、演化）、空间效应（产生、集聚、扩散）以及旅游相关流（商业、贸易、信息）等方面（章锦河等，2005）。这些研究主要基于旅游流的属性数据，属于社会统计学范畴；而旅游流实际上是一种联系，内部存在大量的关系数据，这些联系基于某一规则交织形成对应的旅游流网络。学界对于旅游流网络结构的研究成果已不少，也已显示了社会网络理论在旅游研究中的重要应用价值。旅游流网络结构研究成果主要体现在以下几个方面：

从区域角度出发，利用主要集中在城市旅游流和区域旅游流的研究。陈秀琼等借鉴 Shih 研究成果，基于旅游者行走游线和旅游流量，运用社会网络理论分析了基于交通网络和旅游资源禀赋的旅游系统空间的网络结构特征，并探讨了旅游系统空间结构的影响因素及其优化措施，以福建为案例地进行了实证研究（陈秀琼和黄福才，2006），开创了国内社会网络在旅游研究领域中的应用，也为旅游流网络结构的研究提供范式。杨兴柱以南京为案例地，测度了南京市旅游流整体网网络结构的属性特征（杨兴柱等，2007）。城市群作为一种特殊尺度类型的旅游目的地，其区域旅游流网络被众多学者所关注。陈浩运用社会网络理论和方法，使用旅行社线路和长途客运线路为基础数据，对珠三角城市群网络结构进行了定量研究，并构建了珠三角城市群旅游地空间网络结构模式（陈浩等，2011）。此外，王永明等从旅游流联系的角度，研究了以城市为节点的大尺度入境旅游流空间网络结构特征（王永明等，2012）。

从游客行为角度出发，入境旅游流网络结构特征的研究成果较多。刘法建等从旅游流的内在联系特征入手，运用社会网络理论和方法，论述了入境旅游流网络分析的可行性和必要性，为探讨入境旅游流空间特征和机制提供了一种新的分析思路（刘法建等，2010a）。吴晋峰等运用社会网络理论和方法，对京沪入境旅游流网络的整体型态特征和个体结构位置特征进行了定量研究，得到京沪入境旅游流网络节点层次分化严重，存在明显的派系，并针对以上结论提出了相关建议（吴晋峰和潘旭莉，2010a）。王永明等基于旅游流联系的角度，构建以城市为节点的大尺度入境旅游流空间网络，借鉴社会网络分析技术和方法，综合运用 GIS 空间分析和数理统计等方法，对中国入境游客多城市旅游空间网络结构特征及派系结构形成机理进行了研究，发现区域交通、旅游资源、经济联系是派系形成的重要驱动力，空间距离对派系形成的影响作用极小（王永明等，2012）。随着旅游交通关注度地不断提升，对于旅游交通网络的研究成果也在逐渐增多。吴晋峰等通过问卷调查和航班数据分别构建了京沪入境旅游网络和航空网络，运用社会网络分析方法，对入境旅游流网络结构与航空网络结构关系及网络节点定位与关系进行了研究（吴晋峰和潘旭莉，2010b）。此外，唐澜等、陈超等运用社会网络分析方法，结合 GIS 空间分析方法和数理统计方法，分别对入境商务旅游和中国农民跨省旅游等旅游细分市场的旅游行为网络特征进行了相关研究（唐澜等，2012；陈超等，2013），进一步丰富了旅游流的研究内容，也丰富了社会网络在旅游研究领域中的应用。

从社会网络指标构建角度出发，目前研究多以整体网的相关指标研究为主，个体网指标研究相对较少。刘冰等通过问卷调查，以新疆目的地网络为例，利用社会网络视角及分析方法，通过整体网和个体网两个层面探寻旅游线路形成的内在机理（刘冰等，2013）。对旅游线路个体网研究，一方面，丰富了现有旅游线路研究的理论和研究方法；另一方面，进一步丰富了社会网络研究方法在旅游流网络中的应用。孙勇等以云南省为案例研究，基于全国百强旅行社线路报价单和散客旅行网络游记获取旅游线路数据，构建云南省旅游线路网络，运用整体网和个体网研究方法，结合 GIS 空间分析方法探究了云南省旅游线路的网络空间结构特征（孙勇等，2016），进一步丰富了个体网在社会网络研究方法及旅游流网研究的应用成果。

总体来说，目前国内基于社会网络理论对旅游流网络结构的分析主要集中在结构特征的描述和论证上，而对于这种结构特征的动因以及演化趋势的研究成果较少。

2. 旅游目的地角色功能研究

区域旅游空间相互作用的过程实质上表现为一种旅游流的空间移动（史春云等，2005），而旅游流的空间移动也显示了目的地之间这种关系类型与强度的对比。不同类型与强度的目的地相互作用产生旅游流的空间移动从而形成目的地间的要素联系，各个目的地通过要素联系交织而形成旅游目的地网络系统。其中某个目的地的网络结构位置和它与相关旅游目的地的旅游流互动效应对其发展具有决定性意义（刘法建等，2010b）。这也显示了旅游地角色功能在旅游目的地网络分析中具有重要的价值和意义。

刘法建等通过构建旅游流网络，运用社会网络理论的结构对等性分析模型和中心性指标对中国入境旅游流网络省级旅游目的地的功能角色进行了系统的研究；将我国 31 个省级旅游地划分为全国旅游中枢、区域旅游枢纽、一般性旅游地和边缘性旅游地四种角色类型，细化了各类目的地的功能，并对其影响因素进行了探讨，得出区域经济发展水平、旅游服务设施、对外联系度等是制约中国入境旅游流网络结构中省级旅游地功能角色差异的主要影响因素，旅游资源和内部交通便捷度的影响较小（刘法建等，2010b）。朱冬芳等运用重力模型结合社会网络分析方法，基于旅游经济网络视角对长三角都市圈旅游地角色类型、功能及影响因素进行了研究，划分了核心旅游地、次核心旅游地、重要旅游目的地、一般旅游目的地和边缘旅游目的地；影响各城市在旅游经济网络中的角色与功能的主要影响因素是旅游发展能力、经济发展水平、交通条件和城市发展等因子（朱冬芳等，2012）。

总之，旅游目的地网络角色与功能的研究对于旅游地旅游资源开发、旅游线路组织优化、旅游基础设施的规划以及旅游地市场联合营销策略的制定等都有着重要的价值和意义。

3. 区域旅游经济网络研究

随着社会经济发展和市场化、全球化的推进，城市在区域发展中的地位和作用日益加强，区域内部和区域之间的社会经济联系更加密切与复杂（朱冬芳等，2012）。旅游流不停地快速流动，推动了区域旅游目的地空间经济联系的发展及其空间结构的演变（姜博等，2009）。了解一个区域，不仅要了解其内部组成城市，更要了解城市间错综复杂的关系结构，社会网络分析法正好可以对城市空间经济联系进行准确判断和度量（韩会然等，2011a）。空间经济联系的网络结构是指城市群内各个城市在相互联系过程中建立的信息流、物质流、资金流、人流关系的总和，反映了地区经济联系的空间属性和行为特征（侯赟慧等，2009）。

韩会然运用社会网络分析方法对皖江城市带空间经济联系的网络结构特征、演化趋势、机理及优化方向进行了详细地探究，得出了该方法在城市空间经济联系中的有效性，并指出要素的集聚与扩散、产业分工体系的形成、交通方式的创新及开发区建设等共同形成了皖江城市带空间经济联系不断变化的机理（韩会然等，2011a；韩会然等，2011b）。方叶林等通过修正后的引力模型构建旅游经济联系网络，运用社会网络分析方法分析了长三角城市旅游经济空间差异及原因，指出社会网络分析方法能够揭示区域旅游经济发展差异的内部机理，为研究区域旅游空间差异提供新视角（方叶林等，2013）。尚雪梅等、孙勇等分别对京津冀地区、江苏省的旅游经济联系网络空间结构特征及空间差异特征进行了相关研究，进一步丰富了社会网络理论在旅游空间经济领域中的应用（尚雪梅，2012；孙勇和史春云，2013）。

从以上研究可以发现，对于旅游经济联系网络空间结构的研究主要以案例研究为主，通用性的研究较少；研究区域的选择多集中在经济相对发达的东部沿海地区，对经济欠发达地区的研究较薄弱。

4. 旅游目的地组织及政策管理研究

社会网络分析主要用于描述组织间的关系特征、确定关系类型、探索信息和其他资源的流动、分析关系对网络的影响，是剖析组织间关系不可多得的方法之一（杨效忠等，2009）。由于国内对于旅游组织网络以及旅游政策管理网络关系数据的收集相对比较困难，这使得社会网络在该方向的应用成果相对较少。

王素洁等以山东省潍坊市杨家埠村为案例研究，运用中心性和结构洞指标分析了可持续乡村旅游决策利益相关者之间的关系结构（王素洁等，2011）。构建旅游目的地各利益相关者群体间的关系网络，运用社会网络分析方法，尝试对旅游目的地管理机构（DMO）与利益相关者之间的多元关联进行剖析，并根据网络密度和中心性指标，对 DMO 利益相关者管理战略进行了探讨（王素洁，2012）。杨效忠运用社会网络理论方法对跨界旅游区这一管理对象相对复杂的地理单元，进行组织网络结构特征、合作特征与模型及影响机制等内容进行了系列的理论和实证研究，为国内跨界旅游区、组织际关系、及旅游组织管理等方面的研究提供了新的理论研究思路与方法（杨效忠等，2009，2010，2011）。

（三）述评

综观国内外的相关研究成果，社会网络理论与方法在旅游研究领域中的应用主要表现为对单个城市或区域范围的研究较多，对城市或区域内部之间的关系研究较少；对沿海发达地区的研究较多，对偏远落后地区的研究较少；与地理学、规划学、管理学、经济学等学科融合紧密，与其他学科的交叉研究较少；研究方法主要是定性方法与简单的数理统计方法结合，其他视角的方法较少。

虽然社会网络模型在旅游方面的应用取得一定成果，但多集中在关系的分析上，还较少有学者涉及景区尺度的景点选择网络组织结构研究和利用社会网络的关系分析旅游者行为并进一步指导旅游线路设计（刘冰等，2013）。在多目的地旅游形成的网络背景下，旅游空间行为存在于节点（客源地、目的地）与节点间连接路径（旅游通道）所形成的网络中，社会网络分析方法的引入，为旅游线路的研究提供了一个有力的分析工具（刘冰等，2013）。

Hwang 指出网络分析非常适合多城市间旅游线路的研究（Hwang *et al.*，2006）。刘宏盈等运用社会网络分析方法，基于旅游线路视角深入探究了泛北部湾区域的旅游流网络结构特征，并提出了相应的旅游业合作发展建议（刘宏盈等，2012）。刘冰等运用社会网络分析方法探讨了新疆旅游线路网络的结构特征和形成的内在机理（刘冰等，2013）。孙勇等运用整体网和个体网研究方法，探讨了云南省旅游线路网络结构特征，结合 GIS 空间分析方法就社会网络分析的二值化处理过程中存在的不足进行修正（孙勇等，2016）。因此，基于社会网络视角对旅游线路网络结构与空间特征的研究进一步丰富了社会网络分析方法在旅游研究领域的应用成果。

三、旅游线路网络评价指标体系构建

社会网络分析方法作为课题研究使用的主要研究方法之一，包含着大量的网络特性评价指标和计量分析指标，而且计算过程繁琐复杂。因此，如何选取合适的网络评价指标，构建合理的网络指标体系来阐述旅游线路网络结构就成为一项重要的工作。此外，关系数据是社会网络理论应用的数据基础，如何在明确网络节点的情况下确定关系数据并构建关系网络是社会网络分析之前必须首先解决的一个重要事项。因此，下面部分主要解决两问题：一是构建旅游线路网络，二是构建旅游线路网络评价指标体系。

（一）旅游线路网络构建

网络是由节点和连线构成，表示诸多个体及其间的相互关系，也即个体与关系是网络不可或缺的两大要素，它们的结合共同构成了网络。网络分析主要是描述特定的个体（节点）之间的关系（连线）的结构。节点之间不同类型不同程度的关系联结都将形成不同类型不同功能的网络结构。旅游线路网络是旅游者在旅游活动过程中，依托旅游交通在不同旅游目的地节点（城市、景区）之间产生的位移，在空间上形成节点之间的线性轨迹（表示目的地节点之间产生的内在关系）的总和。可以反映旅游者在旅游目的地之间活动的空间状态，映射出旅游目的地的空间属性和相互关系。通常旅游线路网络构建有以下几个步骤：

1. 确定线路网络范围和网络节点

对于旅游线路网络范围的确定通常有宏观、中观（包括行政区和都市圈等）和微观 3 个层面，考虑到旅游线路数据本身的特殊性及可获取性，通常选取中观区域范围作为旅游线路网络分析的范围。根据研究目的，旅游线路网络节点可以是旅游系统中的任何旅游要素。既可以是旅游目的地城市或景区，也可以是为旅游者提供各项服务的相关组织、企业或团体等。

2. 确定网络关系

社会网络分析方法要求数据必须是关系数据。因此，要将整理的旅游线路中的属性数据转化为关系数据。本书主要以旅游者通过旅游活动在目的地之间产生位移所形成的线性轨迹来表达线路网络的结构关系。如旅游者在一包含有 A、B、

C、*D*、*E* 5 个节点的区域进行旅游活动，期间伴随着旅游者的移动使得节点之间产生相互联系，形成一条完整旅游线路，假设其依次经过节点的情况是 *A*→*B*→*C*→*D*→*C*→*A*。用图形表示即为单个旅游者旅游线路拓扑图（如图 2-2），将拓扑图以矩阵形式表达即获得社会网络分析方法需要的关系数据。矩阵中首行和首列表示网络节点，单元格值为“1”和“0”，其中“1”表示该值所对应（行和列）两个节点之间存在由“行”（节点）→“列”（节点）的流动关系；“0”则表示节点间不存在流向关系。

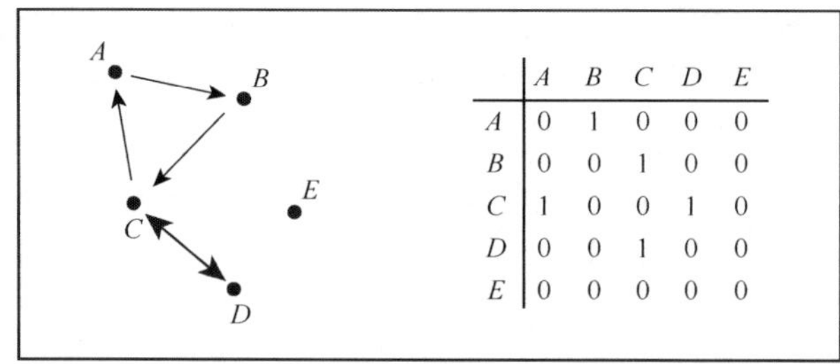

	A	*B*	*C*	*D*	*E*
A	0	1	0	0	0
B	0	0	1	0	0
C	1	0	0	1	0
D	0	0	1	0	0
E	0	0	0	0	0

图 2-2　一条旅游线路拓扑图与矩阵

3. 搜集和处理数据

依据研究需要搜集相应的旅游线路数据，并按照以上方法将每一条旅游线路数据转化为用“1”和“0”表示的节点间关系矩阵。选取的以目的地城市作为网络节点的旅游线路数据通常为多目的地旅游线路（即一条旅游线路包含多个目的地节点），而单目的地旅游线路中并不存在旅游者在空间上的位移，表现在网络结构中即网络节点间未产生联系，也不会产生关系数据。因此，在搜集旅游线路数据时会排除单目的地旅游线路。

4. 建立节点关系赋值矩阵

将搜集的所有旅游线路关系矩阵加总得到网络节点关系赋值矩阵。赋值矩阵中首行和首列表示网络节点，单元格值表示该值所对应（行和列）两个节点之间存在由“行”（节点）→“列”（节点）的流动及流量关系。单元格值越大，表明旅游线路网络中由“行”（节点）→“列”（节点）的出现的路线次数越多，反之，则路线出现的次数越少。

5. 赋值矩阵二值化处理

目前社会网络分析方法的相关指标多数是针对二值数据进行的，对于赋值矩阵的网络分析指标属于复杂网络的研究范畴，且其计算过程比较复杂。因此为了满足社会网络分析方法对数据的要求，需要对关系赋值矩阵进行二值化处理。二值化处理的关键问题在于选择合适的断点值，通常断点值的选择要尽量反映实际网络的真实情况，避免出现过多的连接或不连接，从而对网络分析结果产生影响。在选定合适的断点值后，若旅游线路网络中节点之间出现路线次数大于等于该值时，将其在赋值矩阵中单元格值转化为1；反之，若小于该值时，则将单元格值转化为0，这样便产生了二分矩阵。

（二）网络指标体系构建

社会网络分析主要有两大研究领域：整体网研究和个体网研究（刘军，2009），因此社会网络结构评价指标也可以分为整体网和个体网。国内关于社会网络在旅游领域中的应用，关注重点主要集中在整体网的研究。

整体网是由一个群体内部所有成员之间的关系构成的网络，个体网是指一个个体及与之直接相连的个体构成的网络。整体网是测量网络结构的重要方法，而个体网主要用来分析社会连带（刘冰等，2013），对其分析可以比较全面地认识个体网中的各个个体。因此，最终构建的旅游线路网络评价指标体系主要包含两方面：一是整体网评价指标，二是个体网评价指标（如图2-3）。

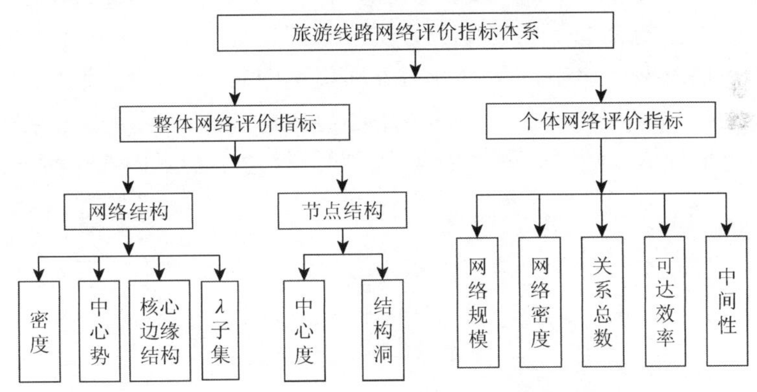

图2-3　旅游线路网络结构评价指标体系

1. 整体网评价指标

整体网评价指标又可分为网络结构和节点结构两方面，其中，网络结构指标包括网络密度、中心势、核心边缘结构和λ子集共4个指标；节点结构指标包括中心度和结构洞两个指标，分别反映节点在网络中的地位和所处的区域优势。

（1）网络结构指标

1）网络密度

在旅游网络中，旅游节点之间存在的关系数与理论上存在的最大关系数之比即为该旅游网络的网络密度。网络密度越大，旅游节点之间的互动关系越多，连接越紧密；反之，旅游节点之间存在的关系越少且连接松散。总体来说，联系紧密的整体网络密度不仅为其中节点个体提供发展可能性，同时也是限制其发展的重要力量（刘军，2009）。其表达式为

$$D = 2L/n(n-1) \tag{2-2}$$

$$D = L/n(n-1) \tag{2-3}$$

式中，L 代表网络中节点间实际存在的关系数量，n 为网络中的节点个数。在无向关系网络中，n 个节点所包含的关系理论最大值为 $n(n-1)/2$，因此，无向网络密度变形为式（2-2），在有向关系网络中，n 个节点所包含的关系理论最大值为 $n(n-1)$，因此有向网络密度公式为式（2-3）。

2）网络中心势

“中心性”是社会网络分析的重要研究问题之一，包括点的中心度和网络的中心势。有三种表达形式：程度中心性、接近中心性和中间中心性。网络中心势与节点中心度不同，前者主要是分析整个网络的中心性，反映一个网络所具有的中心趋势，后者主要是衡量节点在网络中的位置和地位。与节点中心度相对应，网络中心势分为程度中心势、接近中心势和中间中心势。

程度中心势（degree centralization）反映网络整体中心化程度，是网络中最大节点程度中心度值与其他节点程度中心度值差值加总与理论上各个差值总和最大可能值之比。在有向网络中，又可分为外向程度中心势和内向程度中心势。网络中节点程度中心度值差异越大，则网络中心势值也越大。在旅游线路网络中，若其程度中心势值较大，则说明网络越集中，网络权力主要集中在个别旅游节点上。其公式为

$$C_{\mathrm{D}} = \frac{\sum_{i=1}^{n}(C_{\max} - C_i)}{\max\left[\sum_{i=1}^{n} C_{\max} - C_i\right]} \tag{2-4}$$

由于只有当网络为包含 n 个节点的星形网络的时候，分母才能达到最大值。因此上述公式又可变形为

$$C_{\mathrm{D}} = \frac{\sum_{i=1}^{n}(C_{\max} - C_i)}{n^2 - 3n + 2} \tag{2-5}$$

式中，$C_{\max}$ 为网络中节点程度中心度最大值，C_i 为网络节点程度中心度值，n 为网络节点的个数。

接近中心势（closeness centralization）是按照网络节点接近中心度的方法计算的网络中心化程度。其公式表达为

$$C_C = \frac{\sum_{i=1}^{n}(C_{max} - C_i)}{(n-2)(n-1)}(2n-3) \quad (2\text{-}6)$$

式中，C_{max} 为网络中节点接近中心度最大值，C_i 为网络节点接近中心度值，分子是网络中最大节点接近中心度值与其他节点接近中心度值差值加总，n 为网络节点的个数。接近中心势与程度中心势相类似，星形网络具有 100%的接近集中趋势，而完备网络、环形网络的接近中心势为 0。

中间中心势（betweenness centralization）同样是类似于网络节点中间中心度的计算方法，来反映网络的中心化趋势。网络中心势数值越高，表明网络中出现过分集中的中间点的可能性越大。其公式为

$$C_B = \frac{\sum_{i=1}^{n}(C_{max} - C_i)}{n^3 - 4n^2 + 5n - 2} \quad (2\text{-}7)$$

式中，C_{max} 为网络中节点中间中心度最大值，C_i 为网络节点中间中心度值，分子是网络中最大节点中间中心度值与其他节点中间中心度值差值加总，n 为网络节点的个数。中间中心势与程度、接近中心势类似，星形网络具有 100%的中间中心势指数，环形网络的中间中心势指数为 0。

同样根据上述中心势的含义，归纳总结旅游线路网络中心势指标功能释义（表 2-2）。

表 2-2 旅游线路网络中心势指标功能释义

指标值	程度中心势	接近中心势	中间中心势	旅游线路网络结构释义
高	网络中各节点输出、引入能力差异显著	网络中各节点的可进入性以及对其他节点依赖性都存在明显差异	各个节点作为“中间人”控制网络的能力存在明显差异	各节点之间的交流能力以及控制与被控制网络的能力存在明显的差异，个别节点功能突出，网络存在明显的结构中心，网络发展不均衡性明显
中	网络中各节点输出、引入能力差异一般	网络中各节点的可进入性以及对其他节点依赖性的差异一般	各个节点作为“中间人”控制网络的能力差异一般	各节点之间的交流能力以及控制与被控制网络的能力的差异一般，网络结构中心不很明显，网络发展处于不均衡到均衡发展的阶段
低	网络中个节点输出、引入能力差异较小	网络中各节点的可进入性以及对其他节点依赖性差异较小	各个节点作为“中间人”控制网络的能力差异不明显	各节点之间的交流能力以及控制与被控制网络的能力存在的差异不明显，网络不存在明显的结构中心，网络处于均衡发展状态

3）核心边缘模型

社会网络分析中“核心-边缘（core-periphery）结构”的研究主要是分析网络中节点分布的不平衡性，可以揭示网络中节点处于“核心”或者“边缘”的地位。同时该模型提供对核心节点与边缘节点之间联系强度及其各自内部之间的联系强

度的分析模块，对网络结构的优化提供重要的指导建议。以上可以通过 UCINET 软件中 Network—Core—Periphery 模块完成。

陈秀琼等运用社会网络分析中的“核心-边缘”结构模型将旅游目的地划分为区域旅游核心区、缓冲区和边缘区（陈秀琼和黄福才，2006）。杨兴柱等借助“核心-边缘”结构模型，以南京市 16 个旅游景区节点为研究对象，划分了 7 个旅游节点组成网络核心区，其余组成网络的边缘区，并对核心区和边缘区的节点间的连接密度进行了测算（杨兴柱等，2007）。可见，该模型对于明确网络节点的地位和作用，及分析网络节点分布的不平衡性具有重要的应用价值。

4）λ 子集（lambda set）

λ 子集是进行凝聚子群分析的一种指标。由于旅游者空间行为特征的作用导致目的地网络在空间上呈现出一个非关联图（关联图：任何两点都相互可达），它的内部必然存在相对联系紧密的子图（子群），这在社会网络分析中称为凝聚子群。凝聚子群是满足如下条件的一个行动者子集合，即在此集合中的行动者之间具有相对较强的、直接的、紧密的、经常的或者积极的关系（Wasserman and Faust，1994）。与成分概念的不同之处在于，成分之间是不相连的，而子群之间可能会出现连接。凝聚子群涉及两方面：一是着重关注子群内部的关系；另一方面是比较内部成员之间的关系强度或频次相对于子群内、外部成员之间的关系强度和频次（陈浩等，2011）。对凝聚子群分析的角度不同，所采用的方法和指标亦不同。目前进行凝聚子群分析主要有建立在节点的互惠性基础上、可达性和直径基础上、建立在点度数基础上以及根据子群内外关系建立的凝聚子群四种方法（表 2-3）。

表 2-3　凝聚子群分析类型

分析角度	分析指标	子群衡量标准
互惠性	派系	包含三个点的最大完备子图
可达性与直径	*n*-派系（*n*-cliques）	每两个节点间的距离小于等于 *n*
	n-宗派（*n*-clan）	子图的直径小于等于 *n*
点度数	*k*-丛（*k*-plex）	每个点与同子图中除了 *k* 个点之外其余各节点都有联系
	k-核（*k*-core）	子图中的每个点都至少与 *k* 个其他点相连接
内外关系	成分（component）	子图内部存在联系，但与图中其他子图没有关联
	λ 集合 $\lambda(i,j)$	子群内部每一点相互的边关联度都比对子群外的点大

在对凝聚子群分析的运用方面，Hwang 采用基于节点互惠性的派系指标对美国入境旅游流目的地进行了凝聚子群分析（Hwang *et al.*，2006）；吴晋峰在可达性和直径基础上对京沪旅游流的凝聚性展开了研究（吴晋峰和潘旭莉，2010a）；刘法建则通过强调关系相关性的 CONCOR 法分析了中国省级目的地内部的子群关

系（刘法建等，2010a）。就本研究而言，为了达到研究目的，在比较子群内部关系的紧密性与子群外部关系的稀疏性基础之上，采用 λ 集合指标对我国旅游网络结构进行分析。

λ 集合由 Borgatti and Everett 学者提出（Borgatti and Everett，2000），通过对“边关联度”$\lambda(i, j)$指标的测度来衡量凝聚子群内部联系的稳定程度。λ 集合（集合 **NS**）可以用数学形式表达为：对于所有的 $i, j, k \in \mathrm{NS}$，并且 $1 \in \mathrm{N\text{-}NS}$ 来说，都有 $\lambda(i, j) > \lambda(k, l)$。$\lambda(i, j)$等于为了使 i, j 两点之间不存在任何路径，必须从图中去掉连接线的最小数目。一般来说，$\lambda(i, j)$的值越大，i 和 j 对去掉的连接线不敏感；$\lambda(i, j)$的值越小，i 和 j 对去掉的连接线就越敏感。也就是说，$\lambda(i, j)$的值越大，i 和 j 关系越稳定，反之则越脆弱（罗家德，2005）。尽管 λ 集合中的成员可能并不邻接，甚至有较远的测地线距离，但在很大程度上可以反映子群内部节点相互之间关系的稳定性。运用此法可以较为直观地找出目的地集群中的哪些节点之间的关系相对稳定并且处于核心地位的目的地。

（2）节点指标

1）节点中心度

节点中心度是一个重要的节点结构位置指针，用来衡量节点在旅游网络中的地位和重要性。包括程度中心度、接近中心度、中间中心度。以上指标值都可以通过 UCINET 软件中的 Network—Centrality 模块完成。

程度中心度（degree centrality）是衡量旅游节点在旅游网络中的重要地位。在有向网络中又可分为外向程度中心度和内向程度中心度，分别表示旅游流在某一节点“走出去”的可能性和“引进来”的可能性。在旅游线路网络中，旅游者从 A 目的地前往 B、C 目的地，则 A 地为外向程度中心度，B、C 地为内向程度中心度。节点外向程度中心度和内向程度中心度的大小可以反映该节点在网络中是处于主导地位影响其他节点还是处于被动地位受其他节点影响。其公式表达为

$$C_{\mathrm{D,out}}(n_i) = \sum X_{ij} \tag{2-8}$$

$$C_{\mathrm{D,in}}(n_i) = \sum X_{ji} \tag{2-9}$$

式中，$C_{\mathrm{D,out}}(n_i)$和$C_{\mathrm{D,in}}(n_i)$分别表示节点n_i的外向程度中心度和内向程度中心度；X_{ij}和X_{ji}分别表示存在由节点$i \to$节点j和节点$j \to$节点i的有向联系，也即节点n_i的外向程度中心度是从节点i到网络其他节点$j(j = 1, 2, \cdots, n)$的有向联系的总和，相反n_i的内向程度中心度是网络其他节点j到节点i的有向联系的总和。

接近中心度（closeness centrality）又可称为亲近或邻近中心度，是表示一个旅游节点与其他旅游节点之间联系的紧密程度，是一个与网络距离相关的计算指标。一个旅游节点与其他旅游节点之间联系越是紧密，该点在网络中传递“信息”或者连接其他节点的能力越强。其公式表达为

$$C_{\mathrm{C}}(n_i) = 1 \Big/ \sum_{j=1}^{n} d_{ij} \tag{2-10}$$

式中，d_{ij} 表示节点 i 和 j 之间捷径的距离（捷径是指两节点间最短的路径；路径即为所有节点和所有线均不重复的途径；途经是指在网络中一节点到另一节点中所走的路线；距离是指一节点到另一节点的路径中至少要经过多少条线的总数）。也就是说，节点 n_i 的接近中心度是节点 i 与节点 $j(j=1,2,\cdots,n)$ 之间捷径距离总和的倒数。该值越大，表明节点 i 与网络其他节点的联系越紧密，其在网络中的地位及作用也越重要；反之则联系不密切，在网络中的地位边缘化的可能性越大。

中间中心度（betweenness centrality）是衡量一个旅游节点控制其他节点间联系交流的能力（也即其作为中间者角色的潜力）。一个具有较高中间中心度的旅游节点意味着在其他“旅游节点对”之间起到关键的旅游流中间者的作用（杨兴柱等，2007）。其公式为

$$C_{\mathrm{B}}(n_i) = \sum_{j}^{n}\sum_{k}^{n} g_{jk}(n_i) \big/ g_{jk} (j \neq k \neq i,\ 且 j < k) \tag{2-11}$$

式中，g_{jk} 表示节点 j 和 k 之间存在的捷径（最短的路径）数量；$g_{jk}(n_i)$ 表示节点 j 和 k 之间存在经过节点 i 的捷径数量；二者比即为节点 i 处于点 j 和 k 之间的捷径上的概率。节点 i 处于网络中其他节点对之间捷径的概率越大，中间中心度值也越大，则该点控制网络的能力也越大。

根据上述节点中心度含义，归纳概括旅游线路网络节点中心度指标功能释义（表 2-4）。

表 2-4　旅游线路网络节点中心度指标功能释义

指标值	程度中心度		接近中心度	中间中心度 结构洞	旅游节点重要性
	外向	内向			
高	重要输出节点	重要引入节点	可进入性好 对其他节点依赖差	重要集散中心	旅游核心区 旅游核心节点
中	一般输出节点	一般引入节点	可进入性一般 对其他节点依赖一般	一般旅游中心	旅游半边缘区 次级旅游核心节点
低	普通节点	普通节点	可进入性差 对其他节点依赖强	普通节点	旅游边缘区 旅游边缘节点

2）结构洞

不同分析角度解释的结构洞有不同的理解，目前旅游网络结构洞主要从关系缺失的角度进行说明。即旅游网络中总会存在旅游节点之间联系断裂的现象，这种联系断开的地方被称作“结构洞”（structural holes）（罗家德，2005）。拥有结构洞优势的旅游节点在旅游网络中存在着不可替代的网络优势，但若该节点存在

结构洞数量过多，可能会出现旅游网络信息流动障碍，阻碍网络的优化发展。对于结构洞的计算比较复杂，通常来说主要存在两类主要的计算指标：一类是伯特（Burt）的结构洞指数（刘冰等，2013），一类是中间中心度指数。二者都可以对整体网和个体网数据进行分析。采用中间中心度和整体网结构洞指数来分析整体网数据，个体网结构洞分析个体网数据。Burt 结构洞指数常考虑三个指标：有效规模（effective size）、效率（efficiency）和限制度（constraint）。以上可以通过 UCINET 软件中的 Network—Ego Networks—Structural Holes 模块完成计算。

有效规模：一个旅游节点的有效规模等于该节点的个体网规模减去网络的冗余度（redundancy），即有效规模等于网络中的非冗余因素。旅游节点 i 的有效规模用公式表达为

$$ES_i = \sum_j (1 - \sum_q p_{iq} m_{jq}), q \neq i, j \tag{2-12}$$

式中，$p_{iq} = (z_{iq} + z_{qi}) \Big/ \sum_j (z_{ij} + z_{ji}), i \neq j$；$m_{jq} = (z_{jq} + z_{qj}) / \max(z_{jk} + z_{kj}), j \neq k$。

其中，j 为与自我节点 i 连接的所有点，q 为除了 i 或 j 之外的每个第三者；p_{iq} 为节点 i 投入 q 的关系所占比例，等于节点 i 到 q 的关系取值除以 i 与 j 之间关系值总和；m_{jq} 为 j 与 q 之间的边际强度，等于节点 j 到 q 的关系取值除以 j 与网络其他节点关系的最大值；$p_{iq}m_{jq}$ 为节点 i 与 j 之间的冗余度。

效率：一个旅游节点的效率等于该节点的有效规模与实际规模之比。其公式为

$$E_i = ES_i / Z_{ij} \tag{2-13}$$

式中，Z_{ij} 为旅游节点的实际规模，即旅游节点 i 连接到其他旅游节点的数量。

限制度：一个节点受到的“限制度”是指该节点在自我网络中拥有的运用结构洞的能力，反映直接和间接依赖其他节点的程度。其公式为

$$CT_i = \sum_j (p_{ij} + \sum_q p_{iq} p_{qj})^2 \tag{2-14}$$

式中，p_{ij} 为节点 i 与 j 之间连接的比例关系；p_{iq} 为节点 i 与 q 之间连接的比例关系；p_{qj} 为节点 q 与 j 之间连接的比例关系。限制度指数最大值为 1（此时 j 是 i 的唯一连接节点），最小值为 p_{ij}^2（此时节点 j 不与网络中的其他任何节点连接）。

2. 个体网评价指标

社会网络分析方法中对于个体网络评价指标包括很多，本书主要选取网络规模、关系总数、密度、可达效率和个体网结构洞五个二级指标。可以通过 UCINET 软件中的 Network—Ego Networks—Egonet basic measures 模块完成。

目前学界对旅游个体网的关注度在不断提高。旅游整体网的分析可以全面反映整个旅游网络的层次及网络结构特征，但对于目的地区域各个节点的结构属性特征及节点间具体的互动关系揭示不够深入。旅游个体网的分析则能够弥补整体网分析存在的局限，可以对各个节点的网络结构特征作深入地分析。在个体网的研究中，可以根据整体网目的地节点的网络属性，得到对应节点个数的个体网。刘冰等运用个体网的网络密度、网络规模、关系总数和两步内可达效率等指标，以新疆目的地网络为例，通过问卷调查，从整体网和个体网层面探究了旅游线路形成的内在机理。研究结论对现有旅游线路研究在理论、研究方法和实践等方面有重要启示和指导意义（刘冰等，2013）。孙勇等运用 GIS 空间分析方法弥补社会网络在数据二值化处理方法不足的基础上，运用中心性和结构洞等整体网分析指标及网络规模、关系总数、网络密度、可达效率和个体网结构洞等个体网分析指标，以云南省旅游线路网络为研究对象，探讨了整体网和个体网网络结构与空间结构特征（孙勇等，2016）。进一步丰富了旅游个体网的理论应用和实践指导。

本书在整合已有研究成果的基础上，选取如下个体网分析指标：

（1）网络规模：指个体网的规模（不包括“自我”）。通常个体网的网络规模可以说明与该网络个体（“自我”）联系紧密的节点个数。

（2）关系总数：个体网的关系总数是指个体网成员之间的关系总数，不包括各个成员与“自我”之间的关系。

（3）个体网密度：个体网的密度是指网络中实际存在的关系总数除以理论上可能存在的最多关系总数。

（4）可达效率：又称为 2 步内可达效率，是指在 2 步内可达的点数与个体网的各个成员的个体网络规模总和之比。

（5）个体网结构洞：个体网结构洞主要使用个体网络的计算方法来计算个体网核心点在自我网络中拥有的运用结构洞的能力。与中间中心度指标相类似，反映的是核心节点对整个网络的控制能力。

参考文献

白凯，郭生伟. 2010. 旅游景区共生形象对游客重游意愿及口碑效应影响的实证研究——以西安曲江唐文化主题景区为例. 旅游学刊，25（1）：53-58.

陈超，刘家明，马海涛，等. 2013. 中国农民跨省旅游网络空间结构研究. 地理学报，68（4）：547-558.

陈浩，陆林，郑嬗婷. 2011. 基于旅游流的城市群旅游地旅游空间网络结构分析—以珠江三角洲城市群为例. 地理学报，66（2）：257-266.

陈健昌，保继刚. 1988. 旅游者行为研究及其意义. 地理研究，7（3）：44-51.

陈秀琼，黄福才. 2006. 基于社会网络理论的旅游系统空间结构优化研究. 地理与地理信息科学，22（5）：75-80.

崔功豪，魏清泉，陈宗兴. 1999. 区域分析与规划. 北京：高等教育出版社.

方叶林，黄震方，涂玮. 2013. 社会网络视角下长三角城市旅游经济空间差异. 热带地理，33（2）：212-218.

格兰诺维特（美）. 2007. 镶嵌：社会网与经济行为. 罗家德译. 北京：社会科学文献出版社.

韩芳，帕尔哈提·艾孜木. 2006. 基于共生理论的区域旅游资源整合的动力机制研究——以南疆五地州旅游资源整合为例. 新疆师范大学学报（自然科学版），25（3）：255-258.

韩会然，焦华富，李俊峰，等. 2011a. 皖江城市带空间经济联系变化特征的网络分析及机理研究. 经济地理，31（3）：384-389.

韩会然，焦华富，郇恒飞，等. 2011b. 皖江城市带空间经济联系的网络特征及优化方向研究. 人文地理，26（2）：92-97.

侯赟慧，刘志彪，岳中刚. 2009. 长三角区域经济一体化进程的社会网络分析. 中国软科学，（12）：90-101.

黄潇婷. 2015. 基于时空路径的旅游情感体验过程研究——以香港海洋公园为例. 旅游学刊，30（6）：39-45.

姜博，修春亮，赵映慧. 2009. "十五"时期环渤海城市群经济联系分析. 地理科学，29（3）：347-352.

姜佳将. 2010. 乡村旅游地社会网络对组织有效性的影响机制研究. 杭州：浙江大学：23.

李蕾. 2012. 中国入境外国旅游流网络结构优化研究. 西安：陕西师范大学：10.

李林艳. 2004. 社会空间的另一种想象. 社会学研究，3：64-75.

刘冰，曾国军，彭青. 2013. 社会网络视角下旅游线路研究——以新疆为例. 旅游学刊，28（11）：101-110.

刘法建，张捷，陈冬冬. 2010a. 中国入境旅游流网络结构特征及动因研究. 地理学报，65（8）：1013-1024.

刘法建，张捷，章锦河，等. 2010b. 中国入境旅游流网络省级旅游地角色研究. 地理研究，29（6）：1141-1152.

刘法建，章锦河，陈冬冬. 2009. 社会网络分析在旅游研究中的应用. 旅游论坛，2（2）：172-277.

刘宏盈，韦丽柳，张娟. 2012. 基于旅游线路的区域旅游流网络结构特征研究. 人文地理，27（4）：131-136.

刘军. 2004. 社会网络分析导论. 北京：社会科学文献出版社.

刘军. 2009. 整体网分析讲义：UCINET 软件实用指南. 上海：格致出版社.

刘青. 2004. 区域旅游合作的理论与案例初步研究——以云南参与中国与东盟自由贸易区旅游合作为例. 云南师范大学：14-18.

罗家德. 2005. 社会网络分析讲义. 北京：社会科学文献出版社.

尚雪梅. 2012. 京津冀区域旅游经济空间结构研究. 河北大学学报（哲学社会科学版），37（3）：114-119.

申秀英，卜华白. 2006. 中国古村落旅游企业的"共生进化"研究——基于共生理论的一种分析. 经济地理，26(2)：322-325.

史春云，张捷，沈正平，等. 2005. 区域旅游竞合研究进展. 地理与地理信息科学，21（5）：85-89.

孙勇，史春云. 2013. 江苏省旅游经济网络结构特征. 北京第二外国语学院学报，35（9）：41-46.

孙勇，史春云，唐雯雯，等. 2016. 云南省旅游线路网络与空间结构特征. 人文地理，31（1）：147-153.

唐澜，吴晋峰，王金莹，等. 2012. 中国入境商务旅游流空间分布特征及流动规律研究. 经济地理，32（09）：149-155.

唐小波. 1994. 西方空间相互作用模型评析. 北京教育学院学报，（2）：26-34.

汪宇明. 2002. 核心—边缘理论在区域旅游规划中的运用. 经济地理，22（3）：372-375.

王素洁. 2012. 旅游目的地利益相关者管理战略研究——基于社会网络视角. 山东大学学报（哲学社会科学版），（1）：59-64.

王素洁，胡瑞娟，程卫红. 2009. 国外社会网络范式下的旅游研究述评. 旅游学刊，24（7）：90-95.

王素洁，李想. 2011. 基于社会网络视角的可持续乡村旅游决策探究——以山东省潍坊市杨家埠村为例. 中国农村经济，（3）：59-69.

王维艳，林锦屏，沈琼. 2007. 跨界民族文化景区核心利益相关者的共生整合机制. 地理研究，26（4）：673-684.

王伟，梁留科，李峰，等. 2016. 短期旅游线路产品中的游旅比研究——基于河南省内短期线路的统计分析. 经济地理，36（2）：189-194.

王衍用. 1995. "三孔"游览路线的设计和环境氛围的营造. 旅游学刊，10（2）：35-37.

王永明. 2011. 中国入境旅游者多目的地空间行为研究. 西安：陕西师范大学.
王永明，马耀峰，王美霞. 2012. 中国入境游客多城市旅游空间网络结构. 地理科学进展，31（4）：518-526.
王铮，邓悦，葛昭攀. 2002. 理论经济地理学. 北京：科学出版社.
吴必虎. 2001. 区域旅游规划原理. 北京：中国旅游出版社：92.
吴必虎，唐俊雅，黄安民，等. 1997. 中国城市居民旅游目的地选择行为研究. 地理学报，52（2）：97-103.
吴泓，顾朝林. 2004. 基于共生理论的区域旅游竞合研究——以淮海经济区为例. 经济地理，24（1）：104-109.
吴晋峰，潘旭莉. 2010a. 京沪入境旅游流网络结构特征分析. 地理科学，30（3）：370-376.
吴晋峰，潘旭莉. 2010b. 入境旅游流网络与航空网络的关系研究. 旅游学刊，25（11）：39-43.
吴晋峰，任瑞萍，韩立宁，等. 2012. 中国航空国际网络结构特征及其对入境旅游的影响. 经济地理，32（5）：147-152.
吴人韦. 1999. 旅游规划的指标设置. 旅游学刊，（4）：46-48.
武友德. 1999. 区域经济发展导论. 长春：吉林教育出版社.
闫卫阳，王发曾，秦耀辰. 2009. 城市空间相互作用理论模型的演进与机理. 地理科学进展，28（4）：11-18.
杨效忠，刘国明，冯立新，等. 2011. 基于网络分析法的跨界旅游区空间经济联系——以壶口瀑布风景名胜区为例. 地理研究，30（7）：1319-1330.
杨效忠，张捷，乌铁红. 2009. 跨界旅游区的组织网络结构与合作模型——以大别山天堂寨为例. 地理学报，64（8）：978-988.
杨效忠，张捷，叶舒娟. 2010. 基于社会网络的跨界旅游区边界效应测度及转化. 地理科学，30（6）：826-832.
杨兴柱，顾朝林，王群. 2007. 南京市旅游流网络结构构建. 地理学报，62（6）：609-620.
杨振之，陈顺明. 2007. 论"旅游目的地"与"旅游过境地". 旅游学刊，22（2）：27-32.
张捷，都金康，周寅康，等. 1999a. 自然观光旅游地客源市场的空间结构研究. 地理学报，54（4）：357-363.
张捷，都金康，周寅康，等. 1999b. 观光旅游地客流时间分布特性的比较研究——以九寨沟、黄山及福建永安桃源洞-鳞隐石林国家风景名胜区为例. 地理科学，19（1）：49-54.
章锦河，张捷，李娜，等. 2005. 中国国内旅游流空间场效应分析. 地理研究，24（2）：293-303.
朱冬芳，陆林，虞虎. 2012. 基于旅游经济网络视角的长江三角洲都市圈旅游地角色. 32（4）：149-155.
朱生东. 2015. 基于共生理论的古村落遗产旅游整体开发模式研究——以西递为例. 中南林业科技大学学报（社会科学版），9（4）：33-43.
Beaman J，Jiannmin J，Fesenmaier D R. 1997. Clarification of cumulative attractivity as a concept and its measurement：comments on Lue，Crompton，and Stewart. Journal of Travel Research，36（2）：74-77.
Borgatti S P，Everett M G. 2000. Models of core/periphery structures. Social Networks.（21）：375-395.
Connell J，Page S J. 2008. Exploring the spatial patterns of car-based tourist travel in Loch Lomond and Trossachs National Park，Scotland. Tourism Management，29：561-580.
Crampon L J. 1966. Gravitational model approach to travel market analysis. Journal of Marketing，30：27-31.
Dredge D. 2006. Policy networks and the local organization of tourism. Tourism Management，27（2）：269-280.
Friedman J R. 1966. Regional development policy：a case study of Venezuela . Cambridge：MIT Press.
Gunn C A，Var T. 2002. Tourism planning：basics，concepts，cases（the 4th Edition）. Routledge：24-53.
Hwang Y H，Gretzel U，Fesenmaier D R. 2006. Multicity trip patterns tourists to the United States. Annals of Tourism Research，33（4）：1057-1078.
Lee S H，Choi J Y. 2013. Evaluating spatial centrality for integrated tourism management in rural areas using GIS and network analysis. Tourism Management，34（1）：14-24.
Lue C，Crompton J L，Fesenmaier D R. 1993. Conceptualization of multi-destination pleasure trips. Annals of Tourism

Research，20：289-301.

Lue C，Crompton J L，Stewart W P. 1996. Evidence of cumulative attraction in multidestination recreational trip decisions. Journal of Travel Research，35（1）：41-49.

McKercher B. 2001. A comparison of main destination visitors and through travelers at a dual-purpose destination. Journal of Travel Research，39：433-441.

Oppermann M. 1995. A model of travel itineraries. Journal of Travel Research，33：57-61.

Pavlovich K. 2003. The evolution and transformation of a tourism destination network：the Waitomo Caves，New Zealand. Tourism Management，24（2）：203-216.

Pearce D. 1996. Tourist organization in Sweden. Tourism Management，17（6）：413-424.

Pforr C. 2002. The makers and the shakers of tourism policy in the Northern Territory of Australia：a policy network analysis of actors and their relational constellations. Journal of Hospitality and Tourism Management，9（2）：134-151.

Scott N，Baggio R，Cooper C. 2008a. Network analysis and tourism：from theory to practice. New York：Channel View Publication，222.

Scott N，Cooper C，Baggio R. 2008b. Destination networks：four Australian cases. Annals of Tourism Research，35（1）：169-188.

Shih H Y. 2006. Network characteristics of drive tourism destinations：an application of network analysis in tourism. Tourism Management，27（1）：1029-1039.

Wasserman S，Faust K. 1994. Social network analysis：methods and applications. Cambridge：Cambridge University Press.

Wellman B. 1997. Structural analysis：from method and metaphor to theory and substance. Contemporary Studies in Sociology，15：19-61.

第三章　国内旅游线路模式的空间格局与网络结构

中国国土面积广袤、自然文化景观多样，客源市场遍布近中远各程，每个省都相当于欧洲的一个国家（吴必虎，2009），研究我国旅游线路模式的空间格局与特征，有助于认清我国区域旅游整体发展现状与问题，识别目的地在区域旅游线路中的地位和作用，了解目的地区域联动与空间组织模式，为目的地联合营销、联动发展，促进区域旅游可持续发展提供建设性的参考。

第一节　数据来源与处理

一、数据来源

由于游客旅游线路和目的地选择的多样化，旅游线路的数据很难获得与分析（Mings and McHugh，1992）。李山以旅行社的公开旅游线路报价单为基础资料，研究中国国内观光旅游线路设计中的游时随客源地—目的地之间的距离呈对数增长（李山等，2005）；朱竑提出通过分析境外五家大型旅游经营商所涉及的中国旅游线路来重新审视中国国际级旅游目的地问题（朱竑等，2007）；叶红利用国内两大著名旅行社的线路和数据，研究区域旅游线路节点选择对目的地的影响（叶红，2007）；卢天玲（2008）、刘法建等（2009）、朱明等（2010）以旅游线路作为研究旅行模式的数据来源，以上文献为旅游线路研究提供了一个重要途径。由于国内旅游流数据的获取难度和处理工作量较大，而线路报价单不仅包含了旅行社团队包价旅游的主要信息，同时也是散客出行的重要参考，因此以旅行社网站公布的旅游线路报价单为数据来源。选择旅行社收集数据主要基于两点考虑：首先，旅行社的线路产品对旅游者的需求有很强的指向性，能够代表大部分旅游者的出游行为。其次，旅行社公布的线路数据相对完整，稳定性和可靠性较高。客源地方面，北京、上海、广州是我国三大客源中心，同时也是出游潜力最强的 3 个城市（史春云等，2006），具有很强的代表性；考虑到地理空间上的均衡性，选取内陆地区出游潜力较强的成都、西安两个城市作为补充。选择这 5 个城市 2004～2007 年间全国前 50 强的著名旅行社作为统计对象，2009 年 1～2 月间从上述城市各旅行社网站下载旅游线路报价单共计 1205 份，整理后建立数据库（表 3-1）。此外，本研究还采用了国家旅游局、统计局等政府相关职能部门，以及公路、铁路、民航等相关单位公布的二手统计数据资料作为补充。

表 3-1　研究数据获取情况

地区	旅行社	代码	线路数量
北京	中国国际旅行社总社	L-ZY-GJ 00001	277
	中青旅控股股份有限公司	L-ZY-GJ 00071	
	中国旅行社总社	L-ZY-GJ 00002	
	中国康辉旅行社集团	L-ZY-GJ 00012	
	港中旅国际旅行社	L-BJ-GJ 00080	
上海	上海国旅国际旅行社	L-SH-GJ 00001	471
	上海锦江国际旅游	L-SH-GJ 00002	
	上海中国青年旅行社	L-SH-GJ 00004	
	上海航空国际旅游	L-SH-GJ 00011	
	上海中旅国际旅行社	L-SH-GJ 00003	
广州	广东国旅国际旅行社	L-GD-GJ 00001	206
	广东省中国旅行社	L-GD-GJ 00002	
	广州广之旅国际旅行社	L-GD-GJ 00004	
	广东铁青国际旅行社	L-GD-GJ 00009	
成都	成都海外旅游有限责任公司	L-SC-GJ 00002	215
	成都中国青年旅行社	L-SC-GJ 00004	
	四川省中国青年旅行社	L-SC-GJ 00005	
西安	西安中国国际旅行社集团	L-SNX-GJ 00003	36
总计			1205

二、数据预处理

将下载的旅游线路报价单进行初步整理，依据研究对象确定需要选取的指标，并据此建立数据库，以便更进一步的分析。数据预处理情况如表 3-2 所示。

表 3-2　数据统计指标选取及说明

指标	单位	说明
客源地	-	以北京、上海、广州、成都、西安 5 个城市为统计对象
目的地	-	目的地统计以报价单中公布的目的地为准，并依次记录（如：昆明—大理—昆明）；备选目的地暂不列入；目的地（节点）范围精确到县级行政区（市辖区归入市区，政区界以 2008 年底为准）
景区个数	个	以报价单公布的景区个数为准
O-D 交通方式	-	客源地到目的地所采用的交通方式
出游天数	天	以报价单公布的游程天数为准

续表

指标	单位	说明
目的地过夜次数	次	以报价单内说明的过夜次数为准
O-D 交通距离	Km	由客源地到第一个目的地的距离，由不同的交通方式确定：公路距离依据 2008 年中国公路里程表统计；铁路距离依据 2008 全国铁路旅客列车时刻表统计；航空距离依据中国民航局网站查询结果统计；同地出现不同交通距离时，以使用该种交通方式到达目的地的最短距离为准
O-D 时间距离	h	由客源地到第一个目的地所花费的时间，亦由不同交通方式而确定；统计数据来源同上；同地出现不同时间距离时，以使用该种交通方式到达目的地所花费的最短时间为准

三、旅游线路数据的基本属性特征

1. 出游时间

出游时间可以理解为旅游者在整个旅游线路（从客源地出发到返回到客源地）上所耗费的时间。理论上出行时间受到 O-D 间距离的影响，距离越远，旅游所耗时间就越长。通过对搜集到的旅游线路进行分析，建立起以交通距离 D_0（单位：km）为自变量，出游时间 T_0（单位：天）为因变量的统计模型，发现其统计关系可以用下式来描述：

$$T_0 = -5.351 + 1.472\ln(D_0)$$

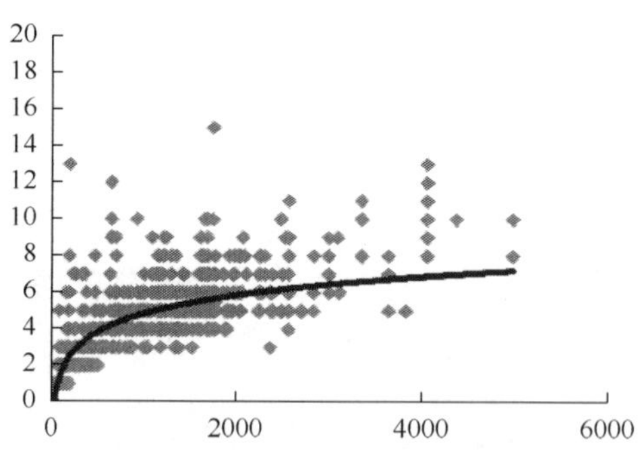

图 3-1　国内旅游线路 T_0-D_0 关系图

（横轴为自变量 D_0，纵轴为因变量 T_0）

经 F 值检验后，发现方程显著程度较高。这说明，随着交通距离 D_0 的增加，出游天数 T_0 呈对数关系增加（图 3-1），这与李山等（2005）的研究大体是一致的。

2. 交通方式

旅游线路中所采用的交通方式是描述旅游模式不可缺少的部分。显然，交通方式的选择与交通距离的变化也密切相关。根据数据统计，可发现如下规律（表 3-3）：交通距离在 300km 以内时，交通工具以汽车为主，火车为辅；交通距离在 301～800km 时，交通工具以火车为主，汽车为辅，飞机次之，并有个别线路使用轮船（主要是普陀山、三峡线路）；交通距离在 801～1500km 时，交通工具以火车为主，飞机为辅；1501～2800km 时，以飞机为主，火车为辅；当交通距离大于 2800km 时，火车又成为主要的交通工具。

表 3-3　旅游线路中交通工具选择与交通距离的关系　（单位：km）

交通距离（D_0：km）	300 以下	301～800	801～1500	1501～2800	大于 2800
交通工具	汽车/火车	火车/汽车/飞机	火车/飞机	飞机/火车	火车/飞机

3. 目的地住宿

目的地住宿的时间越长，旅游目的地所能获得的经济效益也就越大。根据收集到的数据资料，我国国内旅游线路中目的地住宿时间平均为 3.45 夜。从目的地角度来看，影响目的地住宿时间长短的主要因素除了 O-D 交通距离外，旅游线路中交通工具的选择也是不可忽视的。例如，同样出游时间为 8 天，交通距离为 2500km 的旅游线路，如果使用飞机作为交通工具，就可在当天直达目的地，通勤时间仅花去 1 天（往返），目的地住宿可达 7 天（最后一天回到客源地）；而使用火车的旅游线路则要花去近 3 天的通勤时间（按火车平均时速 120km 计算），在目的地就只能住宿 5 晚。通过对数据的统计分析，也可发现这一现象：旅游交通主要依靠飞机的旅游线路，目的地平均过夜时间为 4.11 夜；火车 2.60 夜；而使用汽车的旅游线路过夜时间平均为 1.85 夜。另外，有些特殊线路以轮船作为交通工具，游客的食宿安排在轮船上，在目的地过夜的机会较少。

第二节　旅游线路模式类型划分

一、旅游模式类型定义

旅游线路资料的较难获得与分析，使得旅游线路空间模式的描绘和构建在旅游学界较不成熟。Oppermann（1995）在 LCF 模型的基础上，通过对到马来西亚的国际游客进行调查，提出了两种单目的地旅游模式：单目的地（single destination）、基营（base camp），以及五种多目的地旅游模式：往返（stopover）、完全环游（full loop）、区域内环游（destination area loop）以及多目的地区域环游（multiple destination areas loop）。综合学者们对各种旅行线路模式的描述，结合收集到的旅行社线路数据，识别出一种单目的地和四种多目的地旅游线路的空间模式（图 3-2），并作出如下定义：

1. 单目的地模式

顾名思义，整条旅游线路中只有一个目的地节点（图 3-2 中的 S_1 和 S_2）。旅游者在从客源地直接到达目的地后停留一段时间，再由原路返回客源地，因此进出路径重合。目的地周围可能存在一些附属景区景点（S_2），吸引旅游者前往游玩，但都需在目的地（城市）过夜。用 O-D 关系可以表示为下式：

$$O—D_0—O \tag{3-1}$$

相较于单目的地模式，多目的地模式要更加受到旅游者的欢迎。多目的地旅行模式与单目的地旅行模式最大的区别就在于旅游者会选择多个目的地进行游玩，是目前主要的旅游模式，它可以用 O-D 关系概括为

$$O—D_1—\cdots—(D_{n-1})—D_n—O \tag{3-2}$$

式中，D_1～D_n（n≥2）为旅游者自客源地 O 出发后依次游览的 n 个目的地（D_1 表示第一个目的地，D_n 表示第 n 个目的地，下同）。

2. 往返模式

即图 3-2 中的 M_3。旅游者由客源地出发到达第一个目的地（一般都会过夜），沿着交通线路依次游玩几个目的地后，再由原路返回第一个目的地（返回途中亦可选择目的地停留），游玩结束后，循原路返回客源地。该模式进出路径重合，并由一条重复使用的游憩路径将所有目的地节点连接起来。旅游路径可表示为

$$O—D_1—D_2—\cdots—D_n—\cdots—(D_2)—D_1—O \tag{3-3}$$

3. 中心集散模式

旅游者到达第一个目的地后，以该目的地为中心集散地，向不同方向旅行（图 3-2 中的 M_1，同一方向游玩结束后返回中心集散地，再向另一方向旅行）。在游玩结束后，旅游者回到中心集散地，再由这里沿原路返回客源地。进出路径和游憩路径都会重复使用，但通常第一个目的地节点都会连接两条以上的游憩路径：

$$O—D_1—D_2—D_1—\cdots—D_1—D_n—D_1—O \tag{3-4}$$

4. 完全环游模式

即图 3-2 中的 M_2，属于多目的地旅游模式。在此模式中，旅游者首先到达和最后离开的目的地不同，进出路径不重合，所有的目的地节点由一条不重复使用的游憩路径连接起来。

$$O—D_1—\cdots—D_n—O \tag{3-5}$$

5. 区域环游模式

见图 3-2 中 M_4，亦是多目的地旅游模式的一种。旅游者到达第一个目的地后，以此目的地为起点，在目的地区域内依次游玩多个目的地，最后再次到达该目的地。再由此沿原路返回客源地。进出路径重合，但是游憩路径不重复使用，如下式：

$$O—D_1—\cdots—D_n—D_1—O \tag{3-6}$$

这五种模式特征各异，相互区别，可称为“单一模式”。但在实际情况中常发现同时具备几种多目的地模式的特征，这种由两种或以上的模式组合嵌套而成的模式称作“复合模式”。

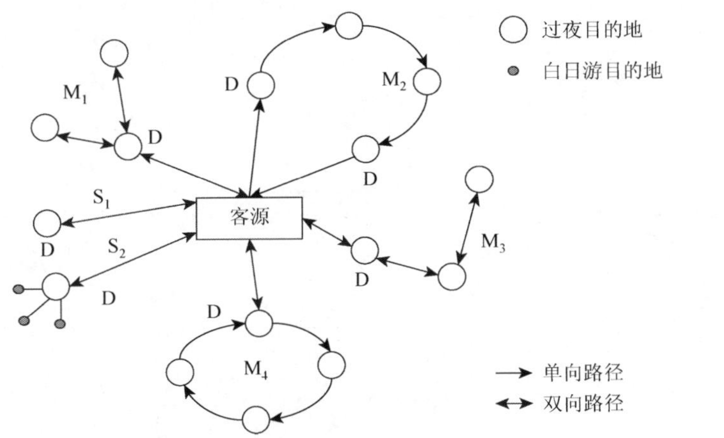

图 3-2　旅游线路的空间模式类型

1. S_1、S_2（营区基地式）为单目的地模式；2. M_1～M_4 分别为中心集散、完全环游、往返、区域环游模式

二、国内区域旅行空间模式判别及统计

为了更好地探查旅行模式的形成机理，需要对各种旅行线路进行统计分析。依据归纳出的旅游线路模式特征，首先确立单一旅行模式的约束条件（表 3-4）。由于在实际情况中单纯地采用某一种旅行模式的线路较少，而使用“复合模式”的线路较多，但“熔炉式”的“复合模式”统计意义较低，因此要对“复合旅行模式”进行“单一化”，将其转变为单一模式（图 3-3）。在单一化过程中，整个旅行模式的基本属性由最外层（与客源地有直接联系）决定。

表 3-4 单一旅行模式约束条件

旅行模式	目的地个数/个	进入、返回路径	游憩路径	首个、最终目的地
单目的地模式	1	重合	重复使用	–
往返模式[①]	>1	重合	重复使用	重合
中心集散模式[①]	>1	重合	重复使用	重合
完全环游模式	>1	不重合	不重复	不重合
区域环游模式	>1	重合	不重复	重合

注：①往返模式与中心集散模式的辨别主要依靠在地图上查阅目的地的地理空间位置得出。

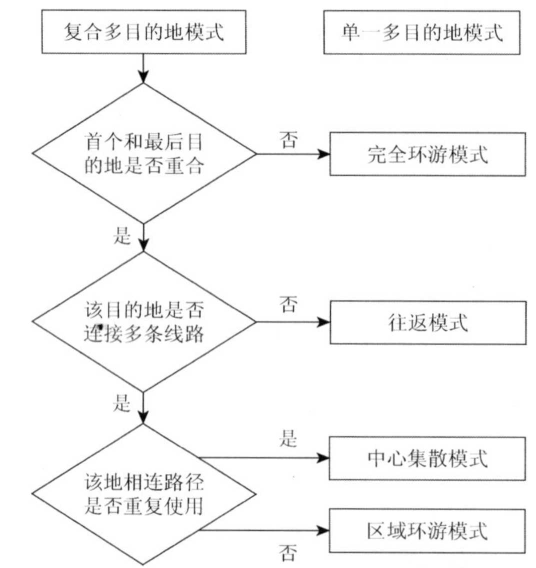

图 3-3 复合多目的地旅行模式判别流程

在进行模式分类后发现，我国区域旅游线路模式以往返模式和完全环游模式为主（合占 67.9%）。这与旅游者在进行大尺度旅游时力图采用环形路线的空间行为模式是相吻合的。之所以往返模式占了很大的比重，是由于我国相当部分热点目的地区域存在地理和交通方面的限制，旅游者不得不重复使用同一条路径所致。单目的地旅行模式虽然在国外的研究中鲜有出现，但在我国仍然是一种比较常见的线路模式。

三、基于旅行模式的目的地功能分类与统计

旅行模式决定了目的地在旅游线路中扮演的角色，而目的地的功能类型在一定程度上反映了旅游者所采用的旅行线路模式。长久以来，对目的地的研究也是

旅游地理学的重点内容。但在许多传统的旅游模式研究文献中，都理想化地假设旅游者进行的是单一目的地旅行，这种与实际情况相脱离的研究受到很多学者的质疑（Lue *et al.*，1993；Lew and Mckercher，2002）。实际上，旅游地不是孤立存在的，而是相互竞争与互为补充的（Lew and Mckercher，2002）。从市场角度上看，一个旅游地在整个旅游线路安排中的地位及与其他旅游地的关系，对于了解旅游者如何认识和体验这个旅游地以及此旅游地如何更好地在主要客源市场进行定位有很大的意义（Lew and Mckercher，2002）。

（一）目的地类型定义

1. 单一型目的地

单一型目的地只存在于单目的地旅行模式中，即式（3-1）中的 D_0。纯粹的单一型目的地在实际情况中很少存在。这里所说的单目的地一般周围也会出现若干附属景区景点，但因只是短时间逗留，在这里不将其视作一个独立的目的地。在国内大尺度旅游线路中，单一型目的地由于缺乏与其他目的地的合作，因而对目的地自身的要求较高。单一型目的地除了特色鲜明、级别高、在很大范围内享有高知名度外，还必须具有良好的可达性、完善的服务接待设施、多种多样的旅游吸引物和丰富的娱乐活动。除此之外，一些吸引力并不是很强的单个目的地也能吸引到一些小尺度一日游游客。

2. 门户型目的地

指旅行者在多目的地旅行线路中最先到达的地方，即式（3-5）中的 D_1。门户型目的地是最先到达的目的地，旅游者在这里会形成一个对旅游区域和本次旅行的初步印象。余下或者整个的旅行可能受到在门户目的地体验的影响。鉴于门户型目的地的重要性，此类型目的地必须与客源地、区域内各目的地都有便利的交通联系，且拥有完善的旅游接待服务设施。因此一般情况下门户型目的地都是由一座交通条件较好（最好是交通枢纽）、经济较为发达的城市来充当。

3. 离境型目的地

即式（3-5）中的 D_n。每个门户型目的地都会与一个离境型目的地相对应，它们是一对概念，都只存在于完全环游模式中。离境型目的地是旅行线路中最后到达的目的地，或者说是旅游者在返回客源地之前最终到达的目的地。此类型目的地被安排在游程的最后，主要为旅游者做好返回客源地的准备（刘法建等，2009）。在国内的区域旅游模式中，离境型目的地的可达性（尤其是与客源地）非常受到重视。此外，Lew and McKercher（2002）研究发现，在国际尺度的旅行中，大多数大陆游客出于购物原因将香港作为离境型目的地；但在国内，即便旅游服务设施功能较弱，也并不影响一个城市成为离境目的地（管宁生，1999）。

4. 途径型目的地

简单来说，除去门户型目的地、离境型目的地以及枢纽型目的地后，在多目的地旅游线路中的其他目的地都可看作是途径型目的地。途径型目的地存在于所有的多目的地旅行模式中。在国内旅游线路中，途径型目的地对交通可达性的要求不是很高；另外，由于大部分情况下旅游者不会选择在途径型目的地做太长停留，故而即使途径型目的地的接待设施并不完善，也不影响旅游者的出游决策。

5. 枢纽型目的地

到访超过两次的目的地。考虑到国内旅行线路的实际情况，为了强调其作为枢纽的功能，将身兼门户和离境型目的地功能的目的地作为枢纽型目的地，即式（3-3）、式（3-4）、式（3-6）中的 D_1。一般来说，成为枢纽型目的地首先必须与客源地及其他目的地之间保持有良好的交通可达性，以提高旅游者旅行的经济效率；另外还要有完备的旅游接待服务设施，能够满足旅游者将其作为旅游枢纽的需要。交通条件和接待服务设施较好的门户型目的地，亦可作为枢纽型目的地。

通过以上分析，可以大致确定基于旅游线路模式目的地类型的分类约束条件，并进行统计（表 3-5）。根据原始数据计算，可发现我国目的地类型呈现出以下特点：

表 3-5　目的地类型的分类约束条件及统计

目的地类型	约束条件	个数/个	代表性目的地[①②]
单一型目的地	目的地个数为 1	243	武夷山、北京、黄山等
门户型目的地	线路中首先到达的目的地；目的地个数大于 1	321[③]	南京、丽江、海口等
离境型目的地	门户、离境型目的地相重合；目的地个数大于 1	321[③]	上海、昆明、厦门等
枢纽型目的地	除去以上类型目的地之外的其他所有目的地	641	昆明、桂林、成都等

注：①旅游线路中的途径型目的地未列入统计；②代表性目的地取该类型目的地统计数值的前三位；③门户型目的地与离境型目的地是一对概念，故数值相同。

（二）基于线路模式的目的地分类统计

虽然单一型目的地在国外的实证研究中很少出现，但在我国是一种重要的目的地类型。从数据统计中可以发现，我国单一型目的地多为自然风景型资源（名山大川型目的地占单一型目的地总数的 76.60%），究其原因，我国的名山大川包含的景点较多，并且在长期的历史时期中积淀了深厚的文化内涵，具有很强的独特性和很高的知名度。加之这些地区的地方政府十分重视旅游业的发展，对旅游基础设施的建设力度较大，使得这些目的地有了很好的可达性和完善的接待服务设施。此外，受旅游效益最大化原则的影响，单一型目的地多存在于短线旅游中。

枢纽型目的地、门户型目的地由于对交通可达性、接待服务设施的要求较高，一般情况下都是由各省的省会城市或是目的地区域的中心城市来承担。一些开发水平较高的旅游目的地也可扮演这两种类型的目的地的角色。

一些地方由于交通体系不完善（尤其是西部），而省会城市的交通条件相对较好，因此往往身兼门户、离境、枢纽型等多种类型目的地的职能，一方面使得省会城市的旅游资源得到优先开发，另一方面也在旅游业利益分配中获得了大部分的经济利益，从而加剧了地区间旅游业增长的不均衡（史春云等，2010）。

部分区域内的目的地之间已经形成了稳固的合作关系。如长三角的南京、上海已经形成了门户、离境目的地的对应关系。

目的地出现频率是被调查目的地在调查目的地总数中所占的比重，反映目的地区域在调查地的市场感应情况和被接受度。理论上旅游线路和旅游区域并不受行政界线的影响，但经过对国内旅游线路报价单分析发现（表 3-6），省内目的地（目的地区域完全位于省内，共 1045 份）和省际目的地（目的地区域跨省，共 160 份）出现频率存在显著差异。绝大部分的国内旅游线路都处于某一省区内部（占 86.72%），而跨省的旅游线路很少（仅占 13.28%），且主要集中于以长三角为中心的华东地区（占省际线路的 42.5%）。

表 3-6　全国分省目的地出现频率统计

省区	出现次数/次	出现频率/%	省区	出现次数/次	出现频率/%
云南	168	16.08	山西	20	1.91
海南	123	11.77	安徽	19	1.82
广西	106	10.14	河南	10	0.96
浙江	92	8.80	新疆	10	0.96
四川	87	8.33	辽宁	9	0.86
福建	67	6.41	山东	9	0.86
湖南	55	5.26	广东	8	0.76
北京	47	4.50	湖北	6	0.57
陕西	40	3.83	内蒙古	6	0.57
江苏	37	3.54	重庆	6	0.57
西藏	36	3.44	吉林	5	0.48
江西	27	2.58	宁夏	2	0.19
贵州	25	2.39	上海	2	0.19
黑龙江	23	2.20	总计	1045	100

总体来说，我国省内目的地按出现次数（频率）可以分为四个层次。第一层次（出现次数 $n\geqslant100$）：云南、海南、广西；第二层次（出现次数 $100>n\geqslant50$）：浙江、四川、福建、湖南；第三层次（出现次数 $50>n\geqslant15$）：北京、陕西、江苏、西藏、江西、贵州、黑龙江、山西、安徽；第四层次（出现次数 $15>n>0$）：河南、新疆、辽宁、山东、广东、湖北、内蒙古、重庆、吉林、宁夏、上海等。通过层次划分可以看出，第一层次、第二层次旅游目的地多位于我国地形复杂、各种文化交汇的地区，旅游资源类型多样，且与我国的主体文化、景观相比独特性较强，高级别旅游资源较多，对旅游者吸引力很大；而第三层次、第四层次目的地多存在旅游资源类型单一、或是独特性不强等问题，需要通过加强区域旅游合作、改善旅游产品营销策略等方式来提高对旅游者的吸引力。

第三节　我国旅游线路模式的空间格局

由于城市居民在其惯常环境之内或其周边区域的休闲活动要比前往胜地型目的地的活动来得频繁，通常一日游圈层主要分布在距城市 140km 的腹地内，二日游的出游半径约为 300km（吴必虎，2001）。为避开周末休闲旅游方式，排除短程旅行的干扰，更好地总结我国旅游线路模式的空间格局与特征，选择出游天数≥3，出游半径＞300km 的旅游线路，共计 971 份线路报价单（北京 262 份、上海 345 份、广州 204 份、成都 160 份）。

一、我国旅游线路模式类型与空间分布

经统计分析发现，我国中远程旅游线路可以分为两种单目的地和四种多目的地旅行模式（图 3-4）。总体来说，我国国内旅游者中远程旅行倾向于选择多目的地模式，这与国外研究结果一致（Oppermann，1995）。但统计结果表明，尽管已经排除 2 日内的周末休闲行程，单目的地在我国仍是一种重要的中远程旅行模式，约占总样本的 1/4；多目的地旅行中，往返式、完全环游与区域环游为最主要的三种模式（表 3-7）。

由于我国大部分旅游热点区域内交通条件的限制，重复使用同一条路径的往返模式在国内旅游线路模式中出现频率高（朱明等，2010）。与朱明等研究相比，虽然已经排除了短途旅行的影响，但可以看出往返式旅行模式在我国仍占最大比重。往返式与中心集散式都涉及往返线路重合，属于受交通线路与可达性制约比较大的旅行模式，主要分布在四川、云南、广西、西藏和江西（图 3-4），尤其以四川和西藏最为典型。如四川以成都为中心，所有旅游线路成辐射状，即使直线距离相邻，但由于地形导致的交通闭塞，必须回到成都再到下一个目的地；西藏旅游线路主要为以拉萨为中心的东线（拉萨—林芝）和西线（拉萨—日喀则）。

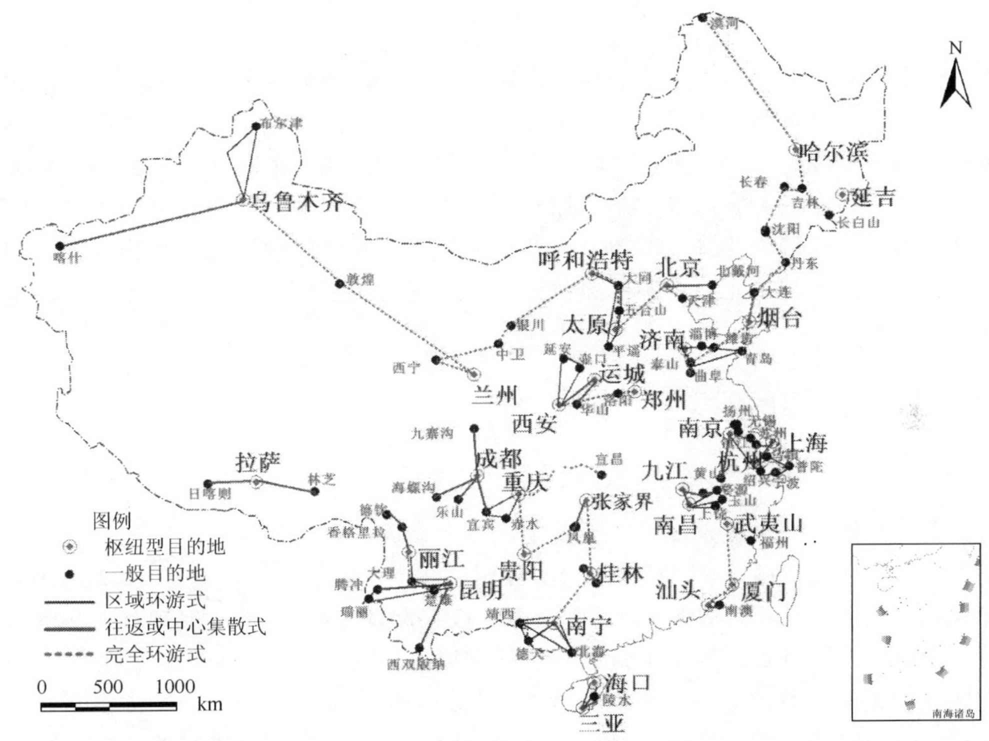

图 3-4 我国旅游线路模式的类型划分

表 3-7 不同客源地旅游线路模式的类型比较

旅游线路模式类型		所有样本		北京		上海		广州		成都	
		频次/次	占比/%	频次/次	占比/%	频次/次	占比/%	频次/次	占比/%	频次/次	占比/%
单目的地旅行模式	单目的地式	184	18.95	25	9.54	112	32.46	29	14.22	18	11.25
	营区基地式	66	6.80	32	12.21	20	5.80	7	3.43	7	4.38
多目的地旅行模式	往返式	269	27.70	50	19.08	103	29.86	54	26.47	62	38.75
	完全环游式	201	20.70	79	30.15	24	6.96	53	25.98	45	28.13
	区域环游式	215	22.14	57	21.76	80	23.19	57	27.94	21	13.13
	中心集散式	36	3.71	19	7.25	6	1.74	4	1.96	7	4.38
合计		971	100	262	100	345	100	204	100	160	100

区域环游式旅行模式体现出对枢纽型旅游目的地的依赖，是区域内丰富旅游资源与交通枢纽城市（旅游中心集散地，多为省会城市）之间的合作共赢，如山西大同云冈石窟、忻州五台山、平遥古城与太原，海南三亚、博鳌、陵水温泉等与海口，云南大理、丽江、楚雄等众多旅游地与昆明，陕西延安、华山与西安，

江西婺源、庐山、三清山等与南昌等（图 3-4）。

完全环游式旅行模式主要分布在大中尺度的跨区域城市旅游目的地之间，如东北三省省会城市间、大连—山东半岛主要城市间、华东五市、福建武夷山—福州—厦门、中原西安—郑州以及西北等地的省会或重要城市间（图 3-4），有些线路之长、所跨区域之大可以归结为旅行链模式，如连接西北的新甘青三省，西南川藏、川滇、桂黔、黔渝、湘黔，以及东北三省之间，但由于旅行链模式在空间上难以定义，很难与完全环游截然分开，而且国内该类型线路数量较少，暂不单独分类研究。

二、国内旅游目的地类型与空间分布

1. 单一目的地

单一目的地通常级别高、在很大范围内享有高知名度，具有良好的可达性、完善的服务接待设施、多种多样的旅游吸引物和丰富的娱乐活动（朱明等，2010），如北京、厦门、三亚、张家界、黄山、武夷山、丽江等目的地不仅具有知名度高的旅游资源，而且资源类型丰富独特，适宜度假休闲，目前也是我国主要的度假胜地（表 3-8）。基地型目的地的功能主要是为周边高品质的旅游景区提供交通、食宿等服务设施，通常交通距离可以一日来回，本身可以拥有丰富的旅游资源，也可以仅仅提供接待服务，其主要吸引物与提供服务设施的基地之间是共生的关系（Lue *et al.*，1993），例如西安之与法门寺、华山等，拉萨之与纳木错、羊卓雍错等，贵阳之与黄果树、青岩古镇等。

表 3-8　目的地类型及其典型代表

目的地位序	1	2	3	4	5	6	7	8	9	10
单一目的地	北京	厦门	三亚	张家界	西安	黄山	贵阳	武夷山	丽江	哈尔滨
枢纽型目的地	昆明	桂林	海口	三亚	成都	拉萨	南宁	南昌	张家界	杭州
门户型目的地	南京	丽江	大连	重庆	武夷山	哈尔滨	海口	杭州	厦门	三亚
离境型目的地	上海	昆明	厦门	南京	重庆	乌鲁木齐	三亚	青岛	贵阳	济南

2. 枢纽型目的地

枢纽型目的地兼有游客旅行首先到达的门户与旅行结束离开的离境两种功能，主要存在于往返式、中心集散式和区域环游三类旅行模式中。一些省会城市因是区域对外交通枢纽而多成为旅游中心城市，承担着重要的旅游集散地功能，显然也从区域旅游发展中获取最大的经济利益。区域旅游对枢纽型目的地的依赖越大，则枢纽型目的地获取的收益越大，区域旅游发展的不平衡性越大。国内枢纽型目的地的典型代表有昆明、海口、桂林、三亚、成都、拉萨、南宁、南昌、张家界、杭州、太原、丽江、乌鲁木齐等地（图 3-4 和表 3-8）。

3. 门户型目的地与离境型目的地

不考虑枢纽型目的地，单一门户型目的地主要是游客完全环游时从客源地首先到达的旅游目的地，而离开旅游区域返回客源地前的最后一个停留目的地为离境型目的地。典型的例子为华东完全环游旅行线路中通常选择南京或杭州作为门户型目的地，以上海作为离境型目的地；云南完全环游旅行线路中以丽江为门户型目的地，而以昆明为离境型目的地；海南省完全环游线路中海口与三亚互为门户和离境型目的地的比率大致相等。

三、国内热点旅游目的地区域的空间分布

从我国旅游线路模式的类型划分来看（图 3-4），长三角是我国旅游目的地分布最密集的区域，云南、海南、四川、广西、北京等地是旅游线路中出现频率最多的目的地区域，其中丽江、昆明、三亚、桂林、张家界、杭州、海口、北京等是我国最热门的旅游目的地（表 3-8），西北、青藏、内蒙古、东北、湖北、珠三角、淮海区是中远程旅游线路中目的地分布密度小、出现频率低的区域，整体呈现出我国中远程旅游线路中目的地区域空间分布的不平衡性，存在旅游热点区域与相对较冷、甚至空白区域，即人们出行距离越远，越倾向于选择知名度大的旅游目的地。

尽管研究为 3 天以上的中远程，仍体现出一定程度的空间距离影响，即客源地游客除选择具有全国性影响力的目的地外，也倾向于选择就近旅行的目的地，即具有区域性影响力的目的地，如衡山之于广州游客、九华山之于上海游客、运城之于北京游客等，这充分说明目的地应加强宣传与营销，拓展近中程客源市场，客观上也起到了满足游客需求、分流国内热点目的地游客高峰压力的作用。

第四节　我国旅游线路模式的特征分析

一、不同旅游模式的线路特征

从总体上看，单目的地是游客近中程的主要旅行模式，出行的时间和花费都最低，而中心集散式是花费时间最多、成本最高的旅行模式（表 3-9）。首先从出游天数来看，经单因素方差分析发现，可以分成三组：两种单目的地模式之间不存在显著差异；往返式旅行模式与所有其他旅行模式之间都存在显著差异；其他

三种多目的地旅行模式本身不存在显著差异。

从客源地与目的地之间的空间距离来看，单因素方差分析结果表明，单目的地显然要比多目的地距离客源地更近，中心集散式旅行模式中客源地与枢纽目的地距离最远，中心集散式与除区域环游外的其他旅行模式之间存在显著差异。

从客源地与目的地之间的旅行时间来看，所用最短时间为区域环游。单因素方差分析存在两个显著分组：区域环游、单目的地、往返式三类模式所需旅行时间都比较短，而完全环游、营区基地、中心集散式三类模式所需旅行时间相对较长。

表 3-9　不同旅行模式与不同客源地的旅游线路特征

	天数/天	O-D 空间距离/km	O-D 时间距离/h	报价/元
单目的地式	4.174	1366.375	4.719	1975.858
营区基地式	4.477	1408.258	9.551	1759.323
往返式	4.954*	1613.127	5.720	2321.996
完全环游式	6.020	1472.870	7.279	2360.974
区域环游式	5.977	1720.865	4.560	2658.333*
中心集散式	7.083	2199.833*	12.389	3283.848*
北京	5.796	1942.487*	8.831	2875.880*
上海	4.796	1510.609	3.595*	2288.529
广州	5.025	1307.578	6.917	1822.284*
成都	5.925	1418.459	6.021	2200.221

注：*表示与其他组相比均有显著差异。

从线路报价来看，花费最少的旅行模式为营区基地式，最昂贵的旅行是中心集散式，单目的地总体要比多目的地旅行花费更少。相关分析发现，报价与 O-D 空间距离（$r = 0.590$）、住宿天数（$r = 0.571$）相关系数最大，与 O-D 时间距离无关，意味着旅游目的地距离客源地越远，所需旅行费用越高，长途交通与住宿的支出越大。

二、不同客源地的旅行模式与出游偏好

北京游客偏好完全环游模式，出游的时间、空间距离、花费都最高；上海游客出游时间最短，通常选择最快捷的交通工具，对单目的地旅行模式情有独钟，这可能与其外出旅行时间相对较短有关；广州游客旅行中区域环游、往返式和完全环游三种模式相差无几，出游距离最小，平均出游费用最低；成都游客往返式旅行模式相对最多，出游时间最长。

单因素方差分析表明，除了上海游客偏好单目的地旅行模式外，不同客源地的旅行模式之间不存在显著差异。特定目的地旅游区域线路模式在不同客源地之间表现出极大的相似性，且目的地节点在旅行线路中的角色与分工地位也相似，旅游线路模式的类型总体上取决于目的地区域资源禀赋、地理特征与对外交通联系水平。例如云南与海南，虽然整体旅游线路仍然要依赖于省会城市昆明和海口，但随着丽江和三亚对外交通的发展，加上其本身旅游资源禀赋极其优越，如丽江拥有古城世界遗产、玉龙雪山，又是到香格里拉、泸沽湖的必经之路，其作为单目的地和区域性旅游集散中心的功能日益突显（表 3-8），将逐渐打破“由于地理环境、交通等原因，在云南省旅游的海外游客和国内游客，都是以昆明为客源集散地，单中心吸引点发展（王瑛和王铮，2000）”的旅游业格局。

中远程旅游中，客源地与目的地之间的旅行交通以飞机为主（约占 3/4），其次是火车，飞机已经成为我国中远程旅行的主要交通方式，因此机场的规模、班次以及折扣水平成为影响包价旅行模式的重要因素，是北京、上海、广州等客源市场区域环游模式占比相对较高（约 22%）的主要原因之一。而在旅游区域内各目的地以及各旅游景点之间的主要交通方式是汽车，通常游客由客源地乘飞机或者火车在门户（枢纽）目的地再转乘旅游巴士，完成整个目的地区域的旅行。

三、旅行模式中各节点的角色与地位

由于在国际旅游和中远程国内旅游中，交通是游客花费的重要部分，加上游客到达以后的住宿、餐饮和购物消费，单目的地、枢纽和门户型目的地在旅行模式各节点中的经济收益最大。从对目的地的贡献来说，单目的地、枢纽型目的地具有最重要的意义，其次是门户型目的地，在整个区域旅游网络中居核心地位。有些目的地即使没有特别突出的旅游资源，由于其特殊的地理位置，其在旅行模式中承担枢纽或门户的功能，能够因此获得最大的经济收益，而其他目的地，即使可能拥有独特且高品质的旅游资源，由于可进入性、开发水平、景区可游览时间、住宿设施的限制，在旅行线路中只能是一个途经、甚至短暂停留的目的地，获得的收益相对要少得多。

从节点之间的分工和可能的经济收益来看，多目的地往返式、中心集散式、区域环游式旅行模式中，各目的地之间的收益相差较大，旅游区域对枢纽型目的地依赖最大，区域旅游业发展的不平衡性显著，通常位于受地形和交通可达性限制的我国经济发展比较落后的中西部区域。完全环游中各目的地之间利益分配的差距相对较小，一般分布在大尺度的省会城市之间或者经济发达的城市群内部（如华东五市）。

第五节　国内旅游目的地空间网络结构特征

目的地在旅游线路中扮演的角色是相对的，是由目的地之间的相互关系所决定的，目的地与它们之间的关系共同构成目的地网络系统。为了达到最终的研究目标，使用社会网络分析技术，对目的地网络系统特征以及目的地之间的相互关系进行分析。

一、网络分析数据预处理

为了能更加客观地反映国内旅游目的地的真实情况并与前面的研究相匹配，本研究的数据依然采用旅行社公布的旅游线路报价单。以报价单中公布的目的地为节点单位，将报价单中的目的地游程安排简化成基于 O-D 节点顺序的旅游线路（如：客源地—昆明—丽江—昆明—客源地）。旅游线路中出现的共计 155 个目的地节点中，在不影响旅游线路总体性质的前提下（节点不属于门户、离境以及枢纽型目的地），将出现次数少于 1 的节点略去（33 个），最终确定网络节点（行动者）122 个，并在此基础上建立初始赋值矩阵 *X*，接下来对赋值矩阵 *X* 进行二值化。在网络结构稳定的前提下，能够最大程度地体现网络基本特征（没有完全连接和不连接情况）的数值即为临界值（Chang and Shih，2005）。经过实证比较后发现当临界值为 5 时网络结构最为完整，据此将赋值矩阵 *X* 转化为二值矩阵 *X*，建立数据库以便分析。需要说明的是，在本书中为了保证目的地网络的完整性，在二值化过程中采用的是弱连带关系（即两个目的地之间只要有单向路径相连就承认它们之间存在连接；强连带则是双向路径连接）。

二、网络特征分析

（一）赋值网络分析

在以往使用社会网络分析法的旅游研究文献中对于初始赋值矩阵的研究较少，实际上赋值矩阵中也包含了大量关于网络特征的信息。采用数理统计方法，发现了国内旅游目的地的面状（区域）和点状（城市、景区）热点区域，而通过绘制网络社群图，则可进一步得到目的地节点之间的线状热点区域（即热点线路）。社群图是由行动者（节点）和关系（线）构成的，其表达方式多种多样，通过比较，有向赋值图可以具体反映热点旅游线路的使用强度及方向。通过 UCINET 6.2 中的 NetDraw 模块对赋值矩阵 *X* 分析后，结合目的地节点的实际空间位置对分析结果进行处理，得到国内旅游网络社群图（图 3-5）。可以看出，我国热点旅游线

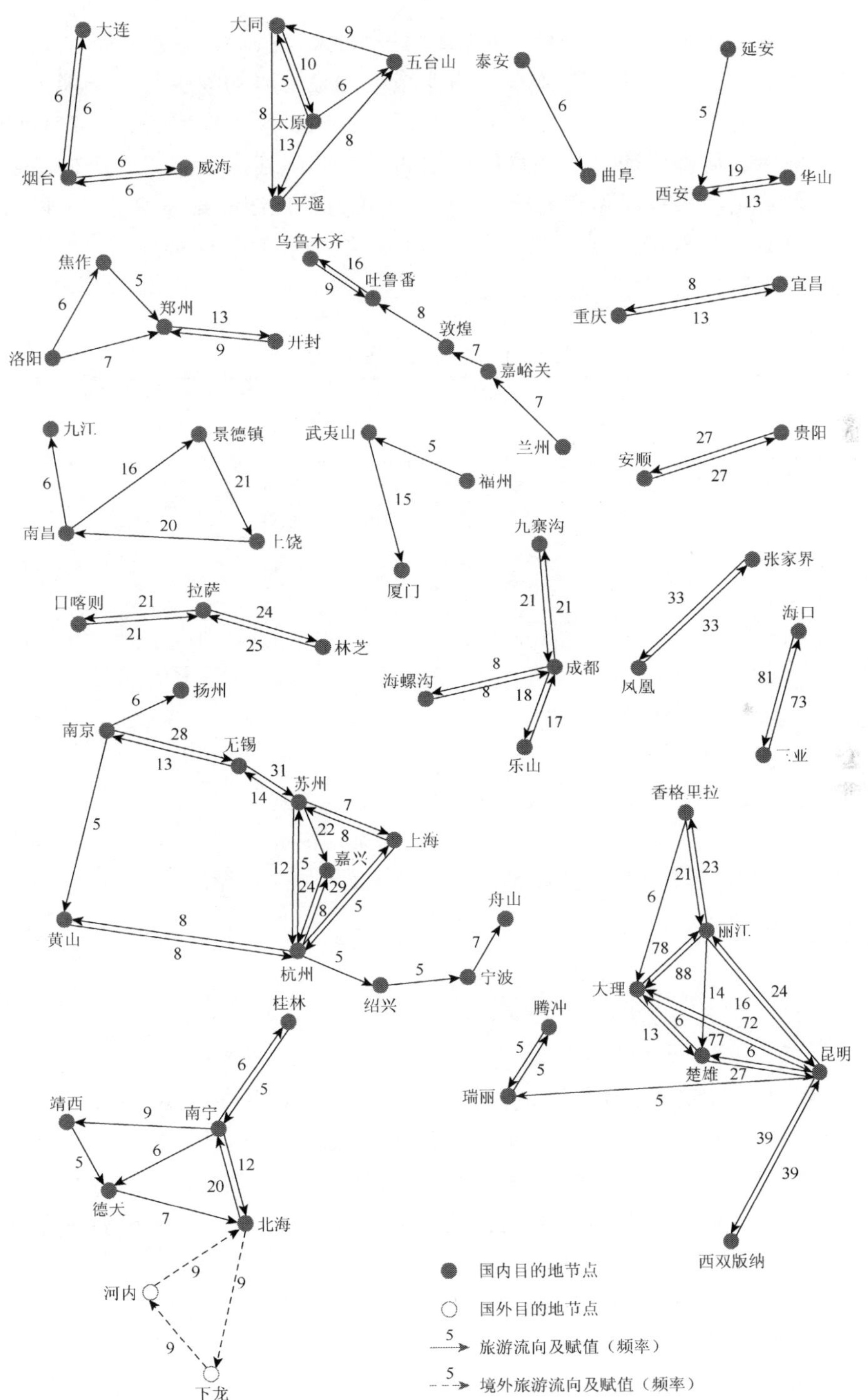

图 3-5　国内旅游网络社群图

路的分布与热点旅游区域、热点城市的空间分布大体相近，说明旅游线路的使用强度很大程度上依赖于区域整体和目的地城市对旅游流的吸引与输送能力。进一步观察有向赋值图发现旅游线路有以下特征：首先，从方向来说，连接目的地的旅游线路有往返两种路径，一些目的地之间只有单向连接。第二，不同旅游线路的赋值差异明显，热点线路较易辨识，表 3-10 为单向线路赋值大于 15 以及双向线路赋值相加大于 30 的热点线路。第三，热点线路多为双向强连带，表现出对热点目的地的依赖。

表 3-10　国内热点旅游线路

热点线路	重复使用（强连带）	赋值		热点线路	重复使用（强连带）	赋值	
		往	返			往	返
西安—华山	是	19	13	武夷山—厦门	否	15	-
南京—无锡	是	28	13	成都—九寨沟	是	21	21
无锡—苏州	是	31	14	成都—乐山	是	18	17
苏州—嘉兴	否	22	-	贵阳—安顺	是	27	27
嘉兴—杭州	是	24	8	昆明—大理	是	72	77
杭州—上海	是	29	5	大理—丽江	是	78	88
南昌—景德镇	否	16	-	丽江—香格里拉	是	23	21
景德镇—上饶	否	21	-	昆明—丽江	是	24	16
上饶—南昌	否	20	-	昆明—楚雄	是	6	27
张家界—凤凰	是	33	33	昆明—西双版纳	是	39	39
南宁—北海	是	12	20	拉萨—日喀则	是	21	21
海口—三亚	是	81	73	拉萨—林芝	是	24	25

（二）密度与成分分析

在使用 UCINET 6.2 软件中的 Network—Cohesion—Density 模块对二值矩阵 ***X*** 分析后，结果显示国内目的地网络密度为 0.0156，标准差 0.3238。表明整体网络结构很松散，且在目的地之间所有可能出现的连接线路中，只有约 1.6%的连接是常用的，说明有相当部分目的地之间几乎没有联系，在空间上孤立存在且只与客源地直接相连，同时也有一些目的地之间存在旅游流的交换。与刘法建等对入境旅游流的研究相比，国内旅游流在空间上的分布相对均匀，但仍有较明显的倾向性。成分分析后可发现国内旅游目的地网络碎片率达到 0.986，进一步印证了网络结构疏松的特征；此外还发现 17 个成员规模大于 2 的成分（表 3-11）和 55 个孤立节点。

表 3-11 含有 2 个成员以上的成分

子群编号	成分成员	所属省区（简称）
1	大连 烟台 威海	辽、鲁
2	泰安 曲阜	鲁
3	大同 五台山 太原 平遥	晋
4	郑州 开封 洛阳 焦作	豫
5	西安 渭南 延安	陕
6	重庆 宜昌	渝、鄂
7	上海 南京 杭州 苏州 无锡 扬州 嘉兴 绍兴 宁波 舟山 黄山	沪、苏、浙、皖
8	南昌 景德镇 上饶 九江	赣
9	福州 厦门 武夷山	闽
10	海口 三亚	琼
11	南宁 桂林 北海 德天 靖西	桂
12	张家界 凤凰	湘
13	贵阳 安顺	黔
14	成都 乐山 九寨沟 海螺沟	川
15	昆明 大理 楚雄 丽江 香格里拉 西双版纳 瑞丽 腾冲	滇
16	兰州 嘉峪关 酒泉 乌鲁木齐 吐鲁番	甘、新
17	拉萨 林芝 日喀则	藏

通过对赋值矩阵 X 的观察发现，在众多的孤立节点中，与客源地的连接赋值数大于 5 的节点仅有北京、哈尔滨、武汉 3 个，绝大部分赋值数小于 3，说明孤立的旅游地对大尺度旅行的旅游者来说吸引力不大。结合原始线路数据的统计结果（表 3-12），可看出纯粹作为单一型目的地的节点很少，即使是那些经常被旅游者作为旅行中单一型目的地的节点，也倾向于和周围吸引力较强的目的地（或目的地集群）相连接（表 3-11）。这样做的好处在于有助实现区域旅游资源的“强强联合”，迎合旅游者追求旅游效益最大化的特征，产生吸引力叠加效应。

表 3-12 旅游线路中单一型目的地出现次数前十位统计

排次	目的地	出现次数	排次	目的地	出现次数
1	桂林	70	6	黄山	13
2	北京①	44	7	丽江	12
3	三亚	33	8	武夷山	10
4	厦门	32	9	西安	9
5	哈尔滨①、张家界	18	10	武汉①、大连	5

注：①该目的地为网络中的孤立节点。

相互之间有连接的节点组合成了 17 个规模不等的成分（表 3-11），也就是说我国的目的地网络含有相当数量的目的地集群。观察表 3-11 发现，网络中成员数少于 4 个（包括 4 个）的成分有 13 个，成员数为 5 个及以上的成分 4 个，大部分目的地区域的节点较少，大规模（拥有 5 个以上目的地）的目的地集群仅在云南和长三角有出现。这些成分之间界限比较明显，且从空间上看多位于某一省区内，跨省区的目的地集群仅有 4 个（见图 3-5）。说明目的地之间空间相互作用的存在很大程度上受到行政区划的制约，也从一定程度上反映了我国旅游业的发展受到行政因素主导的现实。

（三）凝聚子群分析

进行凝聚子群分析，一方面可以对国内目的地网络的整体空间组织结构进行较为宏观的把握，另一方面也可以明确目的地系统内各节点之间联系的“核心—边缘”结构，进而为制定目的地集群的区域整合营销策略提供指导依据。使用 UCINET 6.2 中 Network—Subgroups—Lambda Set 模块对二值矩阵 X 进行 λ 子群分析，得到子群柱状关系图，为便于观察和分析进行了适当整理，结果如表 3-13 所示。

表 3-13　λ 子群分析结果

λ 值	子群结构
λ=4	苏州 杭州； 丽江 大理
λ=3	大同 平遥；南宁 德天；昆明 楚雄（丽江 大理）
λ=2	五台山 太原（大同 平遥）；郑州 焦作 洛阳； 南昌 上饶 景德镇；上海 南京 无锡 嘉兴 黄山（杭州 苏州）； 北海 靖西（南宁 德天）；香格里拉［昆明楚雄（丽江大理）］
λ=1	大连 威海 烟台；开封（郑州 焦作 洛阳）； 重庆 宜昌；九江（南昌 上饶 景德镇）； 西安 华山 延安；福州 厦门 武夷山 泰安 济宁； 宁波 扬州 舟山 绍兴［上海 南京 无锡 嘉兴 黄山（杭州 苏州）］； 海口 三亚；张家界 凤凰 桂林［北海 靖西（南宁 德天）］； 贵阳 安顺；成都 乐山 九寨沟 海螺沟 拉萨 林芝 日喀则； 西双版纳 瑞丽 腾冲｛香格里拉［昆明楚雄（丽江大理）］｝； 兰州 嘉峪关 酒泉 乌鲁木齐 吐鲁番

λ 值越大，说明边关联度越强，节点之间有较多可替代的连接，目的地间关系也就相对稳定；括号内节点之间的边关联度比括号外节点之间的强；括号规格由小至大表示节点之间的边关联度依次变弱。由结果可发现：第一，成员较多的子群内部结构相对复杂，且成员之间的联系有较明显的层次性。个别成员间拥有较高的边关联度，使得目的地集群整体的稳定程度提高。节点间边关

联度高的好处在于，一方面旅游者在这些目的地之间安排线路可以更为自由，不必受仅有线路的约束，避免走回头路；另一方面又可以为热点目的地起到分流作用，特别是当目的地旅游容量出现超载或旅游路径发生影响其通达性事件时就显得尤为重要。第二，结合原始数据统计结果，发现节点数量较少、结构层次简单的目的地集群出于对仅有连接的依赖，游客采用中心集散、往返模式的概率较高；节点数量多、结构层次复杂的目的地集群中连接较多，旅游者多倾向于采用环游模式。第三，在拥有多层次联系的子群中，有些成员与子群主体的联系相对较弱（λ 值为 1），其原因除了与节点所处空间位置有关外，节点自身的特点也很重要。一般来说，目的地资源等级相对集群内其他目的地较低会使得它容易被“边缘化”，如子群 4 中的开封；而拥有较高等级资源的目的地则有较为强烈的“离心”倾向，如子群 8 中的九江（庐山）和子群 11 中的桂林。

三、节点特征分析

基于前述国内旅游目的地网络的基本特征，选取程度、中介、接近以及结构洞指标对二值矩阵 X 进行分析。由于孤立的节点几乎不与其他节点发生联系，其特征难以量化，故仅将存在连接的节点的分析结果及网络定位展示如下（表 3-14）。

表 3-14　多成员子群目的地网络节点指标计算结果

子群编号	目的地节点	程度中心性		中介中心性	接近中心性		结构洞			子群中的地位
		外向	内向		外向	内向	效能	有效规模	制约度	
1	大连	2.00	3.00	1.791	0.833	0.833	3.146	0.786	0.594	门户或离境
	烟台	2.00	2.00	0.909	0.833	0.833	5.037	0.840	0.488	门户或离境
	威海	1.00	1.00	0.000	0.833	0.833	1.675	0.837	0.773	途经
2	泰安	1.00	0.00	0.000	0.820	0.826	2.456	0.614	0.741	门户或离境
	曲阜	0.00	1.00	0.000	0.826	0.820	2.918	0.584	0.669	门户或离境
3	大同	2.00	2.00	0.475	0.840	0.840	2.674	0.669	0.730	门户或离境
	五台山	1.00	1.00	0.007	0.840	0.840	1.365	0.455	0.919	途经
	太原	3.00	3.00	1.707	0.840	0.840	1.585	0.396	0.782	门户或离境
	平遥	2.00	2.00	1.049	0.840	0.840	2.554	0.638	0.855	门户或离境
4	郑州	2.00	4.00	0.461	0.840	0.826	2.332	0.777	0.642	枢纽
	开封	1.00	1.00	0.000	0.840	0.826	1.077	0.538	0.911	途经
	洛阳	2.00	0.00	0.000	0.820	0.840	3.919	0.784	0.691	门户
	焦作	1.00	1.00	0.000	0.826	0.833	1.000	0.500	0.924	途经

续表

子群编号	目的地节点	程度中心性		中介中心性	接近中心性		结构洞			子群中的地位
		外向	内向		外向	内向	效能	有效规模	制约度	
5	西安	4.00	5.00	1.384	0.833	0.826	4.048	0.810	0.594	枢纽、桥点
	华山	1.00	1.00	0.000	0.833	0.826	1.291	0.430	0.945	途经
	延安	1.00	0.00	0.000	0.820	0.833	1.000	0.500	0.971	途经
6	重庆	3.00	3.00	0.909	0.826	0.826	4.833	0.967	0.676	枢纽
	宜昌	1.00	2.00	0.000	0.826	0.826	5.810	0.968	0.725	途经、离境
7	上海	4.00	5.00	0.140	0.862	0.877	4.343	0.620	0.772	枢纽、门户或离境
	南京	4.00	4.00	0.554	0.861	0.877	7.597	0.844	0.547	枢纽、门户或离境
	杭州	6.00	5.00	0.711	0.862	0.877	8.874	0.887	0.492	枢纽、门户或离境
	苏州	4.00	3.00	0.122	0.862	0.877	3.663	0.733	0.570	次级枢纽
	无锡	3.00	3.00	0.012	0.862	0.877	4.689	0.782	0.557	次级枢纽
	扬州	0.00	1.00	0.000	0.869	0.820	1.988	0.663	0.917	途经
	嘉兴	2.00	2.00	0.000	0.862	0.876	2.131	0.533	0.872	途经
	绍兴	1.00	1.00	0.000	0.869	0.820	2.714	0.678	0.857	途经
	宁波	2.00	3.00	0.000	0.826	0.826	3.715	0.929	0.566	次级枢纽
	舟山	2.00	2.00	0.000	0.826	0.826	1.000	1.000	1.000	途经
	黄山	2.00	3.00	0.013	0.862	0.876	5.781	0.826	0.506	次级枢纽
8	南昌	3.00	2.00	2.225	0.833	0.840	2.794	0.698	0.590	枢纽、桥点
	景德镇	1.00	1.00	0.434	0.833	0.840	1.463	0.488	0.901	途经
	上饶	1.00	1.00	0.475	0.833	0.840	5.684	0.812	0.592	途经、桥点
9	福州	1.00	0.00	0.000	0.820	0.833	1.000	0.500	0.957	门户、途经
	武夷山	2.00	3.00	0.486	0.826	0.826	1.881	0.941	0.678	门户
	厦门	4.00	4.00	0.307	0.833	0.820	3.283	0.821	0.644	枢纽、桥点
10	海口	4.00	4.00	0.076	0.826	0.826	1.000	1.000	1.000	门户或离境
	三亚	5.00	5.00	0.114	0.826	0.826	1.000	1.000	1.000	门户或离境
11	南宁	6.00	4.00	2.390	0.862	0.862	3.015	0.754	0.525	枢纽、桥点
	桂林	2.00	2.00	0.419	0.861	0.862	3.400	0.680	0.932	途经
	北海	3.00	3.00	2.735	0.862	0.862	4.022	0.670	0.540	次级枢纽
	德天	1.00	2.00	0.475	0.862	0.862	2.538	0.635	0.902	途经
	靖西	1.00	1.00	0.000	0.862	0.861	1.603	0.534	0.905	途经
12	张家界	5.00	5.00	0.985	0.826	0.826	3.514	0.878	0.852	门户、离境
	凤凰	1.00	1.00	0.000	0.826	0.826	1.015	0.507	0.986	途经

续表

子群编号	目的地节点	程度中心性		中介中心性	接近中心性		结构洞			子群中的地位
		外向	内向		外向	内向	效能	有效规模	制约度	
13	贵阳	4.00	3.00	0.985	0.826	0.826	8.893	0.988	0.624	枢纽、桥点
	安顺	1.00	1.00	0.000	0.826	0.826	1.000	1.000	1.000	途经
14	成都	3.00	3.00	0.210	0.862	0.862	7.637	0.955	0.300	枢纽、桥点
	乐山	1.00	1.00	0.000	0.840	0.840	1.026	0.513	0.988	途经
	九寨沟	1.00	1.00	0.000	0.840	0.840	2.000	1.000	0.955	途经
	海螺沟	1.00	1.00	0.000	0.840	0.840	4.490	0.898	0.588	途经
15	昆明	9.00	8.00	2.997	0.855	0.869	6.865	0.858	0.575	枢纽、桥点
	大理	3.00	4.00	0.036	0.855	0.869	3.178	0.636	0.671	次级枢纽、桥点
	楚雄	2.00	3.00	0.000	0.855	0.869	2.348	0.587	0.918	途经
	丽江	7.00	7.00	1.476	0.855	0.869	3.596	0.719	0.734	次级枢纽、桥点
	香格里拉	2.00	1.00	0.000	0.854	0.869	2.532	0.588	0.918	途经
	西双版纳	1.00	1.00	0.000	0.854	0.869	1.048	0.349	0.901	途经
	瑞丽	1.00	2.00	0.448	0.869	0.826	2.172	0.724	0.998	途经
	腾冲	1.00	1.00	0.000	0.869	0.820	2.140	0.713	0.961	途经
16	兰州	1.00	3.00	0.861	0.820	0.847	2.182	0.727	0.893	门户
	嘉峪关	1.00	1.00	0.902	0.826	0.840	1.875	0.938	0.617	途经
	酒泉	1.00	1.00	0.944	0.833	0.833	2.500	0.833	0.571	途经
	乌鲁木齐	2.00	2.00	2.273	0.847	0.826	4.000	1.000	0.446	枢纽
	吐鲁番	1.00	2.00	1.405	0.847	0.826	2.000	1.000	0.611	途经
17	拉萨	5.00	5.00	1.804	0.833	0.833	5.000	1.000	0.413	枢纽、桥点
	林芝	1.00	1.00	0.000	0.833	0.833	2.000	1.000	0.961	途经
	日喀则	1.00	1.00	0.000	0.833	0.833	1.000	1.000	1.000	途经

目的地定位主要依据节点指标计算结果，指标数值取决于节点在网络中的位置。由此可知，目的地集群中各节点的职能定位是由网络整体环境所决定的，某个节点的特点和作用受它与其他节点关系的影响。如果目的地不顾及自己在整个网络中的实际地位盲目地制定过高的定位，会造成资源浪费甚至影响到整个目的地系统的稳定。

此外目的地子群的结构差异也体现在节点特征上。由表 3-14 可知几种不同类型的节点组合方式：①子群节点少，相互之间关系表现为简单的“输出—接受”模式，无明显的结构洞“桥点”，以子群 2 最为典型。②子群节点较少，其中某一节点由于与客源地之间有较高的可达性优势，导致其他节点对其产生依赖，使它拥有相对较高的程度中心性和中介中心性，充当子群中旅游流交换的“枢纽”作用。枢纽节点往往有较高的制约度而成为结构洞，如子群 14 中的成都就成为其他三个目的地实现连接的“桥点”。③节点较多，且拥有多个可达性较好的节点，它们都与依附自己的节点发生联系，从而有了较高的程度中心性和中介性，使得子群含有多个“枢纽”和“桥点”。以子群 11 为例，南宁和北海都有良好的交通设施保证其通达性，南宁作为省会城市成为本区域旅游中的枢纽节点，而北海则是国内游客前往越南旅行的集散地（图 3-5）。还有一种情况，也就是子群包含较多数量的节点，其中某几个节点之间的旅游流交换作用较强，这些节点在各项指标上均比其他节点有明显的优势，形成或是正在形成显著的等级层次结构（如子群 7、15）。

第六节　小　　结

基于旅行社报价单信息对我国中远程旅游线路的空间模式进行类型划分、空间格局和特征分析发现：

（1）总体来说，我国国内旅游者中远程旅行倾向于选择多目的地模式，这与国外研究结果一致（Oppermann，1995）。但统计结果表明，尽管已经排除 2 日内的周末休闲行程，单目的地在我国仍是一种重要的中远程旅行模式，约占总样本的 1/4；多目的地旅行中，往返式、完全环游与区域环游为最主要的三种模式。

（2）北京、厦门、三亚、张家界、黄山、武夷山、丽江等目的地不仅具有知名度高的旅游资源，而且资源类型丰富独特，适宜度假休闲，目前也是我国主要的度假胜地。基地型目的地的功能主要是为周边高品质的旅游景区提供交通、食宿等服务设施，通常交通距离可以一日来回，本身可以拥有丰富的旅游资源，也可以仅仅提供接待服务。枢纽型目的地兼有游客旅行首先到达的门户与旅行结束离开的离境两种功能，主要存在于往返式、中心集散式和区域环游三类旅行模式中。

（3）游客出行区域的选择通常有两种趋势：一是游客中远程线路倾向于选择知名度大的多目的地旅行模式，因此出现全国范围内的旅游热点区域，如云南、四川、海南等；二是倾向于选择就近目的地。因此，目的地存在全国性和区域性两个层次上的影响力，区域性旅游目的地加强合作宣传与营销，可以满足近短程客源市场游客的旅行需求，大大缓解我国热点旅游区域的客流接待压力。

（4）特定目的地区域旅游线路模式在不同客源地之间表现出极大的相似性，且目的地节点在旅行线路中的角色与分工地位也相似，说明旅游线路模式的类型总体上取决于目的地区域资源禀赋、地理特征与对外交通联系水平。西部重要目的地区域交通可达性如进一步得到改善，必将一方面为游客带来旅行费用与旅行时间上的节约，另一方面也将改变旅游区域对枢纽目的地的过分依赖，有助于目的地区域旅游经济的协调、均衡发展。

（5）不同客源地游客出行存在偏好上的差异，旅游目的地在具体细分市场宣传与营销、旅行线路组织与设计时应给予参考，区别对待。

但研究中仍存在不足：①由于旅行中停留的整个时间长度是影响游客在目的地区域扩散模式的主要因素，因此也影响着地区间经济利益的分配（Oppermann，1994），该部分未能对游客在旅游区域内不同目的地之间的旅行特征进行细致分析，而目的地在旅行节点中扮演角色的不同，将直接影响其经济收益，是区域旅游经济发展不平衡的根本原因，当前已有的国内外研究尚缺乏对不同线路模式中目的地节点的角色与收益的计量经济分析，本书第八章以世博专题线路为数据来源，对该问题进行深入研究。②今后较长时间内将是我国高速铁路与高速公路快速发展的时期，快速交通背景下，更多的目的地将实现跨区域的联合（梁雪松，2010），亟待对这种变化进行预测研究，指导目的地间的合作开发与联合营销，为旅游线路空间组织提供参考。本书第七章以交通网络发达的长三角为例，尝试探讨交通对旅行模式的影响。

参 考 文 献

李山，王慧，王铮. 2005. 中国国内观光旅游线路设计中的游时研究. 人文地理，（2）：51-56.

梁雪松. 2010. 基于双重区位空间的湖南旅游业发展机遇探讨. 经济地理，30（5）：859-864.

刘法建，章锦河，陈冬冬. 2009. 旅游线路中旅游地角色分析———以黄山市屯溪区为例. 人文地理，24（2）：116-119.

卢天玲. 2008. 塔尔寺旅游者旅行模式及其对地方旅游经济的影响. 旅游学刊，23（12）：29-33.

陆林. 1996. 山岳风景区旅游者空间行为研究——兼论黄山与美国黄石公园之比较. 地理学报，51（4）：315-321.

马晓龙. 2005. 基于游客行为的旅游线路组织研究. 地理与地理信息科学，21（2）：98-101.

史春云，张捷，尤海梅，等. 2006. 中国城市居民出游潜力的空间分异格局. 地理科学，26（5）：622-628.

史春云，朱传耿，赵玉宗，等. 2010. 国外旅游线路空间模式研究进展. 人文地理，25（4）：31-35.

王瑛，王铮. 2000. 旅游业区位分析——以云南为例. 地理学报，55（3）：346-353.

吴必虎. 2001. 大城市环城游憩带（ReBAM）研究——以上海市为例. 地理科学，21（4）：354-359.

吴必虎. 2009. 中国作为多目的地的国际营销战略. 旅游学刊，24（5）：5-6.

宣国富，陆林，汪德根，等. 2004. 三亚市旅游客流空间特性研究. 地理研究，23（1）：115-124.

叶红. 2007. 区域旅游线路节点选择对目的地的影响. 经济地理，27（4）：672-675.

朱竑，封丹，韩亚林. 2007. 中国国际级旅游目的地建设的重新审视——基于国外旅行商视角. 旅游学刊，22（6）：14-19.

朱明，史春云，袁欣，等. 2010. 基于旅行社线路的国内旅行空间模式研究. 旅游学刊，25（9）：32-37.

Beaman J，Jiannm J，Fesenmaier D R. 1997. Clarification of cumulative attractivity as a concept and its measurement：comments on Lue，Crompton，and Stewart. Journal of Travel Research，36（2）：74-77.

Chang P L，Shih H Y. 2005. Comparing patterns of intersectoral innovation diffusion in Taiwan and China：A network analysis. Technovation. 2（25）：155-169.

Dredge D. 1999. Destination place planning and design. Annals of Tourism Research，26（4）：772-791.

Lew A A，McKercher B. 2002. Trip destinations，gateways and itineraries：the example of Hong Kong. Tourism Management，23（6）：609-621.

Lue C，Crompton J L，Fesenmaier D R. 1993. Conceptualization of Multi-Destination Pleasure Trips. Annals of Tourism Research，20（2）：289-301.

Mings R C，McHugh K E. 1992. The spatial configuration of travel to Yellowstone National Park. Journal of Travel Research，30：38-46.

Oppermann M. 1994. Length of stay and spatial distribution. Annals of Tourism Research，21（4）：834-836.

Oppermann M. 1995. A model of travel itineraries . Journal of Travel Research，33：57-61.

Tideswell C，Faulkner B. 1999. Multidestination travel patterns of international tourists to queensland . Journal of Travel Research，37（4）：364-374.

第四章 四川省城市与景区旅游线路模式的网络结构

第一节 研究区域概况与数据来源

一、研究区域概况

四川省简称川或蜀（省会成都），位于东经 92°21′～108°12′，北纬 26°03′～34°19′，面积为 48.5 万平方千米[9]。四川省地处中国西南腹地、长江上游，山地和高原占 78.82%[10]。其西部是青藏高原，东部为四川盆地，数亿年的地质运动，沧桑巨变，造就了瑰丽险峻的巴蜀风光。四川现辖 21 个市（州），分别为成都、自贡、攀枝花、泸州、德阳、绵阳、广元、遂宁、内江、乐山、南充、宜宾、广安、达州、巴中、雅安、眉山、资阳、阿坝州、甘孜州、凉山州，183 个县（市、区）。截至 2015 年底，四川省户籍人口 9132.6 万人，常住人口 8204 万人，有 55 个少数民族，490.8 万人，为多民族聚居地，四川是全国唯一的羌族聚居区、最大的彝族聚居区和全国第二大藏区[11]。

四川省是西南重要的交通枢纽，形成了集航空、航运、铁路、公路为一体的立体运输网络（图 4-1）。目前四川有 13 座机场，分别为成都双流机场、泸州蓝田机场、九寨黄龙机场、攀枝花保安营机场、南充高坪机场、宜宾菜坝机场、绵阳南郊机场、西昌青山机场、广元盘龙机场、达州河市机场、阿坝红原机场、稻城亚丁机场和康定机场[12]。其中成都双流机场是中国第四大国际航空港。现已建成铁路主要有成渝铁路、宝成铁路、成昆铁路、内昆铁路、襄渝铁路、遂渝铁路、达成铁路。成渝线连接成都与重庆，一直通往贵州和华南地区；宝成是四川与全国沟通的第一条铁路，又是中国第一条电气化铁路；成昆线是连接成都、昆明、广西北海的主要铁路线；内江至昆明通过内昆线连接；遂渝铁路起于遂宁站，止于北碚站；川北的铁路干线有达成线。四川省公路概况特征明显，主要以成都为中心，通过辐射状的干、支线公路联结各市州。省道高速以成都呈放射状高速主要有成绵高速、成巴高速、成都机场高速、成名高速；纵线高速有遂内高速；横线高速主要包括送广高速、遂洪高速、乐峨高速公路。国高川段主要有首都放射

---

9 四川省人民政府：http: //www.sc.gov.cn/10462/wza2012/scgk/scgk.shtml 搜索时间 2016/12/19

10 中文百科在线：http: //www.zwbk.org/MyLemmaShow.aspx?lid=103465 搜索时间 2016/12/19

11 百度百科 四川：http: //baike.baidu.com/搜索时间 2016/12/19

12 四川省人民政府：http: //www.sc.gov.cn/10462/10464/10797/2016/7/8/10387193.shtml 搜索时间 2016/12/19

广陕高速、绵广高速、成绵高速、成都绕城高速、成雅高速、雅西高速、泸黄高速、西攀高速、攀田高速；纵线高速主要有达陕高速、达渝高速四川段、广甘高速、广南高速、南充绕城高速、南渝高速四川段、成渝高速（渔箭—内江）、内宜高速等；横线主要有纳黔高速、隆纳高速、成渝高速、成南高速等；环线高速主要有成渝环线高速。

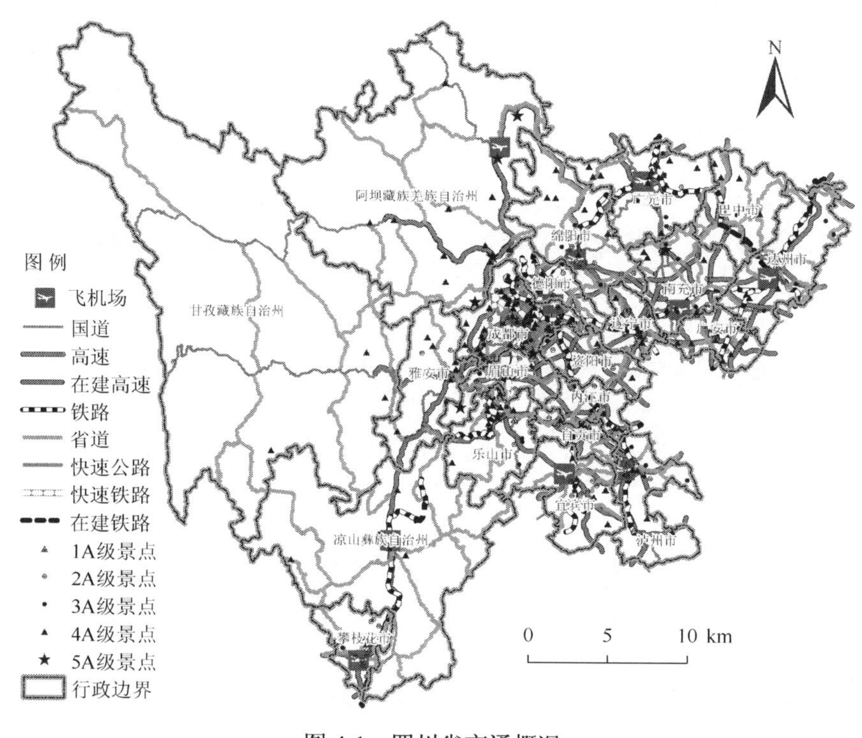

图 4-1 四川省交通概况

二、数据来源

旅行社的旅游线路在一定程度上可以反映旅游市场及旅游者的需求。旅行社线路报价单包含了团队包价旅游的主要信息，国内众多学者也都以旅行社线路报价单为基础数据开展了相关论证及研究。当前研究学者主要通过旅行社官网公布的旅游线路报价单、旅游者网络游记以及问卷调查等方式获取旅游线路数据。

2014 年 1～5 月，在全国百强旅行社官方网站收集线路信息，以团队旅游线路报价单为数据来源，对旅游线路数据进行整理，共获取 950 条线路，并建立数据库，以此为依据进行分析研究。一日游圈层主要分布在距城市 140km 的腹地内，二日游的出游半径约为 300km（吴必虎，2001），为了排除短程旅行的干扰，同时对四川旅游线路模式进行更详细的研究，选取出游天数≥2 的旅游线路，同时对于涉及其他省市旅游目的地线路，仅对四川省内的行程进行统计。重庆作为中国四大直辖市之一，由于毗邻四川，两地间交通便捷，经济、文化上紧密相连，因此在线路统计中将重庆作为四川省旅游线路中的一个重要节点（唐雯雯等，2016a）。

三、四川省旅游线路基本特征

（一）自由、半自由旅游线路受到游客青睐

随着人们生活水平的提高，游客更加注重追求旅途中的自由、便捷与舒适，因此自由、半自由旅行方式便日益受到旅游者的青睐。该旅游方式是指旅游行程中旅行社提供住宿或交通安排，但没有具体的旅游行程及导游服务，是一种新兴的旅游方式。统计发现，下载线路中自由、半自由旅游线路共计 83 条，占线路总数的 8.74%。其中，北京、上海、江苏分别有 22 条、28 条、11 条，共占自由、半自由旅游线路的 73.5%。在自由、半自由旅游线路中选择飞机作为出行方式的有 80 条，占自由、半自由旅游线路的 96.4%，同时以成都作为目的地的有 36 条。自由、半自由旅游将成为未来游客游玩四川的一个重要的旅行方式，成都是著名的“休闲之都”，更应注重自由行旅游市场的开发，打造经典自由行项目，满足市场对休闲旅游的需求。

（二）旅游客源市场广泛且分布不均

从四川省旅游客源地频次统计可以看出：四川省旅游客源市场分布相当广泛，遍及各大区域。华北地区主要有北京、河北；华东地区主要客源地为上海、江苏、浙江、福建、山东、安徽；四川、重庆、云南为西南地区主要市场；中南地区的广州、湖南、湖北；西北地区、东北地区客源地较少分别仅有陕西以及辽宁（图 4-2）。可以看出，四川省旅游资源对全国旅游者均具有较强的吸引力。

（三）飞机成为游客前往四川主要的交通工具

经统计，飞机是游客前往四川的主要交通工具，旅游线路中选择飞机往返的高达 82.7%。其次分别为汽车往返（10.5%）、火车往返（6.3%），混合式交通（如飞机出发火车返回）所占比例最小，仅为 0.42%。游客选择飞机出行存在两方面原因，一方面飞机速度快、安全舒适，能够满足游客舒适安全的出行需求，另一方面基础设施条件良好，四川省共拥有 13 个民航机场，分布于各市州，能够实现客源地与目的地的直接连接。选择乘汽车出行的多为距目的地较近的客源地的旅游者，如重庆或四川省内的游客。

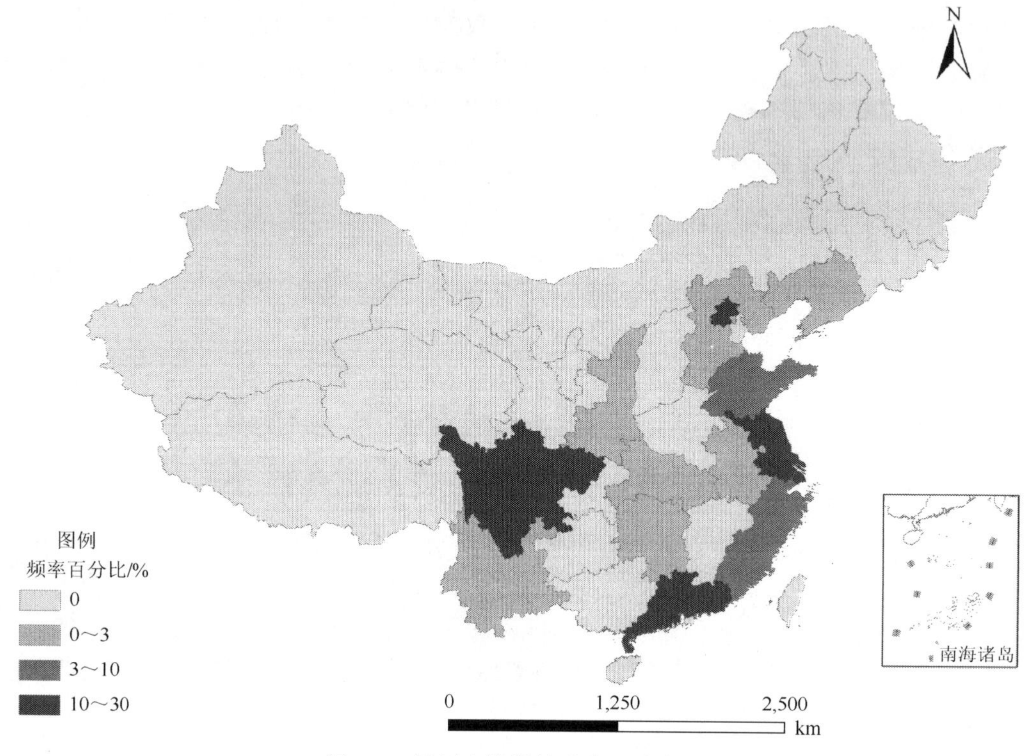

图 4-2　四川省旅游线路客源地市场

（四）游客偏好藏羌特色文化的体验

四川省是少数民族大省，因此少数民族特色的文化体验活动是旅游线路中的一大亮点。旅游线路统计中特色藏寨、精品藏寨出现频次约为 198，特色精品羌寨出现频次约为 35；德吉梅朵风情街、大唐林卡商业风情街等民族风情街出现频次约为 61。藏羌民族文化对游客具有较强的旅游吸引力，因此要重视相关旅游产业的开发，在开发中既要满足游客对民族文化体验的需求，又要保护好民族文化，避免过度商业化。

第二节　城市旅游线路模式与社会网络分析

以 Lue，Crompton and Fesenmaier（1993）模型与 Oppermann（1995）为主要的参照标准，并结合四川省旅游线路的现状，将四川旅游线路模式划分为单目的地式、往返式、中心集散式、区域环游式、完全环游式 5 种（图 4-3）。单目的地式是指从客源地出发，到达一个目的地游玩并住宿后返回客源地，其中将唯一经过的目的地定义为单目的地。往返式：旅游者到达一个目的地后，再依次经过几个目的地，返回时再依次经过这几个目的地，最终从第一个到达的目的地回到客源地。中心集散式：旅游者到达一个目的地后，以该目的地为枢纽，多次游览其他目的地后都返回该枢纽目的地。区域环游式：旅游者到达某个目的地以后，以该目的地为门户，依次游玩多个目的地后，返回门户目的地。将往返式、中心集散式与区域环游式中到达的第一个目的地定义为枢纽目的地。完全环游式：旅游者从客源地出发，依次游览几个目的地，最后返回客源地，其中第一个到达的目的地称之为门户目的地，最后离开的目的地称之为离境目的地。此外，将各线路模式中经过且住宿的目的地称之为途经目的地、没有住宿只是参观逗留的目的地称之为逗留目的地。

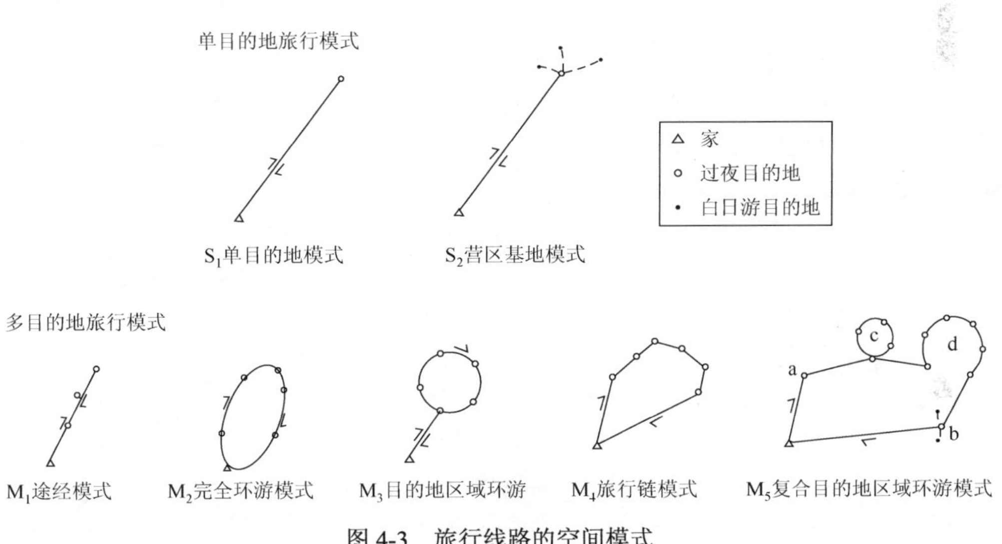

图 4-3 旅行线路的空间模式

一、线路模式分析

通过统计可以发现四川省旅游线路以多目的地旅游模式为主，共占 75.1%。各线路模式中占比前三位的分别是往返式、中心集散式、单目的地式（共占 96.6%），其中往返式占比达到了 46.2%（表 4-1）。往返式、中心集散式所占比重较大，由于成都市在四川省的中心区位，尤其是四川盆地的特殊地形结构（史春云等，2007），成都成为四川省的交通枢纽与枢纽目的地，虽然直线距离邻近，但由于高原、山地的阻滞，要前往下一个目的地往往需要重返成都。据统计，目前四川省旅游市场中主要的线路有客源地—成都—阿坝州—成都—客源地、客源地—成都—乐山—成都—阿坝州—成都—客源地、客源地—阿坝州/成都—客源地等几条。单目的地旅行模式所占比重大，一方面阿坝州拥有九寨沟、黄龙等吸引力较大的世界级旅游资源，另一方面交通上可以实现部分客源市场到阿坝州九黄机场的直达。

表 4-1　四川省旅游主要旅游线路模式及频次统计

线路模式	典型线路举例	频次/次	百分比/%
单目的地式	客源地—阿坝州—客源地	237	24.9
往返式	客源地—成都—阿坝州—成都—客源地	439	46.2
中心集散式	客源地—成都—乐山—成都—阿坝州—成都—客源地	242	25.5
区域环游式	客源地—成都—甘孜—阿坝州—成都—客源地	15	1.6
完全环游式	客源地—重庆—阿坝州—客源地	17	1.8

（1）单目的地式约占四川旅游线路的 24.9%，由于四川省位于我国西南地区，四川的主要客源市场位于我国的华北、华东地区，具体分布在四川本地、重庆、北京、上海、广州等经济较发达地区。单目的地式旅游以偏远的阿坝州为目的地，因此即使仅游览阿坝州一处，其平均出行天数也要 3.87 天。以阿坝州为单目的地的线路有 130 条，占单目的地式总数的 54.9%，以成都为单目的地的有 53 条，占 22.4%。

（2）往返式在四川旅游线路中所占比例最大（46.2%）。往返式出游天数主要为 4～6 天（表 4-2），平均值为 5.36 天，由于出游时间以及四川的特殊地形限制，往返式成为了四川旅游线路中占比最多的旅行方式。

（3）中心集散式约占四川旅游线路的 25.5%，其出游天数主要为 6～8 天，平均值为 7.39 天。四川省的四大主要客源市场是上海（18.63%）、广东（18.21%）、北京（15.47%）、江苏（10.63%），分别位于我国三大沿海经济区，而四川属于西南大省，与客源地距离远、资源禀赋差异明显，能够吸引远程旅游者，体验不同的自然与人文环境。此外，中心集散式是花费时间最多、成本最高的旅行模式（史春云等，2011），游客出于自身旅游效益的考虑，希望用一定的时间与金钱，收获更多不同的旅行体验。

（4）区域环游式与完全环游式在四川省旅游线路中很少存在，分别占了 1.6%、1.8%，且途经的目的地的个数少，仅 2～3 个，如上海—成都—阿坝州—甘孜—成都—上海、上海—成都—阿坝州—上海。这是由于区域环游与完全环游对各节点目的地的交通要求高，而四川西北、西南多高原山地阻隔，满足不了区域环游与完全环游式旅游模式对交通状况的需求。

表 4-2　四川省旅游线路模式分析

线路模式	单目的地		区域环游		完全环游		往返		中心集散		合计/次
天数/天	频次/次	占比/%	频次/次	占比/%	频次/次	占比/%	频次/次	占比/%	频次/次	占比/%	
2	30	12.66	0	0	0	0	0	0	0	0	30
3	48	20.25	0	0	0	0	2	0.46	0	0	50

续表

线路模式	单目的地		区域环游		完全环游		往返		中心集散		合计/次
天数/天	频次/次	占比/%	频次/次	占比/%	频次/次	占比/%	频次/次	占比/%	频次/次	占比/%	
4	121	51.05	1	6.67	9	52.94	64	14.58	0	0	195
5	28	11.81	5	33.33	3	17.65	216	49.20	23	9.50	275
6	7	2.95	4	26.67	5	29.41	116	26.42	42	17.36	174
7	1	0.42	4	26.67	0	0	22	5.01	75	30.99	102
8	0	0	0	0	0	0	15	3.42	68	28.10	83
9	1	0.42	0	0	0	0	1	0.23	10	4.13	12
10	1	0.42	0	0	0	0	2	0.46	14	5.79	17
11	0	0	0	0	0	0	0	0	3	1.24	3
12	0	0	0	0	0	0	0	0	2	0.83	2
13	0	0	1	6.67	0	0	0	0	4	1.65	5
14	0	0	0	0	0	0	1	0.23	1	0.41	2
合计	237		15		17		439		242		950

二、目的地类型分析

（一）目的地频次统计

目的地景区节点在旅游市场中的受欢迎程度可以通过景区的出现频次反映。四川省各市州在不同旅游线路模式中出现的频次存在明显差异（表 4-3）。阿坝州出现总频次最高为 710，成都出现频次为 708，位列第二。内江、凉山州、眉山出现总频次仅为 1，反映出该地区优质旅游资源的匮乏、交通基础通达性不高等，导致在旅游市场竞争中处于劣势。根据旅游线路目的地频次统计将四川省各目的地市州划分为四个层次（图 4-4）：一级目的地，出现频次为 700，包括阿坝州、成都；二级目的地，出现频次为 700～50，包括乐山、甘孜以及重庆；三级目的地，出现频次为 49～10，包括绵阳、广元、南充、宜宾；四级目的地，出现频次为 9～1，包括内江、雅安、凉山州、眉山、广安。

表 4-3　四川省旅游线路目的地类型频次统计

目的地＼类型	单目的地	门户目的地	离境目的地	枢纽目的地	途经目的地	逗留目的地	合计
阿坝州	130	6	8	0	562	4	710
成都	53	6	3	633	12	1	708
重庆	0	3	4	38	5	2	52

续表

目的地＼类型	单目的地	门户目的地	离境目的地	枢纽目的地	途经目的地	逗留目的地	合计
绵阳	0	2	2	14	0	3	21
甘孜	27	0	0	1	67	0	95
广元	0	0	0	10	0	0	10
广安	2	0	0	0	0	0	2
乐山	14	0	0	0	298	0	312
凉山州	1	0	0	0	0	0	1
眉山	1	0	0	0	0	0	1
南充	2	0	0	0	13	0	15
雅安	1	0	0	0	0	3	4
宜宾	6	0	0	0	9	0	15
内江	0	0	0	0	0	1	1
合计	237	17	17	696	969	14	

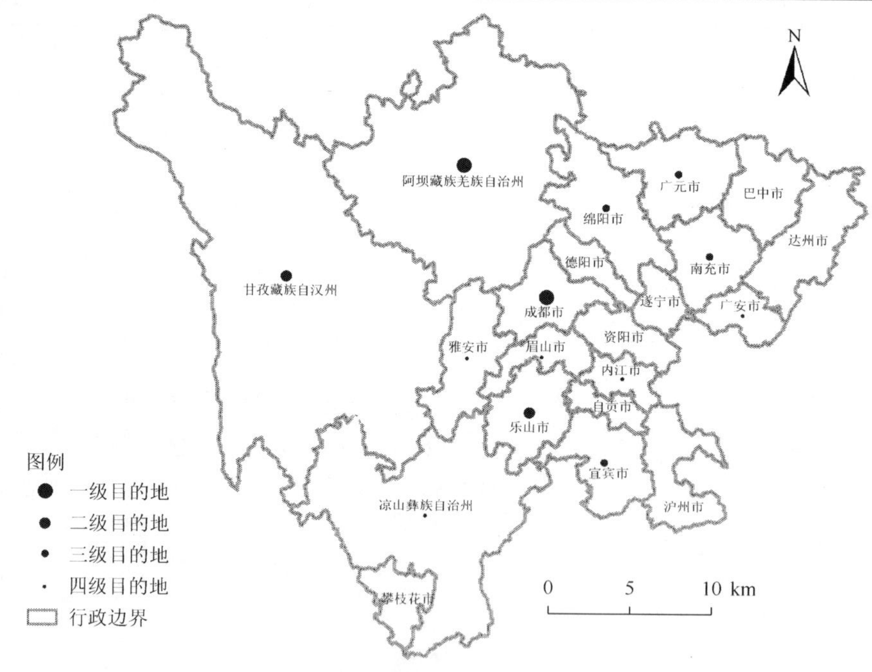

图 4-4　城市目的地层次结构

（二）目的地类型

1. 单目的地

以阿坝州作为单目的地的线路的旅游线路条数最多，是位列第二的成都的 2.45

倍，位列第三的甘孜的 4.8 倍。阿坝州景区资源等级高，九寨沟、黄龙均为世界级遗产，国家级旅游资源丰富，如四姑娘山、若尔盖湿地国家级自然保护区等旅游资源。成都处于四川省交通网络的中心地位，通达性高且人文和自然资源都比较丰富。甘孜州自然旅游资源丰富，拥有多个国家级、省级国家森林公园和自然保护区，如海螺沟、稻城亚丁景区等。鲜少有旅游线路将绵阳、广元、内江、雅安、凉山州、眉山作为单目的地。

2. 门户目的地与离境目的地

四川旅游线路中完全环游线路所占比例较小，仅为 1.8%（表 4-1），门户与离境目的地都仅有阿坝州、成都、绵阳、重庆 4 个。其中，阿坝州和成都作为门户目的地的频次最多，均为 6 条，而离境目的地以阿坝州为首，重庆、成都、绵阳次之。绵阳南郊机场是仅次于成都双流机场的四川省第二大机场，且机场外连接宝成铁路、成绵城际铁路，成绵、绵广、绵遂、成绵复线高速和九寨环线，交通便利，使得绵阳成为重要的门户与离境目的地。

3. 枢纽目的地

四川省旅游线路中的枢纽目的地是区域环游式、往返式和中心集散式线路中枢纽节点的汇总。其中成都约占了 90.9%（表 4-3），说明四川省旅游节点的发展极度不均衡，在一定程度上也可以反映出四川省的旅游业发展极不均衡（史春云等，2007）。重庆是仅次于成都的枢纽节点城市，对四川旅游的发展有着重要的影响，说明虽然 1997 年重庆成为直辖市，脱离四川省的管辖，但从地理位置和历史文化渊源来看，重庆依然与四川省联系紧密，这也是将重庆作为重要节点纳入研究案例范围的重要原因。广元龙盘机场开有北京、杭州、广州航线，是广元成为枢纽节点的一大重要原因。枢纽目的地城市还应加快完善旅游集散中心、旅游咨询中心、旅游交通等公共服务设施，从而提升旅游接待、集聚和辐射能力。

4. 途经目的地与逗留目的地

途经目的地主要有阿坝州、乐山、甘孜。四川峨眉山-乐山风景名胜区是世界文化与自然遗产，集自然风光与佛教文化为一体，峨眉山“一山有四季、十里不同天”，是全国四大佛教圣地之一，以“雄、秀、神、奇、灵”著称。逗留目的地除阿坝州、成都外，还有重庆、绵阳、雅安、内江等。

三、城市目的地旅游线路的社会网络分析

（一）数据处理与说明

社会网络分析是对各目的地间的旅游流的流向流量进行研究，通过对原始旅

游线路进一步整理、筛选，最终选取多目的地旅游线路 713 条，其中经过的旅游节点有成都、绵阳、广元、乐山、南充、宜宾、雅安、阿坝州、甘孜、重庆共计 10 个节点目的地城市。攀枝花、凉山州等旅游线路中未出现的州市成为网络孤立点，暂不对其统计。以这 10 个节点为基础构建 10×10 的旅游线路节点流向赋值矩阵（流向流量矩阵），对赋值矩阵进行标准化处理，取标准化后数据的中位数作为临界值 0，对矩阵中大于临界值的数值记为“1”，反之记为“0”，据此得到了 UCINET 6.0 软件分析所需的二分矩阵（见表 4-4）。根据二分矩阵，运用 NETDRAW，绘制旅游流网络结构图，构建评价指标并对旅游城市空间网络结构进行定量评价。

表 4-4　四川省旅游线路网络二分矩阵

	成都	绵阳	广元	乐山	南充	宜宾	雅安	阿坝州	甘孜州	重庆
成都	0	1	1	1	0	1	1	1	1	1
绵阳	1	0	0	0	1	0	0	1	0	0
广元	0	0	0	0	1	0	0	1	0	0
乐山	1	0	0	0	0	1	0	0	0	1
南充	1	1	1	0	0	0	0	0	0	1
宜宾	1	0	0	0	0	0	0	0	0	0
雅安	1	0	0	0	0	0	0	0	1	0
阿坝州	1	1	1	1	1	0	0	0	1	1
甘孜州	1	0	0	0	0	0	1	1	0	1
重庆	1	0	0	0	1	0	0	1	1	0

注：此二分矩阵中已去除网络孤立点。

（二）整体网络分析

1. 节点结构与功能

整体网络中各节点的结构指标显示，选取的 10 个旅游节点中，每个旅游节点平均与 3.8 个节点城市产生旅游流动关系（表 4-5）。程度中心度较高的为成都，成都外向程度中心性及内向程度中心性均为 8，表明其既是重要的集聚中心，又是重要的疏散中心。一方面成都是西南地区最大的铁路枢纽，同时四川省公路网络以成都为中心，呈辐射状分布，能够把省内各主要景点连成一体；另一方面成都双流国际机场是中西部地区最大的航空枢纽港，配套服务功能齐全，可满足年旅客吞吐量 5000 万人次。优越的交通优势使得成都成为四川省整体旅游网络中的“权利”中心。

阿坝州程度中心性仅次于成都，其外向程度中心性为 7、内向程度中心性为 5，这表明：①阿坝州自然资源丰富，其辖区内就拥有两处世界自然遗产分别为九寨沟、黄龙。世界自然遗产吸引力强，几乎是游客游览四川的必玩景点，业已成为四川旅游的标志性景区。②四川省是少数民族大省，拥有 55 个少数民族，阿坝州是中国第二大藏区以及唯一的羌族聚居区，游客在此能够体验到特色的藏羌民族文化。③阿坝州的九黄机场是四川省旅客吞吐量第二大机场，能够满足一定的客流需求。④阿坝州的疏散功能略弱于集聚功能。阿坝州丰富的自然资源、特色的民族文化使得阿坝州成为仅次于成都的“权利”中心。

重庆的外向和内向程度中心性分别为 4、5，表明其成为四川省旅游网络中不可或缺的集聚和发散中心。南充、甘孜的外向和内向程度中心性均为 4，表明二者与网络中其他节点的沟通能力相当，其旅游产品被游客选择的可能性相当。绵阳、乐山、雅安、宜宾与其他节点联系较弱，其中宜宾内向程度中心性为 2，外向程度中心性仅为 1，成为四川省旅游网络中最“薄弱”的环节。

表 4-5 四川省城市目的地整体网及个体网指标结果

城市	整体网								个体网				
	程度中心度		中介中心度	接近中心度		结构洞			规模	关系	密度/%	可达效率/%	约束性
	外向	内向		外向	内向	效能	效率性	约束性					
成都	8	8	32.58	90	90	6.59	0.73	0.33	9	22	30.56	25.71	0.33
绵阳	3	3	0.92	60	60	1.67	0.56	0.51	3	4	66.67	42.86	0.82
广元	2	3	0.92	60	50	1.7	0.57	0.52	3	4	66.67	42.86	0.85
乐山	3	2	0.83	56.25	60	1.8	0.45	0.60	4	8	66.67	39.13	0.86
南充	4	4	3.5	56.25	64.29	2.69	0.54	0.50	5	13	65	33.33	0.59
宜宾	1	2	0	52.94	50	1	0.5	0.81	2	2	100	69.23	1.26
雅安	2	2	0	52.94	52.94	1	0.5	0.71	2	2	100	69.23	1.13
阿坝州	7	5	10.5	69.23	81.82	4.25	0.61	0.43	7	19	45.24	27.27	0.47
甘孜	4	4	2.67	64.29	64.29	2	0.5	0.52	4	8	66.67	39.13	0.7
重庆	4	5	4.08	69.23	64.29	2.72	0.54	0.49	5	11	55	31.03	0.62
均值	3.8	3.8	5.6	63.11	63.76								
标准差	2.09	1.78	9.47	10.58	12.41								
总和	38	38	56	631.1	637.6								
方差	4.36	3.16	89.6	111.9	153.9								
最小值	1	2	0	52.94	50								
最大值	8	8	32.5	90	90								

每个旅游节点作为旅游流中介者的次数平均为5.6。接近中心度最高的为成都（32.58），其次为阿坝州（10.5）、第三是重庆（4.08），其余依次为南充（3.5）、甘孜（2.67）、绵阳（0.92）、广元（0.92）、乐山（0.83）、宜宾（0）、雅安（0）。结果表明，成都是四川省旅游网络中最重要的中转站，但其尚未处于垄断地位。选择阿坝州中转的几率仅次于成都，位列第二，而绵阳、广元、乐山、宜宾、雅安作为中转站的次数均低于平均水平，说明游客选择其作为中转站的概率较小，显示出其交通通达性较差，或是对资源控制力有待提高。

各旅游节点间平均外向和内向接近中心度分别为63.11和63.76，接近中心度值较高，说明该旅游节点拥有较高的可进入性。接近近中心度指标最高的为成都，其外向、内向程度中心度均为90，这表明在成都与其他旅游节点关联最为密切、交通最为便捷，是旅游网络中最为核心的旅游节点。阿坝州接近中心度呈现出一定的不均衡性，其外向程度中心性为69.23，内向程度中心性为81.82。绵阳、广元、乐山、南充、宜宾、雅安外向与内向程度中心性水平均低于平均水平，一方面说明其交通通达性不高；另一方面也显示出旅游产品的吸引力及影响力相对较小。图4-5是四川省旅游流网络结构图，反映旅游流在各节点的流动，以及各节点在四川省旅游网络中的地位。

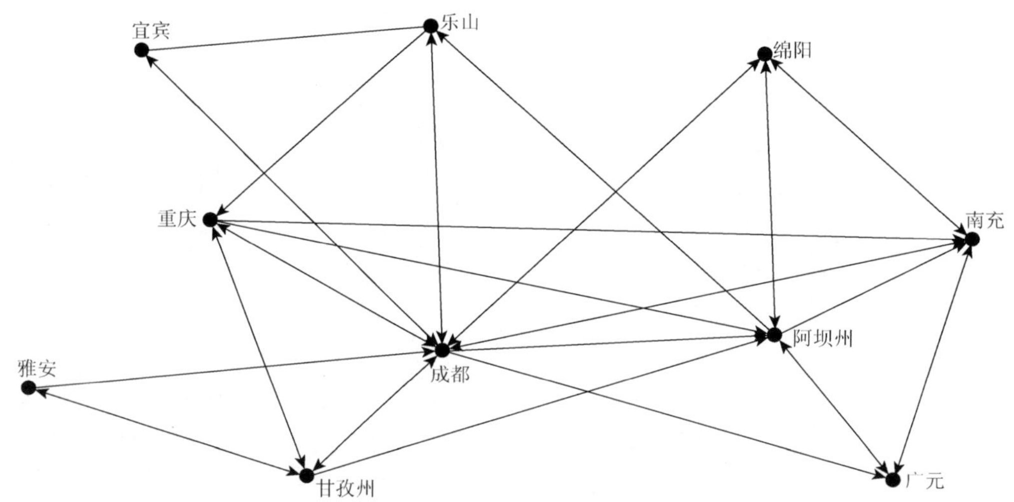

图4-5　四川省旅游流网络结构

结构洞指标显示成都的结构洞最丰富，在四川省旅游网络中拥有绝对的优势（表4-5）。阿坝州结构洞水平仅次于成都，这一方面说明交通区位优势对结构洞的丰富程度有着重要的影响；另一方面景区的等级与对游客的吸引力影响着旅游节点能否成为旅游集散中心。宜宾、雅安的结构洞水平较低，说明其对游客吸引力较小，易被其他旅游节点所替代，因此要发展特色旅游增强其不可替代性。

2. 网络“核心—边缘”结构

四川省旅游网络的整体密度为0.42，网络直径为4，程度中心势为51.85%，中介中心势为41.64%，外向和内向接近中心势分别为63.48%、61.95%。程度中心势与接近中心势均较高说明四川省旅游网络结构发展不均衡，易受核心旅游节点的影响。中介中心势相对较低，表明许多节点需要通过核心节点与其他节点城市连接、受核心节点的制约，也表明旅游网络中存在结构洞，暗示了“核心—边缘”结构的存在。

“核心—边缘”结构分析结果显示，四川省旅游网络中，核心区成员有成都、绵阳、南充、阿坝州、甘孜州5个，边缘区成员有广元、乐山、宜宾、雅安、重庆5个，核心成员之间联系密切连接密度为0.7，边缘成员之间的连接密度仅为0.1，核心成员与边缘成员、边缘成员与核心成员也存在紧密联系连接度分别为0.48、0.4，这表明四川省旅游网络结构存在明显的结构层次。

核心区网络密度为边缘区网络密度的7倍，说明旅游客流在核心区停留多，在边缘区停留少，因此核心区成员要提高自身接待能力，避免游客拥堵，同时提高与边缘区的连接度，实现联动发展；边缘区成员要主动与核心区产生互动联系，因地制宜，提高对游客的吸引力及其自身接待能力，内部成员之间要形成相互促进发展的模式，从而增强边缘区整体的竞争力。

四、个体网络分析

通过个体网的规模、关系、密度、可达效率以及约束性，可以显示各旅游节点在个体网络中的重要程度。四川省旅游网络中各节点的个体网络规模差异明显，成都的个体网规模为9（表4-5）。成都和除自身的9个节点存在直接旅游流联系，显示出其他节点对成都的依赖性，是个体网规模最大的节点。阿坝州位列第二，宜宾、雅安规模最小。个体网的规模一定程度上可以反映各旅游节点吸引力的大小，规模较小的节点可以通过与周边节点从弱联系到强联系，从而提升其在整体网络中的地位。四川省个体网络中关系总数与规模总体上表现出规模越大，关系总数越多的趋势，成都、阿坝州、南充、重庆位列前四分别为22、19、13、11，宜宾、雅安关系总数最少，均为2。个体网络密度呈现出与个体网络规模相反的趋势，规模、网络关系较小的宜宾、雅安的个体网络密度较高达到100%，绵阳、广元、乐山、甘孜均为66.7%，而个体规模最大的成都的密度最低，仅为30.56%。可达效率与个体网络密度存在一致性趋势，宜宾、雅安可达效率最高，成都最低。约束性指标显示出个体网络中各节点结构洞的大小，成都在其个体网中结构洞优势明显，为0.33，阿坝州、南充次之。

本节主要从城市目的地尺度，探究四川省旅游线路模式的空间网络格局与空间特征。研究发现：

（1）通过对旅游线路概况了解，总结出四川省旅游线路的四大特征：自由、半自由行日益受到旅游者的青睐，旅游客源市场在全国分布不均，以上海、广东、北京为主；藏羌文化体验活动深受游客喜爱；飞机是游客的出行首选。

（2）四川省旅游线路模式以多目的地旅游模式为主，各线路模式中占比前三位的分别是往返式、中心集散式、单目的地式。四川省特殊的地形使得区域环游与完全环游相对较少。各目的地中阿坝州为主要的单一目的地，成都为核心枢纽目的地，途经目的地主要有阿坝州、成都以及甘孜州。各目的地出现频次相差悬殊，除自然资源优势明显的阿坝州、乐山、甘孜以及区位交通优势明显的成都，其余目的地出现频次相对较少。

（3）社会网络分析显示，四川省旅游网络结构发展不均衡，整体的密度较低，网络直径较小，反映各节点间的联系稀松。整体网络的程度中心势与接近中心势指标相对较高且中介中心势指标较低，表明四川省"核心—边缘"结构的存在，处于核心位置的有成都、绵阳、南充、阿坝州、甘孜州，处于边缘位置的有广元、乐山、宜宾、雅安、重庆。各节点城市应明确自身在四川省旅游网络中的地位，实现核心区与边缘区的联动发展。在个体网络中，各节点城市规模、效率等差异较为明显，成都规模、关系最大，同时结构洞优势最明显，宜宾、雅安规模、关系最小。改善旅游基础设施，因地制宜培养特色旅游产品对个体网络中劣势旅游节点提高自身地位具有重要意义。无论从整体网指标还是个体网指标来看，成都与阿坝州均拥有较为明显的优势。四川省特殊的地理条件使得成都在四川省旅游网络中发挥着"权利"中心的作用，充分利用其交通区位优势，不仅能够提高自身集聚和辐射水平，而且能够带动周边节点城市旅游业的发展。对于阿坝州而言，在对旅游资源开发利用的同时还应注重对自然资源及特色的民族文化的保护，既保留民族特色又避免过度商业化，从而提升四川省对全国旅游市场的影响力。

第三节　景区旅游线路模式与社会网络分析

四川省处于青藏高原和长江中下游平原的过渡带，地形复杂多样，地貌东西差异大且高差悬殊。不同的地貌特征、资源禀赋、社会文化背景等多种因素，使得不同区域旅游景区建设存在明显的空间发展不平衡现象。本节采用 GIS 空间分析法，并结合地理集中指数、基尼系数对四川省 A 景区空间结构以及旅游线路中 A 景区分布状况进行说明（唐雯雯等，2016b）。

一、四川省旅游景区的空间格局

（一）景区市际分布格局

四川省A级景区资源丰富，21个市（州）共拥有A级景区297个。平均每个市（州）拥有12.36个A级景区，四川省A级景区市际分布具有明显的不均衡性，这与各地资源禀赋不同有着密切关联。从不同市（州）拥有的各星级景区的角度来看，拥有A级景区数最多的为成都（63个），约占景区总比重的21.2%，其次为广元（23个）、绵阳（19个）、乐山（19个）、泸州（18个）、南充（17个），仅前六个市（州）已约占总比重的53.54%；低于平均数的为内江（5个）、凉山（5个）、甘孜（4个），景区数最少的为甘孜，仅占景区总数的1.35%，成都的景区数量是其15.75倍。

从四川省旅游景区详细统计（表4-6）上看，各星级景区数量悬殊较大，4A级景区数量最多（130个），2A级景区次之（91个），3A级景区65个，1A级景区最少（2个）。三星级以上景区约占景区总量的68.69%，这表明四川景区呈现高等级、高质量的特征，凸显出其旅游资源优势。

表4-6　四川省各市A级旅游景区统计

区域	各级景区数量/个					总数/个	比重/%	区域	各级景区数量/个					总数/个	比重/%
	1A	2A	3A	4A	5A				1A	2A	3A	4A	5A		
成都	0	9	21	32	1	63	21.21	眉山	0	4	2	2	0	8	2.69
自贡	0	4	2	2	0	8	2.69	宜宾	0	6	1	4	0	11	3.70
攀枝花	1	11	2	2	0	16	5.39	广安	0	6	1	5	1	13	4.38
泸州	0	8	5	5	0	18	6.06	达州	0	2	4	2	0	8	2.69
德阳	0	3	2	3	0	8	2.69	雅安	0	2	0	7	0	9	3.03
绵阳	0	8	3	7	1	19	6.40	巴中	0	2	1	5	0	8	2.69
广元	0	4	5	14	0	23	7.74	资阳	0	4	1	2	0	7	2.36
遂宁	0	6	2	7	0	15	5.05	阿坝州	0	0	0	10	3	13	4.38
内江	0	3	1	1	0	5	1.68	甘孜	0	1	0	3	0	4	1.35
乐山	1	4	5	7	2	19	6.40	凉山	0	0	1	4	0	5	1.68
南充	0	4	6	6	1	17	5.72	总计	2	91	65	130	9	297	1

（二）景区分布集中程度

A级景区的空间分布集散情况可以通过地理集中指数衡量，其表达公式为

$$G = 100\sqrt{\sum_{i=1}^{n}\left(\frac{X_i}{T}\right)^2} \tag{4-1}$$

式中，G 表示地理集中指数，X_i 为第 i 个市 A 级景区的个数；n 为地级市的总数；T 为四川省 A 级景区的总数，$\bar{G}$ 表示假设 A 级景区平均分布在各市（州）时的地理集中指数。通常对比 G 与 $\bar{G}$ 大小来反映景区的集散程度，当 $G > \bar{G}$ 说明景区集中分布；当 $G < \bar{G}$ 说明景区分散分布。

根据计算公式，景区总数 T=297，市（州）总数 n=21，通过计算得出四川省 A 级景区的地理集中指数 G 等于 28.75。如若 297 个 A 级旅游景区均匀分布于各市（州），即每个市（州）区的景区数量约为 14.14，此时计算地理集中指数 $\bar{G}$ 等于 21.82，明显小于 28.75，结果显示市（州）际尺度下，四川省 A 级景区的呈集中分布。

此外，分别计算 2A 至 5A 级景区发现，2A（26.12）、3A（37.78）、4A（31.69）级景区地理集中指数均低于 $\bar{G}$，5A 级景区地理集中指数为 45.81，高于 $\bar{G}$，说明 2A、3A、4A 分布相对分散，而 5A 级景区分布较为集中，主要分布在阿坝州、乐山等地。从表 4-6 中也可看出 2A（除阿坝州、凉山），3A（除雅安、阿坝州、甘孜），4A 级景区在各市（州）均有分布。

（三）景区分布均衡程度

基尼系数在旅游景区研究中能够反映各景区要素的空间分布状况，其表达公式为

$$Gini = \frac{-\sum_{i=1}^{N} P_i InP_i}{InN}$$

$$C = 1 - Gini \tag{4-2}$$

式中，P_i 为各市（州）A 级景区占景区总数的比重；N 为四川省各市（州）的总个数。基尼系数越大越高，说明集中程度越高。C 反映景区分布均衡程度。

通过对四川省各市（州）A 级旅游景区分布基尼系数的计算，能够判断出四川省 A 级旅游景区的分布均匀程度。计算公式中 N=21，得出：$Gini$=0.9174，C=0.0826。因此，四川省 A 级旅游景区在 21 个市（州）中呈现集中分布，空间分布均匀度较低。

借助洛伦兹曲线可以对景区分布的集中程度和分布均衡程度进行证实。将四川省各市（州）A 级景区所占比例从小到大进行排序，逐次计算累计百分比，以所在市（州）排序位置为横坐标，累计比重为纵坐标，将横纵坐标取相等长度，使整个绘图区域呈正方形，以 A 级旅游景区比重为坐标点，连

成一个曲线，即为四川省A级旅游景区空间分布的洛伦兹曲线（图4-6），发现四川省A级景区空间洛伦兹曲线呈下凹形式，说明四川省A级景区具有空间集群分布态势。

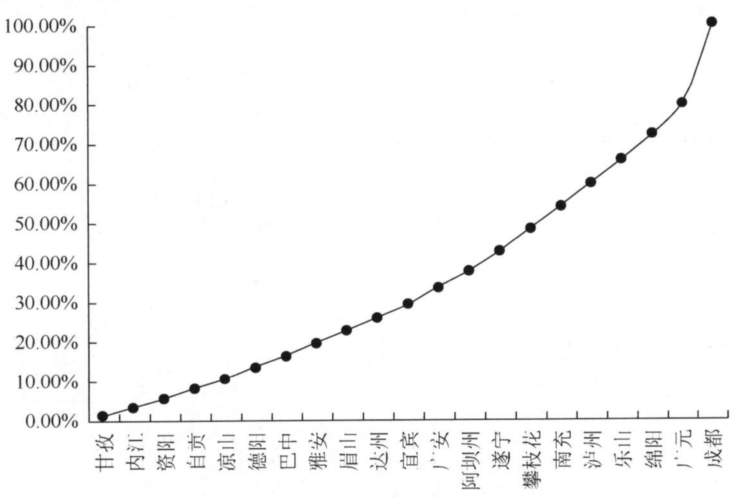

图4-6　四川省A级旅游景区洛伦兹曲线

（四）景区分布密度

通过ArcGIS空间分析中的Density工具对A景区进行核密度分析（kernel），从整体上看四川省A级景区地域间的分布差异明显，1个高密度区，9个中密度区（图4-7）。四川省A级景区分布的高密度区仅有成都中心区域，成都不仅是四川省的政治中心，更是经济文化中心。成都拥有丰富的人文自然景观、齐全的旅游服务配套设施，同时交通可达性以此为中心向外围呈逐渐递增趋势。中密度区主要分布在成都市外围、广元、绵阳、遂宁、广安、乐山、泸州、宜宾、攀枝花。广元剑门蜀道能让游客感受古蜀道的雄奇险峻，体会四川古文化的博大精深；受5·12汶川特大地震影响，绵阳旅游业的发展受到重创，灾后绵阳定位西部智慧之城、时尚之城发展旅游业，推广精品线路；遂宁文人荟萃，是著名的观音故里，著名景点有中国观音故里旅游区等；广安毗邻重庆是大三峡旅游区的重要节点，辖区内的华蓥山风光旖旎，集雄、奇、秀、险于一体；乐山旅游资源等级高，对游客吸引力强，拥有两处国家5A级景区，分别为乐山大佛景区、峨眉山风景名胜区；泸州的白酒旅游文化享誉全国；宜宾自然、人文景观丰富，酒文化、竹文化、大江文化、茶文化等相融合，著名景点有蜀南竹海、石海洞乡、夕佳山古民居等；攀枝花集溶洞、温泉、瀑布、原始森林、地下海子、高山草甸为一体，是中国优秀旅游城市之一。

图 4-7　四川省 A 级旅游景区密度图

二、旅游线路模式中的景区特征

四川省旅游资源丰富，全省共拥有 A 级景区 297 个，而旅游线路中出现的 A 级景区只有 45 个（表 4-7），仅为 A 级景区总数的约 15.15%，这表明四川省旅游资源与实际线路开发具有不对等性。

表 4-7　四川省级旅游线路旅游景区统计

星级	景区	属地	序号	频次	星级	景区	属地	序号	频次
5A	九寨沟风景名胜区	阿坝州	ab01	677	5A	青城山-都江堰旅游景区	成都	cd01	119
5A	黄龙风景名胜区	阿坝州	ab02	452	3A	川菜博物馆	成都	cd02	13
4A	汶川大禹文化旅游区	阿坝州	ab03	1	4A	黄龙溪旅游区	成都	cd03	25
5A	汶川特别旅游区	阿坝州	ab04	82	4A	大熊猫繁育研究基地	成都	cd04	19
4A	羌乡古寨旅游景区	阿坝州	ab05	240	4A	桃花故里景区	成都	cd05	10
4A	九曲黄河第一湾景区	阿坝州	ab06	20	2A	宽窄巷子景区	成都	cd06	54
4A	叠溪·松坪旅游景区	阿坝州	ab07	91	4A	杜甫草堂博物馆	成都	cd07	2
4A	四姑娘山风景区	阿坝州	ab08	16	4A	街子古镇	成都	cd08	9
4A	达古冰山景区	阿坝州	ab09	2	4A	平乐古镇	成都	cd09	5

续表

星级	景区	属地	序号	频次	星级	景区	属地	序号	频次
4A	桃坪羌寨-甘堡藏寨景区	阿坝州	ab10	8	4A	刘氏庄园旅游区	成都	cd10	2
4A	毕棚沟景区	阿坝州	ab11	3	4A	上里古镇	成都	cd11	2
4A	海螺沟冰川森林公园	甘孜	gz01	42	4A	西岭雪山景区	成都	cd12	6
4A	稻城亚丁景区	甘孜	gz02	34	4A	天台山旅游景区	成都	cd13	3
4A	康定情歌（木格措）风景区	甘孜	gz03	33	4A	成都武侯祠博物馆	成都	cd14	9
4A	剑门关景区	广元	gy01	6	4A	洛带古镇	成都	cd15	3
4A	昭化古城	广元	gy02	3	4A	华蓥山旅游区	广安	ga01	2
4A	皇泽寺	广元	gy03	9	5A	邓小平故里景区	广安	ga02	2
4A	千佛崖旅游景区	广元	gy04	5	5A	乐山大佛景区	乐山	ls01	309
4A	明月峡景区	广元	gy05	5	5A	峨眉山风景名胜区	乐山	ls02	314
5A	阆中古城	南充	nc01	11	4A	乌木文化博览苑	乐山	ls03	32
4A	天宫院风水文化景区	南充	nc02	4	4A	仙芝竹尖生态园旅游景区	乐山	ls04	32
4A	蜀南竹海	宜宾	yb01	15	3A	瓦屋山国家森林公园	眉山	ms01	1
4A	兴文石海洞乡旅游区	宜宾	yb02	1					

（一）景区等级

从景区等级看，旅游线路中景区等级较高（图 4-8），97.78%为 3A 及 3A 级以上景区，这与四川省 A 级景区现状具有一致性。据统计，四川省共有 5A 级景区 9 个，旅游线路中出现 8 个，5A 级景区出现率高达 88.9%（见表 4-7）；4A 级景区在旅游线路中个数最多（34 个），占线路中景区总量的 75.56%，而 3A 和 2A 级景区仅分别为 2 个、1 个。由此可见，四川省旅游线路中涉及的景区等级高、知名度大，一方面说明长途游客倾向于等级高的景区（4A 及以上）；另一方面也意味着高等级旅游景区的配套设施相对完善、接待能力强。截止 2014 年 10 月，四川省共有 A 级景区 297 个，其中仅有 45 个景区在多目的地旅游线路中被涉及，可见四川省旅游线路的设计与优化尚存在很大潜力。因此在旅游线路设计中应对高等级景区进行有效组合，推广高品质旅游线路，充分挖掘各市（州）的其他旅游景区资源，促进各地旅游业发展。

（二）景区归属地

从景区归属地看，旅游线路中 A 级景区节点分布相对集中，主要分布在成都、阿坝州等地。实际旅游线路中 A 级景区仅涉及 9 个市（州）。成都人文特

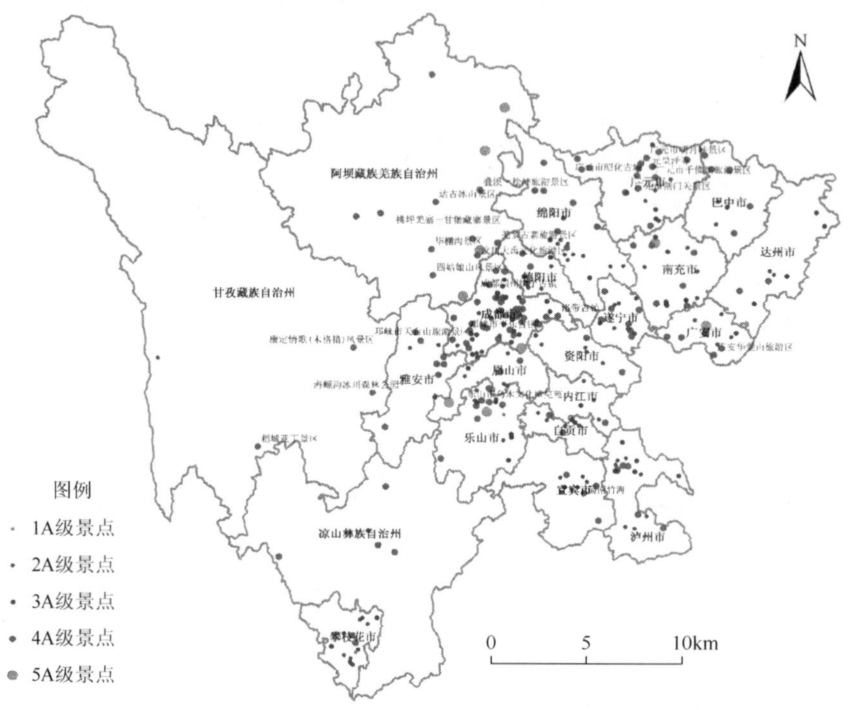

图 4-8　旅游线路中 A 级景区星级统计

色明显，交通网络可达性好，拥有 15 个景区节点；阿坝州 11 个 A 级景区节点，其辖区内旅游资源特色鲜明且等级高，知名度大，同时充满少数民族文化底蕴；广元景区节点数为 5，乐山为 4，甘孜为 3，广安、南充、宜宾均为 2，眉山最少为 1。由此可见，四川省旅游线路中景区节点多集中在成都、阿坝州两地，一方面成都应充分发挥其枢纽辐射作用，带动周边地区旅游业的发展；另一方面，由于特殊的地理位置、地域文化与交通条件，阿坝州应巩固基础设施建设，提高接待能力，同时也应注重对自然环境及民族文化的保护。旅游线路中景区节点少及未进入线路的市（州），应借助各种渠道对本地区特色文化、旅游景区进行宣传，提高其旅游影响力，推广特色旅游线路。

（三）景区频次

从景区频次看，旅游线路中 A 级景区出现总频次为 2733，即平均每条线路中包含 A 级景区 2.88 个。从具体景区频次统计发现（图 4-9），旅游线路中各景区出现频次差异明显。频次为 1～10 的景区个数最多，共 24 个，占景区总数的 53.33%，频次 11～50 的有 12 个，频次为 51～300 的有 5 个。出现频次 300 以上的有 4 个，分别为九寨沟、黄龙、乐山大佛景区、峨眉山景区。其中九寨沟最受旅游者青睐，出现频次高达 677，占线路总数的 71.26%，九寨沟几乎是四川旅游的必玩景点，业已成为四川旅游的标志性景区。其次为黄龙（出现频次 452）、峨眉山（出现频次 314）、乐山大佛（出现频次 309）、青城山-都江堰（出现频次 119），这些景点均为世界遗产，知名度高，对游客吸引力强。由此可见，各景区受游客欢迎程度差异明显，游客偏好于选择高级别、高知名度景区。图 4-10 揭示了四川省的热门旅游城市以及旅游线路中的热门景点。

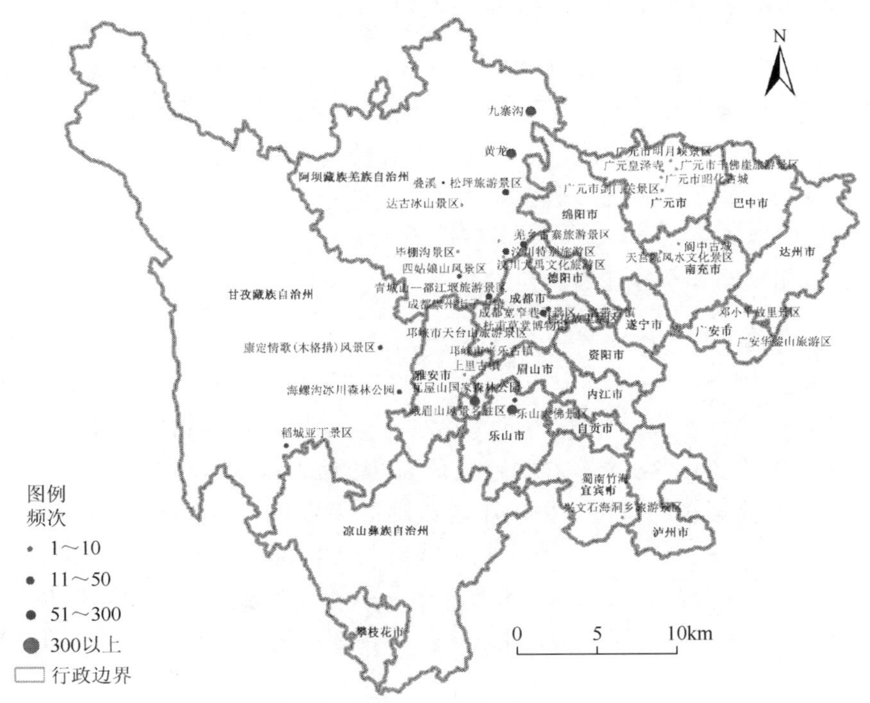

图 4-9　旅游线路中 A 级景区频次统计

（四）景区类型

从景区类型看，旅游景区中自然景区有 17 个，占比 37.78%，人文景区 26 个，占比 57.78%。此外由于峨眉山-乐山风景名胜区以文化与自然双重遗产收录到世界遗产名录，因此将其视为自然人文双重景观，占比 2.22%。经单因素方差分析，关于景区类型，自然人文双重景观与自然景观、人文景观之间相伴概率的显著性均小于 0.05，说明自然人文双重景观与自然景观、人文景观均存在显著差异。从到访频次均值看，自然景观均值为 79.35，人文景观为 29.27，自然人文双重景观为 311.5，说明自然人文双重景观优势明显，对游客吸引力大。旅游线路中 A 级景区数量以人文景观为主，而到访频次最多的九寨沟为自然遗产（到访频次为

677)，人文景观最高到访频次仅为 240。这一方面表明，四川省景区数量上人文旅游资源优势明显；另一方面反映出游客对四川省自然景观偏好明显。四川省地处东西交融、南北过渡的地理位置，既有糅合吸收东西民族之长，又是南北文化交流的要冲，将自然景观与人文景观有机组合，联合发展是四川省旅游发展的重要出路。

三、基于线路模式的景区节点空间特征

运用社会经济统计分析软件 SPSS 19.0 进行单因素分析，经多重比较发现，关于旅游线路中 A 级景区的个数，单目的地式与往返式、单目的地式与中心集散式、单目的地式与区域环游式、往返式与中心集散式、中心集散式与完全环游式、中心集散式与区域环游式的显著性均为 0，明显小于 0.05，因此存在显著差异。此外，单目的地式与完全环游式间显著性为 0.002，小于 0.05，因此也具有显著差异性，其他组别间均不存在显著差异。

（一）单目的地式

单目的地式旅游线路中景区目的地节点主要分布在成都、阿坝州、乐山等地，共涉及 A 级景区 38 个，占线路景区总量的 84.44%（表 4-8）。其中包含了线路中涉及的各等级的景区，每条旅游线路中最多包含 A 级景区 5 个，景区个数为 2 的有 115 条，占单目的地式旅游线路的 48.5%，景区出现总频次为 360。除九寨沟（112）、黄龙（88）外各景区出现频次差异较小，均在 15 以内，这表明九寨沟、黄龙作为世界级旅游景区，是各地游客游览四川最重要的目的地节点。

表 4-8　单目的地式景区统计

城市	星级	序号	频次	城市	星级	序号	频次
成都	5	青城山-都江堰旅游景区	7	广安	5	邓小平故里景区	2
成都	4	洛带古镇	1	广安	4	华蓥山旅游区	2
成都	4	黄龙溪旅游区	1	甘孜	4	海螺沟冰川森林公园	12
成都	4	大熊猫繁育研究基地	7	甘孜	4	稻城亚丁景区	7
成都	4	刘氏庄园旅游区	2	甘孜	4	康定情歌（木格措）风景区	12
成都	4	杜甫草堂博物馆	2	宜宾	4	蜀南竹海	6
成都	4	街子古镇	1	宜宾	4	兴文石海洞乡旅游区	1

续表

城市	星级	序号	频次	城市	星级	序号	频次
成都	4	平乐古镇	4	眉山	3	瓦屋山国家森林公园	1
成都	4	西岭雪山景区	5	雅安	4	上里古镇	1
成都	4	天台山旅游景区	3	阿坝州	5	九寨沟风景名胜区	112
成都	4	成都武侯祠博物馆	2	阿坝州	5	黄龙风景名胜区	88
成都	4	桃花故里景区	1	阿坝州	5	汶川特别旅游区	5
成都	3	川菜博物馆	5	阿坝州	4	羌乡古寨旅游景区	12
成都	2	宽窄巷子景区	4	阿坝州	4	叠溪·松坪旅游景区	4
乐山	5	乐山大佛景区	13	阿坝州	4	四姑娘山风景区	4
乐山	5	峨眉山风景名胜区	14	阿坝州	4	桃坪羌寨-甘堡藏寨景区	4
乐山	4	乌木文化博览苑	2	阿坝州	4	毕棚沟景区	2
乐山	4	仙芝竹尖生态园旅游景区	1	阿坝州	4	九曲黄河第一湾景区	7
南充	5	阆中古城	2	阿坝州	4	达古冰山景区	1

单目的地式旅游线路中共存在 44 组景区网络连接，景区间流量频次总数为 164。其中九寨沟→黄龙（频次 70）、黄龙→九寨沟（频次 18）、乐山大佛→峨眉山（频次 13）位列前三。这与单目的地式热点线路安排为黄龙→九寨沟、乐山大佛→峨眉山有着紧密关联。

（二）往返式

往返式旅游线路是四川省旅游最主要的线路模式，其涉及的景区数量及景区频次总数均为线路模式中最多的，共涉及 A 级景区 38 个，占线路景区总量的 84.44%（表 4-9），且线路中涉及的景区均为 4A 及以上景区。每条旅游线路中包含 A 级景区 0～8 个，其中景区个数为 2 个的 149 条，景区个数为 3 个的 110 条，景区出现总频次为 1134。景区目的地节点主要分布在阿坝州、成都、广元、乐山等地，从各景区频次看，九寨沟、黄龙、羌乡古寨为往返式中热点旅游景区，其次为峨眉山、乐山、青城山-都江堰。

表 4-9　往返式景区统计

城市	星级	景区	频次	城市	星级	景区	频次
阿坝州	5	九寨沟风景名胜区	305	成都	5	青城山-都江堰旅游景区	63
阿坝州	5	黄龙风景名胜区	194	成都	5	川菜博物馆	4

续表

城市	星级	景区	频次	城市	星级	景区	频次
阿坝州	5	汶川特别旅游区	47	成都	4	黄龙溪旅游区	15
阿坝州	4	羌乡古寨旅游景区	130	成都	4	大熊猫繁育研究基地	7
阿坝州	4	叠溪·松坪旅游景区	44	成都	5	宽窄巷子景区	36
阿坝州	4	四姑娘山风景区	8	成都	4	街子古镇	7
阿坝州	4	桃坪羌寨-甘堡藏寨景区	2	成都	4	平乐古镇	1
阿坝州	4	毕棚沟景区	1	成都	4	西岭雪山景区	1
阿坝州	4	汶川大禹文化旅游区	1	成都	4	桃花故里景区	7
阿坝州	4	九曲黄河第一湾景区	12	成都	4	成都武侯祠博物馆	6
阿坝州	4	达古冰山景区	1	广元	4	剑门关景区	4
乐山	5	乐山大佛景区	65	广元	4	昭化古城	3
乐山	5	峨眉山风景名胜区	67	广元	4	皇泽寺	4
乐山	4	乌木文化博览苑	4	广元	4	千佛崖旅游景区	3
乐山	4	仙芝竹尖生态园旅游景区	6	广元	4	明月峡景区	2
南充	5	阆中古城	6	广元	4	兴文石海洞乡旅游区	1
南充	4	天宫院风水文化景区	3	甘孜	4	海螺沟冰川森林公园	24
宜宾	4	蜀南竹海	3	甘孜	4	稻城亚丁景区	26
雅安	4	上里古镇	1	甘孜	4	康定情歌（木格措）	20

往返式热点旅游线路主要有青城山都江堰→九寨沟→黄龙、青城山都江堰→乐山大佛→峨眉山，线路中共存在 108 组景区网络连接，景区间流量频次总数为 687，景区网络连接组数是各旅游线路模式中最多的。景区间流量频次超过 10 的主要有九寨沟→黄龙（频次 115）、黄龙→九寨沟（频次 74）、九寨沟→羌乡古寨（频次 55）、黄龙→羌乡古寨（频次 50）、叠溪·松坪→九寨沟（频次 29）、汶川特别旅游区→九寨沟（频次 20）、羌乡古寨→青城山都江堰（频次 14）、九寨沟→汶川特别旅游区（频次 11）、青城山-都江堰→乐山大佛（频次 11）、九寨沟→叠溪·松坪（频次 10），可见该部分景区将联系密切，存在联动发展的可能性。

（三）中心集散式

中心集散式旅游线路中景区目的地节点主要分布在成都、阿坝州、广元、乐山等地，共涉及 A 级景区 26 个，占线路景区总量的 57.78%（表 4-10），线路中涉及的景区均为 4A 及以上景区。每条旅游线路中包含 A 级景区 2～9 个，其中有 70 条线路包含 4A 级景区，景区出现总频次为 1152。从景区频次看，九寨沟、乐山、峨眉山为中心集散式线路中热点旅游景区节点，其次为黄龙、乐山青城山-都江堰景区。

表 4-10　中心集散式景区统计

城市	星级	景区	频次	城市	星级	景区	频次
阿坝州	5	九寨沟风景名胜区	235	成都	5	青城山-都江堰旅游景区	45
阿坝州	5	黄龙风景名胜区	155	成都	5	川菜博物馆	4
阿坝州	5	汶川特别旅游区	29	成都	4	黄龙溪旅游区	9
阿坝州	4	羌乡古寨旅游景区	95	成都	4	大熊猫繁育研究基地	4
阿坝州	4	叠溪·松坪旅游景区	34	成都	5	宽窄巷子景区	12
阿坝州	4	四姑娘山风景区	2	成都	4	街子古镇	1
乐山	5	乐山大佛景区	227	成都	4	桃花故里景区	2
乐山	5	峨眉山风景名胜区	227	成都	4	洛带古镇	2
乐山	4	乌木文化博览苑	26	广元	4	剑门关景区	1
乐山	4	仙芝竹尖生态园旅游景区	25	广元	4	皇泽寺	3
南充	5	阆中古城	1	广元	4	千佛崖旅游景区	1
甘孜	4	海螺沟冰川森林公园	4	广元	4	明月峡景区	2
甘孜	4	稻城亚丁景区	1	宜宾	4	蜀南竹海	5

中心集散式旅游线路九寨沟→黄龙→乐山大佛→峨眉山、乐山青城山-都江堰→羌乡古寨→九寨沟→黄龙→乐山大佛→峨眉山→黄龙溪、乐山大佛→峨眉山→九寨沟→黄龙，旅游线路中共存在 95 组流向景区网络连接，景区间流量频次总数为 906，景区间流量频次总数为各旅游线路模式中最多的。景区间流量频次超过 10 的主要有九寨沟→黄龙（频次 102）、羌乡古寨→乐山大佛（频次 62）、黄龙→九寨沟（频次 51）、九寨沟→乐山大佛（频次 45）、九寨沟→羌乡古寨（频次 43）、黄龙→乐山大佛（频次 41）、黄龙→羌乡古寨（频次 39）、叠溪·松坪→九寨沟（频次 18）、汶川特别旅游区→九寨沟（频次 17）、九寨沟→叠溪·松坪（频次 12），叠溪·松坪→九寨沟（频次 10）。统计发现跨市景区间频次鲜有超过 10 的，可见不同市州间旅游联系还不密切。

（四）区域环游式

区域环游式旅游线路中景区目的地节点主要分布在阿坝州、广元等地，共涉及 A 级景区 18 个，占线路景区总量的 40%（表 4-11），线路中涉及的景区均为 4A 及以上景区。每条旅游线路中包含 A 级景区 1～5 个，景区出现总频次为 45，频次超过 10 的仅九寨沟一处。从景区频次看，九寨沟、黄龙为区域环游式旅游线路中热点旅游景区节点。

表 4-11　区域环游式景区统计

城市	星级	景区	频次	城市	星级	景区	频次
阿坝州	5	九寨沟风景名胜区	11	南充	5	阆中古城	2
阿坝州	5	黄龙风景名胜区	6	甘孜	4	海螺沟冰川森林公园	2
阿坝州	4	羌乡古寨旅游景区	1	甘孜	4	康定情歌（木格措）风景区	1
阿坝州	4	叠溪·松坪旅游景区	4	广元	4	剑门关景区	1
阿坝州	4	四姑娘山风景区	2	广元	4	皇泽寺	2
阿坝州	4	桃坪羌寨-甘堡藏寨景区	1	广元	4	千佛崖旅游景区	1
成都	5	青城山—都江堰旅游景区	1	广元	4	明月峡景区	1
乐山	5	乐山大佛景区	3	宜宾	4	蜀南竹海	1
乐山	5	峨眉山风景名胜区	4	南充	4	天宫院风水文化景区	1

区域环游式旅游线路中共存在 21 组流向景区网络连接，其中旅游流量前三的分别九寨沟→黄龙、黄龙→叠溪·松坪、黄龙→乐山大佛。与九寨沟直接产生流量联系的景区数最多，为 5 个，如羌乡古寨、阆中古城、剑门关间。与黄龙直接产生旅游联系的为 6 个。存在两组双向旅游景区分别为九寨沟↔黄龙、九寨沟↔皇泽寺。通过对比发现，区域环游式中属于枢纽目的地城市的景区较少，这表明枢纽目的地作为交通中转的作用显著大于旅游观光作用。

（五）完全环游式

完全环游式旅游线路中景区目的地节点仅分布在阿坝州、成都、乐山三地，共涉及 A 级景区 13 个，景区出现总频次为 42，景区个数及出现频次均为各线路模式中最少的，景区数仅为景区总量的 28.89%（表 4-12）。每条旅游线路中包含 A 级景区 1～5 个，其中景区个数为 3 的最多。完全环游式旅游线路涉及的景区等级均为 4A 及以上。完全环游式线路共计 15 条，其中有 14 条线路都包含九寨沟，可见九寨沟为完全环游式在线路中必经的旅游景区节点，凸显其重要性。

表 4-12　完全环游式景区统计

城市	星级	景区	频次	城市	星级	景区	频次
阿坝州	5	九寨沟风景名胜区	14	成都	5	青城山-都江堰旅游景区	3
阿坝州	5	黄龙风景名胜区	9	成都	4	大熊猫繁育研究基地	1
阿坝州	5	汶川特别旅游区	1	成都	4	宽窄巷子景区	2
阿坝州	4	羌乡古寨旅游景区	2	成都	4	成都武侯祠博物馆	1
阿坝州	4	叠溪·松坪旅游景区	5	乐山	5	乐山大佛景区	1
阿坝州	4	九曲黄河第一湾景区	1	乐山	5	峨眉山风景名胜区	1
阿坝州	4	桃坪羌寨-甘堡藏寨景区	1				

由于完全环游式城市节点相对较少，旅游线路中景区的数量在所有线路模式中最少，共存在 14 组景区网络连接，热点景点组合为九寨沟→黄龙→叠溪·松坪。旅游流量前三的分别为九寨沟→黄龙、九寨沟→羌乡古寨、黄龙→叠溪·松坪，可见完全环游旅游线路阿坝州内各景区的互动交流比较频繁。

四、景区目的地旅游线路的社会网络分析

（一）数据处理与说明

景区目的地的社会网络分析是对各目的地景区间的旅游流的流向流量进行研究，对原始 950 条旅游线路中涉及的景区进行整理，共获取 A 级旅游景区 45 个。由于涉及景区数量较多，因此将景区用所在城市字母缩写加排序的方法代替，以方便统计（表 4-13）。以此 45 个景区节点为基础构建 45×45 的旅游景区节点流向赋值矩阵（流向流量矩阵），对赋值矩阵进行标准化处理，取标准化后数据的中位数作为临界值 0，对矩阵中大于临界值的数值记为“1”，反之记为“0”据此得到了 UCINET 6.0 软件分析所需的二分矩阵，此二分矩阵中未去除网络孤立点。根据二分矩阵，运用 NETDRAW，绘制旅游流网络结构图，构建评价指标并对旅游空间网络结构进行定量评价。

表 4-13　整体网及个体网指标结果

编号	整体网								个体网				
	程度中心度		中介中心度	接近中心度		结构洞			规模	关系	密度	可达效率	约束性
	外向	内向		外向	内向	效能	效率性	约束性					
ab01	18	12	507.28	9.22	14.97	16.48	0.79	0.17	21	74	17.62	21.14	152.4
ab02	17	7	145.66	8.91	15.02	11.50	0.68	0.23	17	80	29.41	20.57	53.6
ab03	1	1	0.00	8.29	13.29	1.00	0.50	1.39	2	2	100	65.63	0
ab04	9	6	64.04	8.84	14.19	5.67	0.52	0.36	11	51	46.36	23.53	15.55
ab05	13	6	33.45	8.80	14.57	7.37	0.57	0.29	13	67	42.95	20.89	13.27
ab06	6	3	124.73	8.51	13.92	4.61	0.66	0.43	7	17	40.48	38.46	11.5
ab07	7	7	27.76	8.89	14.06	4.79	0.53	0.43	9	32	44.44	29.73	7.37
ab08	3	3	50.81	8.80	12.06	3.67	0.73	0.60	5	6	30	54.17	4.5
ab09	0	1	0.00	8.66	2.22	1.00	1.00	1.00	1	0	-	100	0
ab10	2	4	69.73	8.59	12.50	3.25	0.81	0.50	4	3	25	64.52	8
ab11	1	2	4.42	8.73	11.28	2.00	1.00	0.56	2	0	0	92	1
cd01	12	10	195.46	9.15	14.43	11.23	0.66	0.24	17	82	30.15	19.65	52.05
cd02	5	3	36.83	8.66	13.37	4.06	0.58	0.46	7	20	47.62	33.33	6.5
cd03	5	7	61.16	9.05	13.37	7.63	0.64	0.30	12	48	36.36	23.57	16.57
cd04	3	6	48.47	8.85	12.79	5.17	0.65	0.41	8	22	39.29	28.41	11.17

续表

编号	整体网								个体网				
	程度中心度		中介中心度	接近中心度		结构洞			规模	关系	密度	可达效率	约束性
	外向	内向		外向	内向	效能	效率性	约束性					
cd05	0	5	0.00	9.67	2.22	3.10	0.62	0.61	5	8	40	44.83	0
cd06	6	13	252.71	9.28	14.15	10.24	0.68	0.25	15	59	28.1	22.15	63.64
cd07	1	0	0.00	2.22	12.98	1.00	1.00	1.00	1	0	-	100	0
cd08	0	2	0.00	9.38	2.22	1.00	0.50	1.13	2	1	50	61.29	0
cd09	2	2	75.07	8.10	11.17	3.00	1.00	0.38	3	0	0	100	3
cd10	0	1	0.00	8.82	2.22	1.00	1.00	1.00	1	0	-	100	0
cd11	1	1	6.14	8.32	12.64	1.00	0.50	1.13	2	1	50	80.95	1
cd12	4	1	68.25	8.48	13.13	3.60	0.72	0.51	5	5	25	48.98	4
cd13	1	1	0.00	7.63	10.19	1.00	1.00	1.00	1	0	-	100	0
cd14	3	3	42.54	8.80	13.75	2.75	0.55	0.66	5	9	45	47.69	5.5
cd15	2	2	0.87	8.59	12.64	2.38	0.59	0.75	4	5	41.67	37.25	3
ga01	1	1	0.00	2.27	2.27	1.00	1.00	1.00	1	0	-	-	0
ga02	1	1	0.00	2.27	2.27	1.00	1.00	1.00	1	0	-	-	0
gy01	2	2	36.00	8.19	11.08	3.50	0.88	0.41	4	1	8.33	63.64	4
gy02	0	1	0.00	9.40	2.22	1.00	1.00	1.00	1	0		100	0
gy03	2	3	107.00	8.70	13.42	3.40	0.85	0.52	4	2	16.67	65.12	5
gy04	2	1	5.50	8.18	12.22	2.33	0.78	0.61	3	1	16.67	66.67	2
gy05	1	1	37.50	7.73	12.09	2.00	1.00	0.50	2	0	0	87.5	1
gz01	4	4	99.60	8.87	12.57	4.44	0.74	0.43	6	6	20	45.45	18.5
gz02	3	1	84.54	7.99	12.94	2.50	0.63	0.58	4	3	25	53.19	3
gz03	2	3	108.42	8.48	12.02	3.40	0.85	0.52	4	2	16.67	72.22	5
ls01	5	16	160.40	9.36	13.42	10.43	0.65	0.24	16	80	33.33	20.47	50.29
ls02	14	7	238.98	9.05	14.67	8.64	0.62	0.27	14	61	33.52	21.79	51.01
ls03	3	6	1.89	9.00	13.10	2.44	0.35	0.52	7	31	73.81	28.57	0.6
ls04	3	6	11.30	8.94	13.10	3.00	0.43	0.53	7	22	52.38	29.55	4.25
ms01	0	0	0.00	2.22	2.22	0.00			0	0	0	0	0
nc01	3	2	95.50	8.64	13.46	3.00	0.75	0.62	4	3	25	64.86	4
nc02	0	2	0.00	9.48	2.22	2.00	1.00	0.50	2	0	0	96	0
yb01	1	4	39.00	8.84	12.06	3.20	0.64	0.58	5	9	45	47.46	4
yb02	1	0	0.00	2.22	12.22	1.00	1.00	1.00	1	0	-	100	0
均值	3.78	3.78	63.13	8.02	10.87								
标准差	4.45	3.56	92.67	2.09	4.43								
总和	170.00	1700	2841	361.09	488.9								
最小值	0	0	0	2.22	2.22								
最大值	18	16	507.28	9.67	15.02								

注：此二分矩阵中未去除网络孤立点。

（二）整体网络分析

1. 景区节点分析

整体网络中各节点的结构指标显示（表 4-15），青城山-都江堰旅游景区（cd01）、羌乡古寨旅游景区（ab05）、峨眉山风景名胜区（ls02）、黄龙风景名胜区（ab02）、九寨沟风景名胜区（ab01）的外向程度中心度值均高于 10，其中 ab01 处于绝对的中心地位，说明九寨沟是游客游览四川最重要的景区目的地。外向程度中心度超过均值（3.78）的有西岭雪山景区（cd12）、海螺沟冰川森林公园（gz01）、川菜博物馆（cd02）、黄龙溪旅游区（cd03）、乐山大佛景区（ls01）、九曲黄河第一湾景区（ab06）、宽窄巷子景区（cd06）、叠溪·松坪旅游景区（ab07）、汶川特别旅游区（ab04），这表明这些景区辐射功能强，旅游流多通过这些景区向外流动。内向程度中心度较高的有青城山-都江堰旅游景区（cd01）、九寨沟风景名胜区（ab01）、宽窄巷子景区（cd06）、乐山大佛景区（ls01），说明这些景区具有较强的集聚能力，旅游流多流向这些景区。程度中心度较高的景区旅游客流量大，加强景区接待能力、提高旅游服务质量是其发展的重点问题。

中介中心度均值为 63.13，处于优势地位的景区共 17 个，分别为黄龙溪旅游区（cd03）、汶川特别旅游区（ab04）、西岭雪山景区（cd12）、桃坪羌寨-甘堡藏寨景区（ab10）、平乐古镇（cd09）、稻城亚丁景区（gz02）、阆中古城（nc01）、海螺沟冰川森林公园（gz01）、皇泽寺（gy03）、康定情歌（木格措）风景区（gz03）、九曲黄河第一湾景区（ab06）、黄龙风景名胜区（ab02）、乐山大佛景区（ls01）、青城山-都江堰旅游景区（cd01）、峨眉山风景名胜区（ls02）、宽窄巷子景区（cd06）、九寨沟风景名胜区（ab01），其中九寨沟风景名胜区（ab01）中介中心度值最高为 507.28，说明九寨沟不仅是重要的景区目的地节点，更是旅游流最重要的集散中心。宽窄巷子（252.71）、峨眉山（238.98）是仅次于九寨沟的景区集散中心，该类景区在景区网络中充当中介的可能性大，游客通常会选择此类景区停留作为中转地，因此拥有较高的经济与信息收益。

外向接近中心度均值为 8.02，gy02（9.40）、nc02（9.48）、cd05（9.67）显著高于平均水平，在不同旅游线路组合中昭化古城、天宫院风水文化景区、桃花故里景区是较受欢迎的节点。内向接近中心度最高的为 ab02（15.02），且其程度中心度、中介中心度值均低于同为世界自然遗产的九寨沟，可见黄龙虽受游客的欢迎，但其景区发展水平与成熟度均低于九寨沟，作为世界自然遗产的优势尚未充分显现。对于中心性指标均较低的景区节点应注重景区规划与定位，同时加强宣传力度，形成不同时空梯度下的特色景区。

2. 网络中心势分析

四川省A级景区旅游网络的整体密度为8.59%，由45个景区节点组成的旅游网络最大可能的联结数为2024个，但实际仅为170个，因此其网络密度相当低。外向和内向程度中心势分别为33.06%、28.41%，中介中心势为24.01%。由于景区网络是以所有旅行模式的线路作为数据源，而旅游线路中存在仅有一个景区的状况。有向的接近中心性指标计算较为严格，要求整体网络中所有节点两两相连才能计算，因此未能显示整体网络接近中心势。中介中心势小于程度中心势存在核心边缘结构的可能性。

3. “核心—边缘”结构分析

四川省景区网络“核心—边缘”结构分析显示，核心区成员有ab01、ab02、ab04、ab05、ab06、ab07、cd01、cd06、ls01、ls02总计10个，其余景区均处于边缘区，核心成员之间联系密切连接密度为0.678，边缘成员之间的连接密度仅为0.031，核心成员与边缘成员、边缘成员与核心成员也存在紧密联系连接度分别为0.131、0.074，这表明四川省景区网络结构层次明显。核心区密度远高于边缘区，反映出游客多在九寨沟、黄龙、青城山-都江堰景区、汶川特别旅游区、羌乡古寨旅游景区、九曲黄河第一湾、叠溪•松坪景区、宽窄巷子、乐山大佛、峨眉山间流动，而边缘区游客量相对稀少，边缘区应加强景区间的合作。

4. 结构洞

四川省景区网络结构图（图4-10）反映旅游流在各景区间的流动，以及各节点在四川省旅游网络中的地位。结构洞指标显示，ab01、ab02、cd01、ls01、cd06的结构洞最丰富，效能、效率较高且约束性较低，在四川省旅游网络中拥有绝对的优势。九寨沟、黄龙均为世界自然遗产、都江堰-青城山为世界文化遗产、乐山大佛为世界文化和自然双遗产，以上四个景点均拥有世界性的知名度。宽窄巷子虽然景区等级不高，但地处成都繁华的商贸区，著名的人文景观聚集地，因此客流量较大。ab09、cd07、cd08、cd10、cd11、cd13、ga01、ga02、gy02、gy05、ms01、nc02、yb02的结构洞水平较低，说明此类景区对游客吸引力小，易被其他景点所替代，因此应采取适当的营销策略，增强其知名度。

由图4-10可见景区网络分为三个部分：首先，存在孤立点ms01，它与景区网络中其他任一景区均不存在旅游流动，因此瓦屋山国家森林公园通常是部分旅游线路中唯一的星级景区。其次，ga01、ga02间存在强联系，但与主体网络脱离，这表明华蓥山旅游区、邓小平故里景区多为单目的地式旅游线路中的景区节点。

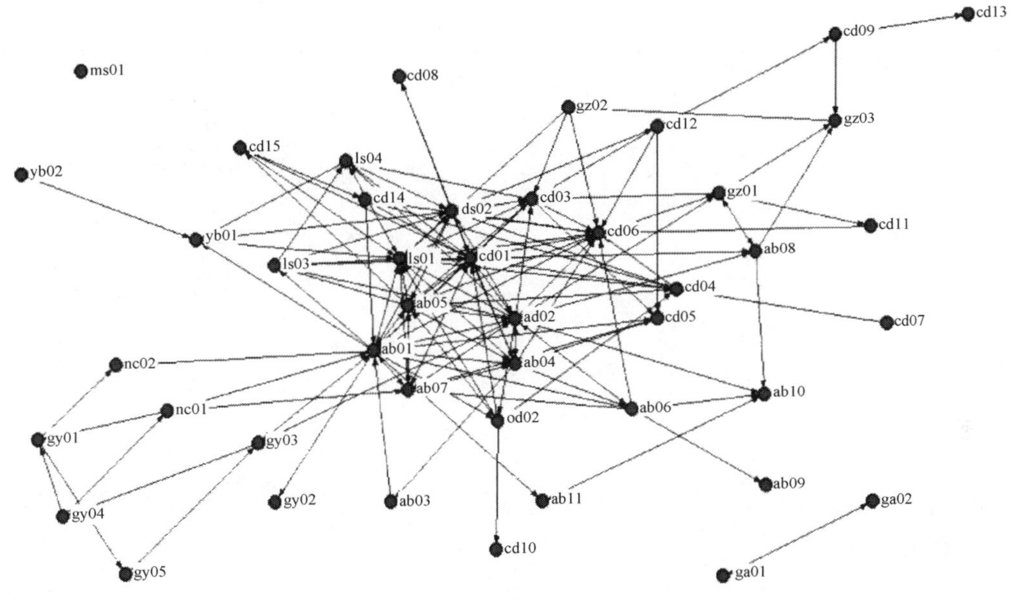

图 4-10　四川省景区流网络结构

主体网络中乐山大佛景区（ls01）、峨眉山风景名胜区（ls02）、青城山-都江堰旅游景区（cd01）、黄龙溪旅游区（cd03）、宽窄巷子景区（cd06）、九寨沟风景名胜区（ab01）、黄龙风景名胜区（ab02）、汶川特别旅游区（ab04）、羌乡古寨旅游景区（ab05）处于网络的中心地位，与周边景区联系密切。

（三）个体网络分析

对四川省景区整体网络的分析可以全面揭示整个景区网络的等级与网络结构特征，但对于各目的地景区的结构及景区间的旅游流未能深入研究，个体网分析可以弥补这方面的不足。依据各旅游景区目的地节点与网络其他景区间存在的线路连接关系，由于瓦屋山国家森林公园以单目的地景区出现，是景区网络中的孤立点不存在个体网络，此外 ga01、ga02 与主体网络间无旅游流动，因此对 42 个主体网络中的旅游景区进行分析。借助用 UCINET 软件计算旅游景区网络的规模、关系、密度、可达效率以及约束性等具体指标，从而反映各景区节点在个体网络中的地位。四川省景区网络中各节点的个体网络规模差异明显。表 4-14 概括了各景区个体网络的总体特征，并以景区网络结构图显示出来。通过对景区节点特征的考察，结合各景区的区位、交通等因素，可为实际旅行中旅游线路的安排提供参考。

表 4-14　四川省 A 级景区个体网络分析

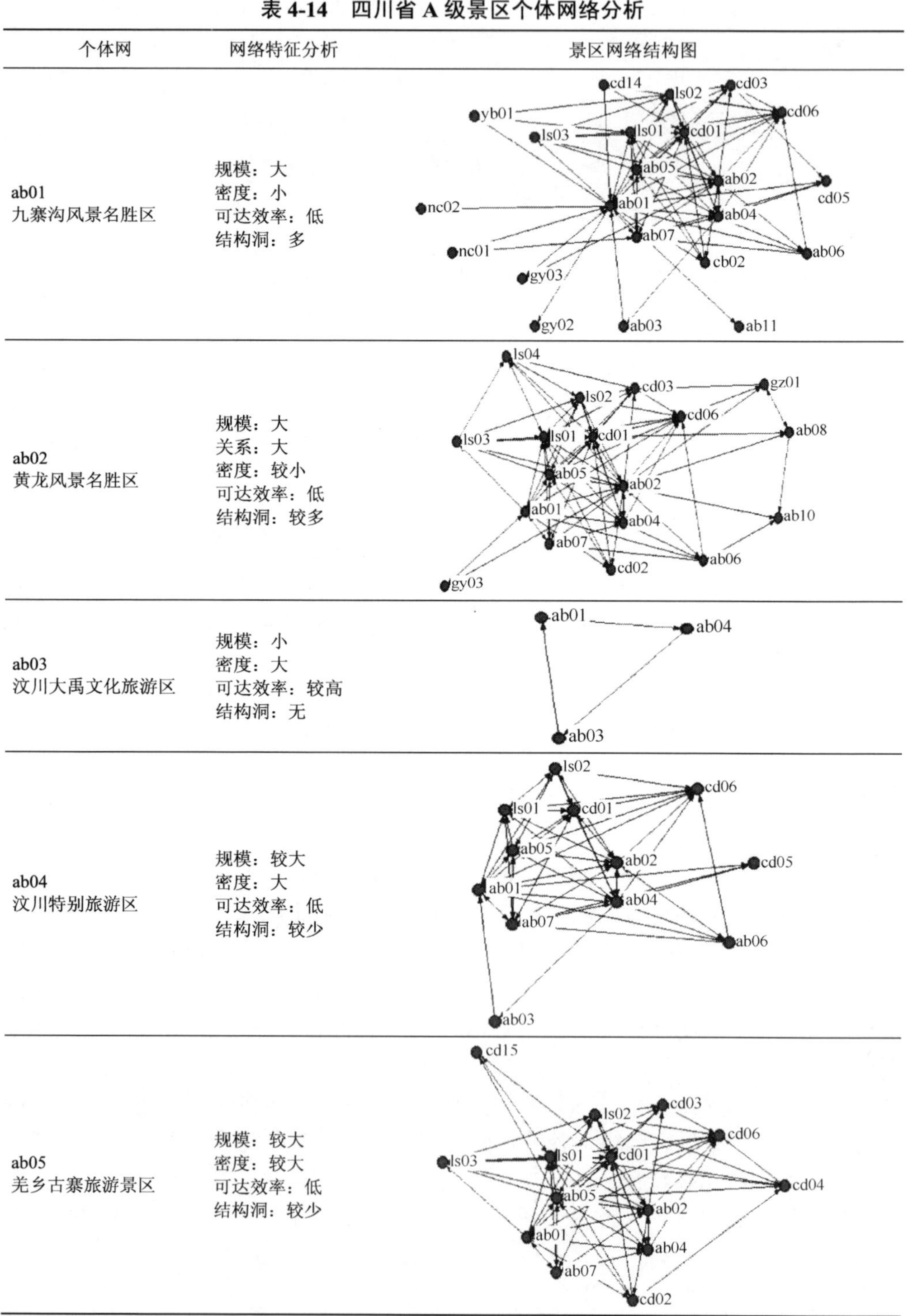

个体网	网络特征分析	景区网络结构图
ab01 九寨沟风景名胜区	规模：大 密度：小 可达效率：低 结构洞：多	
ab02 黄龙风景名胜区	规模：大 关系：大 密度：较小 可达效率：低 结构洞：较多	
ab03 汶川大禹文化旅游区	规模：小 密度：大 可达效率：较高 结构洞：无	
ab04 汶川特别旅游区	规模：较大 密度：大 可达效率：低 结构洞：较少	
ab05 羌乡古寨旅游景区	规模：较大 密度：较大 可达效率：低 结构洞：较少	

续表

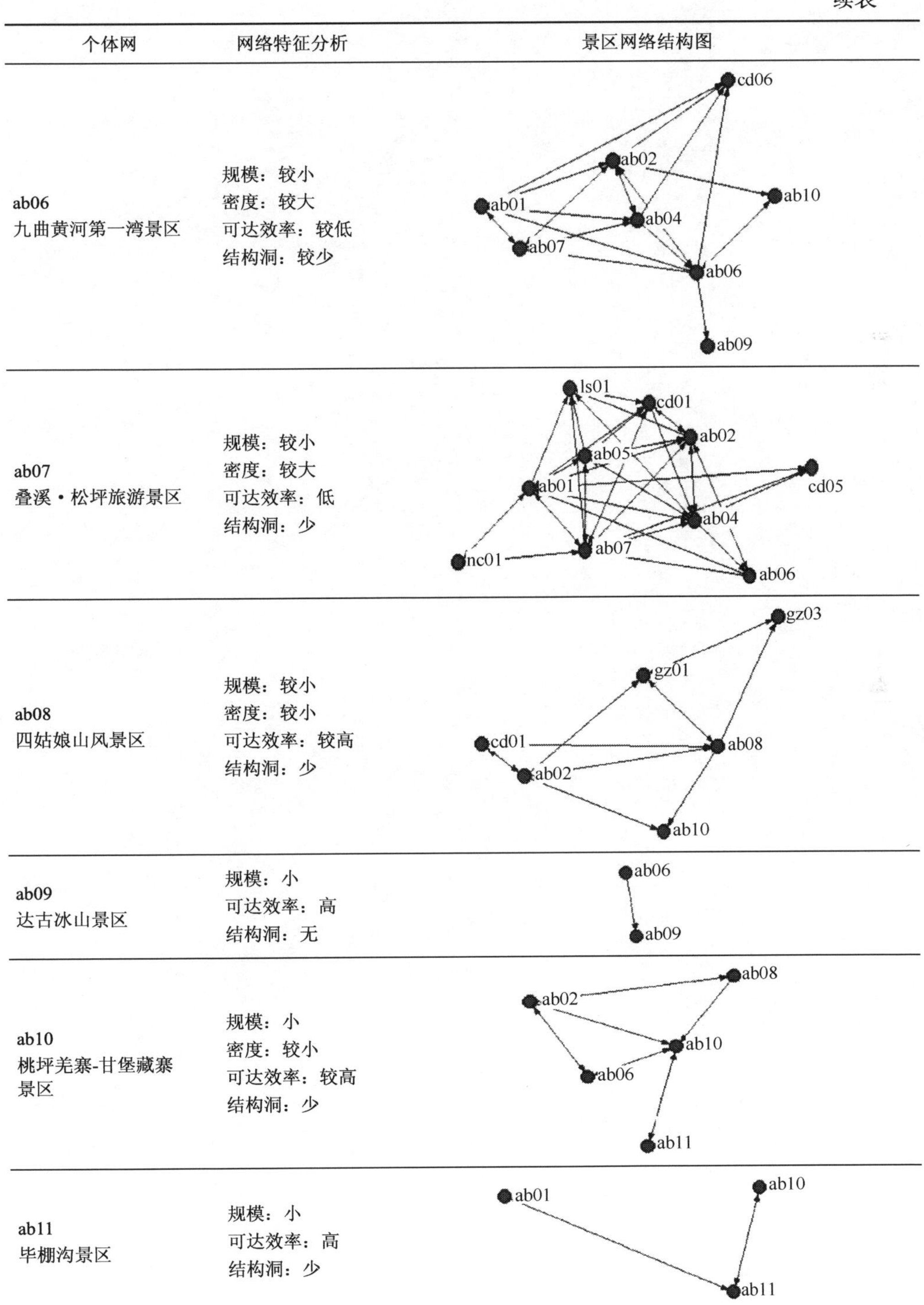

个体网	网络特征分析	景区网络结构图
ab06 九曲黄河第一湾景区	规模：较小 密度：较大 可达效率：较低 结构洞：较少	cd06 ab02 ab10 ab01 ab04 ab07 ab06 ab09
ab07 叠溪·松坪旅游景区	规模：较小 密度：较大 可达效率：低 结构洞：少	ls01 cd01 ab02 ab05 cd05 ab01 ab04 ab07 nc01 ab06
ab08 四姑娘山风景区	规模：较小 密度：较小 可达效率：较高 结构洞：少	gz03 gz01 cd01 ab08 ab02 ab10
ab09 达古冰山景区	规模：小 可达效率：高 结构洞：无	ab06 ab09
ab10 桃坪羌寨-甘堡藏寨景区	规模：小 密度：较小 可达效率：较高 结构洞：少	ab08 ab02 ab10 ab06 ab11
ab11 毕棚沟景区	规模：小 可达效率：高 结构洞：少	ab01 ab10 ab11

续表

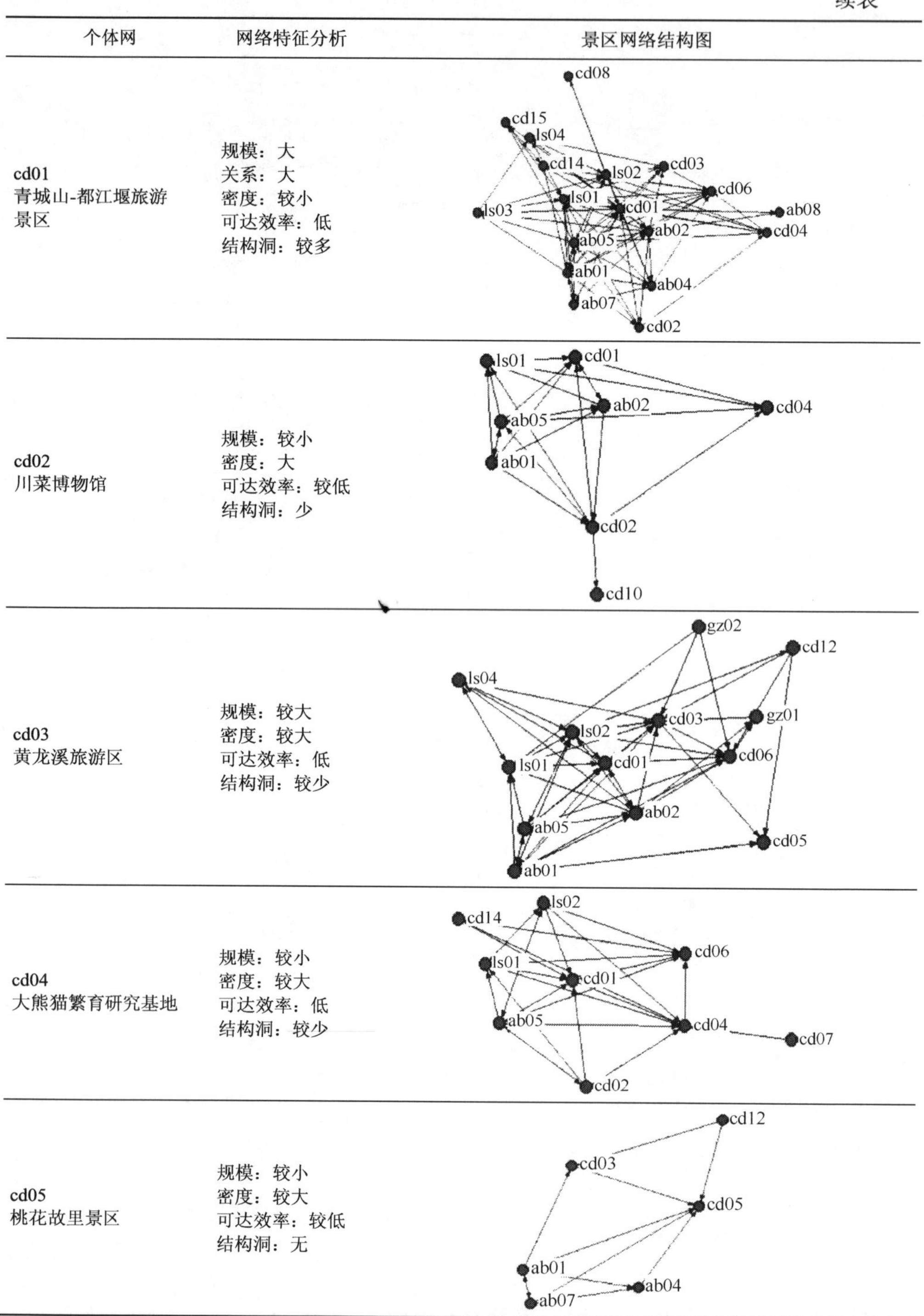

个体网	网络特征分析	景区网络结构图
cd01 青城山-都江堰旅游景区	规模：大 关系：大 密度：较小 可达效率：低 结构洞：较多	
cd02 川菜博物馆	规模：较小 密度：大 可达效率：较低 结构洞：少	
cd03 黄龙溪旅游区	规模：较大 密度：较大 可达效率：低 结构洞：较少	
cd04 大熊猫繁育研究基地	规模：较小 密度：较大 可达效率：低 结构洞：较少	
cd05 桃花故里景区	规模：较小 密度：较大 可达效率：较低 结构洞：无	

续表

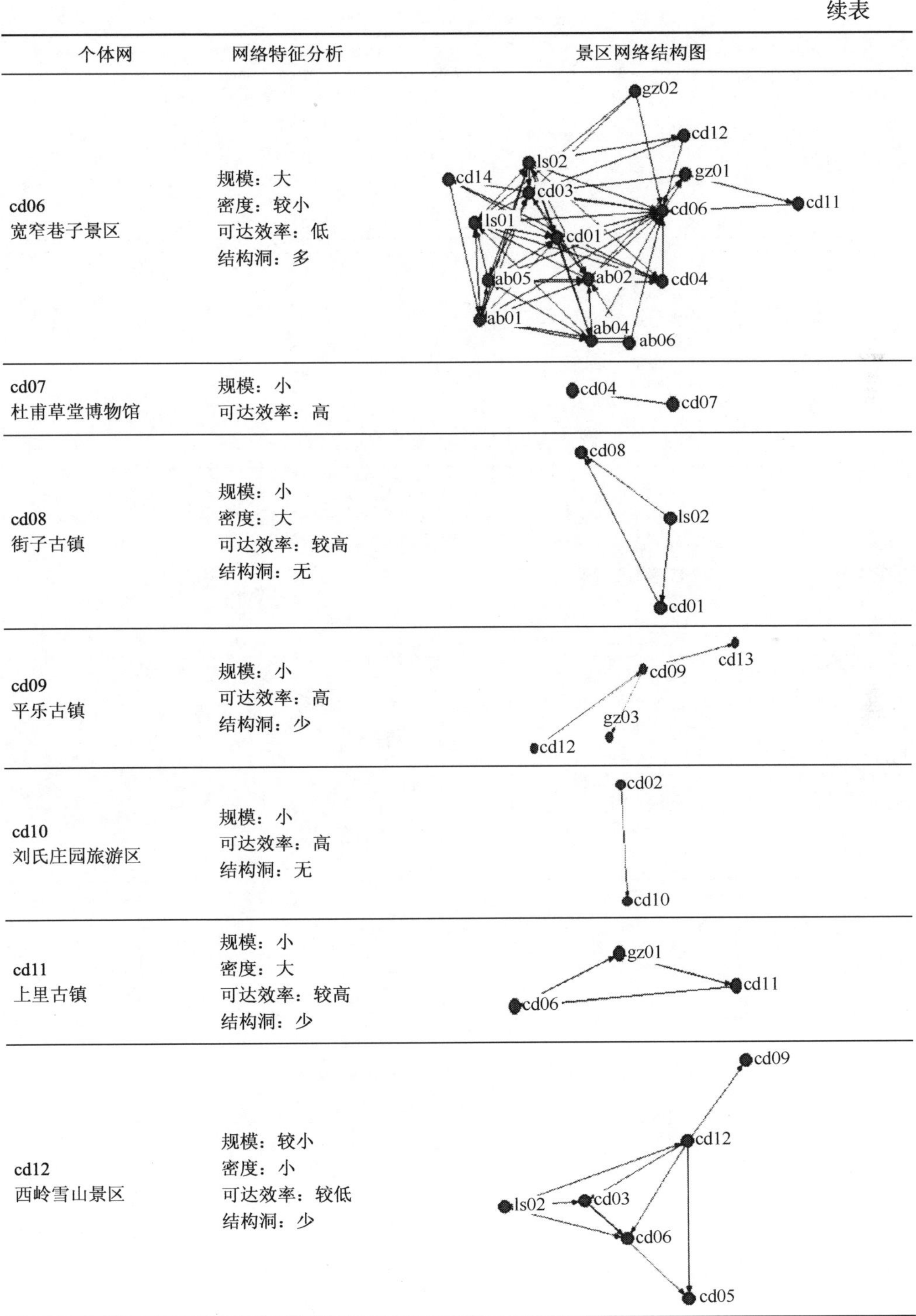

个体网	网络特征分析	景区网络结构图
cd06 宽窄巷子景区	规模：大 密度：较小 可达效率：低 结构洞：多	
cd07 杜甫草堂博物馆	规模：小 可达效率：高	
cd08 街子古镇	规模：小 密度：大 可达效率：较高 结构洞：无	
cd09 平乐古镇	规模：小 可达效率：高 结构洞：少	
cd10 刘氏庄园旅游区	规模：小 可达效率：高 结构洞：无	
cd11 上里古镇	规模：小 密度：大 可达效率：较高 结构洞：少	
cd12 西岭雪山景区	规模：较小 密度：小 可达效率：较低 结构洞：少	

续表

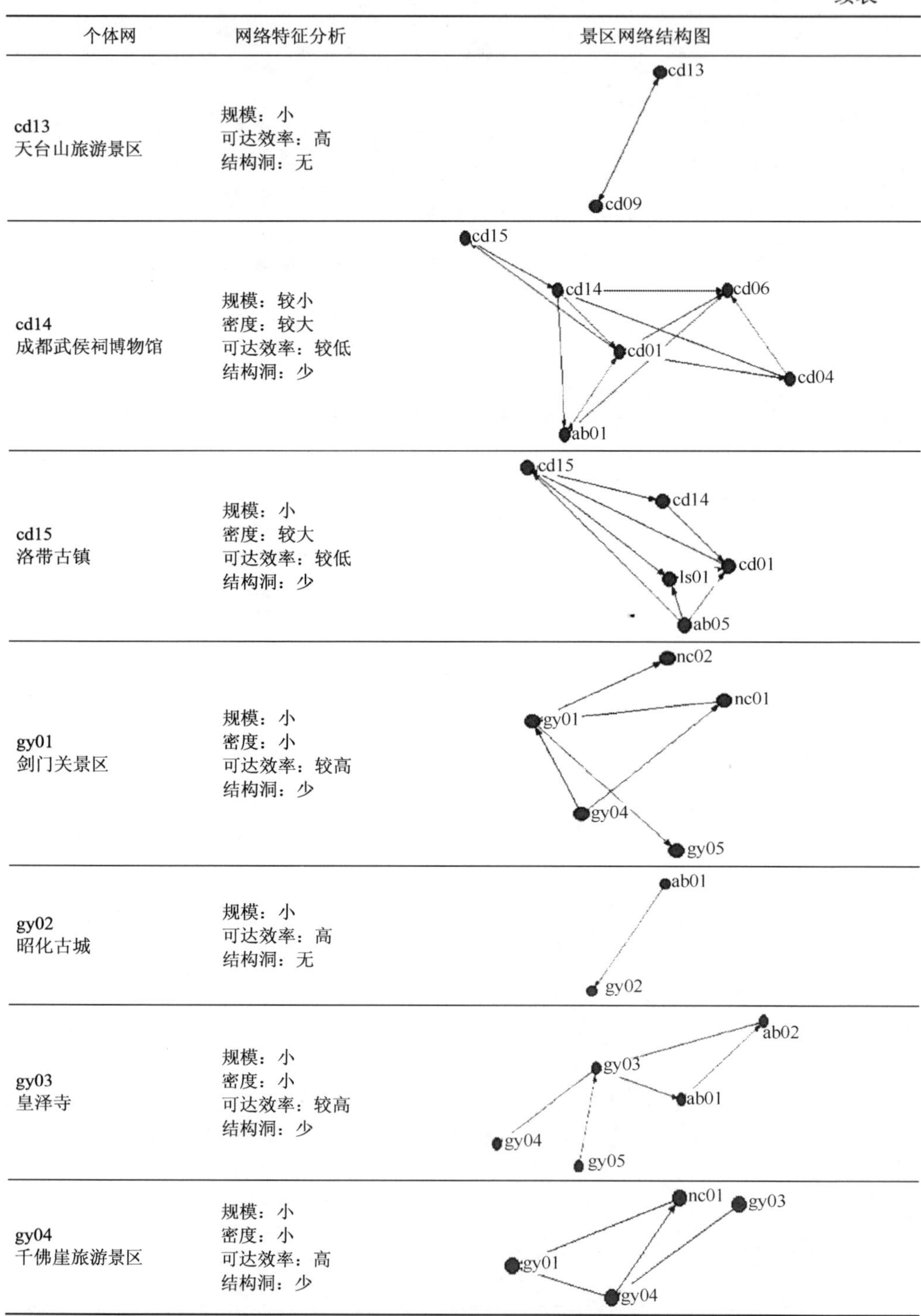

个体网	网络特征分析	景区网络结构图
cd13 天台山旅游景区	规模：小 可达效率：高 结构洞：无	cd13 cd09
cd14 成都武侯祠博物馆	规模：较小 密度：较大 可达效率：较低 结构洞：少	cd15 cd14 cd06 cd01 cd04 ab01
cd15 洛带古镇	规模：小 密度：较大 可达效率：较低 结构洞：少	cd15 cd14 cd01 ls01 ab05
gy01 剑门关景区	规模：小 密度：小 可达效率：较高 结构洞：少	nc02 nc01 gy01 gy04 gy05
gy02 昭化古城	规模：小 可达效率：高 结构洞：无	ab01 gy02
gy03 皇泽寺	规模：小 密度：小 可达效率：较高 结构洞：少	ab02 gy03 ab01 gy04 gy05
gy04 千佛崖旅游景区	规模：小 密度：小 可达效率：高 结构洞：少	nc01 gy03 gy01 gy04

续表

个体网	网络特征分析	景区网络结构图
gy05 明月峡景区	规模：小 可达效率：较高 结构洞：少	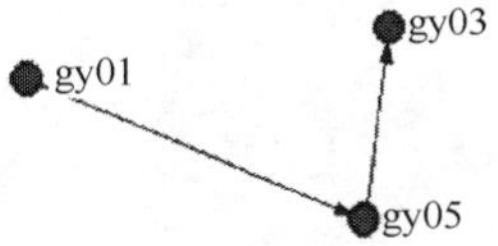
gz01 海螺沟冰川森林公园	规模：较小 密度：小 可达效率：较低 结构洞：较少	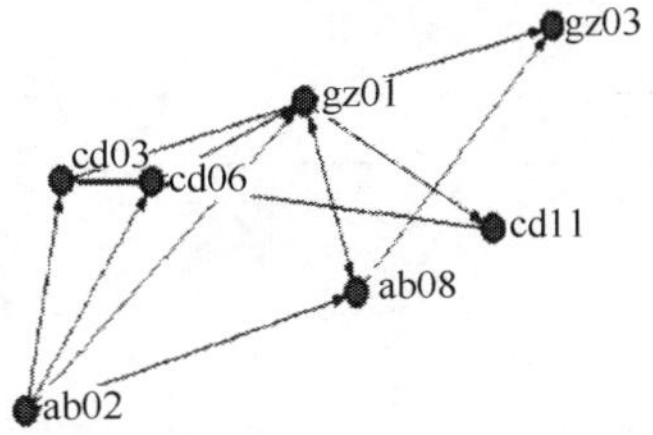
gz02 稻城亚丁景区	规模：小 密度：小 可达效率：较高 结构洞：少	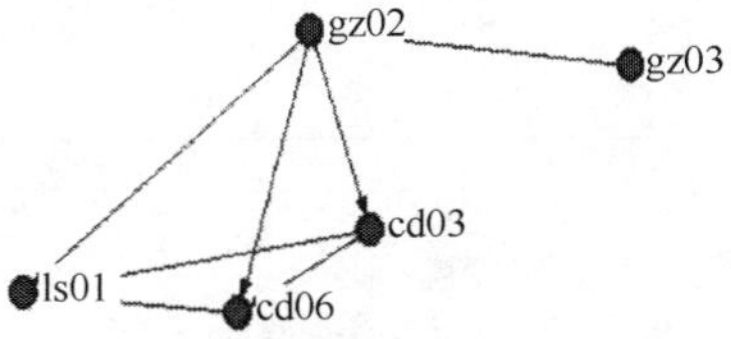
gz03 康定情歌（木格措）风景区	规模：小 密度：小 可达效率：较高 结构洞：少	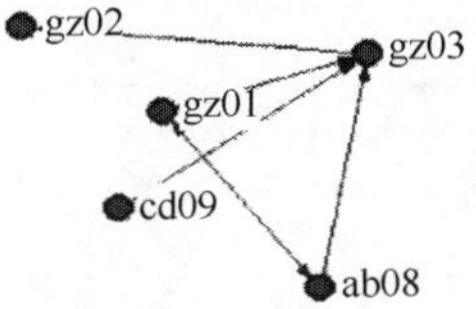
ls01 乐山大佛景区	规模：大 关系：大 密度：较小 可达效率：低 结构洞：较多	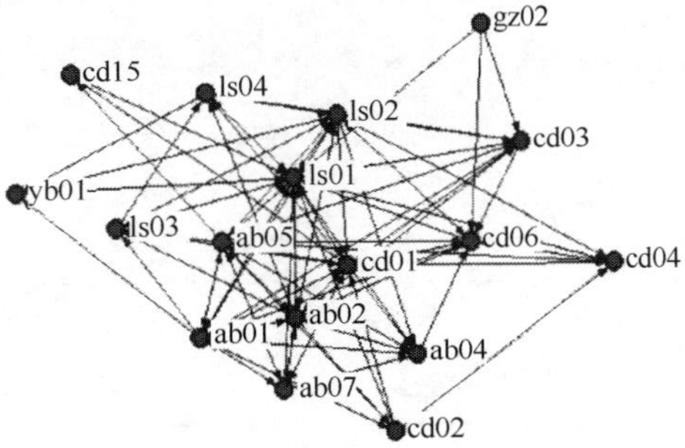
ls02 峨眉山风景名胜区	规模：较大 密度：较大 可达效率：低 结构洞：较多	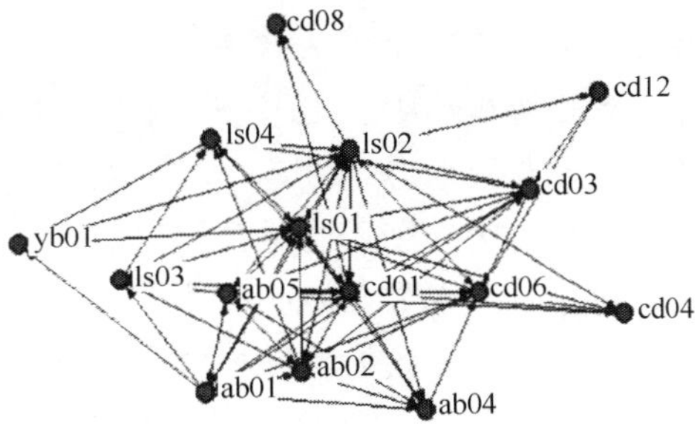

续表

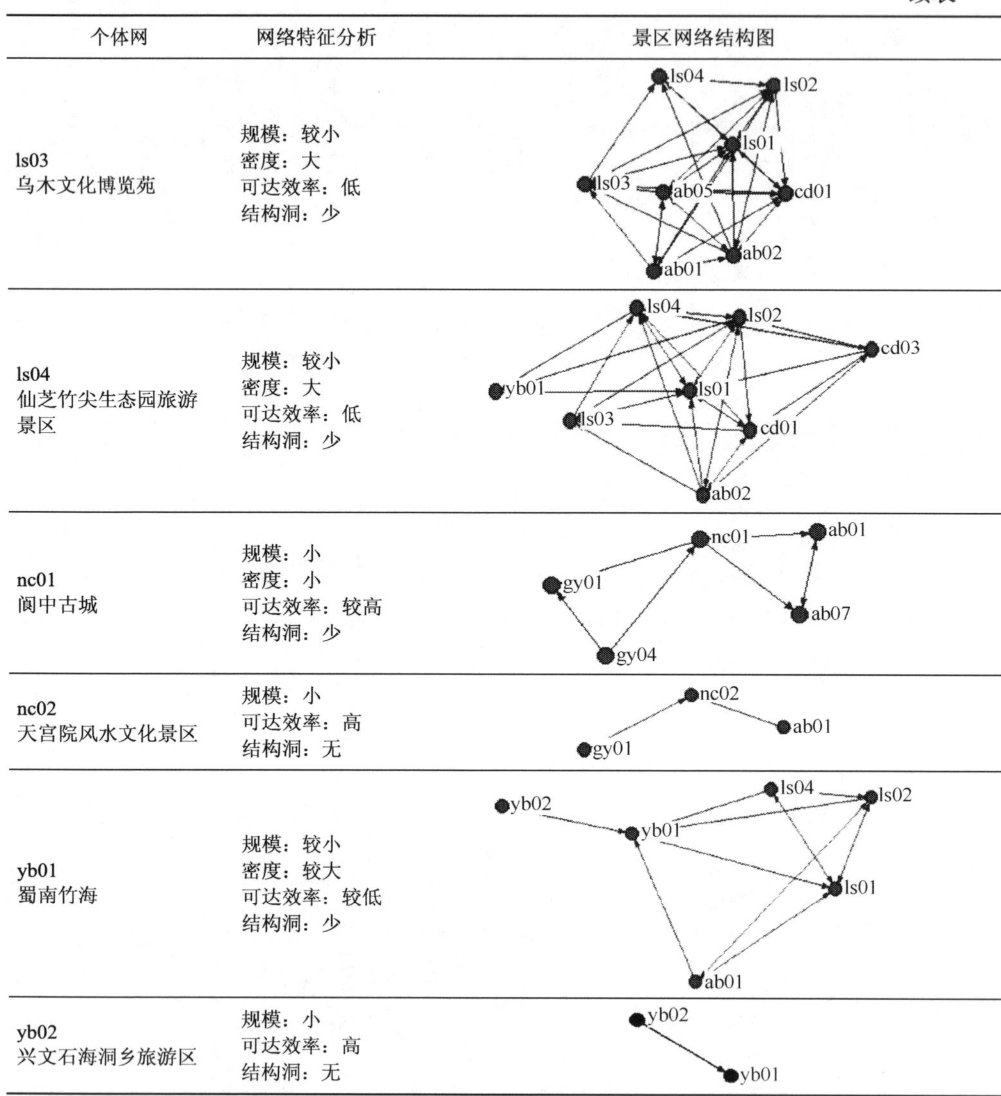

个体网	网络特征分析	景区网络结构图
ls03 乌木文化博览苑	规模：较小 密度：大 可达效率：低 结构洞：少	ls04 ls02 ls01 ls03 ab05 cd01 ab02 ab01
ls04 仙芝竹尖生态园旅游景区	规模：较小 密度：大 可达效率：低 结构洞：少	ls04 ls02 cd03 yb01 ls01 ls03 cd01 ab02
nc01 阆中古城	规模：小 密度：小 可达效率：较高 结构洞：少	nc01 ab01 gy01 ab07 gy04
nc02 天宫院风水文化景区	规模：小 可达效率：高 结构洞：无	nc02 ab01 gy01
yb01 蜀南竹海	规模：较小 密度：较大 可达效率：较低 结构洞：少	ls04 yb02 ls02 yb01 ls01 ab01
yb02 兴文石海洞乡旅游区	规模：小 可达效率：高 结构洞：无	yb02 yb01

本节着重于四川旅游A级景区目的地的空间分布特征、旅游线路中A级景区分布特征及旅游线路中A级景区空间网络格局的研究，研究发现：

（1）四川省A级景区资源丰富，但旅行社实际线路安排中所涉及的景区数较少，旅游资源现状与实际线路开发具有不对等性。四川省A级景区市际分布差异明显，不同等级景区数量差距较大，旅游资源质量整体较高。景区呈集中分布态势，空间分布均匀度较低。地域间的分布差异明显，有1个高密度区，9个中密度区。旅游线路中涉及的景区等级较高，主要集中分布在成都、阿坝州等地，其中九寨沟、黄龙、乐山大佛景区、峨眉山景区是最受游客喜爱的景区。

（2）不同线路模式涉及的景区旅游网络连接组数及景区间流量频次均存在较大差异。单目的地式、往返式涉及景区个数最多，网络规模最大，完全环游涉及景区数最少。往返式存在旅游流组数最多，说明其景区间联系最密切，中心集散式次之，完全环游式最少。这表明往返式是比较适合于游览四川景区的模式。

（3）四川省景区网络整体网络密度较小，存在明显的核心边缘结构。九寨沟风景名胜区、黄龙风景名胜区、青城山-都江堰旅游景区、汶川特别旅游区、羌乡古寨旅游景区、九曲黄河第一湾景区、叠溪·松坪旅游景区、宽窄巷子景区、乐山大佛景区、峨眉山风景名胜区在景区网络中处于核心地位，其余景区处于边缘位置。九寨沟、黄龙、青城山-都江堰、乐山大佛、宽窄巷子的结构洞较为丰富且效能高约束性较低，在四川省旅游网络中拥有绝对的优势。个体网络中各景区的规模、密度、可达效率、结构洞等差异明显。

第四节　基于旅行模式的目的地空间网络优化策略

基于以上四川省城市与景区旅游目的地的旅游线路模式及其社会网络分析结果，为结合实际，提出优化四川省旅游目的地空间网络的具体措施，进行深度访谈。参与深度访谈的对象包括以下两类群体：旅游专业学者和旅游者。访谈内容涉及“四川作为旅游目的地，对游客的吸引力表现在哪里”、“是否存在旅游资源与旅游发展现状不匹配的问题”、“你认为四川省旅游线路设计中优化的主要方向在哪里”等方面。将访谈的相关结论与二、三节定量分析的主要结论相结合，从而具体指出四川省目的地空间网络格局的优化原则、方向及措施。

一、优化的主要原则

（一）可持续发展原则

旅游目的地空间网络的优化将是旅游产业可持续发展的迫切需求。旅游景区空间结构优化不仅是眼前发展的需要，更为着眼于未来，考虑时代发展的因素，合理妥善地处理旅游供给和旅游需求、旅游格局整体与区域旅游合作之间的问题，能够考虑到今后区域旅游目的地的旅游业发展的资源需求及空间需求。

（二）市场导向原则

市场导向原则要求树立面向市场、拓展市场、细分市场的理念，根据旅游市场需求的变化确定旅游资源优化的主要方向。做到对于不同的客源地、不同的旅游消费群体以及不同消费层次下旅游市场的需求，针对性的开发旅游产品。能够充分利用区域旅游资源优势，通过因地制宜地进行产品设计、组合加工、精细化打造、多渠道营销，形成产品多元化、销售多元化的发展道路，进而实现消费规模的扩大，消费品质的提升，带来经济效益的进一步提高（天娜，2014）。

（三）协调发展原则

协调发展是区域旅游发展重要的原则之一，其主要表现在以下三个方面：一是城市之间，二是城市与景区之间，三是景区之间。各城市节点可根据自身资源优势开发“人无我有的”核心旅游产品，开展旅游交流活动，相互借鉴；城市与景区间以景区效益带动城市旅游收入的增长及旅游相关产业的发展，以区域收益来提升景区的接待能力，加强景区基础设施建设力度；各景区应明确在区域的功能定位，错位发展，与异质景区形成组合，谋求合作发展，避免同质景区之间的恶性竞争。

二、城市尺度下的空间网络优化策略

（一）基于不同旅行模式，推广精品旅游线路

四川省旅游线路模式以往返式、中心集散式及单目的地式为主，其出行天数主要为 4～6 天、3～4 天、6～8 天，根据不同线路模式的时间安排，结合交通现状，及访谈相关内容“四川省对游客吸引力”主要在于“民族风情”、“佛教圣地”、“川菜美食”等，科学整合四川省旅游资源，推出相关精品主题旅游线路，充分发挥旅游业的集聚效应。

1. 感受九黄世遗、体验藏羌文化

途经成都—德阳—绵阳—九寨沟—松潘—红原—马尔康—理县—汶川—成都，以九寨沟、黄龙两大世界自然遗产为依托，以藏羌民族文化体验为主线构建世界遗产精品旅游线，面向国际市场，且兼顾国内市场。

2. 梦回三国、感悟三国文化旅游

四川省是蜀汉国的主要行政区域，成都是蜀汉的首都和政治、经济、文化中心，蜀汉丞相诸葛亮在此建功立业，因此四川三国文化旅游资源在全国具有鲜明特色和突出的比较优势（吕一飞，2006），以成都—德阳—绵阳—广元—南充—成都为主线，可开展感悟三国文化、体验“难于上青天”三国蜀道。

3. 寻找大熊猫，“熊猫故乡”探秘之旅

大熊猫以憨态可掬的形象深受国人乃至全世界人民的喜爱，它不仅是中国的

国宝更凝聚了世界人民的关注与厚爱。四川是大熊猫的主要居住地，因此有“熊猫之乡”的美誉。然而在旅行社行程安排中很少出现以大熊猫为主题的线路安排，因此可以将“成都—雅安—汶川”作为主线，探访大熊猫发现地、大熊猫繁育基地及大熊猫保护基地，将大熊猫专线培育成为面向国际市场的世界级精品旅游线路。

4. 打开味蕾、品味天府美食之旅

专家访谈中得出结论饮食文化是吸引游客的主要因素之一。川菜是中国八大菜系之一，烹调工艺多样、取材广泛、用料讲究，菜式多样并以“善用麻辣”著称，深受人们的喜爱。“食”在旅游六要素中排在首位，美食被人们不断追求，旅游线路中虽出现如川菜博物馆的饮食类景区，但频次较少且在旅游市场中并未出现美食专线，可见其具有相当大的市场需求。将来可以成都为中心，推出“食在天府”的饮食文化专线，将尝美食与品文化相结合。

（二）统筹全局，加强区域合作，实现联动发展

同一省份不同目的地城市的旅游资源存在一定的共性特征。目的地城市之间如果孤立发展，会导致城市间产生恶劣竞争，产品雷同等不良现象，不利于区域旅游业的发展。因此，区域间应建立合理的空间合作关系，相互补充，相互促进，共同发展。在城市尺度研究中，成都的程度中心度、中介中心度等指标均处于明显优势，处于城市网络中绝对的核心地位。因此，在城市空间优化中应明确“大成都旅游经济增长极”以成都为核心，依托成都的区位优势、交通优势、产业优势，辐射周边的资阳、眉山、雅安、德阳等地逐渐形成三大旅游经济带。依托成绵高速、成绵乐城际铁路等大交通形成以德阳、绵阳、广元、乐山为主的成绵乐旅游经济带；利用地缘优势，抓住成渝经济区建设契机以遂宁、内江、南充、广安、资阳为主打造成渝旅游经济带，从而实现成都与重庆的连接；以雅攀高速公路、成昆铁路为依托，以攀枝花、雅安、凉山为主打造成雅攀旅游经济带。

（三）不同类型目的地，注重特色化差异化发展

四川省各市（州）具有不同的资源优势及地域文化，各目的地节点城市可根据自身优势打造特色旅游品牌，实现特色化、品牌化的差异化发展（兰利，2014）。阿坝州、成都、甘孜是主要的单目的地式城市节点，此类城市应着重发展其核心旅游产品，形成品牌优势；阿坝州、成都、绵阳是主要的门户及离境城市，因此加强其机场、铁路等交通基础设施建设是其发展关键；成都是最重要的枢纽城市，在旅游发展过程中应注重其旅游集散中心建设。

（1）城市节点分析中处于核心地位的城市主要有成都、绵阳、南充、阿坝州、甘孜州。成都在四川旅游网络中处于核心地位，可充分利用其资源优势、交通区位优势、知名度优势开展国际性旅游节庆活动，打造强势旅游目的地品牌，培育具有国际一流水准的旅游基础设施和服务体系，形成国际旅游营销整合机制（毕丽芳等，2015）。绵阳是四川省第二大城市，是大九寨国际旅游环线东线上的重要节点，同时也是三国蜀道文化国际旅游线上的主要节点。推广探源“大禹故里李白故居”文化之旅、“两弹一星”红色科工之旅、“大爱北川”灾区新貌之旅、国蜀道之旅等精品线路，不断完善配套服务设施，将绵阳打造成西部智慧之城、时尚之城。阿坝州旅游资源丰富，依靠科技发展，将人文资源开发、包装，为传统文化注入时代内涵；克服旅游信息不对称的弊端，借助网络和管理信息系统，实现信息资源共享，提高全州的被认知度；加强成都和阿坝州的旅游合作，建设世界旅游目的地。甘孜虽拥有良好的资源禀赋，但资源整体开发不够，未能形成龙头景区及明确的整体定位（何志华等，2005），精品线路、龙头景区对区域旅游业的发展具有明显的带动作用，甘孜应明确如贡嘎山风景名胜区、亚丁自然保护区等资源品质高的旅游景区的核心地位，提高其知名度，从而带动周边旅游发展；推动以九寨沟、黄龙、青城山-都江堰等世界遗产景区的营销互动、线路互通、信息互享和客源互送，构建支撑省内、辐射全国、连接海内外的黄金旅游廊道。

（2）城市节点中处于边缘地位的目的地节点主要有广元、乐山、宜宾、雅安。明月峡古栈道遗址和昭化古城是广元的开发利用中是最能体现“两个并重”的典型事例（王晶晶，2012）。应从新视角、新眼界阐释传统人文资源的核心价值，加强整体保护和合理开发利用，提升其文化内涵和旅游经济价值。乐山境内的峨眉山景区、乐山大佛景区均为世界文化与自然双遗产，是乐山旅游市场的两大核心区域。其优化方向主要应放在加强两大核心区域旅游资源的整合方面。乐峨公路作为连接乐山市中区和峨眉山市景区的重要通道，可作为峨眉山-乐山大佛国际旅游区的观光休闲及乡村旅游的重要基地及乐山旅游城市环的主要接口（陈兴中和郑柳青，2008），从而实现乐山大佛与峨眉山的联动发展。宜宾特色文化丰富，如酒文化、竹文化、江文化、茶文化、石文化等，在实际旅游线路优化中可将各特色文化进行空间组合，形成特色旅游线路。雅安生态资源丰富，文化资源深厚，需要充分合理地挖掘生态、文化资源的经济价值，将其丰富而优质的生态、文化资源优势转化为经济优势。

（3）孤岛型目的地是指城市目的地节点分析中，旅游线路中未出现的，即网络其他节点不存在任何旅游流动的节点，为城市网络的孤岛型节点，该类型节点是城市旅游网络发展明显的制约因素。因此在网络优化时，要尽可能地去除孤立点，创造机会增加与其他城市节点的连接，将其发展成为旅游网络的边缘节点，从而实现四川省旅游线路网络节点优化结果。自贡、攀枝花、泸州、德阳、遂宁、内江、广安、达州、巴中、眉山、资阳、凉山州为当前四川省城市旅游网络中的孤岛型节点，应增加此类节点与网络其他节点之间的线路连接，提高四川城市旅游网络的完整性。

（四）完善立体交通网络，提高景区可进入性

作为食、住、行、游、购、娱六大基本要素之一的“行”，旅游交通是当前影响四川旅游业发展的重要因素，决定着旅游活动能否顺利进行，因此四川省应将构建舒适便捷的旅游目的地立体旅游交通网络，把它作为旅游基础设施建设中先导性、全局性、战略性的任务来抓。研究发现四川省以中远程旅游线路为主，且80%以上的旅游线路安排飞机往返，因此旅游航空交通网络是旅游交通网络优化的重要的内容之一，成都双流机场、阿坝九黄机场是四川航空网络的主要门户，亚丁机场、红原机场等为四川航空网络的主要支线。

公路方面要着力解决藏区、老区、贫困区域以及重点项目的旅游交通瓶颈问题；完善全省高速公路、国道和省道的旅游标牌；在各优秀旅游城市、旅游重点县完善旅游交通引导系统，在重要交通节点、换乘点设置旅游交通导览图；加强重点旅游区与中心城市间的公路建设，提高景区的可进入性。铁路发展方面在应充分考虑未来发展需要，将高速铁路引入机场，加强机场与高铁站衔接，从而实现空铁联运。

三、景区尺度下的空间网络优化策略

（一）实施差异化发展，增强核心景区带动作用

四川省旅游景区整体网络密度较低，说明景区间的联系不密切。可通过九寨沟风景名胜区、黄龙风景名胜区、青城山-都江堰旅游景区、汶川特别旅游区、羌乡古寨旅游景区、九曲黄河第一湾景区、叠溪·松坪旅游景区、宽窄巷子景区、乐山大佛景区、峨眉山风景名胜区等内部核心圈层景区，与外部圈层景区进行旅游合作、线路安排，带动边缘景区的发展。景区是形成旅游产品的基础，游客是旅游产品的购买群体，旅行社是旅游产品与游客之间的桥梁（普拉提·莫合塔尔，2009）。借助旅行社这一桥梁，通过旅游线路专营模式、特种旅游项目合作、景区专卖等模式，进行景区推广。

个体网各指标差异明显，如九寨沟、黄龙、乐山大佛、青城山-都江堰、宽窄巷子等网络规模大、结构洞优势的景区，多为旅游流集聚扩散的中心景区节点，但其个体网内景区分布稀疏。此类景区优化时要完善基础设施建设和提高旅游接待能力，提升旅游流的集聚和扩散能力。加强网络节点间的弱联系，合理调整景

区的游览次序或选景区作为中转停留站，从而稳固网络结构。个体网络规模较小且结构洞少的景区，多位于边缘区或过渡区域，一定程度上承担旅游流由核心区域向边缘区域扩散的中间者角色。在景区发展中应提高自身知名度，与网络中核心景区产生直接或间接旅游流动。可达效率高的景区，如昭化古城、天宫院风水文化景区、皇泽寺、兴文石海洞乡旅游区等，此类景区多安排在中短的旅游线路行程中，且线路安排较为固定，可通过联合营销，形成特色旅游区。

（二）针对资源优势，因地制宜打造特色旅游区

四川省拥有独特的历史文化背景、民族文化特色及生态环境资源。在推出精品线路的基础上应以精品旅游线为基础，发挥世界遗产的引领作用及品牌效应，充分挖掘资源优势和文化内涵，创新利用各类资源，形成各具特色的旅游片区。打造大九寨国际旅游区，充分发挥和提升九寨沟、黄龙的品牌优势和市场优势，深度挖掘藏羌民族文化内涵，加快建设若尔盖大草原、羌乡古寨旅游景区、叠溪·松坪旅游景区、四姑娘山风景区、桃坪羌寨-甘堡藏寨景区、毕棚沟景区、达古冰山景区等。推进阿坝州旅游由东部向中西部扩展，形成以世界遗产观光为主，藏羌文化体验、草原休闲、山地度假等为配套的世界级生态旅游目的地。依托成渝经济区开发，围绕竹文化、盐文化、茶文化、恐龙文化等资源打造川南文化旅游区，促进宜宾、自贡、内江、泸州等川南城市群旅游业协同发展，深度开发特色文化、生态旅游，打造川黔渝旅游“金三角”，推动川南区域旅游一体化发展。将成都、德阳、绵阳、广元、阿坝州、雅安 6 个重灾市（州）联合打造成“大爱无疆”地震旅游区，以地震遗址观光游、地震科考游、地震探险游等为主要形式，将北川地震遗址游、青川县遗址游、唐家山堰塞湖遗址、地震博物馆（科技馆）、龙门山断裂带等串联成旅游线路，让人们体会抗震救灾精神，进行地震科普教育。以乐山大佛景区、峨眉山景区为核心，将凌云山景区、大渡河美女峰风景名胜区、生态猴区、三苏祠景区、夹江天福观光茶园、乌木文化博览苑、大佛禅院文化旅游区将茶文化与佛教文化结合形成佛教朝圣旅游区。

（三）景区目的地形象营销多样化，提升知名度

通过访谈发现，在景区发展中存在高等级资源未被充分开发问题，如“稻城亚丁景区无论是风景质量还是资源品质，都属于世界级，但开发成熟程度和知名度都远不及资源质量还不如它的香格里拉”。此类景区应根据自身功能及游客需求进行自我定位，明确目的地形象。采用多元化的营销方式，如广播、电视、报纸等方式做广告宣传、举办特色节事活动、发布景区官方网站进行网络宣传等。

（四）加速部分新建旅游景区的建设步伐

为了统计的准确性、便利性与全面性，在景区网络格局研究中景区节点选取的国家A级景区，部分景区虽出现在旅游线路行程中，但却未纳入统计，如牟尼沟、神仙池、花湖等。此类景区虽不具备星级，但其却出现在旅行社的行程安排中，可见其存在一定的市场需求，因此可根据市场需求，依托其自然或人文景观资源优势，提高资源等级，大力实施“资源景区化”，将其建设成为新的国家级旅游景区，进一步优化四川省旅游景区空间过度集聚问题。

第五节 小 结

通过对百强旅行社获取的旅游线路报价单详细信息的定量分析及目的地网络空间优化的定性探讨，得出以下主要结论：

（1）四川省旅游线路呈现以下基本特征：自由、半自由行日益受到旅游者的青睐；四川省旅游客源市场在全国分布不均，以上海、广东、北京为主；游客钟情于对世界遗产及藏羌文化体验；飞机是游客出行的首选方式。

（2）四川省旅游线路模式类型以往返式为主，中心集散以及单目的地式次之，完全环游和区域环游较少，这与四川省特殊的地形有着很大的关联。各目的地中成都是核心枢纽目的地，阿坝州、乐山多为途经目的地，单一目的地主要有阿坝州、成都、甘孜。

（3）四川省城市目的地旅游网络结构发展不均衡，整体密度较低，反映各节点间的联系还不密切。在整体网络中，较高的程度中心势与接近中心势、较低的中介中心势表明“核心—边缘”结构的存在，成都、绵阳、南充、阿坝州、甘孜州处于核心位置，广元、乐山、宜宾、雅安、重庆处于边缘位置。在个体网络中，各节点规模、效率等差异较为明显，成都的规模最大、关系最多，同时结构洞优势最明显。

（4）四川省各等级旅游景区数量悬殊较大，4A级景区数量最多，成都拥有A级景区数最多。旅游景区均衡性分析显示，2A、3A、4A分布相对分散，而5A级景区分布较为集中，主要分布在阿坝州、乐山等地；通过基尼系数分析显示，A级旅游景区呈现集中分布，空间分布均匀度较低；密度分析发现，高密度区仅成都1处，中密度区主要分布在成都外围、广元、绵阳、遂宁、广安、乐山、泸州、宜宾、攀枝花9处。

（5）四川省A级景区资源丰富，但旅行社实际线路安排中所涉及的景区数较少，旅游资源现状与实际线路开发具有不对等性。截止2014年10月，四川省共有 A 级景区 297 个，其中仅有 45 个景区在多目的地旅游线路中被涉及，可见四川省旅游线路的设计与优化尚存在很大潜力。因此在旅游线路设计中应对高等级景区进行有效组合，推广高品质旅游线路，充分挖掘各市（州）的其他旅游景区，促进各地旅游业发展。旅游线路中涉及的 A 级景区的主要特征有：从景区等级看，旅游线路中景区等级较高；从景区归属地看，旅游线路中 A 级景区节点分布相对集中，主要分布在成都、阿坝州等地；从具体景区频次看，旅游线路中各景区出现频次差异明显，平均每条线路中包含 A 级景区 2.88 个；从景区类型看，旅游线路中 A 级景区数量以人文景观为主，但从累计到访频次看，自然景观明显高于人文景观。这一方面表明四川省景区数量上人文旅游资源优势明显，另一方面反映出游客对四川省自然景观偏好明显。

（6）不同线路模式景区旅游网络连接组数及景区间流量频次均存在较大差异。单目的地式、往返式涉及景区数量最多，网络规模最大，完全环游涉及景区数最少。往返式存在旅游流组数最多，说明其景区间联系最密切，中心集散式次之，完全环游式最少，这表明往返式是目前比较常见的游览四川景区的模式。

（7）四川省 A 级景区网络整体网络密度较小，存在明显的“核心—边缘”结构。九寨沟风景名胜区、黄龙风景名胜区、青城山-都江堰旅游景区、汶川特别旅游区、羌乡古寨旅游景区、九曲黄河第一湾景区、叠溪·松坪旅游景区、宽窄巷子景区、乐山大佛景区、峨眉山风景名胜区在景区网络中处于核心地位，其余景区处于边缘位置。九寨沟、黄龙、青城山-都江堰、乐山大佛、宽窄巷子的结构洞较为丰富且效能高、约束性较低，在四川省旅游网络中拥有绝对的优势。

参 考 文 献

毕丽芳，郑荣娟，李森，等. 2015. 基于深度访谈的成都市入境旅游发展分析. 资源开发与市场，02：212-215.

陈兴中，郑柳青. 2008. 论乐山市旅游资源和旅游产品整合. 乐山师范学院学报，12：72-75.

何志华，王康，陈晓莉. 2005. 浅析甘孜州旅游资源开发. 西南民族大学学报（人文社科版），04：143-146.

兰利. 2014. 基于空间结构视角的四川省宜宾市旅游目的地优化研究. 西安：陕西师范大学.

吕一飞. 2006. 四川三国文化旅游开发的战略思考. 成都大学学报（社会科学版），06：73-80.

普拉提·莫合塔尔. 2009. 旅游景区与旅行社战略联盟研究. 乌鲁木齐：新疆大学.

史春云，张宏磊，朱明. 2011. 国内旅游线路模式的空间格局与特征分析. 经济地理，31（11）：1918-1922.

史春云，张捷，尤海梅，等. 2007. 四川省旅游区域核心—边缘空间格局演变. 地理学报，62（6）：631-639.

唐雯雯，史春云，孙勇，等. 2015. 四川省旅游线路的基本特征与空间模式研究. 旅游论坛，8（3）：66-72.

唐雯雯，史春云，冯亮，等. 2016a. 基于旅游线路的 A 级景区空间结构研究——以四川省为例. 旅游研究，8（2）：75-81.

唐雯雯，史春云，孙勇，等. 2016b. 四川省旅游线路的社会网络结构研究. 旅游论坛，9（3）：82-87.

天娜. 2014. 黄山市旅游资源开发与可持续发展研究. 芜湖：安徽师范大学.

王晶晶. 2012. 广元剑门蜀道文化旅游资源的保护与开发. 宜宾学院学报，05：122-124.

吴必虎. 2001. 大城市环城游憩带（ReBAM）研究——以上海市为例. 地理科学，21（4）：354-359.

Lue C，Crompton J L，Fesenmaier D R. 1993. Conceptualization of multi-destination pleasure trips. Annals of Tourism Research，20（2）：289-301.

Oppermann M. 1995. A model of travel itineraries. Journal of Travel Research，33（4）：57-61.

第五章　海南省旅游线路模式的空间格局与经济分异

第一节　研究区域概况与数据来源

一、区域概况

海南省，简称琼，位于中国的最南端，包括海南岛和中沙、西沙、南沙群岛及其周围广阔的海域，其中海南岛陆地面积占全省面积比重最大，全省陆地总面积 3.54 万 km^2（其中海南岛陆地面积 3.39 万 km^2，海域面积约 200 万 km^2），是我国仅次于台湾岛的第二大岛，是中国最小的陆地省，最大的海洋省，省会为椰城海口市[13]。海南岛素有“椰岛”、“东方夏威夷”之称，拥有令人向往的大海、阳光、沙滩及特色的民族风情。截至 2015 年 9 月，海南省设有 4 个地级市、5 个县级市、4 个县、6 个自治县、8 个区[14]。本章中海南旅游资源主要指海南岛的旅游资源，不包含群岛中的其他旅游资源。海南岛 3A 级以上景区达 42 个，其中 5A 级景区 4 个，4A 级景区 17 个，3A 级景区 27 个[15]（图 5-1），其中，亚龙湾国际玫瑰谷和海螺姑娘创意文化园为 2015 年三亚市刚入榜国家 3A 级的两个旅游景区[16]，因而三亚 3A 级景区由原来的 5 个变为现在的 7 个。

2010 年 1 月 4 日，国务院发布《国务院关于推进海南国际旅游岛建设发展的若干意见》（国发〔2009〕44 号），海南国际旅游岛建设正式上升为国家战略，我国将在 2020 年将海南初步建成世界一流海岛休闲度假旅游胜地[17]，使之成为开放之岛、绿色之岛、文明之岛、和谐之岛。2015 年全省接待国内外游客总人数 5335.52 万人次，比上年增长 11.43%；其中接待过夜游客 4492.95 万人次，增长 10.6%；旅游总收入 572.49 亿元，增长 13.0%[18]。

自古海南岛与中原联系甚少，受中原文化的影响相对较小，因此形成了独特的文化传统与特色（方相林，2002）。尤其是最近几年，海南岛旅游文化的发展更

---

13 海南旅游官网：http: //www.visithainan.gov.cn/hainanTravel/HainanOverview/搜索时间 2016/12/21

14 海南省人民政府：http: //www.hainan.gov.cn/hn/zjhn/hngl/xzqh/201106/t20110627_442380.html 搜索时间 2016/12/21

15 海南旅游资源: http：//www.visithainan.gov.cn/hainanTravel/scenic/ 搜索时间 2016/12/21

16 中国网：http: //news.china.com.cn/live/2015-01/13/content_30817721.htm 搜索时间 2016/12/21

17 央视网＞海南国际旅游岛：http: //finance.cctv.com/special/hainan/20100104/102904.shtml 搜索时间 2016/12/21

18 海南岛国际旅游网：http: //www.898.travel/2016/0311/158172.html 搜索时间 2016/12/21

是实现了与时俱进，结合了现代文化和时尚，开展了“印象海南”、“亚洲职业高尔夫公开赛”和“世界小姐总决赛”等一系列与旅游紧密联系的活动和比赛，进一步推动了旅游文化的发展。

旅游线路在目的地区域内相互联系最重要的媒介是旅游交通。海南交通四通八达，极为便捷（图 5-1）。拥有两个 4E 级标准的大型机场：海口美兰国际机场和三亚凤凰国际机场，开通了 384 条航线，另外有专门进行岛内客运的小型客机，陆上交通以公路为主，有直接通达各港口、市、县的干线，还有延伸到全岛 318 个乡镇和各旅游景点的支线；主要铁路为海南东环铁路、海南西环铁路、粤海铁路；全省共有港口 54 个，其中已经开辟 69 条对外贸易航线的有海口和三亚 2 个港口，有航运业务往来的高达 24 个国家和地区（杜宇，2011）。

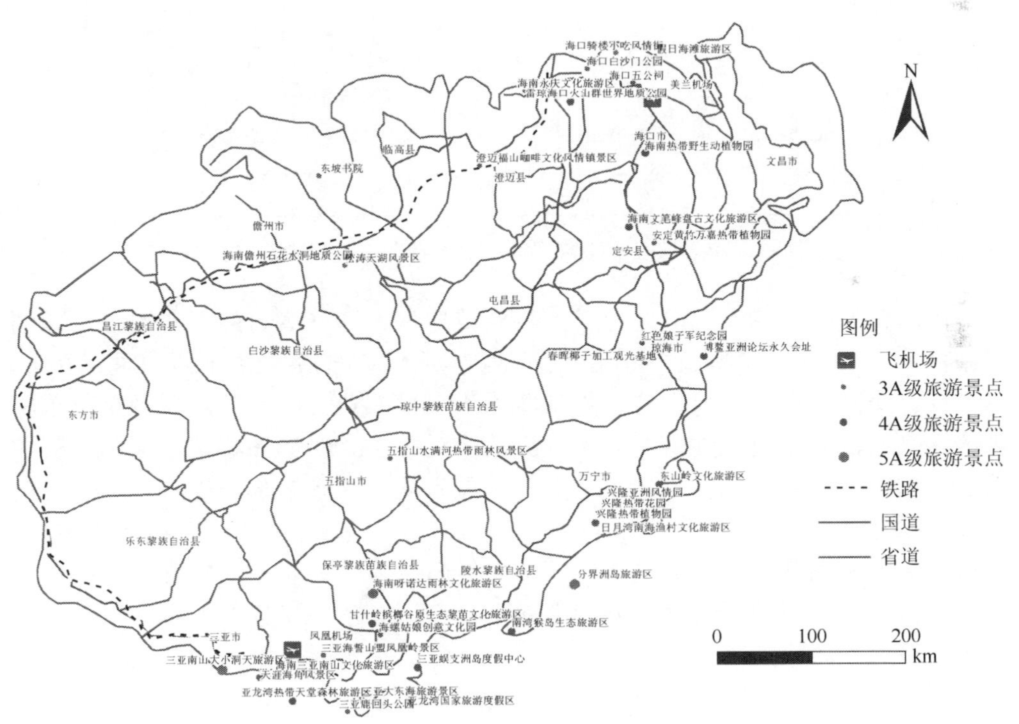

图 5-1 海南岛区域概况

二、海南岛旅游研究进展

改革开放 30 多年来，中国的海岛旅游得到了蓬勃发展，海岛旅游已成为国内外旅游重要研究领域之一（陆林，2007；陈娟等，2009）。海岛作为一种独特的旅游目的地区域，但受学者关注程度较低，总体研究成果较为匮乏，且高质量期刊论文较少，因海岛旅游作为旅游业的一个重要组成部分，且海岛型旅游目的地有其资源的独特性和开发的脆弱性，其相关研究正逐渐引起学者们的关注（图 5-2）。2000～2015 年，在 CNKI 数据库中以主题为“旅游”且关键词为“海岛”，共有 63 篇期刊论文；ELSEVIER 数据库中以主题为“旅游”且关键词为“海岛”，共有 44 篇期刊论文。

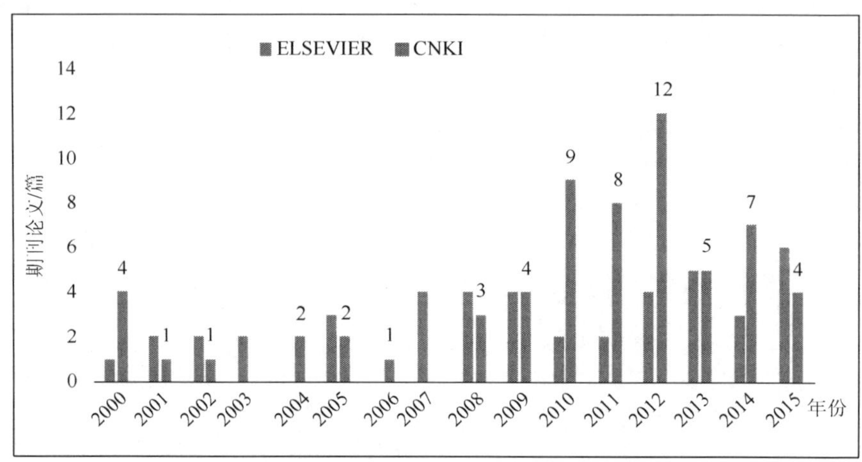

图 5-2　国内外海岛旅游研究的文章数据（数据收集截止日期：2015 年 12 月）

国家正式批准建设海南岛为“国际旅游岛”，这一概念的正式提出，开创了国内外旅游业的新纪元，为我国及其他国家的海岛旅游提供了新的研究方向。以海南岛为陆地主体的海南省将旅游业作为主导产业，其区域发展及全国范围内的海岛或滨海旅游发展引发了学术界的广泛关注。海南岛将建成国际一流的旅游目的地，旅游产业体系规模较大、功能齐全，并逐渐形成以观光为主，高端会议、度假为辅的产业发展格局（张曦，2012）。在促进旅游发展的政策方面，海南先后实施离岛免税、离境退税、邮轮游艇母港、博彩业等特殊政策；在对外交流方面，海南通过成功举办博鳌亚洲论坛、高尔夫世界杯赛和环海南岛自行车赛等大型赛事活动，提升了海南国际旅游岛在世界范围内的影响力与知名度（罗良凌，2015）。但当前国内外对海南岛旅游研究较少，主要以国内研究成果为主，集中在旅游资源的开发利用、目的地形象与景区、国际旅游岛发展模式等方面。

（一）海南岛旅游资源的开发利用

陈传康和王新军（1995）提出了海南岛要以旅游业为先导，以开发和实业经营为基础，提出要发挥集聚效应在海南岛旅游投资开发中的重要作用。王新军（1996）对旅游资源的内涵进行了重新定义，将海南岛旅游资源分为两大类，并评价其核心旅游资源的开发性。何红丽（2003）对海南岛和崇明岛两岛的生态旅游资源、生态旅游开发背景进行对比分析，提出了海南岛和崇明岛发展生态旅游的不同模式。Jie 等（2011）全面构建了旅游水资源承载力工程的理论与方法，对海南进行了实证研究，得出了东部地区承载力大于西部，旅游水资源承载力时空差异主要取决于水资源总量与旅游发展水平，最后对海南旅游水资源承载力工程的完善提出了内部及外部的建议。依据海南省统计年鉴资料和生态调查资料，按照一定的方法计算各类土地的生态承载力，利用自然生态承载力模型对海南自然生态承载力进行研究。李海娥（2013）提出海南民族地区旅游业发展总体上仍停留在“感性”开发阶段，地区间不均衡发展态势显著。海南民族地区旅游业是国际旅游岛建设的一个重要组成部分，通过制定海南少数民族旅游发展专项规划，加大少数民族文化的宣传和教育力度，完善少数民族文化资源保护的地方性法规，坚持“目的地主导”的发展思路，打好黎苗民族文化牌，打造国际一流的服务等措施的实施，以利于当地旅游业的可持续发展。李石斌和陈扬乐（2014）以海南岛为研究对象，为无居民海岛的开发，提出适应性的评价标准与步骤，筛选出符合要求的海南岛周边无居民海岛，并为政府制定相关可行性政策提供一定的启示与借鉴。熊庆蓉和杨永艳（2015）剖析海南乡村旅游发展的现状，给出提升海南乡村旅游竞争力的相关策略。雷石标（2015）研究了海南岛农村旅游与海岛风光、低碳特色的交融关系，提出了促进二者在交融关系中和谐发展、互利共进的途径。

（二）海南岛旅游目的地形象感知

宋子斌等（2006）运用 IPA 分析法，即重要性及其表现方法，分析西安居民对海南旅游目的地形象感知。申涛和田良（2010）以 41 家旅游景区（点）为例，运用地理和计量经济分析方法，从空间结构特征、演化阶段和模式入手，对海南岛高等级旅游吸引物进行了分析。Sun 等（2013）以到海南岛旅游的游客为数据来源，利用结构方程模型来研究游客满意度、目的地形象、感知价值及目的地忠诚度，研究揭示游客对目的地满意度越高则忠诚度就越高。胡露露等（2013）以海南岛为例，运用市场营销学中的方法——目的链分析法对海南岛旅游者价值进行研究，并采用 Pearson 相关系数分析验证了旅游产品属性、旅游消费结果和旅游者价值之间具有显著正相关性，在此基础上提出了推进海南岛旅游产品开发的建议：加强海南岛旅游品牌形象建设和重新对旅游者进行市场细分。

（三）海南国际旅游岛发展模式

陈小君和林晓言（2011）以海南岛为例，分析了海南岛旅游交通模式，提出了适合海南岛资源特征的近岸岛旅游交通模式，以促进海南岛旅游交通模式与生态保护的和谐发展。刘俊（2011）研究了海南岛居民对旅游影响的感知及态度，发现海南居民对于国际旅游岛政策的知晓度非常高，对于该政策都持积极的支持态度，并提出国际旅游岛政策实施将对包括海南居民在内的利益攸关者产生重要且深远的影响。徐文海等（2014）以海南国际旅游岛为例，运用竞争力对比评价法，选取国际知名旅游胜地夏威夷作为标杆，找出短板，探寻解决问题的突破口。龚箭等（2010，2012）提出国际旅游岛屿的开发模式主要有四种类型，其中佛罗里达模式的岛屿通常为半岛，适宜发展大众度假旅游、新型的旅游业态，与商业、娱乐业的融合度更高。

综合考虑，海南岛的旅游发展模式应以佛罗里达模式为借鉴，从岛屿定位、区域城市竞合关系及政策支持等方面综合提高海南国际旅游岛的竞争能力。万津津等（2011）以海南国际旅游岛为例，利用 SPSS 和 GIS 等技术进行实证分析，提出促进我国沿海岛屿旅游目的地可持续发展的相关策略。

（四）海南岛旅游与房地产

吴学品和李骏阳（2012）运用协整检验和格兰杰因果关系检验了海南岛的旅游业与通货膨胀之间的关系，并认为海南旅游与房地产的捆绑式发展及第二居所的短期居民激增是旅游业推动 CPI 增长的主要原因。

三、研究数据来源

以中国百强旅行社在 2014 年 1～2 月期间海南岛旅游线路详细报价单作为统计分析的数据来源。为了避开周末短程休闲游的干扰，更好地总结海南岛旅游线路的空间模式与特征，选取出游天数≥3，出游半径＞300km 的旅游线路，共计 583 份。其中有 54 份为自由行线路报价单，占比 9.3%；有 17 份为半自由行线路报价单，占比 2.9%；还有 4 份为豪华游艇出海游，占比 0.7%，虽所占比例很小，但表明随着国际旅游岛的建立，豪华游艇出海游将逐渐成为游客所喜爱的一种游玩方式。自由、半自由行都选择三亚作为目的地，可见三亚作为国内知名的旅游胜地对游客具有极强的吸引力，而 2016 年出游热度榜也显示，三亚当选了元旦假期最受欢迎的出游目的地[19]。由于自由、半自由行线路报价单缺乏详细的行程安排、旅游消费信息及旅游景点游览的先后顺序等相关数据，所以暂不考虑自由、半自由行线路，最终对得到的 508 份旅游线路报价单进行数据分析。

19 人民网：http: //society.people.com.cn/n/2015/0104/c136657-26319636.html 搜索时间 2016/12/21

第二节　旅游线路空间模式类型与统计

一、旅游线路空间模式类型与分布

对海南岛旅游线路详细报价单进行统计分析，参照朱明（2010）、史春云（2011）、陆林等（2014）所归纳的旅游线路模式，得出海南岛以两种单目的地和三种多目的地旅游空间模式为主，并能直观地看到不同旅游模式的空间格局（图 5-3）及其客源地分布情况（表 5-1）。

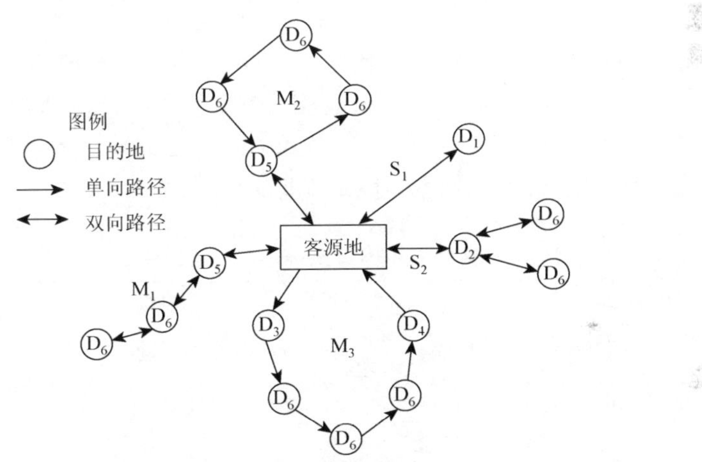

注：S_1、S_2(营区基地式)为单目的地模式；M_1～M_3分别为往返、区域环游、完全环游模式。D_1：单一型目的地；D_2：基地型目的地；D_3：门户型目的地；D_4：离境型目的地；D_5：枢纽型目的地；D_6：途经型目的地（过夜）/逗留型目的地（不过夜）。

图 5-3　海南岛旅游线路模式与目的地类型

（1）单一目的地式（S_1）指当游客从客源地出发到达唯一一个旅游目的地时，在该目的地游玩一段时间后原路返回，往返路径与游憩路径重合，游客要在目的地城市过夜，这一模式三亚显现出绝对优势，例如旅游线路上海—三亚—上海。

（2）营区基地式（S_2）指游客将某个目的地作为基地，进行多方向游玩，每个方向游玩结束，都需要返回基地住宿，直到全部方向都游玩结束后，再返回到基地，最后从基地返回到客源地，该线路模式都以三亚为中心旅游目的地，向周边保亭及陵水进行发散，例如：北京—三亚—保亭 0—三亚—陵水 0—三亚—北京，其中，数字 0 表示在此地仅仅逗留并无过夜。

（3）往返式（M_1）指游客旅游到达第一个目的地后，按照一定次序游览若干个目的地，再按原来的路线返回客源地，由于不受交通线路及可达性的制约，该模式所占比重较小，旅游线路主要以三亚为中心的东线（三亚—陵水、三亚—

万宁）和西线（三亚—保亭），例如：南京—三亚—陵水（万宁、保亭）—三亚—南京。

（4）区域环游式（M_2）指游客旅游到达第一个目的地后，顺次游览多个旅游目的地（超过两个），再回到第一个到达的目的地，按原来的路线返回客源地。海南岛旅游线路中有分别以两个重要的枢纽型目的地（海口与三亚）所进行的环状游玩，将多个目的地（如琼海、陵水）串联成一条线路，游客可以获得最大化的旅游体验，例如：沈阳—海口—琼海—万宁—三亚—海口—沈阳，与史春云等（2011）对海南一般线路模式的分析一致，即区域环游旅行模式是区域内旅游资源与交通枢纽城市之间的合作共赢，如海南三亚、博鳌、陵水温泉等与海口。

（5）完全环游式（M_3）即具有不同的往返路径，由一条不重复使用的游憩路径将所游览的目的地节点顺次连接起来，主要是三亚与海口、博鳌之间所形成的较大尺度的旅游线路，从而可以互相合作、互惠双赢，例如：广州—海口—琼海—万宁—陵水—三亚—广州。该模式的门户目的地和离境目的地不同，通常由海口进，三亚出，游客游程中不需要重复返回。

表 5-1　海南岛不同客源地旅游线路模式的频次比较

旅游线路模式 客源地	单一目的地		营区基地		往返式		区域环游		完全环游		合计	
	频次/次	占比/%	频次/次	占比/%	频次/次	占比/%	频次/次	占比/%	频次/次	占比/%	频次/次	占比/%
北京	2	0.4	8	1.6	1	0.2	16	3.1	-	-	27	5.3
天津	-	-	5	1.0	-	-	2	0.4	-	-	7	1.4
河北	-	-	3	0.6	-	-	3	0.6	-	-	6	1.2
辽宁	-	-	3	0.6	2	0.4	28	5.5	-	-	33	6.5
上海	12	2.4	16	3.1	5	1.0	97	19.1	2	0.4	132	26.0
江苏	12	2.4	18	3.5	4	0.8	50	9.8	-	-	84	16.5
浙江	-	-	4	0.8	2	0.4	10	2.0	-	-	16	3.1
安徽	1	0.2	3	0.6	1	0.2	10	2.0	-	-	15	3.0
福建	-	-	3	0.6	-	-	4	0.8	-	-	7	1.4
山东	-	-	4	0.8	-	-	27	5.3	-	-	31	6.1
湖北	3	0.6	4	0.8	-	-	16	3.1	-	-	23	4.5
湖南	-	-	-	-	-	-	1	0.2	-	-	1	0.2
广东	3	0.6	9	1.8	2	0.4	35	6.9	42	8.3	91	17.9
重庆	-	-	-	-	-	-	3	0.6	-	-	3	0.6
四川	1	0.2	1	0.2	-	-	1	0.2	-	-	3	0.6
云南	6	1.2	4	0.8	-	-	8	1.6	-	-	18	3.5
陕西	-	-	3	0.6	-	-	8	1.6	-	-	11	2.2
合计	40	7.9	88	17.3	17	3.3	319	62.8	44	8.7	508	100

二、旅游线路模式的基本特征

海南岛以区域环游模式为主要空间行为模式，营区基地式、完全环游式、单一目的地式、往返式所占比重依次降低（图 5-4）。因海南岛独特的海岛旅游特性，区域环游旅行模式比重最大，占样本总数的 62.8%（表 5-1），与游客在旅游目的地进行大尺度游玩时尽量采用环形路线的空间行为模式相一致（徐明和谢彦君，1997）。从中远程客源来看，如上海、江苏和广东游客较多选择区域环游模式和营区基地模式，上海、江苏和云南客源市场则多进行单一目的地式旅游。与以往的旅游线路不同，海南岛主要以三亚为核心旅游目的地，因而单目的地旅游模式占有较高的比重（25.2%），其中，营区基地式占 17.3%，单一目的地式占 7.9%，且都在三亚过夜。目的地节点之间的旅游交通联系则通过自由灵活便捷的公路大巴来实现，而海南岛旅游目的地主要分布在东部沿海，路网覆盖密度较高，城市目的地之间距离也较近，有着丰富的旅游资源和良好的交通可达性。前往海南岛旅行的游客分布将趋于均衡，上海、广东和江苏是外省来海南岛旅游最大的三个客源地（表 5-1）。海南岛旅游线路模式中，区域环游模式占绝对优势，偏爱这种模式的各客源地均有分布，主要以长三角地区、山东以及辽宁、广东、湖北和北京客源为主。

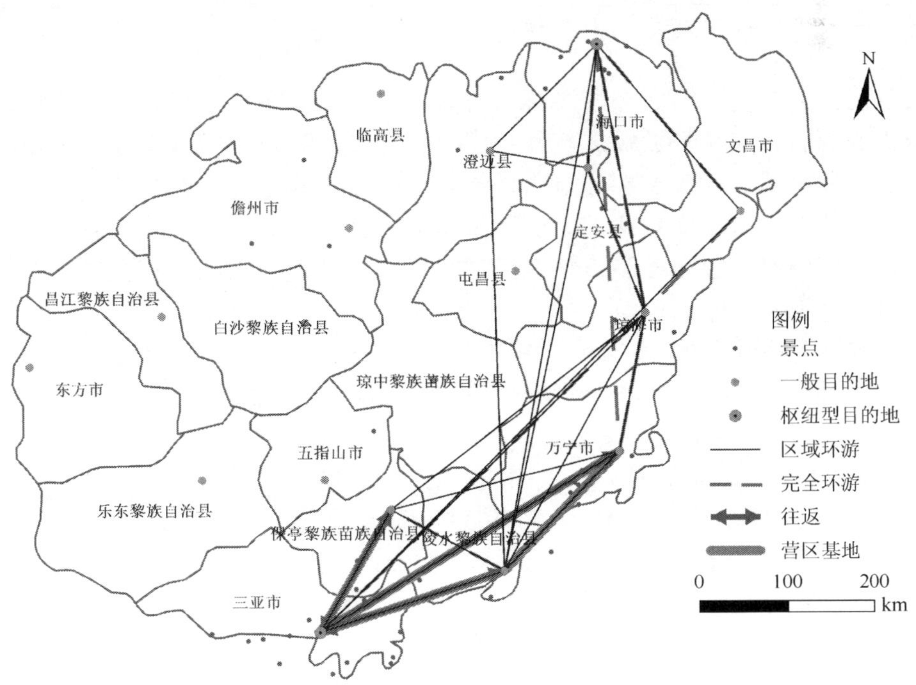

图 5-4　海南岛旅游线路空间模式的空间格局

经过计算，海南岛长途旅游线路平均出游时间为 5.0 天，在旅游目的地过夜高达 4.0 天，平均旅游线路报价为 3694.5 元。对海南岛不同旅游线路模式的相关统计指标进行单因素方差分析发现，在不同旅游线路模式中，交通方式不存在显著差异，存在显著差异的主要在出游天数、过夜天数、线路报价、日均花费和目的地个数等方面（表 5-2）。

表 5-2　海南岛不同旅行模式的旅游线路特征

线路模式	出游天数/天	线路报价/元	日均花费/元	目的地个数/个	过夜天数/天	交通方式/%			
						飞机	汽车	混合	火车
单一目的地	4.9	4176.6	507	1.0*	3.9	40（7.9）	-	-	-
营区基地	5.0	4488.2	525	2.3	4.0	88（17.3）	-	-	-
往返	5.0	4475.2	534*	2.0	4.0	17（3.3）	-	-	-
区域环游	5.1	3549.5*	413*	4.5*	4.1	316(62.2)	1（0.2）	1（0.2）	1（0.2）
完全环游	4.0*	2502.3*	371*	3.9*	3.0*	40（7.9）	4（0.8）	-	-
平均值	5.0	3694.5	440	3.7	4.0	501(98.6)	5（1.0）	1（0.2）	1（0.2）
F 检验	51.762	32.775	25.231	154.921	50.203	2.007			
F（Sig.）	（0.000）	（0.000）	（0.000）	（0.000）	（0.000）	（0.092）			

注：*表示在 0.05 显著性水平下与其他组相比均有显著差异。

从出游天数看，区域环游游客出游时间最长，完全环游出游时间最短。就出游天数而言，完全环游模式较其他组存在显著差异，而营区基地与区域环游模式、往返模式之间并不存在显著差异。从过夜天数来看，在目的地过夜天数最多的是选择区域环游模式的游客，最少的是完全环游模式。而完全环游模式与其他组之间存在显著差异，往返模式与营区基地模式之间不存在显著差异，过夜时间均为 4.0 天。

从旅游线路报价看，完全环游模式的游客花费最少，营区基地模式的游客花费最多。而且区域环游、完全环游与其他组之间存在显著差异。往返和单一目的地、营区基地之间不存在显著差异，且出游费用相对较多。

从旅游日均花费看，选择往返模式的游客日均花费最多，高达 534 元，最少的是完全环游模式，仅为 371 元，与其他组相比，存在显著差异的也是往返模式。而单一目的地式、营区基地式与往返模式之间没有显著差异性。

从旅游目的地个数看，游客游览目的地个数最多的是区域环游模式，高达 4.5 个，最少只到一个旅游目的地（存在于单一目的地）。往返模式与营区基地模式之间没有显著性差异。

由于海南岛旅游线路模式的客源地与目的地之间主要交通方式为飞机，占比高达 98.6%，因此单因素方差分析结果中各组不存在显著差异。首先，广大游客选择飞机出行的原因是飞机速度快、安全舒适；其次，海口、三亚拥有两个 4E 级标准的大型机场，开通航线 384 条（杜宇，2010），而海口与三亚是海南岛两个知名度较大的旅游地，游客坐飞机直达海口或者三亚，可以直接游览著名的旅游景点；最后，与海南岛的地理位置有关，海南岛位于中国的最南端，除了离海南岛较近的广东游客可以汽车或火车作为出行方式，其他客源地相对于海南来说路途较为遥远，飞机往返是游客的最佳选择。

三、旅游线路模式的主要景区分布

通过归纳分析，对每种旅游线路模式中所涉及的 3A 级以上景点进行了整理，并分析各旅游线路模式的景点“热区”，详细地给出了 5A、4A 和 3A 级具体的景点名称（表 5-3）。

（1）单一目的地旅游模式的景点“热区”集中在三亚一地，主要有：5A 级的三亚市南山文化旅游区和三亚市南山大小洞天旅游区；4A 级的三亚市蜈支洲岛度假中心、三亚市亚龙湾国家旅游度假区、三亚市天涯海角旅游区和三亚市亚龙湾热带天堂森林旅游区等。

（2）营区基地旅游模式的景点“热区”集中在三亚、保亭及陵水，主要有：5A 级的保亭县呀诺达雨林文化旅游区、三亚市南山文化旅游区和三亚市南山大小洞天旅游区；4A 级的三亚市天涯海角旅游区、三亚市蜈支洲岛度假中心、三亚市亚龙湾国家旅游度假区、三亚市大东海旅游区和保亭县甘什岭槟榔谷原生态黎苗文化旅游区；3A 级的陵水县椰田古寨旅游区。

（3）区域环游旅游模式的景点“热区”集中在三亚、琼海、万宁、海口、保亭、陵水及定安，主要有：5A 级的三亚市南山文化旅游区、陵水县分界洲岛旅游区、保亭县呀诺达雨林文化旅游区和三亚市南山大小洞天旅游区；4A 级的三亚市天涯海角旅游区、万宁市兴隆热带植物园、琼海市博鳌亚洲论坛永久会址、三亚市大东海旅游区、三亚市蜈支洲岛度假中心、三亚市亚龙湾热带天堂森林旅游区、定安县文笔峰盘古文化旅游区和陵水县南湾猴岛生态旅游区等；3A 级的陵水县椰田古寨旅游区、海口市五公祠、定安县黄竹万嘉热带植物园、三亚市海螺姑娘创意文化园、万宁市兴隆热带药用植物园和三亚市鹿回头公园等。

（4）往返旅游模式的景点“热区”集中在三亚及保亭，主要有：5A 级的三亚市南山文化旅游区、保亭县呀诺达雨林文化旅游区等；4A 级的三亚市亚龙湾国家旅游度假区、三亚市天涯海角旅游区、三亚市亚龙湾热带天堂森林旅游区、保亭县甘什岭槟榔谷原生态黎苗文化旅游区和三亚市蜈支洲岛度假中心等。

（5）完全环游旅游模式的景点“热区”集中在三亚、琼海及保亭，主要有：5A 级的保亭县呀诺达雨林文化旅游区和三亚市南山文化旅游区；4A 级的三亚市亚龙湾国家旅游度假区、琼海市博鳌亚洲论坛永久会址、三亚市天涯海角旅游区、三亚市大东海旅游区和三亚市蜈支洲岛度假中心等。

综上所述，五种旅游线路模式都涉及三亚相关旅游景点，海口与三亚虽然都是海南岛的一级旅游增长中心，但三亚旅游发展相对更迅猛，“极核”现象甚是显著，符合当前“北冷南热”的发展现状。

表 5-3　海南岛不同旅行模式的 3A 级以上景区出现频次

3A 级以上景区	旅游线路模式	单一目的地	营区基地	区域环游	往返	完全环游	总和
5A	海南呀诺达雨林文化旅游区	-	73	105	7	4	189
	三亚南山文化旅游区	28	44	186	12	4	274
	三亚南山大小洞天旅游区	13	32	70	4	1	120
	分界洲岛旅游区	-	2	135	1	4	142
4A	雷琼海口火山群世界地质公园	-	-	3	-	-	3
	假日海滩旅游区	-	-	2	-	-	2
	博鳌亚洲论坛永久会址	-	-	234	1	33	268
	兴隆热带花园	-	-	3	-	-	3
	东山岭文化旅游区	-	-	48	1	1	50
	兴隆热带植物园	-	2	253	5	11	271
	三亚蜈支洲岛度假中心	39	75	132	10	22	278
	亚龙湾国家旅游度假区	37	68	231	16	34	386
	天涯海角旅游区	38	77	305	16	27	463
	亚龙湾热带天堂森林旅游区	35	20	119	10	2	186
	三亚西岛海洋文化旅游区	1	11	58	6	11	87
	三亚大东海旅游区	4	36	152	-	26	218
	南湾猴岛生态旅游区	-	11	43	2	-	56
	海南文笔峰盘古文化旅游区	-	-	57	-	5	62
	甘什岭槟榔谷原生态黎苗文化旅游区	-	33	19	6	1	59
3A	海口五公祠	-	-	36	-	2	38
	春晖椰子加工观光基地	-	-	1	-	-	1
	红色娘子军纪念园	-	-	6	-	-	6
	兴隆热带药用植物园	-	-	25	-	6	31
	兴隆南国热带雨林游览区	-	-	10	-	5	15

续表

3A级以上景区	旅游线路模式	单一目的地	营区基地	区域环游	往返	完全环游	总和
3A	日月湾南海渔村文化旅游区	-	-	3	-	-	3
	安定黄竹万嘉热带植物园	-	-	31	-	-	31
	三亚鹿回头公园	6	5	15	-	13	39
	三亚海誓山盟凤凰岭景区	-	1	12	-	1	14
	亚龙湾国际玫瑰谷	2	3	6	1	1	13
	海螺姑娘创意文化园	-	-	31	1	1	33
	椰田古寨	-	20	151	2	8	181

第三节　基于线路模式的目的地类型及经济收益

一、旅游目的地类型划分

参考史春云（2013）对旅游线路目的地类型的定义，将海南岛中远程旅游线路中涉及的目的地类型划分为两种单目的地和五种多目的地（表5-4）。

表5-4　海南岛旅游目的地在旅游线路中的频次分析　（单位：次）

客源地＼旅游目的地	海口	三亚	琼海	万宁	文昌	定安	澄迈	陵水	保亭
北京	10	26	12	12	-	5	3	16	13
天津	-	8	-	1	-	-	-	3	7
河北	-	5	1	3	-	-	-	3	3
辽宁	14	33	12	27	-	9	9	29	12
上海	20	132	90	94	2	12	3	59	71
江苏	18	79	34	48	-	10	7	46	36
浙江	5	16	6	11	-	1	-	11	6
安徽	4	15	7	10	-	-	-	9	5
福建	2	7	3	4	-	1	-	4	6
山东	19	32	23	25	-	10	7	24	14
湖北	3	22	12	15	-	2	-	12	5
湖南	-	1	1	1	-	-	-	1	1
广东	72	94	62	62	1	13	1	46	22

续表

客源地＼旅游目的地	海口	三亚	琼海	万宁	文昌	定安	澄迈	陵水	保亭
重庆	-	3	2	3	-	-	-	3	2
四川	-	3	-	1	-	-	-	1	1
云南	1	18	7	7	-	-	-	6	5
陕西	-	11	6	8	-	-	-	5	5
合计（份）	168	505	278	332	3	63	30	278	214

1. 单一型目的地（D_1）与基地型目的地（D_2）

这两种都属于单目的地旅游线路模式，其中，单一型目的地全程只有一个目的地（史春云等，2011）；基地型目的地的交通距离通常可以一日来回，其主要吸引物与提供服务设施的基地之间是共生的关系（Lue *et al.*，1993）。只有三亚一地属于单一型目的地与基地型目的地，可见三亚在海南岛的地位举足轻重。由于三亚海岛旅游产品不断推陈出新，积极开展海岛婚庆度假游、邮轮等旅游新型产品，充分挖掘该旅游地特色旅游资源。此外，三亚地方政府对旅游业发展高度重视，不断加大对旅游基础设施的建设及投资力度，使得三亚具备便捷的交通及完善的接待服务设施，因而三亚成为众多游客单目的地短期旅游的首选目的地。

2. 门户型目的地（D_3）与离境型目的地（D_4）

在海南旅游线路模式中，这两种目的地只会在完全环游旅游线路模式中出现。门户型目的地主要是游客从客源地第一个到达的旅游目的地；离境型目的地一般为整个旅游线路中的最后一个目的地，承担离境的角色。海口和三亚因发达的交通网络及丰富的旅游资源而成为客源市场门户和离境旅游地的主要选择。二者具有不同的城市职能，具有不同的旅游产品服务，可以满足游客不同层次的需要。海口作为海南岛的行政中心、经济中心和文化中心，是著名的海滨旅游城市，具有很强的综合功能与集聚效应，已经成为旅游信息的重要集散地；而三亚是功能比较突出的旅游城市，交通通讯枢纽完善，其独特的旅游景点能与海口相得益彰，互惠双赢（杜宇，2010），从而在完全环游模式中海口与三亚互为门户与离境目的地。

3. 枢纽型目的地（D_5）

枢纽型目的地（D_5），既是游客旅行首先到达的“门户”，也可能是行程结束时的"离境"，部分地区省会城市大多是对外交通枢纽，发挥旅游集散功能，并能最大限度地从区域旅游发展中获取经济利益（史春云等，2011）。与客源地及其他目的地之间具有良好的交通可达性及完善的旅游基础服务设施，海口与三亚在海南岛是至关重要的交通和旅游枢纽。海口和三亚两个目的地是多数游客的必到之地，还是游客出行旅游的中转站，他们发挥着重要的枢纽作用，其核心功能也不容置疑，一般来说，在某次游玩过程中，与其他类型的旅游地相比，枢纽型目的地的时间与消费分配通常都比较多。

4. 途径型目的地（D_6）与逗留型目的地（D_6）

在多目的地旅游线路中，位于门户型目的地之后，离境型目的地之前，其中途经目的地即在此过夜，而逗留目的地即不在此过夜。在单目的地旅游线路中，营区基地模式只在目的地游玩而不过夜，因而只有逗留目的地；在多目的地旅行模式中存在逗留目的地与途经目的地，三亚、万宁和琼海多作为途经旅游目的地，保亭、定安、陵水和澄迈多作为逗留目的地。在区域环游旅游线路模式中，以海口作为枢纽目的地，从而会选择三亚、万宁作为途经目的地，选择陵水、保亭及琼海等作为逗留目的地，虽然两种目的地类型对交通可达性的要求不是很高，但以上城市都经过枢纽城市的重要交通路线上，特别是旅游资源也非常丰富，从而成为整个旅游线路中必不可少的旅游地。

二、旅游目的地频次分析

海南岛各旅游目的地在旅游线路中的出现频次具有显著差异（表 5-4）。游览三亚和万宁的游客较多，三亚的出现频次为 505 次，万宁的出现频次为 332 次，这和三亚独特的自然景观、人文景观及优美的滨海风光有关，万宁游览频次跃居第二位，超过了省会城市海口，除了与其得天独厚的旅游资源相关，还与其奥特莱斯国际品牌商业城所带动免税购物消费有关。其次，出现频次较高的是琼海、陵水、保亭和海口，均达到了 100 以上。在完全环游线路中，海口与三亚密切合作，多出现在同一条线路中，通过线路数据的整理与统计，三亚作为海南岛旅游核心目的地，发挥着重要的旅游集散地作用，万宁、琼海、陵水和保亭是通往其他旅游目的地的桥梁，也是江苏、上海和广州等地客源去往三亚、海口进行大尺度游玩的交通必经之地，游客游玩的时间相对较短。与海口相比，虽然四者自身经济发展状况和旅游资源分布稍逊一筹，但由于其优越的地理位置和交通网络，在海南岛旅游线路中出现的频次比海口高，海口出现频次只有 168 次。而定安、澄迈、文昌的出现频次都小于 100 次，较之于海南岛其他 6 个旅游目的地的全国性旅游影响力，它们的客源较为有限，且区域性影响力相对较弱，有待进一步开发、宣传与营销。据此，可将海南岛 9 个旅游目的地归为三类：第一类，核心目的地（频次＞500）包括三亚；第二类，次级目的地（100＜频次＜500）包括万宁、琼海、陵水、保亭、海口；第三类，三级目的地（频次＜100）包括定安、澄迈、文昌（图 5-5、表 5-5）。

图 5-5 海南岛旅游目的地层次划分

表 5-5 基于海南岛旅游线路模式的目的地类型频次统计 （单位：次）

类型	海口	三亚	琼海	万宁	文昌	定安	澄迈	陵水	保亭	合计
单一型目的地	-	40	-	-	-	-	-	-	-	40
基地型目的地	-	88	-	-	-	-	-	-	-	88
门户型目的地	27	17	-	-	-	-	-	-	-	44
离境型目的地	17	25	2	-	-	-	-	-	-	44
枢纽型目的地	124	212	-	-	-	-	-	-	-	336
途径型目的地	-	223	73	309	1	-	-	21	8	606
逗留型目的地	2	-	199	27	2	62	30	307	211	840
合计	170	605	274	336	3	62	30	328	219	

三、游览目的地个数与旅游花费

根据海南省统计局组织的 2014 年国内游客在琼花费旅游情况调查报告[20]可

20 2014 年国内游客在琼花费调查报告：http: //www.wzs.gov.cn/zwgk/gsgg/201505/t20150525_1574885.html. 搜索时间 2015/10/29

知：从游客消费项目构成情况看，游客在长途交通、住宿、餐饮、景点门票、购物和娱乐等方面的支出占总花费的比重分别为30.1%、14.5%、11.8%、6.0%、28.1%和5.9%，长途交通仍是国内过夜游客花费最多的项目。这与史春云（2013）提出在实际报价中，跟团旅游成本大约占80%～90%，长途交通约占30%相一致。其中，跟团旅游成本按85%来计算，目的地区内平均日花费指跟团旅游的费用除去客源地到目的地的长途交通费用与客源地旅行社额外的抽取费用之后，在目的地区域的每日平均花费。并参照史春云（2013）平均日花费的计算公式如下（式5-1，计算结果见表5-2）：

$$M_{\mathrm{d}}=\frac{\sum_{i=1}^{n}\frac{(85\%\times 70\%)p_i}{(d_i+1)}}{n} \tag{5-1}$$

式中，M_{d}为游客在目的地区域内的平均日花费；P_i为每条线路的实际报价；d_i为每条线路实际住宿天数；n为旅游线路总数。

“游客在目的地的停留时间”这一研究领域日益受到学者的关注（Thrane，2012）。很大程度上，旅游对目的地的经济影响主要依赖于停留时间长度，游客的停留时间可以反映特定目的地消费水平和收入水平这两个重要指标（Martinezgarcia and Raya，2008；Yang *et al.*，2011）。在目的地层面上，游客的花费主要受停留时间影响。在旅游消费的研究中，Downward and Lumsdon（2004）以英国乡村目的地为研究对象，提出日花费的主要决定因素是团队游客在目的地的停留天数。从本质上来说，不受其他因素影响的情况下，游览旅游目的地个数越多，表明停留时间相对越长，因此本研究结果与以上学者研究相吻合。但从海南岛旅游线路数详细报价单数据可知，旅游天数在3～6天，变化幅度较小，且经回归分析发现，旅游天数与日均花费没有显著线性关系。

式（5-2）回归分析发现，游客在目的地区域内的日花费（M_{d}）与游览目的地个数（n）存在线性负相关关系（r^2=0.128），即随着旅游目的地个数的增加，停留时间的相对延长，则游客可以减少在目的地支出，与国外的研究结果“短暂停留往往会有更高的日常消费”（Martinezgarcia and Raya，2008）相一致，表明在旅游行程中每增加一个旅游目的地，目的地平均日花费减少约29元，事实上游客到海南岛旅游天数不超过6天（不包括游轮游与婚假游），且游览目的地个数不可能超过8个：

$$M_{\mathrm{d}}=546.505-28.669n \tag{5-2}$$

进一步的研究表明，旅游目的地每日花费与游览目的地个数的三次方曲线（Cubic曲线）显著拟合（r^2=0.134）。拐点为旅游目的地达到6个时日花费达到最低，即日花费大约372.98元。之前日花费随旅游目的地个数增加而减少，超过6个后随旅游目的地个数增加日花费趋于增加（呈U形曲线分布）。因此，依据吸引力叠加效应理论、距离衰减规律和旅游最大效益原则，不考虑其他因素的情况下，以游览 6 个旅游目的地最为适宜（式 5-3）：

$$M_{\rm d} = 548.602 - 13.658n - 8.026n^2 + 0.904n^3 \qquad (5\text{-}3)$$

根据百强旅行社详细报价单可以统计出游客旅游过程中目的地游览个数，游客在海南岛旅游线路中目的地游览个数平均为 3.7 个，其实理论上来说，省会城市海口为海南岛最重要的旅游目的地，是到其他旅行目的地的重要载体，但在全部旅游线路中，海口出现的频率并不高。而仅次于三亚的重要旅游目的地是万宁，出现频率高达 332 次。陵水和保亭因邻近三亚且拥有独特旅游资源——分界洲岛旅游区、呀诺达雨林文化旅游区，成为海南岛旅游线路中重要停留节点。

四、旅游目的地角色与经济收益

从海南岛中远程旅游线路看，长途交通仍是过夜游客花费最多的项目，2014 年过夜游客人均天花费中用于长途交通为 234.99 元，占全部花费的 30.1%（图 5-6），加上游客到达海南岛之后的购物、住宿及景区门票等花费，能获得最大经济收益的目的地分别是单目的地和枢纽目的地，其次就是门户目的地，承载着“门户”的功能，其作用不容忽视。在旅游线路模式中，受景区可游览时间、住宿条件及基础接待服务设施等方面的限制，只能充当途经目的地或逗留目的地，受益相对较少。

其中，三亚承担单一型目的地和基地型目的地的角色，单因素方差分析发现，相对应的单一目的地模式和营区基地模式出游的花费相对较高，使得两种单目的地在旅游模式节点中可以获得较大的经济收益。从海南岛完全环游旅游线路来看，互为门户、离境型目的地职能担当的海口与三亚，其比重大致相同，且都有机场，交通便捷，易于旅游流的集散及运转，海口依托其省会城市综合职能优势及特色旅游资源（如海口五公祠），而三亚利用其得天独厚的热带滨海旅游资源（如南山文化旅游区、南山大小洞天旅游区、蜈支洲岛度假中心、亚龙湾国家旅游度假区、大东海旅游区及天涯海角旅游区），二者默契配合，为彼此增加一定的经济收益。由于海南岛自身发展的不平衡性，三亚发展优势较海口尤为显著，是海南岛旅游业发展的“领头人”，作为枢纽型目的地，为海南岛贡献了很大的经济收益。在海南岛旅游线路中，三亚和万宁充当途径型目的地时，需要在此游览、餐饮和住宿，甚至购物（万宁奥特莱斯国际品牌商业城），因而也会获得相应的经济收益，虽然万宁拥有独特的野生动物（金丝燕、长臂猿及梅花鹿等）及旅游资源（兴隆热带药用植物园、兴隆热带花果园等），与陵水一样，旅游业发展迅速，但也无法超越三亚的核心地位，在海南岛旅游线路中二者经济收益具有一定的差距；琼海、陵水、保亭、定安、澄迈及文昌担任逗留型目的地角色，游览目的地景区数量有限，不需要在此住宿，会涉及游览、餐饮，由于逗留时间较短，产生购物的几率较小，因而为目的地带来的经济收益相对较少，尤其是定安、澄迈和文昌虽毗邻海口，拥有海口所辐射的发展效益，但位置略显尴尬，拥有的景点有限且游览的时间较短，使其旅游业获得有限的经济收益。随着“游+购”旅游形态的蓬勃发展，海南岛的免税店越来越受广大游客的青睐，海南岛旅游目的地所涉及的购物点主要有两个，一是三亚免税店，另一个是万宁奥特莱斯国际品牌商业城，且从游客的花费构成来看，购物所占的比重仅次于长途交通（图 5-6），据统计数据显示，三亚和海口免税店在 2014 年 10 月 1 日至 7 日黄金周期间接待消费者总数高达 14.91 万人次，销售收入达到 12 468.7 万元[21]，“万人景区”称号实至名归，以“免税+购物”为主题的旅游取得快速发展。

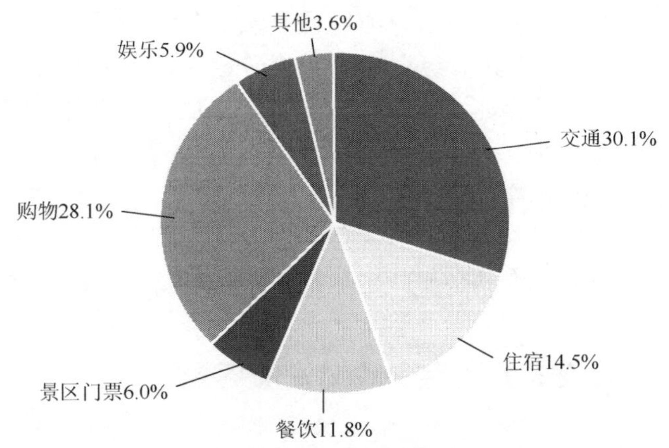

图 5-6　2014 年海南游客的花费构成

注：数据来源于五指山市政府门户网站

五、旅游线路中的目的地空间分布

从海南岛旅游线路空间模式分布来看（图 5-4），东部区域是海南岛旅游目的地分布最密集的区域，在中远程旅游线路中，海口、三亚、琼海、万宁、陵水、保亭等地是出现频率较多的目的地城市，也是我国比较热门的旅游目的地。海南岛南部旅游目的地出现频率比北部目的地多，例如三亚及周边旅游目的地出现的频率明显高于海口及周边的旅游目的地，依据旅游地阴影理论可知，在某种程度上，海口处在“阴影区”，三亚处于“优势景区”，二者的资源禀赋有一定的相似性。海口旅游业发展迅速，具有领先的产业规模，战略地位显著。但随着海南国际旅游岛建设不断地深入，海口市的旅游发展却出现放缓的态势，而三亚旅游业发展势头强劲，出现了“北冷南热”的现象。从某种程度上来说，是由于三亚及其周边市县旅游业的快速发展，但同时也表明海口旅游业发展的缓慢，一方面

21 海南省人民政府：http://www.hainan.gov.cn/hn/yw/jrhn/201410/t20141009_1416667.html 搜索时间 2016/12/21

没有设定好符合自身的发展定位，另一方面也没有意识到全国激烈的旅游市场与旅游产品开发竞争，在建设海南国际旅游岛的背景之下，海口旅游业发展面临着前所未有的挑战。因此，海口发展旅游业所获得的旅游收入与三亚相比具有一定的差距，三亚所具有的大规模、高知名度的旅游资源将海口的光芒所掩盖。整体来看，海南岛中部区域（如澄迈、屯昌、定安等城市）目的地出现频率较低，海南岛中远程旅游线路中目的地的空间分布呈现显著失衡，主要包括旅游热点目的地，冷点目的地和空白目的地（如西部旅游目的地）。依据距离衰减理论可知，即游客出行的距离越远，则越倾向于选择有高级别旅游点的地方作为旅游目的地。在海南岛旅游线路的研究中，主要以 3 天以上的中远程线路为主，但同样体现出距离衰减的规律，即多数游客通常只游览级别较高的旅游目的地，之后，如果资金与时间允许，会就近选择其他级别较高的旅游目的地（史春云，2013），如广州游客会就近选择海口进行游玩，这充分说明海南岛中西部各旅游目的地应加强宣传与市场推广，不仅可以吸引国内近中程的游客前来观光与游览，还可以缓解海南岛热点旅游目的地接待游客的峰值的压力。

第四节　基于旅游线路分析的海南岛旅游发展建议

一、基于旅游线路模式的海南岛旅游发展问题

（一）旅游发展不均衡，存在“北冷南热”和“西冷东热”

总体看来，海南岛旅游线路模式主要以区域环游为主，海口作为枢纽型目的地的频次为 124 次，大概只有三亚的一半，门户和离境型目的地也出现了 44 次，还有两次作为逗留型目的地。基于数据分析，海南岛旅游发展“北冷南热”，海口的地位略显尴尬，似乎承担了旅游通道的功能，旅游收益有限。海南岛南部的三亚、万宁、陵水和保亭，旅游资源丰富，知名度高，景色秀丽，旅游价值很大，标志性景点主要有天涯海角旅游区和亚龙湾度假区。虽然海口的旅游资源也非常丰富，但整体看来缺乏品牌效应，布局不够集中，高知名度且具有标志性的旅游项目较为缺乏。换言之，假如人们要去海南岛旅游，第一印象或者脱口而出的旅游景点就是三亚天涯海角、亚龙湾等，而不是立马想到海口的假日海滩、五公祠等景点。另外，与三亚相比，海口的四季温差较大，不利于开展滨海旅游活动，三亚的气候宜人，深受广大游客的喜爱，旅游收入可观。同时，据相关数据显示，海口已成为众多游客进出海南岛的主要通道，拥有 4E 级的美兰国际机场，环岛高速网络发达和海上交通便捷，也因此游客的停留时间较短，或成为旅游流及信息流的集中疏散中转部。

海南岛旅游目的地发展不仅“北冷南热”，还具有“西冷东热”的特征，整体呈现出不均衡发展趋势。旅游线路所经过的城市都集中在东部和中部，主要有海口、三亚、万宁、琼海、文昌、陵水、保亭、定安和澄迈等九个目的地，都不涉及西部市县旅游目的地，西部旅游资源虽然非常丰富，但目前旅游资源尚未得到开发。

（二）核心城市发展迅速，次级城市发展缓慢

根据海南岛旅游城市出现的频次，将旅游目的地分为三个等级层次，作为核心目的地的三亚，不论是自然旅游资源，还是人文旅游资源，都非常有特色，有属于自己的旅游价值和品牌效应，因而深受游客的青睐。从数据分析中可以看出，三亚旅游业发展迅速，旅游收益较大，作为游客首选旅游目的地的频次最高，发展势头强劲，与次级旅游目的地，尤其是三级旅游目的地（定安、澄迈和文昌）相比，三亚旅游发展表现出绝对优势，虽然三亚周边城市如保亭、陵水的旅游也逐渐发展起来，但是与三亚相比还具有一定的差距。核心目的地三亚处于“优势区”内，而次要目的地和三级目的地处在“阴影区”内，整体旅游发展不均衡。

（三）旅游线路缺乏系统性，景点没有呈网状分布

海南岛中西线等相关旅游目的地，在建设景点时，虽然注意系列开发，但系统性不够，并没有形成网状分布。例如，兰洋温泉旅游已初成规模，周围存在的开发景点也较多，主要有东坡书院、热带作物园研究所、美联合抗日根据地遗址、松涛水库和黎母岭峰农场等，形成了东南—西北走向的旅游线路网络，如果将此旅游景点统筹规划、合理布局和系统开发，将会形成另一条重要旅游发展带。又如以尖峰岭热带雨林为中心的东方八所港、八所万人坑、昌江铁矿、铁矿万人坑、大广坝水电站、王下皇帝洞、王下地下宫、保国农场毛公山、莺歌海盐场，以及西部沿海众多海滩等旅游景点，同样具有巨大的开发价值，如果以此形成规模体系，并形成网状分布，而不是分散分布，将会产生远远大于目前单独开发的旅游收益。

（四）西部旅游地缺乏宣传力度及政策支持，旅游吸引力不够

从旅游线路来说，海南岛旅游线路都集中在东部沿海及部分中部地区，根本不涉及西部相关旅游线路；从旅游目的地来说，事实上，西部也有非常丰富的旅游资源，目的地市县也有独一无二的旅游景点，可惜对游客吸引力度不够。究其

原因，主要两点：一方面，海南岛旅游发展重心基本向东部沿海倾斜，对西部旅游资源的规划及开发力度不够，也缺乏对西部目的地旅游景点的宣传与营销；另一方面，海南政府部门对西部旅游地的政策支持较为缺乏，没有科学地结合西部目的地旅游资源特色，为其制定符合自身定位和发展方向的多样化目标，也缺少对其旅游发展的支持政策。综上，目前线路中很多游客都喜欢去东部旅游目的地进行度假旅游，而去西部目的地旅游的游客很少。

二、海南岛旅游发展的具体优化对策

（一）打造海口旅游发展圈，提高线路节点目的地的综合功能

应努力在海南岛打造属于海口的旅游发展圈，提高其省会城市的综合能力。采用吸引力叠加效应理论，以海口为发展龙头，协同琼海、文昌、儋州、定安、清迈等市县，结合各自的自然、人文旅游资源进行优势互补，形成旅游层次分明、路线清晰且富有特色和景区衔接有序的旅游发展格局。海口旅游发展圈要以海口为中心，与其他市县进行积极合作，将各自的优势景区进行科学、合理地串联起来，提高线路节点目的地的综合功能，形成独一无二的旅游资源发展带。例如，以五公祠、海瑞墓、假日海滩、石山火山口等旅游景点为主线，以白蝶贝自然保护区、鹭鸶天堂、七星岭保护区、东郊椰林等旅游景点为辅线，以绿色环保为主题，开发具有保健、海岸和探险特征的旅游线路，与当前海南岛的热点滨海观光体验游、东线滨海度假休闲游、中线民俗风情文化体验游、西线特色探奇体验游、热带原始雨林生态游和海洋探奇休闲游六条主题旅游线路形成互补，构造大海口旅游发展圈。

只有海口提高自身目的地的综合枢纽功能，才能有利于整个海南省旅游线路的网状开发。研究发现，完全环游对游客和旅游地来说是双赢，既有利于游客省时省钱省力，也有助于海南全省旅游资源的开发，带动其他目的地景区的开发与全省旅游业的收益。

（二）发挥核心旅游区辐射带动作用，促进旅游业均衡发展

从高等级旅游区来说，高等级旅游区和低等级旅游区区位相邻或交通联系密切，应充分利用地理区位与交通优势，加强旅游线路布局上的联系与合作，缓解高等级旅游区的游客高峰压力；而低等级旅游区需要提高与核心旅游目的地的交通可达性，以核心旅游地为媒介，增强自身旅游产品的营销和推广。综上所述，对于次级旅游目的地来说，海南岛旅游业得以均衡化发展，必须发挥核心旅游目的地三亚对其的旅游辐射带动和增长极作用，使得次级旅游地从中获得有利发展，

为海南岛内部旅游流的合理流动提供一定的辅助作用，不同旅游层级之间要积极深入合作，从而实现海南岛各城市旅游业获得均衡化发展。

从整个海南岛国际旅游岛的长远发展建设来看，需要不断发掘新的旅游资源，加大岛屿旅游目的地的整体协调和均衡发展，因此在三亚“极核”旅游业的快速发展的同时，要不断推进新的旅游目的地建设，丰富游客在岛内的旅游体验，延长游客在岛内停留时间。

（三）加强旅游线路的规划建设，拓展新的旅游节点

在规划和开发海南岛目的地的旅游资源时，应科学、合理、有效的利用时间和空间，对旅游景点进行合理配置，设计系统性、连贯性强的旅游线路，并拓展新的旅游节点，从而提高游客的旅游效率。例如，在海南岛旅游开发初期，为了将东部沿海旅游景点顺次联系起来，修建了从海口通向三亚的高速公路，由于缺乏长远眼光，高速公路直接由海口通向琼海，没有将文昌纳入交通网络，原本游客可以顺次游览文昌，强烈推出宋庆龄故居、东郊椰林和铜鼓岭等著名旅游景点，此愿景也因此落空，因为没有便捷的交通，文昌旅游业发展动力不足。如今兴修的琼文高速公路仍没有改变这种状况，使得游客游玩的不够尽兴，导致文昌旅游业不能获得充分发展。旅游交通网络应是一条贯通旅游景点的丝线，而众多的景点就是由之串起来的珍珠，因而在设计旅游线路时，应该加强系统性、连贯性建设，将游客喜爱的旅游景点串成一条美丽的风景带，避免像文昌那样成为被游客遗忘的尴尬境地。

（四）政府应提供相关政策支持，吸引更多游客

从政策方面来说，当地政府应尽快实施旅游发展计划和鼓励性政策，为海南岛的全面发展提供政策性保障。从实践层面来说，各旅游目的地旅游产品需要进行优势互补，体现出地方发展特色，增强联合宣传与营销力度，互相合作，达到互利共赢，逐步形成海南岛整体旅游形象。海南省政府应积极鼓励核心目的地与次要目的地加强合作与宣传，充分吸引中远程游客的目标市场，发挥历史文化魅力与旅游资源吸引力。三级旅游目的地的政府部门（定安、澄迈和文昌）应根据国内市场或附近城市（如广州、澳门和香港）的旅游需求，利用各目的地高品质的自然风光和历史文物资源，制定相关鼓励性政策，从而促进其旅游业快速稳定发展，为海南岛整体旅游发展贡献一定的旅游收益。

海南岛发展管理者应不断创新宣传与营销手段，重视高低级别目的地旅游的合作与发展，其旅游景点之间可以推出套餐营销、折扣机票和网上提前预约等多种销售模式，降低游客出游成本，为游客带去便利，从而吸引更多游客。

第五节　小　　结

海南作为我国独特的热带海岛，拥有良好的生态环境和独特的旅游资源，阳光、海水、沙滩等美丽的热带风光为游客放松身心、开阔眼界和洗涤心灵创造了良好条件，对海南岛旅游线路模式的空间分布及特征进行研究，有利于准确定位海南岛的旅游市场需求，对海南岛旅游业的可持续发展提供有效地指导。通过对海南岛旅游线路模式及目的地类型进行分析，结合探析海南岛旅游线路模式中各节点所扮演的角色及发挥的功能，运用频数及单因素方差分析、回归分析等方法，研究了海南岛旅游线路模式特征及格局，得出以下主要结论：

（1）出游海南岛的游客通常有两种选择趋向：首先，游客倾向于选择具有较高知名度的多目的地旅行模式，特别是区域环游模式是海南省最常见的旅行模式，因此海南岛出现旅游热点目的地，如三亚、海口等。其次，倾向于选择单目的地旅行模式，游客首选目的地是旅游度假胜地三亚，三亚旅游地“独领风骚”，很多游客往往会选择从客源地直接前往三亚，进行单目的地式游玩，其地位已经超越了省会城市海口。从中远程客源来看，海南岛不同旅行模式所吸引的客源具有一定的差异，其中，上海、江苏和广东客源为主力军。针对旅游线路模式及对应的目的地节点，应进一步科学的细分市场分工与营销战略，让不同客源地的游客源源不断地稳定增长。

（2）五种旅游线路模式都涉及三亚相关旅游景点，三亚作为海南岛的一级旅游增长中心，旅游业发展势头超过了省会城市海口，“极核”现象显著，整体呈现出“北冷南热”、“西冷东热”的旅游发展现状。例如单一目的地旅游模式的景点“热区”集中在三亚一地；营区基地旅游模式的景点“热区”集中在三亚、保亭及陵水；区域环游旅游模式的景点“热区”集中在三亚、琼海、万宁、海口、保亭、陵水及定安；往返旅游模式的景点“热区”集中在三亚及保亭；完全环游旅游模式的景点“热区”集中在三亚、琼海及保亭。海南岛旅游线路的空间分布都集中在东部，相比于海南岛东部各目的地的旅游资源，海南岛西部丰富的旅游资源还是“养在深闺人未识”。将西部各目的地特色旅游资源开发为多元化旅游产品，开展多渠道旅游宣传与营销，不仅能让游客用较少的花费就可以体验海南岛西部不一样的美，还可以改变当前旅游“西冷东热”的格局，并减少对枢纽目的地海口及三亚的过分依赖，从而促进海南岛旅游经济得到均衡发展。

（3）在海南岛旅游线路模式中，各旅游目的地整体呈现出核心目的地、次级目的地、三级目的地 3 个层次等级，不同的旅游目的地所承担的功能不同，且海南岛旅游目的地节点在旅游线路的角色各有分工，对游客的空间行为特征进行比较发现，海南岛客源地旅游线路具有一定的互补性，这由目的地旅游资源禀赋、景点基础服务设施状况及交通条件等方面决定，应着手建立旅游目的地之间的合作关系，如三亚与海口作为重要的枢纽目的地，承载着旅游资源与交通枢纽之间的合作共赢，这样彼此将会受益良多。

（4）海南岛旅游线路中日花费与游览目的地数量具有 U 形拟合曲线的特点，即游客平均日花费随游览目的地数量的增加而减少，在海南岛旅游线路中游览 6 个目的地则最为经济，可实现旅游效益最大化。不考虑其他因素，游览目的地个数越多，所花费的时间越长，则停留时间也越长，与 Oppermann（1994）提出的"影响游客在旅游目的地扩散方式的主要因素是旅游时间总长度，从而影响经济效益在区域之间的分配"相吻合。因而海南岛各旅游目的地应重视游客游览目的地个数，即游客的停留时间，在一定程度上，游览目的地数量的增多，停留时间就会延长，游客的旅游花费在目的地区域会有所增加，因此整体旅游目的地收入将会增加。

（5）海南岛各客源地旅游线路模式中的目的地节点承担着不同的角色，发挥着不同的功能，因而旅游收益存在较大差异，需要进行"因地制宜"宣传与营销。如海南岛中远程旅行中，客源地与目的地之间的交通方式以航空为主，三亚在海南岛旅游线路中不仅出现频率最高，且拥有凤凰国际机场，交通便捷，扮演着非常重要的枢纽目的地，而同样出现频率很高的万宁、琼海，由于没有机场只能成为途经目的地或逗留目的地，可见三亚在海南岛旅游线路模式中扮演着重要角色，且经济收益非常大，而万宁、琼海收益相对较少。购物消费所占的比重仅次于长途交通，随着"游+购"旅游形态的蓬勃发展，免税购物游将成为海南岛又一旅游特色。

参 考 文 献

陈传康，王新军. 1995. 海南岛旅游开发与投资走向. 地理学与国土研究，11（1）：30-36.

陈娟，姜萍，张莹. 2009. 中国海岛旅游研究现状及发展趋势. 产业观察：230-234.

陈小君，林晓言. 2011. 海岛旅游交通模式分析——以海南岛为例. 经济地理，31（3）：501-503.

杜宇. 2010. 海南旅游目的地发展环境分析. 区域经济，（35）：77-78.

杜宇. 2011. 海南旅游目的地营销战略研究. 海南：海南大学：15-16.

方相林. 2002. 旅游学概论. 郑州：郑州大学出版社.

龚箭. 2010. 国际旅游岛发展模式研究——基于方法—目的链的实证研究. 武汉：武汉大学：12-13.

龚箭，李苗，胡静. 2012. 海南国际旅游岛发展模式研究. 中南财经政法大学学报，5：15-20.

何红丽. 2003. 海南岛与崇明岛生态旅游开发对比分析. 中南民族大学学报（人文社会科学版），23：70-71.

胡露露，龚箭，胡静. 2013. 基于方法-目的链模型的海南岛旅游者价值研究. 华中师范大学学报（自然科学版），47（5）：732-737.

雷石标. 2015. 海南岛农村旅游与海岛风光、低碳特色的交融研究. 农业经济：38-40.

李海娥. 2013. 国际旅游岛建设背景下海南民族地区旅游发展研究. 中南民族大学学报（人文社会科学版），33（4）：54-58.

李石斌，陈扬乐. 2014. 海南岛周边无居民海岛开发利用适宜性探析. 海洋开发与管理，（9）：29-32.

刘俊. 2011. 海南居民对国际旅游岛政策影响的感知及态度. 旅游学刊，26（6）：21-28.

陆林. 2007. 国内外海岛旅游研究进展及启示. 地理科学，27（4）：580-586.

陆林，汤云云. 2014. 珠江三角洲都市圈国内旅游者空间行为模式研究. 地理科学，34（1）：10-18.

罗良凌. 2015. 海南岛旅游城镇化发展模式及优化研究. 海南：海南大学.

申涛，田良. 2010. 海南岛旅游吸引物空间结构及其演化——基于41家高等级旅游景区（点）的分析. 热带地理，30（1）：97-100.

史春云. 2013. 旅行模式对目的地旅游经济影响的空间差异——以长三角世博会旅游线路为例. 旅游学刊，28（6）：111-119.

史春云，张宏磊，朱明. 2011. 国内旅游线路模式的空间格局与特征分析. 经济地理，31（11）：1918-1922.

宋子斌，安应民，郑佩. 2006. 旅游目的地形象之IPA分析——以西安居民对海南旅游目的地形象感知为例. 旅游学刊，21：26-32.

万津津，刘泽华，沙润. 2011. 岛屿旅游目的地可持续发展策略研究——以海南国际旅游岛为例. 经济问题探索，（10）：90-94.

王新军. 1996. 海南旅游资源结构特征与开发评价. 热带地理，16（2）：176-182.

吴学品，李骏阳. 2012. 旅游业增长与通货膨胀的关系——来自海南岛的证据. 旅游学刊，27（11）：66-71.

熊庆蓉，杨永艳. 2015. 海南乡村旅游目的地竞争力因素分析及提升策略. 热带农业科学，25（5）：88-94.

徐明，谢彦君. 1997. 旅游学概论. 沈阳：辽宁师范大学出版社.

徐文海，邓颖颖，皮君. 2014. 基于竞争力评价的旅游目的地形象提升研究——以海南国际旅游岛为例.中南财经政法大学学报，（3）：59-65.

张曦. 2012. 海南海岛旅游开发模式研究——基于利益相关者理论. 合肥：安徽大学：1-2.

朱明，史春云，袁欣，等. 2010. 基于旅行社线路的国内旅行空间模式研究. 旅游学刊，25（9）：32-37.

Downward P，Lumsdon L. 2004. Tourism transport and visitor spending：a study in the North York Moors National Park，UK. Journal of Travel Research，42（4）：415-420.

Jie Q Y，Fu G J，Liu M L，et al. 2011. Research on tourism water resources carrying capacity engineering in Hainan Province.Systems Engineering Procedia，1（12）：384-391.

Lue C，Crompton J L，Fesenmaier D R. 1993. Conceptualization of multi-destination pleasure trips. Annals of Tourism Research，20（2）：289-301.

Martinezgarcia E，Raya J M. 2008. Length of stay for low-cost tourism. Tourism Management，29（6）：1064-1075.

Oppermann M. 1994. Length of stay and spatial distribution. Annals of Tourism Research，21（4）：834-36.

Sun X X，Chi G Q，Xu H G. 2013. Developing destination loyalty：the case of Hainan Island. Annals of Tourism Research，43：547-577.

Thrane C. 2012. Analyzing tourists' length of stay at destinations with survival models：a constructive critique based on a case study. Tourism Management，33（1）：126-132.

Yang Y，Wong K K F，Zhang J. 2011. Determinants of length of stay for domestic tourists：case study of Yixing. Asia Pacific Journal of Tourism Research，16（6）：619-634.

第六章　云南省旅游线路模式的社会网络结构与特征

旅游线路作为旅游研究的重要领域之一，是具有典型空间属性的社会文化地理现象和经济地理现象在空间上的线性组织（史春云等，2010）。旅游者在目的地之间游览经过的线路，不仅是目的地旅游运行网络形成的重要纽带，同时也反映了目的地的空间“竞合”关系。随着旅游业的快速发展，区域目的地间的旅游联系与合作更为活跃，旅游要素呈现网络化的联系特征，因此基于目的地空间关系视角对目的地旅游线路网络的研究具有重要意义。

旅游线路空间模式作为旅游地理学研究的重要内容之一，已受到诸多学者的关注。Campbell，Gunn 较早对旅游者旅行线路模式进行了探究（吴必虎，2001；Gunn，1988）。Lue，Crompton and Fesenmaier 首次系统分析游客旅行线路模式，总结了 5 种旅游线路空间模式：单目的地模式、往返模式、营区基地模式、区域环游模式和旅行链模式（Lue *et al.*，1993）。Oppermann 进一步细化出两种单目的地模式和五种多目的地旅游线路空间模式（Oppermann，1995）。此后 Stewart，Tideswell and Lew 成功将模型分别应用到美国布兰森旅游区、澳大利亚昆士兰州和香港的旅游者旅行空间模式研究中（Stewart and Vogt，1997；Tideswell and Faulkner，1999；Lew and Mckencher，2002）。国内楚义芳在讨论大尺度旅游线路设计问题时，指出了周游型和逗留型两类旅游线路空间模式（楚义芳，1992）；吴必虎、陆林、宣国富、马晓龙、卢天玲等人针对中国旅游发展的实际情况，对旅游者行为规律与线路模式进行了研究（吴必虎，1994；陆林，1996；宣国富等，2004；马晓龙，2005；卢天玲，2008）；朱明等建立旅游线路空间模式的约束条件，总结出 6 种国内主要线路模式（朱明等，2010）；史春云对国内旅游线路空间模式、格局与特征进行了详细地研究（史春云等，2011）；在已有理论基础上，随着城市群、都市圈等特殊尺度的区域旅游业蓬勃发展，袁欣、陆林等人分别对长三角和珠三角区域旅游线路模式进行了研究（袁欣等，2010；陆林和汤云云，2014），孙勇等人分别对云南省旅游线路模式与特征进行了研究（孙勇等，2015）。综观国内外现有研究成果，尽管研究成果已不鲜，但国内研究，案例地的选择多集中在沿海发达地区，而对偏远落后地区旅游线路空间模式及其特征的研究需要不断补充和完善。

近年社会网络理论在旅游研究领域应用成果已不鲜，国外社会网络在旅游研究领域中虽然不够成熟，但已经成为较为活跃的热点研究领域（王素洁等，2009）。Pavlovich 较早利用网络理论以新西兰 Waitomo 景区为研究对象对目的地演化与转型问题进行了研究（Pavlovich，2003）。Shih 研究了台湾南投地区 16 个自驾游目的地的中心性网络结构特征（Shih，2006）。Scott 对澳大利亚维多利亚 4 个不同类型目的地的网络结构和网络凝聚力进行了研究（Scott *et al.*，2008）。国内，社会网络理论应用于旅游研究起步较晚，2006 年才出现相应的成果。虽然其在旅游研究领域中不够成熟，但却是未来研究的重要趋势之一。研究成果主要集中在目的地旅游流研究（杨兴柱等，2007；吴晋峰和潘旭莉，2010；刘法建等，2010；陈浩等，2011；王永明等，2012；刘宏盈等，2012；刘冰等，2013；孙勇等，2016）、旅游政策网络和企业管理研究（杨效忠等，2009；王素洁，2012）、旅游经济联系等方面（韩会然等，2011；方叶林等，2013；孙勇和史春云，2013）。Hwang 指出网络分析非常适合多城市间旅游线路的研究（Hwang *et al.*，2006）。但综观国内外的相关研究成果，社会网络分析在旅游线路所构建的旅游产品网络系统中的应用成果较少，对旅游线路空间连接的旅游目的地城市整体网络和个体网络的研究少见报道（刘冰等，2013）。因此，基于旅游线路目的地城市空间关系视角，运用社会网络理论与方法，对云南旅游线路目的地城市之间的不同类型网络结构特征及空间特征的研究，不仅丰富了社会网络理论在旅游地理学研究领域的成果，也为云南旅游业协调均衡发展提供参考。

随着旅游业的快速发展，旅游空间竞争现象日益突出（章锦河等，2005）。基于提高竞争力与共享市场的需要，合作成为国家和地区应对激烈市场竞争、提高区域整体旅游竞争力的必然选择（史春云等，2005），其实质是推动和实现区域旅游的一体化（陶伟和戴光全，2002）。而旅游线路是区域旅游合作的基本形式与区域旅游一体化的基础（史春云等，2010）。云南作为我国西部以旅游产业为主要抓手的发展中地区，相对于东部地区来说，受到的关注较少；同时，旅游业是当地的重要支柱产业，独特而优越的旅游资源吸引着大量游客前来，正日益改变着当地的经济发展与城市建设。由于地理环境、交通等原因，在云南省旅游的海外游客和国内游客，都是以昆明为客源集散地，单中心吸引点发展的（王瑛和王铮，2000）。导致旅游线路模式在地理空间上映射出有别于发达地区在完善的交通网络下所呈现的组织模式和网络结构特征。因此，研究云南省旅游线路目的地类型及目的地个体网络结构特征，以期明确云南旅游业空间竞合关系。识别旅游者选择旅游线路的关键节点和可能路径，有利于区分目的地在合作关系网络中的角色功能，进而有助于通过识别潜在的营销合作伙伴而促进目的地联合营销（朱明等，2010）。有利于云南省区域旅游业合作和区域旅游一体化的发展，为目的地区域旅游协调均衡发展提供参考。

第一节　区域概况与数据来源

一、区域概况

云南省（21°8′32″～29°15′8″N，97°31′39″～106°11′47″E）简称滇，地处中国

西南边陲，与缅甸、越南、老挝三国接壤，黔、贵、川、藏四省相邻。2013 年末，全省总面积 39.4 万 km^2，占全国总面积的 4.1%，全省常住人口 4686.60 万人。全省辖 8 个地级市、8 个自治州（合计 16 个地级行政区划单位），13 个市辖区、13 个县级市、74 个县、29 个自治县（合计 129 个县级行政区划单位）[22]。16 个地级行政区划单位分别为昆明市、丽江市、大理白族自治州、楚雄彝族自治州、西双版纳傣族自治州、迪庆藏族自治州、保山市、德宏傣族景颇族自治州、红河哈尼族彝族自治州、普洱市、曲靖市、玉溪市、文山壮族苗族自治州、怒江傈僳族自治州、昭通市、临沧市。

近年来云南旅游业发展迅速，已成为云南重要的支柱产业之一。2015 年全省累计接待海外入境游客 1075.32 万人次，同比增长 7.75%；接待国内旅游者 32 343.95 万人次，同比增长 15.04%。实现旅游业总收入达 3281.79 亿元，比上年增长 23.09%。初步估算 2015 年云南省旅游业增加值将达 907 亿元，比 2014 年的 823.94 亿元增加了 83.06 亿元；占全省 GDP 的 6.66%（来自云南省 GDP 年报数据），比 2014 年的 6.43%提高了 0.23 个百分点[23]。“十二五”期间，全省新增澄江帽天山化石群世界自然遗产和红河哈尼梯田世界文化遗产，使全省世界遗产达到 5 处，占全国世界遗产 45 处的 1/9，成为仅次于北京市（6 处）并与四川省并列的世界遗产大省。截至 2015 年，全省拥有国家旅游度假区 3 个、国家生态旅游示范区 3 个，国家级旅游景区 232 个，其中国家 5A 级景区 6 个，4A 级景区 76 个；国家级省级旅游城镇 38 个，其中全国优秀旅游城市 7 个，全国旅游强县 1 个，全国特色景观旅游名镇（村）12 个，云南旅游名镇 16 个；全国休闲农业与乡村旅游示范县 6 个、示范企业 16 家；形成了石林、大理、丽江、版纳、腾冲、香格里拉等一批国内外知名的旅游目的地，使全省旅游市场竞争能力显著增强，“七彩云南、旅游天堂”品牌形象的知名度和影响力进一步提升[24]。

云南省旅游资源丰富，从玉龙、梅里的冰川地貌到西双版纳的热带雨林，从摩梭人的“走婚”习俗到傣家人的泼水狂欢（王瑛等，2000），云南复杂的地理环境、丰富的生物资源和多样性的民族文化构成了云南丰富的旅游资源基础。也正是这些优质特色的旅游资源，使得云南成为备受旅游者欢迎的热点区域之一。

旅游线路在目的地区域内连接互通最重要的媒介是旅游交通。因此了解云南省的交通情况对于研究云南旅游线路网络有着重要意义。全省运营民用运输机场 13 个、在建 2 个，共开通始发航线 387 条，通航城市 149 个[25]。其中，昆明长水

22 云南省人民政府：http: //www.yn.gov.cn/yn_yngk/index.html/搜索时间 2016/12/31

23 云南旅游政务网：http: //www.ynta.gov.cn/Item/27951.aspx/搜索时间 2016/12/31

24 云南旅游政务网：http: //www.ynta.gov.cn/Item/27293.aspx/搜搜时间 2016/12/31

25 云南省人民政府：http: //www.yn.gov.cn/yn_ynyw/201605/t20160521_25200.html/搜搜时间 2016/12/31

国际机场为区域性枢纽机场。预计“十三五”期间，建成民用机场 20 个，形成以昆明长水国际机场为核心、干支线机场为基础、通用机场为补充，布局合理、规模适度、功能完善、协调发展的机场网络[26]。公路交通运输是云南省旅游业发展的重要旅游交通运输方式，“十二五”末，全省高速公路通车里程将达到 4002 公里，较“十一五”末新增 1372 公里。全省 129 个县中有 72 个实现高速公路通达，占 55.8%[27]，通车线路有国家高速杭瑞高速（昆安、安楚、楚大、大保、保龙高速）、沪昆高速（昆曲、曲胜高速）、广昆高速（罗富、富砚、砚平、平锁、昆石高速）、渝昆高速（水麻、昭待、嵩待高速）、以及国家高速直线和省级高速昆磨高速（昆玉、玉元、元磨、磨思、思小、小磨高速）、开河高速（蒙新、新河高速）、兰磨高速（永元、元武高速）、大丽高速、曲陆高速、鸡石高速、通建高速、玉江高速、高海高速等高速公路。108、213、214、320、323、324、326 七条国道干线连通云南省全省各个州市（图 6-1）。

图 6-1　云南省区域概况

26 云南省人民政府：http://www.yn.gov.cn/yn_zwlanmu/yn_tjdt/201604/t20160429_24949.html/搜索时间 2016/12/31

27 云南省交通运输厅：http://www.ynjtt.gov.cn/Item/38950.aspx/搜索时间 2016/12/31

二、数据来源

目前，国内对于旅游线路数据获取主要来自旅行社官网公布的旅游线路报价单、旅游者网络游记以及问卷调查等。旅行社线路报价单包含了团队包价旅游的主要信息，国内众多学者也都以旅行社线路报价单为基础数据开展了相关论证及研究（李山等，2005；叶红，2007），使用相对比较成熟。但随着旅游电子商务、旅游社交网络的不断发展，在旅游网络平台上存在大量的旅游者网络游记。旅游者网络游记不仅包含着旅游线路、旅游行为特征等重要旅游信息，还是散客获取旅游目的地信息的重要来源之一。此外，旅游社团队旅游线路报价单和散客旅游者网络游记这两种数据获取手段较问卷调查、GIS 跟踪等方法便捷、经济、易操作（陆林等，2014），所得数据信息也较全面，能够很好地反映旅游者在目的地区域内活动信息和旅行规律。因此，本书关于云南案例的研究数据主要包含两大部分：一是全国百强旅行社的团队旅游线路报价单；二是散客旅游者网络游记。

下载全国百强旅行社在 2014 年 1～2 月份期间云南省团队旅游线路报价单作为统计分析基础数据的第一部分，为了排除周末短程休闲游的干扰，更好地反映云南省各州市在国内中远程旅游线路中的地位和作用，选取出游天数≥3，出游半径＞300km 的旅游线路，共计 611 份。其中有 77 份为自由行线路报价单，占比 12.6%，且仅有 2 份以昆明为自由行目的地，其余都选择丽江作为目的地，可见，丽江作为国内重要的休闲旅游地对旅游者的吸引力。由于自由行线路报价单缺乏具体行程安排及旅游景点信息，单目的地旅游线路无法产生目的地之间的旅游要素流动，所以，暂不考虑自由行线路和单目的地旅游线路。最终共整理云南省团队旅游线路报价单 534 份，作为云南省旅游线路模式分析的主要数据来源。

收集蚂蜂窝和途牛两大旅游网站上 2014 年 6～7 月份发布的云南旅游者网络游记信息，从中整理出在云南省自助游散客旅游线路数据。蚂蜂窝是目前国内最大的旅行分享网站，其包含有大量旅游者一手旅游信息，为大量散客出游提供了旅行指南。途牛网为旅游者提供大量的旅游产品作为出游参考，为游客了解目的地提供大量的信息。为了更好地反映云南省旅游线路网络结构特征，在收集网络游记时只选取多目的地旅行模式。旅游者在多目的地之间移动的同时也伴随着旅游要素在目的地之间的分配与流动，由此产生一条散客自助游旅游线路。由于散客旅游线路数据缺乏线路模式分析所必要的报价要素，因此在旅游线路空间模式分析时以百强旅行社公布的线路报价单为主，社会网络结构与特征分析时将融合散客旅游线路数据，最终共整理出 434 条散客旅游线路数据作为云南省旅游线路模式的网络结构特征分析的重要补充数据。

第二节 旅游线路的空间模式与特征

一、线路模式统计

借鉴复合多目的地旅行模式“单一化”的判别约束条件来统计云南旅游线路空间模式。即在单一化过程中，以最外一层（与客源地有直接联系）的模式为准，整个旅行模式的基本属性亦由最外层决定（朱明等，2010）。经过统计分析发现，云南省中远程旅游线路中存在五种主要的旅游线路模式：单目的地模式、往返模式、完全环游模式、区域环游模式、中心集散模式（图 6-2）。

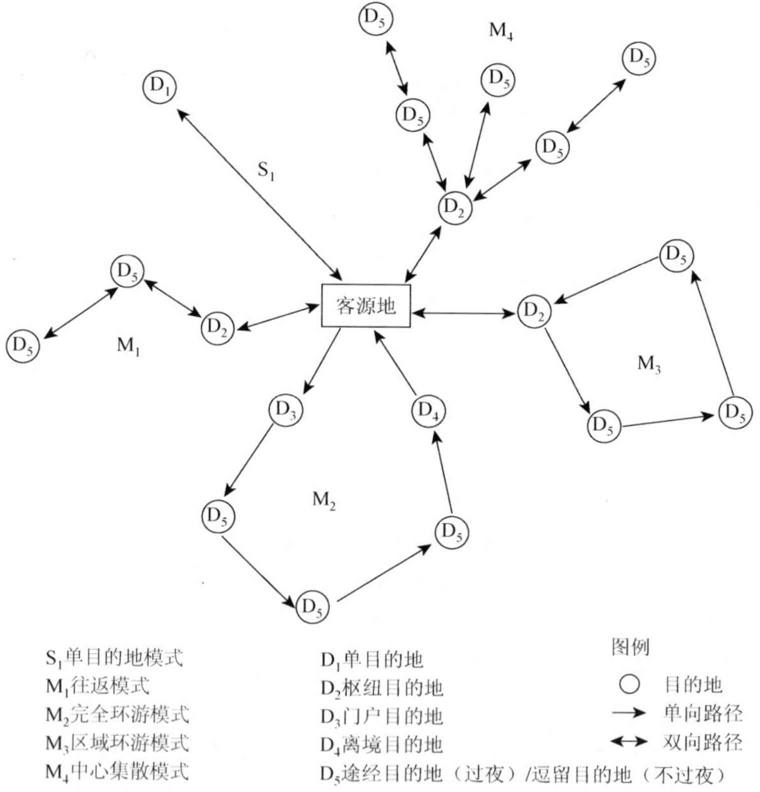

图 6-2 云南省旅游线路模式与目的地类型

单目的地模式：线路中只出现一个目的地，旅游者抵达目的地停留一段时间后原路返回客源地，往返路径和游憩路径相同。云南省旅游线路模式中单目的地模式占比仅为 4.68%（表 6-1），可见国内旅游者前往云南旅行更倾向于选择多目的地旅行模式。在单目的地模式仅有的 25 条线路中，76%的线路选择了丽江作为目的地，且其中 63.16%为半自助（半自由行）线路，这反映了丽江在休闲度假旅游发展中的巨大潜力。

表 6-1　云南省旅游线路模式类型统计

线路模式	出现频次/次	出现频率/%	旅游线路主要扩散方向/%	省内旅游交通线路/%
单目的地	25	4.68	丽江（76）	
往返式	315	58.99	昆明—大理—丽江（79.76）	公路：昆—楚—大—丽—香
			昆明—普洱—版纳（10.32）	公路：昆—玉—普—版
			丽江—迪庆（85.42）	公路：丽—香
			丽江—大理（14.58）	公路：丽—大
区域环游	96	17.98	昆明—丽江—版纳（67.71）	航空：昆—丽—版（23.96）、昆—版—大（6.3）、昆—丽（12.5）、昆—芒—腾—昆（6.3）、昆—香（8.3）、昆—丽（5.2） 铁路：昆—丽（11.46）
			昆明—文山—红河—玉溪（11.46）	公路：昆—文—蒙—玉
完全环游	53	9.92	丽江（昆明、版纳）—大理—楚雄—昆明（丽江）	公路：昆—楚—大—丽 航空：版—丽（7.5）、版—大（3.78）、昆—版（3.78）、昆—丽（3.78）
中心集散	45	8.43	昆明—滇西北—昆明—滇西南—昆明（100）	公路：昆—楚—大—丽—香 航空：昆—版（95.6）

注：1. 单目的地线路中包含在目的地周边的不过夜的“一日游”线路；2. 旅游线路扩散方向统计时主要以大扩散方向为主，其中部分线路会选择途经节点停留，例如，“昆明—大理—丽江”扩散方向的线路中部分线路会选择在楚雄和香格里拉停留；3. 由于公路交通是云南目的地内部主要游憩方式，统计频率比较复杂，所以上表暂不统计。

往返模式：从客源地出发依次途经几个目的地，旅行结束后原路返回客源地，期间可游览其他目的地，往返路径和游憩路径相同。往返模式是云南省多目的地旅游线路模式的主导模式（占比 58.99%），其中主要以昆明（80%）和丽江（15.24%）作为进入云南地区的门户目的地。其中昆明作为门户地的线路以滇西北的“大理—丽江”（79.76%）和滇西南的“普洱—西双版纳”（10.32%）2 个方向扩散为主；丽江作为门户目的地时，线路扩散方向集中在滇西北的迪庆州（85.42%）和大理市（14.58%）。

区域环游模式：从客源地到达第一个目的地后，以此目的地为起点顺次途经至少两个目的地后返回起点目的地，再原路返回客源地，往返路径相同，游憩路径不同。区域环游模式在云南省旅游线路中仍占有一定的比例（17.98%）。且 91.67%线路以昆明为枢纽，以“丽江—西双版纳”（67.71%），和“文山—红河—玉溪”（11.46%）两条线路为主要扩散方向展开环游活动。

完全环游模式：从客源地出发依次途经多个不同目的地后返回客源地，往返路径和游憩路径都不同。完全环游模式中，主要从丽江（54.72%）、昆明（16.98%）、版纳（11.32%）三地进入，经过大理（35.85%）或“大理—楚雄”（32.08%），最终从昆明（62.26%）、丽江（20.75%）返回客源地。

中心集散模式：从客源地到达某一目的地后，以该目的地为中心，向周围不同方向旅行（每一方向旅行结束后返回中心目的地），全部行程结束后返回客源地，往返路径和游憩路径相同。中心集散模式所有线路都选择昆明作为枢纽目的地，向滇西北和滇西南两个方向扩散，每个方向结束后都返回昆明。

旅游交通是旅游线路的重要组成部分，是旅游线路效果评价的重要指标之一（吴国清，2007）。旅游交通直接影响旅游流的规模和方向，进而影响旅游线路空间模式。云南省旅游航空、铁路和公路交通基本呈现以昆明为中心的放射状结构特征（图 6-3），这也制约了其以全省为总体环状旅游线路的形成；同时内部不同交通方式的选取是云南省旅游线路模式存在差异的重要影响因素。其中航空交通运输方式对区域环游和中心集散模式的影响尤其显著，占比分别为 62.56%和 95.6%（表 6-1）。

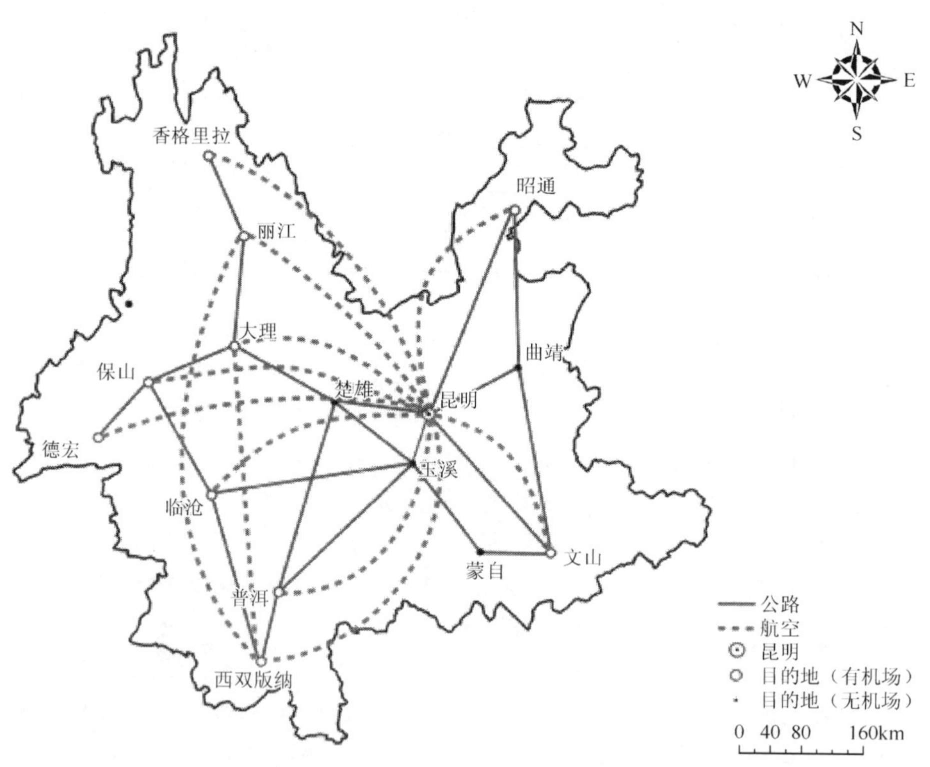

图 6-3　云南省旅游公路、航空网络简化图

二、不同旅行模式的线路特征

从出游天数看，单目的地模式出游时间最短、中心集散模式出游时间最长，通过单因素方差分析，可以发现往返模式和完全环游模式之间不存在显著差异，单目的地模式、区域环游模式和中心集散模式之间存在显著差异。

从旅游线路报价看，花费最小的线路模式是往返模式，花费最多的是中心集散模式。而且往返模式和中心集散模式与其他组之间存在显著差异。单目的地、完全环游和区域环游模式之间本身不存在显著差异。

从客源地与目的地交通距离看，完全环游交通距离最长，往返模式的 O-D 交通距最短。单因素方差分析显示，完全环游与区域环游模式之间存在显著差异，而单目的地模式与除完全环游模式外的其他线路模式之间均不存在显著差异。从客源地与目的地的时间距离看，各种线路模式之间的时间距离差距非常小，单因素方差分析结果中各组不存在显著差异，这与 99.44%的线路中客源地与目的地之间的交通方式为飞机有关，这也说明云南省中远程旅游线路对 O-D 时间距离敏感度小。

从目的地个数与景区个数来看，单目的地线路模式中目的地和景区个数均最小，而中心集散模式的目的地和景区个数均最多。经单因素方差分析，关于目的地个数，除往返模式和完全环游模式不存在显著差异，其他组别之间存在显著差异；关于景区个数，除完全环游和区域环游模式之间不存在显著差异外，其他组别之间存在显著差异（表 6-2）。

表 6-2　云南省旅游线路模式特征

线路模式	出游天数/天	报价/元	O-D 时间距离/小时	O-D 交通距离/km	目的地个数/个	景区个数/个
单目的地	4.94*	3739.76	3.317	2882.17	1.04*	5.46*
往返式	5.99	3220.79*	3.352	2650.46	3.42	9.44
完全环游	6.09	4032.77	3.840	3336.62	3.43	11.23*
区域环游	6.90*	3723.26	3.263	2835.54	4.25*	11.29
中心集散	8.38*	4545.91*	3.530	3067.24	4.62*	14.20*

注：*表示在 0.05 显著性水平下与其他组相比均有显著差异。

第三节　基于旅行模式的目的地类型

一、目的地频次统计

目的地出现频次频率反映了该目的地在区域内的市场感应情况和被接受情况（朱明等，2010）。云南省各州市在不同客源地旅游线路中的出现频次存在明显差异（表 6-3）。昆明、丽江、大理在统计的所有客源地旅游线路中都有分布，且总出现频次位居前三，这与“昆—大—丽”热点旅游线路中高级别旅游资源丰富以及城市间的紧密合作有关。文山、曲靖、怒江只在少数客源地旅游线路中出现，且总出现频次低。地理位置偏远、交通基础设施不完善、加之缺乏优质旅游资源，导致在与热点旅游线路城市竞争中处于劣势。据此，可以将云南省各州市目的地划分为 4 个层次（图 6-4）。一级目的地（频次＞200）包括丽江、昆明、大理；二级目的地（100＜频次＜200）包括楚雄、西双版纳、迪庆；三级目的地（10＜频次＜100）包括保山、德宏、玉溪、普洱、红河；四级目的地（频次＜10）包括文山、曲靖、怒江。

表 6-3　云南省各目的地在不同客源地旅游线路中出现频次　（单位：次）

	安徽	北京	福建	广东	河北	湖北	江苏	辽宁	山东	陕西	上海	四川	浙江	合计
西双版纳	2	4	3	13	-	2	32	14	14	4	39	2	4	133
保山	-	14	-	20	-	1	-	-	2	-	10	1	1	49
楚雄	2	7	13	62	2	9	32	12	19	6	28	1	6	199
大理	7	11	20	77	2	17	79	37	27	9	49	4	11	350
红河	-	1	-	5	-	-	6	-	-	-	3	-	-	15
昆明	7	15	20	94	2	16	98	37	34	11	81	2	14	431
丽江	7	16	20	95	2	19	98	37	33	12	74	9	14	436
德宏	-	15	-	12	-	2	-	-	2	-	7	-	2	40
怒江	-	-	-	1	-	-	-	-	-	-	-	-	-	1
普洱	-	-	-	5	-	-	5	-	1	-	11	1	2	25
曲靖	-	1	-	3	-	-	1	-	1	-	1	-	-	7
文山	-	-	-	1	-	-	6	-	-	-	1	-	-	8
迪庆	-	7	2	41	-	4	26	-	6	3	18	3	2	112
玉溪	-	-	-	7	-	-	13	-	3	1	6	-	-	30
合计	25	91	78	436	8	70	396	137	142	46	328	23	56	1836

注：统计线路中未出现昭通和临沧两市。

二、目的地类型分析

参照史春云等以世博会线路数据为基础定义的单目的地（single destination）、门户型目的地（gateway destination）、离境型目的地（egress destination）、枢纽型目的地（hub destination）、途径型目的地（touring destination）以及新定义的逗留型目的地（stopover）共六种目的地类型（史春云，2013）。结合朱明以北京、上海、广州和成都 4 个城市近几年全国前 50 强著名旅行社提供的云南目的地旅游产品报价单为基础划分的单一型目的地、门户与出口目的地、枢纽目的地和途径型目的地共四类主要的云南旅游目的地类型（朱明等，2014）。以全国百强旅行社旅游线路报价单为基础的云南省旅游线路模式特点，划分如下六种主要目的地类型（见图 6-4、表 6-4）。

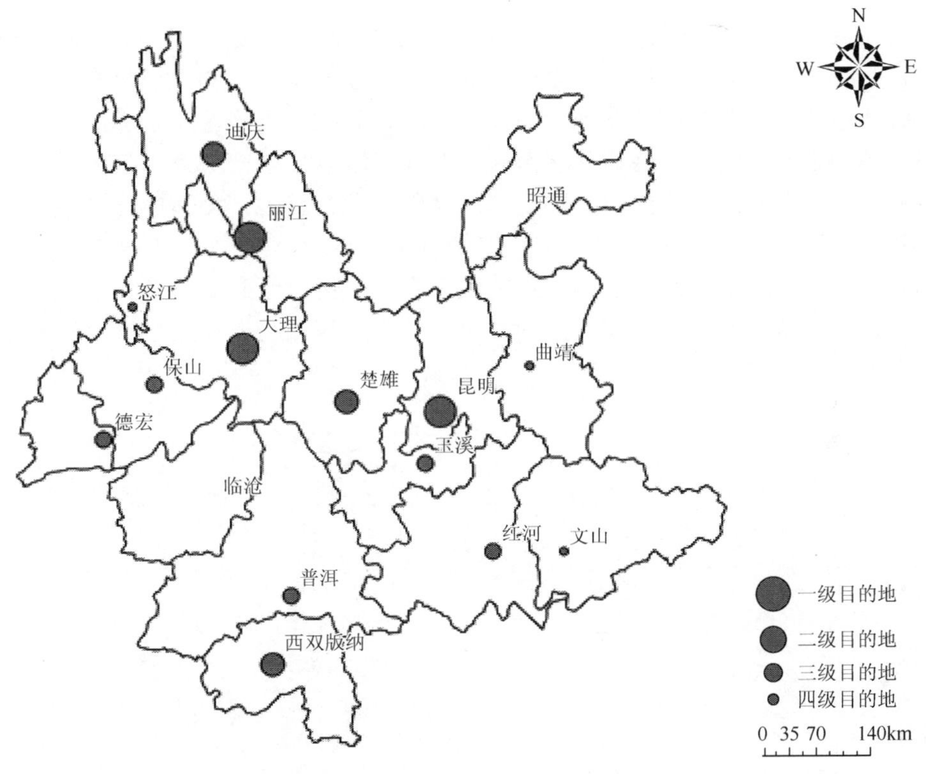

图 6-4 云南省旅游目的地层次结构

单目的地：只出现在单目的地线路模式中，指离开客源地唯一过夜的目的地。单目的地通常具备高知名度、良好的可达性、完善的基础设施等特征（朱明等，2010）。尽管单目的地在云南旅游线路中较少出现，但丽江高知名度、类型丰富独特的旅游资源，如丽江古城、玉龙雪山、玉水寨等，非常适宜休闲度假，也使其成为云南省旅游线路中主要的单目的地。

枢纽目的地：出现在往返、区域环游和中心集散三种模式中，游客进入旅游地的门户地和离开区域的出口地重合即为枢纽目的地。昆明作为云南省省会，全省政治、经济、文化、交通中心，是全省重要的旅游集散中心，在旅游业发展中获得明显利益优势。成为云南省旅游线路中典型的枢纽目的地。

门户目的地与离境目的地：在完全环游线路模式中，首先到达目的地的城市即为门户目的地；返回客源地前最后一个停留的目的地城市即为离境目的地。云南省完全环游线路中，丽江作为门户和离境目的地的占比分别为为 54.72%和 21.15%，昆明作为门户和离境目的地的占比分别为 16.98%和 63.46%。丽江作为门户目的地和昆明作为离境目的地的比例均超过 50%，分别成为云南省完全环游线路中主要的门户和离境目的地。

途经目的地和逗留目的地：在多目的地线路模式中，除门户、离境和枢纽目的地，途经并过夜的目的地即为途经目的地；途经但不过夜的“一日游”目的地即为逗留目的地。经过统计发现，丽江、楚雄、版纳、香格里拉是云南省旅游线路中主要的途经目的地，这与其旅游资源的知名度有着紧密关系，其中楚雄作为从昆明前往滇西北的重要门户，加之彝族文化的独特魅力，使其成为“昆—大—丽”热点旅游线路中极具发展潜力的途经目的地。大理虽然具有如崇圣寺•三塔、南诏风情岛、鸡足山、蝴蝶泉等优质的旅游资源，但由于其旅游接待功能单一、档次低，加之滇西北旅游发展激烈的竞争，使得大理成为云南旅游线路中重要的逗留目的地（占比 89.07%）。

表 6-4　云南旅游线路目的地类型

	枢纽目的地		门户目的地		离境目的地		途经目的地		逗留目的地		单目的地	
	频次/次	占比/%	频次/次	占比/%	频次/次	占比/%	频次/次	占比/%	频次/次	占比/%	频次/次	占比/%
西双版纳	-	-	6	11.32	-	-	122	12.98	1	0.32	4	16
保山	8	1.76	1	1.89	6	11.54	33	3.51	-	-	1	4
楚雄	-	-	-	-	-	-	191	20.32	8	2.57	-	-
大理	-	-	3	5.66	-	-	70	7.45	277	89.07	-	-
红河	-	-	-	-	-	-	13	1.38	2	0.64	-	-
昆明	387	85.05	9	16.98	33	63.46	2	0.21	-	-	-	-
丽江	46	10.11	29	54.72	11	21.15	331	35.21	-	-	19	76
德宏	14	3.08	-	-	2	3.85	18	1.92	6	1.93	-	-
怒江	-	-	-	-	-	-	1	0.11	-	-	-	-
普洱	-	-	-	-	-	-	20	2.13	5	1.61	-	-
曲靖	-	-	-	-	-	-	6	0.64	1	0.32	-	-
文山	-	-	-	-	-	-	6	0.64	2	0.64	-	-
香格里拉	-	-	5	9.43	-	-	103	10.96	3	0.96	1	4
玉溪	-	-	-	-	-	-	24	2.55	6	1.93	-	-
合计	455	100	53	100	52	100	940	100	303	100	25	100

第四节　旅游线路网络结构与特征

一、数据处理

（一）构建基本思路

云南旅游线路网络构建基本思路如下：

（1）确定网络范围和选取网络节点。以云南省为网络研究范围，省内市级行政单元为网络节点。

（2）确定网络关系。以旅游者通过旅游活动在目的地的流动轨迹为网络关系。

（3）数据搜集与整理。数据来源于全国百强旅行社 2014 年 1～2 月份云南团队旅游线路报价单，蚂蜂窝和途牛两大旅游网站上 2014 年 6～7 份发布的云南自助旅游者网络游记。根据研究需要，排除自由行、单目的地旅游线路，最终整理云南省团队旅游线路报价单 534 份，自助游旅游线路数据 434 份，共计 968 条旅游线路数据。

（4）建立节点关系数据矩阵。每一条旅游线路都可转化为用“1”和“0”表示的节点关系数据矩阵，其中，“1”表示两节点之间存在线路连接关系，“0”则表示不存在关系。将所有节点关系矩阵加总得到节点关系赋值矩阵。赋值矩阵中首行和首列表示目的地节点，单元格值表示该值所对应（行和列）两个节点之间存在由“行”（节点）→“列”（节点）的流向及流量关系。

（5）赋值矩阵二值化处理。经过反复尝试，选取断点值为 4 将云南旅游线路网络节点关系赋值矩阵转化为二分矩阵（见表 6-5）。通过 UCINET 软件中 NetDraw 模块绘制出云南旅游线路网络结构图（见图 6-5）。二分后的云南旅游线路网络中节点数为 13，存在节点线路连接关系为 51。

表 6-5　云南旅游线路网络二分矩阵

	昆明	丽江	大理	楚雄	版纳	迪庆	保山	德宏	红河	普洱	曲靖	玉溪	文山
昆明	0	1	1	1	1	1	1	1	1	1	1	1	1
丽江	1	0	1	1	1	1	1	0	0	0	0	0	0
大理	1	1	0	1	0	1	1	0	0	0	0	0	0
楚雄	1	0	1	0	0	0	0	0	0	0	0	0	0
版纳	1	1	1	0	0	1	0	0	0	1	0	1	0
迪庆	1	1	1	0	0	0	0	0	0	0	0	0	0
保山	1	0	1	0	0	0	0	1	0	0	0	0	0
德宏	1	0	0	0	0	0	1	0	0	0	0	0	0
红河	1	0	0	0	0	0	0	0	0	0	0	1	1
普洱	1	0	0	0	1	0	0	0	0	0	0	0	0
曲靖	1	0	0	0	0	0	0	0	0	0	0	0	1
玉溪	1	0	1	0	0	0	0	0	0	0	0	0	0
文山	1	1	0	0	0	0	0	0	1	0	0	0	0

注：此二分矩阵中已去除网络孤立点怒江、昭通、临沧。

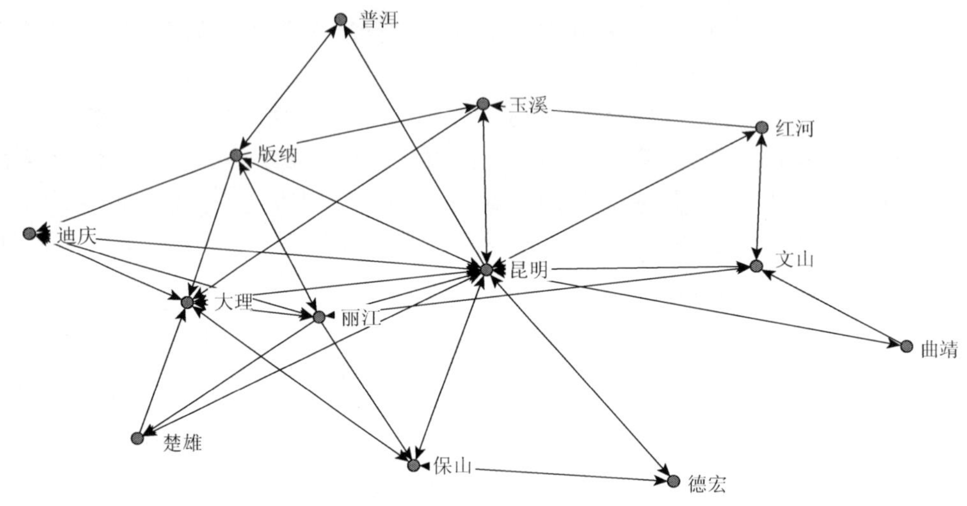

图 6-5 云南旅游线路网络结构图

(二) 评价指标体系

社会网络分析主要有两大研究领域：整体网和个体网研究（刘军，2009），因此对网络结构评价指标的构建，也主要分为整体网和个体网 2 个方面。整体网（whole network）是由一个群体内部所有成员之间的关系构成的网络，个体网（ego-network）是指一个个体及与之直接相连的个体构成的网络。整体网是测量网络结构的重要方法，而个体网主要用来分析社会连带（刘冰等，2013），对个体网的分析可以比较全面地认识网络中的各个个体。在本书中，整体网评价指标又分为节点结构和网络结构 2 个二级指标，其中节点结构选取中心度和结构洞指标，网络结构选取网络密度、中心势和核心边缘结构指标。个体网选取网络规模、关系总数、密度、可达效率和个体网结构洞 5 个指标。

二、整体网分析

(一) 整体网节点结构

云南省旅游线路网络中（表 6-6），除孤立点外的 13 个旅游节点，平均每个节点与 3.92 个其他节点存在线路连接的集聚与扩散关系，平均 8.08 次充当网络中介者，接近中心度均值约为 61，节点间距离关系比较紧密。从方差结果来看，节点外向和内向接近中心度方差分别为 142.76，144.61，中间中心度的方差则高达 520.73，可见，节点的网络地位极不均衡，线路连接关系集中于部分节点。

节点中心度指标和功能定位（表 6-6）显示昆明中心度值最高，与除孤立点外的其他节点都存在双向连接关系，处网络绝对核心地位；集聚和扩散功能很强，是网络首要集散中心和中转中心，与其作为祖国西南门户，云南边疆多民族的政治、经济、文化中心的省会城市密不可分。丽江、大理、版纳程度和接近中心度值均较高且外向值略高，与网络其他节点的线路连接较密切，处网络次级核心地位；其中，丽江、大理作为滇西重要的经济发展和文化旅游中心，旅游业合作密切，是网络的重要集散中心和中转中心；西双版纳作为云南乃至中国对外开放的重要窗口，良好的区位优势和独特的旅游资源，使其成为网络的重要扩散中心。迪庆和保山中心度值均较低且内向值略高，与其他节点的线路连接较少，处网络半边缘地位；香格里拉和腾冲独特的资源要素吸引大量游客，使其成为网络的重要集聚中心。此外，对于中心度值偏低，线路连接少，处网络边缘的节点，如文山、玉溪、楚雄、红河、普洱、德宏、曲靖等地，完善道路基础设施，加强旅游规划和宣传力度，增加与核心节点的旅游合作开发，不断提升网络地位和竞争优势至关重要。

结构洞指标（表6-6）显示昆明、丽江、大理的结构洞水平都比较高，在网络中存在明显的竞争优势。其中，昆明具有绝对的非替代区域优势和竞争优势，在网络中为合理分配旅游要素在节点间的流动提供桥接点和切入点，但也要看到过高的结构洞水平可能造成旅游要素流出现瓶颈。因此，云南旅游业发展过程中，改善功能突出目的地旅游交通等基础设施的同时，不断提升其他中转节点的网络地位与功能，以降低旅游流瓶颈出现的概率，缓解旅游流要素过分集中对目的地与网络产生的压力。

表6-6　云南旅游线路网络节点结构特征及功能定位

	程度中心度		接近中心度		中间中心度	结构洞			功能定位
	外向	内向	外向	内向		有效规模	效率	限制度	
昆明	12	12	100	100	86.83	9.75	0.81	0.24	首要集散中心、首要中转中心
丽江	6	5	66.67	63.16	4.83	3.82	0.55	0.43	重要集散中心、重要中转中心
大理	5	6	63.16	70.59	6.33	4.04	0.58	0.43	重要集散中心、重要中转中心
版纳	6	4	66.67	57.14	3	3.11	0.52	0.47	重要扩散中心、一般集聚节点、重要中转中心
迪庆	3	4	57.14	60	0	1.21	0.31	0.53	重要集聚中心、一般扩散节点、普通中转节点
保山	3	4	57.14	60	1.5	2	0.5	0.51	重要集聚中心、一般扩散节点、一般中转节点

续表

	程度中心度		接近中心度		中间中心度	结构洞			功能定位
	外向	内向	外向	内向		有效规模	效率	限制度	
文山	3	3	57.14	57.14	1.5	2.33	0.58	0.58	一般集散节点、一般中转节点
玉溪	2	3	54.55	57.14	0.5	2	0.5	0.49	普通扩散节点、一般集聚节点、一般中转节点
楚雄	2	3	54.55	57.14	0	1	0.33	0.56	一般集聚节点、普通扩散节点、普通中转节点
红河	3	2	57.14	54.55	0.5	1.6	0.53	0.62	一般扩散节点、普通集聚节点、一般中转节点
普洱	2	2	54.55	54.55	0	1	0.5	0.67	普通集散节点、普通中转节点
德宏	2	2	54.55	54.55	0	1	0.5	0.71	普通集散节点、普通中转节点
曲靖	2	1	54.55	52.17	0	1	0.5	0.76	普通扩散节点、普通集聚节点、普通中转节点
均值	3.92	3.92	61.37	61.39	8.08				
标准差	2.73	2.76	11.95	12.03	22.82				
总和	51	51	797.79	798.13	105				
方差	7.46	7.61	142.76	144.61	520.73				
最大值	12	12	100	100	86.83				
最小值	2	1	54.55	52.17	0				

注：上表分析结果中未含网络孤立点怒江、昭通、临沧。

为更好地反映云南旅游线路整体网中各个节点结构特征，分别将程度中心度、接近中心度和中间中心度、结构洞指标作为 X 和 Y 轴，并分别画出 X 和 Y 轴指标的平均值直线，绘制云南旅游线路网络节点结构特征指标象限分布图（见图 6-6）。其中 X 轴主要反映节点在网络中与其他节点之间产生线路连接的能力大小，Y 轴主要反映节点在网络中的地位、优势和控制网络的能力。其中，程度中心度和接近中心度选取外向和内向两个指标值的平均值，考虑在取平均值过程中，可能对网络中线路在节点间流动方向产生一定的影响，通过做相关分析，发现取值结果分别与外向和内向指标值之间吻合度大于 98%，可见，使用外向和内向平均值来反映节点程度中心度和接近中心度是可行的；结构洞指标中选取最重要的评价因素——限制度这一指标，该指标是负相关指标，也即限制度指标值越大，节点受网络的限制越大，其在网络中的地位优势则较低。结果表明，云南旅游线路网络节点结构特征大致可以划分 4 种类型：Ⅰ型、Ⅱ型、Ⅲ型、Ⅳ型。其中，Ⅰ型节点处于象限的双优区域，属于网络优势区；Ⅱ型节点处于单优单劣或者双优区域，是网络的次级优势区；Ⅲ型节点处于单优单劣或者双劣区域，是网络的次级劣势区；Ⅳ型节点处于双劣区域，属于网络的劣势区。

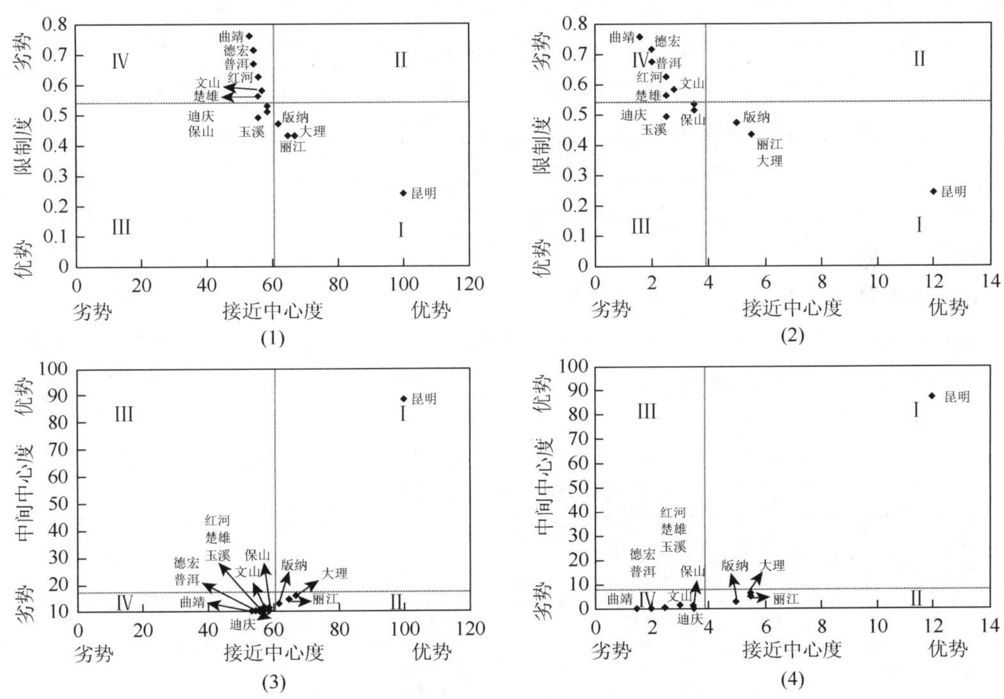

图 6-6　云南旅游线路网络节点结构特征指标分布

昆明始终位于双优势象限区域，网络优势非常明显，是云南旅游线路网络中的Ⅰ型节点；丽江、大理、版纳或处位于双优势区域或处于单优势单劣势区域，可见，三地在网络中存在着一定的优势，属于Ⅱ型节点；迪庆、保山、玉溪三地在结构洞指标下是单优单劣节点，在中间中心度指标下位于双劣节点，这也表明迪庆、保山、玉溪在网络中处于半边缘区域，在网络中的优势不明显，属于Ⅲ型节点；曲靖、德宏、普洱、红河、楚雄、文山则始终位于双劣势区域，在网络中几乎不存在网络优势，处于网络的边缘区域，属于网络的Ⅳ型节点。综上可见，网络中双劣势类型节点明显多于其他类型的节点，网络发展不平衡，因此，增加网络中Ⅰ型节点的数量，减少Ⅳ型节点数量，扩大Ⅱ型节点在网络中的规模成为云南旅游线路网络寻求平衡可持续发展的重要手段。

（二）整体网网络结构

云南旅游线路整体网络密度为 0.327，网络规模为 13，理论最大线路连接为

156，而实际线路连接仅为 51（见表 6-7），可见，云南旅游线路网络密度较低，网络发育水平低，有待完善。

网络外向和内向程度中心势均为 72.92%，外向和内向接近中心势为 87.51% 和 87.45%，中间中心势为 64.64%，指标值均大于 70%（见表 6-7），可见，云南旅游线路网络发展极不均衡；中间中心势相对较低但大于 60%，表明网络中线路的集聚和扩散关系主要通过部分节点产生，网络存在明显的核心边缘结构。

离散的核心边缘结构模型进一步验证了云南旅游线路网络的核心边缘结构特征（表 6-8）。其中，昆明、丽江、大理、西双版纳是网络的核心区节点，迪庆、保山、文山、红河、普洱、楚雄、曲靖、玉溪、德宏为网络边缘区节点。核心区线路关系为全联结，密度为 1；核心—边缘区和边缘—核心区的连接密度分别为 0.472 和 0.417，边缘区的连接密度为 0.111。可见，网络核心区节点联系紧密，联系强度较大，线路连接完备；核心区与边缘区节点间联系相对比较紧密且边缘区节点受核心区节点的辐射影响较大；边缘区节点间的线路连接较少，连接强度较小，有待加强。

表 6-7　云南旅游线路网络结构特征

网络结构指标	网络规模	网络密度	程度中心势/%		接近中心势/%		中间中心势/%
			外向	内向	外向	内向	
数值	13	0.327	72.92	72.92	87.51	87.45	64.64

表 6-8　云南旅游线路网络节点核心度

网络节点	核心度	网络节点	核心度
昆明	0.730	丽江	0.292
版纳	0.290	大理	0.246
迪庆	0.198	文山	0.184
保山	0.172	红河	0.164
普洱	0.157	楚雄	0.149
玉溪	0.149	曲靖	0.140
德宏	0.138		

（三）整体网空间结构

使用二值化的关系数据分析网络结构特征时，不可避免的忽略部分节点间存在的线路连接关系；此外，在反映网络内部节点关系强度和差异上存在不足。而通过将目的地旅游线路连接关系数据空间化，则可以很好地弥补以上不足。

1. 空间流向特征

旅游线路在目的地节点间的空间流向流量特征，不仅弥补了社会网络分析方法对数据二值化处理的不足，同时也可以反映目的地节点在网络中的“第二客源地”的构成情况。因此，根据收集的云南旅游线路数据，统计两个城市之间存在有向的旅游线路频次，可反映两节点之间的线路流量情况；两城市间有向旅游线路频次与所有城市之间存在的有向旅游线路频次的比值即为旅游线路流量占比；最终建立云南旅游线路空间流向流量表（表 6-9）。

表 6-9　云南旅游线路空间流向流量

位序	旅游线路流向	流量	占比/%	位序	旅游线路流向	流量	占比/%
1	大理→丽江	487	13.58	26	文山→昆明	17	0.47
2	昆明→大理	465	12.97	27	大理→迪庆	15	0.42
3	丽江→大理	418	11.66	27	红河→昆明	15	0.42
4	迪庆→丽江	291	8.11	29	昆明→迪庆	14	0.39
5	丽江→迪庆	289	8.06	29	昆明→曲靖	14	0.39
6	大理→昆明	229	6.39	29	昆明→玉溪	14	0.39
7	楚雄→昆明	206	5.74	32	迪庆→昆明	13	0.36
8	大理→楚雄	186	5.19	32	昆明→保山	13	0.36
9	丽江→昆明	126	3.51	34	版纳→大理	12	0.33
10	昆明→丽江	104	2.9	34	曲靖→昆明	12	0.33
11	昆明→版纳	97	2.7	36	大理→保山	11	0.31
12	版纳→昆明	81	2.26	36	迪庆→大理	11	0.31
13	玉溪→昆明	31	0.86	36	红河→文山	11	0.31
14	版纳→丽江	29	0.81	36	昆明→文山	11	0.31
15	昆明→普洱	28	0.78	40	昆明→德宏	9	0.25
15	普洱→版纳	28	0.78	41	版纳→普洱	8	0.22
17	保山→德宏	25	0.7	41	玉溪→大理	8	0.22
18	德宏→保山	24	0.67	43	保山→大理	7	0.2
19	昆明→楚雄	23	0.64	43	红河→玉溪	7	0.2
20	版纳→玉溪	22	0.61	43	丽江→保山	7	0.2
20	楚雄→大理	22	0.61	46	普洱→昆明	6	0.17
20	昆明→红河	22	0.61	46	曲靖→文山	6	0.17
23	保山→昆明	19	0.53	48	版纳→迪庆	5	0.14
24	丽江→楚雄	18	0.5	49	德宏→昆明	4	0.11
24	丽江→版纳	18	0.5	49	文山→丽江	4	0.11

续表

位序	旅游线路流向	流量	占比/%	位序	旅游线路流向	流量	占比/%
49	文山→红河	4	0.11	63	版纳→红河	1	0.03
52	保山→怒江	3	0.08	63	保山→版纳	1	0.03
52	曲靖→红河	3	0.08	63	保山→迪庆	1	0.03
52	文山→曲靖	3	0.08	63	大理→德宏	1	0.03
52	玉溪→红河	3	0.08	63	德宏→版纳	1	0.03
56	保山→丽江	2	0.06	63	红河→大理	1	0.03
56	大理→怒江	2	0.06	63	红河→楚雄	1	0.03
56	红河→曲靖	2	0.06	63	昆明→怒江	1	0.03
56	怒江→保山	2	0.06	63	昆明→昭通	1	0.03
56	普洱→玉溪	2	0.06	63	怒江→昆明	1	0.03
56	玉溪→曲靖	2	0.06	63	怒江→大理	1	0.03
56	昭通→昆明	2	0.06	63	怒江→玉溪	1	0.03
63	版纳→保山	1	0.03	63	玉溪→版纳	1	0.03

大理→丽江的旅游线路流量最大为487，占比13.58%；旅游线路流量占比大于10%的还存在于昆明→大理、大理→丽江、丽江→大理这三对节点之间；旅游线路排名前五位的还有迪庆→丽江和丽江→迪庆节点组合，占比分别为8.11%和8.06%。可见，云南热点旅游线路“昆明—大理—丽江—香格里拉”中的节点城市联系紧密，尤以昆明、丽江、大理为主。此外，统计流向热点旅游线路“昆明—大理—丽江—香格里拉”4个目的地城市旅游线路的流量占比分别为21.24%、26.16%、25.57%和9.04%，四节点总占比为82.01%，可见，云南旅游线路空间流向特征表现为对热点旅游线路节点明显的集中特性。

此外，旅游线路在目的地节点间的空间流向流量特征也可以反映目的地节点在网络中的“第二客源地”的构成情况。经过统计发现，昆明作为目的地时，第二客源地大理占比最大为30.05%，丽江、楚雄占比分别为16.54%和27.03%，三地总占比为73.62%；丽江作为目的地时，第二客源地中大理、迪庆、昆明占比最多，分别为53.11%、31.73%和14.46%，总占比99.3%；大理作为目的地时，第二客源地中昆明、丽江占比分别为49.57%和44.56%，总占比为94.13%；可见，昆明、大理、丽江的第二客源地分布比较集中，而且三地在旅游业发展中也存在紧密的联系。楚雄、版纳、迪庆主要的第二客源地目的地分别为大理、昆明、丽江，占比分别为81.58%、63.4%和89.2%；表明楚雄与大理、版纳与昆明以及迪庆与丽江之间旅游线路联系频繁，节点之间的联系紧密。保山和德宏作为目的地时，互为主要的第二客源地，占比分别为41.38%和71.43%；可见，保山和德宏之间的旅游线路存在紧密联系，形成区域小团体。此外，红河、普洱、曲靖、玉溪、文山的主要第二客源地均有昆明，占比分别为66.67%、77.78%、66.67%、30.43%、39.29%，这样进一步反映了昆明在云南省旅游业中的竞争优势。

2. 空间结构特征

根据旅游线路在云南省各节点间的集聚和扩散情况，运用AI软件绘制旅游线路空间分布格局图（见图6-7）。使用ArcGis最佳自然断裂法，将线路流量生成6个等级，其中线路越粗，流量越大；反之则越小。互相连接的两节点产生的线路为双向线路，反之为单向线路。单、双向旅游线路沟通着不同的目的地节点，相互交织共同组成旅游线路网络。通过分析旅游线路空间流向流量特征，对于全面了解目的地节点网络地位及旅游流的扩散方向具有巨大作用。

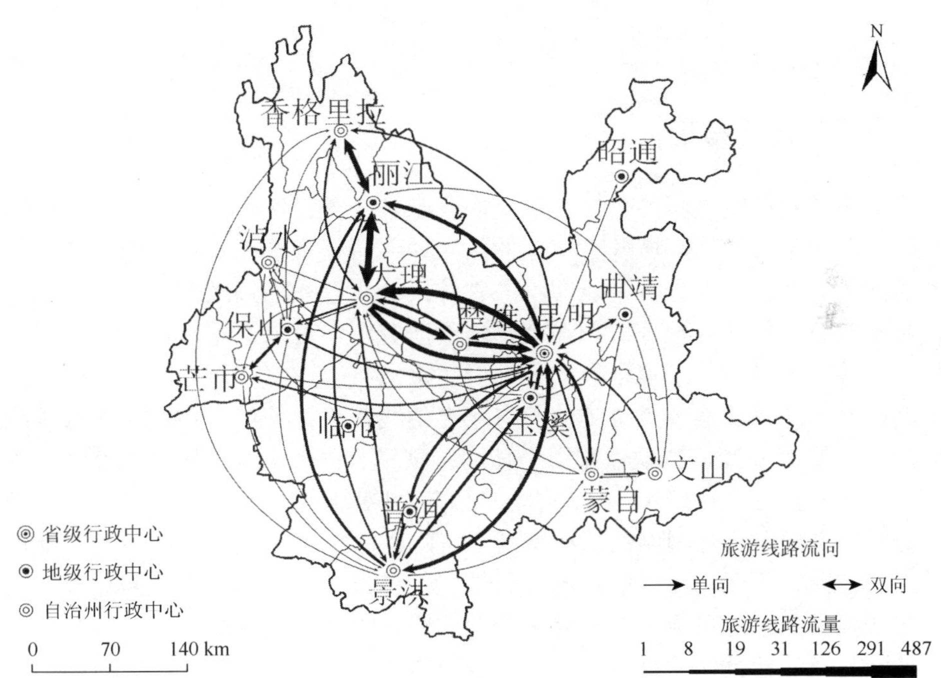

图6-7　云南旅游线路整体网空间分布

云南旅游线路空间分布呈现“西密东疏、北密南疏”的总体特征，空间流向表现为对热点旅游线路节点明显的集聚特性。西部从滇中到滇西、滇西北和滇西南分布的旅游线路比较密集，流量较大；东部从滇中到滇东北、滇东和滇东南分布的线路稀疏且流量较小；北部线路尤以滇中到滇西北最为密集，南部线路则相对比较稀疏。从具体的城市分布来看，线路集中分布在昆明、大理、丽江、迪庆、版纳等几个节点间，线路流量大且等级类型多。这与目的地城市自身良好的基础设施、丰富优质的旅游资源密不可分。楚雄、玉溪和普洱三地分别处于“昆明—大理—丽江—香格里拉”和“昆明—版纳”两条热点旅游线路的途经之地，在其利益辐射下也获得了一定的竞争优势。“大理—保山—德宏”和“昆明—红河—文山”是两条在热点旅游线路辐射下产生的处于网络边缘区却具有发展潜力的旅游线路，其凭借与热点目的地的紧密联系获得网络竞争优势，形成位于网络边缘的小团体。昭通仅存与昆明之间的双向小流量的线路连接，网络地位低，线路连接单一，有待开发新的线路连接关系。此外，临沧不存在与任何其他节点连接的旅游线路，成为网络边缘目的地，这可能与其自身缺乏富有特色的旅游资源及落后的交通基础设施有关。因此，基础设施的改善特别是旅游交通基础设施对于增加网络线路连接关系，提升目的地在网络中的地位及竞争优势有着巨大的促进作用。

三、个体网分析

（一）个体网网络结构

云南旅游线路整体网的分析可以全面反映整个旅游线路网络的层次及网络结构特征，但对于目的地区域各个节点的结构属性特征及节点间具体的互动关系揭示不够深入。个体网的分析则能够弥补整体网分析存在的局限，可以对各个节点的网络结构特征作深入地分析。在个体网的研究中，可以根据整体网目的地节点的网络属性，得到对应节点个数的个体网。运用社会网络分析方法，依据云南旅游线路网络单个目的地节点与其他节点存在的线路连接关系，得到 13 个旅游线路个体网，并使用 UCINET 软件测得个体网络规模、关系总数、网络密度、可达效率及结构洞等指标（见表 6-10）。结合上文对网络节点的功能定位（见表 6-6），深入分析旅游线路个体网网络结构特征（见表 6-11），同时依据目的地实际地理位置探讨个体网中不同功能目的地的分布情况。结果表明，每个个体网节点之间依托旅游线路关系都可形成一个独立闭合的回路，这样方便旅游者结合各个个体网结构特征与目的地具体的地理位置，选择合适的门户、中转和离境目的地。

表 6-10　云南旅游线路个体网结构特征

	网络规模	关系总数	网络密度	可达效率	结构洞（限制度）
昆明	12	27	0.21	25	0.24
丽江	7	20	0.48	30	0.54
大理	7	20	0.48	30	0.50
版纳	6	17	0.57	33.33	0.57
迪庆	4	11	0.92	37.5	0.78

续表

	网络规模	关系总数	网络密度	可达效率	结构洞（限制度）
保山	4	8	0.67	42.86	0.73
文山	4	6	0.5	50	0.82
玉溪	4	7	0.58	42.86	0.87
楚雄	3	6	1	46.15	0.97
红河	3	4	0.67	60	0.93
普洱	2	2	1	66.67	1.13
德宏	2	2	1	75	1.13
曲靖	2	2	1	75	1.24

表 6-11　云南旅游线路个体网网络与空间特征分析

个体网	网络特征分析	空间特征分析
昆明	规模大；关系来源广，基本覆盖全省范围，总数多且重叠少；网络密度低；可达效率低；网络集散功能突出。线路安排灵活，可根据目的地具体的地理位置安排线路，可在大理、丽江、版纳设中转停留	除临沧孤立点外，成员覆盖全省，呈片状分布；线路以大理为中心呈网络化分布，等级高，双向连接关系明显
丽江	规模较大；关系主要来源于其周边地区，总数较多；网络密度较低，可达效率低；网络地位较高，集散功能突出，仅次于昆明。线路安排灵活，以昆明、丽江、大理为中心，可在迪庆、版纳设立中转地停留	成员除其周边地区，还包括版纳和文山两个地方，呈“点—团”状分布；线路的网络特征较明显，以昆明、大理为中心，线路等级高，双向连接特征比较明显
大理	与丽江的个体网络结构特征相似，但其利用结构洞的能力和中转能力稍强与丽江。线路安排灵活，以昆明、大理为中心，可在丽江、版纳设中转地停留	成员主要分布在其周边地区，大致呈团状分布；线路的网络特征较明显，以昆明、版纳为中心，线路等级高，双向连接比较明显
版纳	规模较大；不存在与滇东地区的线路连接；网络密度较低，线路连通能力弱；但其利用结构洞的能力较强，网络集聚功能较突出。线路安排相对比较灵活，以昆明、版纳为中心，可在大理设立中转点	成员主要分布在其周边地区，大致呈片状分布；线路以昆明、大理、丽江为中心呈网状分布，线路等级较高，双向连接较明显
迪庆	规模较小；线路连接比较紧密，但线路的连通能力较弱；结构洞水平较低，具备一定的集聚能力。线路安排比较灵活，昆明、丽江、大理可作为中转点停留	成员主要集中在滇西北地区和昆明、版纳，呈“点—团”状分布；成员之间的线路连接等级较高，双向连接明显，网络特征较明显
保山	规模较小，线路连接关系较少且集中；连通较弱，利用结构洞的能力较强；在网络中有一定的集聚功能。线路安排以丽江为中心，昆明、大理设立中转点	成员与迪庆相似，呈“点—团”状分布；线路以昆明、丽江为中心，高等级线路连接集中在偏北位置，线路双向连接较明显
文山	规模较小；线路连接关系较少；连通率较高，利用结构的能力较低，受其他节点影响较大。线路安排比较固定，昆明是绝对中心点	成员主要集中分布在滇东南，大致呈团状分布；线路连接比较分散，等级较低，但双向连接仍比较明显
玉溪	规模较小；线路连通能力较弱，网络地位较低，受其他节点的影响较大。线路安排比较固定，昆明、大理中转功能突出	成员主要为其周边地区，大致呈团状分布；线路以昆明、大理、版纳为中心分布，等级较高，双向连接比较明显
楚雄	规模较小，线路集中在热点旅游线路“昆明—大理—云南”；线路通达率较高，受热点目的地的影响较大。线路安排相对固定，以昆明、丽江为起点或终点，大理为中转点，楚雄为途经节点	成员以热点目的地为主，呈带状分布；线路等级高，双向连接明显

续表

个体网	网络特征分析	空间特征分析
红河	线路集中在其周边地区，双向连接较多，通达率较高；网络地位较低。线路安排比较固定，昆明为起点或终点，红河为重要的途经或中转目的地，玉溪为途经目的地	成员分布在其周边地区，大致呈团状分布；线路等级较高，以昆明、大理为中心，双向连接比较明显
普洱	与昆明和版纳存在双向连接关系，个体网级别低。线路安排固定，昆明、版纳为起点或终点，普洱则是重要的中转目的地或途经目的地	成员为昆明、玉溪和版纳，呈带状分布；线路级别较低，以单向流动为主
德宏	与昆明和保山存在双向线路连接，个体网发育不完善，级别低。线路安排固定，昆明为起点或终点，德宏、保山是重要的中转目的地或途经目的地	成员分布比较松散，呈点状分布；线路以昆明和大理高等级双向连接为主，其他节点之间线路连接等级低且以单向流动为主
曲靖	只与昆明和文山存在线路连接关系，个体网级别低。线路安排固定，昆明为起点或终点，文山为中转点，曲靖为途经目的地	成员主要集中分布在滇中和滇东南地区，呈团状分布；线路级别较低，网络化特征不明显，双向连接较明显
怒江 昭通	——	成员较少，分布比较零散；怒江旅游线路集中在“昆明—大理”之间，线路等级较高，昭通线路等级低，不存在网络特性

（二）个体网空间结构

运用AI软件绘制云南旅游线路个体网空间分布格局图（见图6-8），一方面，可以弥补社会网络方法在分析个体网结构特征时，使用二值化数据对部分节点关系强度和差异的忽略；另一方面，可以清晰反映云南各个个体网旅游线路在节点之间的空间扩散和集聚特征，有助于旅游者根据个体网结构特征选取适当的出行线路。结果表明，位于整体网核心区的目的地节点所形成的个体网网络成员呈团状分布，线路分布网络化特征更加明显，双向流动特征显著，流量等级较高；位于边缘区节点的个体网网络成员带状、点状分布特征较明显，旅游线路分布较松散，流量等级偏低。从具体目的地看，昆明、丽江、大理、版纳四地的个体网成员团状分布显著，旅游线路网络化特征明显，流量等级较高，双向流动明显。在“昆明—大理—丽江—版纳”途经之地楚雄、玉溪、普洱三地的个体网中，旅游线路和个体网成员分布依靠优势节点呈带状分布，线路流量等级较高但双向流动特征不明显。其他节点个体网旅游线路及网络成员分布呈现为核心目的地节点带动边缘区域的“以点带面”的结构特征。总之，综合社会网络理论与空间分析方法，详细分析云南各个目的地旅游线路网络与空间结构特征，以期深入了解目的地的网络地位及与其他节点之间的线路连接关系，为全面了解云南目的地旅游空间竞合关系提供研究思路。

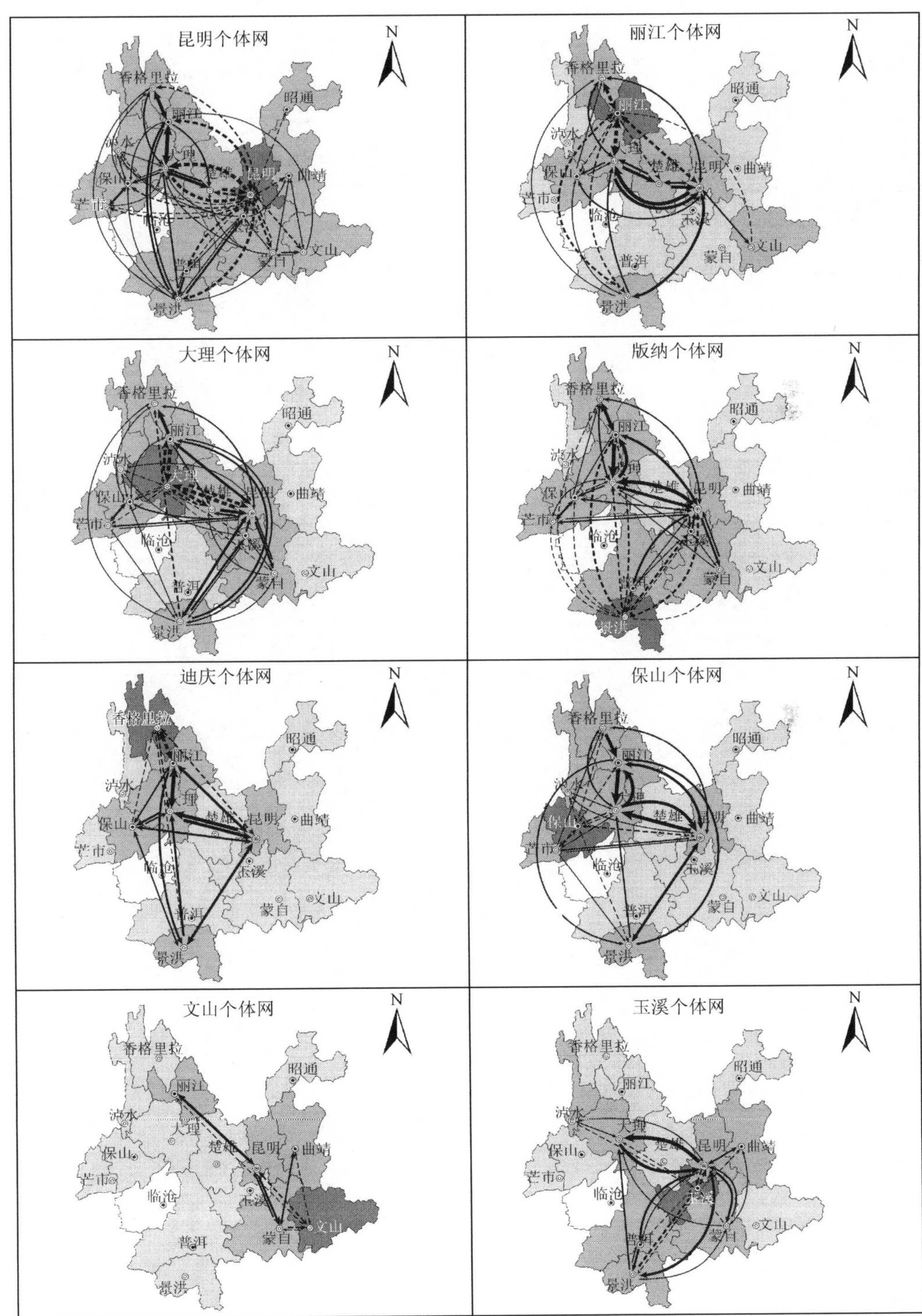
昆明个体网
丽江个体网
大理个体网
版纳个体网
迪庆个体网
保山个体网
文山个体网
玉溪个体网
N
香格里拉
丽江
昭通
泸水
大理
楚雄
昆明
曲靖
保山
芒市
临沧
玉溪
普洱
蒙自
文山
景洪

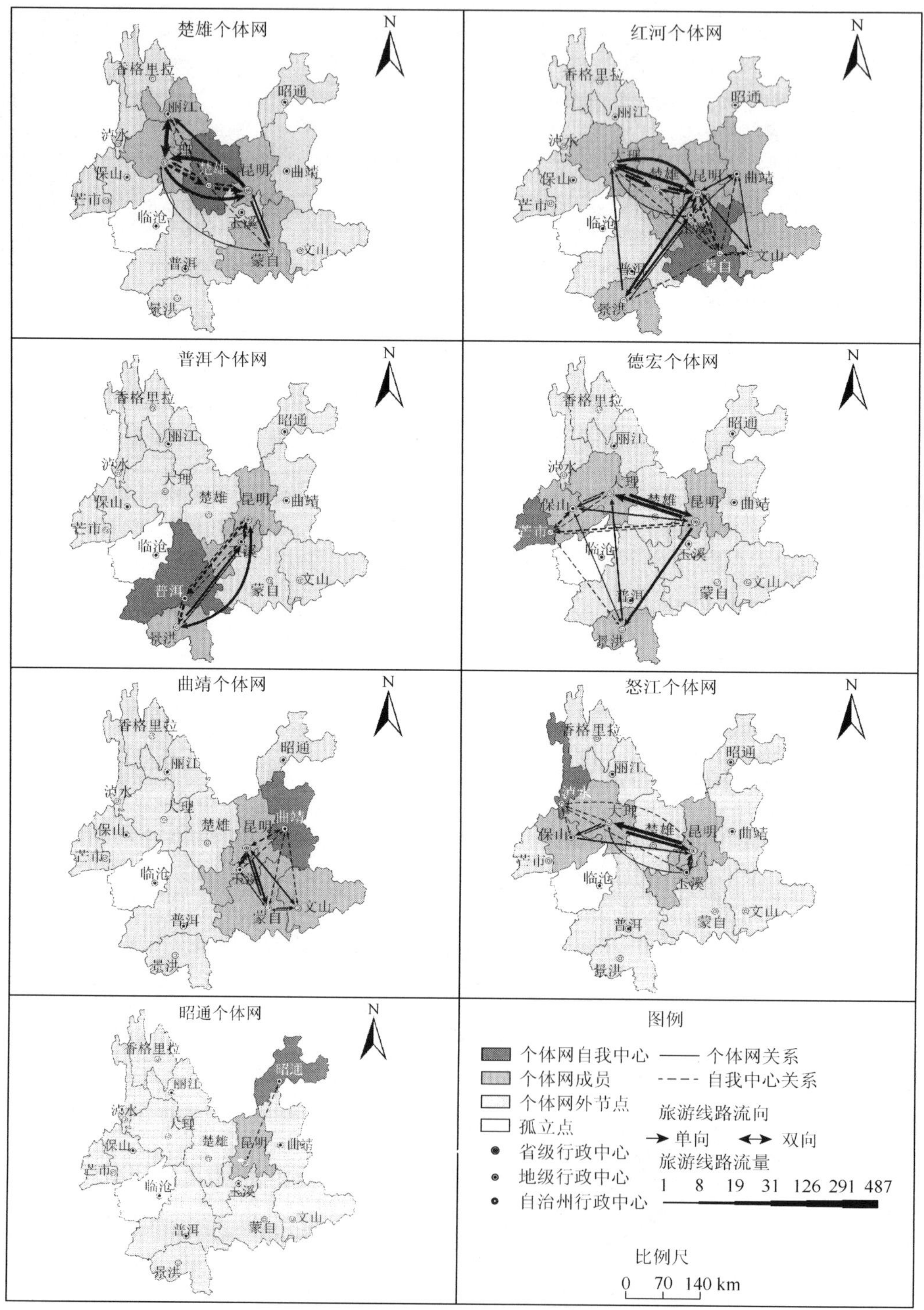

图 6-8　云南旅游线路个体网空间分布

第五节　旅游线路网络结构优化

旅游线路的优化主要是针对在不同交通方式组合下产生的不同路程、时间与成本问题进行取舍选择最佳的旅游线路，也即选择时间与成本最小而效用最大的旅游线路。吴凯运用运筹学方法和图论的方法，对旅游景区线路优化问题和旅行社线路优化问题进行探讨（吴凯，2004）。马晓龙基于游客行为特征提出了西安旅游线路组织模式，分析旅游线路组织现状，并构建了旅游线路优化与发展的宏观框架（马晓龙，2005）。陈薇提出了“五分合一”的城郊旅游线路的优化方法，“五分”即五位分析，就是将旅游市场、旅游资源、区域经济、社会文化和旅游经济特点进行综合分析评价；“合一”就是指将五位分析和评价结果进行整合一体化（陈薇，2010）。综观研究进展，关于网络结构优化的相关研究少见报道。探究云南旅游线路网络结构特征的优化方法，对于云南旅游业均衡协调发展具有重大意义，但也是旅游线路网络优化研究视角和方法创新的一个相对困难的问题。本研究基于社会网络理论研究范式，从旅游网络节点优化和网络关系（ties）优化 2 个视角，结合云南旅游线路网络结构与空间特征以及目的地城市功能角色，提出对应的优化策略。

一、节点优化

本书研究范围选择在云南省 16 个地级市和自治州，分别为昆明市、丽江市、大理白族自治州、楚雄彝族自治州、西双版纳傣族自治州、迪庆藏族自治州、保山市、德宏傣族景颇族自治州、红河哈尼族彝族自治州、普洱市、曲靖市、玉溪市、文山壮族苗族自治州、怒江傈僳族自治州、昭通市、临沧市。在分析云南旅游线路网络结构时，使用的二值化网络数据中共包含 13 个目的地节点，其中怒江、昭通、临沧为孤岛型节点；分析旅游线路网络空间结构特征时，使用的旅游线路关系赋值矩阵数据中包含 15 个节点，临沧为孤岛型节点。因此，结合赋值矩阵数据中出现的目的地节点，对云南旅游线路网络二值化数据中目的地节点进行优化。上文对二值化网络数据节点结构进行了详细地分析，得到五种主要类型的目的地节点，分别为 Ⅰ 型、Ⅱ 型、Ⅲ型、Ⅳ型和孤岛型节点（见表 6-12）。下面则主要针对这五种类型节点提出相应优化策略。

（1）Ⅰ 型节点在网络中具有明显竞争优势，无论是与网络其他节点的连接能力，还是网络地位和对整个网络的控制能力上都具有明显的竞争优势。此类型节点通常是网络中的核心枢纽目的地，也是整个旅游流集聚扩散的中心目的地，因此，该类型目的地节点必须要具备良好的基础设施和一定的旅游接待能力来完成旅游流的集聚和扩散。Ⅰ型节点在区域内的数量对于区域的发展以及该类型目的地自身的发展都具有一定的影响。数量太少会加剧目的地节点基础设施、资源环境破坏等各方面的压力，阻碍其可持续发展；数量太多又会使目的地之间在资源分配、市场占有、信息共享等方面产生激烈竞争，甚至可能产生负面的竞争，对区域旅游业的发展产生负面影响。因此，合理确定区域内Ⅰ型节点的数量对于区域协调均衡发展具有重要的意义。对于云南省旅游线路网络来说，只有昆明一个目的地属于Ⅰ型节点，数量明显不足；同时根据昆明在云南旅游线路网络中的中心度和结构洞指标可以发现，其在网络发展中发挥着重要的作用，因此，在进行网络结构优化的时候，要在巩固昆明网络优势地位的同时，适当增加Ⅰ型节点在网络中的数量。可结合Ⅱ型节点在网络中的地位，从中选择合适节点发展成为Ⅰ型节点，以弥补云南旅游线路网络中Ⅰ型节点数量不足的缺陷。根据云南各州市目的地旅游发展实际情况以及网络节点结构特征，可将大理逐步发展成为Ⅰ型节点，一方面，缓解昆明在旅游流中转过程中对基础设施以及城市发展造成的压力，另一方面，通过逐步改善大理旅游接待能力和基础设施，带动滇西、滇西北以及滇南临沧市的发展，促进区域均衡发展。

（2）Ⅱ型节点是在网络中处于次级优势地位，该类型节点在与网络其他节点连接能力上占有一定的优势，但在网络控制能力上不占有明显的优势。该类型节点在网络中与其他节点的连接能力比较强，通常具备良好的交通基础设施，承担着旅游流中转扩散的重要角色。云南旅游发展最大的阻碍主要来自于道路交通基础设施的影响。因此，优化Ⅱ型节点在云南区域的数量及空间分布情况，一方面，可以改善旅游线路网络结构；另一方面，对于改善云南交通基础设施也具有明显的作用。在进行网络结构优化时，对于Ⅱ型节点的选取主要是两类：一类是目的地具有高等级富有特色的旅游资源，对旅游者的吸引力受距离限制相对比较小；另一类是处于网络优势节点之间的途经之地，这类目的地虽然网络优势不明显，同时受优势节点的影响较大，这类节点可以充分发掘自身的潜力，发挥途经目的地的优势，开发“人有我优”的富有特色的旅游项目，加强与核心目的地节点的合作，从中分得旅游发展利益。结合云南旅游业的实际发展情况，最终选取丽江、版纳、迪庆为Ⅱ型节点中旅游资源丰富的第一类目的地，选取楚雄、玉溪、保山、普洱为第二类目的地节点。

（3）Ⅲ型节点是网络中的次级劣势节点，该类型节点与Ⅱ型节点相反，在网络控制能力上具有一定的优势，但在与网络其他节点的连接能力上不占优势。该类型节点通常具备明显的区位优势，在网络中则位于核心区与边缘区的过渡区域，承担旅游流由核心区域向边缘区域扩散的中间者角色。这类节点通常对网络边缘区的发展和网络均衡发展产生直接的影响，这主要得益于其网络控制能力上，因此，对于Ⅲ型节点的优化则主要是减弱其对网络的控制能力尤其是对边缘区的控制能力。减弱Ⅲ型节点网络控制能力的直接有效的方法则是减少这类节点作为中间者的机会，增加核心区节点直接连接边缘区节点的能力。最终将曲靖、德宏、红河、文山优化为Ⅲ型节点，主要由于这些节点地理位置分别处于滇东、滇西、滇南和滇东南的最边缘，如此优化将大大减小其作为中间者的机会，也就减小了Ⅲ型节点对网络均衡发展产生的直接不良的影响。

（4）Ⅳ型节点是网络的边缘节点，无论是在网络连接能力上还是对网络控制能力上都不占优势，在网络中明显处于劣势地位。云南旅游线路网络中，曲靖、德宏、普洱、红河、楚雄、文山都是该类型节点，数量较多，这也说明云南旅游线路网络发展的不均衡。因此，在网络优化过程中，减少Ⅳ型节点的数量，对于网络整体发展水平的提升至关重要。最终将昭通、怒江、临沧 3 个孤立点优化成为Ⅳ型节点，一方面，可减少了Ⅳ型节点；另一方面，消除了云南旅游线路网络中的孤立节点。

（5）孤岛型节点则是与网络其他节点不存在任何关系或连接的节点。这类型节点也是网络发展明显的制约因素。因此，在网络优化时，要减小孤岛型节点数量甚至可以去除孤立点。因此，要创造机会增加其与网络节点的连接，逐步去除孤立点昭通、怒江、临沧，将其发展成为网络中的Ⅳ型节点，带动其旅游业的发展，促进云南省旅游业的均衡持续发展。最终得到云南旅游线路网络节点优化结果（如表 6-12）。

表 6-12　云南旅游线路网络节点优化对比

节点类型	节点优化前	节点优化后
Ⅰ型	昆明	昆明、大理
Ⅱ型	丽江、大理、版纳	丽江、版纳、迪庆、楚雄、玉溪、保山、普洱
Ⅲ型	迪庆、玉溪、保山	曲靖、德宏、红河、文山
Ⅳ型	曲靖、德宏、普洱、红河、楚雄、文山	昭通、怒江、临沧
孤岛型	昭通、怒江、临沧	-

二、关系优化

云南省 16 个州市节点理论上存在的网络关系为 240 个，但云南旅游线路网络关系二值矩阵中，包含的直接线路连接仅有 51 个，赋值关系矩阵中所含的直接线路连接也只有 76 个，可见，网络中节点之间的线路连接比较稀疏。线路网络中节点之间线路连接关系按照不同的分类标准可分为不同类型的线路连接：按连接方式，可分为直接连接和间接连接（在关系矩阵中，单元格内具有数值即表示直接连接）；按连接强弱，可分为强连接和弱连接，旅游线路连接节点之间的强弱通常与流量密切相关；按连接方向，可分为单向和双向连接。因此在对线路网络结构关系的优化，主要从以上三种线路连接关系着手，结合实际，提出不同的优化策略。

（一）建立新连接

建立新的旅游线路连接是旅游线路网络优化最直接的方法。旅游线路网络中通常会出现孤立节点或者是与网络其他节点连接甚少的节点，建立或增加新连接可以直接去除孤立节点的存在，对于网络密度的提高、网络通达度的提升都有明显的作用。但需注意，新连接的建立需要考虑到节点之间地理位置的距离、交通通达性以及建立新旅游线路的可能性。因此。在旅游线路网络关系优化的时候，首先应识别孤立节点与其他节点无连接或缺乏连接的原因，建立新的旅游线路连接，去除孤立点的存在，增加网络密度以及改善网络通达性。

云南旅游线路网络中，昭通、怒江、临沧是网络中的 3 个孤立节点，其中临沧与网络其他节点不存在线路连接，昭通和怒江则是与其他节点缺乏线路连接，因此，网络关系优化的时候，增加这 3 个节点与网络其他节点之间的线路连接，提高云南旅游线路网络的完整性。

（二）控制直接连接与间接连接占比

旅游线路网络中，节点之间的关系按照线路连接方式不同分为直接连接与间接连接。直接连接即网络中两个节点之间通过旅游线路可以产生直接的线路连接关系，间接连接则是两个节点需要通过第三节点的中转才可以产生线路连接关系。在线路网络中，若间接连接占比非常大，那么该网络的发展一定是不成熟的，不仅加大了控制全网连接的单个或几个核心节点出现的概率，同时对于网络边缘区的发展产生一定的制约作用，不利于网络均衡发展。相反，若直接连接占比较大的时候，网络发展则相对比较成熟；首先，节点之间的直接连接存在两种情况：单向连接和双向连接，若两个节点之间线路是双向连接，则他们之间的关系为全连接关系；对于有向网络，双向直接连接线路（全连接线路）越多，则网络通达性越高；其次，若网络中直接连接占比越大，节点之间线路连接对中间节点的依赖越低，核心节点和边缘节点发展也越均衡。

在云南旅游线路网络中，除孤立点外的其他节点都与昆明存在直接双向的线路连接，而其他节点之间的直接连接比较少。这不仅突显了昆明对整个网络节点的控制能力，而且也拉大了昆明与其他节点之间的差距。因此，对于云南旅游线路网络来说，适当增加边缘城市之间的线路连接，对于网络均衡发展至关重要。

（三）巩固强连接，发展弱连接

按照旅游线路连接的强弱程度，可以将其分为强连接和弱连接，使用旅游线路流量表示其连接强弱。区域节点之间强连接的旅游线路，表明该线路发展已经相对成熟，备受旅游者的欢迎，该旅游线路连接的两个节点也成了备受旅游者欢迎的目的地。

在云南旅游线路中，大理→丽江、昆明→大理、丽江→大理、迪庆→丽江、丽江→迪庆、大理→昆明是流量排名前6的有向旅游线路连接，占比60.77%。可见，“昆明—大理—丽江—迪庆”是云南的热点旅游线路，也是连接强度较大的旅游线路。对于这样的旅游线路连接关系，在网络优化的时候一定要加以巩固和完善。通过改善交通基础设施状况，开辟热点城市之间多种交通线路的连接，增加旅游者在热点目的地流动时交通方式选择的机会；同时注意热点目的地之间的旅游合作，制定互惠合作的营销策略，联合发展，互利共赢；发展热点目的地城市旅游业的同时带动弱连接旅游线路所连接目的地的发展。

在云南旅游线路中，节点间线路连接流量小于二值化断点值4的线路连接有25对，占比32.9%，流量占比仅为1.16%，其中又有40%的弱连接线路出现西部地区，主要原因在于云南西部地区多山地，交通基础设施落后。对于这样的弱连接旅游线路，优化的时候要发掘富有潜力的线路连接，给予重点的扶持和发展机会；同时弱连接所连接的目的地城市也应该创造机会不断开辟与热点目的地之间的交流与合作，尤其要注意与西部地区热点目的地大理、丽江、迪庆、版纳之间的交流合作。西部地区保山—版纳、保山—丽江都有航班的开通，因此这两对旅游线路连接是西部地区发展潜力最大。此外保山是西部地区的一个重要的中转点，对于德宏、怒江的带动作用非常明显，丽江是游客从云南省内进入迪庆的唯一门户目的地，因此保山-丽江旅游线路的发展对于整个西北和西部地区之间旅游业的发展具有明显的促进作用。此外昆明—昭通、红河—曲靖是东部地区发展潜力最大的两条旅游线路，经过对旅行游记的反复查阅，昆明—昭通、红河—曲靖的发展对于东部地区自驾游的发展有重要的作用。

（四）完善单向线路连接，增加节点之间的互动

旅游线路按照方向可分为单向与双向连接，单向旅游线路在有向网络中，表示节点之间只存在一种关系，或流入或流出，若该种关系消失或减弱，则该节点与网络其他节点连接关系则会减小甚至会成为孤立节点，尤其是对网络边缘节点的影响巨大。相反，若双向旅游线路连接在网络中占比较大，则节点之间线路连

接被中断的可能性则会大大降低。

云南旅游线路网络中双向线路连接占比较高，为 82.35%，可见，云南旅游线路网络中已经形成的节点之间的线路连接关系比较稳固。因此在网络关系优化时，重点完善单向旅游线路连接。云南旅游线路网络中的单向线路连接有 9 对，占比为 17.65%，分别为版纳→大理、版纳→玉溪、版纳→迪庆、红河→玉溪、丽江→楚雄、丽江→保山、曲靖→文山、文山→丽江、玉溪→大理，可见单向连接关系直接影响部分网络边缘节点的线路连接情况，因此完善以上单向线路连接关系，变单向为双向连接，增加节点之间的互动，以提高网络整体的通达性和稳定性。

（五）加强核心与边缘区之间的连接

加强核心与边缘区之间的线路连接关系是改善网络边缘节点功能地位的直接有效方法。核心区在网络中具有明显的竞争优势和巨大的吸引力，使得大量的旅游流要素向核心区聚集，导致边缘区和核心区之间发展不均衡。网络长期的不均衡发展不仅会增加核心区目的地基础设施的压力，同时也会拉大核心与边缘区目的地之间的差距，边缘区域边缘化现象会更加严重。因此，在网络关系优化的时候，加强核心与边缘区目的地之间的直接连接，调整二者之间的关系，最终达到协调持续发展。

在云南旅游线路网络中，昆明、丽江、大理、西双版纳是网络核心区的目的地节点，迪庆、保山、文山、红河、普洱、楚雄、曲靖、玉溪、德宏为网络边缘区的目的地节点。加强核心区域边缘区之间的连接，可以增加保山—丽江、玉溪—大理、红河—楚雄、红河—大理、德宏—版纳、大理—德宏、版纳—保山、版纳—红河之间的线路连接。

第六节　小　　结

基于百强旅行社旅游线路报价单信息，系统分析云南省中远程旅游线路的空间模式与特征，探讨了目的地集群的空间结构特征。借助社会网络理论与分析方法，采用旅行社线路报价单与旅行游记数据，结合空间分析方法对云南目的地网络进行了系统的分析。在整体网的研究中，从节点、网络和空间 3 个角度揭示云南旅游线路的整体网络结构特征；在个体网研究中，社会网络与空间分析方法的结合为旅游线路的合理开发与设计拓展了思路并提供一定的理论参考。本章主要结论梳理如下：

（1）多目的地旅行模式是云南省中远程旅游线路中的主要旅行模式，其中又以往返式为主导模式（占比 58.99%），旅游交通设施以及目的地内部旅游交通方式对云南省旅游线路模式有着重要的影响。在云南省内部选择汽车作为交通方式的游客基本呈现与道路交通紧密相连的往返模式，而采用“三飞、四飞以及环飞”的游客则会呈现出与航空线路空间布局相一致的区域环游和中心集散模式。总之，受旅行模式、地理特征、交通可达性的影响，云南线路扩散方向主要集中在滇西北和滇西南 2 个方向。因此，制定差异化的联合营销战略对于集中扩散方向的旅游目的地至关重要；改善基础设施特别是道路交通设施、重点培养特色景区、制度与周边目的地及热点旅游地的联合发展战略，对于滇东北、滇东南方向上目的地旅游业的发展具有重要意义。

（2）云南省各目的地在旅游线路中出现的频次存在较大差异，可以划分为 4 个层次，同时根据目的地在旅游线路模式中承担的角色地位不同，划分了单目的地、枢纽目的地、门户目的地、离境目的地、途经目的地和逗留目的地 6 种类型，且各目的地类型呈现不同的特征。其中，昆明是云南省重要的枢纽目的地，85% 的线路对其具有明显依赖，一定程度上加大了其基础设施运转的压力，也加剧了整个旅游线路网络被中断的风险。因此，发展潜在枢纽目的地可缓解线路过分集中的状况。丽江作为云南省旅游线路中重要的途经目的地，随着近年来交通等基础设施的不断改善，加之优质的旅游资源优势，其也承担部分门户、离境的功能。因此，提升丽江在云南省的枢纽地位，对云南旅游业协调稳定发展具有重要意义。楚雄缺乏优质旅游资源，游客只在此地短暂居住，但其作为“昆明—大理—丽江”热点旅游线路的重要途经地，具有明显的区位优势，应深入挖掘特色旅游资源，加强与热点目的地间的联合营销，争取更多的游客逗留时间，进而在旅游发展中共同收益。

（3）云南旅游线路网络密度较低，发展不均衡，目的地的网络地位差距比较明显。其中，昆明、丽江、大理、版纳凭借高知名度及优质的旅游资源和良好的道路交通基础设施，在旅游线路网络中具有一定的竞争优势，网络地位较高，使得旅游线路连接关系表现为向这些热点目的地集聚的特性；其他目的地的网络地位则较低，竞争力相对较弱，这也进一步加剧了网络的分化。因此如何通过恰当组合目的地，设计合理的旅游线路，调整旅游流在目的地空间最大效益的分布与移动，促进目的地网络均衡发展是具有战略意义的问题。

（4）网络结构的优化对于云南省旅游均衡发展具有重要意义。结合云南旅游线路空间模式的网络结构与空间特征，从网络节点和关系 2 个角度提出优化策略。节点优化要增加 I 型节点（优势区节点）的数量，目前只有昆明一个目的地，根据云南各州市目的地旅游发展实际情况以及网络节点结构特征，可将大理逐步发展成为 I 型节点；优化 II 型节点（次优区节点）在云南区域的数量和空间分布情况，结合云南旅游业的实际发展情况，建议选取丽江、版纳、迪庆为 II 型节点中旅游资源丰富的第一类目的地，选取楚雄、玉溪、保山、普洱为第二类目的地节点；减弱 III 型节点（次劣区节点）对网络边缘区节点的控制和影响，将曲靖、德宏、红河、文山优化为Ⅲ型节点，主要由于这些节点地理位置分别处于滇东、滇西、滇南和滇东南的最边缘；减少Ⅳ型节点（劣势区节点）的数量并消除孤立节点在网络中的存在，即为昭通、怒江、临沧网络中的 3 个孤立节点增加新连接，加强核心与边缘区之间的连接。

参 考 文 献

陈浩，陆林，郑嫱婷. 2011. 基于旅游流的城市群旅游地旅游空间网络结构分析—以珠江三角洲城市群为例. 地理学报，66（2）：257-266.

陈薇. 2010. 城郊分布旅游景点线路优化“五分合一”法研究. 成都：西南交通大学.

楚义芳. 1992. 关于旅游线路设计的初步研究. 旅游学刊，7（2）：9-13.

方叶林，黄震方，涂玮. 2013. 社会网络视角下长三角城市旅游经济空间差异. 热带地理，33（2）：212-218.

韩会然，焦华富，郇恒飞，等. 2011. 皖江城市带空间经济联系的网络特征及优化方向研究. 人文地理，26（2）：92-97.

戢晓峰，梁斐雯，陈方. 2012. 云南旅游交通网络空间布局与优化对策. 经济地理，32（11）：52-57.

李山，王慧，王铮. 2005. 中国国内观光旅游线路设计中的游时研究. 人文地理，20（2）：51-56.

刘冰，曾国军，彭青. 2013. 社会网络视角下旅游线路研究——以新疆为例. 旅游学刊，28（11）：101-110.

刘法建，张捷，陈冬冬. 2010. 中国入境旅游流网络结构特征及动因研究. 地理学报，65（8）：1013-1024.

刘宏盈，韦丽柳，张娟. 2012. 基于旅游线路的区域旅游流网络结构特征研究. 人文地理，27（4）：131-136.

刘军. 2009. 整体网分析讲义：UCINET 软件实用指南. 上海：格致出版社：08.

卢天玲. 2008. 塔尔寺旅游者旅行模式及其对地方旅游经济的影响. 旅游学刊，23（12）：29-33.

陆林. 1996. 山岳风景区旅游者空间行为研究——兼论黄山与美国黄石公园之比较. 地理学报，51（4）：315-321.

陆林，汤云云. 2014. 珠江三角洲都市圈国内旅游者空间行为模式研究. 地理科学，34（1）：10-18.

马晓龙. 2005. 基于游客行为的旅游线路组织研究. 地理与地理信息科学，21（2）：98-101.

史春云. 2013. 旅行模式对目的地旅游经济影响的空间差异—以长三角世博旅游线路为例. 旅游学刊，28（6）：111-119.

史春云，张宏磊，朱明. 2011. 国内旅游线路模式的空间格局与特征分析. 经济地理，31（11）：1918-1922.

史春云，张捷，沈正平，等. 2005. 区域旅游竞合研究进展. 地理与地理信息科学，21（5）：85-89.

史春云，朱传耿，赵玉宗，等. 2010. 国外旅游线路空间模式研究进展. 人文地理，25（4）：31-35.

孙勇，史春云. 2013. 江苏省旅游经济网络结构特征. 北京第二外国语学院学报，35（9）：41-46.

孙勇，史春云，唐雯雯，等. 2015. 云南省旅游线路空间模式与特征研究. 旅游研究，7（3）：33-39.

孙勇，史春云，唐雯雯，等. 2016. 云南省旅游线路网络与空间结构特征. 人文地理，31（1）：147-153.

陶伟，戴光全. 2002. 区域旅游发展的“竞合模式”探索：以苏南三镇为例. 人文地理，17（4）：29-33.

王素洁. 2012. 旅游目的地利益相关者管理战略研究——基于社会网络视角. 山东大学学报（哲学社会科学版），（1）：59-64.

王素洁，胡瑞娟，程卫红. 2009. 国外社会网络范式下的旅游研究述评. 旅游学刊，24（7）：90-95.

王瑛，王铮. 2000. 旅游业区位分析——以云南为例. 地理学报，55（3）：346-353.

王永明，马耀峰，王美霞. 2012. 中国入境游客多城市旅游空间网络结构. 地理科学进展，31（4）：518-526.

吴必虎. 1994. 上海城市游憩者流动行为研究. 地理学报，49（2）：117-127.

吴必虎. 2001. 区域旅游规划原理. 北京：中国旅游出版社：383.

吴国清. 2007. 旅游地理学. 福州：福建人民出版社，172.

吴晋峰，潘旭莉. 2010. 京沪入境旅游流网络结构特征分析. 地理科学，30（3）：370-376.
吴凯. 2004. 旅游线路设计与优化中的运筹学问题. 旅游科学，3（1）：41-44.
宣国富，陆林，汪德根，等. 2004. 三亚市旅游客流空间特性研究. 地理研究，23（1）：115-124.
杨效忠，张捷，乌铁红. 2009. 跨界旅游区的组织网络结构与合作模型——以大别山天堂寨为例. 地理学报，64（8）：978-988.
杨兴柱，顾朝林，王群. 2007. 南京市旅游流网络结构构建. 地理学报，62（6）：609-620.
叶红. 2007. 区域旅游线路节点选择对目的地的影响. 经济地理，27（4）：672-675.
袁欣，史春云，朱明，等. 2010. 长三角区域旅游线路模式及目的地类型研究. 旅游科学，24（6）：55-63.
章锦河，张捷，刘泽华. 2005. 基于旅游场理论的区域旅游空间竞争研究. 地理科学，25（2）：248-256.
朱明，史春云，杨晓星. 2014. 基于旅行模式的目的地集群空间特征研究——以云南省为例. 旅游研究，6（4）：40-45.
朱明，史春云，袁欣，等. 2010. 基于旅行社线路的国内旅行空间模式研究. 旅游学刊，25（9）：32-37.
Gunn C A. 1988. Vacationscape：Designing Tourist Regions. New York：Van Nostrand Reinhold.
Hwang Y H，Gretzel U，Fesenmaier D R. 2006. Multicity trip patterns tourists to the United States.Annals of Tourism Research，33（4）：1057-1078.
Lew A A，McKercher B. 2002. Trip destinations，gateways and itineraries：the example of Hong Kong. Tourism Management，23（6）：609-621.
Lue C，Crompton J L，Fesenmaier D R. 1993. Conceptualization of multi-destination pleasure trips. Annals of Tourism Research，20（2）：289-301.
Oppermann M. 1995. A model of travel itineraries. Journal of Travel Research，33：57-61.
Pavlovich K. 2003. The evolution and transformation of a tourism destination network：the Waitomo Caves，New Zealand. Tourism Management，24（2）：203-216.
Scott N，Cooper C，Baggio R. 2008. Destination networks：four Australian cases. Annals of Tourism Research，35（1）：169-188.
Shih H Y. 2006. Network characteristics of drive tourism destinations：an application of network analysis in tourism. Tourism Management，27（1）：1029-1039.
Stewart S I，Vogt C A. 1997. Multi-destination trip patterns. Annals of Tourism Research，24（2）：458-461.
Tideswell C，Faulkner B. 1999. Multidestination travel patterns of international tourists to Queensland. Journal of Travel Research，37（4）：364-374.

第七章　长三角旅游线路模式与目的地区域类型

旅行社根据旅游者的市场需求，对区域内的旅游资源进行有效整合，有针对性地将旅游主体与旅游客体联系在一起，从而形成具有一定特色的旅游线路（马勇，2004）。单一型目的地旅行是很多旅游文献研究的主要内容，然而在具体实践中，旅游目的地不是单一的，而是丰富多变的，旅游地相互竞争与互为补充（Lew and Mckercher，2006）。旅游线路空间模式为认识旅游地在一条旅游线路中的角色定位提供了理论基础，有利于主要客源市场进行产品定位与开发，对选择旅游地之间的竞争与合作策略具有深远的意义。

第一节　研究区概况与数据来源

一、研究区概况

长江三角洲在地理意义上北起通扬运河，南达杭州湾，西至镇江，东到海边，包括上海市、江苏省南部、浙江省北部以及邻近海域。历经新中国成立以来多个历史阶段的发展，长三角以全国 2.1%的陆地面积、11%的人口，创造了全国 21.7%的国内生产总值、24.5%的财政收入、47.2%的进出口总额，已成为中国经济、科技、文化最发达的地区之一。为推动和加强长江三角洲地区经济联合与协作，促进长三角地区经济可持续发展，1992 年由上海、杭州、苏州、南京、无锡、宁波、舟山、扬州、绍兴、南通、常州、湖州、嘉兴、镇江 14 个市经协委（办）成立了“长江三角洲十四城市协作办（委）主任联席会”；1997 年新成立的泰州市加入；2003 年台州市被接纳为新成员；2008 年国务院印发了《关于进一步推进长江三角洲地区改革开放和经济社会发展的指导意见》（国发[2008]30 号），正式确立长三角地区为江苏省、浙江省和上海市两省一市全境，这是全国发展基础最好、体制环境最优、整体竞争力最强的地区之一。

长三角区域内旅游资源丰富，A 级以上旅游景区的数量在全国名列前茅，尤其是优良级旅游产品，江浙沪 3A 级以上旅游景区共计 387 处（数据统计截止到 2013 年 4 月），其中，4A 级景区数量最多，3A 级景区次之，5A 级景区最少（表 7-1）。空间分布密度较高的地区是沪杭、沪宁等地区，又以苏州、杭州、上海、南京等地占据优势（图 7-1，图 7-2，图 7-3）。

表 7-1 长江三角洲 3A 级以上旅游景区统计分析

区域	各级景区数量/个			总数/个	比重/%	区域	各级景区数量/个			总数/个	比重/%
	3A	4A	5A				3A	4A	5A		
苏州	18	28	3	49	12.66	盐城	7	4	0	11	2.84
上海	15	24	3	42	10.85	绍兴	3	8	0	11	2.84
无锡	8	17	2	27	6.98	宿迁	7	3	0	10	2.58
南京	15	10	2	27	6.98	嘉兴	4	6	0	10	2.58
杭州	4	17	1	22	5.68	连云港	2	7	0	9	2.33
徐州	14	8	0	22	5.68	泰州	5	3	0	8	2.07
南通	14	5	0	19	4.91	金华	3	5	0	8	2.07
淮安	10	9	0	19	4.91	台州	2	4	0	6	1.55
宁波	7	11	0	18	4.65	湖州	1	4	0	5	1.29
常州	4	10	1	15	3.88	丽水	4	1	0	5	1.29
扬州	8	6	1	15	3.88	舟山	1	0	1	2	0.52
镇江	4	9	0	13	3.36	衢州	0	2	0	2	0.52
温州	9	2	1	12	3.10	总计	169	203	15	387	100

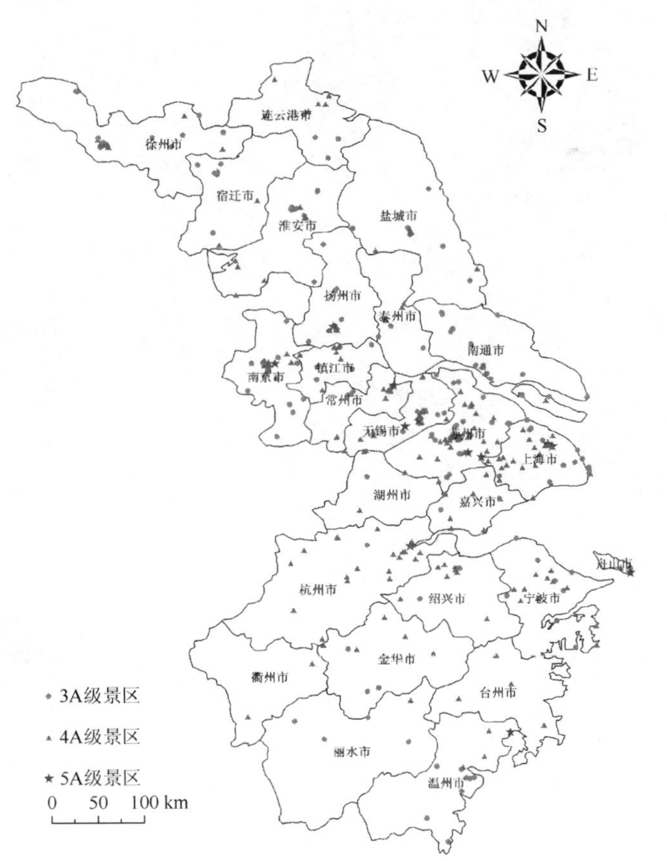

图 7-1 长江三角洲 3A 级以上旅游景区空间分布图

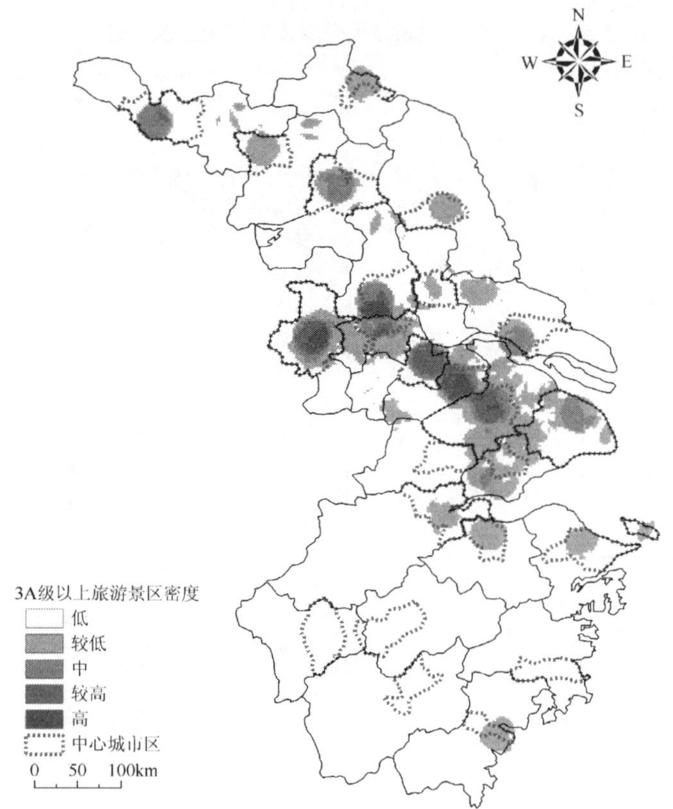

图 7-2　长江三角洲 3A 级以上旅游景区分布密度图

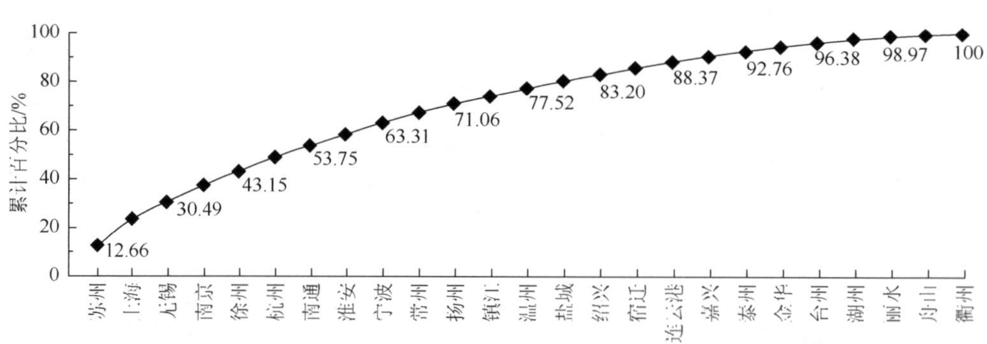

图 7-3　长江三角洲 3A 级以上旅游景区分布空间洛伦兹曲线

二、数据来源

基础资料来源于各旅行社网上推荐的长三角区域旅游线路报价单。上海、南京、杭州和宁波是长三角四大主要旅游客源地，具有很强的代表性；考虑到地理空间上的均衡性，选取长三角范围内的苏北最大城市徐州和长三角范围外的主要客源地北京、成都、广州、西安四座城市共同作为本研究的客源地。以2008～2009年全国百强的著名旅行社作为本研究数据统计范围，于2010年2～3月从上述9座城市的各旅行社网站下载旅游线路报价单，共计590份（南京175份、上海128份、杭州85份、宁波64份、徐州55份、北京27份、广州21份、成都20份、西安15份），作为分析统计的基础。

为了比较长三角区域内各目的地合作在旅游线路中是否存在显著变化，游客在长三角区域目的地节点的旅游线路模式是否有显著变化，仍使用网络旅游线路报价单作为基础数据来源，于2016年下载9座客源城市的百强旅行社线路报价单共计587条，其中长三角区域内城市：上海128份、南京118份、杭州67份、宁波53份、徐州33份；区域外城市：北京88份、广州68份、成都12份、西安20份。基本维持原数据样本来源比率。

第二节　旅游线路空间模式类型与特征

一、旅游线路空间模式的类型划分

（1）通过长三角旅游线路模式主要指标统计可以发现（表7-2），长三角区域旅游线路模式以单目的地模式和完全环游模式为主（合占86.95%），其中完全环游模式约占一半的比例（占52.54%）。完全环游模式之所以占了很大比重，认为是由于长江三角洲地区是高品质高级别旅游景区的集结地，旅游资源丰富并且旅游交通通达性好，旅游者从客源地出发几乎不受地理和交通方面的限制，旅游者可以不重复使用同一条路径所致。虽然Stewart and Vogt（1997）认为单目的地模式的假设在现实线路中不成立，但在长三角区域范围内，单目的地模式却占比较重要的地位（占34.41%）。其原因主要归结于，长三角旅游资源丰富，区域内每个城市都有不同的文化及特色，长三角范围内的游客通常将周边城市作为周末放松休闲的最佳去处，进行周边城市的单目的地旅行。

表7-2　长三角旅游线路模式主要指标体系

旅游线路模式	出游天数	线路报价/元[b]		游览景区个数	出现总次数	出现频率/%
		长三角区域内客源地	长三角区域外客源地			
单目的地模式	2	306	-	3	203	34.41
中心集散模式	5	859	1969	7	14	2.37
完全环游模式	4	599	1373	8	310	52.54
往返模式	3	517	1811	5	36	6.10
区域环游模式	5	658	1453	10	27	4.58

注：b：线路报价指标是对各旅游线路报价的均价进行统计，并区分长三角范围内和范围外。统计中单目的地模式在长三角范围外不存在。

完全环游模式普遍存在于长三角的旅游线路中（占 52.54%）。该线路模式是指在较大空间尺度下沿一定路径做链状旅游，首个目的地和最终目的地不相重合。此模式线路将长三角的若干著名景区整合到一条旅游线路中，游客多以南京为首个目的地，上海、杭州为最终目的地，一路深切感受长江三角洲的深厚文化与自然风光，使长三角的旅游资源得以深度利用。

根据各客源地旅行模式的统计（表 7-3），受行游比的影响，单目的地模式全部出现在长三角客源范围内，并且主要集中在以南京和上海为客源地的旅游线路中，苏北地区出现频率较低，远距离的北京、广州、成都和西安不存在单目的地旅行模式。南京、上海是长三角主要的旅游集散中心，地理位置优越，旅游交通快速便捷，此地区的游客由于生活节奏的加快，通常选择周边城市进行短时间的单目的地旅行，而北京、广州、成都和西安地区的远程游客受行游比的影响，会尽可能地在相对宽松的时间内游览更多的目的地和旅游景区，通常还会选择地域文化显著、景区级别高的景区。

表 7-3　按客源地统计的旅游空间模式　（单位：次）

旅行模式＼客源地	长三角区域范围内					长三角区域范围外				总计
	南京	上海	杭州	宁波	徐州	北京	广州	成都	西安	
单目的地模式	79	64	21	28	11	-	-	-	-	203
中心集散模式	9	2	1	-	-	-	2	-	-	14
完全环游模式	84	45	59	35	36	17	14	10	10	310
往返模式	-	17	4	1	8	2	1	2	1	36
区域环游模式	3	-	-	-	-	8	4	8	4	27

往返模式是由一条重复使用的游憩路径将所有旅游目的地节点连接起来，进入和返回游憩路径重合，在长三角区域范围内外都不是普遍存在，出现频率也较低（占 6.10%）。游客在时间和经济条件允许的情况下，为了避免视觉疲劳和尽量多欣赏不同的沿途风光，很少选择同一条游憩线路。

区域环游模式在长三角范围内很少存在，在长三角范围外却普遍存在。较大空间尺度的旅游活动往往到达一个区域内，选择一个目的地作为起点，在区域内依次游玩多个目的地，最后再到达这个目的地，沿原路返回，进入和返回路径重合，游憩路径不重复使用。以北京、成都、西安、广州为客源地到长三角进行区域旅游，往往会选择南京、上海、杭州为起点，进行长江三角洲的整个区域旅游活动。

以某个城市作为节点的中心集散模式线路所占比率较少（占 2.37%）。在中心集散模式中，游客直达某旅游目的地，并以此为中心集散地，凭借交通优势、资源的高集聚性以及完善的旅游服务设施，对周围的景点展开游览。在长三角区域范围内，较大空间尺度的旅游活动通常将南京、上海、杭州、宁波作为旅游中心集散地。同时，由于长三角城市普遍具备交通优势，资源集中度高以及旅游服务设施完善的特征，以至于中心集散模式在长三角范围内和长三角范围外都不普遍存在。

（2）多目的地旅游模式的出游天数比单目的地模式更长。受行游比的影响，旅游天数的确定一般和两地的空间距离有关，两地的空间距离越大，旅游的天数就越多；相反，两地的空间距离越小，旅游的天数就相对较小。以调查的 590 份旅游线路可以看出，单目的地模式旅行天数平均只有 2 天，完全环游模式和区域环游模式的天数可达到 4～5 天。同时随着旅行天数的增多，旅行费用和游览景区的个数也是相应地增加，其中，单目的地模式旅行花费和共游览景区个数相对最少。旅行天数可以从侧面反映出该条旅游线路的组合是否合理，如果景点较多，但时间较少，则游行将会比较仓促；如果景点较少，天数较多，则会浪费旅游者的时间和金钱。由此可知，旅游天数的安排将直接影响到旅游者的旅游质量和切身感受。

二、基于旅行模式的目的地空间分析

在《论“旅游目的地”与“旅游过境地”》这篇文章中，杨振之和陈顺明（2007）首先对同一条旅游线路中不同旅游目的地之间的竞合关系和旅游产品的联合开发问题进行了探讨，通过分析各个旅游目的地在旅游线路上的作用和角色定位，将旅游目的地划分为：过境地与目的地两种类型；然后在分析二者形成机制的基础上，拓展了旅游目的地研究的深度和广度，为旅游客源市场的建设与旅游产品的开发提供了重要的参考建议。但是在实际的旅游活动过程中，不能把线路上的旅游地简单地分为“旅游目的地”和“旅游过境地”，根据旅游者对旅游线路不同的利用现状以及旅行社经营的旅游线路，旅游地类型具有多种形式。

目前，观光旅游是国内旅游的主要形式，随着旅游活动的深入发展，旅游者对旅游线路的要求越来越高，不仅注重“质”，同时也注重“量”。游客在强调旅游体验的同时，希望在一次旅游行程中游览尽可能多的景区，大多数还会选择级别较高的旅游地，并且在各个旅游地的停留时间较短，没有明显的“目的地”和“过境地”之分，而我国旅游线路类型主要为周游型线路，缺少针对游客需求的逗留型线路。因此，需要在充分考虑旅游线路的空间模式以及旅游者空间选择行为的基础上对旅游线路中的旅游地角色进行准确定位，对完善旅游地的建设和发展具有重要的意义。

（一）旅游目的地出现频率统计

旅行社在旅游行业中扮演着十分重要的角色，众多旅游者出游时都会选择一家好的旅行社，让其为自己选择一条经济实惠却又物有所值的旅行线路，而旅行社也会将更好的旅行目的地推荐给旅游者。因而，各个城市在各大旅行社官方网站上出现频率的大小能比较充分地反映这个城市在这一区域内甚至在整个旅游业内的影响力及被旅游者的接受度。

旅游目的地出现频率是指被调查目的地在调查目的地总数中所占的比重，可以反映出该旅游目的地在调查区域内的市场感应情况和被接受程度（周存宇和钟振全，2008）。经过对全国2008年度百强旅行社官方网站推荐旅行目的地以及2010年长三角区域590条旅游线路的统计，所选旅游线路中涉及以下城市，长三角各个城市出现频次有较大差异（表7-4、图7-4）。

表7-4　长三角各城市在全国百强旅行社官网及590条旅游线路中出现频次和频率

城市	百强旅行社官网推荐		长三角590条旅游线路		城市	百强旅行社官网推荐		长三角590条旅游线路	
	频次/次	频率/%	频次/次	频率/%		频次/次	频率/%	频次/次	频率/%
南京	78	7.46	166	12.04	杭州	95	9.0	322	23.35
苏州	95	9.08	237	17.19	宁波	61	5.83	32	2.32
无锡	91	8.70	168	12.18	温州	25	2.40	10	0.73
常州	65	6.21	22	1.60	衢州	21	2.01	1	0.06
扬州	44	4.21	27	2.00	丽水	24	2.29	0	-
镇江	36	3.44	17	1.23	绍兴	23	2.20	29	2.10
泰州	21	2.01	2	0.14	嘉兴	25	2.39	71	5.15
连云港	29	2.77	1	0.06	台州	23	2.20	0	-
南通	21	2.01	0	-	湖州	33	3.15	17	1.23
淮安	21	2.01	0	-	舟山	34	3.25	47	3.41
盐城	21	2.01	0	-	金华	21	2.01	23	1.67
宿迁	21	2.01	0	-	上海	95	9.08	186	13.49
徐州	23	2.20	1	0.06	总计	1046	100	1379	100

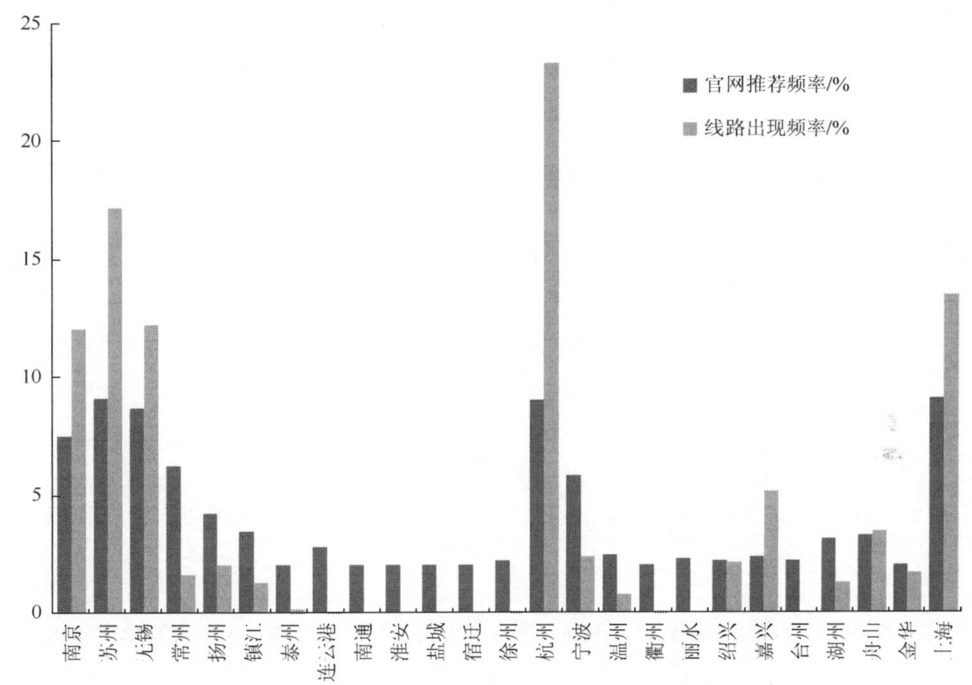

图 7-4 长三角各城市在全国百强旅行社官网及 590 条旅游线路中出现频率

根据百强旅行社官方网站推荐旅行目的地的统计（图 7-5），可将长三角旅行目的地按频次分为以下几个区段：第一批段（出现频次为 21～40），这一批段城市有：徐州，连云港，淮安，宿迁，南通，盐城，镇江，泰州，温州，衢州，丽水，绍兴，嘉兴，台州，湖州，舟山，金华，共计 17 个城市，在这一批段的城市在各大旅行社中被推荐次数属于极少，旅游的知名度不高；第二批段（出现频次为 41～60），这一区间的城市只有扬州，受欢迎程度较低；第三批段（出现频次为 61～80），这一批段的城市有：南京，常州，宁波，共计 3 个城市，在这一批段的城市在各大旅行社中被推荐次数较多，属于比较受欢迎的旅游城市；第四批段（出现频次为 81～100），这一批段城市有：无锡、苏州、杭州、上海，共计 4 个城市，在这一批段的城市在各大旅行社中被推荐次数极高，属于十分受旅游者欢迎的旅游城市。

经对比可以发现，长三角区域旅游目的地影响力存在较大的空间差异，与区域经济发展存在较强烈的耦合关系，整体上形成了以上海、苏州、无锡、杭州为核心向四周衰减的中心地等级结构。旅游线路出现的频次与官网推荐旅游目的地出现的频次整体上是一致的，受关注程度较高线路主要分布在沪宁沿线、沪杭沿线以及杭甬沿线的上海、南京、杭州、苏锡常、宁波等城市，而苏北、苏中以及浙西地区受关注程度较少。

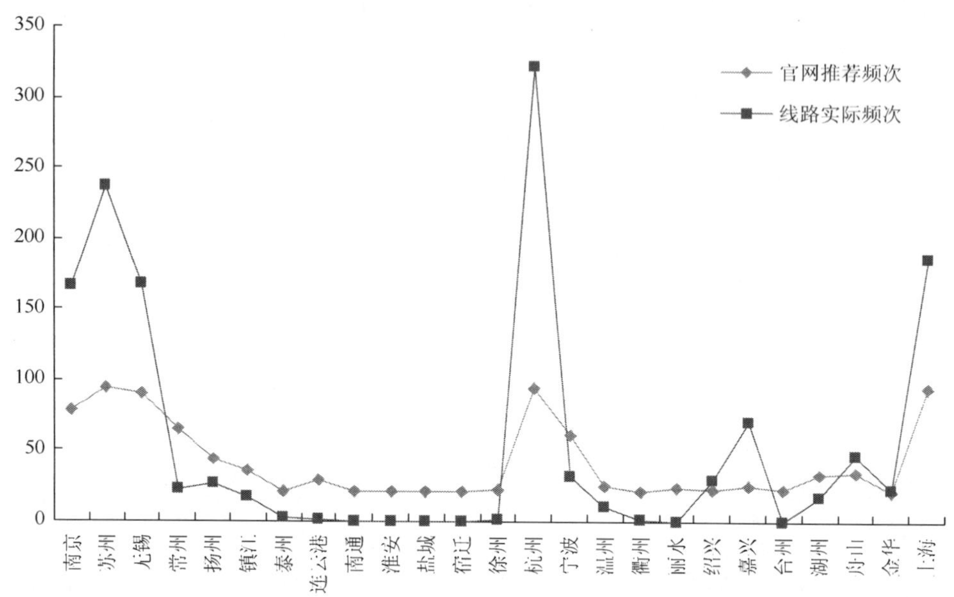

图 7-5　长三角各城市在全国百强旅行社官网以及 590 条旅游线路中出现频次比较图

(二) 旅游目的地类型分析

1. 基于旅行模式的目的地类型划定

旅行模式决定了旅游目的地在旅游线路中扮演的角色，而目的地的功能类型在一定程度上反映了旅游者所采用的旅行线路模式，因此对目的地类型的研究必不可少。Lew and McKercher（2002）对香港进行了旅游目的地的实证研究和分析，根据一个旅游地在不同模式线路中的地位和作用，将旅游目的地划分为 5 种类型，并且研究了香港在国际长线旅游中的角色类型。但由于香港作为亚太地区重要的旅游枢纽，与我国目前的大众旅游现状有所不同（短线居多，游览时间短，交通方式以汽车、火车为主），其选择的旅游者群体是国际旅游者，游览时间长，并且交通方式为航空。因此在 Lew and McKercher（2002）研究的基础上，结合长三角区域实际情况对旅行模式中各类型目的地的特征进行阐述。

单目的地类型只出现在单目的地模式的线路中，旅游者从客源地出发，到目的地游览后直接返回客源地。单一型目的地必须具备知名度和市场号召力强的景区景点，类型多样的旅游吸引物，以及丰富的旅游活动，才能成为此类型的旅游地。

枢纽型目的地亦可称作辐射式目的地。考虑到长三角旅行线路的实际情况，为了强调其作为枢纽的功能，将身兼门户型和出口型目的地功能的目的地作为枢纽型目的地（为了区别枢纽型目的地和门户、出口型目的地，只对中心集散模式中的枢纽型目的地进行统计）。在某旅游区域与客源地之间有最便捷的交通通道联系，尤其重要的是旅游中枢要与区域内的其他旅游地一日到达，以此作为旅游中转站，可使旅游者提高游览的经济效益。

门户型目的地是旅游者开始多目的地旅游的首发站，在往返模式和区域环游模式中门户型目的地和出口型目的地是重合的，无论其是否在整个旅程中占有重要位置，因“第一印象”作用，它都会影响旅游者对整个行程的质量判断。对于区域旅游而言，门户型目的地通常要求具有特别便捷的交通及旅游服务设施，既要和客源地有直接的交通联系，还要与附近旅游地保持较好的可达性。一般来说省会城市由于政治、经济、文化、交通的中心作用常常成为区域旅游的门户，长三角地区的门户型目的地以南京、杭州、上海居多。

出口型目的地是旅游者返回客源地前游览的最后一个目的地，一般被安排在主要目的地后，实现一些离境的功能，为整个游程提供结束感。在国际旅游中，一般要求出口型目的地与客源地有直接的交通联系，并且具有完善的旅游服务设施，而在国内旅游中，即便旅游服务设施功能较弱，也并不影响一个城市成为出口型目的地。

途径型旅游地是旅游线路中第一个和最后一个旅游地之间的目的地，它只会出现在多目的地旅游线路中。即便交通便捷性不及其他类型目的地，但是并不影响其成为线路上最主要的目的地。此类旅游地不是线路中第一个目的地，因此最先成为主要目的地的可能性减小，通常会被当做线路中的附加部分。而作为附加部分的中途旅游地可以不具有和单目的地同样数量多、类型丰富的旅游吸引物，因此不会吸引旅游者长时间停留。

2. 长三角旅游目的地类型统计

通过以上分析，可以大致确定基于旅游线路模式的长三角目的地类型，并对收集到的旅游线路报价单进行分类，得到长三角主要旅游目的地类型。根据图 7-6 并结合原始数据，可发现长三角旅游目的地类型呈现出以下特点：

第一，虽然单一型旅游目的地在国外的实证研究中很少出现，但在长三角区域范围内却是一种重要的目的地类型。从数据统计中可以发现，长三角的单一型目的地主要集中在南京、苏州、无锡、常州、扬州、杭州、嘉兴、舟山、上海等苏南、苏中以及浙北等地区，而苏北地区的盐城、淮安、宿迁、徐州以及浙西地区的衢州、丽水几乎不存在单一型目的地。究其原因，单一型旅游目的地必须具备丰富的旅游资源以及很好的可达性和完善的接待服务设施，并且受旅游效益最大化的影响，单一型目的地多存在于短线旅游中，便于旅客进行周边城市的一日游。

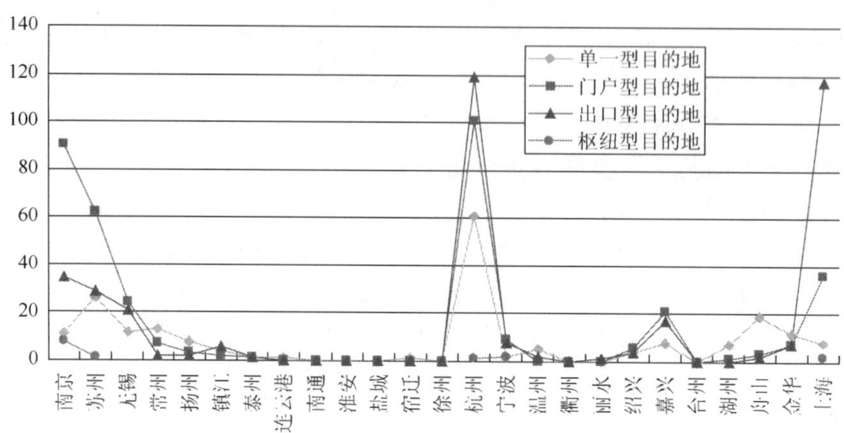

图 7-6　基于旅游线路模式的长三角主要旅游目的地类型统计图

第二，门户型目的地、出口型目的地由于对交通可达性、接待服务设施的要求较高，一般情况下都是由省会城市或目的地区域的中心城市来承担。在长三角区域范围内，门户型目的地主要集中在南京、苏州、杭州、嘉兴、上海这几个城市，出口型目的地与门户型目的地保持着高度的一致性。苏北地区在门户型目的地和出口型目的地中依然是空白。

第三，长三角城市普遍具有良好的交通可达性和完善的旅游接待服务设施，而省会城市的交通条件相对更好，使得南京、杭州、上海三地的交通枢纽功能更为突出。这些城市往往身兼门户、出口、枢纽型等多种类型目的地的职能，使得一方面省会城市的旅游资源得到优先开发，另一方面在旅游业利益分配中获得了大部分的经济利益，从而加剧了地区间旅游业增长的不均衡（史春云等，2007）。

（三）基于旅游线路组合的长三角城市“核心—边缘”空间结构

根据长三角旅游线路中旅游目的地出现频次的统计，可以发现，长三角目的地呈现出“核心—边缘”空间结构格局：

上海是长三角第一层次上的城市旅游“核心—边缘”空间结构的旅游核心。从图 7-7 可以看出，长江三角洲区域旅游核心城市有上海、苏州、杭州三个城市，其他不同等级的旅游中心城市有南京、无锡、嘉兴、舟山。其中上海城市旅游发展在长三角中占有非常重要的地位，是长江三角洲城市旅游“核心—边缘”空间结构体系中的重要旅游极核，是重要的推动力量，其他城市是以上海为核心的边缘区域。

基于旅游线路中旅游目的地的出现频次，长三角区域旅游“核心—边缘”空间结构体系呈现出多层次、多核心的发展特征。如图 7-7 所示，长三角区域旅游空间形成了以南京为区域旅游发展核心，扬州、镇江、南通、常州为发展边缘区

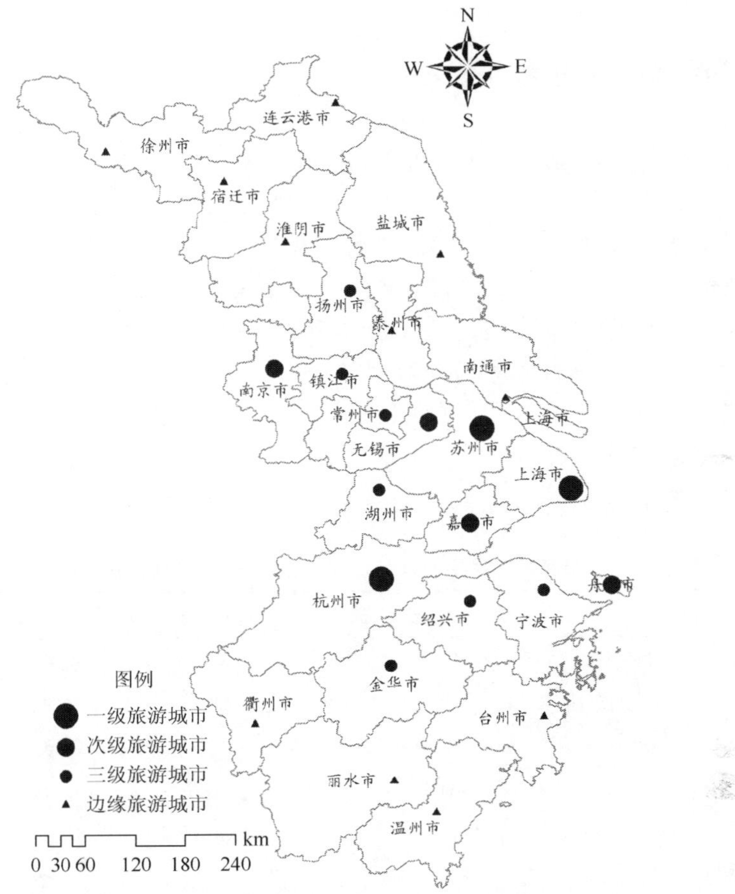

图 7-7　基于旅游线路组合的长三角城市“核心—边缘”空间格局

的旅游空间结构体系；以杭州为区域旅游发展核心，绍兴、嘉兴、湖州等为旅游发展边缘区的旅游空间结构体系；以上海为区域旅游发展核心，嘉兴、南通、苏州等为发展边缘区的旅游空间结构体系；以苏州、无锡、常州为区域旅游发展核心，进而形成苏锡常都市旅游圈空间结构体系。在这几大都市旅游圈的空间结构体系中，每一个旅游圈内部还有若干二级旅游核心城市以及旅游发展边缘区。如杭州都市旅游圈的空间体系中，在以杭州为第一层面上的区域旅游发展核心外，还有以嘉兴为二级城市旅游发展核心。

苏北、浙西以及浙南城市旅游边缘化。从图 7-7 可以看出，目前长江三角洲地区“核心—边缘”空间格局分为一级旅游城市、次级旅游城市、三级旅游城市和边缘旅游城市。由于城市旅游交通枢纽的形成以及旅游资源禀赋的差异，核心旅游城市主要集中在苏南以及浙北地区，苏北、浙西和浙南城市旅游边缘化现象明显。

三、旅游线路模式的特征分析

（一）旅游特征与旅行模式之间的相关分析

相关分析结果显示（表 7-5），旅游天数与旅游线路报价单之间的简单相关系数为 0.704、与游览景区个数间的简单相关系数为 0.58、与交通方式间的相关系数为 0.466，与旅行模式间的相关系数为 0.542。它们的相关系数检验的概率 p 都近似为 0。因此，当显著性水平为 0.01 或 0.05 时，都应拒绝相关系数检验的零假设，认为旅游天数与旅游线路报价单、游览景区个数、交通方式以及旅行模式之间存在线性关系。旅游天数的多少受到旅游报价单、游览景区个数、交通方式和旅行模式的显著影响。

表 7-5　旅游特征与旅游方式之间相关系数矩阵

		天数	报价	景区个数	交通方式（O-D）	旅行模式
天数	相关系数	1	0.704**	0.580**	0.466**	0.542**
	双尾显著性	-	0.000	0.000	0.000	0.000
	样本数	590	590	588	590	590
报价	相关系数	0.704**	1	0.316**	0.635**	0.508**
	双尾显著性	0.000	-	0.000	0.000	0.000
	样本数	590	590	588	590	590
景区个数	相关系数	0.580**	0.316**	1	0.204**	0.428**
	双尾显著性	0.000	0.000	-	0.000	0.000
	样本数	588	588	588	588	588
交通方式（O-D）	相关系数	0.466**	0.635**	0.204**	1	0.415**
	双尾显著性	0.000	0.000	0.000	-	0.000
	样本数	590	590	588	590	590
旅行模式	相关系数	0.542**	0.508**	0.428**	0.415**	1
	双尾显著性	0.000	0.000	0.000	0.000	-
	样本数	590	590	588	590	590

注：**相关系数在 0.01 水平显著（双尾）。

旅游报价与游览景区个数之间的简单相关系数为 0.316、与交通方式间的相关系数为 0.635、与旅行模式间的简单相关系数为 0.508。它们的相关系数检验的概

率 p 都近似为 0。旅游线路的报价受到游览景区个数、交通方式以及旅行模式的正向影响。

游览景区个数和交通方式之间的简单相关系数为 0.204、与旅行模式之间的简单相关系数为 0.428，交通方式和旅行模式间的简单相关系数为 0.415。它们的相关系数检验的概率 p 都近似为 0。游览景区个数受到交通方式和旅行模式的显著影响，一般远距离的游客希望能在比较短的时间内游览更多更著名的景点。交通方式和旅行模式之间也存在显著线性关系。

（二）近远程旅游消费及旅行模式 t 检验

旅行距离的远近直接关系到旅游者旅游消费的多少以及旅行模式的选择。将旅游天数在 1～2 天（含 2 天）之间的旅游划分为近程旅游；旅游天数在 3 天及 3 天以上的旅游划分为远程旅游。

表 7-6 近远程旅游消费 t 检验分析结果通过两步完成。第一步，近远程旅游消费总体方差是否相等的 F 检验。该检验的 F 统计量的观察值为 166.524，对应的概率 p 为 0，由于概率 p 小于 0.05，因此近远程消费总体的方差存在显著差异；第二步，近远程消费总体均值的检验。其中，t 统计量的观测值为 19.717，对应的双尾概率 p 为 0 概率 p 小于 0.05，拒绝零假设，即近远程旅游消费的均值存在显著差异。近程旅游者的消费水平由于受到交通方式等因素的影响远远小于远程旅游者的消费水平。

表 7-6　旅行距离与线路报价的 t 检验

		方差齐次性检验		均值相等检验						
		F 值	显著性	t 值	自由度	显著性	均值差	标准误	95%的置信区间	
									低区间	高区间
报价	假设方差相等	166.524	0.000	19.717	588	0.000	596.852	30.271	537.400	656.305
	假设方差不等			18.348	314.179	0.000	596.852	32.530	532.848	660.856

注：方差齐次性检验方法：Levene's Test。

根据表 7-7 分析结论应通过两步完成。第一步，近远程旅行模式总体方差是否相等的 F 检验。该检验的 F 统计量的观察值为 160.292，概率 p 小于 0.05，因此近远程旅行模式总体的方差存在显著差异；第二步，近远程旅行模式总体均值的检验。其中，t 统计量的观测值为 16.860，对应的双尾概率 p 小于 0.05，拒绝零假设，即近远程旅行模式的均值存在显著差异。

表 7-7　旅行距离与旅行模式的 t 检验

		方差齐次性检验		均值相等检验						
		F 值	显著性	t 值	自由度	显著性	均值差	标准误	95%的置信区间	
									低区间	高区间
旅行模式	假设方差相等	160.29	0.000	16.860	588	0.000	1.327	0.079	1.172	1.481
	假设方差不等			17.258	583.08	0.000	1.327	0.077	1.176	1.478

注：方差齐次性检验方法：Levene's Test。

（三）旅游线路报价多因素方差分析的饱和模型

多种因素影响着旅游者旅游线路的选择。旅游行为主体不仅受到主观条件（诸如职业、年龄、受教育程度等）的限制，表现为对线路产品的需求多元化，而且受到客观条件（旅游目的地特征、线路交通状况、旅游线路报价等）的影响，其中旅游线路报价是一个重要的影响因素。同时，旅游线路报价单也受到旅游天数、游览景区个数、旅行模式等诸多因素的制约。

表 7-8　旅游报价多因素方差分析的饱和模型

因变量：报价

变异来源	平方和	自由度	均值平方	F 值	显著性
总变差	1.045E8[a]	165	633 309.644	10.792	0.000
	6.521E7	1	6.521E7	1.111E3	0.000
天数	9 894 572.641	10	989 457.264	16.861	0.000
景区个数	4 391 248.897	21	209 107.090	3.563	0.000
旅行模式	914 773.758	4	228 693.440	3.897	0.004
天数*景区个数	1.123E7	69	162 748.100	2.773	0.000
天数*旅行模式	1 112 428.255	12	92 702.355	1.580	0.094
景区个数*旅行模式	3 817 454.320	26	146 825.166	2.502	0.000
天数*景区个数*旅行模式	1 124 628.570	13	86 509.890	1.474	0.124
误差	2.476E7	422	58 682.419		
合计	3.396E8	588			
总变异	1.293E8	587			

注：a. 判定系数 R^2=0.808（校正后判定系数 R^2=0.734）。

表 7-8 可以看出，观测变量的总变差（corrected model）SST 为 1.045E8，它被分解为 8 个部分，分别是由天数（X1）不同引起的变差（9 894 572.641），由景区个数（X2）引起的变差（4 391 248.897），由旅行模式（X3）引起的变差（914 773.758），由天数和景区个数交互作用（X1 * X2）引起的变差（1.123E7），天数和旅行模式交互作用（X1 * X3）引起的变差（1 112 428.255），景区个数和旅行模式交互作用（X2 * X3）引起的变差（3 817 454.320），天数、景区个数和旅行模式相互作用（X1 * X2*X3）引起的变差（1 124 628.570），由随机因素引起的变差（Error 2.476E7）。FX1、FX2、FX3、FX1 * X2、FX1 * X3、FX2 * X3、FX1 * X2*X3 的概率 p 分别为 0.00、0.00、0.04、0.00、0.094、0.00、0.124。如果显著性水平为 0.05，由于 FX1、FX2、FX3 的概率 p 小于显著性水平，则应拒绝零假设，旅游天数、旅游景区个数和旅行模式给旅游报价带来了显著影响。同时 FX1 * X3、FX1 * X2*X3 的概率 p 大于显著性水平，因此不应拒绝零假设，认为旅游天数和旅行模式没有对旅游报价产生显著的交互作用，旅游天数、景区个数和旅行模式也没有对旅游报价产生显著的交互作用。

R^2（0.808）和调整的 R^2（0.734）反映的是多因素方差模型对观测变量数据的总体拟合程度，它们越接近 1 说明对数据的拟合程度越高。旅游线路报价主要受到旅游天数，游览景区个数以及旅行模式因素的影响。

第三节　旅游线路模式的动态演变

一、分析背景

（一）区域旅游合作日益深入

2008 年 9 月正式印发的《国务院关于进一步推进长江三角洲地区改革开放和经济社会发展的指导意见》，将长三角一体化发展上升为国家战略。旅游合作是长三角地区社会经济一体化的重点领域，自 2011 年建立“长三角旅游合作联席会议”制度后，已先后达成“苏州共识”、签署“杭州方案”，在资源共享、互信互助、客源互输方面达成共识，初步建立起区域旅游信息沟通机制、工作联动机制和旅游政策法规体系协调统一机制。随着国家建设“一带一路”和“长江经济带”的重大战略机遇的到来，长三角地区旅游合作的深入发展必将对旅游线路空间模式产生深远影响。

（二）交通体系的完善与提升

已有研究表明，旅游区域交通可达性是影响旅游线路空间模式选择的重要影响因素（史春云等，2005），在当前我国高速公路、高速铁路等快速交通大发展的背景下，更多的旅游目的地将实现跨区域联合，势必对区域旅游线路模式的空间特征产生较大影响。长三角作为我国商贸活动频繁、人员流动密集的地区，交通基础设施的建设一直是实现“两个率先”战略的重点领域。过去六年（2010～2016 年）间，长三角地区交通可达性的改善状况在全国范围内较具代表性（表 7-9），形成了一批新的旅游集散城市，旅游者在交通出行方式、旅行线路等方面的选择逐渐增多，旅行社亦可从降低成本、提升旅游让渡价值的角度出发，进一步完善旅游线路产品。针对长三角旅游线路模式特征的纵向变化进行分析，不仅可以明确长三角地区旅游线路空间模式及区域旅游合作态势的动态演化特征，亦可进一步佐证交通因素对旅游线路模式及目的地职能的影响。

表 7-9　2008～2016 年期间长三角地区完成的重大交通基础设施项目

交通方式	项目名称	通车/通航时间/（年·月·日）	交通方式	项目名称	通车/通航时间/（年·月·日）
高速公路及重要桥梁	杭州湾跨海大桥（杭州湾环线高速）	2008.5.1	航空	淮安涟水国际机场	2010.9.26
	苏通大桥	2008.6.30		扬州泰州国际机场	2012.5.8
	舟山大陆连岛工程	2009.12.25		甬台温高铁	2009.9.28
	申嘉湖杭高速	2009.12.31		沪宁城际高铁	2010.7.1
	诸（暨）永（嘉）高速	2010.1.7		京沪高铁	2011.6.30
高速公路及重要桥梁	泰州长江大桥（泰镇高速）	2012.11.25	准高速铁路	沪杭甬高铁	2013.7.1
	嘉（兴）绍（兴）跨江大桥	2013.7.19		宁杭高铁	2013.7.1
	常（熟）台（州）高速	2013.7.19		宁启路电气化复线	2016.5.15
	常（州）溧（阳）高速	2015.9.26		沪昆高铁	2016.12.28

二、旅游线路模式的变化特征

总体上来看，长三角地区旅游线路以完全环游模式和单目的地模式为主的情况未发生较大变化（表 7-10）。其中单目的地、中心集散、区域环游模式的出现频率均有降低，完全环游模式的比重则进一步增加，说明长三角区域交通基础设施条件改善效果明显，目的地之间的交通连接选择较过去更多，可达性进一步提升。

表 7-10　2010 年与 2016 年长三角旅游线路主要指标比较

线路模式	2010 年				2016 年			
	出现频率/%	出游天数/天	域内报价/元	域外报价/元	出现频率/%	出游天数/天	域内报价/元	域外报价/元
单目的地模式	34.41	2	306	-	25.47	2	592	2316
中心集散模式	2.37	5	859	1969	0.68	3	794	-
往返模式	4.58	3	658	1453	4.75	3	825	2374
区域环游模式	6.10	5	517	1811	4.24	5	874	2119
完全环游模式	52.54	4	599	1373	64.86	4	812	2399

由表 7-10 可知，长三角区域内外客源地在旅游线路模式的选择上有显著差异：长三角区域内客源地游客出游时偏向使用单目的地模式和完全环游模式，区域外客源则更常采用完全环游模式。

（一）单目的地模式

单目的地模式仍是长三角地区居民周末短途出游的主要方式。由于时间有限（2 天），停留时间较短，线路主题性较强，多选择某一旅游地展开深度体验游，以休闲放松为主要出游目的。与 2010 年数据相比，长三角区域外的北京亦出现了采用单目的地模式的情况。这是因为 2011 年通车的京沪高铁将北京至长三角地区的时间距离大大缩短（平均 5.5 小时），行游比降至游客可承受范围所致。但由于克服空间距离所带来阻力的花费较多，大尺度空间旅行采用该模式的情况仍属少数。

（二）完全环游模式

完全环游模式是典型的环状游路，由于可以实现旅游效益最大化，避免走“回头路”，故一直备受旅游者青睐。与 2010 年数据相比，2016 年数据中采用该类型线路模式的比率有较大上浮（增长 12.32%）。完全环游模式对交通可达性要求较高，需要目的地节点之间有成熟的网络化交通结构体系。正是由于这个原因使长三角区域内外的旅游者都倾向于采用完全环游模式。域外旅游者通常乘坐高铁、飞机选择上海、南京、杭州等区域交通枢纽作为进出长三角的目的地，游览时间较长；而长三角域内游客由于距离较近，可以乘坐汽车直接往返于多个旅游景区，不依赖交通枢纽，在进出目的地的选择上较自由，且游览时间较短。

（三）中心集散模式

以交通枢纽为中心向不同方向作多次往返旅行的中心集散模式在长三角地区属于较少出现的线路类型（袁欣等，2010）。由于过分强调对枢纽城市的交通依赖性，不符合旅游者大尺度空间行为规律，2016 年线路数据样本中只有 4 条该类型线路，且只存在于域内客源，域外旅行的游客已不采用中心集散模式。

（四）往返模式

往返模式以走“回头路”为主要特征，表现为对游憩路径和目的地的重复使用。该类型旅游模式的使用率基本维持在较低水平，游览时间一般 3 天以内，以近短程出游为主，是长三角地区较少出现的线路模式。

（五）区域环游模式

区域环游模式是进出目的地相同的环线游路。与 2010 年的情况类似，该模式主要出现在长三角域外的客源地，域内基本不采用区域环游模式。所不同的是一些新兴交通中心城市（如扬州、淮安等）或可达性有所改善的城市（如舟山）开始成为区域环游模式中的交通枢纽（表 7-11）。

表 7-11　长三角区域内外客源地的旅游线路模式比较

旅行模式＼客源地	长三角区域范围内					长三角区域范围外				总计
	南京	上海	杭州	宁波	徐州	北京	广州	成都	西安	
单目的地模式	21	43	32	33	16	5	-	-	-	150
中心集散模式	1	1	1	1	-	-	-	-	-	4
往返模式	11	5	-	3	-	4	-	-	2	28
区域环游模式	1	-	-	-	-	9	5	5	5	25
完全环游模式	84	80	35	17	16	70	60	7	13	382

三、目的地节点的演化特征

（一）目的地节点出现频率变化

由表 7-12 可发现 2016 年长三角区域各目的地的出现频率的总体分布结构相

较于 2010 年总体差异不大。按目的地出现频率（f）可将长三角各旅游目的地分成三个层级：第一层级，出现频率 $f>10\%$的目的地；第二层级，出现频率 $1\%<f\leq10\%$的目的地；第三层级，出现频率 $f\leq1\%$。杭州、苏州、上海、无锡、南京五座城市六年来稳居第一层级目的地，是长三角地区最具代表性的旅游地，也是各大旅行社报价单中最常出现的“华东五市”线路组合成员，合作关系较为稳定；宁波、常州、扬州、绍兴、舟山、湖州为第二层级，通常作为对第一层级目的地的补充；以江苏的盐城、徐州及浙江的衢州为代表的第三层级目的地，较少在长三角旅游线路中出现。尽管第一层级目的地的出现频率有普遍下降的趋势，但二、三层级目的地却出现了增长，说明长三角地区旅游合作正逐步实现资源利益共享，旅游效益分配不均的情况正在好转。

表 7-12　2010 年和 2016 年长三角各目的地出现频次比较

城市	2010 年数据		2016 年数据		城市	2010 年数据		2016 年数据	
	频次/次	频率/%	频次/次	频率/%		频次/次	频率/%	频次/次	频率/%
南京	166	12.04	212	11.75	杭州	322	23.35	333	18.46
苏州	237	17.19	323	17.90	宁波	32	2.32	24	1.33
无锡	168	12.18	219	12.14	温州	10	0.73	7	0.39
常州	22	1.60	33	1.83	衢州	1	0.06	1	0.06
扬州	27	2.00	37	2.05	丽水	0	-	6	0.33
镇江	17	1.23	8	0.44	绍兴	29	2.10	28	1.55
泰州	2	0.14	11	0.61	嘉兴	71	5.15	223	12.36
连云港	1	0.06	4	0.22	台州	0	-	12	0.67
南通	0	-	2	0.11	湖州	17	1.23	24	1.33
淮安	0	-	7	0.39	舟山	47	3.41	35	1.94
盐城	0	-	2	0.11	金华	23	1.67	17	0.94
宿迁	0	-	4	0.22	上海	186	13.49	231	12.80
徐州	1	0.06	1	0.06	总计	1379	100	1804	100

从单个目的地的变化情况来看，浙江嘉兴由于地处苏—沪—杭的长三角“小三角区”内，拥有享誉全国的乌镇、西塘两大名镇，近年来随着高速公路和高铁网的逐渐形成，资源和旅游区位优势逐渐显现出来，由过去的第二层级目的地上升为第一层级，并超越南京和无锡，成为苏沪杭的最主要合作目的地。浙江金华（横店）、江苏镇江的出现频次略有下降（第二层级降到第三层级），表现为域内同级同质旅游资源开发（上海迪斯尼、杭州宋城）的替代作用，以及新交通线路开辟所带来的分流作用。此外 2016 年线路数据中 25 座目的地城市皆有出现，包括

南通、淮安、盐城、宿迁、衢州、台州 6 个 2010 年未曾出现的目的地。

（二）目的地职能类型的变化

2010 年线路数据（图 7-8）中，单一型目的地主要集中于南京、苏州、无锡、常州、扬州、杭州、嘉兴、舟山、上海等苏南、苏中以及浙北等地区，而苏北地区和浙西地区几乎不存在单一型目的地。尽管 2016 年线路中，苏南、浙北及上海等长三角核心地区仍是集中分布区域，但苏北的淮安、连云港以及浙西的丽水已开始以单一型目的地在旅游线路中出现，说明这些地区的交通可达性和接待条件有了较大改善，依靠现有资源条件已经能够作为单独目的地吸引旅游者，但吸引对象主要以长三角本地的短途游客为主。

作为完全环游模式中地位最重要的目的地类型，门户和离境型目的地对交通可达性、接待服务设施的要求较高，一般会由线路中资源组合、交通及接待设施较好的目的地城市承担。目前基本都是由上海、南京、杭州、苏州、无锡五座城市作为长三角地区的门户与离境型目的地。相较于单一型和枢纽型目的地，门户与离境型目的地和其他一般目的地之间的利益分配差距较小，更容易形成稳固的目的地集群合作关系。

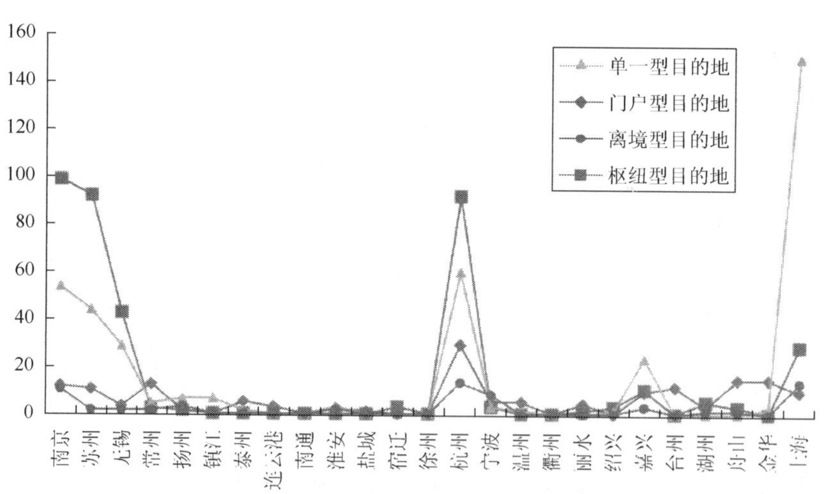

图 7-8　2016 年长三角主要旅游目的地类型统计图

由于往返、中心集散、区域环游模式对枢纽型目的地交通及接待设施的依赖，它往往身兼门户与离境型目的地的职能，因此在线路中也就常常获得比其他目的地更多的旅游客流和收益。当前长三角地区的代表性枢纽型目的地仍然是上海、杭州、南京等区域旅游中心城市，区域旅游目的地集群的空间结构在核心层没有发生较大变化。新兴交通中心城市（如扬州、淮安等）或可达性有所改善的城市（如舟山）试图通过担任枢纽型目的地来达到提升目的地地位、增加知名度及深化旅游合作的目的。

第四节　基于旅游线路优化的目的地空间合作

一、旅游目的地的合作前提

长三角旅游目的地的合作不仅仅建立在区域经济合作的基础上，同时旅游资源的互补性、客源市场的同质性、交通网络的发达便捷性以及合作意识的增强是长三角旅游目的地不断深化合作的前提条件。

（一）地区旅游资源的互补性

上海以风光无限的“海派”都市旅游景观为主；江苏省以文化旅游资源、园林以及古镇水乡为主；而浙江省则以古镇文化旅游资源和自然山水风光见长。长三角旅游资源总体上呈现浓郁的江南特色，但旅游资源各具特色。既有江南水乡的古朴风情，又有充满现代气息的都市情调。

长三角旅游目的地合作可以使两省一市旅游资源要素的互补性成为优势。上海可借苏州、扬州等地的园林和杭州、宁波、舟山等地的山水来丰富和弥补其单一的都市景观；而江苏和浙江各城市则可利用上海独具魅力的国际都市品牌，形成资源上的相互依托，从而形成完整的山水园林都市旅游。将长三角这些旅游资源整合成旅游线路，在旅程不长的线路中进行丰富的旅游目的地选择、旅游产品组合、旅游线路组合，这样的旅游线路可以充实游客的旅游体验，在旅游市场中是极具竞争力的。

根据2008年入境旅游者最感兴趣的旅游资源调查可知，游客对长三角旅游资源的感知也是资源互补的。在上海的旅游活动中，游客最感兴趣的是：饮食烹调文化（占49.5%）、都市旅游购物（占38.3%）和历史文化需求（占33.9%）；在江苏的旅游活动中，游客最感兴趣的是：历史文物古迹（占57.2%）、自然山水风光（占48.1%）、饮食烹调文化（占39.4%）；游客对浙江旅游最感兴趣的是：饮食文化和民俗风情（占29.6%）、历史文物古迹（占40.5%）、自然山水风光（占66.6%）。从以上调查结果可以看出，各地旅游资源的优势十分明显，具有优势叠加、组合优势的有利条件[28]。

---

28 资料来源：

上海市统计局：http: //www.stats-sh.gov.cn/2008shtj/index.asp；

江苏省统计局：http: //www.jssb.gov.cn/jstj/tjsj/tjnj/；

浙江省统计局：http: //www.zj.stats.gov.cn/col/col47/index.html

（二）地区旅游客源市场的同质性

长三角地区的入境旅游市场客源地大致相同，相同的国际客源市场促进了长三角各个城市联手开拓国际旅游市场，也使长三角区域旅游合作有了一个扎实、互惠互利的基础。

2010 年长三角地区主要客源地占各省市接待入境游客的比重如表 7-13 和图 7-9 所示。根据旅游市场的统计，长三角地区入境旅游客源地大都集中在东亚、北美洲、欧洲和东南亚及澳洲。分布在这些地区的十大客源国的游客量，在上海占总量的 67.76%，在浙江占总量的 62.22%，在江苏占总量的 76.52%。其中亚洲是长三角地区入境旅游最重要的国际客源地。

表 7-13　2010 年长三角三省市主要客源国（地区）占各省市接待入境旅客的比重

（单位：%）

长三角城市 / 主要客源国	上海	浙江	江苏
日本	23.25	18.07	24.98
韩国	11.56	18.07	12.22
马来西亚	3.03	4.84	5.0
菲律宾	3.22	1.17	0.6
新加坡	3.52	3.71	5.08
泰国	1.23	2.82	1.17
美国	12.02	7.45	12.92
加拿大	2.21	2.15	2.82
英国	3.49	2.21	4.36
法国	3.43	2.58	3.51
德国	4.72	3.04	5.52
俄罗斯	1.27	1.69	1.87
澳大利亚	2.78	2.12	3.32

注：资料来源于根据中国统计年鉴（2009）整理计算。

（三）地区旅游交通的完善性

随着长三角区域经济一体化的加速发展，各个城市大大加强了交通网络的建设。完善的交通网络体系加强了各城市之间的联系，为促进长三角旅游目的地合作提供了必要的基础设施条件。

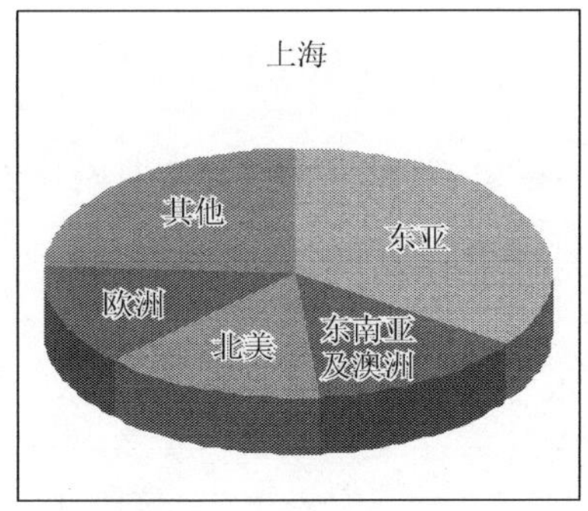

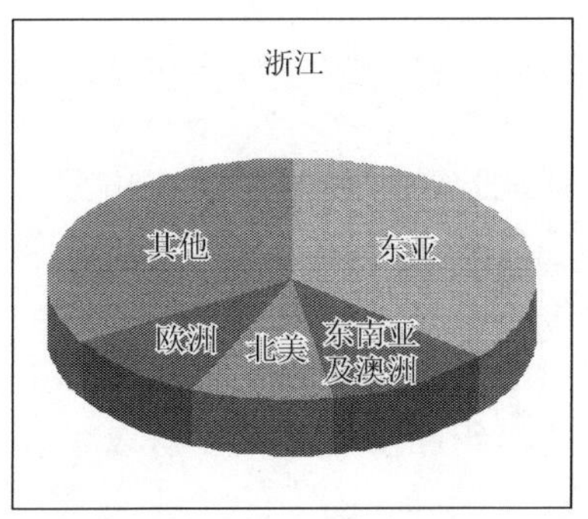

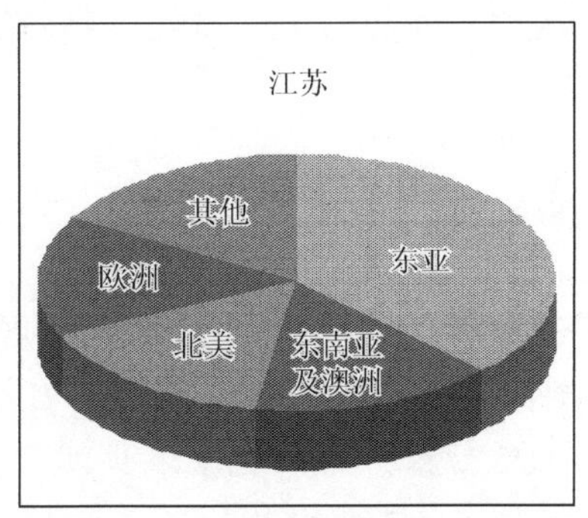

图 7-9　2010 年长三角地区三省市各大洲占各省市接待入境游客的比重

长三角地区是中国交通最为发达的地区之一，新建的虹桥枢纽中心是华东最大的中转站；浦东、虹桥、南京、杭州和宁波等机场；上海、南通、宁波等沿海港口以及国内最大的内河港口——南京港沟通了本地区与国内外的联系。已建成沪宁、沪杭、宁杭、杭甬、苏嘉杭等高速公路；南京长江大桥、南京长江二桥、南京长江三桥、江阴长江大桥、苏通长江大桥等；京沪铁路、沪宁铁路、沪杭铁路等，通过密集的公路网、铁路网将长三角地区紧密地连接起来。2010 年长三角城际铁路轨道交通网新规划完成建议稿，根据这一规划，长三角城际铁路总里程将达到 6849km，江苏省境内 2810km，占 41.04%，成为城际网的主力军。

二、旅游目的地的合作现状

(一) 旅游新产品的联合开发

长三角区域在传统的沪、苏、锡、杭游线的基础上，联手推出新的黄金华东旅游线路。新的旅游路线将从温州进入，把上海作为出口型城市，从上海出；或者将宁波作为门户型城市，从宁波进，上海出，并且在此类旅游线路中加入了浙江省的绍兴和台州，丰富了旅游线路的内容，如：温州—绍兴—杭州—苏州—上海的“新天堂之旅”的旅游线路等，基于旅游资源重新整合的新线路带来了显著的效益。

工业基地旅游日益成为长三角区域旅游的新产品，是将曾经具有辉煌历史的工业遗迹进行科学合理开发，演变成独特新颖的旅游资源。目前，长三角地区拥有工业旅游示范点 33 家，其中上海地区有上海大众、上海宝钢等 3 家；浙江省拥有海盐秦山核电站、台州吉利汽车等 17 家；江苏省有南京卷烟厂等 14 家。通过旅游线路的组织和安排，不仅可以重新展现长三角百年来的工业发展历程，而且可以发展成为极具吸引力的工业旅游资源。在一条旅游线路中，将扬州盐商旧址、无锡荣氏家族茂兴面粉厂改造而成的中国民族工商业博物馆等旅游资源串成一线，从而形成新的旅游景观。

（二）旅游目的地的交通合作

2005 年 3 月，《长江三角洲地区现代公路水路交通规划纲要》通过审核编制，规划提出了长三角区域范围内各中心城市实现 3 小时互通的高速公路网，区域内所有地区 20 分钟上高速；上海与长三角其他地区实现 5 小时互通。同时推行长三角 16 个中心城市交通“一卡通”，为长三角居民之间的出游以及其他区域流动带来较大的便利。各个城市之间的旅游管理部门进行相互合作，共同制定了区域无障碍旅游发展的政策，并出版了长三角旅游交通地图，为长三角游客的自驾游提供了切实的方便。同时，规范和统一设置了景区交通路口的标识，以便自助游旅游者的自由进出。

2005 年国务院批复了长三角 16 个城市的城际轨道交通线网规划，随着长三角范围的扩大，调整规划的要求愈加迫切。新方案覆盖上海、江苏、浙江和安徽，路网密度将由目前的 1.5km/km^2，增加到 3.07km。江苏省调整的最大变化主要是增加了苏北地区的城际铁路，如徐州—连云港、徐州—盐城—海安，苏南经济发达地区的路网最为密集。在城际网密集之后，人们的活动半径将进一步扩大，“长三角人”这一概念将会产生，也为长三角旅游的发展提供了极大的便利条件[29]。

（三）旅游企业之间的合作

旅游企业之间的合作是实现长三角区域旅游一体化发展的必要途径：主要包括旅行社的设立以及旅游饭店的合作经营管理。一是旅行社方面：上海、江苏、浙江“两省一市”的旅游管理部门积极鼓励其他区域内具有优秀管理能力的旅行

29 资料来源：搜狐新闻.《江苏拟到 2020 年建 11 条铁路，提“长三角人”概念》http: //news.sohu.com/20100404/n271305066.shtml

社在长三角旅游市场上设立旅行社分支结构，加强旅行社之间的合作与竞争，实现旅游市场资源要素的互通有无，资源共享；二是旅游饭店方面：饭店高层管理人才的相互交流，共同提高旅游饭店的经营管理水平，同时，加强旅游饭店基础设施的建设，扩大经营范围、提高旅游饭店知名度和服务水平。例如：浙江省的饭店管理公司进驻南京、上海、苏州等地进行收购酒店和管理活动。

1998 年，上海成立了第一家旅游集散中心，为旅游者的出游活动提供全方位的便捷服务。2004 年，杭州和南京也相继建立了散客旅游集散地，分别为“杭州旅游集散中心”和“南京旅游集散中心”，并加入到“上海旅游集散中心”的实时旅游售票网络系统中。到目前为止，各大旅游中心城市都建立了各自的旅游集聚地，极大地方便了自助游游客的出行。旅游集散地不仅可以为旅游者出售当地的旅游套票，同时还可以出售区域范围内其他城市旅游集散中心的套票，并提供区域旅游咨询等多种服务。

三、旅游目的地空间合作优化路径

（一）旅游目的地集群化发展，共创区域旅游品牌

旅游产业的群体化是旅游产业发展到一定阶段的必然产物，是旅游产业在特定区域范围内空间集聚的表现形式。旅游产业集群的形成，不仅有助于共享区域内的旅游资源、共用旅游基础设施、实现旅游客源的互动与合作关系，同时还有助于降低旅游经营成本，共创区域旅游品牌，扩大旅游知名度和影响力，在健全和完善旅游区域产业链的基础上，获得可观的经济社会效益。

旅游产业集群的形成与发展，可以极大地提高区域内旅游产业的竞争力，区域旅游的发展应遵循这一客观规律，推进旅游产业集群化的深入发展。根据地理自然空间的布局，长三角区域有条件建立若干具有强大竞争力的旅游产业集群。在长三角两省一市的地域文化背景下，沪宁杭旅游经济圈以丰富的自然山水文化以及深厚底蕴的历史文化为基础，共同打造长三角区域旅游品牌，扩大旅游影响力。

（二）以地域文化为背景，注重区域间内在文化联系

旅游文化的挖掘可以提高旅游产品的附加值，能增收创汇同时促进旅游业的可持续发展。旅游文化要素包括旅游者生活方式、居住地文化形态、受教育程度、信仰等方面的内容，文化既是行为的产物，也是进一步行为的制约因素（梁峰和冯学钢，2006）。

长三角是建立在以“吴越文化”为基础之上的区域文化共同体，通常包括的

区域为：苏锡常等太湖流域、宁镇扬泰通丘陵区域、杭嘉湖平原等（卞显红，2008）。丰富多彩的水文化是吴越文化的一大特色，在历史发展过程中，吴越文化不断受到外来文化的影响，不断充实与发展，逐渐形成了能够推动长三角区域旅游经济发展的重要文化力量。长三角区域旅游目的地之间的合作与竞争不仅需要保护其地域文化的完整性，同时需要注重各个城市之间文化的内在联系与交流，注重旅游中心地的承接性和差异性，促进长三角区域旅游的多元化发展。

（三）旅游目的地层次化发展，实现发展分阶段梯度化

不同级别的依托城市具有不同的功能，同一级别的旅游依托城市也存在功能上的区别。在区域经济一体化快速发展的前提下，长三角区域内的旅游产业应注重旅游发展模式的转换，建立和完善具有层次性的旅游目的地网络体系结构，实现分阶段梯度化发展。

在一定地理空间上，由于发展历史、旅游基础设施以及旅游服务水平等方面的一些因素，区域内旅游目的地的发展总会存在极大的差异性和不平衡性。主要表现为：一些发展比较成熟的旅游目的地拥有发达的交通可达性、丰富的旅游资源以及高品质的旅游服务，同时拥有广阔的旅游客源市场以及先进的信息等各方面的资源要素；而另外有一些地区的旅游则发展速度比较缓慢，旅游开发程度不高，旅游基础建设相对比较落后。因此，根据现实中存在的这些问题，需要有针对性地进行旅游目的地的层次化发展，重点突破，同时带动与其他周边区域的协同合作，最终能够实现区域内旅游目的地的均衡化发展。

（四）建设旅游交通网络体系，实现旅游交通设施体验化

区域旅游资源系统的形成与发展不能仅仅依靠旅游资源的发掘与整合，需要用旅游交通将各个景区景点进行合理有效的衔接，便于旅游者在区域间进行自由的流动与循环。旅游空间合作体系的建立是在旅游资源合作的基础条件下，通过各个旅游目的地之间便利的交通网络体系来实现的。

1. 实现公路布局网络化和城际公路快速化

公路交通网、二级以上干线公路网、农村公路网、区域高速公路骨架网以及过江隧道相互交织从而形成功能完善的公路网络布局。国家根据公路网以及长三角社会经济发展的实际情况，对公路网的发展建设提出新的规划要求：实现长三角区域内交通的一体化，完善高速公路、轨道交通、内河航运、港口为主的交通网布局规划；加强省级联系，形成网络化且功能完善的路网结构；进一步提高公路通达深度，保证中心城市、旅游景区、交通枢纽重要节点快速有效的联结，实

现与其他交通运输方式的配套衔接，为加速长三角旅游一体化发展创造有利的交通条件。

2. 保证进入区域通道的便捷性以及区域内旅游交通设施的建设

旅游客源地与旅游目的地之间的区域通道为旅游者进行区域旅游提供了可行性，便捷的区域旅游交通条件，不仅可以缩短旅游者在旅游途中的时间，而且可以加强旅游者对该区域最初的认识和印象，为旅游者在该区域的旅游打下良好的心理基础。

旅游者到达一定区域后，如何尽量延长游客在该旅游地的逗留时间，同时增加旅游消费，除了需要合理设计旅游线路、安排旅游行程，增强旅游资源的吸引力之外，区域内旅游交通的可达性也是一个非常重要的影响因素。旅游管理者或者旅游企业在设计旅游线路中需要注意，应该将区域内各个旅游景点连接成线，采用封闭式环状旅游路线，可以少走弯路提高旅游经济效益；在旅游者需求的基础上统一规划旅游线路，进行有效合理开发，从而最大限度地共享区域旅游资源。

第五节　小　　结

（1）长三角区域旅游线路模式以单目的地模式和完全环游模式为主。受行游比的影响，客源地在长三角区域范围内的游客主要选择单目的地、完全环游以及往返式三种旅游线路模式；而客源地在长三角范围外的游客主要选择完全环游模式和区域环游模式。2016 年的动态比较研究发现，来自长三角区域内的周末休闲游客为单目的地模式的主要使用者；域内外游客尽管都倾向于采用完全环游模式，但在逗留时间、交通方式、对交通枢纽的依赖等旅行特征上有较大差异。总体来看，凭借发达成熟的交通网络，前往长三角地区的出行选择会逐渐增多，受空间行为规律和旅游效益最大化原则的影响，未来完全环游模式在线路中的比重将进一步增加。

（2）旅游天数、旅游报价、游览景区个数、交通方式以及旅行模式之间存在显著的正相关性。不同旅行距离的游客在目的地的旅游消费和旅行模式之间存在显著差异，近程旅游消费远远低于远程旅游消费，主要区别于交通费用、景区门票和食宿方面的花费。近程的游客主要选择往返、单目的地的旅行模式；而区域环游、完全环游和中心集散模式是远程游客主要选择的旅行模式。

（3）交通因素在长三角目的地区域的影响愈发重要。一是高速公路、高速铁路等快速交通方式对线路模式选择的影响上。由于与长三角主要城市的时间距离因交通方式改进而缩短，北京游客也可以选择单目的地模式出游，在周末假期享受“泛舟西湖”的美好时光，这说明交通速度对降低行游比有重要作用。二是交通基础设施建设的推进，使过去一些被“边缘化”的目的地城市具备了较高的可达性，出现一批新兴的“交通中心”（如淮安、扬州、泰州等）。与 2010 年相比，2016 年旅游线路数据中 25 座目的地城市皆有出现，包括南通、淮安、盐城、宿迁、衢州、台州 6 个 2010 年未曾出现的边缘目的地。这些城市正在通过利用自己的优势，达到增加知名度、提升目的地层级及深化旅游合作的目的。三是交通无障碍化使得邻近上海区域中心的目的地，如浙江嘉兴随着高速公路和高铁网的逐渐形成，资源和旅游区位优势逐渐显现出来，由过去的第二层级目的地上升为第一层级，成为苏沪杭的最主要合作目的地。

（4）虽然单一型目的地在国外的实证研究中很少出现，但在长三角区域范围内却是一种重要的目的地类型。门户型和出口型目的地相对应地普遍存在，枢纽型目的地则出现频率很低。尽管长三角旅游目的地呈现明显的空间等级差异，但目的地合作分工体系正逐渐成熟。目前已大体形成了较为稳定的三个层级的目的地空间结构体系，不仅有合作紧密的“华东五市”（上海、杭州、南京、苏州、无锡）核心目的地集群，其他目的地节点的地位也有显著提升（如嘉兴），“边缘”节点与主要目的地的合作联系也在加强，积极融入长三角旅游区。总体来看区域旅游合作正朝着资源利益共享，旅游效益分配均衡化的方向发展。资源品质与交通可达性仍是目的地能否承担线路重要职能节点的主要影响因素，同时也是改善目的地在区域旅游合作中的层级地位与利益分配状况的有效途径。

参考文献

保继刚，楚义方，彭华. 1993. 旅游地理学. 北京：高等教育出版社.

卞显红. 2005. 城市旅游空间分析及其发展透视. 北京：中国物资出版社，5：62-63.

卞显红. 2008. 长江三角洲城市旅游空间结构形成机制. 上海：上海人民出版社，9（1）：262-296.

陈健昌，保继刚. 1988. 旅游者行为研究及其意义. 地理研究，7（3）：44-51.

楚义芳. 1992. 关于旅游线路设计的初步研究. 旅游学刊，7（2）：9-13.

崔功豪，魏清泉. 1999. 区域分析与规划. 北京：高等教育出版社：234-240.

管宁生. 1999. 关于游线设计若干问题的研究. 旅游学刊，14（3）：32-35.

贾铁飞，张振国. 2004. 大上海旅游圈旅游资源配置研究. 人文地理，19（5）：89-92.

克莱尔·冈恩，特格特·瓦尔. 2005. 旅游规划——理论与案例. 吴必虎，吴冬青，党宁，译. 大连：东北财经大学出版社：4.

黎鹏. 2003. 区域经济协同发展研究. 北京：经济管理出版社：37-51.

李山，王慧，王铮. 2005. 中国国内观光旅游线路设计中的游时研究. 人文地理，20（2）：51-56.

李小建，李国平. 1999. 经济地理学. 北京：高等教育出版社：227-230.

梁峰，冯学钢. 2006. 文化经济与旅游经济发展关系分析. 特区经济，（2）：219-220.

刘法建，章锦河，陈冬冬. 2009. 旅游线路中旅游地角色分析——以黄山市屯溪区为例. 人文地理，106（2）：116-119.

刘法建，章锦河. 2007. 皖南旅游区观光旅游线路的空间分析. 旅游学刊，22（12）：66-70.

卢天玲. 2008. 塔尔寺旅游者旅行模式及其对地方旅游经济的影响. 旅游学刊，23（12）：29-33.

陆大道. 2002. 关于“点—轴”空间结构系统的形成机理分析. 地理科学，22（1）：1-6.
陆林. 1996. 山岳风景区旅游者空间行为研究——兼论黄山与美国黄石公园之比较. 地理学报，51（4）：315-321.
马晓冬，沈正平. 2005. 基于区域合作的徐连旅游带建设. 人文地理，20（2）：57-61.
马晓龙. 2005. 基于游客行为的旅游线路组织研究. 地理与地理信息科学，（3）：98-101.
马勇. 2004. 旅游学概论. 北京：旅游教育出版社：89-92.
史春云，张捷，沈正平，等. 2005. 区域旅游竞合研究进展. 地理与地理信息科学，21（5）：85-89.
史春云，张捷，尤海梅. 2007. 四川省旅游区域核心—边缘空间格局演变. 地理学报，（6）：631-639.
汪明林，陈睿智. 2005. 基于景观生态学理论下的生态旅游线路规划设计——以峨眉山为例. 北京第二外国语学院学报，（3）：91-95.
汪宇明. 2002. “核心—边缘”理论在区域旅游规划中的运用. 经济地理，22（3）：372-375.
王希. 2005. 竞争与整合：中国区域旅游发展与合作态势分析. 桂林旅游高等专科学校学报，16（1）：5-11.
吴必虎. 1994. 上海城市游憩者流动行为研究. 地理学报，49（2）：117-127.
吴必虎. 2001. 区域旅游规划原理. 北京：中国旅游出版社：383-385.
许峰. 2004. 城市产品理论与旅游市场营销. 北京：社会科学文献出版社：223-227.
宣国富，陆林，汪德根，等. 2004. 三亚市旅游客流空间特性研究. 地理研究，23（1）：115-124.
薛莹. 2003. 20 世纪 80 年代以来我国区域旅游合作研究综述. 人文地理，（1）：29-33.
杨新军，牛栋，吴必虎. 2000. 旅游行为空间模式及其评价. 经济地理，20（4）：105-108.
杨振之，陈顺明. 2007. 论“旅游目的地”与“旅游过境地”. 旅游学刊，22（2）：27-32.
叶红. 2007. 区域旅游线路节点选择对目的地的影响. 经济地理，27（4）：672-675.
尹贻梅. 2003. 对旅游空间竞争与合作的思考. 桂林旅游高等专科学校学报，14（1）：56-60.
袁欣，史春云，朱明，等. 2010. 长三角区域旅游线路模式及目的地类型研究. 旅游科学，24（6）：55-63.
张捷，都金康，周寅康，等. 1999. 自然观光旅游地客源市场的空间结构研究. 地理学报，54（4）：357-364.
周存宇，钟振全. 2008. 我国旅游线路设计研究概述. 科技信息（科学教研），20：649-650.
周尚意，李淑方，张江雪. 2002. 行为地理与城市旅游线路设计. 旅游学刊，17（5）：66-71.
朱宏，封丹，韩亚林. 2007. 中国国际级旅游目的地建设的重新审视——基于国外旅行商视角. 旅游学刊，22（6）：14-19.
朱明，史春云，袁欣. 2010. 基于旅行社线路的国内旅行空间模式研究. 旅游学刊，25（9）：32-37.
Aas C，Ladkin A，Fletcher J. 2005. Stakeholder collaboration and heritage management. Annals of Tourism Research，32（1）：28-48.
Bramwell B. 1997. European collaboration in sustainable tourism. Annals of Tourism Research，24（2）：440-442.
Cai L A. 2002. Cooperative branding for rural destinations. Annals of Tourism Research，29（3）：720-742.
Campbell C K. 1967. An approach to research in recreational geography. Occasional Papers，7：85-90.
Chen H M，Tseng C H. 2005. The performance of marketing alliances between the tourism industry and credit card issuing banks in taiwan. Tourism Management，（26）：15-24.
Huybers T，Bennett J. 2003. Inter-firm cooperation at nature-based tourism destination. Journal of Socio-Economics，（32）：571-587.
Jamal T B，Getz D. 1995. Collaboration theory and community tourism planning. Annals of Tourism Research，（22）：186-204.
Lafferty G，Fossen A V. 2001. Integrating the tourism industry：problems and strategies. Tourism Management，（22）：11-19.
Lew A A，McKercher B. 2002. Trip destinations，gateways and itineraries：the example of Hong Kong. Tourism

Management，23（6）：609-621.

Lew A A，McKercher B. 2006. Modeling tourist movements：a local destination analysis. Annals of Tourism Research，33（2）：403-423.

Lue C C，Crompton J L，Fesenmaier D R. 1993. Conceptualization of multi-destination pleasure trips. Annals of Tourism Research，20：289-301.

Lundgren J O J. 1984. Geographical concepts and the development of tourism research in Canada. Geojournal，9（1）：17-25.

Matley I M. 1976. The geography of international tourism. Association of American Geographers.

McKercher B，Lew A A. 2015. Tourist flows and the spatial distribution of tourists. A Companion to Tourism：36-48.

Opperman M. 1995. A model of travel itineraries. Journal of Travel Research，33：57-61.

Selin S，Beason K. 1991. Interorganizational relations in tourism. Annuals of Tourism Research，（18）：639-652.

Sessa A. 1988. The science of systems for tourism development. Annals of Tourism Research，（115）：219-235.

Stewart S I，Vogt C A. 1997. Multi-destination trip patterns. Annals of Tourism Research，24（2）：458-461.

Vernon J，Essex S，Pinder D，et al. 2005. Collaborative policymaking-local sustainable projects. Annals of Tourism Reaearch，32（2）：325-345.

第八章　世博线路模式及对目的地区域经济影响

第一节　数据来源与分析方法

一、数据来源

旅行社线路报价单包含了团队包价旅游的主要信息，具有相对成熟和稳定的特点，能够详细且准确地反映游客在目的地区域内的时间安排和具体行程，尤其是游客在不同目的地区域的停留时间和旅行功能。选择2010年7～10月出游潜力较强南京、杭州、北京、广州、成都、西安六市作为统计分析的国内客源地，对969条世博旅游线路进行调查和统计（南京154条，杭州164条，北京200条，成都127条，广州194条，西安130条）。这6个客源地与上海的距离分别涵盖了短途（客源地为南京和杭州）、中途（客源地为西安和北京）和长途（客源地为广州和成都）旅游线路，能够在一定程度上反映国内世博旅游线路的基本情况。在选取旅行社时，以中国青年旅行社、中国康辉旅行社等全国百强旅行社为主，小部分以其他旅行社为补充。结合区域地理空间背景条件，对比分析世博旅游线路模式中基于线路节点特性的角色地位、旅行要素和停留时间，并据此估算游客旅游花费与目的地旅游经济差异。研究中涉及的城市旅游统计数据主要来自上海市统计年鉴2011、江苏省统计年鉴2011和浙江旅游统计便览2010[30]。

二、数据处理

对所下载的旅游线路资料进行处理，得到每条线路客源地和目的地/交通方式等变量（表）的相关数值（表8-1），并建立相应的数据库，作为进一步分析的基础。

表8-1　旅游线路统计中的相关变量及其统计说明

变量名	单位	统计说明
客源地	-	以南京、杭州、北京、成都、西安、广州6个城市为统计对象
目的地	-	目的地统计以报价单中公布的目的地为准，并依次记录；目的地（节点）范围精确到地级行政区（市辖区归入市区，政区界以2010年底为准）

---

30 上海市统计年鉴2011. http: //www.stats-sh.gov.cn/data/toTjnj.xhtml?y=2011e. [DB/OL]. 搜索时间2012/02/24

江苏省统计年鉴2011. http: //www.jssb.gov.cn/2011nj/indexc.htm. [DB/OL]. 搜索时间2012/02/24

浙江旅游统计便览2010. [http: //www.tourzj.gov.cn/lyzl/lytj.aspx. [DB/OL]. 搜索时间2012/02/24

续表

变量名	单位	统计说明
交通方式(O-D)	-	客源地到目的地所采用的交通方式
出游天数	天	以报价单公布的游程天数为准
景区个数	个	以报价单公布的景区个数为准
线路报价	元	旅游线路公开报名价格
景区级别	A	根据《旅游景区质量等级评定管理办法》的评选界定

三、分析方法

（一）旅游线路模式与目的地类型划分

根据 Lew and Mckercher（2002）目的地分类方法，参照史春云等（2010）对我国中远程旅游线路模式的划分，在对世博线路模式划分的基础上，结合具体线路数据，以地级市为单位，定义目的地类型如下：

单目的地（single destination）指离开客源地之后唯一过夜的城市目的地，在世博线路中专指从客源地往返到上海一地的旅行。在目的地区域涉及两个或以上的城市过夜，即定义为多目的地旅行。依据各城市在旅行模式中的不同位置，定义不同的目的地类型。其中，门户型目的地（gateway destination）指到目的地区域内首先到达的节点城市。离境型目的地（egress destination）指返回客源地之前，即离开目的地区域的最后一个节点城市。为突出细化各城市目的地的地位和角色需要，假设门户和离境型目的地为不重合，如世博线路中选择南京或杭州作为门户目的地，以上海作为离境型目的地的完全环游线路。当进入和离开目的地区域的节点重合，则定义该节点为枢纽型目的地（hub destination），在世博线路中主要存在于往返式和区域环游旅行模式中。途径型目的地（touring destination）指多目的地旅行中途经并过夜的目的地，但不属于门户、离境和枢纽型目的地等。

逗留型目的地（stopover），指在旅行线路中仅为吃饭、游览、购物而短暂停留，未有过夜住宿的“一日游”目的地，如世博旅行线路中的嘉兴，多数情况下游客在乌镇游览或到桐乡品茶后不住宿即离开。同一个城市在不同旅行线路模式中扮演不同的角色，成为不同类型的目的地，因此拥有不同的游客停留时间和消费行为。

（二）游客目的地区域日花费与目的地旅游收益的估算

根据对旅行社计调人员和导游的访谈，并参照上海市、浙江省和南京市的国内游客旅游花费及其构成，以及各客源地到目的地区域的火车和飞机票价，团队游客交给旅行社团费（实际报价）中，大约 80%～90%为旅行成本，按 85%计算，其中，长途交通约占 30%。世博线路中的团费为游客出行包括长途和目的地区内的交通、团餐、住宿、游览的总花费。目的地区内日花费指团费中去掉客源地到目的地的长途交通费用和客源地旅行社抽取费用外，在目的地区域的每日花费。定义 E_{d} 为游客在目的地区域内的平均日花费，p_i 为每条线路的实际报价，d_i 为每条线路实际住宿天数，n 为旅游线路总数，见式（8-1）。根据旅行线路中游客在各目的地的平均日花费和实际总停留天数，可以进一步估算各目的地的旅游经济收益差异。

$$E_{\mathrm{d}}=\frac{\sum_{i=1}^{n}{(85\%\times 70\%)p_i}\Big/{(d_i+1)}}{n} \tag{8-1}$$

第二节　世博旅游线路的空间模式与基本特征

旅行社根据旅游者的市场需求，对区域内的旅游资源进行有效整合，有针对性地将旅游主体与旅游客体联系在一起，从而形成具有一定特色的旅游线路（马勇，2004），在具体实践中，旅游目的地不是单一的，而是丰富多变的，旅游地相互竞争与互为补充（Lew and Mckercher，2006）。

一、世博旅游线路模式的类型统计

通过对 970 条世博旅游线路报价单统计分析发现（表 8-2），6 个客源地所采用的主要旅游线路模式类型为：完全环游式（占 40.93%）、区域环游式（占 28.45%）和单目的地式（占 26.91%）（表 8-2）。其中，南京和杭州游客偏好单目的地旅游线路模式。分析其原因：①南京、杭州这两个客源地距旅游目的地上海的交通距离较近（300km 左右），游客来上海及其周边城市的机会较多，所以不急于在一次旅行中将周边景点游览完毕。②客源地为西安和广州的游客，虽然这两地距上海交通距离较远，选择该模式可能是因为他们的旅游意向比较单一，旅游目的就是冲世博会去的。

区域环游模式占比也较高（28.45%），这与客源地和目的地之间的长途交通方式有关。交通方式非常重要，因为不同的交通方式带来不同水平上的停留地带的相互影响，因此具有不同的环境、社会、文化和经济的影响（Becken，2002）。与国外已有研究结果不同，美国、德国、澳大利亚游客多自驾游，旅行模式常受到目的地的地理位置和游客偏好的共同影响，我国团队或散客出行多受制于长途客运方式，客源地与目的地之间是否存在点对点航空或铁路交通，不仅决定了旅行模式（完全环游还是区域环游），还决定了城市目的地在线路模式中的位置和角色地位（门户、离境或途经目的地等）。

表 8-2　不同客源地旅游线路模式的类型比较

客源地＼线路模式	全部样本		单目的地式		往返式		完全环游式		区域环游式	
	频次/次	占比/%	频次/次	占比/%	频次/次	占比/%	频次/次	占比/%	频次/次	占比/%
南京	154	100	54	35.06	8	5.2	32	20.78	60	38.96
杭州	164	100	64	39.02	10	6.10	20	12.20	70	42.68
北京	200	100	42	21.00	4	2.00	136	68.00	18	9.00
西安	130	100	39	30.00	1	0.77	49	37.69	41	31.54
广州	195	100	41	21.03	6	3.07	124	63.59	24	12.31
成都	127	100	21	16.53	7	5.51	36	28.35	63	49.61
合计	970	100	261	26.91	36	3.71	397	40.93	276	28.45

完全环游式旅游线路模式所占比例最大，占整个旅游线路模式 40.93%，且选择这种模式的客源地集中在北京、广州、西安、成都。可见，这些中远途客源地（平均距离大于 1500km）的游客愿意选择多目的地的旅游线路模式。与一般的观光线路不同，世博旅游以上海为核心目的地。

二、不同旅行模式旅游线路的特征分析

（一）旅游线路的时间特征

对客源地为南京、杭州、北京、成都、广州、西安的主要旅游线路模式对应的旅游时间和目的地过夜天数分析（图 8-1、图 8-2）发现，客源地距上海较近的游客旅行时间大都安排在 1～3 天，过夜天数一般安排在 1～2 天；客源地较远的游客旅行时间大都安排在 5～8 天，但是考虑到上海住宿花费大，所安排在目的地过夜的天数增加不是太多。

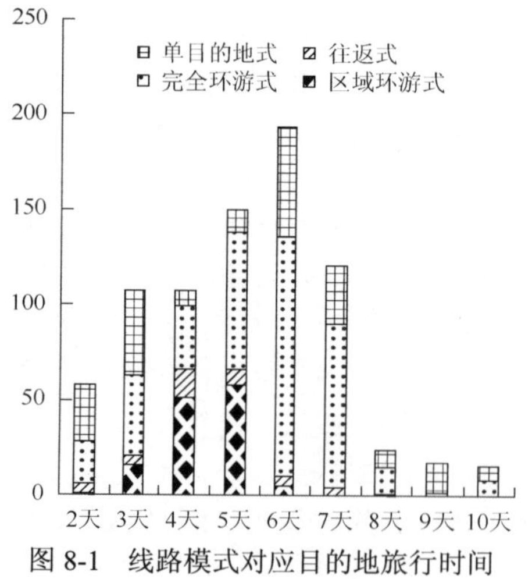

图 8-1　线路模式对应目的地旅行时间

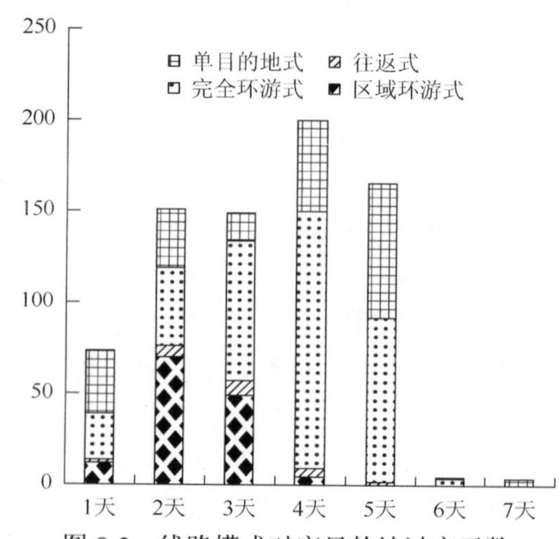

图 8-2　线路模式对应目的地过夜天数

完全环游式旅游线路模式：旅游时间一般选择为 4～7 天，在目的地过夜的天数一般 2～5 天。区域环游式旅游线路模式：旅游时间一般选择为 5～7 天，在目的地过夜的天数一般为 3～5 天。这种旅游线路模式一般安排多种级别旅游目的地，旅行社也可以根据成本选择过夜旅游目的地，选择区域环游式线路模式游客能获得最小旅游时间比，同时因为目的地过夜天数增加对当地旅行社也会得到更多的旅游经济收益。

（二）旅游线路的交通特征

旅游线路交通对旅游者空间行为的决策具有重要的影响作用。吴必虎通过对城市居民出游距离在客源市场空间上的分配，得出距离衰减规律，即旅游者行为动机的实现随着旅游客源地与目的地之间距离的增大而减小（吴必虎，1994）。“远距离”包含两方面的内容：①在交通工具效率一定的前提下，距离与时间成正比；②在单位成本不变的前提下，距离越远，旅游交通成本越大。旅游者对旅游目的地的满意程度受到行游比的影响，短线旅游的舒适度相对于长线旅行而言，更加依赖旅游交通。旅游者在整个旅游行程中，希望花费更多的时间在实际游览过程中，同时尽量缩短从居住地到旅游目的地单调旅行所耗费的时间。长三角内交通四通八达，故可以将各个旅游景点串联在一起，且不走回头路。

旅游线路中所采用的交通方式是描述旅游模式不可缺少的部分（表 8-3）。显然，交通方式的选择与客源地到目的地的交通距离密切相关。在交通距离 300km 以内，以公路交通为主，辅以火车；在 301～800km 时，交通工具以火车为主，汽车为辅，飞机再次之；交通距离在 801～1500km 时，交通工具以火车为主，飞机为辅；1501km～2800km 时，以飞机为主，火车为辅。

表 8-3　交通数据获取情况

地区	旅行社数量/个	线路数量/条	到上海距离/km	主要交通方式
南京	10	154	280（公路距离）	汽车/火车
杭州	12	164	202（公路距离）	汽车/火车
北京	10	200	1318（铁路距离）	火车/飞机
西安	11	130	1509（铁路距离）	飞机/火车
广州	29	194	1780～1818（铁路距离）	飞机/火车
成都	18	127	2081～2625（铁路距离）	飞机/火车
合计	90	970	-	-

从目的地角度来看，影响目的地住宿时间长短的主要因素除了 O-D 交通距离外，旅游线路中交通工具的选择也是不可忽视的。根据世博旅游报价单，世博旅

游旅游线路中目的地住宿时间平均为3.64夜。例如，同样出游时间为8天，客源地为北京的游客，如果使用飞机作为交通工具，就可在当天直达目的地，通勤时间仅花去1天（往返），目的地住宿可达7天（最后一天回到客源地）；而使用火车的旅游线路则要花去近2天的通勤时间（按火车平均时速120km计算），在目的地就只能住宿4晚。通过对数据的统计分析，也可发现这一现象：旅游交通主要依靠飞机的旅游线路，目的地平均过夜时间为4.2夜；火车2.45夜；而使用汽车的旅游线路过夜时间平均为1.56夜。

（三）不同客源地世博线路的出游特征

多目的地旅行的重要内容，包括所游览的目的地和他们的次序，旅行的方向和路线的选择，运输的方式以及在每个目的地停留的时间长度（Wu and Carson，2008）。世博长途团队线路一般出游时间都较长（平均5.8天），在目的地住宿高达3.65天，平均日花费366元（表8-4）。广州游客在目的地区域的花费最高，主要原因与交通方式以飞机为主有关。对不同客源地旅行线路出游特征进行单因素方差分析发现，不同客源地除了平均游览的目的地个数不存在显著差异，在O-D交通方式、出游天数、住宿天数、报价、目的地日花费和旅行模式等方面都存在显著差异。游客在目的地区域内的日花费与旅行天数（相关系数 r=–0.689）、目的地个数（r=–0.583）呈显著负相关。客源地和目的地之间的交通方式影响到线路的报价、旅行天数（r 分别为–0.670、0.471），即乘火车出行相对报价要低得多，但出游时间相对较长。而目的地个数与住宿天数显著正相关（r=0.687），在目的地实际停留时间直接影响所游览的目的地数目。

表8-4　客源地与目的地之间的交通方式和游客出游特征

客源地	交通方式/%			报价/元	旅行天数/天	过夜天数/天	目的地个数[①]/个	日均花费/元
	飞机	混合	火车					
北京	25（12.5）	42（21.0）	133（66.5）	2511	5.70	3.16	3.77	385
广州	155（79.9）	4（2.1）	35（18.0）	3191	5.15	3.77	3.71	418
西安	13（10.0）	35（26.9）	82（63.1）	2003	5.93	3.42	3.36	291
成都	72（56.7）	12（9.4）	43（33.9）	2973	6.99	4.46	3.71	336
平均	265（40.7）	93（14.3）	293（45.0）	2704	5.80	3.65	3.66	366
*F*检验	98.514（0.000）			75.319（0.000）	46.008（0.000）	41.710（0.000）	1.502（0.213）	25.710（0.000）

注：①包括逗留型目的地。考虑到杭州和南京是世博线路主要节点，因此只保留北京、广州、成都和西安4个客源地的世博旅游线路详细报价单数据。

第三节　世博线路模式对目的地的经济影响

一、旅游线路模式对目的地区域经济影响概述

旅游业通常被认为对地方经济有促进作用，然而对这种作用很少从旅游者旅行模式的角度进行分析（卢天玲，2008）。近年来，多目的地旅行模式的研究文献越来越多（Wu and Carson，2008），正逐渐成为旅游地理学的研究热点。旅游线路是旅游产品的基本形式（李山等，2005），是具有典型空间属性的社会文化地理现象和经济地理现象在空间上的线性组织（史春云等，2010），具有人地关系作用的典型性，是区域旅游合作的基本形式与区域旅游一体化的基础。在一个合理地域空间范围内目的地能够提供不同的吸引物，每个目的地拥有各自的吸引力，但他们的差异却能够使大量游客在同一个地理区域内获得旅行满足（Lue *et al.*，1993）。处在同一旅游线路上的不同旅游地之间产业和产品的空间竞争与合作的关系问题，是区域旅游竞争与合作的典型代表，较少有学者进行研究（杨振之和陈顺明，2007）。线路节点选择不仅制约着外来旅游者在区内的消费规模和消费水平，还直接关系到目的地区域的资源开发、线路产品的创新、旅游产业集群的发展、目的地的营销以及目的地区域经济（叶红，2007），因此，旅游线路模式导致的旅游经济影响的空间差异要远大于游客活动分布的空间差异（Oppermann，1994）。

Mings and McHugh（1992）调查了游客往返美国黄石公园旅行活动的空间模式及特征，Tideswell and Faulkner（1999）研究到昆士兰的国际游客的多目的地旅行特征，提出游客通常为了使旅行的利益最大化而选择多目的地旅行，Lew and McKercher（2002）通过比较香港在不同客源地游客旅行线路中的位置发现，实现旅游经济利益最大化的理想假设是充当单目的地，香港是许多短途游客的单目的地，而对于长途游客来说这很难实现。Zilinger（2007）对德国游客在瑞典的空间活动调查发现，选择环游的游客通常在区域停留时间最长，同时距离客源地也最远。朱竑通过统计和分析大型旅行社提供的旅游线路中所涉及的旅游城市和旅游地来审视旅游目的地的定位（朱竑等，2007），叶红（2007）利用国内两大著名旅行社的线路和数据，研究区域旅游线路节点选择对目的地的影响；卢天玲（2008）、刘法建等（2009）、朱明等（2010）、袁欣等（2010）、史春云等（2011）、陆林和汤云云（2014）研究不同旅行模式与目的地的角色，但迄今已有的国内外研究多关注旅游线路模式及其特征，尚缺乏对不同线路模式中目的地节点的角色与收益的计量经济进行分析。

世博会吸引了7308.44万人次的国内外游客（海外游客超过350万人次），其中团队量占入园总人数近三分之一[31]。上海世博会不仅为举办地带来巨大的经济、

31 新华网：http: //news.xinhuanet.com/world/2010-10/27/c_12708595_2.htm 搜索时间 2016/12/23

社会、文化效益，对区域经济与旅游产业的发展产生巨大而深远的影响（王朝辉等，2010；Lamberti *et al.*，2011），同时以上海为核心的世博线路涉及多个长三角城市目的地，通过线路合作形成富有吸引力的目的地区域。研究世博线路模式及各目的地在线路模式中的角色、可能的利益分工及其带来的旅游经济收益差异，将有助于目的地正确定位目标客源市场，选择适当的合作对象，进行适当的产品开发与合作宣传营销。

二、旅行模式对目的地区域经济影响的差异分析

按照在旅游线路模式中的相对位置来划分目的地类型，有助于理解一个地方在旅游线路中的地位与角色（Lue *et al.*，1993）。对于特定目的地来说，目的地节点的角色（枢纽、门户、离境、途经与逗留）、旅行功能（购物、餐饮、住宿、游览和娱乐等）以及目的地停留时间都直接影响到目的地的旅游经济收益。

（一）频次分析与目的地合作圈层

旅游目的地出现频率是指被调查目的地在调查目的地总数中所占的比重，可以反映出该旅游目的地在调查区域内的市场感应情况和被接受程度（周存宇和钟振全，2008）。根据频次分析，可以将世博旅游目的地划分为三个层次：①四个客源地对世博旅游目的地的选择有很大的相似性，沪杭苏三市构成核心旅游线路，是世博核心旅游目的地合作圈层。②嘉兴因位处上海、杭州与苏州之间，且拥有水乡乌镇和桐乡杭白菊而出现高于南京和无锡的频次，跻身华东重要旅游目的地合作圈层（传统“华东五市”：上海、杭州、南京、苏州、无锡），成为发展乃至世博旅游发展的重要赢家，六市不仅形成了世博旅游吸引国内外游客最重要的代表性目的地，而且构成国内独具“传统园林水乡古镇+现代繁荣都市经济”特色的经典目的地，是国内外游客偏好的热门旅游线路之一，世博主题旅游大大加强了这个合作圈层的形成与影响力。③专题旅游目的地合作圈层，指在传统线路组合以外出现的浙北绍兴、宁波和舟山三市，而江苏传统目的地扬州、镇江和常州三市，在省外客源地中影响较小，以很低的频率出现在世博长线旅游线路中。

（二）目的地类型与角色

对世博线路中最重要的6个长三角城市目的地深入分析发现（图8-3、图8-4），目的地城市大致分为两大类：一类是在不同客源地线路中所扮演的角色有较大差异，如上海、杭州、南京和无锡。上海市在北京线路中多充当离境型目的地，而在广州线路中扮演途经目的地比重最大，成都线路中上海多扮演途经和枢纽目的地，西安

线路中各种类型所占比重接近。杭州在广州线路中的重要性最为突出，表现为门户、离境或枢纽型目的地，其次是在成都线路中作为枢纽占有较大比重，而在北京和西安线路中则主要充当途径型目的地。南京的角色是差异最大的，在北京线路中南京多充当门户型目的地，在西安线路中则以枢纽型目的地比重最为突出。大多数的北京游客和成都游客仅在无锡做短暂停留，只有少量西安游客会选择在无锡过夜。另一类是在不同客源地线路中目的地扮演的角色差异不大，如苏州和嘉兴。四地的游客主要将苏州作为途径型目的地，而把嘉兴作为逗留型目的地。

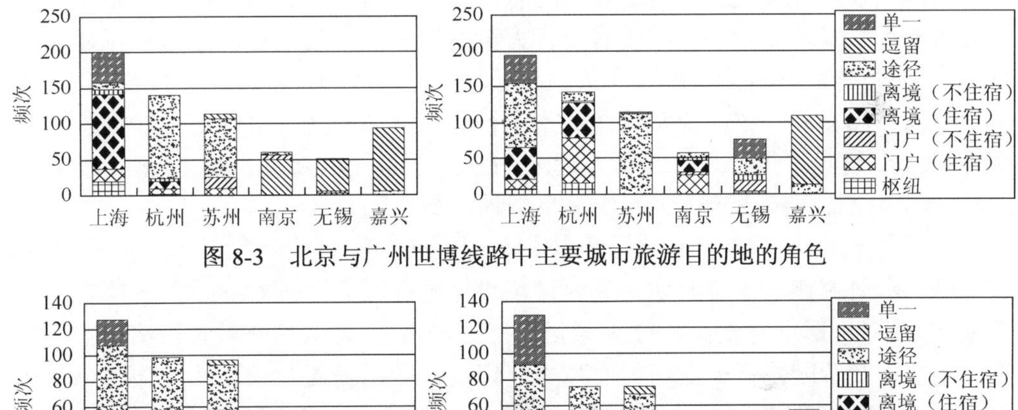

图 8-3　北京与广州世博线路中主要城市旅游目的地的角色

图 8-4　成都与西安世博线路中主要城市旅游目的地的角色

交通方式、机场、铁路枢纽和班车频次与时间较大程度上影响到世博线路各城市目的地在旅行模式中的角色。由于北京和西安游客世博旅行中客源地到目的地交通中，火车占比大，而广州和成都游客世博出行中，航空运输占据重要优势（表 8-4），因此城市在航空和铁路交通线路上的位置决定了目的地在旅行模式中的地位，如京沪线上的铁路枢纽南京和上海成为主要的门户与离境目的地。广州八成游客乘飞机到世博旅游，航空枢纽城市杭州成为最重要的集散中心，上海则主要作为离境型目的地，南京承担了少量的门户型目的地。西安线路中火车是主要交通工具，因此南京和上海是重要的枢纽目的地，甚至苏州也扮演一定比例的门户城市。成都线路中杭州、上海和南京都充当着比较重要的角色。

（三）目的地停留时间与旅游花费

旅游对目的地的经济影响很大程度上依赖于停留时间长度（Martinezgarcia and Raya，2008），游客的停留时间是反映特定目的地消费水平和收入水平的最重要变量之一（Yang *et al.*，2011）。因此，游客在目的地停留时间这个研究主题在旅游学界受到越来越多的关注（Thrane，2012）。停留时间对目的地的意义主要是通过影响游客花费来实现的。不同研究中对旅游花费变量选取基本存在两种：消费总支出（分个体和团队两类旅游总花费）、每个游客的日平均支出。英国乡村目的地的研究显示，团队游客在目的地的停留天数是日花费的主要决定因素（Downward and Lumsdon，2004）。

式（8-2）回归分析发现，世博线路数据中团费与旅行天数不存在显著的线性与非线性关系，而游客在目的地区域内的日花费（E_d）与旅行天数（t）存在显著的负线性关系（r^2=0.475），即随着旅行天数的增加，游客在目的地的日花费显著减少，与国外有研究结论“短暂停留倾向于将产生更大的日消费”（Martinezgarcia and Raya，2008）一致，说明世博线路中行程每增加一天，目的地平均日花费减少约 65 元，理论上世博旅行天数不超过 11 天，实际上客源地出行 11 天及以上很少，且均为增加了黄山等更大范围的目的地区域。

$$E_d = 745.981 - 65.041t \tag{8-2}$$

进一步研究显示，目的地区域内日花费与旅行天数之间 Cubic 曲线拟合最为显著（r^2=0.63）。拐点为旅行 8.79 天时日花费达到最低，即大约 9 天时日花费 237.22 元。之前日花费随旅行天数增加而减少，超过 9 天后随旅行天数的增加日花费趋于增加（U 形曲线）。因此从游客旅行花费效率最高、经济上最合理的角度，不考虑其他因素的情况下，以出行 9 天最为适宜。见式（8-3）。

$$E_d = 1614.94 - 410.84t + 39.98t^2 - 1.26t^3 \tag{8-3}$$

根据旅行社详细报价单可以获取旅行中目的地停留时间安排，以天为单位，统计时按实际过夜天数加 1，在目的地短暂逗留而不过夜按一天来计算，见表 8-3。游客世博旅行中在上海平均停留近 3 天时间，为世博旅行中最重要的目的地；游客平均停留时间超过 2 天的还有杭州和宁波，宁波是到上海旅行游客转游绍兴、普陀山的重要基地，但此行程在整个世博旅行中出现频率并不多。杭州是世博旅游中仅次于上海的重要城市目的地，不仅出现频率高，且游客停留时间较长（2.08 天）。苏州因邻近上海且拥有独特旅游资源——古典园林和周庄、同里等古镇，成为世博线路中重要停留节点，平均停留时间近 2 天。

（四）基于角色分析的目的地旅游经济收益

Mistilis and Dwyer（1999）研究澳大利亚会展活动参会人员的消费支出时发现，门户城市的受益程度远远高于非门户城市。事实上，游客在不同目的地停留而产生不同的吃住行游购娱等旅行行为和消费支出，单目的地集中了游客所有的旅游花费，因此目的地获得最大的旅游经济收益。其次枢纽型目的地通常停留时间最长，产生较多的地方交通（如包车）和其他服务费用。再次是门户型目的地，因要发生诸如包车、地接导游等重要服务消费行为，因此目的地收益要高于一般的途经目的地。游客在离境型目的地通常相对比较放松，在时间允许的情况下，容易产生购物行为，因而潜在旅游经济收益也较大。最后是途径型目的地和逗留型目的地，尤其是游客在逗留型目的地停留时间相对较短，通常仅产生餐饮和游览费用。

根据旅行线路中游客在各目的地的实际总停留天数（包括过夜天数和不住宿及逗留天数）和世博线路的平均日花费，估算世博各旅游目的地在世博线路中的旅游经济收益差异（表 8-5）。世博为长三角城市带来巨大发展机遇的同时，也带来巨大的旅游经济差异（图 8-5）。首先，上海由于是必到的节点而成为最大的世博旅游收益城市，是长三角旅游业发展中的龙头。其次是杭州和苏州这两个核心圈层城市。杭州由于既是铁路交通枢纽，也是重要的航空港，多成为游客进入长三角的枢纽或门户，尤其是对于广州和成都游客，通常停留时间至少一晚，游客涉及景区多、购物多，如龙井茶、杭白菊、丝绸等。杭州拥有丰富的旅游资源，如西湖、宋城、西溪湿地和千岛湖等，不仅是整个浙江旅游的关键节点，还是去黄山、绍兴等地的重要枢纽，与国内主要客源地以及长三角其他目的地城市的交通快捷便利。而苏州主要问题是没有机场，多成为途径型目的地；还因为崛起的浙江古镇（如乌镇）而使苏州古镇旅游面临更大的竞争，虽然拥有古典园林的独特地位和邻近上海的优越区位，不会影响到苏州的核心地位，但停留时间较杭州相对缩短，因此苏州与杭州在长线旅行中存在一定的旅游经济收益差距。

表 8-5　世博旅游线路中长三角城市旅游目的地角色与收益分析

目的地	单目的地	枢纽	门户	离境	途经	停留	线路总计/条	过夜总数/天	平均停留天数/天	经济估算/万元
上海	141	68	50	201	191	0	651	1119	2.72	64.78
杭州	0	47	82	87	239	0	455	490	2.08	34.62
苏州	0	0	50	1	329	19	399	376	1.94	28.37
南京	0	38	108	28	29	0	203	167	1.81	13.43
无锡	0	5	21	14	54	109	203	58	1.27	9.44
嘉兴	0	0	0	0	25	280	305	26	1.09	12.15
绍兴	0	0	0	0	2	35	37	2	1.05	1.43
宁波	0	2	2	0	11	1	16	27	2.69	1.57
舟山	0	0	0	0	3	12	15	3	1.2	0.66
常州	0	1	0	2	2	0	5	3	1.6	0.29
扬州	0	0	0	0	0	8	8	0	1	0.29
镇江	0	0	0	0	0	4	4	0	1	0.15

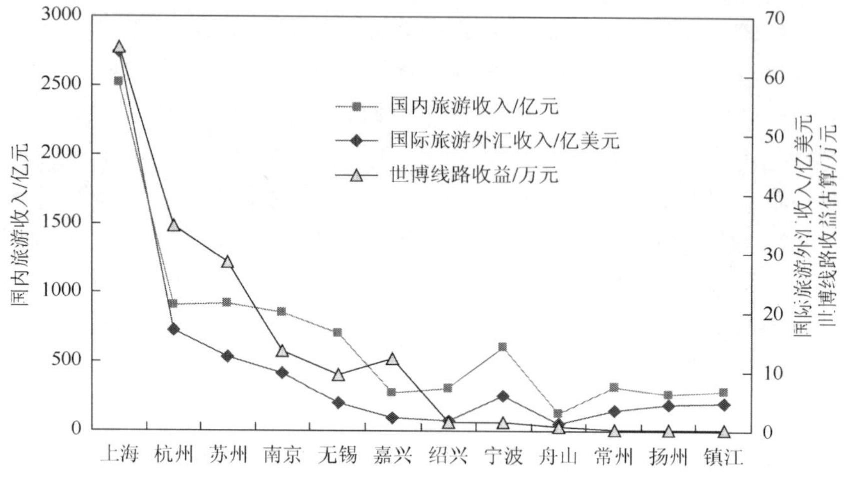

图 8-5　2010 年世博线路中城市目的地收益估算与实际旅游收入

南京在世博旅游线路中更多得益于交通上的优势，往往仅作为门户地游客由飞机或铁路转乘巴士的中转地，涉及景区少、住宿少，游客停留时间短，通常停留一晚或更短时间，非常不利于南京旅游形象的树立与城市旅游内涵的拓展。嘉兴、无锡等其他长三角城市目的地则多属逗留型目的地，无锡作为传统的"华东五市"之一的目的地城市，由于毗邻南京和苏州太近的尴尬地理位置，景点少且游览时间相对较短，旅游经济收益有限。

第四节　小　　结

世博旅游线路模式以单目的地模式和环游模式为主。受行游比的影响，近程客源地游客主要选择单目的地、完全环游以及往返式三种旅游线路模式；远程客源地游客主要选择完全环游模式和区域环游两种模式。

旅游线路空间组织主要受到目的地状况、线路交通以及目的地与影响因素关系的影响。旅游天数、旅游报价、游览范围、交通方式以及旅行模式之间存在显著的正相关性。近远程旅游消费和旅行模式之间存在显著差异，近程旅游消费远远低于远程旅游消费，主要区别于交通费用和食宿方面的花费。

通过对世博旅游线路模式、目的地角色与旅游经济收益的比较分析发现：

（1）充分了解并建立与其他目的地的合作关系将从中受益。即使仅仅作为逗留型目的地进入到区域旅游线路，如新兴目的地嘉兴，通过合作宣传营销，大大提高了知名度与影响力，成功进入华东传统旅游线路，2010 年国内旅游收入增长率（30%）仅次于上海（31.8%）。该案例表明一些城市如果将自己定位为主要目的地可能是徒劳的，而如果与其他目的地合作共同形成具有吸引力的旅游线路的话，则显然要好于作为独立目的地的宣传营销（McKercher，2001）。与更多的目的地联合营销，甚至包括竞争对手，建立新的合作关系，联合开发产品和旅游线路，可以吸引更多的游客（Lew and McKercher，2002）。

（2）目的地节点在各客源地旅游线路模式中的角色和功能不同，旅游收益存在显著差异，因此，目的地应有针对性地在不同客源地进行差别化的旅游宣传和营销。游客量、停留时间、旅游花费是影响目的地旅游收益最重要的因素，而旅行线路模式及目的地在旅游线路模式中的位置和相应的角色功能将影响游客流。如南京在西安线路中不仅出现频率较高，且扮演相对重要的枢纽目的地，而在其他客源地影响较小。由于国内长途旅行客源地和目的地之间的交通方式以航空和铁路为主，因此客源地与目的地之间是否存在点对点航空或铁路交通，不仅决定了旅行模式（完全环游还是区域环游），还决定了城市目的地在线路模式中的位置和角色地位。如苏州由于没有机场而只能成为长途旅行主要的途经目的地。

（3）整个旅行时间长度是影响游客在目的地区域扩散模式的主要因素，影响着地区间经济利益的分配（Oppermann，1994）。世博线路中目的地日花费与旅行天数呈 U 形曲线拟合，随着旅行天数增加，游客目的地平均日花费减少，旅行效率提高，在世博线路中 9 天为最经济的旅行天数。目的地应重视游客的停留时间，随着游客目的地停留时间增加，游客在目的地的总花费增加，目的地旅游收益增加。基于线路中目的地停留时间和花费的估算，世博旅游线路模式对长三角地区旅游经济的影响存在显著差异，上海、杭州、苏州是受益最大的城市目的地。因此旅游线路合作不仅是目的地区域旅游合作的核心内容，也是实现目的地区域旅游合作的重要途径，更是旅游者实现效用最大化的必然要求。

研究样本以各主要客源地旅行社的线路报价单为数据来源，虽有较为详细的出行信息，但在游客购物、娱乐等包价以外的旅游花费方面仍缺少足够的数据，因此无法计算准确的实际旅游花费。其次，由于缺乏对应的游客量数据，因此研究结果仅局限在基于线路所形成的目的地旅游经济收益的估算，而无法计算目的地之间实际的世博旅游经济差异。再者，本书以团队游为主要考察对象，但当前自助游、散客化正成为国内游的主要趋势，今后旅游线路模式研究应对此加以关注。

参考文献

李山，王慧，王铮. 2005. 中国国内观光旅游线路设计中的游时研究. 人文地理，20（2）：51-56.

刘法建，章锦河，陈冬冬. 2009. 旅游线路中旅游地角色分析——以黄山市屯溪区为例. 人文地理，24（2）：116-120.

卢天玲. 2008. 塔尔寺旅游者旅行模式及其对地方旅游经济的影响. 旅游学刊，23（12）：29-33.

陆林，汤云云. 2014. 珠江三角洲都市圈国内旅游者空间行为模式研究. 地理科学，34（1）：10-18.

马勇. 2004. 旅游学概论. 北京：旅游教育出版社：89-92.

史春云，张宏磊，朱明. 2011. 国内旅游线路模式的空间格局与特征分析. 经济地理，31（11）：1918-1922.

史春云，朱传耿，赵玉宗，等. 2010. 国外旅游线路空间模式研究进展. 人文地理，25（4）：31-35.

王朝辉，陆林，夏巧云. 2011. 基于 SEM 的重大事件国内游客感知价值及行为意向关系研究——2010 上海世博会为例. 地理研究，30（4）：735-746.

吴必虎. 1994. 上海城市游憩者流动行为研究. 地理学报，49（2）：117-127.

杨振之，陈顺明. 2007. 论“旅游目的地”与“旅游过境地”. 旅游学刊，22（2）：27-32.

叶红. 2007. 区域旅游线路节点选择对目的地的影响. 经济地理，27（4）：672-675.

袁欣，史春云，朱明，等. 2010. 长三角区域旅游线路模式及目的地类型研究. 旅游科学，24（6）：55-63.

周存宇，钟振全. 2008. 我国旅游线路设计研究概述. 科技信息（科学教研），20：649-650.

朱竑，封丹，韩亚林. 2007. 中国国际级旅游目的地建设的重新审视——基于国外旅行商视角. 旅游学刊，22（6）：14-19.

朱明，史春云，袁欣，等. 2010. 基于旅行社线路的国内旅行空间模式研究. 旅游学刊，25（9）：32-37.

Becken S. 2002. Analysing international tourist flows to estimate energy use associated with air travel. Journal of Sustainable Tourism，10（2）：114-131.

Downward P，Lumsdon L. 2004. Tourism transport and visitor spending：a study in the North York Moors National Park，UK. Journal of Travel Research，42（4）：415-420.

Lamberti L，Noci G，Guo J，et al. 2011. Mega-events as drivers of community participation in developing countries：The case of Shanghai World Expo. Tourism Management，32（6）：1474-1483.

Lew A A，McKercher B. 2002. Trip destinations，gateways and itineraries：the example of Hong Kong. Tourism Management，23（6）：609-621.

Lew A A，McKercher B. 2006. Modeling tourist movements：a local destination analysis. Annals of Tourism Research，33（2）：403-423.

Lue C，Crompton J L，Fesenmaier D R. 1993. Conceptualization of multi-destination pleasure trips. Annals of Tourism Research，20（2）：289-301.

Martinezgarcia E，Raya J M. 2008. Length of stay for low cost tourism. Tourism Management，29（6）：1064-1075.

McKercher B. 2001. A comparison of main destination visitors and through travelers at a dual-purpose destination. Journal of Travel Research，39（4）：433-441.

Mings R C，McHugh K E. 1992. The spatial configuration of travel to Yellowstone National Park. Journal of Travel Research，30：38-46.

Mistilis N，Dwyer L. 1999. Tourism gateways and regional economies：the distributional impacts of MICE. International Journal of Tourism Research，1（6）：441-257.

Oppermann M. 1994. Length of stay and spatial distribution. Annals of Tourism Research，21（4）：834-836.

Thrane C. 2012. Analyzing tourists' length of stay at destinations with survival models：a constructive critique based on a case study. Tourism Management，33（1）：126-132.

Tideswell C，Faulkner B. 1999. Multidestination travel patterns of international tourists to Queensland. Journal of Travel Research，37（4）：364-374.

Wu C L，Carson D. 2008. Spatial and temporal tourist dispersal analysis in multiple destination travel. Journal of Travel Research，46（3）：311-317.

Yang Y，Wong K K F，Zhang J. 2011. Determinants of length of stay for domestic tourists：case study of Yixing. Asia Pacific Tourism Association，16（6）：619-634.

Zilinger M. 2007. Tourist routes：a time-geographical approach on German car-tourists in Sweden. Tourism Geographies，9（1）：64-83.

第九章　基于旅行模式的自驾游客出游行为特征

第一节　自驾旅游研究进展

自驾游是近年来旅游交通研究的主要方面（汪德根等，2011）。自驾游在世界很多地方的重要性越来越突出，在印度和中国已经出现越来越多的私家车主，因此自驾游应当受到旅游交通研究者的关注（Hudson，2012）。国家统计局 2012 年国民经济和社会发展统计公报显示，年末全国私人轿车 5308 万辆，比上年末增长 22.8%。2012 年我国自驾车出游人数达 14.2 亿人次，占我国居民出游总数的 48%，自驾车旅游消费达 6470 亿元，约占我国居民国内旅游消费总量的 30%[32]，随着自驾游在世界很多地方的重要性越来越突出，自驾游已成为中国城镇居民节假日出游的主要方式（卢松等，2013；北京绿维创景规划设计院自驾游课题组，2010），追求个体出行的自由和舒适成为自驾游客的主要目标（史春云等，2014）。

一、国外自驾旅游研究进展

国外很早就开始对自驾车旅游进行研究，并且随着经济的发展和消费观念的改变和发展而日渐成熟。国外对自驾车旅游的相关研究主要包括以下四个方面：

（一）自驾车旅游的定义和分类研究

国外关于自驾车旅游的定义研究和讨论较多，但尚未有统一的定论。Prideaux 等（2001）认为，自驾车旅游是“人们以旅游为目的，以私家车或租赁车为交通工具的旅游行为”。Olsen（2002）通过研究时间因素，认为自驾车旅游是指“人们离开家外出至少一个晚上，使用自有的、租赁或借用的交通工具进行访问亲友或度假的活动”。Taplin and McGinley（2000）认为，自驾车旅游可以被看作是一种受局限的行为，是旅游者在一系列因素的限制下寻找旅游满足感的行为。Scott（2002）在对自驾车旅游的定义中重点指出自驾车旅游一般涵盖在多目的地进行旅游服务性支出，如果从系统角度研究出发，自驾车旅游还可以被定义为是诸多产品市场的有机结合。

国外学者依据不同的分类指标，将自驾车旅游划分为不同类型。Wall（1972）根据自驾车旅游的不同动机，将非工作性质的汽车出行分为购物、休闲、社交和

32 中国旅游新闻网：http: //www.cntour2.com/viewnews/2013/05/19/eMUAjuwpsKashl35wXNl0.shtml. 2017/1/4

娱乐 4 类。Olsen（2002）根据旅游者的行为将自驾车旅游分为旅行式、中途泊车式、直达式 3 类。Hardy（2003）根据出行时间的长短将自驾车旅游分为短暂休息（1～3 天）、短期旅行（4～7 天）、长期旅行（8～21 天）和豪华旅行（22 天以上）4 类，并根据旅游者的心理和行为特征，将自驾车旅游者分为积极的冒险者、积极的旅游者、成熟的冒险者和成熟的大众旅游者 4 类。

（二）自驾车旅游游客和游客行为的研究

国外对自驾游游客的研究多为基于市场调查的人口统计学特征的研究，涉及的人口统计变量有：性别、年龄、文化程度、收入水平、职业、婚姻状况、家庭结构等。Howat 等（2007）、McClymont and Prideaus、Prideaux 等（2001）和 Hardy 等（2006）对自驾游游客的人口统计学特征、出游特征、偏好等进行了较为深入的研究。从自驾游客的心理和行为研究来看，享受驾驶的乐趣是自驾游游客的一个显著的特征。Hallo and Manning（2009）对美国阿卡迪亚国家公园的自驾游游客进行了调查，指出游客的出游目的在于在国家公园中体验海岸驾驶的乐趣。

不论是基于人口统计学特征的专项研究，还是从细分市场的自驾游游客行为研究，老年人自驾车旅游者这一群体受到国外研究者的关注度最高。Guinn（1980）针对老年休闲自驾车旅游者的调查研究发现，选择自驾车旅游的动机和休闲活动、年龄、职业、收入存在显著的相关关系，而旅游动机和教育水平的相关性较小。Prideaux 等（2001）以澳大利亚的调查数据为基础，研究老年自驾车旅游市场，结果显示：参与性较强的自驾车旅游是老年人旅游的重要活动，老年人驾车出游更喜欢选择在非学校假期的凉爽时间，老年人旅游信息渠道主要来源于亲朋好友们的介绍。

关于自驾游游客行为的其他研究也很多，如 Liu 等（2012）基于 340 份可靠问卷，分析了中国南宁自驾游游客的空间行为特征，其整体特征符合距离衰减规律，Mmopelwa 等（2007）通过半结构问卷调查，研究了自驾游游客的感知和支付停车费意愿问题。

（三）自驾游线路方面的研究

国外对于自驾车旅游线路的研究多为定量研究，且关注并主要围绕旅游的多目的地性这一主题。Taplin and Qiu（1997）通过遗传算法研究了澳大利亚的自驾车旅游景点和旅游线路选择，基于人口、旅行时间、道路交通连接性和主要旅游目的地的一个模型，研究旅游目的地吸引力大小和游客对远距离环游的倾向性，结果显示返回时愿意采取不同线路的远距离自驾车旅游者的引力乘数为其他的四倍或更高。Taplin and Mcginley（1997）以澳大利亚为例，通过构建多期线性规划模型，模拟及预测游客线路选择，从而有利于深入研究自驾游游客决策的影响因素和约束条件。Shih（2006）使用电话访谈获得的数据，采用网络分析方法研究自驾车旅游目的地网络结构特征。Nicolau（2008）通过问卷调查，构建随机系数 Logistic 模型，研究了距离对目的地吸引力的影响，结果认为距离对选择的作用可以是积极的，也可以是消极的。Connell and Page（2008）通过个人调查，采用 GIS 方法分析了国家公园中的自驾车旅游者的 4 种不同的旅游线路模式和 3 种不同的目的地类型。

风景道在自驾车旅游中具有重要作用，国外学者对自驾车旅游线路的研究多涉及风景道研究。Eby and Molnar（2002）采取美国自驾游游客信息调查的方式，对旅游线路选择中选择风景道的自驾游游客特征进行了研究。结果表明，游客选择线路时首先关心的是道路的实际状况，然后才是如何使行程变得快乐。对游客旅行特征的分析结果显示，对于度假游客、长途旅游的游客、野营或住宿的游客、提前做好旅游计划的游客来说，风景道在旅行线路的选择中所起的作用更为重要。Denstadli and Jacobsen（2011）在前人研究旅游目的地背景基础上，通过结构方程模型分析挪威两个风景道在景观形态、聚落、沿路体验和旅行距离方面不同的数据，研究自驾游游客对风景道的满意度和忠诚度。结果表明，路边设施在实现自驾游游客总体满意度和忠诚度中起着至关重要的作用，驾驶者对有吸引力风景的体验愿望的考虑是提高满意度的重要途径。满意度表明路线忠诚度的增加，即使这种关系似乎低于常规的目的地的研究。

（四）自驾车旅游影响及管理研究

国外对自驾车旅游影响研究的内容主要集中在自驾车旅游对区域旅游开发和发展的作用方面，特别是对乡村旅游开发和发展中的影响。Prideaux 等（2001）认为自驾车旅游可以刺激偏远地区旅游业发展而成为新的重要旅游目的地。Briedenham and Wickens（2004）在对南非的研究时强调了自驾车旅游线路对农村地区旅游开发的推动作用。McClymont and Prideaux（2007）通过对乡村地区自驾游游客的研究，总结了自驾车旅游给特定主题的自驾车路线带来的影响，包括对自驾车驾驶线路区域的旅游开发、交通发展和经济投资等方面的影响。

关于自驾车旅游管理的研究，国外学者主要涉及自驾游游客的需求管理和汽车安全驾驶两个方面。Garling 等（2002）提出基于个人信息、公共信息、情景因素相互制约的自驾车旅游者需求管理框架。Wilks 等（1999）研究了澳大利亚的国际旅游者在不熟悉的环境下安全驾驶的问题，并提出建立国家研究和管理项目针对性解决安全驾驶问题。

二、国内自驾旅游研究进展

我国的自驾车旅游相对西方国家发展较晚，所以关于自驾车旅游的研究较之国外起步晚，数量少。目前，国内自驾车旅游的研究主要集中在以下几个方面。

（一）自驾车旅游的定义与分类研究

在自驾车旅游定义研究方面，国内龙斌（2004）、张晓燕（2006）学者尝试进行了界定，且其定义都包含了 3 个基本因素：以私有或租借的车辆为交通工具、驾车者旅行和暂时居留引发的各种关系的总和、以休闲为目的。

关于自驾车旅游分类研究，国内学者胡敬民（2003）从旅游目的，张晓燕等（2006）从组织形式、市场分类、出游距离、地域范围等方面对自驾车旅游进行分类。刘昌雪（2013）基于态度和行为对自驾车旅游者划分为中立者、狂热支持者和理性支持者三种类型。

（二）自驾车旅游市场和游客特征研究

在自驾车旅游市场研究方面，国内翟向坤（2003）、陈乾康（2004）、陆军（2008）、张晓燕等（2006）、汪德根等（2010）分别涉及自驾车旅游市场形成机制、开发管理、供给系统、市场细分和市场特征分析等。

在自驾游游客特征方面的研究，近年来主要集中在自驾游游客行为特征方面。卢松等对黄山市自驾车入游流旅行空间行为进行了分析（2013）；钟志平和王秀娟（2009）以少林寺景区为例，基于涉入理论实证研究了自驾车旅游购物行为；冯淑华等（2008，2009）探讨了自驾车旅游的消费特性、旅游偏好和消费空间分异特征，并绘制了自驾车旅游者的出游意愿与可迭机会的普雷德行为矩阵图；刘丹姿（2009）和黄昊（2013）都对上海自驾游客的出游行为进行了分析。此外，刘婧媛（2008）、邹昌华（2011）等也都对自驾游客的出游行为特征进行了探讨，史春云等（2014）对自驾游客满意度进行了建模。

自驾游是一种相对消费水平较高的旅游行为，近年来刘婧媛（2008）、周舟（2009）、解亚娟（2013）、林颖（2012）、徐澄（2014）等很多学者开始关注自驾游客的消费行为。

（三）自驾车旅游影响及管理、发展问题及对策研究

在自驾车旅游影响方面，国内王小莉（2008）以四川为例，研究了自驾车旅

游对旅游产业结构的影响；刘丹黎和邱扶东（2008）对自驾车旅游在我国的发展前景进行了预测。在自驾车旅游发展对策方面，李华敏和苏少敏（2008）更多地关注自驾车旅游发展过程中存在的问题并尝试提出相关应对策略，张波（2004）、张晓燕等（2006）、刘欢（2011）、于海波和吴必虎（2011）和肖开提·马合穆提（2012）等都对国内自驾旅游发展进行了系统梳理。

综合归纳国内外相关研究成果，对自驾车旅游市场的研究最为丰富，但对自驾车旅游细分市场、专项市场的研究较少；在旅游消费中，对自驾车旅游游客消费的研究尚不多见。目前国内外对于自驾车这一细分市场的旅游消费研究并不多，所以对于自驾车旅游消费的研究有待进一步的补充和完善，关于旅行模式与自驾车旅游消费之间的相互关系也有待进一步探讨。

第二节 数据来源与样本统计学特征

一、数据来源

论文的数据主要来自于实地问卷调查获得的一手数据，问卷调查选择上海、苏州为样本地，以私家车游客出入较为集中的区域为调查地点（上海人民广场、上海博物馆、南京东路、淮海公园、上海图书馆以及苏州博物馆）。调查特别选择中国第一次国庆假期高速公路免收小型客车过路费的时间，于2012年9月29日～10月2日进行，共发放问卷1000份，回收问卷973份，回收率97.3%，运用统计分析软件SPSS 19.0和Excel软件，根据研究内容对数据进行适当的修正和检验、分析处理。剔除空白、无效数据，有效问卷为772份，有效问卷率为77.2%。问卷分为自驾游游客基本特征、自驾车旅游感知与满意度问项、旅行线路与消费行为以及人口统计学特征四部分。

二、自驾游客样本人口统计学特征

在问卷调查者中，男性较之女性略占优势，比例分别为55.96%和44.04%；年龄结构以44岁以下的中青年为主（占90.80%）；文化程度上，本科及以上人数占60.36%，且没有小学以下文化水平的自驾游游客；收入方面，月平均收入5000元以上人数所占比例最高为24.03%，月平均收入3000元以上人数达到了46.76%，而月平均收入少于500元占了23.12%，是由于问卷调查者有很多学生（学生在调查者中所占比重31.48%）；职业方面，除了仅有2名军人和2名农民外，各类职业人数都有较多分布，由于学生比较愿意配合问卷调查工作，所以学生在各职业中所占比重最高，其次是企事业管理人员，占比16.06%。总而言之，自驾游旅游者人口统计学特征表现出男性略占优势、中青年为主、高收入、高学历和企事业管理人员比例稍高的特点（表 9-1）。

表 9-1　样本的人口学特征情况

项目	调查内容	占比/%	项目	调查内容	占比/%
性别	男	55.96	平均月收入	少于 500 元	23.12
（*n*=772）	女	44.04	（*n*=770）	501～1000 元	3.77
				1001～2000 元	7.40
年龄	14 岁以下	0.65		2001～3000 元	18.96
（*n*=772）	15～24 岁	45.85		3001～5000 元	22.73
	25～44 岁	44.95		5000 元以上	24.03
	45～64 岁	6.61	职业	公务员	3.89
	65 岁以上	1.94	（*n*=772）	企事业管理人员	16.06
				专业/文教技术人员	15.8
文化程度	小学及以下	0.00		服务销售商贸人员	9.07
（*n*=772）	初中及中专	4.66		工人	3.89
	高中	12.31		农民	0.26
	大专	22.67		军人	0.26
	本科	49.22		学生	31.48
	研究生及以上	11.14		离退休人员	2.33
				其他职业	16.97

注：*n* 代表样本数。

三、自驾游客样本客源市场结构与时空分布

（一）客源市场结构特征

根据调查问卷（客源有效问卷为 528 份），以调查者的来源城市（地级市）为单位统计客源人数，采用省级行政单位统计客源比重，绘制自驾游客源分布图对国内自驾游客源情况进行分析（图 9-1）。自驾游客源市场结构呈现如下特征：

（1）大多数自驾游游客来自本市和邻近省份，客源分布近域性十分明显。其中有 216 名游客来自上海，32 名游客来自苏州，杭州、南京的自驾游游客也达到了 10 人以上；从省份上看，问卷发放地上海游客占有绝对优势，占近 41%，长三角地区自驾车客源占了绝对优势（60.61%），毗邻省份如江苏、浙江、安徽等省份的客源也较多。

（2）自驾游客源地的分布在空间上十分集中。虽然自驾游游客的客源来源广泛，除了缺少西藏、海南、香港和澳门这四地的游客之外，涉及其他 30 个省（直

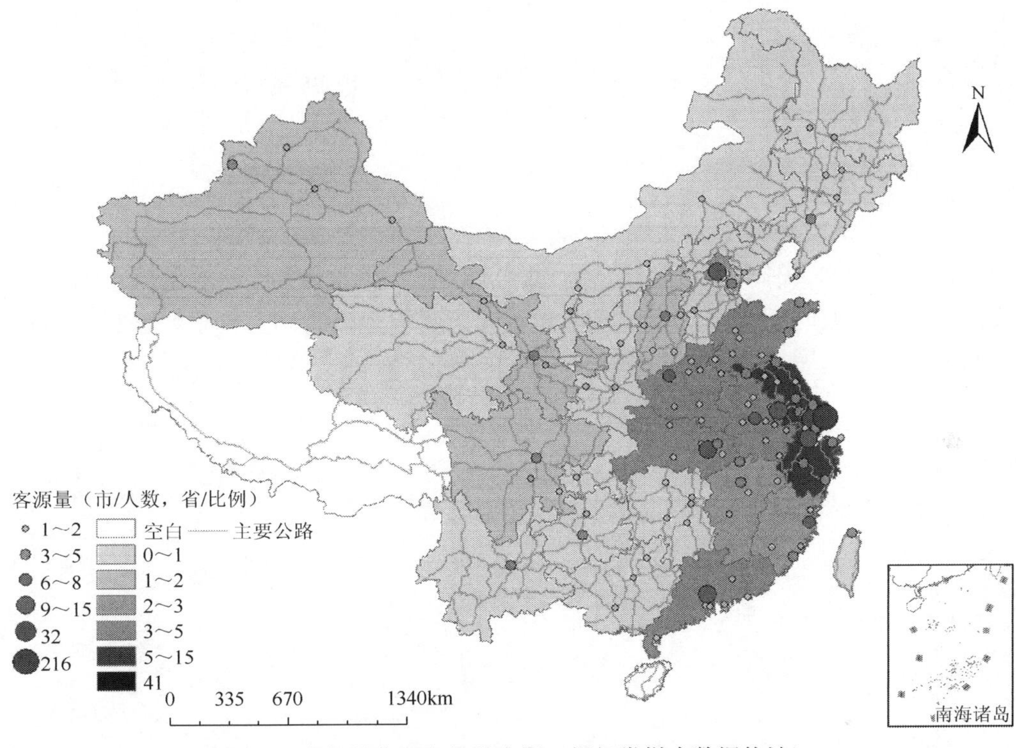

图 9-1　自驾游客源空间分布图（据问卷样本数据统计）

辖市），这说明上海市对外来游客具有较大的吸引力，但客源地分布相对集中，客源量比重在 1%以上的仅有 16 个省份，其中 3%以上的只有 8 个省份，除了长三角两省一市之外，还包括邻近的安徽、山东、河南和经济发达的北京、广东和湖北，其他地区只有零星分布（比重在 1%以下，其他 14 个省份的自驾车客源合计仅占 8.74%）。

（3）从交通上看，自驾游客源地都分布在主要公路线上。客源量大的地区有多条公路交汇，重要的交通枢纽处的城市自驾车出游人数较多；公路网密度大的东部地区，自驾游游客的客源分布更为集中，如东部地区公路网密度明显大于西部地区，其客源量也明显大于西部地区。

（4）从经济发展方面看，自驾游游客地主要分布在经济发展较好的省会城市或发展条件好的经济发达城市。例如仍有较多自驾游客来自北京、广州、武汉等距离问卷发放地较远但经济较为发达的客源地，主要由于其经济辐射范围广；问卷所涉及的省份中省会城市客源基本上都在 3 人以上（73.33%），省会城市如南京（12）、合肥（6）、武汉（10）、杭州（14）、广州（9）和首都北京（13）等，主要是由于其政治职能带来较好经济发展条件和优势。

（5）自驾车旅游的时间距离主要集中在 4 小时以内，占客源总体的 63.9%。

根据问卷，将自驾车客源地与首个目的地城市输入高速地图中进行导航查询，得出 68.13%的自驾车旅游客源市场主要集中在 400km 范围内，构成自驾车旅游 4h 交通圈。

（二）旅游流时空分布特征

以自驾游客来源城市（地级市为单位）政府所在地到首个目的地城市的高速公路距离和导航时间为空间距离指标和时间距离指标，绘制自驾车客流的时间和空间使用曲线（图 9-2）。

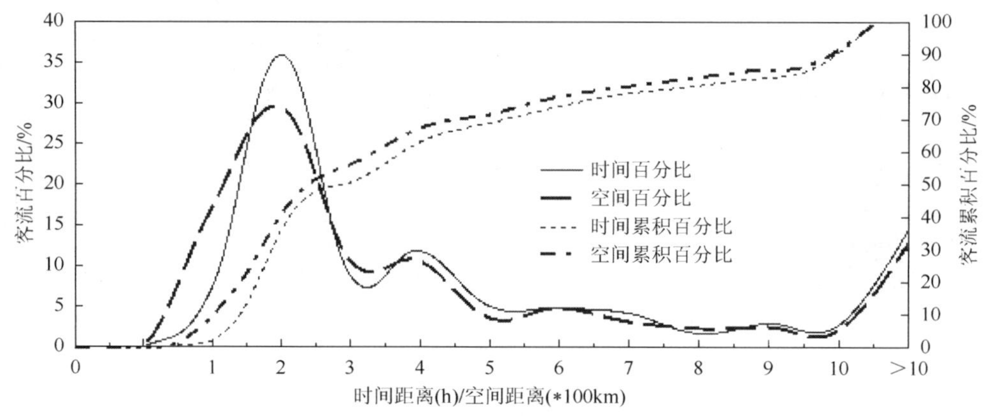

图 9-2　自驾游客流时空使用曲线

从空间上看，随着距离的增加，自驾游客人数不断增加，在 200km 处达到最高峰；随着距离的进一步增加，自驾车旅游人数出现快速下降趋势，一直到 800km 处；之后下降趋势平缓，直到 1000km，出游距离在 1000km 以上的自驾游客人数不多（图中这里有个增幅的原因在于把大于 1000km 以上的人数都统计在一个区段）。总体而言，自驾车旅游的空间使用曲线有着较为典型的 Boltzman 曲线特点。具体来说，不同区段有着各自的特征：出游距离在 50km 以内的自驾游客非常少，仅占 3.89%；50～200km 区间自驾游游客数量迅速增加，客流量达到 42.82%，累计百分比为 46.71%；200km 之后，自驾游游客人数随距离增加的数量迅速减少，200～300km 累计百分比占 57.42%；300～400km 有个小幅回升，在 400km 处达到一个次高峰，此区段客流市场占有量达到 10%以上，累计百分比占 68.12%；400km 之后，随距离增加自驾游游客人数增加数量继续减少，400～800km 区段，客流市场占有量占 16.79%，此时累计百分比达到 84.91%；距离在 800km 以上的自驾车客流量百分比 15.09%。由此可见，自驾游游客出游，其首个目的地与客源地之间的距离主要集中在 800km 范围以内。

从时间上看，自驾车旅游流的时间使用曲线和空间使用曲线具有高度吻合的一致性特点。即随着出游时间的增加，自驾游客人数不断增加，在 2h 处达到最高峰；接着随着时间距离的进一步增加，自驾游客人数出现快速下降趋势，直到出游时间为 8h 处，其中在 4h 处有一个次高峰；然后平缓下降至 10h 处，出游时间在 10h 以上的自驾游客不多（图中此区段有较多增幅的原因在于将 10h 以上的人数都统计为一个区段值），但也存在一定的比例。分区段来看，自驾游客出游时间在 1h 以内的人数不多，仅占 7.32%；1～2h 区间自驾游客数量迅速增加，客流量百分比达到了 35.85%，累计百分比占 43.17%；2～3h 区间，自驾游客数量增加迅速减少，客流百分比仅为 8.87%，累计百分比为 51.59%；在 3～4h 区间，自驾游客增加数量小幅回升，客流市场占有量再一次突破 10%，为 11.95%，累计占比 63.9%；在这之后，随着出游时间的增加，自驾游客增加数量一直处于不断减少状态，4～6h 区间，自驾车客流百分比为 14.15%，此时累计占比为 78.05%。出游时间在 6h 以上的自驾车游游客数量不多，客流量累计仅占 21.95%。这可以说明，自驾游游客出游距离（客源地与首个目的地之间的距离）主要集中在 6h 时间范围内。

（三）旅游目的地空间分布

根据问卷统计，剔除空白问卷，筛选出 428 份问卷中的 428 条线路，其中跨省线路有 237 条，占比 76.4%，且这些线路主要集中在长三角地区；而省内自驾车旅游线路只有 101 条，占比 23.6%。这说明自驾游客出游更倾向于选择跨省域的多目的地旅游线路。自驾车旅游目的地分布从省域方面来看，除了缺少黑龙江省、香港和澳门这 3 个地方之外，涉及其他 31 个省（直辖市、自治区），分布十分广泛。旅游线路中各目的地出现频次的差异性十分明显。江苏、浙江和上海三地最受自驾车旅游者的欢迎，出现频次分别为 227、185 和 136 次，占有绝对优势；其次是山东、北京、福建、广东、四川、安徽、湖北等，其出现频次也到达了 20 次以上，其他省份出现的频次不多。从目的地城市方面看，上海、苏州和杭州是自驾游游客最受欢迎的目的地，目的地出现频次都在 100 以上，且因其在地理位置上的邻近和交通的方便快捷等优势，上海、苏州、杭州三地经常出现在同一条自驾车旅游线路中。

根据目的地出现频次统计情况，可以将我国 31 个省域自驾车目的地进行划分：第一层次（出现频次 $n>100$）：上海、江苏和浙江；第二层次（出现频次 $20<n\leqslant100$）：四川、北京、山东、福建、江西和广东；第三个层次（出现频次 $10<n\leqslant20$）：湖北、云南、安徽、湖南、河南和甘肃；第四个层次（出现频次 $n\leqslant10$）：内蒙古、新疆、青海、吉林、广西、海南、河北、西藏、辽宁、山西、宁夏、重

庆、天津、陕西、台湾和贵州。

问卷中关于自驾车旅游线路的设计是开放题和填空题形式呈现的:“请您回忆一次自驾车旅游线路？”，并让答卷者根据给出的固定结构进行填空，这就需要问卷调查者的回忆之后进行填写，因此填写率较低。此外，不同客源地的自驾车旅游者因地理位置、交通等的差异性，其在旅游线路和目的地选择上固然存在差别。故选取客源地来自上海的问卷样本（共计 216 份），剔除空白问卷，有效问卷 167 份，有效率为 77.3%。从这 167 份样本中的 167 条自驾车旅游线路中，研究其目的地空间分布状况。以地级市为单位，将目的地城市以及目的地城市省域统计占比情况进行统计，绘制上海自驾车旅游目的地空间分布图（图 9-3）。

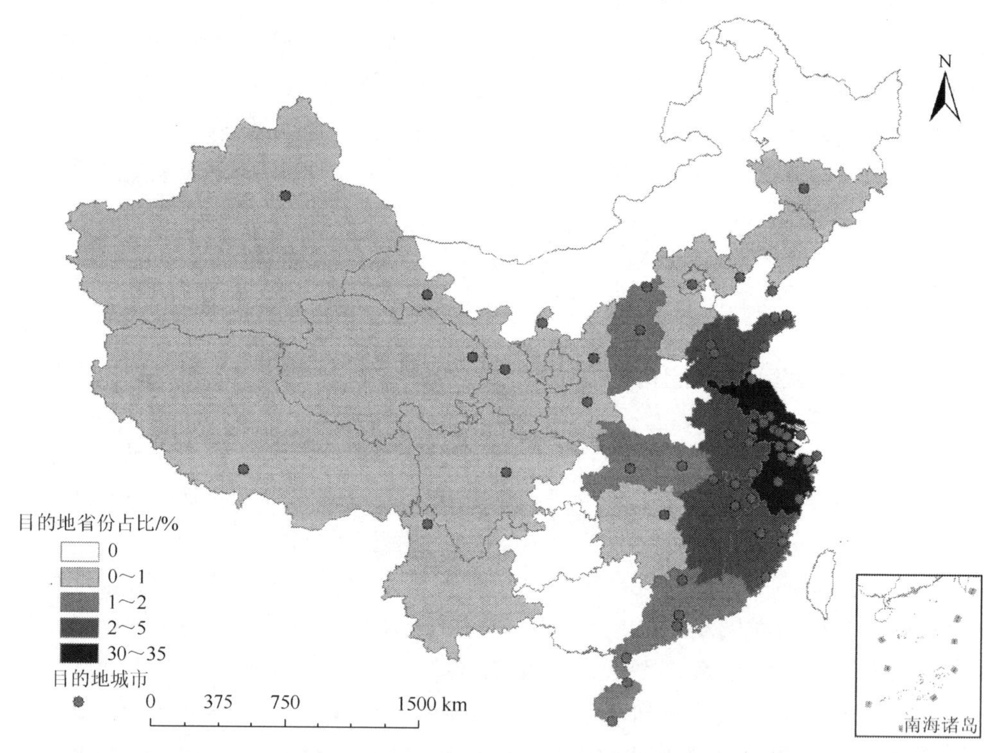

图 9-3　上海自驾车旅游目的地空间分布图（据问卷样本数据绘）

上海自驾车旅游目的地空间分布表现出如下特征：总体而言，上海游客自驾车旅游目的地分布较为广泛，主要集中在邻近地区。从省份上看，除了黑龙江、内蒙古、天津、河南、重庆、贵州、广西和港澳台没有涉及之外，上海游客国内自驾车旅游目的地分布涉及 25 个省份。目的地主要分布在东部沿海省份，西部有较好旅游资源的省份也有零星分布，但比重都在 1%以下；中部地区的山西省、湖北省和南方较远的省份广东省、海南省目的地所占比重在 1%～2%；毗邻省份浙江省和江苏省是上海自驾游游客首选目的地，所占比重分别为 33.3%和 30.7%；邻近省份安徽、山东、江西和福建为上海自驾游游客第二选择的目的地区域，所占比重在 2%～5%。从目的地城市来看，集中在交通距离 6h 以内地区，主要为长三角都市圈内的城市（71.2%）；较远的目的地城市通常有比较知名的旅游吸引物吸引上海自驾游游客前往，如云南迪庆、西藏日喀则、新疆乌鲁木齐、海南三亚、四川成都、陕西西安、山西平遥、甘肃兰州和敦煌、河北秦皇岛、辽宁大连等，前往这些目的地的游客通常是通过自驾车协会等特定组织所进行的团队出游或者是坐飞机前往目的地租车自驾游，而独自或家庭自驾出游的情况很少见。

据此，可将上海自驾车旅游国内目的地简单地划分为 4 个圈层：①一级目的地区域：上海本市周边地区和江苏、浙江两省构成的核心区域。一级目的地区是上海自驾游游客首选目的地，客流量最大，具有地理位置上距离客源地近、交通便利、时间距离短、可达性高的特点。②二级目的地区域：山东、安徽、江西和福建四省所组成的第二圈层。二级目的地区域在一级目的地区域外围，自驾车旅游者客流量较大，仅次于一级目的地区域，距离客源地较近，交通便捷，方便到达。一、二级目的地区域都属于上海自驾车旅游目的地的核心区域。③三级目的地区域：以山西、湖北、广东、海南四省为主所组成的第三圈层。三级目的地区域位于二级目的地区域外围，属于核心、边缘的过渡阶段，距离客源地有一定的距离，也需花一定的时间，通常适合有较多假期或时间出游的自驾游游客前往。④四级目的地区域：其他省份构成的外围区域。四级目的地区域距离客源地远，属于边缘地区，主要以其高知名度旅游资源吸引自驾游游客前往，客流量很少，通常是对某知名旅游景点十分向往，经过精心的时间、线路安排之后的自驾游游客前往。也就是说，上海自驾车旅游目的地呈简单圈层分布特征，符合距离衰减规律。

第三节　自驾游客旅行模式及出游行为特征

一、自驾游客的旅行模式

问卷设计中使用 Oppermann（1995）的 7 条线路模式供受访者选择，包括 2 种单目的地旅行模式和 5 种多目的地旅行模式（图 9-4）：①S_1 单目的地模式（single destination）：游客只到一个目的地，停留一段时间后原路返回，往返路径与游憩路径重合，但不在目的地过夜；②S_2 基地模式（base camp）：游客直接到达基地所在地，对周围附属景点目的地进行游玩，但需返回目的地城市（基地）过夜，旅行结束后从基地原路返回客源地；③M_1 往返模式（stopover pattern）：游客从客源地出发沿交通线游览多个目的地，然后原路返回，其进入和返回路径重合，并由一条重复使用的游憩路径将所有目的地节点连接起来；④M_2 完全环游模式（full loop）：游客从客源地出发依次游览多个目的地，但其进入和返回路径不重合，游客在旅行中不重复使用同一条游憩路径；⑤M_3 目的地区域环游模式（destination area loop）：游客从客源地出发到达第一个目的地之后，以这个目的地为起点在区域内依次游玩多个目的地，再回到起点目的地，最后沿原路返回客源地，其进入和返回路径重合，但游憩路径不重复使用；⑥M_4 旅行链模式（open jaw loop）：游客在一个更大范围的旅行过程中游览数个不同的地区和众多的旅游目的地；⑦M_5 复合目的地区域环游模式（multiple destination areas loop）：以上旅行模式的综合。

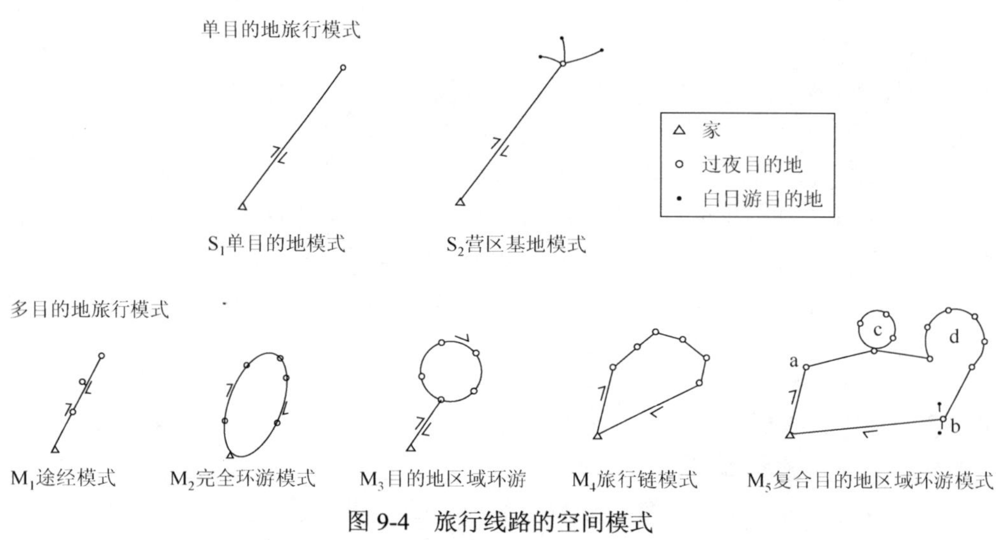

图 9-4 旅行线路的空间模式

根据问卷统计结果发现：有 41.45%的自驾车旅游者选择单目的地旅行模式，其中选择 S_1 单目的地模式的人数最多，占比 24.22%；更多的自驾车旅游者倾向于选择多目的地旅行模式（58.55%），其中 M_3 目的地区域环游更受自驾车旅游者的青睐（16.97%），然后是 M_2 完全环游模式（13.99%）和 M_4 旅行链模式（13.99%），而选择 M_1 途经模式（7.90%）和 M_5 复合目的地区域环游模式（5.70%）出游的自驾车旅游者相对较少（图 9-5）。

二、基于旅行模式的自驾游客出游行为特征

（一）出游目的

自驾游出游目的占居首位的是欣赏自然风光，比重在 26%～31%，这与传统的观光游览目的不同，自驾车由于其机动灵活、方便快捷的优点，人们选择自主

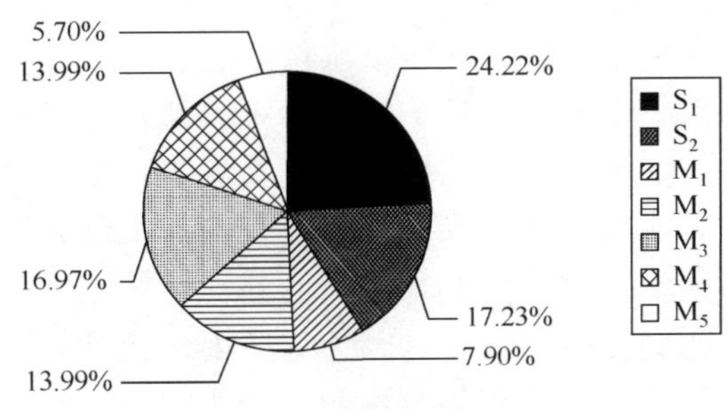

图 9-5　线路模式比例图

S_1代表单目的地模式；S_2代表营区基地模式；M_1代表往返模式；M_2代表完全环游模式；M_3代表目的地区域环游模式；M_4代表旅行链模式；M_5代表复合目的地区域环游模式

驾车的方式倾向于远离城市喧嚣去欣赏自然风光。另外，休闲度假的目的也占有较高的比重（13%～22%），居于第二位。这进一步突显自驾车旅游作为主要休闲旅游方式的地位。体验民俗文化、放松紧张情绪、增加阅历见识也占有一定的比重。体验民俗文化目的比例最高的为 M_5 复合目的地区域环游模式的自驾车旅游者（18.97%），比例最低的是 M_1 往返模式（8.61%），其他线路模式的自驾游游客体验民俗文化目的所占比例相对均衡；选择的线路模式越复杂、目的地越多放松紧张情绪目的的比例越高；以增加阅历见识为目的的自驾游游客在线路模式的选择上相对均衡。以美食、购物和探亲访友为目的的自驾车旅游者相对较少，其中美食目的最高比例的是 M_2 完全环游模式（10.51%）；探亲访友目的自驾游游客集中选择单目的地旅行模式（表 9-2）。

表 9-2　自驾车旅游出游目的地线路模式差异　（单位：%）

线路模式	体验民俗文化	欣赏自然风光	休闲度假	美食	放松紧张情绪	增加阅历见识	购物	探亲访友
S_1	12.50	30.73	17.45	7.81	10.94	12.76	2.86	4.95
S_2	10.21	27.82	21.13	9.51	14.44	11.97	1.76	3.17
M_1	8.61	26.49	16.56	8.61	15.89	17.88	1.99	3.97
M_2	12.32	29.35	14.49	10.51	14.49	14.13	2.54	2.17
M_3	13.85	27.38	18.46	7.69	17.23	12.31	1.85	1.23
M_4	12.88	25.75	15.45	6.44	17.17	18.88	2.58	0.86
M_5	18.97	27.59	13.79	8.62	16.38	12.07	1.72	0.86

注：S_1代表单目的地模式；S_2代表营区基地模式；M_1代表往返模式；M_2代表完全环游模式；M_3代表目的地区域环游模式；M_4代表旅行链模式；M_5代表复合目的地区域环游模式。

（二）旅游信息来源

采取不同线路模式的自驾车旅游者获取旅游信息渠道的差异不大（表 9-3），

主要来源于亲友同事的推荐和旅游网络，比重分别在 28%～37%和 22%～37%。这是因为亲友同事的信誉度高，自驾车旅游者更容易接受亲友同事的推荐，去口碑较好的地方游玩。除了由于方便快捷、信息量大等网络自身优点之外，自驾车旅游者多为高学历、高收入的年轻人，其主要特征与上网人群相似，所以网络渠道也是自驾车旅游者获取信息的主要来源。而其他媒体渠道，如广播、电视、报刊杂志和书籍等所占比例较少，主要是因为这些渠道通常只介绍旅游目的地的部分信息，不够全面。此外，自驾车旅游不同于一般的团体旅游，旅行社组团难以满足自驾车旅游者多样化、个性化的需求，故旅行社的招徕所占比例也不多。从各个渠道方面看，接受亲朋好友和同事推荐的自驾车旅游者选择旅行线路模式比例最高是 S_1 单目的地模式（36.11%）；旅游网络渠道中获得旅游信息的自驾车旅游者选择 M_4 旅行链模式的比例最高（36.77%）；旅游信息来自广播、电视和其他渠道，选择 M_5 复合目的地区域环游模式的自驾车旅游者所占比重最高（比重分别为 5.41%、13.51%和 8.11%）；从报刊杂志和书籍渠道获得旅游信息中自驾车旅游者，选择 M_3 目的地区域环游的比例最高（比重分别为 11.21%和 11.68%）；而选择旅行社招徕获取旅游信息的自驾车旅游者，采用 M_1 途经模式的比例最高（8.33%）。

表 9-3　自驾车旅游信息的线路模式差异　　（单位：%）

线路模式	广播	电视	报刊杂志	书籍	亲友同事推荐	旅游网络	旅行社的招徕	其他
S_1	1.39	9.03	9.72	5.9	36.11	30.21	4.17	3.47
S_2	1.55	9.28	9.79	5.15	35.05	31.96	4.12	3.09
M_1	2.08	11.46	5.21	7.29	29.17	32.29	8.33	4.17
M_2	0.62	11.11	8.02	14.2	27.78	32.72	2.47	3.09
M_3	0.47	8.88	11.21	11.68	28.97	32.24	2.34	4.21
M_4	0	9.68	7.74	5.16	33.55	36.77	4.52	2.58
M_5	5.41	13.51	10.81	6.76	28.38	22.97	4.05	8.11

注：S_1 代表单目的地模式；S_2 代表营区基地模式；M_1 代表途经模式；M_2 代表完全环游模式；M_3 代表目的地区域环游模式；M_4 代表旅行链模式；M_5 代表复合目的地区域环游模式。

（三）组织形式及出游方式

1. 组织形式

不同旅游线路模式的自驾游客选择旅游组织形式存在一定的差异性（表 9-4）。总体而言，自驾车旅游组织形式绝大部分为亲朋好友结伴出游，比重在 51%～72%。这种以家庭或亲朋为单位的自驾车团队是自发组织的，与彼此熟悉的亲朋好友按照自己的意愿和偏好来制订旅游计划，以使旅游过程尽量达到完美，这也是自驾车旅游之所以如此受欢迎的原因之一。通过精心的行程安排和时间计算，想要达成在有限时间内游玩区域内所有的目的地的意愿，在交通允许的情况下，区域环游模式是最佳的选择。这也说明了亲朋好友结伴出游中 M_3 目的地区域环游模式所占比重最高的原因（72%）。独自出游、与驴友结伴出游都以 M_5 复合目的地区域环游模式所占比重最高，分别为 19.23%和 9.62%。旅行社组团出游比例最高的为 M_1 往返模式（13.24%），这种模式既避免了单目的地的单一、满足多样化的需求，又没有其他多目的地旅行模式那样复杂，相对而言更容易组织。出于安全、方便等因素的考虑，单位组织出游多为行程简单的单目的地旅行模式（S_1 模式、S_2 模式分别占比 11.01%和 9.68%）。

表 9-4　自驾车旅游组织形式的线路模式差异　（单位：%）

线路模式	旅行社组团	亲朋好友结伴	独自出游	驴友结伴	单位组织	其他
S_1	10.09	65.14	8.26	3.21	11.01	2.29
S_2	7.74	65.16	12.90	3.87	9.68	0.65
M_1	13.24	67.65	8.82	4.41	5.88	0.00
M_2	6.50	69.11	11.38	7.32	4.88	0.81
M_3	8.00	72.00	8.67	4.67	6.00	0.67
M_4	8.73	59.52	14.29	7.94	7.14	2.38
M_5	11.54	51.92	19.23	9.62	3.85	3.85

注：S_1 代表单目的地模式；S_2 代表营区基地模式；M_1 代表途经模式；M_2 代表完全环游模式；M_3 代表目的地区域环游模式；M_4 代表旅行链模式；M_5 代表复合目的地区域环游模式。

2. 出游方式

大多数自驾车旅游选择使用自己的私家车（比重在 28%～45%）或与亲友拼车（比重在 23%～37%），这与我国私家车拥有量的快速增长是分不开的。随着租车行业的蓬勃发展，租车出游也是自驾车旅游者一种时尚的选择。所以租赁汽车出游也在自驾形式中占有一定的比重，特别是到目的地租车（比重在 11%～18%），而在自家附近租车所占比重较少（比重在 1%～7%）。这是由于在目的地区域租车可避免从自家租车出发长距离驾驶交通安全隐患、体力财力消耗等问题，又可以在目的地享受自驾车方便快捷、机动灵活的优势，体验驾驶的乐趣。选择与车友会、驴友拼车的旅游者比重都不高，这与车友会的管理机制、驴友的信赖程度等有关。从具体出游方式来看，使用自己私家车出游的旅游者采用 M_3 目的地区域环游模式比例最高（44.74%）；与亲友拼车出游的旅游者选择 S_2 营区基地模式的比例最高（36.91%）；不论是到目的地租车还是在自家附近租车出游的旅游者都是选择 M_1 往返模式比例最高（比重分别为 16.67%和 6.06%）；与车友会拼车出游的旅游者选择 M_4 旅行链模式的比重最高（6.72%）；而与驴友拼车出游的旅游者选择 M_5 复合区域环游模式的比例最高（14.58%）（表 9-5）。

表 9-5　自驾车旅游出游方式的线路模式差异　（单位：%）

线路模式	自己的私家车	到目的地租车	在自家附近租车	与亲友拼车	与车友会拼车	与驴友拼车
S_1	38.73	14.22	4.41	33.82	2.94	5.88
S_2	38.93	10.07	5.37	36.91	3.36	5.37
M_1	28.79	16.67	6.06	36.36	6.06	6.06
M_2	38.84	11.57	4.96	32.23	4.96	7.44
M_3	44.74	17.11	3.95	23.68	5.26	5.26
M_4	40.34	13.45	0.84	30.25	6.72	8.40
M_5	31.25	12.50	6.25	31.25	4.17	14.58

注：S_1代表单目的地模式；S_2代表营区基地模式；M_1代表往返模式；M_2代表完全环游模式；M_3代表目的地区域环游模式；M_4代表旅行链模式；M_5代表复合目的地区域环游模式。

（四）出游距离

自驾车旅游出游距离的线路模式存在一定的差异性（表 9-6）。张晓燕（2006）根据出游单程里程数将自驾车旅游者划分为近程旅游者（100km 以内）、中近程旅游者（100～300km）、中程旅游者（300～500km）、中远程旅游者（500～800km）和远程旅游者（800km 以上）五类。据此，总体而言自驾车旅游出游距离主要集中在 100～500km 之间的中近程和中程。100km 以内的近程自驾旅游者单目的地旅行模式占有较高比重（S_1模式占 15.18%，S_2模式占 11.94%）；500～800km 的中远程 S_2营区基地模式所占比重最高，为 17.16%，但较之单目的地旅行模式而言，多目的地旅行模式所占比重稍高；800km 以上的远程多目的地旅行模式所占比重较高，其中 M_5复合目的地区域环游模式所占比重最高为 36.96%。显而易见，出游距离越远，自驾车旅游者出游目的地越多，选择的线路模式越复杂。

表 9-6　自驾车旅游出游距离的线路模式差异　（单位：%）

线路模式	100km 以内	100～300km	300～500km	500～800km	800km 以上
S_1	15.18	37.70	29.84	7.85	9.42
S_2	11.94	34.33	30.6	17.16	5.97
M_1	9.68	32.26	37.10	11.29	9.68
M_2	8.41	39.25	28.04	15.89	8.41
M_3	13.33	32.59	29.63	11.11	13.33
M_4	5.56	39.81	30.56	12.04	12.04
M_5	6.52	21.74	28.26	6.52	36.96

注：S_1代表单目的地模式；S_2代表营区基地模式；M_1代表往返模式；M_2代表完全环游模式；M_3代表目的地区域环游模式；M_4代表旅行链模式；M_5代表复合目的地区域环游模式。

（五）出游天数及时间选择

1. 出游天数

随着自驾车旅游出游天数的不同，自驾车旅游者选择路线模式的差异明显（表 9-7）。总体看来，单目的地旅行模式的出游天数集中在 2～3 天，多目的地旅行模式的出游天数集中在 3～7 天。出游天数为 1 天时，S_1 单目的地模式所占比重最高，为 15.31%。7 种线路模式的自驾车旅游者出游时间为 8 天以上的不多，所占比重很少，其中选择 M_5 复合目的地区域环游模式的旅游者进行 8 天以上的长途旅游相对稍多，合计百分比达到了 15.91%。总而言之，出游时间越长，自驾车旅游者选择线路模式越复杂。

表 9-7　自驾车旅游出游天数的线路模式差异　（单位：%）

线路模式	1 天	2 天	3 天	4～7 天	8～14 天	15 天及以上
S_1	15.31	23.47	36.73	21.94	1.02	1.53
S_2	4.38	25.55	35.77	31.39	1.46	1.46
M_1	6.35	17.46	42.86	31.75	1.59	0.00
M_2	8.18	18.18	35.45	35.45	1.82	0.91
M_3	6.72	22.39	39.55	29.85	0.75	0.75
M_4	0.00	18.18	41.82	32.73	6.36	0.91
M_5	6.82	2.27	25.00	50.00	6.82	9.09

注：S_1 代表单目的地模式；S_2 代表营区基地模式；M_1 代表往返模式；M_2 代表完全环游模式；M_3 代表目的地区域环游模式；M_4 代表旅行链模式；M_5 代表复合目的地区域环游模式。

2. 出游时间选择

春节、国庆小长假是大多数自驾游游客愿意选择的出游时间，比重在 38%～46%。这一结果应征了近年来春节、国庆小长假旅游火爆现象。为避免小长假期间的交通拥挤、景点饱和等问题，具有一定条件的自驾游游客更愿意选择在带薪休假期出游。但我国的带薪休假制度不是很完善，落实不够全面，选择带薪休假期出游的自驾游游客所占比例次于小长假期间，在 12%～25%。受时间的限制，在双休日期间出游的自驾游游客选择单目的地旅行模式的比重稍高（S_1 模式为 17.11%，S_2 模式为 18.59%）。五一、端午、中秋等法定节假日国家规定休三天，如果遇上双休日可拼凑成 4～5 天。较之双休日，在此 3～5 天的法定节假日期间出游的时间限制放宽，线路模式选择的可能性多样化些，单目的地旅行模式的比例有所下降。所占比重最高的是 M_1 往返模式，为 14.12%。在其他时间，自驾游游客一般根据自己的闲暇时间精心安排，若时间允许，尽量游玩个人意愿的所有目的地，故 M_5 复合目的地区域环游在此期间所占比重最高（17.86%）；若时间受限制，自驾游游客在其他时间内则更愿选择单目的地旅行模式（S_1 模式为 5.79；S_2 模式为 17.31%）。也就是说，在其他时间出游的自驾游游客，依据出游时间的长短在旅行线路模式的选择上有两极化的倾向（表 9-8）。

表 9-8　自驾车旅游出游时间选择的线路模式差异　　（单位：%）

线路模式	五一、端午等	春节、国庆小长假	带薪休假期	双休日	其他
S_1	12.28	38.16	16.67	17.11	15.79
S_2	7.05	41.03	16.03	18.59	17.31
M_1	14.12	41.18	21.18	12.94	10.59
M_2	12.59	39.16	17.48	21.68	9.09
M_3	12.94	39.41	24.12	14.71	8.82
M_4	9.38	45.31	15.63	14.06	15.63
M_5	10.71	42.86	12.50	16.07	17.86

注：S_1 代表单目的地模式；S_2 代表营区基地模式；M_1 代表往返模式；M_2 代表完全环游模式；M_3 代表目的地区域环游模式；M_4 代表旅行链模式；M_5 代表复合目的地区域环游模式。

（六）目的地选择及偏好

1. 目的地选择

不同线路模式的自驾游游客在旅游目的地选择方面也存在着差异（表 9-9）。自驾车旅游者所选择的目的地类型占比重排在前三位的分别是文化古迹（21%～28%）、水边（21%～27%）和山地（17%～24%）。这三种目的地类型由于其自身的旅游吸引力强，在各个线路模式中分布较均匀。目的地类型为农家乐的自驾车旅游者选择 M_1 往返模式比重最低（7.00%），M_5 复合目的地区域环游（11.30%）和 S_1 单目的地模式（11.00%）所占比重稍高。前往周边城市目的地的自驾游游客选择单目的地旅行模式所占比重稍高（S_1 模式为 12.22%，S_2 模式为 14.39%）。购物点、运动场所、自驾游基地目的地类型所占比重都不大，在各线路模式的差异亦不大。

表 9-9　自驾车旅游目的地类型的线路模式差异　　（单位：%）

线路模式	山地	水边	农家乐	游乐场	周边城市	文化古迹	购物点	运动场所	自驾游基地	其他
S_1	19.56	22.74	11.00	7.58	12.22	21.52	2.93	1.22	0.73	0.49
S_2	22.11	21.40	7.37	7.02	14.39	23.51	1.75	0.70	1.40	0.35
M_1	17.97	25.00	2.34	7.81	10.16	27.34	3.91	2.34	1.56	1.56

续表

线路模式	山地	水边	农家乐	游乐场	周边城市	文化古迹	购物点	运动场所	自驾游基地	其他
M_2	18.52	23.87	7.00	5.35	13.58	25.10	3.29	1.65	1.23	0.41
M_3	17.55	26.49	8.61	5.30	10.93	23.51	2.65	1.66	2.65	0.66
M_4	23.40	24.68	7.23	5.11	9.36	24.68	2.55	0.85	0.43	1.70
M_5	22.61	25.22	11.30	5.22	6.09	23.48	2.61	2.61	0.87	0.00

注：S_1代表单目的地模式；S_2代表营区基地模式；M_1代表往返式；M_2代表完全环游模式；M_3代表目的地区域环游模式；M_4代表旅行链模式；M_5代表复合目的地区域环游模式。

2. 目的地偏好

将各种线路模式和各类自驾车旅游目的地类型投射到二维图上，可以发现：进行S_1单目的地模式的自驾游游客偏好游乐场、山地和农家乐目的地类型；选择S_2营区基地模式的自驾游游客更倾向于周边城市、游乐场和文化古迹目的地类型；采用M_1往返模式的自驾游游客更喜欢购物点、文化古迹和专门的自驾车基地目的地类型；选择M_2完全环游模式的自驾游游客对文化古迹、游乐场和专门的自驾车基地目的地类型更喜爱；选择M_3目的地区域环游模式和M_4旅行链模式的自驾游游客偏好选择水边、山地、购物点、文化古迹和运动场所目的地类型；M_5复合目的地区域环游模式的自驾车更倾向选择农家乐目的地类型（图 9-6）。

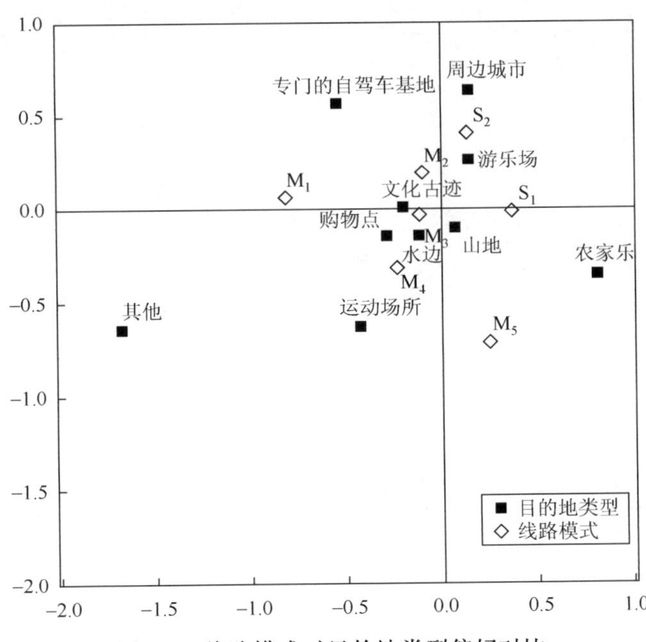

图 9-6　线路模式对目的地类型偏好对比

（七）人均花费

不同线路模式的自驾游游客一次旅行所能够接受的人均花费存在差异性（表 9-10）。总体上，自驾游游客所选择的线路模式越复杂，人均总花费就越多。这主要是因为线路模式越复杂，游览的目的地越多或花费时间越长，费用也就越高。各个线路模式的消费结构特征具体如下：采用 S_1 模式和 S_2 模式即单目的地旅行模式的自驾游游客人均总花费在 500～1000 元的人最多，所占比重分别为 30.69%和 32.35%；而多目的地旅行模式的花费明显有所提高，主要集中在 1000～2000 元，花费在 2000 元以上的游客都达到了 20%以上，其中 28.26%的选择 M_5 复合目的地区域环游模式的自驾游游客，其花费在 3000 元以上。

表 9-10　自驾车旅游人均总花费的线路模式差异　　（单位：%）

线路模式	300 元以内	300～500 元	500～1000 元	1000～2000 元	2000～3000 元	3000 元以上
S_1	4.23	19.05	30.69	29.10	11.11	5.82
S_2	4.41	16.18	32.35	29.41	11.76	5.88
M_1	1.61	16.13	30.65	30.65	11.29	9.68
M_2	3.67	19.27	22.02	23.85	18.35	12.84
M_3	5.19	14.81	22.22	30.37	14.81	12.59
M_4	1.79	12.50	33.04	29.46	17.86	5.36
M_5	6.52	10.87	19.57	19.57	15.22	28.26

注：S_1 代表单目的地模式；S_2 代表营区基地模式；M_1 代表往返模式；M_2 代表完全环游模式；M_3 代表目的地区域环游模式；M_4 代表旅行链模式；M_5 代表复合目的地区域环游模式。

（八）购物选择及偏好

调查问卷中关于自驾游客旅行购物中喜欢的商品类型是以选择题的形式给出的。选项分别由地方美食、地方手工艺品、民族饰品（如服饰等）、文化用品、旅游纪念品（如明信片等）、日用消费品、古玩等和免税商品（如珠宝、化妆品和手表等奢侈品等）八项构成。以七种旅游线路模式为样本，应用对应分析方法来对其购物偏好进行分析。由调查问卷整理可得不同线路模式的自驾游客喜爱的旅游商品原始数据列联表（表 9-11）。

表 9-11　不同线路模式的自驾游客购买旅游商品原始数据列联表

线路模式	地方美食	地方手工艺品	民族饰品	文化用品	旅游纪念品	日用消费品	古玩等	免税商品
S_1	135	82	22	27	55	19	11	22
S_2	104	60	25	15	43	11	6	11
M_1	45	32	12	12	26	3	4	3

续表

线路模式	地方美食	地方手工艺品	民族饰品	文化用品	旅游纪念品	日用消费品	古玩等	免税商品
M_2	80	46	22	18	30	5	10	17
M_3	94	62	27	13	58	7	9	14
M_4	82	55	17	9	39	8	9	13
M_5	35	22	10	4	17	1	5	8

注：由于问卷中一人可能涉及多个选项，故分类统计后的结果比实际抽样数大。

运用 SPSS 19.0 统计软件对以上数据进行对应分析，可得到各项统计指标数值表（表 9-12）。该表中奇异值一栏是将自驾游游客旅游线路模式与购买的旅游商品分别看作两个变量，该奇异值反映的是各个线路模式与各个商品类型在每个维度中分值的相关度。它实际上是对线路模式和商品类型这两个变量的各个类别分别进行因子分析所产生的新的综合变量的典型相关系数，其在取值上等于特征值的平方根。第一维度和第二维度的奇异值较大，分别为 0.095 和 0.084，说明自驾车旅游线路模式和所购买的商品类型在第一维度和第二维度的分值的相关程度较高。总惯量为 0.023，描述了列联表行与列之间总的相关关系。Sig.是假设卡方值为 0 成立的概率。Sig.值较大，为 0.683，说明旅行模式和购买商品类型的相关性不显著。第一维度和第二维度解释总惯量比例分别为 39.7%和 30.9%，且前两维度解释总惯量的累积百分比为 70.6%，说明前两个维度已能够解释各线路模式和商品类型 70%以上的信息，故选取第一维度和第二维度进行分析，同时建立二维表来探讨它们之间的关系。

表 9-12　对应分析各项统计指标数值表

维数	奇异值	惯量	卡方	Sig.	惯量比例/%	
					解释	累积
1	0.095	0.009			0.397	0.397
2	0.084	0.007			0.309	0.706
3	0.067	0.004			0.195	0.901
4	0.041	0.002			0.073	0.974
5	0.024	0.001			0.025	0.999
6	0.005	0			0.001	1
总计	-	0.023	37.154	0.683	1	1

S_1 对第一维度特征值的贡献值最大，为 0.513，最能体现差异性。除了 S_2、M_1 和 M_2 第一维度对不同线路模式特征值的贡献小于第二维度，其余（S_1、M_3、M_4 和 M_5）均大于第二维度的值。表明所列的多数线路模式的特征值的分布集中

于第一维度上，即相对而言，第一维度比第二维度更好地反映了各个线路模式的大部分差异（表 9-13）。

表 9-13　线路模式的对应分析表

线路模式	质量	维中的得分		惯量	贡献				
					点对维惯量		维对点惯量		
		1	2		1	2	1	2	总计
S_1	0.229	–0.462	0.052	0.005	0.513	0.007	0.929	0.010	0.940
S_2	0.169	–0.115	–0.231	0.002	0.024	0.107	0.101	0.358	0.459
M_1	0.084	0.094	–0.385	0.004	0.008	0.148	0.020	0.292	0.312
M_2	0.140	0.061	0.550	0.004	0.005	0.503	0.011	0.807	0.818
M_3	0.174	0.368	–0.224	0.003	0.248	0.104	0.682	0.223	0.905
M_4	0.142	0.074	–0.031	0.002	0.008	0.002	0.047	0.007	0.055
M_5	0.063	0.543	0.415	0.003	0.194	0.129	0.614	0.318	0.932
有效总计	1.000	-	-	0.023	1.000	1.000	-	-	-

注：数据对称标准化。

同样地，日用消费品这一旅游商品类型在第一维度中对应的数值最大为 0.435，而免税商品类型在第二维度的数值最大为 0.509。从数据上看，在各种旅游商品类型中地方美食、民族饰品、文化用品和日用消费品分布在第一维度上；地方手工艺品、旅游纪念品、古玩等和免税商品分布在第二维度上。表明第一维度更好的反映了满足基本需求的旅游商品之间的大部分差异，而第二维度更好地反映更高需求的旅游商品之间的大部分差异（表 9-14）。

表 9-14　旅游商品类型的对应分析表

商品类型	质量	维中的得分		惯量	贡献				
					点对维惯量		维对点惯量		
		1	2		1	2	1	2	总计
地方美食	0.353	–0.101	0.012	0.001	0.038	0.001	0.452	0.006	0.458
地方手工艺品	0.22	–0.003	–0.103	0	0	0.028	0	0.405	0.405
民族饰品	0.083	0.472	0.037	0.003	0.194	0.001	0.652	0.004	0.656
文化用品	0.06	–0.466	0.205	0.005	0.138	0.03	0.266	0.045	0.312
旅游纪念品	0.164	0.291	–0.344	0.003	0.146	0.232	0.387	0.479	0.866
日用消耗品	0.033	–1.118	–0.3	0.005	0.435	0.035	0.838	0.053	0.891
古玩等	0.033	0.372	0.645	0.002	0.048	0.164	0.23	0.61	0.84
免税商品	0.054	0.042	0.89	0.004	0.001	0.509	0.002	0.856	0.858
有效总计	1	-	-	0.023	1	1	-	-	-

注：数据对称标准化。

将表 9-13 和表 9-14 的结果投射到一张二维表上，得到自驾游游客线路模式对所购买商品类型的偏好对比图（图 9-7）。在图上，不仅可以比较直观地看到不同线路模式和不同商品类型之间的差异性，还可以清楚地看出不同线路模式和不同商品类型之间的关系。取 $x=0$, $y=0$ 将图划分为 4 个象限，这样不同线路模式和不同商品类型各点分散地分布在 4 个象限中，能够从中发现不同线路模式自驾游游客所购买的旅游商品类型具有很大的不同。根据图中各点的分布情况来考察各线路模式游客和他们所购买的商品类型这 2 个变量各个状态的情况：如果图中某个线路模式距离某种商品类型越近，说明这两者之间的相关性越强，也就是说这个线路模式的自驾游游客更倾向选择这种旅游商品。由图 9-7 可以看出 S_1 单目的地模式的自驾游游客对地方美食、文化用品和地方手工艺品很感兴趣；S_2 营区基地模式的自驾游游客对地方手工艺品、地方美食和旅游纪念品有非常大的兴趣；M_1 途经模式的自驾游游客对旅游纪念品和地方手工艺品感兴趣；M_2 完全环游模式的自驾游游客更倾向于免税商品和古玩等；M_3 目的地区域环游模式的自驾游游客对旅游纪念品和民族饰品有更大的兴趣；M_4 旅行链模式的自驾游游客对地方美食和地方手工艺品比较感兴趣；M_5 复合目的地区域环游模式的自驾游游客对古玩等、免税商品以及民族饰品有着浓厚的兴趣。此外，可根据此图对 7 种线路模式进行简单的分类。可以认为在选择购买旅游商品上，M_1 单目的地模式、M_3 目的地区域环游模式和 M_4 旅行链模式的自驾游游客有很相似的偏好；M_2 完全环游模式和 M_5 复合目的地区域环游模式的自驾游游客有相近的喜好；而 S_1 单目的地模式和 S_2 营区基地模式即单目的地旅行模式的自驾游游客则有他们独特的偏好。

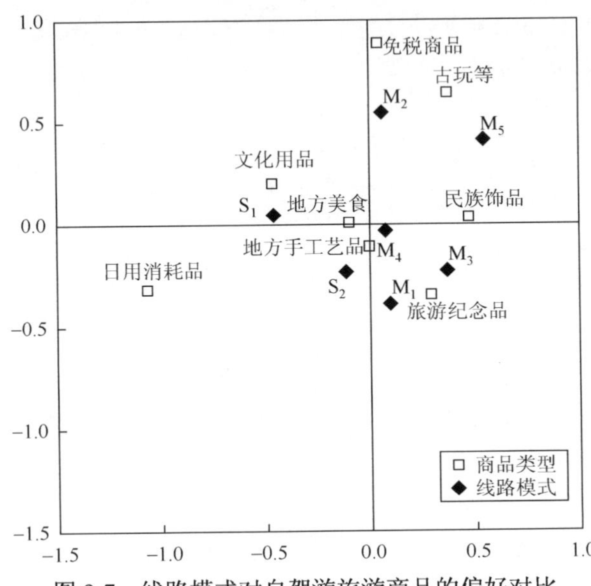

图 9-7　线路模式对自驾游旅游商品的偏好对比

第四节　自驾游客旅行模式的影响因素

由于调查问卷中关于自驾游旅游消费特征设计为开放型问题，需要游客回忆并进行细致填写，所以相比其他结构型问题项填写率小得多，剔除空白卷，有效问卷 444 份，有效率 44.4%。对调查问卷收集的数据采用社会经济统计分析软件 SPSS 19.0 进行统计分析。

运用二项 Logistic 回归方法，分析问卷调查数据，以求得自驾游客旅行模式选择的影响因素。然后，采用多元线性回归（multivariate linear regression）试分析旅行模式对自驾游客消费的影响，包括在总消费、日均消费以及在餐饮、交通、住宿、门票、购物、娱乐和其他消费方面。

一、自驾游客旅行模式选择的 Logistic 回归分析

Logistic 回归分析是针对因变量是定性变量的回归分析，二项 Logistic 回归是研究二分变量（因变量只可以取 0 或 1）的有效方法，能对用“是、否”回答的问题变量进行线性回归以找出其背后的影响因素及影响程度的大小（刘大维和陆明涛，2012）。设有 k 个因素 $x_1, x_2, \cdots, x_k$ 影响 y 的取值，则称：

$$\ln\left(\frac{p}{1-p}\right) = g(x_1, x_2, \cdots, x_k) \tag{9-1}$$

式（9-1）为二项 Logistic 回归模型，简称 Logistic 回归模型，其中 k 个因素 $x_1, x_2, \cdots, x_k$ 为 Logistic 回归模型的协变量。最重要的 Logistic 回归模型是 Logistic 线性回归模型：

$$\ln\left(\frac{p}{1-p}\right) = \beta_0 + \beta_1 x_1 + \ldots + \beta_k x_k \tag{9-2}$$

式中，β_0, β_1, $\cdots$, β_k 是待估计的未知参数。

（一）分析指标

在二项 Logistic 回归分析中，因变量为旅行模式，按游客游览目的地的多少，将旅行模式分为两类：单目的地旅行模式和多目的地旅行模式。自变量为：出游天数、花费总数、客源地—目的地距离（O-D 距离）以及调查问卷涉及的被调查者的主要人口统计学信息，包括性别、年龄、文化程度、平均月收入和职业（表 9-15）。

表 9-15　Logistic 回归分析指标一览表

因素名称	变量	数量化
旅行模式	Y	0=单目的地旅行模式；1=多目的地旅行模式
出游天数	X_1	出游的天数
花费总计	X_2	花费总数的对数
O-D 距离	X_3	O-D 距离对数
性别	X_4	0=女；1=男
年龄	X_5	0=14 岁以下；1=15～24 岁；2=25～44 岁；3=45～64 岁；4=65 岁及以上
文化程度	X_6	0=初中及中专；1=高中；2=大专；3=本科；4=研究生及以上
平均月收入	X_7	0=500 元以下；1=501～1000 元；2=1001～2000 元；3=2001～3000 元；4=3001～5000 元；5=5000 元及以上
职业	X_8	0=其他职业；1=公务员；2=企事业管理人员；3=专业/文教技术人员；4=服务销售商贸人员；5=工人；6=农民；7=军人；8=学生；9=离退休人员

（二）分析步骤

第一步，分别对各自变量因素进行卡方检验，检验其显著性效果。第二步，选用卡方检验 p 值小于 0.05 的影响因子进一步纳入二项 Logistic 回归分析，采用逐步筛选策略建立 Logistic 回归模型，其变量进入标准为 $p < 0.15$，变量被剔除标准为 $p > 0.20$。

（三）结果分析

在 444 个选定样本案例中，SPSS 19.0 进行二项逻辑回归时自动对案例进行处理，其中 375 个案例包括在分析中，缺失案例为 69 个，分析率 84.5%。换句话说，剔除缺失案例，Logistic 回归的实际有效样本数为 375。在二项逻辑回归分析模型的建构过程中，需要判断模型拟合的优劣（孙梦阳等，2010）。模型拟合优度统计量 Cox and Snell R^2 为 0.295，Nagelkerke R^2 为 0.394，说明拟合优度良好（表 9-16）。Hosmer-Lemeshow 检测表中的 Sig.值为 0.190，接受了方程对数据拟合良好的零假设，也说明整个回归模型的拟合度较好。

表 9-16　Logistic 回归模型基本情况

因变量	旅游线路模式
自变量个数（不含常数项）	8
有效样本数	375
正确预测百分比	74.4%
−2 对数似然值	385.178
Cox and Snell R^2	0.295
Nagelkerke R^2	0.394

利用回归模型得出的预测值和实际数据比较（表 9-17），在 206 位选择单目的地旅行模式的自驾游客预测中，预测准确率为 81.1%；在 169 位选择多目的地旅行模式的自驾游客预测中，预测准确率为 66.3%；模型总的正确预测概率为 74.4%。由此可见，构建的二项 Logistic 模型预测效果比较理想，可作为实际的预测应用。

表 9-17　终模型观测量分类表

步骤	观测量	预测量		
		单目的地旅行模式	多目的地旅行模式	正确预测率/%
自驾车旅游旅行模式的选择	单目的地旅行模式	167	39	81.1
	多目的地旅行模式	57	112	66.3
	总体正确预测率			74.4

表 9-18　Logistic 回归分析结果

变量	B	S.E,	Wald	df	Sig.	EXP（B）
X_1	0.433	0.092	22.352	1	0.000	1.542
X_2	2.333	0.429	29.537	1	0.000	10.309
X_5			9.272	4	0.055	
X_5（1）	1.389	1.225	1.285	1	0.257	4.011
X_5（2）	0.810	1.213	0.446	1	0.504	2.249
X_5（3）	−0.191	1.311	0.021	1	0.884	0.826
X_5（4）	37.324	1.212E8	0.000	1	1.000	1.621E16
常量	−10.472	1.893	30.615	1	0.000	0.000

根据计算的最终模型统计量（表 9-18），自驾游游客旅行模式与其 3 个影响变量之间的二项 Logistic 模型为

$$\ln\left(\frac{p}{1-p}\right)=0.433X_1+2.333X_2+1.389X_{5(1)}-10.472 \tag{9-3}$$

$$\ln\left(\frac{p}{1-p}\right)=0.433X_1+2.333X_2+0.81X_{5(2)}-10.472 \tag{9-4}$$

$$\ln\left(\frac{p}{1-p}\right)=0.433X_1+2.333X_2-0.191X_{5(3)}-10.472 \tag{9-5}$$

$$\ln\left(\frac{p}{1-p}\right)=0.433X_1+2.333X_2+37.324X_{5(4)}-10.472 \tag{9-6}$$

X_1，X_2，X_5 的相伴概率分别为 0.000，0.000 和 0.055（其中 X_5（1）、X_5（2）、X_5（3）和 X_5（4）的 p 分别为 0.257、0.504、0.884 和 1.000），如果以 5%为置信

的话，X_1 和 X_2 的系数通过了检验，即这两个变量是显著的。

若 $\ln\left(\frac{p}{1-p}\right)<0$ 即预测值 p 的概率小于 0.5，样本被归于“单目的地旅行模式”组，相对而言，若预测值 p 的概率大于 0.5，则样本归于“多目的地旅行模式”组。

根据上述分析可以得到以下结论：

（1）出游天数和花费总数对自驾游游客选择旅游模式的影响非常明显。随着出游天数的增加，自驾游游客进行多目的地旅游的概率也会相应增加；花费总数越高的自驾游游客进行多目的地旅游的概率越高。

（2）客源地与目的地之间的距离（O-D 距离）对自驾游游客选择旅行模式的影响是不显著的，但不排除它们之间有相关性可能。

（3）旅游者的人口统计学特征对自驾车旅行模式选择的影响是不显著的。其中各个年龄阶段对自驾车旅行模式的选择的影响存在差异。总的来说，年龄与自驾游游客旅行模式的选择正相关，即年龄越大的自驾游游客选择多目的地的可能性越大。但是由其 Sig.值可知，年龄对其影响是不显著的。

二、自驾游客旅行模式影响因素的回归分析

自驾游游客旅行模式选择的二项 Logistic 回归分析表明，旅行模式的选择可能决定自驾游游客消费状况，这可能是旅行模式影响其与其他相关变量的结果，如游客的人口统计学特征、出行特征等。换句话说，如果对自驾游游客的人口统计学特征和出行特征变量进行控制，旅行模式的影响是否仍然存在？要回答这个问题，以统计证明旅行模式对自驾车旅游消费的影响，采用回归分析方法，分别对变量总消费、日均消费、餐饮消费、交通消费、住宿消费、门票消费、购物消费、娱乐消费以及其他消费进行分析。自变量包括旅行模式、O-D 距离、出游天数以及自驾游游客的人口统计学变量（包括年龄、性别、文化水平、收入和职业）。为了剔除每个自变量与因变量之间的潜在干扰（自变量之间可能的相关性引起的），计算所有自变量的偏相关系数。偏相关系数起着“显示器”的作用，它可以显示当其他自变量被控制时被考虑的自变量与因变量之间的相关性（Wang，2004）。

回归模型结果（表 9-19）显示：旅行模式对总消费、日均消费、交通消费、住宿消费、门票消费以及购物消费有着显著的影响。O-D 之间的距离对总消费、日均消费、餐饮消费、交通消费和购物消费的影响显著。出游天数对自驾车旅游消费的影响十分明显，其中对总消费、日均消费和餐饮、交通、住宿、门票的消费影响显著，对购物消费和其他也具有一定显著性的影响。特别地，出游天数与

日均消费呈显著负相关，这说明出游天数少的旅游日均消费反而高，这与史春云(2013)对世博旅游线路研究发现“游客在目的地区域内的日花费与旅行天数存在显著负线性关系”一致。然而，在解释大多数的自变量为人口统计学变量时是不显著的，除了年龄对总消费、日均消费、交通、以及门票的消费有显著影响；文化对日均消费以及购物、娱乐消费存在影响。偏相关系数表明，当其他变量控制时，旅行模式变量与模型中的变量的影响仍然显著，这意味着，旅行模式是自驾游游客消费的一个重要决定因素。此外，这一结果也验证了 O-D 距离和出游天数同样是自驾游游客消费的重要影响因素。

表 9-19　回归结果分析

变量	因变量								
	总消费	日均消费	餐饮消费	交通消费	住宿消费	门票消费	购物消费	娱乐消费	其他消费
旅行模式	1564.189^{a}	381.324^{a}	9.778	298.741^{a}	292.770^{a}	268.122^{a}	151.015^{a}	–26.101	79.959
	(0.270^{a})	(0.267^{a})	(0.004)	(0.197^{a})	(0.218^{a})	(0.309^{a})	(0.185^{a})	(–0.031)	(0.063)
O-D 距离	0.947^{a}	0.142^{b}	0.586^{a}	0.425^{a}	–0.042	0.06	0.091^{c}	0.016	0.098
	(0.169^{a})	(0.104^{b})	(0.240^{a})	(0.267^{a})	(–0.032)	(0.071)	(0.110^{c})	(0.018)	(0.076)
出游天数	286.115^{a}	-61.099^{a}	192.092^{a}	113.371^{a}	83.551^{a}	45.379^{a}	7.354	24.006^{c}	38.546^{c}
	(0.250^{a})	(-0.217^{a})	(0.361^{a})	(0.309^{a})	(0.291^{a})	(0.195^{a})	(0.043)	(0.101^{c})	(0.110^{c})
性别	–137.427	–31.699	–75.269	–67.28	–95.514	–32.298	40.005	9.297	–22.959
	(–0.026)	(–.0.024)	(–0.034)	(–0.048)	(–0.077)	(–0.043)	(0.054)	(0.012)	(–0.020)
年龄	724.063^{b}	216.256^{a}	156.036	257.741^{a}	197.935b	95.371^{b}	10.569	–51.885	70.219
	(0.157^{b})	(0.188^{a})	(0.080)	(0.206^{a})	(0.181b)	(0.143^{b})	(0.016)	(–0.076)	(0.070)
文化	–122.909	-88.609^{c}	–2.667	41.540	31.018	2.698	-55.775^{b}	-48.566^{b}	–1.693
	(–0.047)	(-0.137^{c})	(–0.002)	(0.060)	(0.051)	(0.007)	(–0.149)	(-0.125^{b})	(–0.003)
收入	84.796	51.717	117.828^{b}	57.249	17.225	29.831	20.99	24.366	21.493
	(0.038)	(0.093)	(0.121^{b})	(0.095)	(0.032)	(0.091)	(0.064)	(0.072)	(0.043)
职业	–64.571	6.971	6.214	–4.604	3.621	–6.105	–0.972	–9.366	1.239
	(–0.051)	(0.022)	(0.011)	(–0.014)	(0.012)	(–0.033)	(–0.005)	(–0.049)	(0.004)
常量	–7.180	522.799^{b}	-856.604^{b}	-727.682^{a}	–231.583	–177.368	202.142^{c}	218.138^{c}	–151.375
n	375	375	375	375	375	375	375	375	375
R^2	0.342	0.169	0.334	0.455	0.237	0.276	0.109	0.05	0.06

注：1. 因变量分别为总消费、日均消费、餐饮消费、交通消费、住宿消费、门票消费、购物消费、娱乐消费和其他消费；带括号的数据表示偏相关性；2. $P^{a} \leqslant 0.01$；$P^{b} \leqslant 0.05$；$P^{c} \leqslant 0.10$。

第五节　小　　结

通过对自驾游游客的现场调查和访谈，应用大量问卷数据，采用计量统计方法分析，研究发现：

（1）不同旅游线路模式的自驾游客的出游行为特征存在差异性。选择不同线路模式出游的自驾游客，他们在出游目的、旅游信息来源、组织形式及出游方式、出游距离、出游天数及时间选择、目的地选择及偏好方面存在差异性。

（2）不同性别、年龄的自驾游游客的消费特征存在差异性；不同旅游线路模式的自驾游客存在不同消费特征和购物偏好。老年游客，特别是老年女性游客是对自驾车旅游业具有一定贡献的群体；旅游线路越复杂，出游的时间越长，游览的目的地或景点越多，自驾车旅游的消费越高；选择不同旅游线路模式的自驾游客会采用不同的购物行为，其对购买的旅游商品类型存在着不同偏好。

（3）自驾车旅游客源市场来源广泛，具有地理上近域、空间上集中等特点。自驾车旅游客源基本遍布全国，集中分布目的地邻近地区；自驾车旅游客源地都分布于主要的公路沿线；经济发达、行政中心的城市客流来源量较大；自驾车旅游客源主要来自4h交通都市圈。

（4）自驾车旅游流的时空分布特征符合Boltzmann曲线特点。自驾游游客从客源地到首个目的地的时间和距离有着高度的一致性，都符合Boltzmann曲线特征，即随着距离（时间）的增加，自驾游游客人数不断增多，在200km（2h）处达到峰值，然后随着距离（时间）的进一步增加，自驾车旅游人数出现快速下降趋势，一直到800km（8h）处；之后平缓下降至1000km（10h），出游距离（时间）在1000km（10h）以上的自驾游客人数不多。

（5）自驾车旅游目的地分布广泛，主要受距离、交通和目的地景区知名度的影响。不同目的地类型，在自驾车旅游线路中扮演不同角色和功能；根据目的地出现频次，可将我国自驾车目的地进行等级分类；上海自驾车旅游目的地呈简单圈层分布特征，符合距离衰减规律特征。

（6）出游天数和花费总数显著影响自驾游客旅行模式的选择；旅行模式是影响自驾游游客消费的一个重要决定因素。出游天数越多、旅游消费越高，自驾游游客进行多目的地旅游的可能性越大；旅行模式对自驾游游客总消费、日均消费、交通消费、住宿消费、门票消费以及购物消费都有显著影响。

参考文献

北京绿维创景规划设计院自驾游课题组. 2010. 我国自驾游发展研究——自驾游发展概述. 中国旅游报，11.

陈乾康. 2004. 自驾车旅游市场开发研究. 旅游学刊，19（3）：66-71.

冯淑华，沙润. 2009. 我国自驾车旅游和旅游绅士化研究. 人文地理，（3）：61-65.

冯淑华. 2008. 自驾车旅游者的行为特征及空间效应分析. 旅游学刊，23（9）：34-38.

胡敬民. 2003. 旅游市场新特点——自驾车旅游. 贵州民族学院学报（哲学社会科学版），（2）：99-101.

黄昊. 2013. 上海市自驾车旅游者出游行为及空间结构研究——以长三角为例. 上海：上海师范大学.

李华敏，苏少敏. 2008. 宁波自驾车旅游现状调查及发展对策研究. 旅游科学，22（4）：43-46.

林颖. 2012. 国内自驾游消费行为研究——基于磨房网自驾游帖子的内容分析. 成都：西南财经大学.

刘昌雪. 2013. 基于态度与行为的自驾车旅游者类型划分——以苏州市为例. 资源开发与市场，29（8）：889-893.

刘大维，陆明涛. 2012. 中国居民体育运动参与的二项逻辑回归分析. 武汉体育学院学报，46（2）：48-53.

刘丹娑. 2009. 上海市民自驾车旅游研究. 上海：华东师范大学.

刘丹黎，邱扶东. 2008. 自驾车旅游发展研究. 河南商业高等专科学校学报，21（3）：51-53.

刘欢. 2011. 国内自驾游研究进展. 经济研究导刊，（18）：168-170.

刘婧媛. 2008. 自驾车旅游者行为研究——以北京地区自驾车旅游者为例. 北京：北京林业大学.

龙斌. 2004. 驾车自助游初探. 桂林旅游高等专科学校学报，（8）：35-39.

卢松，吉慧，蔡云峰. 2013. 黄山市自驾车入游流旅行空间行为研究. 地理研究，32（1）：179-190.

陆军. 2008. 广西自驾车旅游营地发展研究. 旅游学刊，22（3）：35-39.

史春云. 2013. 旅行模式对目的地旅游经济影响的空间差异——以长三角世博旅游线路为例. 旅游学刊，28（6）：102-110.

史春云，孙勇，张宏磊，等. 2014. 基于结构模型的自驾游客满意度研究. 地理研究，33（4）：751-761.

孙大英. 2007. 论广西自驾车旅游的发展. 广西社会科学，（9）：14-18.

孙梦阳，赵晓燕，曹芙蓉. 2010. 娱乐主题公园游客满意度研究——以北京为例. 江西财经大学学报，（1）：46-51.

谭颖. 2012. 长沙地区自驾车旅游者消费行为特征研究. 长沙：湖南师范大学.

汪德根，陈田，刘昌雪. 2010. 基于出游半径的自驾车旅游市场特征差异分析. 旅游学刊，25（1）：42-47.

汪德根，陈田，王金莲，等. 2011. 1980～2009年国内外旅游研究比较. 地理学报，66（4）：535-548.

王小莉. 2008. 四川自驾车旅游对旅游产业结构的影响研究. 成都：西南交通大学.

肖开提·马合穆提. 2012. 自驾车旅游发展问题研究. 中国商贸，（13）：182-183.

解亚娟. 2013. 免收过路费对我国自驾游的影响及其应对策略. 旅游经济，（2）：106-108.

徐澄. 2014. 南京市乡村自驾车旅游消费行为及其影响因素研究. 南京：南京师范大学.

于海波，吴必虎. 2011. 国外自驾游研究进展. 旅游学刊，26（3）：55-61.

翟向坤. 2003. 中国发展自驾车旅游的战略思考. 北京第二外国语学院学报，（5）：54-60.

张波. 2004. 国内“自驾车旅游”的发展现状与问题分析. 渝西学院学报（自然科学版），3（2）：87-89.

张晓燕. 2006. 我国自驾车旅游及其发展研究. 济南：山东师范大学.

张晓燕，窦蕾，马勋. 2006. 我国自驾车旅游市场细分研究——以华北地区为例. 北京第二外国语学院学报，（9）：74-79.

张晓燕，张善芹，马勋. 2006. 我国自驾车旅游者行为研究. 旅游学刊，21（9）：31-35.

钟志平，王秀娟. 2009. 基于涉入理论的自驾车旅游购物行为实证研究——以少林寺景区为例. 经济地理，29（10）：1748-1752.

周舟. 2009. 中小城市自驾车旅游消费者行为研究. 昆明：云南师范大学.

邹昌华. 2011. 基于旅游目的地的自驾游游客市场结构与特征分析——以南通为例. 上海：上海师范大学.

Briedenham J，Wickens E. 2004. Tourism routes as a tool for the economic development of rural areas—vibrant hope or impossible dream? Tourism Management，25（1）：71-79.

Connell J，Page S J. 2008. Exploring the spatial patterns of car-based tourist travel in Loch Lomond and Trossachs National Park，Scotland. Tourism Management，29（3）：561-580.

Denstadli J M，Jacobsen J K S. 2011. The long and winding roads：perceived quality of scenic tourism routes. Tourism Management，32（4）：780-789.

Eby D W，Molnar L J. 2002. Importance of scenic byways in route choice：a survey of driving tourists in the United States. Transportation Research，36（2）：95-106.

Garling T，Eek D，Loukopoulos P，et al. 2002. A conceptual analysis of the impact of travel demand management on private car use. Transport Policy，9（1）：59-70.

Guinn R. 1980. Elderly recreational vehicle tourists：motivations for leisure. Journal of Travel Research，19（1）：9-12.

Hallo J C，Manning R E. 2009. Transportation and recreation：a case study of visitors driving for pleasure at Acadia National Park. Journal of Transport Geography，17（6）：491-499.

Hardy A，Simic J，Ferries B C，et al. 2006. Assessing drive tourists' preferences and motivations：a case study of Bella Coola，British Columbia final report of findings. BCV Tourism.

Hardy A. 2003. An investigation into the key factors necessary for the development of iconic touring routes. Journal of Vacation Marketing，9（4）：314-330.

Howat G，Brown G，March H. 2007. Self-drive tourism：Travelers to South Australia's Limestone Coast Region. Gold Coast，Australia：Sustainable Tourism CRC.

Hudson S. 2012. Drive tourism：trends and emerging markets. Tourism Management，33（5）：1288-1289.

Liu Y，Zhang Y，Nie L. 2012. Patterns of self-drive tourists：the case of Nanning City，China. Tourism Management，33（1）：225-227.

McClymont H，Prideaux B. 2007. Drive tourists：Who are they，what do they do and how do we attract them? Asean Journal on Hospitality and Tourism，6（2）：23-30.

Mmopelwa G，Kgathi D L，Molefhe L. 2007. Tourists'perceptions and their willingness to pay for park fees：a case study of self-drive tourists and clients for mobile tour operators in Moremi Game Reserve，Botswana. Tourism Management，28（4）：1044-1056.

Nicolau J L. 2008. Characterizing tourist sensitivity to distance. Journal of Travel Research，47（1）：43-52.

Olsen M. 2002. Keeping track of the self drive market. Drive tourism：Up the wall and around the bend.

Oppermann M. 1995. A model of travel itineraries. Journal of Travel Research，33：57-61.

Prideaux B，Wei S，Ruys H. 2001. The senior drive tour market in Australia. Journal of Vacation Marketing，7（3）：209-219.

Scott N. 2002. Product market perspective of self-drive tourism. Drive Tourism Up the wall and Around the Bend.

Shih H Y. 2006. Network characteristics of drive tourism destinations：an application of network analysis in tourism. Tourism Management，27（5）：1029-1039.

Taplin J H E，McGinley C. 2000. A linear program to model daily car touring choices. Annals of Tourism Research，27（2）：451-467.

Taplin J H E，Qiu M. 1997. Car trip attraction and route choice in Australia. Annals of Tourism Research，24（3）：624-637.

Wall G. 1972. Socio-economic variations in pleasure-trip patterns：the case of hull car-owners. Transactions of the Institute of British Geographers，57：45-58.

Wang，D. 2004. Tourist behaviour and repeat visitation to Hong Kong. Tourism Geographies，6（1）：99-118.

Wilks J，Watson B，Faulks I J. 1999. International tourists and road safety in Australia：developing a national research and management programme. Tourism Management，20（5）：645-654.

第十章　旅游线路模式研究结论与展望

第一节　几点基本说明

一、研究目的

旅游线路是旅游者从居住地（客源地）出行到达一个或多个旅游目的地游憩并返回居住地所经历的空间线路。旅游线路空间模式关注的是在游客旅行线路中客源地和目的地（O-D）、目的地（D-D）之间的连接关系。旅游线路模式的研究一方面为理解目的地之间的竞争与合作提供一个新的研究视角，目的地与其他更多目的地的联合营销，甚至包括与竞争对手建立新的合作关系，联合开发产品和旅游线路，以吸引到更多的游客；另一方面，旅游线路是游客从客源地到目的地再回到客源地的整个行程轨迹，其模式的研究涉及游客整个行程的时间、空间特征，反映了消费偏好，因此研究结果有助于了解游客出游行为规律。

国内旅游市场应该是当前和未来我国旅游发展的重点，由于国民收入的提高，休闲时间增多，更重要的是人们消费观念和人生观、价值观的改变，当前国民出现强烈的出游愿望和行为，在国内旅游不能满足需求的情况下，近年出现活跃的出境旅游市场。因此研究期望从国内旅游线路设计视角对目的地建设与区域旅游合作、提高我国国内旅游竞争力等方面提出合理建议。

二、数据类型

由于游客旅游线路和目的地选择的多样化，旅游线路的数据很难获得与分析，该课题的数据搜集方法也为旅游线路模式的研究做了一些有意义的探索。本书中的数据主要有三类：①旅行社旅游线路详细报价单是最主要的数据来源，线路报价单不仅包含了旅行社团队包价旅游的主要信息，同时也是散客出行的重要参考，据此以我国百强旅行社网站公布的旅游线路报价单为数据来源，本书搜集了约6000 条旅游线路数据。②自驾游旅行线路、偏好与行为调查游客问卷发放共 1000 份，在旅行消费行为问卷调查中需要游客回忆自驾游经历并填写消费金额，这是非常困难的。相比于封闭的结构问卷，开放式问卷的回收率和有效率相对低得多，这也为该方面研究带来比较大的困难。③游客网络游记是近年新兴的重要的网络数据，收集蚂蜂窝和途牛两大旅游网站旅游者网络游记信息最终整理出共434 条云南省散客旅游线路数据。

三、概念界定

本书旅游线路空间模式的界定是在 Oppermann（1995）在 Lue，Crompton 和 Fesenmaier（1993）五种模型（简称 LCF 模型）基础上提出的七种模式，即包括单目的地式、营区基地式两种单目的地模式和往返式（途经式）、完全环游、区域环游、旅行链、复合环游五种多目的地旅行模式，并在该空间模式基础上界定了单一型目的地、门户型目的地、离境型目的地、枢纽型目的地、途径型目的地和逗留型目的地六种目的地类型。

四、案例地选择

长三角地区是完全环游旅行模式的典型代表，长三角既是我国旅游业发展的领头羊，也是区域旅游合作研究的热点区域，为我国首个提出“区域旅游一体化和无障碍化”的区域。四川省旅游资源得天独厚，现有世界自然和文化遗产 5 处（九寨沟、黄龙、峨眉山-乐山大佛、都江堰-青城山、大熊猫栖息地），旅游业已经成为四川省重要的支柱产业，但独特的地形造就了典型的以成都为枢纽的往返式或中心集散式旅行模式。云南省也是由于单一枢纽导致的往返式旅行模式的典型代表，整体旅游线路仍然要依赖于省会城市昆明，但随着丽江对外交通的发展，加上其本身旅游资源禀赋极其优越，不仅拥有古城遗产，又是到玉龙雪山、香格里拉、泸沽湖的必经之路，其作为单目的地和区域性旅游集散中心的功能日益突显，只有丽江旅游发展起来了，未来才有望开发完全环游的潜力，无论对目的地区域还是对游客都将有利。海南省是我国目前建设的唯一国际旅游岛，相比于海岛火热发展中的旅游业来说，当前国内外对海南岛旅游研究的关注度还不够。因此，研究选择这几个案例地，既是由于这些区域是国内旅游的热点，也因为其旅游线路模式具有典型性。

第二节　主要研究结论

从全国到不同案例地的研究结果表明，在理想状态下，假设交通网络是无障碍的，理想的旅游线路模式应该是完全环游式的，因为对于游客来说，不需要走回头路，可以最大限度地节约体力、财力和时间，同时对于目的地来说，在同样的线路安排和时间内，可以去最多的目的地城市和景区。在这种情况下，枢纽型目的地出现的概率将比较低，一个城市节点很难独占优势，而是和其他城市节点共同形成合力，成为成熟的旅游目的地区域。但即使是在通达度比较好的交通网络中，仍然存在着由于知名度和交通节点地位不同，客源地与目的地之间的交通方式和交通条件、成本的不同，而出现不同的旅游线路模式。即使在完全环游模式中，不同目的地在旅游线路中的地位仍然会有差异，依据其在旅游线路模式中的不同位置和不同的游客停留时间，会有不同的旅游收益。典型区域如长三角地区。

而在相对封闭落后的目的地区域，受限于目的地区域相对独特的地形和交通发展状况，往往存在一个较为突出的枢纽型目的地，整个目的地区域呈现典型的“核心—边缘”结构，核心目的地优势突出，是区域外不同客源地进出该目的地区域的必经节点，是该目的地区域旅游发展最大的受益者。典型区域如四川省和云南省，但相比较而言，云南省由于丽江的旅游业发展，未来如果可以进一步提高丽江对外的直接联络能力（虽然有机场，还需要班次、价格等方面日趋成熟），则未来很有可能实现完全环游旅游线路模式。随着三亚旅游业和交通设施、接待设施的发展，海南省目前完全打破了省会城市海口的统治局面，反而是三亚为整个海南省最重要的节点城市。

一、国内旅游线路空间模式研究结论与启示

（1）中国疆域辽阔，客源地与目的地之间的交通距离长，使得中远程旅游过度集中于知名景区，未来需要开发更多优质、高等级的旅游景区和旅游产品，注重旅游基础设施建设，加大旅游景区和目的地宣传和营销，才能有效满足国内旅游井喷式的需要。

（2）我国国内旅游者中远程旅行倾向于选择多目的地模式，这与国外研究结果一致。单一型目的地在国外的实证研究中出现不多，但在我国是一种重要且常见旅行模式，多存在于短线旅游中，该类目的地往往具有知名度高的旅游资源，且资源类型丰富独特，是我国主要度假胜地。目的地旅游线路模式与节点在不同客源地之间表现出极大的相似性，这说明一方面对目的地的选择多倾向于知名度大的目的地或景区，另一方面旅行模式往往取决于目的地区域本身的地形、交通、基础设施和旅游业发展水平等。

（3）西部一些热点旅游区由于地形、交通和目的地基础设施建设的限制，导致游客旅行不得不原路往返，加大地区发展的不平衡，也使得个别景区和目的地遭受较大压力，同时也增加了游客时间、精力、体力和财力的消耗。未来应该在这些热点地区加大旅游目的地节点和相应基础设施的建设，通过旅行模式中新的节点的打造而改变旅游线路模式，从而有利于旅游目的地的持续均衡发展，同时有利于游客旅游体验。

二、四川省旅游线路空间模式研究结论与启示

四川旅游资源得天独厚，旅游业已经成为四川省重要的支柱产业。相对全国

来说，四川省不仅旅行线路模式独特，而且景区资料相对比较开放，所以选择四川省深入研究以景区为节点的微观旅行模式，对于深化项目研究具有重要意义。

（1）四川省旅游线路模式类型以往返式为主，中心集散以及单目的地式次之，完全环游和区域环游较少，这与四川省特殊的地形有着很大的关联。四川省各城市目的地发展中存在显著的不均衡，存在着典型的“核心—边缘”结构，其中成都是核心枢纽目的地，说明四川省旅游业发展存在不均衡，核心与边缘差异显著，未来需要扶持阿坝州等次核心旅游中心目的地，构建四川省整体旅游网络体系，改变单一往返式的旅游线路模式。

（2）四川省旅游景区也呈现集中分布，空间分布均匀度较低，但旅行社实际线路安排中所涉及的景区数较少，旅游资源现状与实际线路开发具有不对等性。旅游线路中涉及的A级景区等级普遍较高，分布集中，主要分布在成都、阿坝州等地，A级景区网络整体网络密度较小，存在明显的“核心—边缘”结构。截止2014年10月，四川省共有A级景区有297个，其中4A级以上就有139个，而旅游线路中仅涉及45个景区，可见四川省旅游线路的设计与优化尚存在很大潜力。同时也说明，我们的目的地和景区都存在过分集中的问题，接待潜力没有充分发挥，既带来旅游发展的严重不均衡问题，也导致部分景区的严重超载。因此在旅游线路设计中应对尽可能多的高等级景区进行有效组合，推广高品质旅游线路，充分挖掘各市（州）的其他旅游资源，促进各地旅游业的可持续均衡发展。

三、海南省旅游线路空间模式研究结论与启示

海南岛是我国仅次于台湾岛的第二大岛，也是当前我国唯一在建的国际旅游岛，作为国家的重大战略部署，我国规划要在2020年将海南初步建成世界一流海岛休闲度假旅游胜地，使之成为开放之岛、绿色之岛、文明之岛、和谐之岛。关注海南岛特殊发展政策影响下的、特殊类型的旅行线路模式，有助于为该类区域旅游开发提供参考。

（1）首先，出游海南岛的游客倾向于选择具有较高知名度的多目的地旅行模式，特别是区域环游模式；其次，倾向于选择单目的地旅行模式，而游客首选目的地是旅游度假胜地三亚，很多游客往往会选择从客源地直接前往三亚，进行单目的地式游玩，地位已经超越了省会城市海口。

（2）海口作为枢纽型目的地的频次为124次，大概只有三亚的一半，海南岛旅游目的地发展不仅“北冷南热”，还具有“西冷东热”的特征，整体呈现出不均衡发展趋势。完全环游是海南旅游线路的理想模式，对海岛旅游发展与游客双方均有利，游客花费最低而旅行收益最大化，海南岛则从游客多目的地旅行中获得最大经济收益，从而形成互惠双赢，为海南全岛旅游经济发展作贡献。

四、云南省旅游线路空间模式研究结论与启示

云南省地处我国西南边疆，拥有丰富多样的自然和文化旅游资源，也是我国少数民族类型最多样化的区域，独特的自然风光和历史文化吸引了众多国内外游客。在其旅游业的发展中也一直在国内具有较高的知名度和较为突出的典型性。

（1）多目的地旅行模式是云南省中远程旅游线路中的主要旅行模式，其中又以往返式为主导模式（占比 58.99%），受旅行模式、地理特征、交通可达性的影响，云南线路扩散方向主要集中在滇西北和滇西南两个方向。因此，制定差异化的联合营销战略对于集中扩散方向的旅游目的地至关重要；改善基础设施，特别是道路交通设施、重点培养特色景区、制定与周边目的地及热点旅游地的联合发展战略对于滇东北、滇东南方向上目的地旅游业的发展具有重要意义。

（2）云南旅游线路网络密度较低，发展不均衡，目的地的网络地位差距比较明显。其中，昆明是云南省重要的枢纽目的地，85%的线路对其具有明显依赖，一定程度上加大了其基础设施运转的压力，也加剧了整个旅游线路网络被中断的风险。因此，发展潜在枢纽目的地可缓解线路过分集中的状况。丽江作为云南省旅游线路中重要的途经目的地，随着丽江对外交通的发展，加上其本身旅游资源禀赋极其优越，不仅拥有古城遗产，又是到玉龙雪山、香格里拉、泸沽湖的必经之路，其作为单目的地和区域性旅游集散中心的功能日益突显，将逐步改变长期以来“由于地理环境、交通等原因，在云南省旅游的海外游客和国内游客，都是以昆明为客源集散地，单中心吸引点发展”的旅游业格局，对云南旅游业协调稳定发展具有重要意义。此外，大理、版纳凭借高知名度及优质的旅游资源和良好的道路交通基础设施，在旅游线路网络中具有一定的竞争优势，网络地位较高，使得旅游线路连接关系表现为向这些热点目的地集聚的特性；其他目的地的网络地位则较低，竞争力相对较弱，如何通过恰当组合目的地，设计合理的旅游线路，调整旅游流在目的地空间最大效益的分布与移动，促进目的地网络均衡发展是具有战略意义的问题。

五、长三角旅游线路空间模式研究结论与启示

长三角地区为江苏省、浙江省和上海市两省一市全境，这是全国发展基础最好、体制环境最优、整体竞争力最强的地区之一。区域内旅游资源丰富，A 级以上旅游景区的数量在全国名列前茅，尤其是优良级旅游产品，旅游业发展相对基础较好，区域旅游合作在全国具有较好的示范性。

（1）长三角区域内的周末休闲游客为单目的地模式的主要使用者；域内外游

客尽管都倾向于采用完全环游模式，但在逗留时间、交通方式、对交通枢纽的依赖等旅行特征上有较大差异。受空间行为规律和旅游效益最大化原则的影响，完全环游模式占比最高，也是最为理想的旅游线路模式，这也使长三角地区门户型和出口型目的地比例较高，而枢纽型目的地较其他地区明显频率很低。

（2）动态比较研究发现，凭借发达成熟的交通网络，前往长三角地区的出行选择会逐渐增多，首先高速公路、高速铁路等快速交通方式，使得空间远距离游客因为时间压缩，也可以选择单目的地模式出游，交通速度对降低行游比有重要作用。二是交通基础设施建设的推进，使过去一些被“边缘化”的目的地城市具备了较高的可达性，更多城市进入到目的地旅游线路合作中。

（3）目的地旅游合作分工体系正逐渐成熟。目前已大体形成了较为稳定的三个层级的目的地空间结构体系，不仅有合作紧密的“华东五市”（上海、杭州、南京、苏州、无锡）核心目的地集群，其他目的地节点的地位也有显著提升（如嘉兴），“边缘”节点与主要目的地的合作联系也在加强。总体来看长三角区域旅游合作正朝着资源利益共享、旅游效益分配均衡化的方向发展。资源品质与交通可达性仍是目的地能否承担线路重要职能节点的主要影响因素，同时也是改善目的地在区域旅游合作中的层级地位与利益分配状况的有效途径。

六、世博旅游线路空间模式研究结论与启示

世博会对举办地周边地区社会、经济、文化的发展具有不可低估的影响力。2010 年上海世博会吸引了 7000 万游客，而其中有 30%～35%的游客顺道去周边城市一游，这就给周边地区充分提供了利用世博会的契机。

（1）世博旅游线路模式以单目的地模式和完全环游模式为主。单目的地旅行模式与世博会本身在上海举办有关，是一种典型的事件旅游或者专题旅游，这是区别于长三角一般旅游线路的特征之一。对游客来说，完全环游式是最为节省时间和金钱的旅行模式，也是旅游地发展相对均衡的模式，但对目的地区域各节点的交通设施等要求较高。长三角地区目前是我国交通网络最为发达的地区，不存在地形和交通的限制，游客基本可以较为自由地选择出入目的地。

（2）对世博旅游线路模式、目的地角色与旅游经济收益的比较分析发现：充分了解并建立与其他目的地的合作关系将从中受益，一些城市如果将自己定位为主要目的地可能是徒劳的，而如果与其他目的地合作共同形成具有吸引力的旅游线路的话，则显然要好于作为独立目的地的宣传营销，目的地应有针对性地在不同客源地进行差别化的旅游宣传和营销。因此，旅游线路合作不仅是目的地区域旅游合作的核心内容，也是实现目的地区域旅游合作的重要途径，更是旅游者实现效用最大化的必然要求。游客量、停留时间、旅游花费是影响目的地旅游收益

最重要的因素，而旅行线路模式及目的地在旅游线路模式中的位置和相应的角色功能将影响游客流。整个旅行时间长度是影响游客在目的地区域扩散模式的主要因素，影响着地区间经济利益的分配（Oppermann，1994）。目的地应重视游客的停留时间，随着游客目的地停留时间增加，游客在目的地的总花费增加，目的地旅游收益增加。

七、自驾旅游线路空间模式研究结论与启示

随着自驾游在世界很多地方的重要性越来越突出，自驾游已成为中国城镇居民节假日出游的主要方式，追求个体出行的自由和舒适成为自驾游客的主要目标，研究自驾游客旅游线路模式具有很重要的前瞻性和实际意义。

（1）不同旅游线路模式的自驾游客的出游行为特征存在差异性。选择不同线路模式出游的自驾游游客，他们在出游目的、旅游信息来源、组织形式及出游方式、出游距离、出游天数及时间选择、目的地选择及偏好方面存在差异性。

（2）出游天数和花费总数显著影响自驾游游客旅行模式的选择；旅行模式是影响自驾游游客消费的一个重要决定因素。出游天数越多、旅游消费越高，自驾游客进行多目的地旅游的可能性越大；旅行模式对自驾游游客总消费、日均消费、交通消费、住宿消费、门票消费以及购物消费都有显著影响。旅行模式是影响自驾游游客消费的一个重要决定因素。旅行模式对自驾游游客总消费、日均消费、以及交通、住宿、门票、购物的消费有显著影响。这一结果说明，自驾游游客采取何种旅行方式，或者说参观目的地的多少对旅游消费的影响是显著的，特别是在交通、住宿、门票和购物消费方面。

第三节　研 究 展 望

一、目的地节点间空间作用机理的研究尚有待深入

虽然引力模型和社会网络分析为区域旅游目的地节点之间的空间网络联系和合作提供了很好的研究方法，但目前方法主要是描述节点之间的网络关系和系统空间结构，关于旅游目的地区域节点之间基于旅游线路的空间相互作用机制仍然有待深入挖掘。游客流一直是国内旅游研究热点，实际上旅游线路数据不仅可以反映目的地区域游客行为的空间结构，通过不同客源地旅行社的线路报价单或者游客问卷调查获得的线路数据，可以绘制热点旅游区，反映游客流的空间流动和流向。现有的能够吸引大量游客流的区域大多源于一定阶段时间的演化而自然形成的，具有比较突出的空间邻近性、交通可达性和历史传承性，研究发现也与目的地的旅游资源的知名度、质量和体量有关。这其中不同客源地的游客虽然有不

同的偏好，但通常在目的地旅游线路模式呈现出更多的一致性，因此我们认为旅游线路的空间模式更多取决于目的地特征。

二、目的地区域旅游线路模式的动态研究有待跟进

研究发现，旅游线路模式与目的地区域的资源特征、交通网络以及旅游业接待能力有关。因为交通网络建设和旅游业发展都是一个动态过程，旅游资源的发现和旅游产品的开发、宣传与营销都需要一个相对较长的时间，因此需要对旅游目的地进行跟踪比较。

第七章对长三角旅游线路进行了 6 年前后的对比，研究发现：①完全环游模式的比重则进一步增加，说明长三角区域交通基础设施条件改善效果明显，目的地之间的交通连接选择较过去更多，可达性进一步提升。②出现一批新兴未曾出现的边缘目的地，与 2010 年相比，2016 年旅游线路数据中目的地城市涉及长三角全域，过去一些被“边缘化”的目的地城市具备了较高的可达性。

然而，海南岛在过去 15 年旅游业的发展过程中城市目的地实力发生了扭转（表 10-1），省会城市海口从 2000 年无论接待过夜游客人数还是旅游总收入都占绝对优势，到 2005 年仅接待过夜游客数占优，旅游总收入被反超，再到 2010 年被三亚市全面超越，差距越来越大，2015 年海口市旅游总收入甚至仅有三亚市的 52.96%。这种旅游业发展水平的差异一定与游客到访海南省的旅游线路模式之间有对应关系，但很可惜我们没有这样长的时间数据去跟踪对比当时和现在的线路变化。

表 10-1　海口市与三亚市旅游业发展对比

年份	海口		三亚	
	接待过夜游客/万人次	旅游总收入/亿元	接待过夜游客/万人次	旅游总收入/亿元
2000	252.8	26.0	206.1	19.8
2005	512.2	47.2	406.6	51.3
2009	672.3	65.0	669.1	103.8
2010	736.1	72.1	882.7	139.6
2015	1225.2	160.1	1495.7	302.3

注：1. 数据来源：三亚统计信息网三亚市统计年鉴：http: //www.systats.gov.cn/tjsj/tjnj/2011/2011tjnj/2017/1/2；2. 中国海口政府：海口市 2000 年国民经济和社会发展统计公报 http: //www.haikou.gov.cn/tzhk/ jjbps/2001njjbps/201103/t20110306_178925.html2017/1/2。

但我们已经拥有一些典型代表区域近年的旅游线路数据，如果我们定期搜集这样的数据，就可以掌握区域旅游线路的这种动态变迁，跟踪这种变化可以预测旅游业发展水平，并为区域旅游业的持续均衡发展提供建议。例如通过现在的研

究，从昆明到大理再到丽江可以基本将昆明最主要的景区串起来，如果丽江可以承担旅游线路模式中的门户或离境目的地角色，那么它将会改变云南省的旅游线路空间模式，因此我们提出云南省旅游发展中应该大力开辟丽江到全国的航线，这不仅将改变整个云南省旅游线路的空间模式，而且将对云南省整体旅游业发展空间格局和旅游业发展水平产生巨大影响。

三、基于旅行模式的目的地微观经济学分析有待加强

当前微观旅游研究的焦点集中在游客花费类型及产生花费差异的原因（Thrane and Farstad，2011）。无论对发达地区还是欠发达地区，要实现区域经济发展目标，鼓励游客更大范围的扩散和旅行花费都非常重要，游客扩散决定了游客花费的区位，影响到旅游对一个目的地的替代区域旅游经济的贡献，游客在不同区位的花费越多，旅游对主要门户目的地以外的区域经济的贡献就越大（Koo *et al.*，2012）。经济理论通常将度假时间看作是需求对可支配时间的一种限制，停留时间长度很大程度上可以由游客的社会统计学特征来解释，并一定程度上反映了游客对目的地的感知特征（Barros and Machado，2010）。虽然在第五章和第八章对目的地区域城市节点间进行了基于旅行模式的微观经济学分析，结合区域地理空间背景条件对比，尝试去揭示旅游线路模式中各节点目的地的收益与描述变量（如停留时间）、可能的影响因素，测算目的地在旅游线路模式中的经济收益，分析目的地在旅游线路中可能的利益分配，但分析还不够深入，尤其是研究数据获取比较困难，信息有限。一方面由于游客旅游线路和目的地选择的多样化，旅游线路的数据很难获得与分析，另一方面开放性问卷调查手段搜集数据相对回收率低，而涉及消费等经济数据的获得相对更难。

Martínezgarcía and Raya（2008）提出，在自驾游客和公共交通游客之间存在着不同游客花费模式，自驾游客的花费更高，花费水平根据群体规模和停留天数而有差异，这意味着规划者需要关注游客在国家公园内的模式的转变。随着科技的发展，当前出现了越来越多新兴的数据获取手段，例如 Wilton 等（2006）提出如果利用手机获得来自于现场日志方法或者其他方法，减少回忆带来的偏颇，可以产生详细的关于个人花费模式和日花费的详细记录，可以用于进一步的分析。现如今出现的各种手机 APP，都可以帮助研究中获取景区游客数据。游客花费或者停留时间对于分析旅游线路模式和目的地区域节点之间的经济分析非常有意义。

参 考 文 献

史春云，孙勇，张宏磊，等. 2014. 基于结构方程模型的自驾游客满意度研究. 地理研究，33（4）：751-761.

Barros C P，Machado L P. 2010. The length of stay in tourism. Annals of Tourism Research，37（3）：692-706.

Koo T T R，Wu C，Dwyer L. 2012. Dispersal of visitors within destinations：descriptive measures and underlying drivers. Tourism Management，33（5）：1209-1219.

Lue C，Crompton J L，Fesenmaier D R. 1993. Conceptualization of multi-destination pleasure trips. Annals of Tourism Research，20（2）：289-301.

Martínezgacía E，Raya J M. 2008. Length of stay for low cost tourism. Tourism Management，29（6）：1064-1075.

Oppermann M. 1994. Length of stay and spatial distribution. Annals of Tourism Research，21（4）：834-836.

Oppermann M. 1995. A model of travel itineraries. Journal of Travel Research，33：57-61.

Thrane C，Farstad E. 2011. Domestic tourism expenditures：the non-linear effects of length of stay and travel party size. Tourism Management，32（1）：46-52.

Wilton J J，Nickerson N P，Tyrell T J，et al. 2006. Collecting and using visitor spending data. Journal of Travel Research，45（1）：17-25.

后　记

喜欢旅行，梦想走遍中国，一边教着中国地理课程，一边思考着旅游目的地的竞争与合作。在旅行中，无论是团队出游，还是自助游，都涉及旅游线路的问题，在时间允许的情况下，我们通常会选择多目的地旅行模式，即在一个空间范围内游览地理区位邻近的目的地，因为“在一个合理地域空间范围内，不同目的地能够提供不同的吸引物，每个目的地拥有各自的吸引力，但它们的差异性却能够使大量游客在同一个地理区域内获得旅行的满足”。“中国国土面积广袤、自然文化景观多样，客源市场遍布近中远各程，每个省都相当于欧洲的一个国家”。旅游线路空间模式与效应的研究有助于认清我国区域旅游竞合的整体现状与问题，识别目的地在区域旅游发展中的地位和作用，了解目的地区域联动与空间组织模式，为目的地联合营销、联动发展，促进区域旅游可持续发展提供建设性的参考。

从2008年开始确定旅游线路模式的选题，搜集阅读文献，撰写研究综述，2009年获得教育部人文社会科学研究项目“旅游线路模式的空间格局与旅游地空间作用模型研究——以长三角为例”的资助，制订调查方案，着手进行数据的搜集、整理和分析，对长三角地区旅游线路的空间模式进行了系统研究。2011年获得国家自然科学基金青年项目“旅游线路模式的时空格局与目的地旅游合作网络模型研究”，将研究区扩大到全国，尤其是有独特代表性的四川省、云南省和海南省。

旅游线路空间模式的研究选题最初就得到了博士生导师南京大学张捷教授的支持和指导，特别感谢导师一直以来的鼓励与帮助，导师的正直公平既让我感动，又是我一生学习的榜样，导师的谦逊温和教我同样去鼓励和关心学生，导师对学术的睿智与坚持给我很多的启迪，特别怀念桐竹斋同志们进行学术讨论的热烈氛围和师门间开放交流的真心真意。所有成果的取得，都离不开导师和师门，始终铭记和感谢导师张捷教授，感谢师兄章锦河教授、刘泽华博士，师弟杨旸博士、张宏磊博士、郭永锐博士等。

感谢在课题研究中始终给我支持和帮助的江苏师范大学孙天胜教授、沈山教授、马晓冬教授、李永乐博士、陶玉国博士等。

特别感谢我的研究生们，从2009年到2016年的八年时间里，总共培养研究生21名：朱明、袁欣、张兴华、徐敏、王健、袁佺、赵鑫、林杰、纪素姣、王云、杨礼娟、孙勇、姚晓蔚、巫丹、唐雯雯和刘静16人已毕业，周慧慧、冯亮、李晨、赵桃桃和方星5人在读，非常感谢研究生们的努力好学，共同将该课题进行深入研究。全书分工如下：第一章，史春云，朱明；第二章，孙勇，朱明，史春云；第三章，朱明，史春云；第四章，唐雯雯，史春云、冯亮；第五章，刘静，史春云；第六章，孙勇，史春云；第七章，袁欣，朱明，史春云，林杰；第八章，袁佺，史春云；第九章，巫丹，史春云；第十章，史春云。最后由史春云拟定全书框架并统稿，孙勇、朱明、唐雯雯、刘静、林杰、方星和赵桃桃对全书进行审核校正。

感谢国家自然科学基金项目（41101130）与教育部人文社会科学研究项目（09YJC790226）在整个调研工作和前期成果发表中提供的资助；感谢江苏省政府留学奖学金（JS-2014-160）资助我在美国佛罗里达大学访学，让我可以静下心来把八年来的研究总结归纳、结集出版；感谢江苏省教育厅2016年度高校“青蓝工程”培养对象（苏教师〔2016〕15号）中青年学术带头人培养对象经费的资助。

感谢科学出版社对本书出版给予的帮助。

史春云

2016年12月